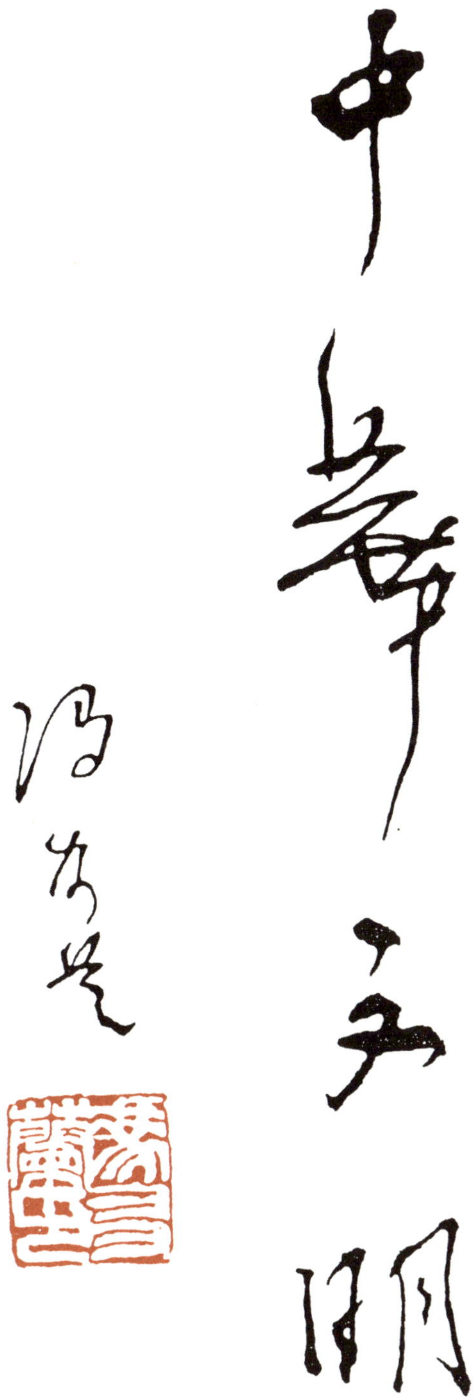

中华文明读本

Chinese Civilization

A Reader

刘东 主编

凤凰出版传媒集团
译林出版社

图书在版编目（CIP）数据

中华文明读本/刘东主编．—南京：译林出版社，2009.1（2022.1重印）
ISBN 978-7-5447-0750-3

Ⅰ.中…　Ⅱ.刘…　Ⅲ.文化史－中国－通俗读物
Ⅳ.K203-49

中国版本图书馆CIP数据核字（2008）第175803号

中华文明读本　刘　东／著

责任编辑　李瑞华
装帧设计　侯海屏
校　　对　刘　静
责任印制　单　莉

出版发行　译林出版社
地　　址　南京市湖南路1号A楼
邮　　箱　yilin@yilin.com
网　　址　www.yilin.com
市场热线　025-86633278
排　　版　南京展望文化发展有限公司
印　　刷　南京爱德印刷有限公司
开　　本　718毫米×1000毫米　1/16
印　　张　31.5
插　　页　5
版　　次　2009年1月第1版
印　　次　2022年1月第3次印刷
书　　号　ISBN 978-7-5447-0750-3
定　　价　38.00元

目录

◎刘　东

序：回到轴心时代

再没有别的什么话题，会比本书的题目更让中国人长久而普遍地动感情了。自从英国武装贩毒集团摧枯拉朽地打破国门以后，这个既好像已经离开人们远去，又好像无时不在包围着人们的古老文明，就一直被朦胧地认定与各种切肤之痛直接或间接相关。于是，即使是了解传统不多的人，也总是毫不犹豫地对这个本来是最需要学术根基的课题大发议论。他们要么将自己介身其中的困境归咎于传统，要么将之归咎于传统的丧失，因而要么宣称过去的历史错了，要么针锋相对地宣称对过去历史的中断才错了。

而在另一方面，以研究传统文化为业的专门家们，对于门外汉们老是把架吵到自己的领地来，又常常怀有天然的反感。他们或许会善意地为此再开出一份更详尽的“国学基本书目”来，却很少会转念承认：即使是就这个热门话题所发表的最外行的看法，也照样有其积极的意义，并非仅仅在为学术界添乱。他们似乎没有领悟到：当人们试图回答“传统是什么”的时候，骨子里都是想要说清“现实不应是什么”；而一当思想借此被提升到“应该如何”的层面上，高出现实的理想参照系就必然随之萌生，种种纷争不已的歧见也就悄然统一到对人生价值的呼唤上来了。正因为这样，对于那些自以为掌握了在这方面的发言特权的人，就有必要提醒一句：即使从专业的角度来挑剔，那些在往返论辩中各走极端的意见是犯了所有可能犯的错误，它们也仍然正确地共有着对文化环境的现实危机感；而且，如果没有被醉心于细节考证的学者所遗忘的话，这种危机感才应是他们检省和整理传统的主要动因。在这个意义上，也许有点儿令那些醉心细部以逞一技之能的专家们难堪的是，长期以来，正因为议论传统文化的人远不限于他们狭小的圈子，人们才没有沉涵于仅仅去“玩”文化，在这方面形成的“热点”也才会支撑起民众心理中一个普遍存在的超越支点；尽管由此所反映出来的对于现存状态的批判意识是模糊不清的，但毕竟时时矫正着只把对传统的考索当成一个纯粹技术过程的意义迷失现象，因为它暴露日常世界的无根与失范，从而凸显了让生活重获价值的终极关切。

当然，问题并不到此为止。经由对社会的精神分析而诊断出对传统的误读乃深源于对现实的强烈不安和超越企望，这只能证明人们的生命本能躁动的真实性，却不能证明由之升华出的梦呓也同样真实。因此，渴望在过去与未来之间为自己找到确切定位的现代中国人，就没有理由满足于依赖随意的联想来补充自己对传统的一知半解。须知，历史文本中所埋藏的答案，决不仅限于人们已经失去了什么，还更包含他们将可能得到什么；因为尽管人们可以凭空虚构出千百种未来生活的前景，但到头来真能为历史选中的，却唯有能从已化为下意识生活态度的共通文化心理中自然引申出来的那一种。从这个意义上讲，对置身在历史延续性之中的人们来说，要想创造传统，就必须先有效地激活传统，而要想激活传统，又必须先全面地认识传统。如果人们看不到，这种确乎有限的历史主动性恰恰又是他们唯一现实的历史可能性，那么，他们尽可以跳出方外指手画脚地说中国缺这少那，但就是说不清中国可以得到什么，无力把握住这个民族真正的生存机会；缘此，又必须同样公正地讲，只要人们还仅仅热衷于抓住传统文明系统的这个或者那个片断，去以偏概全地进行水火不容的褒贬，他们就只不过是在喋喋不休地重复着摆脱现实困境的要求，而并没有朝着问题的解决跨出哪怕一小步。

正是基于上述判断，产生了有关本书的基本构想——既然一般读者在没有可能倾毕生精力去涵泳其间的情况下又总要表明对传统的态度，而专家们又往往囿于现代学术的分工而不得不偏守可以“安身立命”的一隅，那么，为两方面计，都有必要系统地拟出涉及到所有重要关节点的题目，约请各方面的专家，在一个不太难卒读的篇幅内通力描绘出中华文明的全景。在目前尚未对传统进行大规模“年鉴学派”式研究的情况下，这起码是暂时唯一可行的替代办法，因为尽管这仍嫌不能清晰地勾勒出一个文明系统的内在构成关系，毕竟已经足以使读者们只要一册在手，便不至于再对传统文化的各个环节顾此失彼，只能借题发挥出自己的主观取向了。当然，为了趋向这种认识上的客观和全面，本书的写作态度首先就应是严格价值中立的；它的全体作者从一开始就被明确要求了这一点。大家清楚地意识到，在一个和别人的现实生存状态密切相关的问题上，任何人都不可能也不应该仅仅靠自己的知识优势就越俎代庖地下判断。不过，如果读者们不是把本书冷落成放在案头备查的工具书，而是把它当做一整本必须从头念起的对于传统文本的全面导读，它就仍然有可能向人们提供一个陟罚臧否前的全方位知识背景，以免他们把神圣的独立思考权利运用得过于草率和不负责任。这是因为，只要人们能够系统地读完本书八十一篇有机相联的文章，他们就一定会从各个不同的角度惊讶地发现：原来在自己明确赞赏(或者弃绝)传统文化的某些要素的同时，竟又不自觉地在对它的另一些要素进行悄悄的抵触(或者保留)。由此，就算论辩对手的立场仍是从情感上难以接受的，却也会变得在理智上容易理解了。

这样一来，每一位读者的心情都会变得踌躇和沉重起来，决不会再像过去只抓住传统的东鳞西爪时那样，可以匆忙和率性地对它要么全称肯定，要么全称否定。沿着本书并列出的众多文化因子的辐射与相通，人们有可能逐渐体悟到作为其无形经纬的精神网络，从而确信存在着一个其意义大于各部分之总和的整体文化背景。准此，他们又必然会发现，在一个发育得如此圆熟的文明系统中，尽管其各个构成因素对后人可能显现出截然相反的正面或负面涵义，但在前人那里都同样具备着服务于总体结构的功能，也同样渗透着具有内在整一性的传统价值观念。设若认识上升到了这一步，那么，在本书所横向展现的古代生活的全盛总貌面前，过去那种亦步亦趋于各种外在的偶变，而把一部中华文明史竖着归结为其必然颓败史的虚假历史主义逻辑，就显然只属于对经验事实的盲目崇拜了。对读者们来说，问题的关键还不在于已经通过宏观的鸟瞰而认识到，让自己觉得可爱或可恨的两种东西在古代传统中是缠在一起的，而在于通过微观的解码而认识到，这两种东西其实是服从于一种深层价值追求的，因而说到底又只是一种东西；故此，除非人们已经找到充足的理由来全盘否决古代文明的价值内核，否则，从另一种精神传统中派生出来的对于中国精神传统的总体拒绝，就很难令人相信是纯粹出于理性的选择。

不过，认识到历史在其有限的展开中是会犯错误的，绝不意味着人们从此就有理由去厌恶和逃避历史；恰恰相反，正是为了让历史的现象向着理性上升和靠拢，人们就更应该积极地投身于修正和创造历史。此念一生，对于过去的充满悲切的追悔，顿时化作了对于未来的满怀激情的瞻望；而中华文明在过去一个半世纪间的逐渐解构，也就从压在中国人身上的无可奈何的宿命，变成了赋予他们巨大选择可能的契机。历史阵痛最剧烈的时代，往往也正是历史惰性最小的时代。纵观孔子、苏格拉底、释迦牟尼和耶稣之后的全部世界史，也许再没有哪个时代的哪个民族，会像近、现代中国人这样苦难深重地游离于各种既成的文化秩序之外；但也正因为这样，也就再没有谁会比他们更容易从心情上接近敞开着最大创造机会的新的“轴心时代”。为了不辜负这样千载难逢的反本开新的历史良机，或者更干脆一点儿说，为了不白遭这一场大罪，当代中国的真正主题，就既不像某些人提倡的那样，使中国文化逐渐从实质上变种为西方文化的走了样的“亚文化”，也不是像台湾等地的那种做法，把中国传统精神中的某些本质侧面降格为现代化起飞时的工具性经济伦理，而在于平心静气地参考着中国、西方及其他文明历程的全部正反经验，敏锐地去体察已经对全人类构成巨大挑战的所有当代问题，去比较和检讨过去那几个伟大先知的一切长短得失，借此思想出融汇了东西文明之优点的更正确的价值理念，并把它有效地注入正待激活的中国传统之中。只有在成功地进行了这种文化基因改变之后，中华文明才能够获得比迄今为止的所有文明都更长久的内在文化冲力，而在此之前和在此之后的中国历史才能不被讥讽为一场持续不断的错误；也只有这样，中国人才不至于老是被按着“前现代——现代——后现代”的西方中心主义逻辑教训说——你们的今天正是别人的昨天，而你们的明天又是别人的今天。

历史从来都是依赖着对它的不断创造性阅读而保持其富有突破活力的连续性的。一方面，历史文本所显示的价值取向和心理惯性，会影响释读者的立场，从而使过去无可避免地渗入现在与未来；另一方面，释读者于其生存体验中所爆发出来的本真欲求，也会影响对历史文本之价值取向的开掘、理解和修正，从而使现在和未来一再地重新赋予看似死去的历史以新意与生机。正是在这种对于双向交流的自觉之中，我们才有可能同时向历史虚无主义和历史宿命论挑战和抗争。只要我们省悟到，经过我们的努力选取和运思，传统还有可能转化为一种有益的资源(而且是我们唯一的资源)，那么，我们就还有可能指望，中国过去和现在历史的高度，取决于我们自己的精神高度。我们正在脚踏实地、自我作古地对中国文化进行解构和重建，新的传统正在我们手中呼之欲出。因此，我们根本不必害怕去回顾五千年的文明进程——那中间恰恰孕育着真正属于自己的未来！也正因此，我们更没有必要从这里逃向世界——踩在我们脚下的，恰恰是真正属于自己的世界！

一　信仰与哲学

原始巫术

◎萧 兵

所谓巫术，作为原始性宗教的仪式行为或技术方面，它企图用妄想性而又可操作的手段影响常规人力所无法改变的现实进程，是人类生产和生活斗争的歪曲反映和补充，也可以说是人与自然、人与人之间的一种幻想性能量交换。

按照不同标准，巫术的分类也大不相同。以弗雷泽(J. Frazer)为代表的古典分类，是按照其影响现实与人的行为的方式分为摹拟巫术和接触巫术两大类。前者依据“类比”(同类相生)或“顺势”(果必同因)的心理，深信只要设定并摹仿某种事象，就能依从这种布置的意图和进程而实际地影响或改变某种事象，例如用针刺摹拟人像的心脏就能使被摹拟者心痛而死；后者依据“触染律”和“借代律”，坚信只要接触并处理对象的某一部分或仅仅染触过的某种东西，就能无距离地作用于对象并改变其性状，例如拥着单相思对象的手帕或内衣睡觉就能取得其爱恋等等。两者合称为“交感巫术”。若以其态势区分，静态的、防避性的称消极巫术(例如祈禳巫术)；动态的、进攻性的称积极巫术(例如驱逐巫术)。若按照实施者或考察者的价值判断，则有保护性或善意的白巫术和危险性或恶意的黑巫术。

中国巫术大体也不外上述数种。为了叙述方便，依其功能和目的，姑分为八类。

一、祈禳巫术

祈禳是用祭祀、祝祷等巫术手段去禳解灾害，祈求福佑，表面上看是消极性的、保守性的。在古代中国，祈求丰饶和甘雨是这种巫术的最重要的内容。用于占卜巫术记录的殷墟卜辞最常见、最要紧的记载便是“求年”和“祈雨”。它的手段多种多样。甲骨文的“土”字写作——iΩi，也就是社，像一个土堆，其旁有血点(或说土块，或说雨水)，可能是用牺牲(包括活人)的血来使土地具有更强的生命力。古人以交感律解释人—土地—庄稼—季节之间生命力的“互渗”，认为它们可以因“类同”而交互作用。杀人祭社，如《周礼·春官·大宗伯》所说“以血祭祭社稷、五祀、五岳”，就是为了使土地和庄稼获得更新鲜、更强大的生命力而丰饶蕃庶。在这个意义上，可以说牺牲献祭是祈禳巫术的强形式。我们可以在云南晋宁出土的铜贮贝器盖上看到这种可怕的场面。

古人认为自然—人类—季节之间还有一种类比性、互渗性的“诞生—死亡—复活”的循环，太阳的升降、庄稼的萌芽与成熟、季节的冷暖、人的生死……无不体现着这种周而复始的循环。“土发而社，助时也”(《国语·鲁语上》)。巫术可以使这种循环强化、优化，使其更符合人类的意志和利益。“社祭土而主阴气也”(《礼记·郊特牲篇》)，就是通过祭献和祈禳使土地具有更大的母性的生殖力，并加速其自身和附着物(庄稼)的再生能力。“人非土不立，故土为社”(《白虎通·社稷篇》)，“社所以神地之道也”(《礼记·郊特牲篇》)，这是丰饶巫术的根本。这种丰饶巫术还能促进人类自身的繁殖和扩大再生产，“两种生产”在初民思维里是互渗的、交感的，土地—母亲的生殖力可能通过祈禳巫术的作用而得到强化，从而促成人类与庄稼的“双丰收”。

“土”和“水”都是安静的、清凉的、居下的，又具有丰殖力，故而被中国人看作“阴”，即母性的。所以祭土、祈丰、求雨的巫术多由女性来承担。正因为生命或性的现象能够交感或互渗，所以由女巫表演排水乃至交媾等动作或歌舞，也可能通过“摹拟效应”而使苍天降雨，土地丰润。男女好合也可能达到同样目的。汉代董仲舒的“请雨止雨法”的一项就是令吏民夫妇“偶处”。后世道士祈雨的“月孛法”亦据此原理(《江苏通志稿》等有记载)。清袁枚《子不语·孛星女身》说，道士敲令牌命令道，“雨!雨!雨!”那孛星附体的裸妇“仰卧坛下，云气自其阴中出，弥漫蔽天，雨五日不止”，就是祈禳—求雨巫术里很典型的一种。有时巫师甚至要为此付出生命，例如《吕氏春秋·顺民》所说的“汤祷桑林”。

1956年云南晋宁县石寨山出土西汉铜贮贝器盖上的活人祭祀场面。

二、镇逐巫术

镇逐巫术旨在镇压、禁制、殴逐某种危害性的事物，例如疾病、蛊惑或邪魅、妖鬼等等。相对消极的是禁咒性的巫术(Charm magic)，中国古人叫“厌胜”，见于《汉书·王莽传》和《后汉书·清河孝王庆传》等。北齐颜之推《颜氏家训·风操篇》说人死后除了要“避煞”之外，还要举行简化的禁咒巫术：“画瓦书府，作诸厌胜；丧出之日，门前然(燃)火，户外列灰，祓送家鬼，章断注连。”说的正是这类禁避巫术。中国古书所谓“衅祓”，例如商汤要任用异族的伊尹，先让他从火上跨过，以厌除他的秽气，实际上也是一种厌胜。厌胜有时还采取“物化”形式，如饰于门户的“铺首”、“桃符”、“吞口”或“神画”等。后世常见的“铺首”、“桃符”、“门神画”，直到云贵边疆民族至今还在使用的“吞口”等，都是“同类相克”乃至“以毒攻毒”的避邪物。战国两汉墓葬里发现的所谓“非衣”、“铭旌”或“引魂幡”之类多放在棺椁上当厌胜品。像长沙子弹库战国墓出土的楚十二神帛书和人物御夔龙舟帛画，长沙楚墓人物龙凤帛画和马王堆汉墓帛画等都兼有禁厌的功能。晋葛洪《抱朴子内篇·登涉篇》就说："论百鬼录，知天下鬼之名字，及《白泽图》、《九鼎记》，则众鬼自却。"

跟静态的禁厌相对，还有强化的、积极的、动态的驱打巫术。最有名的就是《周礼·夏官》的方相氏之"傩"；方相"狂夫"四人，率领由普通族众(或说奴隶)组成的强大仪式行列，到居室里搜索、消除，把妖鬼作祟引起的疾病、瘟疫驱逐出去。这又主要在"过渡仪式"的丧葬活动里举行。他们走在棺柩前面，到坟墓，便跳到墓室里，用戈、矛等冷兵器击打四隅，以厌胜、辟除、追打"方良"(即魍魉)等可能危害尸体或亡魂的鬼物。这是发源于西北鬼戎集团的驱打巫术，由巫师扮演"大鬼"(猿猴图腾神，即方相)殴逐异化为"恶鬼"的魈狒之类(即方良)。现代云贵和长江中下游地区等还有大量的由"傩仪"转变而来的"傩舞"、"傩戏"之活化石遗存。

三、恋爱巫术

有关性爱的巫术一般属于白巫术。消极性的有处女贞洁或妇人节操的检验，有人以为可列于"占验巫术"。在理论上，这种检验起于对处女血的恐惧和崇拜。至于它的"操作"，古人发明了所谓守宫砂，即齐梁乐府所谓"爱惜加穷袴，防闲托守宫"。《太平御览》卷九百四十六引《淮南万毕术》说"用守宫阴干后涂饰女臂，与男子合阴阳，辄灭去"。唐李商隐《河阳诗》中有"巴陵夜市红守宫，后房点臂斑斑红"，即咏其事。

晋张华《博物志》也写到守宫砂。宋释赞宁的《感应类从志》说："取妇人月水布烧作灰，妇人来，即取少许置门阃、门限，妇人即留连不能去。"(参明抄本《说郛》引)这种魅惑、诱致异性的巫术(这"月水布"就像更常见的亵衣或"帨"一样)，有人归之于所谓"爱神学"(Aphroditic)。例如唐人小说有所谓"驴驹媚"，据说是驴驹初生时嘴里所含像肉块似的东西(参见宋苏轼《物类相感志》等)，"妇人带之能媚"。《霍小玉传》里说，诱惑女人的"同心结"里包着"相思子二，叩头虫一，发杀觜一，驴驹媚少许"。说穿了，"劝君多采撷，此物最相思"的红豆最初也无非是"媚物"，就像《岭表录异》里说的"媚草"、"媚蝶"。《红楼梦》里傻大姐拣到的"两个妖精打架"的绣春囊何尝不是这类东西呢?

所谓“蛊术”里，恋爱内容占很大比重。《左传·昭公元年》引《周易》便说：“女惑男，风落山，谓之蛊。”广西《归顺直隶州志》说：“妇人不得于其夫，则求符于巫，以取容悦，久而成蛊。”用某种药物或咒术行为来诱惑异性的也不少。最有名如《左传·庄公二十八年》记载，楚令尹子元用放荡而激烈的“万舞”来“蛊”文夫人，杜注说“蛊惑以淫事”，孔疏举《周易》“女惑男谓之蛊”来证明。“万舞”本来是蝎子图腾跳舞，像蝎子的“交配舞”那样放纵，所以是恋爱巫术舞，可刺激性欲，蛊惑异性。蝎子也是制造蛊毒的要角（参后）。苗山有一件苗妹的“灵符”，基本形态就是以蝎子为主体的“蛊”。

四、伤害巫术

这当然是黑巫术，也以“蛊”为大宗。早在殷墟卜辞里就有蛊蜮的记载。甚至有把它当作神祇的。《说文解字》卷十三虫部：“蛊，腹中虫也。”《左传·昭公元年》曰：“皿虫为蛊”，“晦(诲)淫之所生也”。著名医师“医和”说是淫乱过度所致；近人指出，这证明先秦时代对性病已有清醒认识。但这种性病也可能由触犯了某种蛊术或禁忌(taboo)而起。因为医和说的“皿虫为蛊”，古今民俗都有佐证。最明白的是《隋书·地理志》所说：“〔豫州以南〕数郡往往畜蛊，而宜春偏甚。其法，以五月五日置百种虫，大者至蛇，小者至虱，合置器中，令自相啖，余一种存者留之，蛇则曰蛇蛊，虱则曰虱蛊，行以杀人。”这就是很可怕的伤害巫术了。

这里当然有许多是由于对疾病(尤其疟疾和肝炎)的误解而生出的对于蛊术的猜度，但当时生产与科技水平低下，缺医少药的后进群体对此是深信不疑、畏之如神的。除了蛊之外还有水里毒虫叫蜮，马王堆汉墓帛画下部水中小虫疑即此物，它能“含沙射影”，致人死命，也是伤害巫术所喜欢控制和使用的法物。

巫蛊在历史上还曾酿成大案或巨祸。像《汉书·江充传》说，“掘蛊于太子宫，得桐木人”，便引起废立、动乱。

伤害巫术更多是摹拟性的。射草人、毁造像、拟真容以害人者史不绝书。所谓逸诗的《狸首》，写的就是周王君臣以箭靶摹拟不老实诸侯的形貌，用箭射它，使其厌服，所以靶子还叫作“射侯”。《太平御览》卷七百三十七引《六韬》说，姜太公画丁侯之形于“策”，射之，丁侯病困，拔箭乃愈，四夷惧服。《封神演义》第四十八回却改成是陆压献计伤害赵公明，完全是旁门左道的顺势巫术。而《楚辞·天问》里，伯益也曾用类似办法伤害夏启。《红楼梦》第二十五回里，马道婆和赵姨娘也是用此类巫术暗害宝玉和凤姐的。汉画里有射人头的奇特画面，看来也是一种伤害巫术。

五、疗治巫术

医疗方面的巫术在世界各民族里都是很普遍的。初民认为疾病(尤其是瘟疫)并非外部因素与人的身心相互作用的自然结果，而是由神鬼或妖鬼控制并施予的；所以要用以“超自然力”为主的巫术手段来防治它。汉字里的“医”有时就写作“毉”，证明这本来就是由医巫共同负责的事情。孔夫子说：“人而无恒，不可作巫医”，便巫医合称。《山海经·海内西经》说，开明东有“巫彭”等，晋郭璞注：“皆神医也。”可见巫师操纵着不死之药。《说文解字》卷十四酉部医字条也说：“古者巫彭初作医。”作为巫师的“彭、咸”也因为掌握医疗巫术，又掌握不死之药，所以寿至千岁，乃至“长生不老”。《山海经·大荒西经》说“灵山”有十巫，巫咸、巫彭者在此升天或降地，“百药爰在”。《论衡》说：“巫咸能以祝(咒)延人之病”(引《太平御览》卷七十八)。战国时著名的神医“扁鹊”，被古人视为是鹊身人头的巫医之神，其形象还存留在汉画像砖中。

作为“治病工”兼巫师的巫医，尤其所谓“萨满”(Shaman)，实际上也是要参用一些草药、土方和某些技法、手术来治病的，而且颇懂“反暗示术”之类心理治疗和安慰疗法的某些秘诀，但他们也必须在不同程度上依靠巫术，不然部众根本不信服。巫术往往离不开咒语，所以《说文》曰：“巫，祝也。”后世的巫医称作“祝由科”，就因为他们懂得病祝或医咒。“医”由“醫”简化而来，许慎说醫字上半之“殹”是“恶姿”。巫医要装出凶恶的音容，态度越恶劣越好，但这不是对付病人，而是像方相氏戴着可怕的“魌头”那样，旨在恐吓、殴逐那带来疾病的鬼魅！前面说过，方相氏要“索室殴疫”，疫鬼是怕打的。“殹”旁所从的“殳”，是一种棍棒般的兵器，也许像方相氏那样能够打鬼；“医”里的“矢”，则可以用来做外科手术。至于繁体“醫”下所从之“酉”，《说文》云，“医之性然得酒而使”：在巫医这一方，喝下酒进入迷幻热狂状态，可使巫术更激烈、更可畏、更有效；对于病人，酒是良药，还可以当消毒液和麻醉剂。所以中国古医确实是巫、医兼用，虚、实并举地治病的。

六、审断巫术

审断的巫术是最古老而又可操作的审讯术与判决制，跟所谓“禁忌”等一起构成了原始社会的“应用习惯法”，或幼稚的强制性社会规范。它的起源似乎应该追溯到图腾崇拜及其考验仪式。最明显的就是《诗经·生民》等所写的姜姬弃子，“三弃三收”，让牛羊来踩婴儿，看他是否图腾血裔。

《墨子·明鬼篇》曾说，“羊”能判断官司的曲直，在更古的时候这种神羊叫做“解廌”(见于甲骨文)。《说文》等书说，“古者决讼，令〔其〕触不直”。所以它是审断巫术凭依的神物与法具，直至成为法律和政府的象征。

而法律的“法”，竟也写“灋”。所以“法”的原始形态跟图腾乃至审断巫术仪式是分不开的。它荒谬、愚蠢，但仍然具有威慑力和“机缘性”，比无法无天的“蒙昧”要强一些。

后来，这种审断堕落为“神判”(ordeals)。旧戏曲里，常有酷吏，让告状者或嫌疑犯捞油锅、踩刀山、滚钉板、过火炭，就发源于此。

七、占卜巫术

占卜也是决疑定谳(音yàn)、知往推来的“概率性”巫术或巫术仪式，在某种意义上，可以视为审断巫术的弱形式或高级阶段。它主要是根据某种物候、事象、数字或其组合来判断吉凶，推测未来，确定行止，有时也用以决定是非，在文化史上起过非常重要的作用，有的还成为天文、历算、数学直至“决策学”、“未来学”的先河。

中国古人说：国之大事，惟祀与戎。祀是对神祇和祖先的献祭，一般在“庙”里举行，祭祀的同时要举行军事政治战略的评论，而且往往要结合着卜筮来决定大政方针与和战方略。对此，古人叫做“庙算”。孙子说：庙算胜，则战争必胜。所以古人才这样重视祭祀和卜筮。卜以决疑，不疑不卜，占卜有时会影响政局乃至历史进程。

中国历史文献上的占卜已形成理论体系，有极复杂的操作方法，但是仍然没有摆脱巫术的控制和影响。它可以大体划分为“南筮北卜”两个系统和一个综合系统(例如“八卦一易”)。北卜之卜主要是用龟甲，参用牛羊胛骨等。所谓“甲骨文”就是刻写在其上的“卜辞”。南方草木繁盛，喜用筮法。筮，是用竹草枝叶等植物性条形材料的排列组合来推算、确定吉凶；后来主要使用被认为神秘的蓍草，有些地方还代以或参用兽毛编成的绳索。后来民间则用掷珓(音jiào，贝壳、竹、木等占卜用具)求签来问卜。

至于“八卦”，那是高级的综合性占卜，牵涉到许多学问，其初始却不这么复杂。记录卦爻和卦辞等的《易经》，原是以晰蜴(变色龙)图腾来命名的巫书，现在却可以从中“发现”许多重要的哲学与科学思想。

八、招引巫术

招引巫术主要指丧葬性“过渡仪式”里安魂、招魂、导魂时所使用的巫术。原始人不但认为人死后还有一个乃至几个与肉体(所谓“魄”)相分离的“灵”(所谓“魂”)，有时还认为这个灵魂可能“异化”为鬼、为煞、为厉(恶鬼)，翻脸不认人，连亲属都可能伤害，所以亲族要躲藏，要衅祓，要避煞，要伪装，要举行安魂、招魂、导魂仪式。从《楚辞》的《招魂》和云南晋宁石寨山出土的古器物等来看，那场面相当隆重。浙江绍兴战国墓也出土有招魂、祭祖用的铜质“鸠柱灵屋”，屋里还坐着乐队。这里最重要的是招魂。《礼记》叫做“复”，有两层意思：一是让“魂”复于“魄”，回到家乡；二是魂归于体，入土为安，见《礼记·礼运篇》等。说人死之后，亲人“升屋而号，告曰：臯，某复!”据《仪礼·士丧礼》等，一般是用死者之衣招魂，这就利用了交感原理：衣服为死者所经常接触，可代表物主，又有气味可寻；衣服还很像人，能够“摹拟”魂灵。马王堆汉墓出土的帛画或称铭旌，作T字状，很像衣服，若简陋一点，死者着用过的线缕或丝絮等也可以。《楚辞·招魂》的“秦篝齐缕，郑绵络些”(些，音suō，义同“兮”)，西南边疆民间的“衣篮”等，便都是招引巫术的法具。

数的崇尚

◎庞朴

人类的先民们，除了崇拜某些可见的自然物和不可见的神灵之外，对"数目"也很崇拜。数目介乎物质与精神之间，它与感性事物不同，既不可感，又常存而不变；它还与理念不同，每一理念都是唯一的，而数则彼此相似，可以互比，可以表示任何物和任何非物。难怪古希腊有一派可称之唯数论的哲学家，主张与其将万物本原归之于水、火之类的具体物，不如归于数来得方便而可信。在中国，数也曾得到崇拜或崇尚，其中某些信念已经消失了，某些则至今未息。

数的神秘性不能从数目本身解释，那样将愈说愈说不清楚。数的神秘来自并不神秘的生活。只是有的生活样式离今天太远了，人类已不复记忆，有的又太近，为我们日用而不知。

"無"

无或者0，应该承认为数的开始。许多人知道道家思想推崇无，道教教义礼赞无，却不甚知道道家的这一套，其来久矣。

道家的远祖是巫。巫之所以称巫，原来因为他们负责同"無"打交道。"無"又是什么?原来是"舞"所献媚取悦的神灵。我们知道，"无"的繁体本来作"無"，它是象形文字𣞤的楷体化。而𣞤又来自𡘲，𡘲是一个人手执牛尾或茅草在跳舞的形象。远古人跳舞，并非为娱乐，而是为了祈福：祈求农作物丰收，他们就模拟农作的动作；祈求出猎大获，就模拟猎物的动作。这些动作叫做舞，也就是𡘲；𡘲所奉献的对象——种种神灵，由于看不见，没法明其形，便也用𡘲来表示；善于从事跳𡘲、善于揣摩对象[illegible]之喜怒的人，慢慢以其专长而被称为巫(象形文作[illegible]，是[illegible]的简体字)。就这样，無、巫、舞，三位原本一体，所指却有不同。

因此，在中国文化里，无便具有了特殊的属性，作为比任何整数都要小的数，它却被认为比任何“有”都要大。道家说：“天下万物生于有，有生于无。”无被想象为有的母亲。日常生活中，要想形容或描述任何特大之物，也常请出无来。大房子叫“庑”，大草原叫“芜”，大肥肉叫“朊”，甚至最柔情的姿态，也叫“妩”。唐代女皇武则天，陵前竖一块无字碑，据说便是考虑到任何文字都已不足表彰她的圣明和业绩，无字反而超过一切文字之故。

“一”

第一个整数叫一，它是数目的通常意义上的开始。

一是一个，但也是一切。这是许多民族文化中的通例。在中国，此事有着自己的特殊来源。原来，在造字始，一横既可代表天，也可以代表地，还可以代表些别的什么指事的事物、空间和时间。久而久之，人们就形成一种观念，一可以表示一切，一可以代表一切；一也是多，也是全，所以当我们说“一览无余”时，是表示尽收眼底；说“一败涂地”时，意味着全局皆输。

一作为数之始，还被借来表示元始、根本、究极甚至崇高的意思，成为思想家爱用的范畴。孔子说：“吾道一以贯之”，他这个“一”指仁；老子说：“天得一以清，地得一以宁……侯王得一以为天下贞(正)。”他这个“一”指的则是道。据说晋武帝当年篡魏，举行登基大典时，照例要在标有不同数目字的签中抽一根，以预卜晋朝的世代数。结果抽出来的数目是一。群臣失色，侍中裴楷引用了老子“天得一”那段话，使大家转忧为喜。因为一固为数之始，但也是物之极，照常识说一只表示一代，依哲理讲一也可以视同极限。一之妙，竟有如此者。

一的崇高意义，也由此而生，古代的君主喜欢自称“予一人”，起初或许有自谦的意思，其实是自诩为天下最了不起的人。楚辞里有东皇太一之神，道教里有太一真人；这些一，都是崇高之意，太一就是伟大的一的文言说法。过去把品位最高的官称做一品，数目愈大也就是说离一愈远品位愈低，所以九品最低。

“三”

一是数之始，三则是数之成。许多民族都重三，但各有自己的根据。古希腊人重三，仿佛出于思辨理性；中国人重三，却有一个迄今为止仍少有人知道的缘故。

远古的时候，通行过一种婚姻习俗，人类学家称之为婚级制度。当时氏族成员被分为男女合四个婚级，同级男女系兄妹或姐弟；某一男性婚级只能与某另一女性婚级通婚，同理，某一女性婚级也只能与某另一男性婚级通婚；所生子女，又分别归入与其父母均不相同的另一婚级。图示如下：

男(————————)	女————	子女
1	4	3
2	3	4
3	2	1
4	1	2

图中数字代表婚级，(————)表示通婚。我们且将第一排的婚配结果展开如下图：

第一代	男 1 (————————)	女 4
第二代	子 3 (————) 女 2	女 3 (————) 男 2
第三代	子女 1	子女 4

在这张世系图中，可以看出：第一代的婚配关系，在第二代外化为异于自己婚级的子女；子女在异于自己也异于父母的婚级中寻得配偶，所生出来的第三代，又异于第二代，但却回到了第一代的婚级状态。由此决定了后来所谓的昭穆制度。

这种婚媾办法不知延续几多世纪，它留给人们观念上的一个重要影响至少是，使人对“三”产生了神秘感。试看，从一到二是异化，是展开，从二到三也是异化，也是展开，同时却又是向一的回归。无怪古人说，“数始于一，成于三”。三是一个成数，成熟的数；从一到三是一轮回，是量的扩展和质的回归，是一个更高的起点。所以老子说："道生一，一生二，二生三，三生万物。"为什么一不能生万物？因为一还不成熟；为什么三竟能生万物？因为三也是一，也具有"始"质。从上列世系表也可看出，第一代只是一对，到第三代便是许多了，它再往下生，就生出万物来了。

所以，后来竟有人将三美化成"天之大经"：

"何谓天之大经？三起而成日，三日而成规，三旬而成月，三月而成时，三时而成功。寒暑与和三而成物，日月与星三而成光，天地与人三而成德。由此观之，三而一成，天之大经也。"这话是董仲舒说的，它反映出尚三的观念究竟已有多深。即使到今天，相信读者还可以随手便举出许多例证来。

"五"

五之受崇拜完全因为我们每人都是五指和五趾。牛如果也拜数，一定尚二，因为它偶蹄。

好多民族都尚五，但都不如汉民族来得精深而彻底。汉族有一个五行观念，据现在所知，至少从商代就开始了，起先只是五方，东西南北加一个中，慢慢追究到万物之原，想象出一个水火木土金来，谓之五材，认为这五种元素尤其是它们的性能，化生着决定着万事万物。这里有一个问题，为什么"方"有五而不是四？"材"有五而不是六或者三？恐怕尚五的观念先此便已有了。而五方、五材之构造出来，又使本来只属于人身的"五"，多了一重"客观性"和神圣性，反回来加深着尚五观念。

真正具有客观性的大概只有五方，所以它成了基础。五材被分配进去，东木、南火、西金、北水、中间土。还有一个问题需要解决的是材只有五而数有十，五材和十数的关系。于是，一二三四五被说成是水火木金土的生数，即发生之数；六七八九十被说成是成数，即形成之数。这样，空间、物质、数目，都安排得当了。剩下一个时间很不好办。住在温带的我们祖先，四季的感觉较明显，一年十二个月又是客观法则，这四、十二和五之间，无法通约。人们为此费了不少心思，最后是季夏法得胜，即在夏秋之间，加个季夏。季夏不占真实的时间，只是名义上的时间，非时间的时间，春夏秋冬分别和木火土金水相配。至此，时、空、物、数，像房屋的四柱一样完全架设好了，可以覆盖一切、笼罩一切了。一个无所不包的五行大系于是形成：

	木	火	土	金	水
时	春	夏	季夏	秋	冬
方	东	南	中	西	北
数	三、八	二、七	五、十	四、九	一、六
帝	太昊	炎帝	黄帝	少昊	颛顼
神	勾芒	祝融	后土	蓐收	玄冥
虫	鳞	羽	倮	毛	介
音	角	徵	宫	商	羽
天干	甲、乙	丙、丁	戊、己	庚、辛	壬、癸
味	酸	苦	甘	辛	咸
臭	膻	焦	香	腥	朽
祀	户	灶	中溜	门	行
祭先	脾	肺	心	肝	肾
明堂	青阳	明堂	太庙	总章	玄堂
色	青	赤	黄	白	黑
谷	麦	菽	稷	麻	黍
牲	羊	鸡	牛	犬	猪
兵	矛	戟	剑	戈	盾
气	风	阳	雨	阴	寒
纪	星	日	岁	辰	月
官	士师	司徒		司马	理
钟	大音	重心	洒光	昧其明	隐其常
律	大簇…	中吕…	黄钟…	夷则…	应钟…

可以看出，当时生活的一切重要方面，都被囊括到五行图式之中了，当然有的故意拉长了，有的又削足适履。唯一例外的是“官”那一栏，只有四大员；所缺的中心一尊，是给君主留着的，不能写出来，也不必写出来。

后来还发生过八卦如何同五行相配、阴阳如何统领五行，以及十二地支如何纳入五行体系等问题，此处从略。我们只想强调一点，由尚五而构造五行，因五行大系而固化了的尚五观念，在全部中国文化中，占有极突出的地位，直至今日，仍然影响着我们的思想和感情。

这个五，加上上一节说的三，两个带有神圣性的数，又拼合成"三×五×"的模式，泛指赋以敬意的某些事物。如三皇五帝，泛指古帝王；三坟五典，泛指古书籍；三老五更，待尊之老人也；三令五申，郑重晓以法令也；甚至三纲五常起初也泛指必须遵循的纲常名教，并非确指某三条某五项。一向读书人不知来龙去脉，见到"三×五×"便一定把它考实，白费九牛二虎之力，争得不亦乐乎，结果是三个什么五个什么没弄清楚，"三×五×"原来带有的那点神圣性反给淹没了。他们完全不懂得人类能赋予数字以情感；或者说用数字来表达情感。比如说，如果我们把"三×五×"换成"三×六×"，情况马上不同了：三头六臂，三姑六婆，三班六房，如此等等，都具贬意。一数之差，感情大异，微妙之处，几难言传。

"九"

十进制的数列里，最大数是九。十比九更跨前一步，反而走向反面，回到了0。于是九便最大，成了数之极。

九还是奇数，最大的奇数。我们祖先曾将阴阳观念推广到数中，谓奇数为阳、偶数为阴。在男性霸权的社会里，阳为尊；因而九之受崇拜，不只在最大，还在于它是阳数中的最大。最大的阳数，在重经验尊老人的生活环境中，天生具有统领诸阳、代表诸阳的资格，于是九便成了阳数代表。这在《易经》中发挥得最彻底。

九也是三个三。三已经很神了，如前所说：将三看作一，生二生三，就成了九。因此九是神乎其神的结果。

就这样，九便以它的大性、老性、神性，于数目中得了特殊地位。当人们要极而言之的时候，便用九：九洲、九域、九夷、九霄、九天、九重……一切数中，唯独九有资格代表数之极，其他数，无论是亿、兆、京(十兆)、垓(十京)乃至用以表示无其数的恒河沙、那由它之类，都只能记述或形容为数之大之多，是一些有限之数，而无力表示为数之极，表示无限。只有九独具有限的无限或无限的有限的特性和资格。

可是，九的这个哲理式的无限性很难满足人的情绪性的要求，于是爱好夸张的人们又采取翻番的办法，把九加一番成了十八，用十八表示极：十八般武艺，十八层地狱，十八盘，十八相送……但是，情绪本是无节制的，十八还嫌不够，便再翻番，出来三十六：三十六计，三十六天罡，三十六行(或者十倍之，三百六十行)……此风一开，自会有人出来将三十六再往上翻，成为七十二：孔子七十二弟子，孙悟空七十二变化，七十二地煞……当然还可以无止境地往上翻。但是事不过三，说到“最最最”便不能再往下说了，一来那样显得缺乏创造性，二来也容易暴露这种“无限”的真正有限性；于是变换手法，用加法，把三十六和七十二加到一起，仿佛如此就得到了双料的无限，出来一个一百零八。这时候，心满意足了，一百零八从此成了惯用的表示最大数的数。

以上提到的这些数目，因其具有后天的数以外的文化属性，而为汉民族人民所崇尚。尽管我们可以通过追根究底的解说来剥离笼罩其上的神秘性，但又需注意，这种对数的崇尚已经远远超出了其原初的意义。作为传统文化的一种心理定势，它仍在不自觉地对人们起着作用。

儒家道统

◎牟钟鉴

儒家道统是儒者关于“圣贤之道”即儒学基本原理传授系统的学说。儒家学者在圣贤崇拜心理的支配下，对于儒学精要进行长期的反思，在外部同众家异说和佛老划清界限，在内部同异端思想及各种偏向划清界限，以保持儒学基本精神的纯洁性、稳定性和连续性，从而推动了儒家哲学发展主脉的形成。

早期儒家即已崇拜古圣王贤臣，认为尧、舜、禹、汤、文、武、周公能够敬天惠民，合乎儒家的理想，而把自己当做古圣贤之道的继承者。孔子是儒家的创始人，他“祖榜尧舜，宪章文武”，认为尧、舜、禹、汤、文、武都是顺天应运的古圣王，顺次递相传接。孔子称赞说：尧之为君，“巍巍乎，唯天为大，唯尧则之”（《论语·泰伯》）；舜能“无为而治”（《论语·卫灵公》）；禹则“菲饮食致孝乎鬼神，恶衣服而致美乎黻冕，卑宫室尽力乎沟洫，禹，吾无间然矣”（《论语·泰伯》）；周之文武乃是盛世，“周之德，其可谓至德也已矣”（《论语·泰伯》），“周监于二代，郁郁乎文哉！吾从周”（《论语·八佾》）。孔子以复兴周礼、继承和发扬周代礼乐文化为己任，在匡地遇险时说：“文王既没，文不在兹乎？天之将丧斯文也，后死者不得与于斯文也；天之未丧斯文也，匡人其如予何？”（《论语·子罕》）足见他已经把自己创立儒学看作是先贤之道的继续。

孟子是儒家道统的重要先驱者，他为了“闲先圣之道，距杨墨，放淫辞”（《孟子·滕文公章句下》），对于尧舜之道及其传授世系，作了更进一步的阐述。他指出：“尧舜之道，孝弟而已矣”（《孟子·告子章句下》），“尧舜之道，不以仁政，不能平治天下”（《孟子·离娄章句上》）；尧舜之后是夏禹，“禹之相舜也，历年多，施泽于民久”（《孟子·万章章句上》）；汤又继禹，行王政，伐不义，“诛其君，吊其民，如时雨降”（《孟子·滕文公章句下》）；乃至周代，“文王发政施仁”（《孟子·梁惠王章句下》），“视民如伤”

(《孟子·离娄章句下》),武王“救民于水火之中,取其残而已矣”(《孟子·滕文公章句下》),“周公思兼三王,以施四事”(《孟子·离娄章句下》)。孟子特别推尊孔子,称他是“圣之时者也,孔子之谓集大成”(《孟子·万章章句下》),“自有生民以来,未有孔子也”(《孟子·公孙丑章句上》);他还引宰我的话,说孔子“贤于尧舜远矣”(《孟子·公孙丑章句上》);从而确立了孔子在儒家道统中的至上地位。

孟子所理解的尧舜之道,其中心就是仁政,即仁义之心发为治国之政。他认为,尧舜之道历代必有圣贤出来为之推动,而圣贤不世出,“由尧舜至于汤,五百有余岁”,“由汤至于文王,五百余岁”(《孟子·尽心章句下》)。按照他这种“五百年必有王者兴,其间必有名世者”的说法,“由周以来,七百有余岁矣”(《孟子·公孙丑章句下》,论年数则超过,论时势则当可,而孔子又不曾为世君所用,未能实现其治国平天下的理想,如果天“欲平治天下,当今之世,舍我其谁与?”(《孟子·公孙丑章句下》)。显然,孟子以孔子未竟之业的继承人自居,希望通过自己的努力,实现儒家的社会政治理想。

孔子后学的另一重要代表荀子,同样以“上则法舜、禹之制,下则法仲尼、子弓之义”为仁人之务,却又不赞许孟子,认为孟子“略法先王,而不知其统”(《荀子·非十二子》)。诚如《韩非子·显学》所云:“孔墨之后,儒分为八,墨离为三,取舍相反,不同,而皆自谓真孔墨,孔墨不可复生,将谁使定世之学乎?”

两汉经学有今古文之争,汉魏有郑学与王学之争,都重经而轻道,或论阴阳立神学,或考章句订文字,在正统儒者看来都有所偏失,故难入道统之列。扬(杨)雄不满意当时儒家经学的烦琐、蔓衍和神秘,斥之为“羊质而虎皮”。他要效法孟子,起来捍卫圣道:“古者扬墨塞路,孟子辞而辟之,廓如也。后之塞路者有矣,窃自比于孟子。”(《法言·吾子》)但他不赞成孟子“五百年必有王者兴”的观点,指出道统之传,不必拘泥于年数。他极力推崇孔子,认为仲尼之道“关(贯)百圣而不慙(惭),蔽(塞)天地而不耻”(《法言·五百》),“众言淆乱则折诸圣”(《法言·吾子》)。他的卫道精神受到后儒赞赏。唐代韩愈在《读荀》中说:“晚得扬雄书,益尊信孟氏;因雄书而孟氏益尊,则雄者亦圣人之徒欤。”

魏晋时期,佛道兴起,两汉的儒学独尊变成了儒释道三教并存。直至隋唐,儒家创不出新的哲学体系,道家、道教和佛教的哲学反而兴旺发达,在思想文化高层次上占领了一大片阵地,形成对儒学的巨大压力。一些儒者由此产生了危机感,企图重整旗鼓，恢复儒学的正宗地位，以适应巩固宗法等级制度的需要，这就是唐宋儒家道统重新被提出和被强调的社会文化背景。如果说孟子提倡卫道，是为了在诸子争鸣中争取儒家的正统地位，那么由韩愈开端的唐宋道统论，则是在抗拒佛、道的斗争中保持儒家的正统地位。韩愈是儒家道统说的奠基人。在此之前，道统之说并不尊显，而自韩愈在《原道》中明确提出儒学之道的传授世系并大力提倡儒学复兴之后，儒家道统说才大行于世，并在宋代为道学家所公认和发挥。《原道》开宗明义地揭明圣贤之道就是仁义，并说它在治国之教方面的具体表现为："其文《诗》、《书》、《易》、《春秋》，其法礼乐刑政，其民士农工贾，其位君臣、父子、师友、宾主、昆弟、夫妇，其服麻丝，其居宫室，其食粟米、果蔬、鱼肉，其为道易明，而其为教易行也。"这个儒家之道体现了《大学》修身齐家治国平天下的礼乐文化传统，而根本不同于否定教化的老庄，以及"外天下国家、灭其天常"的佛教。此道由来已久，"尧以是传之舜，舜以是传之禹，禹以是传之汤，汤以是传之文武周公，文武周公传之孔子，孔子传之孟轲"。而自孔孟之后，此道隐埋，"火于秦，黄老于汉，佛于晋魏梁隋之间，其言道德仁义者，不入于杨，则入于墨，不入于老，则入于佛"。《原道》一出，道统中圣贤的序位就此正式排定，即：尧、舜、禹、汤、周文、周武、周公、孔子、孟子，两汉与魏晋儒者一概排除在外。从此孔孟并提，儒学被称为孔孟之道。韩愈卫道的感情十分强烈，他"抵排异端，攘斥佛老"，"障百川而东之，回狂澜于既倒"(《进学解》)，立志扶树名教，并以孟子之后道统的继续者自居。他在《与孟尚书书》中说："使其道由愈而粗传，虽灭死万万无恨。"韩愈并崇孔孟、阐扬《大学》、梳理道统、排辟异端的言行，都对宋代的儒学发生巨大影响，成为从汉学过渡到宋学的重要环节。

宋儒对于韩愈排定的道统序位再无异议，但对孟子以后，继其正道者为何人，则众说不一。宋初孙复在《信道堂记》中说："吾之所谓道者，尧舜禹汤文武周公孔子之道也，孟轲、荀卿、扬雄、王通、韩愈之道也。"其道统范围稍宽。但此后荀、扬、王、韩便少有列入之议。一般学者都把宋学看成超越汉魏隋唐而直接上承孟子之真传，而在宋学内部，又有推尊程朱理学者、推尊陆王心学者，及混而称道者。

道统说大倡于朱熹。朱熹在《中庸章句序》中说："盖自上古圣神继天立极，而道统之传有自来矣。"明确使用了"道统"二字。接着，他赋予圣贤之道以中庸之义："其见于经，则'允执厥中'者，尧之所以授舜也；'人心惟危，道心惟微，惟精惟一，允执厥中'者，舜之所以授禹也。"确立了宋儒所推扬的十六字心传。朱熹进而将道统与政统相区别，指出继承尧舜之道者，既有汤文武那样的圣君，亦有皋陶、伊、傅、周、召那样的贤臣，尤其孔子，“虽不得其位，而所以继往圣、开来学，其功反有贤于尧舜者”。他认为，孔子传颜回、曾参，再传子思，传至孟子而后中绝。及至北宋，二程兄弟赖《中庸》一书，“得有所考，以续夫千载不传之绪；得有所据，以斥夫二家(指佛老)似是之非”，这就肯定了二程在道统中的地位。朱熹的后学又以朱熹为道统在二程之后的传承人。其门人黄榦说：“道之正统待人而后传，自周以来，任传道之责者不过数人，而能使斯道章章较著者，一二人而止耳。由孔子而后，曾子、子思继其微，至孟子而始著。由孟子而后，周、程、张子继其绝，至熹而始著。”(《宋史·道学传·朱熹传》)此说将周敦颐、张载列入道统，而将朱熹上比孟子。魏了翁在《朱文公年谱序》中说得更直切：“韩子谓孟子之功不在禹下，予谓朱子之功不在孟子之下。”元代撰写的《宋史》，判《儒林》、《道学》为二，正是为了突出程朱理学，以为代表儒家正统，其说大致沿袭黄榦，以周敦颐接孟子，添列张载，称赞二程，“表章《大学》、《中庸》二篇，与《语》、《孟》并行，于是上自帝王传心之奥，下至初学入德之门，融会贯通，无复余蕴”。而“新安朱熹，得程氏正传”，使得“颠错于秦火，支离于汉儒，幽沉于魏晋六朝”的孔孟之道，“至是皆焕然而大明”(《宋史·道学传序》)。

陆王一派的道统论与程朱有同有异。王阳明亦以十六字为儒学之精髓，更强调其心学特征。他在《象山文集序》中说：“圣人之学，心学也”，“孔孟之学，惟务求仁，盖精一之传也”。周、程二子追寻孔颜之宗，定之以仁义中心。但承接周、程的不是朱熹，而是陆九渊：“自是而后，有象山陆氏，虽其纯粹和平，若不逮于二子，而简易直截，真有以接孟子之传。”阳明又直认“明伦”为孔孟之道，“外此而学者，谓之异端；非此而论者，谓之邪说；假此而行者，谓之伯术；饰此而言者，谓之文辞；背此而驰者，谓之功利之徒，乱世之政”(《传习录》)。黄宗羲在《明儒学案》中，谓阳明“致良知”之说，“震霆启寐，烈耀破迷，自孔孟以来，未有若此之深切著明者也”。于是王阳明亦被其后学视为孔孟之道的正宗继承人。

清代一些学者，以为程朱与陆王之学小异而大同，要皆不失为圣人之徒，故将其俱列入道统。如孙奇逢著《理学传心纂要》，“录周子、二程子、张子、邵子、朱子、陆九渊、薛宣、王守仁、罗洪先、顾宪成十一人，以为直接道统之传”(《清史稿·孙奇逢传》)。又有一些学者认为宋儒皆背离儒圣正传，如颜元说：“仆妄论宋儒，谓是集汉晋释老之大成者则可，谓是尧舜周孔之正派则不可。”(《存学编》卷一)清末大儒康有为，以孔门圣人自居，以为“孔子之道，有三世，有三统，有五德之运”。他用今文经学家的眼光理解孔子，为其维新变法作论证。于是众说纷纭，儒宗统绪，莫辨其正。

近世儒家学者亦多有以孔孟嫡传者自居，却少有为世所公认者。流行于港台的当代新儒家，其共同特征之一是“以儒家为中国文化的正统和主干，在儒家传统里又特重其心性之学”；其共同特征之二是“肯定道统，以道统为立国之本，文化创造之源”(韦政通《当代新儒家的心态》)。“从哲学上讲，现代儒家，包括新儒家，是以陆王为主的”，如牟宗三便“认为陆王系统才是中国的正统”(余英时《从传统迈入现代的思想努力》)。

可以看出，道统论主要与儒家心性之学相联系，或从经学的角度说，主要与义理派相联系。故论者不把训诂经学置于道统之中。因此，道统论不显于汉学而发达于宋学。宋以后的各派儒家学者，都用道统论为本派学术争得正宗地位，视别家为旁支。在论辩中，儒学的伦理型人学的基本属性得到维护和发扬。当有些儒家学派偏离了儒学的基本方向时，学者们总要回到孔子、孟子那里去，进行正本清源的工作，以避免儒学蜕变成神学，或者变成单纯的政治工具，或者过于驳杂，从而在大体上保持住儒学忠恕之道、民本主义和德治主义的本来面目。但由于各派对儒学核心思想的理解和侧重不同，门户之见遂起，自是而相非，世人难以定其优劣。实则是见仁见智，各有所得，各有所偏，亦各有创新，这是学术发展的常规，不必要亦不可能确定谁为正统，谁为衍支。道统论者在学派内外排除异端，敌视或歧视众家诸说，不符合“和而不同”的传统精神，不利于百家平等争鸣的开展。但道统论者强调王霸之分，宣扬从道而不从君，故而道统中的圣贤，既有圣君，也有贤臣，亦不乏造诣高深的学者，其取舍标准不在社会地位，而在道德学问，从而形成了儒家的学统，取得了对于政统的相对独立性。不论世情如何起伏、权力如何更替，儒学的传统始终绵延不绝，成为几千年中思想文化的主干和中国人的重要精神支柱。

释氏空门

◎赖永海

昔日夫子扬德音于华夏，释氏振法鼓于天竺，两个思想巨匠，在东方两个文明古国的宗教、文化史上，各开创了一个新的纪元。孔夫子创立的儒学经汉武帝定为一尊后，逐渐衍化为中国传统文化的主流；释迦创立的佛教经阿育王鼎力弘护之后，逐渐变成一种世界性的宗教。两汉之际，佛法东渐，受中国传统思想的影响进而与中国传统思想相融合，佛教逐渐变成中国传统文化的一个重要组成部分。

佛教东渐之初，原是大、小二乘并传；在往后的传布、发展过程中，也是空、有二宗兼弘。但如果从总体或主流立论，在中土流传的主要是大乘佛教。而在大乘空、有二宗中又以空宗影响为大。

所谓“空宗”，亦即古印度佛教思想家龙树创立的性空般若学。般若学的中心思想是以诸法无自性说“空”。此“空”，与世俗所说的“空”或“虚无”不尽相同，并非指一无所有，而是指因缘无自性。按照佛教的基本教义，世间一切事物都是因缘而起的。既是因缘而起的，故都是无自性、无自体的。既是无自性、无自体的，因此诸法本空。对于因缘性空的思想，龙树所著之《中论》有一个最精辟的概括，曰：“因缘所生法，我说即是空，亦为是假名，亦是中道义。”此谓一切诸法都是因缘而起的，故无自性，因无自性，故空；但是世间诸法，森罗万象，不能充耳不闻，视而不见，从俗谛的角度说，作为一种假相、幻影，它们是存在的；人们看待任何事物，都既要看到它是因缘性空的一面，又要看到它作为一种假相是存在着的，只有这样去认识事物，才算真正懂得佛教中的道义。

性空般若学之传入中土，可溯至东汉支娄迦谶的传译《道行般若经》。后经罗什、僧肇等高僧的大力弘扬，至魏晋遂蔚成大宗。魏晋二代，名流辈出，玄学盛行。当时之佛界高僧与清流名士相酬唱，性空般若学也与玉柄尘尾之玄风相激扬，出现了一种般若学与玄学相互交融、相得益彰的局面。一方面，玄学家以“涅槃”释“无为”，另一方面，众高僧以“本无”论“性空”；一方面，名士清流以参禅学佛为高尚，另一方面，诸大德既风神类谈客，理趣更符老庄。真真是名人释子共入一流；真乘佛印，与“三玄”齐彰。

本来，相对于玄学而言，般若学是一种外来文化。为了求得自身的生存与发展，它在初传时是依附于老庄、玄学的。但是，由于玄学发展到向、郭之义注时已达到饱和的程度，而般若学在理论思辨程度方面又高出于玄学，因此，至僧肇时，般若学却取代了玄学，成为了玄学的出路所在，般若学也因之在中国古代理论思维的发展过程中留下了光辉的一页。

中国佛教至南北朝之后又转一方向。由于当时战乱频仍，天下分崩，一般小民，或死于干戈，或毙于饥馑，幸存者十无一二；庶族下品也难逃战祸，只希苟全性命于乱世，不求闻达于诸侯；统治阶级内部也相互倾轧，人人自危。这一切，使人间充满着世事无常、人生如寄之悲感。既然佛教的般若学不能渡人出生死无常之苦海，说空谈玄也不能使人避免朝不保夕的厄运，注重解脱的涅槃佛性说就成为陷于绝境时的一线希望；以此为契机，佛性理论自南北朝之后就开始入主佛学界，成为隋唐二代佛教之主流。

所谓佛性理论，简单地说，就是关于佛性问题的思想、学说或理论，它主要研究：何谓佛？佛的本性是什么？众生能否成佛？若能成佛，其根据是什么？众生成佛是在今生今世抑在遥远的未来？成佛的方法是直下顿了，抑须历久修持？众生成佛是全凭自力，或须仰仗他力？等等。隋唐佛教虽然宗门林立，派别繁多，究其旨归，都是围绕着这些问题展开的。

与南北朝的佛教多表现为学派不同（如涅槃学派、成实学派、地论学派、摄论学派等），隋唐时期则出现了许多佛教宗派，对此时期的佛教宗派，国外学者有十宗、十三宗诸说，国内多数学者则认为只有三论、天台、唯识、华严、禅宗、净土、律宗、密宗八宗，而其中天台、唯识、华严、禅宗又是学界公认的四大宗派。

天台宗是天台山智顗法师所创立，其所依据的经典是《妙法莲华经》。就思想理论说，该宗以“实相论”为基础，认为一切诸法，都是“实相”的体现；同时又从诸法互具的立场出发，倡“性具善恶”，也就是说，佛性不但具善，同时也具恶。此说一反佛教佛性纯是至善的传统说法，在中国佛教史上独树一帜，从而使得天台宗成为一个独具特色的佛教宗派。天台宗学说的另一个重要特色是其“止观”学说。在智顗之前，由于天下纷争，南北割据，中国佛教出现一种“南义北禅”的局面，亦即南方注重义理，北方注重禅定。隋统一中国之后，智顗顺应南北统一的时代潮流，在修行方法上提倡“止观并重，定慧双修”，把止观二法视为鸟之双翼，车之二轮，认为只有定慧双修，才能见佛性得解脱。这种修行方法对以后的中国佛教产生了深远的影响。此外，天台宗思想还有一个十分重要的特点，即它不像南北朝许多佛教学派那样注重某一佛教经论，围绕着这些经论来阐发自家的思想，而是如智顗所说的，多是在“说己心中所行法门”，因而使得天台宗思想颇具创造性，成为第一个富有中国特色的统一的佛教宗派。

与天台宗的性具实相论不同，华严宗倡如来性起。此种“性起”说的中心内容是把“如来藏自性清净心”(或称之为“一真法界”)视为生、佛诸法之本原，认为世间、出世间的一切诸法包括佛与众生，都是此“清净心”缘起的产物。而此“清净心”的最大特点是至纯至善，毫无染垢，这与天台宗佛性具恶的思想适成鲜明的对照。华严宗学说的另一个重要内容是主张缘起的重重无尽，从方法论的角度说，亦即圆融无碍思想。在华严宗人看来，世间一切事物的差别和对立(如色与心、能与所、一与多、生与佛)只是表面的假象，实际上它们都是相融互即的；也就是说，色也就是心，能也就是所，一也就是多，众生也本来就是佛。华严宗圆融无碍的思想是建立在这样一种理论之上的，亦即一切诸法都是“如来藏自性清净心”的体现(“唯心现故”)，因此在本质上是没有区别的；同时，他们用“法性融通故”来解释诸法的圆融无碍，亦即认为，任何事物都是理体随缘的产物，每一事物都不能离开理体而存在，它一旦存在，就包含了理之全体。正是以每一事相包含理之全体为契机，华严宗创立了“事事无碍”的学说，亦即此就是彼，一即是多，法法平等，事事圆融，与一尘而尽宇宙，舒一念而该九世。

隋唐时期有唯识宗，是当时佛教诸宗中最没有中国特色的佛教宗派。该宗的创始人玄奘虽然在翻译佛经及中印文化交流史上具有十分重要的地位，但在创宗弘法上并不成功，他创立的唯识宗仅传二世，至弟子窥基就告衰亡。唯识宗“二世而亡”的原因也许很多，但其中的一条重要原因，无疑是几乎完全照搬印度的法相唯识学，而没有多少自家的特色。这说明宗教的传播和发展，与其他社会文化形态一

明戴进《达摩六代祖师像》局部一。

样，相当程度上取决于当时的社会需要。

与唯识宗正好相反，禅宗是一个最具中国特色的佛教宗派，也许正因为如此，它在中国流传的时间最长，影响也最大。

佛教史上常以“释迦拈花，迦叶微笑”作为禅宗之始，实际上禅宗的真正创始人是唐僧慧能。慧能对于传统禅学的变革，佛教史上称之为“六祖革命”，其中心内容大体包含这样三个方面：一是倡“即心即佛”，二是主“顿悟见性”，三是强调“即世间求解脱”。其“即心即佛”的思想，把生、佛诸法归结于自心，从而把传统的注重对佛陀崇拜的外在宗教变成一种注重自心的内在宗教；其“即世间求解脱”的思想又把佛教进一步世俗化，使得传统的注重出世的佛教一变而成为强调不离世间的入世宗教。慧能创立的禅宗由于适应了当时社会需求，因此自宋元之后，一枝独秀，成为中国佛教的代名词。

中国佛教在隋唐盛极一时之后，自会昌毁佛始，便开始走下坡。宋元之后的佛教有一个重要的特点，即出现了由博而约、由繁而简的趋势。随着禅宗的勃兴与发展，一个真常唯心取代三藏十二部经；而随着净土宗的崛起与盛兴，一句“南无阿弥陀佛”概括了八万四千法门；宋元之后的佛教，实已成为提倡简便易行的禅净二宗之天下。而禅净二宗之间又日趋融汇，结果，“有禅有净土，犹如戴角虎”的禅净双修道路，几乎成为宋元之后佛教各宗的共同归趋。

纵观佛教在中国的历史发展，人们可以发现，印度长期流传的小乘佛教在中国几无地位，而印度传统佛教的大乘空有二宗作为独立的派系，在中国流传的时间

明戴进《达摩六代祖师像》局部二。

也不长，相反，于印度佛教中不太引人注目的佛性理论，自晋及刘宋之后就入主中国佛教界，成为中国佛教界的主流。此中之缘由，除社会的历史条件之外，中国传统思想文化的影响，无疑是一个重要因素。实际上，佛教自传入中国之日起，就逐渐走上了中国化的道路。隋唐佛教，更深受传统儒学的影响，特别是深受儒家人本主义和入世精神的影响，因此隋唐时期的佛教诸宗派，都有两个重要特点：一是注重人性、心性；二是强调入世、济世。而不像传统佛教那样，注重抽象本体，强调脱尘离俗。这一点在天台、华严、禅宗的思想中均有突出的表现。如天台虽然常以中道实相说佛性，但最后又总是把诸法实相归结于一念心，认为"心是诸法之本，心即总也"(《法华玄义》卷一上，《大正藏》第33卷，第685页)。华严学说的唯心倾向更为明显。本来，华严宗是以《华严经》为宗本的，《华严经》的基本思想之一，是在"法性本净"的传统看法基础上，进一步阐明一切诸法的圆融无碍。可是华严宗人在解释法界缘起时，却常常从"各唯心现故"角度去说明诸法的相即互融。至于禅宗，其受儒家人性、心性理论和入世精神的影响就更加明显了。禅宗作为归结一切诸法的"自心"、"自性"在相当程度上就是儒家所说的"心性"、"人性"。它所强调的"佛法在世间，不离世间觉"(《坛经》)的思想，更是儒家注重人生、强调入世精神的反映。至于后期禅宗所提倡的"饥食困眠，随缘任运"，"本自天然、不假雕琢"的纯任自然、无证无修的作风，则深受老庄"自然无为"思想的影响。

与此同时，中国佛教自隋唐之后，又反过来对中国古代的传统产生了极其广泛、深刻的影响。如果说，"无佛学，即无宋学"这句话在相当程度上概括了佛教对宋明理学的影响，那么，佛教对中国古代诗、书、画、小说、戏曲、语言文字、雕刻、建筑等方面的影响更是触处皆是、难以尽说。以往有些人常把佛教作为一种外来宗教、外来文化去看待，实际上这是一种误解。与传统的印度佛教不同，中国佛教其实是印度佛教与中国传统思想相互交融汇合的产物，是中华民族传统文化的一个十分重要的组成部分。

道教修炼

◎葛兆光

说道教修炼，不妨先从佛门坐禅说起：它讲究平心静气摒除杂念，或万虑皆空一念不生，或专注一物静观求证。最早汉译的佛典之一《安般守意经》便教人以这一法门：“摄心还念，诸阴皆谓之‘还’，秽欲寂尽，其心无想谓之‘净’”(见《出三藏记集》六)。如何“还”?如何“净”?方法之一便是与道教呼吸吐纳相似的“数息”，“数”是心数呼吸次第，“息”是平稳地呼吸，《安般守意经》说“有声为风，无间为气，出入为息，所出入不尽为喘”，其中“出入”便是真正的“息”。

不过，佛教“坐禅”、“数息”主要是让人心理宁静，杂念平息，由“坐禅”回归永恒宁静的心境，其中并没有生理修炼以求长生不死的意思。就是后来禅宗初期的“凝住壁观”(《菩提达摩二入四行论》)，“端身焉坐，宽衣解带”(《楞枷师行论》记道信禅法)、“远看一字，自有次第”(同上，记弘忍禅法)，虽然有“身心调适”的说法，但最终也只是要达到“内外空静，心性寂灭”，从而“发起性上无漏智慧”，决不像道教那样明明白白地要以长生不死为目的。

但是，道教养气修炼诸求，却不光是个智慧或心理的问题，还兼有个长生不老的生理在内。《养性延命录》说“人所贵者，盖贵乎生”，《坐忘论》也说“人所贵者生也”，这分明是想不死。《太平经》卷七三至八五说“长存不死，与天相毕”，《抱朴子·对俗》引仙经说“还精胎息，延寿无极”，这分明是想成仙。按照《太平经·不用大言无效诀第一百十》的说法，“凡天下人，死亡非小事也，一死终古不得复见天地明也，脉骨成涂土……人人得一生，不得重生也。”为了达到这个目的，道教修炼便囊括了古代吐纳、导引、食疗、按摩、房中各种方法，要求修炼者不仅要摒除杂念、进入境界，而且要懂得经络运行次序、知晓医药知识，最终做到健康长寿乃至长生不老。如果除去它神秘主义的外衣，那么，它是以养气、保精、全神为主，体操、按摩、服药、饮食为辅的生理保健技巧。和佛教比起来，佛门坐禅侧重心理而道教修炼侧重生理，佛教徒坐禅仿佛将活人坐成“有气的死人”，而道教徒修炼仿佛将活人修成神仙。

道教修炼不仅有它独特的目的，而且有它自成体系的一套理论，这理论的核心便是“人与宇宙的同一”。首先，按照道教经典的说法，天、地、人都是由“气”生成的，而“气”又是由“无”中而来的，这是《老子》“道生一，一生二，二生三，三生万物”理论的引申。《云笈七签》卷五十六《元气论》就说，混沌开辟，是一片空无，“寂兮寥兮”，经过“太易”、“太初”、“太始”、“太素”时代，宇宙形成了它的质体，叫作“太极”，这时便有了“气”；“气”分出清浊阴阳，清气上升为天，浊气下降为地，天阳地阴，阴阳化合成为人；天、地、人称“三才”，它们都有同一的本原就是“气”，所以对于一切人来说，“生成长养最尊最贵莫过人之气也”。其次，人与宇宙天地既然源出于一，那么，它们也有同一的结构，天地之气分阴阳、衍四季、化五行，人的气也分清浊、生四肢、备五脏。《太清中黄真经·序》就说：“元气浩然，凝结成质，育之以五脏，法五行以相应，明之以七窍，象七曜以昭晰。”再次，由于人与宇宙天地这种同源、同构的关系，道教悟出一个玄妙的道理，即人要想与宇宙天地一样绵绵不绝永恒长存，就应当“返本复初”，回归到元气初结的原初状态。而回归到元气初结的状态的方法，就是仿效宇宙天地默默无为，虚空寂寥，周流不殆，元气永存，并吸取宇宙天地间充满生命力的精气。据说，人一旦进入生命流程，就有所嗜欲、有所作为、有所追求，而这种与生俱来的嗜欲、作为、追求就在不断消耗人禀生以来的“气”、“精”、“神”，像《养性延命录·序》所说的“恣意以耽声色”，从而丧失元精；如果人“役智而图富贵”，就会消耗元神，这就是《玉清胎元内养真经》说的“外为酒色之所贼，内为思虑之所萦”。于是，人禀生之初的那点元气就不断地散失殆尽，人的生命也就走到了尽头。就连人们平时饮食中生冷荤腥辣酸之物，也会使人的元气受到污染或鼓荡，正像《胎息秘要歌诀·饮食所忌》所说“荤茹既败气，饥饱也如斯，酸咸辛不宜，萝卜羹须忌”。因此人应当使自己像宇宙天地一样虚空寂廖、默默无为，“去肥浓，节咸酸，减思虑，损喜怒，除驰逐，慎房室”(《云笈七签》卷三十二)，保住人身中的那点元气，进而应当像宇宙天地那样周流不殆，元气长存，而且不断吐故纳新，保养与补充元气。当人保住了固有的“气”，又不断地吸收了新鲜的“气”之后，就能像宇宙一样绵绵不绝，永恒长存了。

既然人长生要养气，而且要养“先天纯粹之气”，那么首先当然要“守静笃，致虚静”（《老子》十六章），这就好比只有把仓库里的垃圾杂物清扫出去才能装新东西一样。不过这与佛教的“心空”稍有不同，佛教要求“心空”是因为佛教着眼在智慧，在佛教看来真正的智慧是思维原初状态的“空”，一切后天的知识都是“分别”，是“渗漏”，是心灵的污染。而道教却着眼在生命，在道教看来生命的本原是“气”，仓库腾得再空还必须有一点真气，否则生命就不存在了，正如张伯端《悟真篇·七言绝句之六》所说：“咽津纳气是人行，有物方能万物生。鼎中若无真种子，犹将水火煮空铛。”不过，如果人体内杂念太多，情欲沸腾，浊秽充斥，便会妨碍真气，故必须把它们一扫而空，回归“无”的状态，就像返老还童回归婴儿状态一样。《老子》十章说：“专气致柔，能如婴儿乎？”二十章又说“我魄未兆，若婴儿未孩”，就是因为婴儿既没有受到精神污染又没有受到情欲撩拨，元气保存完足，所以才有旺盛而持久的生命力。《元气论》中说这叫“无为”，“无为者，心不动也，不动者，内心不起，外境不入。内外安静，则神定气和。神定气和，则元气自至”，这就像“空谷来风”或“水往低处流”的道理一样，所以《平清胎元内养真经》说“先学定心，心定气住”。但光是存在了“气”还不够，人从小到大，已经消耗了不少精、气、神，哪怕你是练童子功、从小常吃素，总不免在人间厮混熏染，所以其次还要补足元气。这是道教修炼中最重要的一环，其中第一步是要会“食气”。据说《楚辞·远游》“餐六气而饮沆瀣兮，漱正阳而含朝霞”就是说的服食“朝霞”（平旦之气）、“正阳”（夏天日中）、“沧阴”（日暮之气）、“沆瀣”（冬天夜半）、“天玄”、“地黄”六种气来补充元气；而《云笈七签》卷三十六《食气法》则记载：“夜半至日中六时为生气，以日中至夜半六时为死气，唯食生而吐死，所谓真人服六气也。”因为人体是小宇宙，天地是大宇宙，天地从夜半到日中，仿佛由死而生一样逐渐明亮，到日中则逐渐暗淡，仿佛人由成年、老年而死亡一样，所以人这个小宇宙要与大宇宙互相同步，彼此感应，服食新生时充满了生命活力的气，吐掉衰亡浊秽无生命力的气，这就叫“吐故纳新”的吐纳之术。吐纳只是一步，同时还有第二步“运气”。运气时不仅要掌握吹、呼、嘘、唏、呵、呬六种方法，而且要用意念引导气在全身循经络运行，运行的次序与经络中最有名的当然是所谓“周天”，即沿任、督二脉绕行，身后经督脉上升，打通尾闾、夹脊、玉枕三关，这就好像使气在人体内运行了三百六十度，如天体一昼夜运行三百六十度一样，所以叫“周天”。据说这样一来，元气便能在人的丹田内积蓄起来，并使全身都充溢着活力。“运气”的同时，还有第三步“思神”。如果抛开“思神”中的神秘主义内容,那么“思神”就是使意念集中的方法。在吐纳、运气的时候,意念不能分散或转移,要紧紧地与“气”结合在一起沿经络游走:你要用意念想象,肾部的气是水,在八卦属“坎”☵,在外丹中是“铅”;心部的气是火,在八卦中属“离”☲,在外丹中是“汞”。气的升降,使水火相和、坎离交济、铅汞互熔,正如《性命圭旨》所说,使“心火下降,肾水上润”,有如“降龙(心火)伏虎(肾水)”,这样,气就能在人的丹田内凝结成“大丹”,又叫“圣胎”、“大药”,就能使人元气完足,回复婴儿时代充满活力的原初养成,祛除疾病,健体强身,乃至长生不死。再次,修炼者还得不断地保养,这叫“圣胎长养”;还得不断地导引按摩,这叫“知龟鹤之遐寿,故效其导引以增年”,还得不断地服食各种药物,这叫“知上药之延年,故服其药以求仙”(《抱朴子·对俗》)……道教相信,当人真正地做到了这一切之后,就会与宇宙合为一体,绵绵不绝永恒长存了。

公正地说,道教修炼是一套行之有效的生理与心理保健方法,它包含着中国古代人类对宇宙与人生的独特智慧,它的一整套理论与方法至今仍启迪着人们对宇宙与人类的思索。但是,长期以来,它却逐渐从生理保健学向神秘主义发展,其中的合理因素由于得不到合理解释而被裹上了一层厚厚的迷信外壳,而其中的神秘因素却渐渐滋长蔓延成神秘主义。来自阴阳五行八卦及外丹术的那些谲诡术语被挪借于养气修炼之中;而破译名词成了道士的专利,仿佛把修炼方法锁进了箱子,而密码却只有道士知晓,旁人窥不见箱内的秘密。于是,秘密越发神秘。为意念集中而设计的“思神”方法被无限制地滥用与夸张,什么“存思玉女在双眼中”、“元始天尊在头顶”、“丹田有一火珠”之类,简直把医学变成了神灵崇拜,把人体变成了神坛。本来是养生保健的方法被神化为飞升成仙的阶梯,结果成仙得道的梦幻反而掩盖了修炼的真实意义。因此,摆在我们面前的任务,也许正是恢复道教修炼方法的本来面目,阐释其中理论的智慧精华。

人格神崇拜

◎王 毅

人格神崇拜是中国宗教的特有现象，它是中国民众伦理精神在宗教领域中的反映和表现。所谓“人格神”，是指祖先神、至上神、行业神、图腾灵异等等神格之外，以崇高的人格精神为其神格基本内涵的神祇。

众所周知，古代中国文化的基础在于以血亲为核心的宗法制度。中国文化的这一特点促使以维系宗法关系为目的的伦理思想高度发达，并始终在中国文化体系中占据着举足轻重的地位。在士大夫文化中，上述伦理精神主要表现为“修齐治平”的理想以及对“孔颜”人格的弘扬；而在广大的下层民众中，伦理精神之社会意义最高和最集中的表现形式，是对人格神的信仰和塑造。

从演化过程来看，中国人格神的发展大致经历了秦汉以前的孕育、秦汉以后的广泛蘖生以及宋明以后的日趋高度典型化这样三个阶段。经过这漫长的过程，人格神从原始崇拜中脱胎出来。但是，它并没有真正构建起一个彼岸世界，相反，倒是塑造出了与现世伦理精神高度契合的神圣偶像，从而大大神化了宗法原则，并反过来给予中国社会及民众心理以广泛的影响。

中国人对鬼神的信仰源于上古的原始崇拜，而在原始崇拜中，祖先神、动物神、山川神、人鬼等之间的界限并不十分清楚。在自然崇拜和祖先崇拜的基础上，人们往往将自然神和图腾加以人格化和社会化，赋予他们某些更具普遍意义的品质和性格。例如在古代神话中，伏羲就是“蛇身麟首有圣德”的神。在氏族社会中，氏族领袖往往既是氏族的行政首脑，又是负责沟通全氏族与神界联系的大巫师，他死后还很可能成为被后世崇奉的祖先神。多重社会职能的集于一身，要求这些氏族领袖和祖先神必须充分具备与全氏族整体和长远利益相适应的道德禀赋。所以在神话中，他们通常不仅掌握某种超自然的力量，而且是道德的典范，例如“尧眉八彩，九窍通洞，而公正无私”(《淮南子·修务训》)；而当氏族遇到不幸需要他们率领、代表人民祀神祈福时，这些首领和巫师也必须最严格地反躬自省，检视是否因自己的道德失范而触怒神明(后来皇帝们的“罪己诏”即源于此)。所以早在上古时代，中国文化中就已孕育了人格神的萌芽。及至国家产生和发展以后，这一传统依然被继承延续，例如《诗经》和《尚书》的许多篇都强调了周文王之“明德”闻于天，上帝遂命其代商兴周。以后，“前哲令德之人”也就成了国家规定的祭祀对象之一。战国思想家更把对国君的道德要求视为完整国家理论的组成部分，如荀子就说过“志意致修，德行致厚，知虑致明，是天子之所以取天下也”的话，《易传》也说“夫大人者，与天地合其德，与日月合其明，与四时合其序，与鬼神合其凶”。可见，这时虽然没有出现单独的人格神，但是，将某种符合宗法制度需要的人格精神，推崇到与天地日月、鬼神四时同样的无上地位，已经是中国文化发展的必然需要了。

秦汉以来，中国的民间宗教有了很大发展，即如鲁迅所说：“中国本信巫，秦汉以来，神仙之说盛行，汉末又大畅巫风，而鬼道愈炽。”儒家理论也认为：“明则有礼乐，幽则有鬼神。”两者的关系是异体同构，相互补充。因此在民间宗教不断膨胀和儒家伦理思想成为国家法定意识形态的同时，它们两者之间也有越来越密切的联系。许多神祇或者直接因为儒家伦理的需要而设，或者不断被人们改造着品性面目，从而被赋予更多的宗法理想及其人格精神。比如春秋时的伍子胥被谗而死后，吴人怜之，为他立祠于江上，遂被奉为江神，他的神性也主要表现为“驱水为涛”。但是后来，“忠孝”却逐渐成了伍子胥神格的主要内容，梁朝的皇帝萧纲(503—551年)的《祠伍员庙诗》开篇就说：“去国资孝本，循忠全令名。”也正因为伍子胥由原来囿于一地的江神，变为具有普遍道德意义的人格神，所以他不仅在吴越世代享祀，亦为北方人民所广泛庙祭尊崇(见《魏书·地理志》)。又如许多帝王都曾竭力推崇殷代比干尽忠而死的人格精神，北魏孝文帝曾亲自著文祭吊，并立碑刊文，以彰其德。唐太宗为了旌扬比干的“正直之道”、“忠勇之操”，诏令追赠他为太师，谥为“忠烈公”，并“崇其墓而葺其祠，州县春秋二时祀以少牢”。不难看出，这时的比干虽然依旧兼有祖先神的性质(中国的林氏统称“西河林氏”，奉比干为始祖)，但由于帝王们的需要，他已经主要是以人格神的面目出现了。到了盛唐时代，中国人格神的神系已相当庞大，仅唐天宝七年诏令“所在宜置祠宇，量事致祭”的人格神，就有子产、乐毅、屈原、诸葛亮等忠臣十六人，伯夷、叔齐、鲁仲连等义士八人，以及孝妇、烈女数十人(见元马瑞临《文献通考·宗庙十三》)。以后，人格神的神系仍在不断扩充、膨胀，著名的例子如唐宋时以身殉国的颜真卿、张巡、南霁云、雷万春、康保裔等忠臣烈士，都被世人尊崇为神，并分别建庙祀奉。

宋明以来，进入自身发展后期的中国古代文化，为了维系整个传统社会而大大强化了传统的宗法伦理关系。这种努力既包括严格清理妨碍宗法伦理的种种因素，同时更包括从正面对宗法伦理的积极构建。在士大夫文化中，这种强化和构建主要表现为理学的产生并成为统治性的意识形态；而在世俗宗教文化中，很大程度上则表现为人格神的进一步发展。宋明以来人格神的发展集中在三个方面：第一，人格神在整个神系中的地位不断提高，最后几乎到了无以复加的程度；第二，人格神的道德境界越来越崇高、完美、全面，成为宗法社会中万能和最高的人格楷模；第三，人格神的影响日益广泛，人格神崇拜甚至成为全社会最普遍的宗教活动之一，并且在整个民族的价值观念、文学艺术、城市风貌等等众多领域中留下了深深的烙印。

宋明以来人格神的发展，依然是在中国宗教文化传统的影响下进行的。例如，上古时代那种以祖先神和大酋长为全氏族道德楷模的传统不仅仍然根深蒂固，而且通过国家形态的“放大”表现得更为突出。宋徽宗上神宗谥号为“体元显道帝德王功英文烈武钦仁圣孝皇帝”，加哲宗谥号为“宪元继道显德定功钦文睿武齐圣昭孝皇帝”，明代嘉靖帝自加“九天弘教普济生灵……开化伏魔忠孝帝君”等等众多尊号，都是典型的例子。同时，这些越来越冗长的尊号也说明，社会的确比以往更加需要这样一些至高无上的人格神。正是在这样的文化背景下，宋明以后的人们不仅继续神化着帝王孔孟等大教主，而且将一些原本地位并不显赫的人格神，极力推崇、擢拔到与帝王孔孟同尊等贵的地位，其中最典型的莫过于对岳飞和关帝的崇拜。

南宋抗金名将岳飞(1103—1142年)矢志驱除外虏的业绩和壮志未酬被谗而死的遭遇，久已为世人仰慕和同情，历代帝王遂因此而神道设教，尊之为神。据明人田汝成《西湖游览志》记载：岳飞被害约二十年后，“金人益猖獗，太学生程庞图讼飞冤，诏还(岳)飞宗属徙边者。孝宗诏复(岳)飞官，谥‘武穆’……废智果院为祠，赐额曰‘褒忠衍福寺’。墓上之木皆南向，盖英灵之感也。嘉定四年封‘鄂王’，宋亡寺废”。显然，作为人格神的岳飞，这时地位并不显赫。但经过明清两代众多帝王将相的推尊褒扬,情况就大大不同了。据《西湖游览志》和《西湖志》记载:明洪武四年(公元1371年),朱元璋敕令修建岳庙,并正式列入国家祀典,由有司春秋致祭。明代宗景泰年间(公元1450—1457年),朝廷再赐春秋之祀及“忠烈庙”题额。明武宗正德八年(公元1513年),铸秦桧、王氏、万俟卨等奸佞的反绑跪像,置于殿前露台。十二年(公元1517年),庙中增塑岳飞父母、妻子儿女诸像,一并享祀,并题匾曰:“一门忠孝”。清代顺治八年(公元1651年)、康熙二十一年(公元1682年)、三十一年(公元1692年)、五十四年(公元1715年)、雍正九年(公元1731年),岳庙又在许多封疆大吏的主持下,被频繁翻修扩建,以致规模越来越大。更主要的是,通过这一次次的神化和翻建,岳飞作为人格神的特质被越来越强烈地表现出来,以至于岳庙周围及庙中景物的命名、建筑的修造,都完全被用来服务于这唯一的目的。例如岳墓墓门外的桧树因与秦桧之桧同字而被劈开树身,并被名为“分尸桧”;墓旁之木被名为“南枝树”,以颂扬岳飞为南宋尽忠;墓门内的水井被名为“忠泉”,墓前立华表及镌有“精忠报国”四个大字的石碑;祠前甬道上建石坊,额曰:“碧血丹心”,等等。所有这些,都是通过十分具体的手段对人格神的不断塑造。这种塑造方式,反过来也非常鲜明地反映了中国人格神的文化内涵、功用以及崇拜者的文化心理。明清以来,岳飞崇拜通过小说、戏曲等众多形式在民众中有广泛的影响。它甚至成为忠君报国等伦理观念最典型化的表现形式。明代人在不断扩建岳飞庙的同时,还在帝王庙中塑岳飞神像,将其作为忠臣的典范陪祀历代帝王。岳庙的修建也不仅限于南方,如近代著名诗人黄节《岳坟》一诗云:“中原十载拜祠堂(自注:十年前余两过朱仙镇。谒岳王庙,均有诗,今不存),不及西湖山更苍。大汉天声垂断绝,万方兵气此潜藏。”另外,随着作为人格神的岳飞地位不断提高,他与神系中其他神祇也有更多的联系,同时亦被崇拜者赋予更多的超自然神性。例如明代人传说,岳飞是张飞、张巡转世而生,他曾代替关羽为佛寺护法伽蓝。近代又传说:岳飞为东岳速报司之神,其灵最著,凡负屈含冤、心迹不明者,只要在东岳庙速报司岳神前盟心投诉,无不速得神应。当然,尽管有种种附会,在中国民众眼里,岳飞主要还是一位道德崇高的人格神。

与岳飞崇拜相比,关羽崇拜是人格神中地位更为显赫、影响更为巨大的例子。关羽本是三国时蜀国名将,与孙吴作战而死后,谥为壮缪侯,当地人立祠祭之,亦不过是传统的人鬼崇拜,而另无深意,直至唐代,其地位和影响都十分有限。但宋代以后,关羽开始平步青云。北宋末年,始封为公,但仍然仅是张天师属下的神将之一。

宣和五年(公元1123年)敕封为“义勇武安王”，配祀于武成王姜太公庙。南宋以后列入国家祭典。明代以后，其地位更是登峰造极：明万历年间(公元1573—1620年)，敕封关羽为“三界伏魔大帝神威远镇天尊关圣帝君”，兼赐帝王服饰，并辅以丞相二人，妻、子皆得厚封，从此关羽遂被称为关帝。清顺治九年(公元1652年)，敕封为“忠义神武关圣大帝”，乾隆二十三年(公元1758年)又加封为“忠义神武灵佑关圣大帝”。由于关羽的炙手可热，所以佛道两家也争相以其为本教神祇。佛教把关羽列为护法伽蓝，并于十八罗汉像之余增塑关羽像以事供奉，道教不仅称关羽前身为雷首山泽中的老龙，更编出许多神话大肆渲染。

关羽的人格神化是帝王们神道设教和下层民众将宗法伦理高度理想化的双重结果。对于历代帝王来说，关羽勇武忠义、不为高官厚禄所动而以死报主等品质，无疑是最有效的统治工具之一，《大清会典》中记述朝廷太常寺祭祀关帝的祝文就是：“惟帝纯心取义，亮节成仁，允文允武，乃圣乃神，功高当世，德被生民，两仪正气，历代名禋……”显然，这种对关羽的高度神化，也就是对君臣大义的高度神化。而对于广大下层民众来说，关羽的重信义又是一种最可贵的道德品质。几千年来，信义对维系农民等小生产者之间稳定的宗法伦理关系，一直起着非常重要的作用，所以“言必信，行必果”、“人而无信不知其可”始终是人们恪守的古训。尤其是宋明城市经济发展以后出现了大量社会地位低微的小商人、手工业者和游民，以及以他们为骨干的各种行会、帮会。不论是在社会经济生活还是政治生活中，建立起能够维系他们之间团结的精神纽带，都是生死攸关的头等大事。只有具备了这种精神纽带和共同的伦理理想，这些下层人物才能靠忠贞义气、危难相助以求生存。正是因为有了这种广泛、迫切而又持久的社会现实需要，关羽崇拜才盛极不衰。明代后期，关帝崇拜在风靡下层社会的同时，对上层士大夫文化亦有相当大的影响。据史料记载，当时士大夫阶层中盛行结社，而许多士人结社时，必须集体到关帝庙中焚香盟誓，以示对社规圣训的忠贞不二。清代以后，统治者把关帝列为与文圣孔子同尊的武圣，而民间各行各业甚至视关帝为人神之首，对他的顶礼膜拜更甚于孔子崇拜。关帝崇拜的日盛一日还表现在明清以后，关帝的神格已远非人格神所能包容，他的神权所辖包括司命禄、佑选举、治病除灾、驱邪辟恶、诛叛讨逆、巡察冥司，乃至招财进宝、庇护商贾、兴云布雨等等，凡是众神所司，他几乎无所不能。由于这诸多原因，所以关帝庙不仅遍及天下，而且在许多地方成为数量最大的祠宇，例如清代临榆县一城之中就有关帝庙五座，连观音庙都不能与之相比。清代史学家赵翼也曾记当时关帝崇拜之极盛："今且南极岭表，北极寒垣，凡儿童妇女，无有不震其威灵者。香火之盛，将与天地同不朽。"直到近代，哥老会、青红帮等帮会依然极为尊崇关帝。而许多海外华人至今祀奉不绝。

总之，中国人格神崇拜在宋代以后发展到了高度典型化的阶段，成为影响广泛而深刻的一种文化现象，不论是其积极的价值抑或消极的作用，都是今人应当研究的。

民间俗神

◎刘 东

中华文明之最显著和最重要的特点，在于它的历史主流一直是占压倒上风的无神论。不管人们倾向于将此看做是优点还是缺点，抑或兼而是之，他们都必须首先承认，至迟从“不语怪、力、乱、神”的孔夫子开始，这个文明的主要取向就受制于一种以理性主义和人道主义为根本特征的哲学理念。当然，这绝不意味着中国古人从意识深处就缺少对于终极问题的关怀，但无论如何，那种照其他文明看来必须以宗教来给予最后回答的对于永恒价值的追问，在中国的主导性精神传统中，却只逼出了伦理学意义上的无限人格上提，以及在此基础上的跟整个宇宙的审美亲和感。因此，虽然在与西方比附的基础上，人们也曾把儒家的内圣之学称作“圣贤宗教”或“道德宗教”，或把中国古人的田园诗境界称作“泛神论”，但须注意，上述说法只有在并非强辩中华文明的“大传统”确乎就是宗教，而只是强调它在中国社会中起过跟西方宗教相似的某种功用时，才是确当的。

然而在另一方面，乍看令人困惑、深想又顺理成章的事实却是：正因为有了那样清醒理智的“大传统”，偏偏就更需要未祛巫魅的“小传统”作为补充。一方面，儒家先哲所力主的“内在超越”的成圣之路，只能是道德自律的“为己之学”，只能为少数文化人“心向往之”。因而，从逻辑上讲，既然这种哲学并不强向大众灌输隐藏在道德法则背后的形上精义，它也就不会排斥他们用适合于自己的、表象的而非理论的思维方式，来构筑生活的信念支点。另一方面，可能恰恰由于并不存在一个发达的原始宗教形态(不管人们将此看做后来儒学占上风的结果还是原因，抑或兼而是之)，因而并没有一种顺着整一的神谱而生成的一神教去反过来压抑最初的万物有灵论和互渗性思维，后世的人们就反而得到了广大的想象空间，把原始的巫风在民间一脉相承地保存和发扬下来。缘此,就造成了如此令人惊诧的奇怪历史现象:在一个公认是宗教观念相对淡薄的文明中,却从未停止过芸芸众生的自发造神运动,故此反倒形成了极其庞杂繁复的多神谱系和偶像崇拜。

中国的民间诸神,真可谓无所不包,无奇不有。请看——有一类自然现象,就有一种神祇,如日神、月神、雷公、电母;有一件日用物事,就有一位神明,如门神、床神、灶神、厕神;有一个地区,就有一方的守护神灵,如杭州的城隍周新、北京的城隍杨椒山;有一种传说,就有一片香烟缭绕,如顶礼女娲伏羲的人祖庙、膜拜八仙之一的吕祖庙;甚至,有一种精神系统,无论它本意如何,就总有一类神道设教,不仅道观里有三清、四御等等,佛寺里有如来、菩萨等等,就连孔庙里也有圣人、亚圣等等(不管那些儒学思想家多么不情愿来吃这份生猪肉);而且,有一种社会分工,无论它高尚卑劣,就总有一路荫佑它的行业神,不仅木工业崇拜着祖师爷鲁班,酿酒业崇拜着祖师爷杜康,就连娼妓业和乞丐业也祭祀着各自的神仙白眉、范丹(不管这显得多么滑稽和亵渎)……既然在这里也枚举不尽,不如干脆反过来一问:在中国古代人的下层社会,到底还有什么没被打上神圣的光圈呢?

可话又说回来,把神立得太多了,却也容易露出马脚。正因为人们过去把自己信仰的对象造得太过随意轻率,太过牵强简陋,反而暴露出他们或许算不上是真正虔诚的信徒。事实上,最初的原始宗教和后来以其变态形式出现的民间宗教的本质区别正在于,后者总会自觉不自觉地受到进化生成的理性意识的影响;故而,在长期由无神论占统治地位的中国,原始的巫术迷狂即使没有退出历史舞台,也不可能不在相当程度上被理性主义的"大传统"所点染。这样一来,在儒家的摈弃了超自然力量的宇宙论模式规导下,特别是当这种精神已经潜移默化成为一种社会心理定势以后,对于绝大多数的中国人来说,事实上已经不可能生活在一个充满神性的世界里了。他们尽管免不了要去烧香许愿,却既不执著(所谓"逢神便磕头"),也不狂热(所谓"不可不信,也不可全信"),又无恒心(所谓"急来抱佛脚")。正因为这样,那些用来买通神灵的小恩小惠,与其说是显示了彼岸世界的存在,毋宁说是证明了此岸世界的真实。在这里,似乎并非人匍匐向神,而是神服务于人——即使人们已经从自身的欲望出发确信了神的要求是什么,他们也并不总是轻易地施舍给神,而只在需要神效劳时才答应贿赂,并且往往只有在神先履行合约之后才真正兑现。真是好一群"善男信女"呵!

当然，话不能说绝。既然人生之中存在着那么多的无常因素和永恒疑难，那么，在一些不可能确知和控制、而又无法不做此想的重大问题上，神秘的幻想就总有机会来填补理知的空白。因此，无神论从来就很难彻底：连孔子本人一碰上难测的事情，也会半信半疑地说“丘之祷久矣”(《论语·述而》)，一般人就更难根除对于冥冥力量的崇信了。从这个意义上讲，也许并不存在任何一个完全脱离巫魅的个人或社会，只是其意识中的神秘性因素和理知性因素此消彼长、或多或少罢了。所以，毫无疑问，当人们为了吉凶、祸福、成败、穷达、寿夭、生死以及死后的种种未定问题而向神求告问卜时，他们当然是抱着“宁可信其有，不可信其无”的态度的。只不过，由于受文化“大传统”的制约，他们又悄悄地在心底有所保留，以至于事过之后，总不免觉得自己有点儿“逢场作戏”。

从上面的叙述可以看出，中华文明中的“大传统”和“小传统”，事实上是相互渗透的。而这就造成了另一奇特现象：越是晚出的民间诸神，就越像是两者之间的中介物。在只有现世生活的大背景下，那些神祇都是应着种种日常场景而“被造”出来的，是人间风情画卷的“神话版”。因而，那种从蛮荒时代残留下来的巫术风习，就越来越不像是一种包含着确定神秘内容的思维方式，而只是一种方便而形象的表达方式。它所诉说的，并非超现实世界的训导和恐惧，而是世俗生活的希求和留恋。从道教独一无二的修炼肉身之中，从佛教中国化后产生的笑口常开的大肚子弥勒身上，已经可以清楚地看到这一点。而种种对于某类拟人化的人格力量的崇拜，如关帝庙中对于“勇武”代表的供奉，岳王庙中对于“精忠”象征的祭祀，武侯祠中对于“智慧”化身的信仰，更是明白地显露了这一点。不过，在这方面最具代表性，也最有中国特点的，还要数流传广泛的福、禄、寿三星之类的俗神。

只要看一看中国人对“福”字的理解，就不难发现，他们的注意力是何等地集中于浮世的欢娱，而对于百年之后的身外之事不作非分之想了。《尚书·洪范》说，人生有所谓“五福”：“一曰寿，二曰富，三曰康宁，四曰攸好德，五曰考终命。”后来，汉桓谭在《新论》中又把“五福”解释成“寿、福、贵、安乐、子孙众多”。不管人们把这种安于现世、乐于现世的幸福观判为精明还是浅薄，抑或兼而有之，他们都首先必须承认，它已经融进了中华民族的性格深处，并且确曾有助于这个民族在种种有限的事物中最大限度地享受生活。可以说，中国的民间俗神正是伴随这种对于幸福的理解和对于生活的期求而产生的。

中国古代的福神，来源很复杂。一说它发轫于东汉道教提倡的“三官”崇拜(所谓“天官赐福，地官赦罪，水官解厄”)，所以在民间年画中，这位神祇常被描绘为吏部天官的模样。而在《三教源流搜神大全》中，却又有另一番记载，以为福神是汉武帝时的道州刺史杨成(实为中唐时的阳城)，这位官员因为委婉地拒绝了向皇帝进贡侏儒宫好，而被“其郡人立祠绘画供养，以为本州福神也”。这也许会让后来的研究者感到混杂而难以梳理。不过，对于当时的黎民百姓来说，到底这位神祇来自天上还是人间，却是无关宏旨的，重要的只在于它能够为人们带来福祉。只是，这种福气究竟意味着什么?人们对此却要较一较真。于是，在民间的年画和泥塑中，这位一身朝官打扮的福神(福星)，又往往左有寿星、右有禄星相伴，似乎不把这两位神仙请来配祀，就不足以确切说明幸福的具体内涵。在这一组神像中，寿星被想象为高额长须、拄杖捧桃的南极仙翁，禄星则被描绘作怀抱婴儿、头插象征富贵的牡丹花的员外。他们站在一起，突出地显示出:只有荣华富贵地尽享天年，才是世俗观念中的最大幸福。

民间俗神中，另有一类神仙与上述期望紧密相连，只不过更具有专门的功能，这便是能够给人带来财富的“财神”。财神又分“文”、“武”两种。文财神的装束大体与赐福的天官相似，只不过不显得那样喜庆，而显得庄重肃穆，因为相传他正是殷纣王时因犯颜直谏而惨遭杀戮的忠臣比干。武财神则来源于道教“四大天将”的行列，为执铁鞭骑黑虎的赵公明元帅。这“一文一武”究竟何以专向人间散财?若从原有的传说中考索，恐怕即使能够发现一点儿蛛丝马迹，也是相当牵强的。所以，人们与其从历史文本中寻找此中的奥妙，倒不如从对之进行有意误读的阐释主体中去寻找根据——无论如何，渴望自己能有发财致富的福分，这种社会心理是普遍而笃定的，因此，即使世界上本没有财神，人们也一定要造几位出来。当然，和韦伯所描绘的“新教伦理”不同，中国人虽然也渴望追求财富，却绝不是想借此完成超验的“天职”，而只是想用来保障充裕的现实生活。正因为这样，“财神”的庇护对他们来说就意味着无限制的消费，而不是无穷尽的积累。

同样，既然在幸福的生活中必不可少和谐美满的家庭，人们又必然创造出专在这方面保佑自己的神明来。其中最有代表性的，当推“月下老人”和“和合二仙”。“月下老人”的作用颇似希腊神话中手执爱矢的小天使，相传他只要将红绳系在一

英国大维德基金会藏明(清)德化窑何朝宗款和合二仙。

男一女的脚上,"虽仇敌之家,贫贱悬隔,天涯从宦,吴楚异乡",此二人也将因"千里姻缘一线牵"而终成眷属。而"和合二仙"的职责,则紧接在"月老"完成任务之后——他们一持荷花,一捧圆盒(取"荷"与"盒"二者之音),专门保障婚后生活的和(谐)与合(好)。上述神祇很容易使人联想起希腊罗马神话中的维纳斯和安琪儿。不过,相对而言,如果说西方的爱神是"恋爱之神",那么中国的爱神则是"恩爱之神"。因为中华民族更注重婚后生活的康乐,而非婚前生活的浪漫。无论是那位经多识广、老成持重的"月下老人"(而非不谙世故、免不了要拿着弓箭"乱点鸳鸯谱"的小娃子),还是那两位提示夫妇们要举案齐眉、白头偕老的"和合二仙"(而非一尊时时撩起人情欲冲动的美女玉体),都是以缔造美满和睦的家庭为目的。这里所反映的,不是陶醉的狂热,而是理性的节制,不是把家庭的建立看成是彼此迷恋与美化的结束,而是把它看做永结百年之好的开始。因为只有这样,才能保证人们在后半生有个稳定和温馨的"安乐窝",使他们得到自己所理解和追求的那现世的幸福。

顺着上面的逻辑,读者们一定不难料想,为了保障婚后生活的完满与美好,中国古人非得再造出另一类家庭之神不可,那就是专职送子的民间俗神。在过去,由于人们祈求子嗣的愿望特别强烈,所以据信能够保佑他们生育力的神仙也就特别多，其中不仅有普遍流行的女神(如送子娘娘、送子观音之类)和男神(如送子张仙、送子弥勒之类)，还有颇具地方特性的神明。如广州祈子庙中的“金花夫人”、台湾娘娘庙中的“注生娘娘”等等。究竟中国人为什么会把“子孙满堂”甚至“四世同堂”、“五世同堂”看成一种必不可少的幸福?从不同的角度，可以有不同的解释，如原始生殖崇拜人的孑遗、小农经济再生产劳动力的需要、以血缘为基本纽带的社会结构、古代社会较高的人口死亡率等等。然而，所有这一切，都不能取代另一层更为内在的因素，即中国古代观念的现世品格。由于“未知生，焉知死”的态度始终占据上风，人们就只能去努力抓住切实属于他们自己的这一次生命，因而，“多子多福”就是一种再自然不过的观念。一方面，只有这样做，方能保障自己的生命能够善始善终，而不致在风烛残年时孤苦伶仃；另一方面，也只有这样做，才能保障自己有过的生命能够世代延续下去，而不致在生命的终点带着虚无的痛苦和绝望去咽气。由此可见，即使是照后世看来最不合理的世俗观念，也都派生于过去时代所独具的价值理性。

这或许可以给人以更广泛的启发——也许在一个赓续了最长时间、发展得最为成熟的文明中，哪怕是它的最容易被人忽视的一个细节，都蕴含着其总体的文化精神?不过，说到这一层，题外话就更多了。还是就此打住，让读者去自行体验发现的快乐吧!

死后世界

◎葛兆光

尽管至今仍有不少人相信佛教、道教所谓的“涅槃成佛”或“肉身成仙”，但大多数中国人还是坦率承认“人固有一死”的。如果说文天祥《过零丁洋》“人生自古谁无死”还多少有些不甘心去死的意思，那么宋代范成大《重九日行营寿藏之地》里人们很熟悉的两句诗“纵有千年铁门限，终须一个土馒头”就再清楚不过地表明——无论任何人都难免一死这个观念早就被中国人无可奈何地接受下来了。但是，在古代中国人心目中，人虽然死去，但死并不意味着生活的结束，而是意味着另一种生活的开始，死人将血肉骸骨归还大地而以魂灵进入另一个世界继续他的人生旅程。中国人对人死去时常说的那句话“某人过去了”，并非仅仅是礼节上的避讳和语言上的禁忌，它和西人所谓“He's going to other earth”一样，表明这个人迈过了生与死的“铁门限”到了另一个世界。《淮南子·精神》说的“精神入其门，而骨骸反其根”，就是说“死”仿佛是有形的生命与无形的生命之间的一座“门”，人死后，就走进另一个门里生活去了。

那么这扇门背后隐藏的是一个什么样的世界?没有人能真的告诉我们。尽管入冥间又还阳世的传说很不少，像《搜神记》和《西游记》中都有这类故事，但那只不过出自想象。不过，这种想象中的死后世界在古代中国人心目中却不完全是一种“有趣的虚构”，而常常是一种“真实的观念”，尤其是古代中国人对未知领域常有个绝妙的推断公式，即以已知领域为基准按“联想式思维”(associative thinking)类推：人生活在地上，那么死后世界便是“地下”；地上有光，那么死后世界没有光就叫“冥界”；有光为阳，人世是“阳间”，无光为阴，那么死后世界就叫“阴间”。人们所熟悉的《左传》开头“郑伯克段于鄢”一节里，郑伯发誓和他母亲“不及黄泉无相见也”，后来悔悟，有人就教他挖隧道在地下相见，可见地下幽暗处就相当于“黄泉”，而“黄泉”就是中国死后世界的另一名称。《汉书·武五子传》广陵王刘胥临终前唱歌说的“黄泉下兮幽深”，也证明这个世界在地下幽暗处，所以《太平经》里把掌管死籍拘闭精魂藏人骸骨的地方叫“土府”，近年湖北江陵凤凰台出土汉简中把掌管死后世界的官员叫“地下主”、“地下丞”。而这里的首领很可能就是《楚辞·招魂》里的幽都“土伯”——当然，在汉代还有泰山管死人魂魄、蒿里收死人骸骨、北斗掌死人簿录的种种说法，但这些说法只是为后世增添了些神祇或神府的传说，并没有为后世构筑死后世界的“普遍性观念”——这使得后来中国人一想到死后世界，脑海里总会浮现“地下”、“冥界”、“阴间”的字样或幽暗、阴森、潮湿的感觉。

关于“死后世界”的古老想象通过语言文字、借助教育传授、由故事传说一代一代流传下来，辗转流传的过程中又不断地被添枝加叶；这些膨胀了的想象世界又经过宗教的、道德的理念逐渐整合成一个秩序井然的结构。马王堆出土汉代帛画里就曾有三重世界，上层是太阳、月亮代表的天上，中层是对坐二人象征的人间，下层则由墓主老妪暗示着地下，分别对应人们心目中的仙界、人世和冥界，这种结构经过整合——当然还有宗教思想的渗透——在后世越发整齐，清代小说《何典》开篇第一回《五脏庙活鬼求儿，三家村死人出世》说道：

> 自从盘古皇手里开天辟地以来，便分定了上中下三个太平世界。上界是玉皇大帝领着天神天将，向那虚无缥渺中造下无数空中楼阁，住在里头……中界便是今日大众所住的花花世界……下界便是阎罗王同着妖魔鬼怪所住，那阎罗王也不过是鬼做的，手下也有一班牛头马面、判官小鬼，相帮着筑个酆都城，在阴山背后作了国都，住在里头称孤道寡。

这里所说的“下界”便是中国人心目中通常的“死后世界”。虽然这里宣称三个世界是“盘古皇手里开天辟地”以来就分定的，其实，三个世界定型于什么时候现在尚未考证清楚。但有一点可以肯定，下界的“阎罗王”、“酆都城”这些名称却是有了佛教、道教以后才有的，“阎罗王”是梵文Yamar*ā*j*ā*的音译加意译，印度古典《梨俱吠陀》里就有它，《法苑珠林》里说它原本是沙昆国王，打不过维陀如生王就“立誓愿为地狱王，臣佐十八人……主领十八地狱”，《一切经音义》卷五说它“典生死罪福之业，主守地狱八热八寒以及眷属诸小狱等，役使鬼卒于五趣之中，追摄罪人，捶拷治罚，决断善恶"，而"酆都城"则是道教心目中"鬼之太帝"的居所，《真灵位业图》里"天下鬼神之宗"就叫酆都北阴大帝，《真诰》卷十五就说酆都即"罗酆山，在北方癸地"，大概也就是在《何典》里所说的"阴山背后"。

古老的想象加上佛、道两教的传说共同构筑了中国人的"死后世界"，使这个世界变得越发复杂和庞大。平时，佛教和道教总是你争我斗，可是在这个世界里却显得意外地和睦，它们互相吸收渗透，共同建构与描绘出一个森严的地狱。佛教的阎罗王虽然取代了北阴大帝的位置，但也不得不披上中国式的衣袍迁到酆都城去办公。泰山府君虽然是中国的土产，却也在《十王经》里的"阎罗厅"里占了左边的座位专司"记恶"。敦煌卷子里显示，人们乞求的地下死后世界主宰者中，既有"诸天大菩萨"，也有"土府水官"、"太山府君"。而《红楼梦》第十四回里为秦氏发丧，有"僧正开方破狱，传灯照亡，参阎君，拘都鬼"，又有"道士们伏章申表，朝三清，叩玉帝"，则表明这个死人去处的主权分归两家共享。所以，后世中国人心目中的"死后世界"是一个"杂拌儿"式的地方：它是地下、冥界、阴间，又有阎罗殿和各种地狱；它是幽暗的、阴森的、恐怖的，又是位于阴山背后的酆都城；既有佛教传说的"沉下水轮，生于火际，受气猛火，身为饿鬼"(《大佛顶首楞严经》卷八)，入十八地狱，受刀山铁橛、剑树剑轮、斧钺铊锯、杻械枷锁之苦，又有道教传说的百万力士持大铁棒惩治众鬼，使鬼"形体残毁，不可复识，或无手足，或被剥皮，或被破腹，或被火烧汤煮"(《大道玉清经》)；既有佛教传说的牛头马面和"心常怀忿毒"的阎魔卒专找人碴子(《俱舍论》卷十一)，也有道教传说的"眼赤如火，手持铁棒"的地狱恶鬼叫人"或作骆驼负重之苦，或作蟒蛇积毒之苦"(《太上中道妙法莲华经》)。宋代人刘斧的《青琐高议》后集卷三《程说》及周密的《齐东野语》卷七《洪端明入冥》都曾借助入冥界者之口描述了死后世界的恐怖景象：通往冥界的路上是"天昏昏如昧爽，足下风涛澎湃声可恐"。阎罗殿虽然也如人间官府是高屋敞轩，但"四垂帘幕，庭下列绯绿人狱卒"，像阴森森的大法庭一样没有一丝人间温情。而地狱里有汤火狱，"下有数千百床，床下有微火或灭或燃，床上或卧或坐，呻吟号呼，形色焦黑苍然不辨男子妇人"，"烈焰时时出于上，俯听或数万人求救声"；有锯狱，"人莫知其数，皆体贯刃，有蛇千百条周旋于罪人间，或以尾或以口衔其刃，刃动则人号呼"。把这些描述和《聊斋志异》里《席方平》一则对照，就可以大致了解中国人心目中的"死后世界"究竟是什么样子。

不过除了这“下界”专门留给死者外，“上界”也分出了一块地盘给过世的人们。本来，上界也就是天上仙界或极乐净土，是长生的神仙和涅槃的高僧垄断的领地，不容得世俗染指。可是只把地狱来接待死人却弄得就像《肉蒲团》第二十四回之末所说：“天堂之上，地广人稀，地狱之中，人稠地窄，上天大帝清闲不过，阎罗天子料理不来”，而且违背了佛道两教用死后世界引导世人信仰教义的本意。按照《大佛顶首楞严经》卷八说法，人分三种，除了“情多想少”堕入业障的人该下地狱外，还有“纯想即飞，必生天上”的一类，只要心性清净智慧顿开入了佛教的门槛，总不能也下地狱挨火烧遭锯割；按照《太上云宝洞玄灭度五炼生尸妙经》的说法，死人并非一律受难，还有“应转者转，应度者度，应生者生，应还者还”的不同人等，只要中了道教的道儿，总还有人死后“身入光明，三官削对，天当记名，供其厨饭”，就像《太平经》所说的“当大道而居故得入天”，所以“死后世界”又有一个与冥界阴间大不一样的好去处即天界。在马王堆出土的汉代帛画中，墓主老妪大概是靠神龙或仙人引导从地下升入天上的。在佛、道两教中，有幸者大概是依照他们对佛、道的信仰程度被送进仙界或净土的。不过在古代中国，善恶是非的最高标准总是由儒家颁布的，在伦理道德领域里，佛、道两教无法和儒家抗衡，只能接受儒家的善恶是非标准，于是在谁下地狱谁上天堂的分配上儒家所代表的道德标准就成了最终原则，所以一个人的“死后世界”还得按照他的生前行为是否符合儒家的善恶是非标准而定，而整个儿的“死后世界”就又成了儒、道、佛的三分天下。这里有狰狞可怖的鬼怪、阴森寒冷的阴间、令人发指的刑罚，也有富有诱惑力的神仙、美丽宁静的天界、享用不尽的好处；有被饿鬼撕裂沦入地狱变成畜生的恐怖，也有成仙得道成佛作祖或转世于富贵人家的快乐；而一切取决于人生前行为是善是恶。这样儒家渐渐成了主宰或幕后操纵者，而佛、道两教则成了在台上表演“变脸”戏法的傀儡，一会儿摆出阴森森的阎罗王殿，一会儿摆出个风流温柔的天上世界，让人在生前乖乖按照鬼神——实际上是孔孟程朱——的旨意生活，争取死后获得个好的去处去继续他的人生旅程。

“生”与“死”之间的门为每一个人敞开着，每个人都通过这扇门从有形生命进入死后世界。虽然中国人也相信死后世界的那一头还有一扇门又通向人世，使人来世又拥有生命，但中国人认定死后世界里人还在生活，所以还是很注意自己在死后世界里的人生旅程是否愉快：为了在这死后世界里生活得安逸和宁静，他们的亲人要为他们买下地券，划出冥界里的地盘，要在他们的坟茔里埋下镇墓兽和符箓，免得鬼怪找麻烦，要为他们带上经卷，以求地下佛道神灵保佑，要为他们烧化纸钱，让他们在阴间也不缺财物；为了他们在这死后世界能得到较好的享受和待遇，他们的亲人要请和尚道士超度亡灵，使他免下地狱受苦，要写上一份表彰他生前善行的墓铭碑文，使他有可能上天堂，再不济也能来世投胎为人，仿佛冥界里真的有阎罗王在掌管着死人的命运，阴间真的也按阳间的伦理道德处分死人的生活。

那么，中国人的“死后世界”就成了死人与活人共有的世界。对于死者来说，他真的进入了那个世界去继续他的人生旅程，他必须肩负着他生前的善恶是非在那个无情世界里受苦或享乐。对于生者来说，那个“未必如此”却“或者有之”的死后世界却成了一面镜子，劝勉他行善，警戒他不要作恶，预告他在下一个人生旅程中将得到什么样的结果。假若说人们相信死后世界真是如此这般的话，那么人们就该思考在现在这个世界应怎样生活，这倒也许是“死后世界”对于活着的中国人最重要的意义所在。

命相之学

◎谢松龄

对性命之谜的探究，是中国文化的一大传统。除了作形而上的思考外，古代中国人还发展了龟(骨)卜、蓍筮、骨相、星命等“知命之术”，由之通神明之德、揆天地之道，考究国事顺逆、品性善恶与命运吉凶，以寻求安身立命途径。

知命之术源自远古。城子崖龙山文化遗址出土的卜骨表明，约在五千年前，新石器时代的初民就已经用牛骨或鹿骨占卜以定吉凶。而中国最古的文字遗存甲骨卜辞，则全与占卜之事有关，故人们又将甲骨文称为贞卜文字。

殷卜极盛。殷墟出土的数以十万计的甲骨，表明当时举凡祭祀、气象、战争、田猎、宴会、收成等无不以卜考究吉凶。卜前，先将兽骨(通常是牛肩胛骨)或龟甲削磨平滑，于其上刻凿圆窝及舟状凹槽。卜有一定仪式，在庙堂由专职卜官提出卜问即“述命”，然后用烧红的木棍烤炙圆窝，甲骨爆裂而成兆象，据以判断吉凶顺逆。事后又常将应验情况刻于其上，故卜辞包括命辞与验辞。

周人兼用龟卜蓍筮。《尚书·洛诰》记载了周公遣使告卜，以定洛邑为东都之事：“我乃卜涧水东、瀍水西，惟洛食；我又卜瀍水东，亦惟洛食。”这种卜法是先以墨画龟，然后灼之，若裂纹恰好“食”去墨画，即为吉兆，谓之“食墨”。西周早期多用卜。史载武王伐纣先以龟卜；成王建都郏鄏(洛邑)，卜得周将传国三十世、七百年。其后，筮的地位提高，卜筮互相参用而各有侧重。据《尚书·洪范》记载，龟卜主祭祀等内事，而蓍筮主征伐等外事。《周易》即是占筮之书；《系辞》有一段专讲筮法，即以五十根蓍草，经“四营而成易”卦。

卜筮虽为稽疑之用，但周人在重大决策时并不迷信。《史记·齐太公世家》记载：“武王将伐纣，卜，龟兆不吉，风雨暴至。群公尽惧，惟太公强之，劝武王，武王于是遂行。……纣师败绩。”成王时，周公定洛邑为东都，则是出于防止殷人叛乱的政治考虑，仅在确定具体地点时才用龟卜。况且，殷人信卜，宣布龟兆大吉，对其自有一种威慑作用。周人虽宣扬“天命”，但强调“天命”本于人事与民心。这种对卜筮既非不信，亦非迷信，一切从人事之实际出发的态度，在后世“知道者”中形成传统；当预测吉凶休咎时，并不拘执某术，常常几种互相参用，作为反省、指导人事的一项依据。

春秋时期，王官失守，原为推度国事、王政顺逆的卜筮之法开始流行民间。《诗经·卫风·氓》：“尔卜尔筮，体无咎言。”说的就是普通人以筮断婚嫁迎娶之休咎。群众化和普及化，既造成了迷信的心态，又使人们发现卜筮多有不验，故《诗·小雅·小旻》有“我龟既厌，不我告犹”之叹。与此同时，吉凶本于人事的观念大为发展。最有代表性者，为《左传·庄公十四年》记申缟语：“妖由人兴也；人无衅焉，妖不自作；人弃常则妖兴，故有妖。”逮及战国，《管子·五行》径直宣布“神筮不灵，神龟不卜”，并用当时已开始流行的五行说取而代之，设计了按四时行政令以趋吉避凶的天人常道之图式。这一图式在战国晚期发展为《吕氏春秋》中的《十二纪》，汉儒名之为《月令》，收入儒家经典《礼记》，作为“礼”的一部分。由此而构成由明阴阳、辨五行来体察天地之道，并据以推断吉凶休咎的独特体系；体现了顺天地之道则吉，逆天地之道则凶的精神。战国时期甘德、石申的天文星占，《洪范》的五行说及邹衍的五德终始说为这一体系奠定了基础。以阴阳五行统合星象、气象、物象，数者互参，据以判断人事得失与天命变动，被称为“圣王知命之术”，两千多年来都是帝王行政的一项主要依据。

春秋战国之际，个人的知命之术也发达起来。当时已出现照命星辰之说，故自叹命苦者有“我辰安哉”(《诗经》)之句。但更为普及的却是相术。从《荀子·非相》可知，战国末期“相人之形状颜色而知其吉凶妖祥”之术已广泛流行。《汉书·艺文志》将相术列于“形法”，著录《相人》二十四卷，称此术乃“求其声气贵贱吉凶，犹律有长短，而各徵其声；非有鬼神，数自然也。”

古代思想大师中，大力倡导命相之学的首推东汉王充。其主要著作《论衡》的前三卷十五篇系统论述性命与相术，从中可见两汉之际命相的一般学说。《易·乾·彖》：“乾道变化，各正性命。”王充《命义篇》则曰：“性与命异：或性善而命凶；或性恶而命吉。操行善恶者，性也，祸福吉凶者，命也”；“命，吉凶之主也。自然之道，适偶之数，非有他气旁物厌胜感动使之然也”。因此他否定了主张“善有善报、恶有恶报”的“随命”说，举出一系列善者贤者命凶得恶报，恶者愚者命吉得善报的故事。性尚可由学而改，命不会因行而变。当时流行的“三命”之说，除随命外，还有“正命”与“遭命”。正命又分为死生寿夭的寿命，及贵贱贫富的禄命。王充阐释孔子所谓死生有命、富贵在天：“人之禀气……充实坚强，其年寿；虚劣软弱，失弃其身”；“众星在天，天有其象；得富贵象则富贵，得贫贱象则贫贱，故曰‘在天’”。而“遭命者，初禀气时遭凶恶也，谓妊娠之时遭得恶也”。至于性(是后来理学所谓“气质之性”，而非孟子性善论的“天命之性”)，“禀气有厚泊(薄)，故性有善恶也。……气有少多，故性有贤愚”。故而无论性命都是偶然禀气的结果：“凡人受命，在父母施气之时已得吉凶矣”，是无法改变的。这种绝对宿命论，正是出身寒流的王充对士族门阀压迫的强烈抗议。命虽是既定的，却是可知的，《论衡·骨相》：“人曰命难知，命甚易知。知之何用?用之骨体。”书中首先列举从黄帝到孔子十二位圣人的“传言”之相；这些传言大概都出自纬书。如“舜目重瞳”、“汤臂再肘”、“文王四乳”、“孔子反羽”。之后又征引十五六个案例，大多为历史上的故事，以论证“禀气于天，立形于地；察在地之形，以知在天之命，莫不得其实也”。

东汉时期，帝王贵族皆信相术。明帝时，广陵王刘荆以相术欲行叛乱，而自杀国除。《三国志·魏书·朱建平传》记朱建平“善相术，于闾巷之间，效验非一。太祖(曹操)为魏公，闻之，召为郎”。管辂亦为当时“神相”，又通占筮，传言其术百无一失。

古代各类方技术数，早在秦汉之际即已由阴阳五行学说融为一体。相术自然亦不例外。尽管早期相书今皆不传，然仍可从《黄帝内经》中窥其一斑，盖其望诊及体质学说均与相术同出一门。《素问》有望五色见死生之法。《灵枢》则分人为“阴阳五态”；又有“阴阳二十五人”之说。此后，以天地、阴阳、五行人相遂成定制；人之体貌性命，皆以五形人论。隋代萧吉《五行大义·论人配五行》引《文子》：“受木气多者，其性劲直而瑰仁；受火气多者，其性猛烈而尚礼；受土气多者，其性宽和而有信；受金气多者，其性刚断而含义；受水气多者，其性沉稳而多智。五气凑和而成其身。气若清睿，则其人清俊爽如也；昏浊，则其人愚顽。”又引《五行相书》：“木人细长、直身；火人小头、丰下，短小；土人圆面、大腹；金人方面、兑口；水人面薄、自偏、蛇行。”各种相书对五形人的描述皆大同小异。明代袁忠彻《神相全编》是相术集成之作。仅水形人与上述有异：“眉粗并眼大，城廓更团圆，此相名真水，平生福自然。”真水相得其“五圆”，即头圆，面圆、身圆、手圆、足圆，故有“水不嫌肥”之谓。真火相则得其“五露”：“欲识火形貌，下阔上头尖，举止全无定。颐边更少髯。”故称“火不嫌尖”。真木形得其“五长”：“棱棱形瘦骨，凛凛更修长，秀气生眉眼，须知晚景光。”谓“木不嫌瘦”。真金形须为“五方”：“部位要中正，三停又带方，金形人入格，自是有名扬。”曰“金不嫌方”。真土形须得“五厚”：“端厚仍深重，安详若泰山，心谋难测度，信义动人间。”故谓“土不嫌厚”。当然，即使从理论上讲，如此“纯粹”之相亦颇罕见。盖人禀气之初，虽以一气为主，但也必杂有其他四气。更何况五行为一“生、克、制、化”的生生系统，其原则是时、中、平、和。木形虽喜生木的水，但水多则过于阴寒，须火来温暖，木方能“发荣”。故木形中带火（形）被称为“木火通明”之象。木忌金，但若一点无金（形），则不成其材，故须“金伐木荣”。相术便是借助诸如此类的隐喻来构建其体系的。

在古代中国人看来，人禀天地之气而生，故人象天地。就整体言，头圆象天，足方象地。就面部言，则具日月五星山川四时四方之象。如左眼为日为阳，右眼为月为阴；右耳为木星，额为火星，鼻为土星，左耳为金星，口为水星；右颧泰山、春、东方，额衡山、夏、南方，鼻嵩山、季夏、中央，左颧华山、秋、西方，颏恒山、冬、北方。日月青光朗耀、五岳朝拱配合得宜者便是“好相”；亦即须两眼清净有光、额隆、颧高、鼻丰、颏满，否则便有缺陷。面上的四时四方则主要用于看气色，判为十二宫，各象十二月。各宫有正色、生色、克色；如午宫在额中，正色为赤，生色为青，克色为黑。所象之吉凶休咎与中医的望五色类同，不离五行生克。面部又分为“三停”。上停为额，主早年；中停为眼、鼻、颧，主中年；下停为颐、颏，主晚年。流年运气，周围轮环排列于人面，标识一生运程。一两千年来，这些都作为极其普及的常识流传民间，一些相术术语演为成语，史书、传记及小说、戏剧用这些常识刻画人物外貌、品性，更是屡见不鲜。

星命之术成熟甚晚。汉代仅就生日所值星象推测命运，如《论衡》所说出生时得什么星象就有什么命。三国管辂预言自己寿短：“吾本命在寅，加月食夜生，天有常数，不可得讳，但人不知耳。”已开就生日地支结合星象论命之先例。其后，逐渐发展为以出生年、月、日之干支推衍命运，故称“三命”(年、月、日)之术。据载南朝道士陶弘景曾著《三命抄略》、《三命立成算经》，惜已亡佚。隋代萧吉《五行大义》亦记“由纳音可推人命”；所谓纳音，即将六十干支顺序按律纳为五行，如甲子乙丑海中金之类。至唐代，经李虚中、僧一行、桑道茂等人发展，命学体系方初具规模，但仍是以"三命"推衍，间或用时。韩愈称李虚中"喜学，学无所不通。最深于五行书，以人之始生年月日所值日辰支干，相生胜衰死王相。斟酌推人寿夭、贵贱、利不利。辄先处其年时，百不失一二"(《殿中侍御史李君墓志铭》)。五代徐子平进一步改进推命方法，最终确定以出生年月日时四项立论，此四项犹命之"柱"，故又称"四柱"。年月日时各有一干一支，共八个字，故民间称看命为看八字。徐子平创立的方法，成为定式，后世称之"子平术"，专以阴阳五行推算，极少涉及星象；其理论之完备、方法之精密，亦为其他文化民族的各种"知命之术"所无法比拟。因而得到帝王达官学者庶人的普遍信仰，自唐宋以来，流行极盛，居于"知命之术"的首位。

朱熹尝评论推命之术："世以人生年月日时所值支干纳音，推知其人吉凶寿夭穷达者，其术虽若浅近，然学之者亦往往不能造其精微。盖天地所以生物之机，不越乎阴阳五行而已，其屈伸消息，错综变化，固已不可胜究；而物之所赋，贤愚贵贱之不同，特昏明厚薄毫厘之差耳，而可易知其说哉!"(《赠徐端叔命序》)总其要，推命"不越乎阴阳五行"：天地间阴阳消息、五气流布；但于不同年月日时，其消息流布状态各异；以干支纪年月日时，便是以干支表象不同时刻的阴阳五气状态。就总体言，干为阳，支为阴。天干中，甲乙木、丙丁火、戊己土、庚辛金、壬癸水。地支中，寅卯木、巳午火、辰未戌丑土、申酉金、亥子水。其中，干支五行又各有阴阳之分。人生年月日时的八个干支所象阴阳五行各不相同，其间互相生克制化，诚可谓"错综变化，不可胜究"了。

干支源远流长。殷王以干为名，殷人以干支纪日，连续不断，以至于今。春秋战国时期先用岁星、后用"太岁"纪年；西汉太初始以"岁阳"配"太岁"(《史记·天官书》)，实为干支纪年之前身；东汉以后方用六十花甲纪年。地支纪日起源甚早，但自干支纪年后，才有干支纪月；因为十二月的地支虽然固定，如寅月、卯月，其天干却须按年干推定。同样，时支固定，如子时、丑时，时干则从日干确定。日干、时干在历法中较少用到，但在推命时却必不可少。各干支表象的阴阳五行殊不相同。天干甲、丙、戊、庚、壬五阳干中，丙的阳气最旺；乙、丁、己、辛、癸五阴干中，癸的阴气最盛。此乃取火为阳精，水为阴精之义。命学著作中常以形态分明的万物比类譬喻十干性情：甲木为阳，喻为大林，乙木为阴，喻为卉木，故曰"甲木参天，乙木柔弱"；丙火为阳，喻为太阳，丁火为阴，喻为灯烛，是谓"丙火猛烈，丁火柔中"；戊土为阳，喻为城垣，己土为阴，喻为田园，故称“戊土固重，己土卑湿”；庚金为阳，喻为剑戟，辛金为阴，喻为珠玉，故谓“庚金带杀，辛金软弱”；壬水为阳，喻为江湖，癸水为阴，喻为雨露，称为“壬水通河，癸水至弱”。至于地支，每三支为一气：第一支为该气初生，第二支极盛，第三支渐衰。如寅为木气初生，卯为木气大盛，辰为木气渐衰。此外，地支中还“藏人元”，如子藏癸、丑藏癸辛己，等等。天干为天元，地支为地元，连同支藏人元，是为天地人“三元”。

根据“禀气说”，人出生时便禀赋了当时流行于宇宙间的阴阳五气；由于阴阳五气的流布随时而易，故人的禀赋不一，而品性、命运各异。因此看命须先将出生年月日时和干支列出，再将干支按天元、地元、人元还原为阴阳五行。年月日时中，以日为主；日干支又以干为主，日干谓之“日元”，又称为“我”。日元与其他七个干支的生克制化关系，有一套专门术语表示，这套术语始于西汉京房《易传》，各以人事譬喻：同我者(日元之五行与其他干支之五行)，喻为兄弟姐妹，性(指日元之阴阳与其他干支之阴阳)异为劫财，性同为比肩；生我者，喻为父母，性异为正印，性同为偏印；我生者，喻为子女，性异为伤官，性同为食神；克我者，喻为官、鬼，性异为正官，性同为七煞；我克者，喻为妻财，性异为正财，性同为偏财。这五种关系，加上“日元之神”，合称“六神”。

人们常说的“生得其时”或“生不逢时”，是命学术语，指日元(生日天干)与四时(即月支)的关系。得时则旺，失时则衰。如甲木生于寅月或卯月，即为得时，成木旺象；若生于巳月(四月)，便是甲木退气，生于未月(六月)，则为土燥木枯；乙木生于午月(五月)，便为火旺木焚。此外，还须看日元与其他干支的关系。由于日元往往不是过强就是太弱，偏于一方，因而需要其他干支五行“救济”，扶其过弱、抑其太强。日元弱，则须扶助；但扶之太过，须有抑其扶者；扶之不及，则宜有扶其扶者。日元强，则须抑制，抑之不及，更须有扶其抑者；抑之太过，则宜有抑其抑者。抑，有时宜克，有时宜泄；扶，有时宜生，有时宜帮，无固定不变的成套。基本原则(“五行之正理”)是强者宜抑，弱者宜扶；扶之抑之，反生反克；抑扬进退，颠倒阴阳，无非使之归诸“中和”。四柱中凡是能补救日元之偏弊的干支五行，命学中称为“用神”(可用之神)。然而，以日元为中心的四柱生克制化系统完美者极少，缺陷者居多。这就需要本命以外的阴阳五气补偏救弊；其中最重要的是大运和流年，则是本命与不断流行变易的阴阳五气之间的生克关系。其中大运由生月衍生而来，与本命关系至密，故人们常将“命运”连称。“时来运转”、“流年不利”等成语可说明大运和流年对本命日元的重要作用。可举一例简单说明。某人生于辛丑年辛丑月壬寅日辛丑时，则日元壬水生于丑月(十二月)，为水冻金寒之象，宜太阳之火温水暖金，故专用丙火，甲木为佐(恐火力不足，以甲木生之)。日元坐寅(日支)，所藏丙火(支藏人元)，为寒湿之中的一点阳和之“神”，对日元有救济之效，故取为用神。但因是支藏，故火力不足，须行木火之运，方能发达；流年木火，则仅有经年之效。若无木火运气，尚可采取其他补救办法，如行居东南(木东方、火南方)，或取名时用属木火之字。中国民间常有木生、水生、闰土，或以五行为部首之名，便是此意。

从日元还可看出体貌性情，其说与相术之五形人略同。如甲乙日元为木形，丙丁日元为火形。其他如六亲、疾病、合婚等诸多“征验”。推法均十分复杂，难以备举。一具命造，加上大运、流年等，共有几十个干支。故欲推测一生之命运，诚如韩愈所说：“学者就传其法，初若可取，卒然失之。”(《殿中侍御史李君墓志铭》)

命相之学在中国的发达，出于人们对现世安身立命的渴求，但“百姓日用而不知”，因而常常沦入迷信。故班固慨叹：“道之乱也，患出于小人。而强欲知天道者，坏大以为小，削远以为近。是以道术破碎而难知也!”(《汉书·艺文志》)理学家把性分为“天命之性”及“气质之性”。前者指孟子所谓“性善”之性；后者则指荀子的“性恶”之性、王充的“善恶贤愚”之性，亦即命相之学考究的品性。而命，则可区别为“天命”及“人命”，命相之学推测的仅是“人命”之吉凶、贫富、贵贱、寿夭。中国的“知道者”，把“尽道”的责任感化为“天命”，对“人命”则抱着既信但又不拘执的态度。先秦诸子，仅墨家信鬼不信命。孔子叹命，却“知其不可而为之”。孟子云：“莫非命也，顺受其正；是故知命者不立乎岩墙之下。尽其道而死者，正命也；桎梏死者，非正命也”；“夭寿不二，修身以俟之”。朱熹阐释曰：“命之正者出于理，命之变者出于气质。要之皆天所付予。……但当自尽其道，则所值之命，皆正命也。”王阳明、王船山皆一贯于这一统绪：“死生寿夭，皆有定命。吾但一心为善，修吾之身，以俟天命而已。”(王阳明《传习录》)“自致其德命，而不自困于吉凶之命。”(王船山《周易外传》)出乎其中，而超乎其外，安贫乐道，这就叫“尽人事以俟天命”。

二　社会与阶层

宗法制度

◎阎步克

在中国古代,亲缘关系一直是足以支配政治、文化与社会的能动力量,并使得中国社会呈现出独特的面貌与特征。这种亲缘关系的主要表现形态就是宗法制度和宗法政治了。

对于所谓的"宗法",可以有狭义和广义两种理解。狭义的宗法,是指西周与春秋时代与封建制度互相配合的那种以确立大宗、小宗、权利、义务为内容的宗统体制。广义的宗法,则还包括一般性的以维护族权、父权与夫权为中心的宗族关系规范体系,即所谓的"族规"、"家法"之类。这两个意义上的"宗法"并非一事,但也不是全无关系。它们是宗族亲缘关系在不同历史阶段的不同表现形态,变化之中又具有源远流长的一贯性。

"宗"的初意是祖庙,宀像宫室,示为神主;引申之则祖先以及其继承人都谓之"宗"。"族"之字形为旗下一矢,原是兼为军事组织的氏族组织之称。宗族,就是由拥有共同祖先的人们构成的亲缘组织。

中国历史最早也如其他民族一样,各地遍布着林立的氏族。商代的甲骨文中屡见"三族"、"五族"、"王族"、"子族"的记载;有人还认为其中至少能找到二百个以上的族名。商王朝就是建立在商王族对各氏族的统属、联盟与征服的基础之上的。换言之,在中国早期国家形成之初,"族"并不是一个趋于衰落的消极因素。相反,它由于具有了政治意义而变成了一个相当能动的力量。

周初大封建,"立国七十一,姬姓独居五十三人"。周之同姓子弟及甥舅功臣被封往各地立国建邑,成为诸侯。诸侯可封土于大夫,大夫亦可封赐田土于士。受封者多为领主之同姓;其异姓受封者也都属于或拥有其"族"的组织。宗族因子孙繁衍不断分裂、增殖，也就不断有新的宗族产生，它们经过“胙之土而命之氏”，成为新的封建和亲缘单位。由此而形成的复杂亲缘系统中的各个宗族与个人，在涉及权力、地位和财产的权利义务上，也形成了复杂的关系。

正是在这一背景之下，宗法制度应运而生了。根据《礼记》之《大传》及《丧服小记》，这一制度规定，嫡长子继承父位，其余诸子则另立为“别子”；继承别子的嫡长子为宗子，其世代相袭构成了“百世不迁”的“大宗”；大宗以外的亲系中也由嫡长子继承其父，但相对于大宗他们就称为“小宗”了。小宗以外的庶子既要尊奉小宗，又要尊奉大宗。五世以后小宗与大宗关系疏远了，就要另立宗统，这就是“五世而迁之宗”。大宗与小宗，均谓之“宗主”。

对这一制度也存在着不同的理解。除了对周代宗法是否如此严整不无疑问之外，对宗法的适用范围更聚讼纷纭。一种意见认为宗法不涉及君统。王国维就说它“为大夫以下设，而不上及天子诸侯”。但许多学者则认为，宗法应该包括君统在内。按这种意见，天子对同姓诸侯为大宗，诸侯对其同族是大宗，对天子则为小宗；诸侯之别子为卿大夫，对诸侯是小宗，对其宗族则是大宗。反过来说，士为小宗，以大夫为大宗；大夫亦为小宗，以诸侯为大宗；诸侯亦为小宗，以天子为大宗。换言之，大宗小宗是相对的。灭商前周人只是一邦，邦君当然是大宗，其支庶为小宗。当周天子成了天下共主，同姓支庶被大量分封到各地做封君，但大小宗关系却并未因此而中断。这样，天子当然就成了同姓诸侯的大宗了。故王国维也承认，“天子诸侯虽无大宗之名而有大宗之实”。

尽管对礼书中“五世则迁”、庶子不得祭祖等等细节，学人多有辨正，但大小宗主对族人的统属权利以及其间的尊卑、亲疏和继统关系，大致说来还是可信的。这种宗法制度，确定了大宗、小宗和族人的权利义务，使贵族统治者子孙由亲疏而区分出尊卑，使嫡长子拥有了宗主的统辖权、支配权，并使权力、地位和财产的转移，严格遵循由亲系所确定的秩序。每位宗主之下，都有一个由宗庙、邑居、田土和族人组成的宗族共同体。政治等级中的天子、诸侯、卿大夫和士的名位，原则上由作为嫡长子的宗子继承。宗法的等级与封建政治等级密切配合而相得益彰。

固然，周代发达的国家体制已经具有了公共政治职能，我们不能说它仅仅是“家的放大”。但是在此，亲缘关系和政治关系，确实缺乏充分的分化；不仅如此，二者的混融还发展为一种精致的宗法封建制度。在这一制度下，治家和治国，“亲亲”

和“尊尊”是一个问题的两个方面。周代的亲系，是一种不完全的父亲单系世系或不对称的双系世系，它特别地强调父统和父权。嫡长子的宗主身份，即是自父系与父权而来的，所谓“尊祖故敬宗，敬宗，尊祖之义也”。在宗法封建制下，君主即是宗主，君权也是从父家长的权力引申而来的。古天子、诸侯、卿大夫有土者皆谓之君。各级君臣关系，也就是大宗、小宗与族人关系，所谓“有父子而后有君臣”，“父子有亲然后君臣有正”，决非虚辞。那么，统治者也就必然要以“父母”姿态君临天下了。《尚书·洪范》：“天子作民父母，以为天下王”；《左传》：“民奉其君，爱之如父母”。“孝”于是便成了神圣的政治原则，如《尚书·康诰》所宣称，“不孝不友”则“刑兹无赦”。

固然宗法不及于异姓，但异姓宗族也通过由婚姻而形成的“甥舅”关系，从而纳入了亲缘的网络。周代天子、诸侯、大夫称同姓领主为伯父、叔父，称异姓领主为伯舅、叔舅。同姓领主互称“兄弟”，异姓领主或为“婚姻”。这种关系含有实际的权利义务，如互助、奔丧以及政治盟友的优先资格。“兄弟昏姻，无胥远矣”，是一种基于亲缘的政治约束。章太炎称《大学》“齐家治国平天下”一语为“封建时代的道德”，正是为此。《尚书·尧典》：“克明俊德，以亲九族；九族即睦，平章百姓；百姓昭明，协合万邦。”“协合万邦”首先要“以亲九族”，治国必须自治家始，这就是宗法政治的突出特征。

战国至秦，宗法封建制趋于瓦解，变法运动使国家充分地官僚制度化了。郡县制这种纯粹地域性的行政体制取代了分封制，专职领俸文官开始成为行政的基本承担者。在这一过程之中，亲缘关系与政治领域日趋分离。吴起变法，废公族之疏远者；商鞅变法，刑公族以立威；秦始皇制四海于掌内，而子弟为匹夫。尤可注意的是法家对“孝悌”的激烈否定态度。商鞅列“孝悌”于“六虱”，韩非谓“父之孝子，君之背臣也”。他们并非如人之所误解，是笼统地反对“孝”，秦帝国也并非就不保障父权，问题在于从社会分化的角度看，亲缘道德已不应成为行政运作和文官选拔的依据了，在官僚制度下其所遵循的应是纯粹管理技术的考虑 。

在另一方面，儒家则积极继承和发挥了宗法政策传统。孔子的中心思想是“仁”，而“孝悌也者，其为仁之本与”。所谓“孝乎惟孝，友于兄弟，施于有政，是亦为政”，这就是“为政以德”。“德”之本意是指一个氏族特有的习俗道德，所谓“同姓则同德”、“异德则异类”，就是这个意思。孔子又言“克己复礼为仁”，“礼”亦源于氏族生活中的礼俗仪典，尊卑长幼亲疏贵贱蕴于其中。孔子所尊奉的，正是那种宗族亲缘与政治行政混融不分的“君君、臣臣、父父、子子”的宗法秩序。

儒家后学对这一思想做了充分的发挥。如《大戴礼记·曾子本孝》把居处不庄、事君不忠、莅官不敬、朋友不信、战阵无勇，统统视为“非孝”，“孝”依然维持了其无所不包的性质。《白虎通义》申说君臣、父子、夫妇为“三纲”，诸父、兄弟、族人、诸舅、师长、朋友为“六纪”，这也是基于君臣关系与父子、兄弟、族人、诸舅等关系高度混融的宗法政治传统。“孝道”在汉儒那里与神学化的“天道”配合起来了；在宋儒那里它则得到了基于“天理”的论证。

自汉武帝“独尊儒术”，帝国政治最终又为宗法精神深深浸染。“以孝治天下”成了王朝的信条，“孝廉”科目成了选官主科，褒彰孝义成了经常性活动，“三纲五常”的伦理变成了帝国的正统意识形态。较之秦代那种纯粹基于暴力服从关系的君主专制，“孝道”为君权提供了一种基于父权的合法性论证，即所谓“资于事父以事君”。君、臣、吏、民关系被认定是等同于父母子女的天然血亲关系，从而具有了不可逾越的性质。同时在国家与社会因分化而处于对立地位的情况之下，来源于血族中对待族人的规范的“仁”，也是一种基于深厚传统的约束力量。相对于“孝悌”，“慈爱”成了君长的义务和臣民可以要求的权利，这多少也制约了统治者的强权。那个时代技术与经济水平的低下，本来远不足以负担深入社会底层每一角落的巨量官署吏员；文化贫乏和宗族关系分外牢固的乡村共同体，对“法繁于秋荼而网密于凝脂”的纯官僚法制式控制也有格格不入之处。在此，体现于礼俗之中的孝、悌、慈、爱、和、敬、忠、信等等宗法伦理却构成了一种整合社会的适宜方式，它以基于同胞骨肉式情感的理解与沟通来维系人际群际关系和化解其间的冲突，通过“礼义积而民和亲”的方式润饰了政治秩序。这种宗法政治传统，与中国社会的政治文化背景，具有高度的适应性。

官僚帝国时代的家、国分离，并不意味着“家”在社会上的作用的衰微。中国社会的家庭形式，主要是个体小家庭（包括核心家庭和初级扩大家庭）。但社会往往通过亲缘关系的推衍，由宗族共同体的形式把众多家庭联结到一起。聚族而居，自汉以来就是个日益发展的现象。汉代蔡邕、樊重皆三世同居共财，晋代氾稚春七世同居；北魏博陵李氏七世同居共财，家有二十二房；宋、元、明、清有九世、十世、十五世甚至十九世同居共财者；同居而不共财的聚居宗族，分布更为广泛。这些宗族有《红楼梦》中的贾府那种官僚大家族，也有遍布乡村的“大者万丁、小者千户”的共同体。

其内部结构因地因时而异，包含的亲系或多或少；有的具有相当强大的凝聚性：有主持宗族事务的族长，有共同的祭祀祠堂和公共墓地，有严密编制的族谱，有各种族规、家法与习俗惯例，有族田、族仓、义学之类的公共财产，并且依亲疏远近而有长房、次房之类区分。在婚丧、继嗣、财产、争讼的处理以及对侵犯族规者的惩治上，族权往往发挥着决定性的作用。

这种宗族，是家国分离后宗法关系在社会上的变化发展了的形式。族规家法仍然被称为"宗法"，长房、次房仍被比拟为大宗、小宗，维系宗族的仍是那种以"孝悌"为中心的、确定尊卑上下亲疏长幼的礼俗秩序，就反映了这一点。瞿同祖说："(周代)宗法组织消失以后，起而代之的为家长和族长。……一般习惯，族长是公推的，多半择辈尊年长德行足以服众者任之，整个的族事都由他处理。"就上述意义而言，宗族依然是中国社会的基本单位，这也就是说，中国依然是一个宗法社会。其社会秩序，便是费孝通所说的那种不是基于个人、而是基于族属亲疏的"差序格局"。

宗族共同体业已成为与国家分立的社会力量，在其可能危及官僚控制的地方它就要受到国家压制。在汉代，民间"武断乡曲"的强宗豪族，就已经常成为与政府颉颃和受政府打击的力量了。中古豪族势力最盛，在北魏一度出现过"宗主督护制"，但它最终仍被"三长制"这种官僚式行政管理所取代。但另一方面，国家在意识形态上和控制、整合社会上，又不能不借助宗法伦理和宗族力量。因此在特定范围内，或者说基于一种使宗族、家庭成为官僚体制的延伸的方式与目的，国家不仅在意识形态上维护宗族伦理，而且在法律上承认族长与家长对亲属的支配权与处置权。"不孝"在隋唐刑律中正式列入"十恶"；而保障族权、父权与夫权的法律条文，在历代也日益细密完备。如瞿同祖所述，家族实被认为是政治、法律之基本单位，以家长或族长为每单位之主权，而对国家负责。特别是明清绅士阶层形成之后，国家、宗族与社会的结合达到了更为精致的程度。宗族中的地主使其子弟通过科举入仕朝廷，乡居的秀才、举人和退职官员又以准官僚的身份与宗族力量相结合参与处理地方事务，从而既使宗族获得了政治性利益，又完成了使宗族成为官僚控制的社会延伸这一目的。

但是在官僚帝国时代，如果不考虑世袭皇权与皇族，那么家与国毕竟还是有了充分的分化。章太炎说，"我们且看唐太宗的历史，他的治国，成绩却不坏——也称'贞观之治'。但他的家庭却糟极了：杀兄，纳弟媳。这，岂不是把《大学》的话根本打破了吗?”治家与治国事实上已非一事,亲缘关系对政治的浸透,最终也不能不以君主集权专制和官僚机器理性运作的需要为转移。在社会上,不允许宗族成为超行政控制之外并与国家分庭抗礼的自主实体,这一点已如上述。在朝廷之上、国务之中,任人唯亲、庇护亲朋亦已为法制所禁。地方官不得在原籍任职,目的即在于防止其与宗族家属因缘为私。任子、门荫一类依亲缘确定任官资格的特权制度,已让位于强调才绩的科举制和考课制。诸如王国割据、外戚专权以及中古的门阀士族,最终也受到专制皇权的抑止。

帝国政治的宗法性,最为关键的还是君臣父子一体化的政治精神,这首先是一种“移孝作忠”的意识形态。一方面是家与国的分离,以及国家对社会的全能主义控制的发展;另一方面却是意识形态对“家国一体”的认定和标榜。这实际隐含着一个“转移”过程,亦即,通过意识形态的力量,把“父子”的价值行为模式转换到“君臣”关系之中来。我们不妨从如下假设中理解这种“转换”:在中国,即使技术水平业已允许官僚体制施展其无所不在的全能主义控制,而官僚国家得以打击扫荡社会宗族势力了,宗法政治也未必会全然消失,因为此时的各级各类组织可能依然像是一个个宗法单位,其首长依然像是一个个父家长。换言之,它将依然深深地渗透着宗法精神。这种宗法政治传统,我们可以一直追溯到中国历史早期的国家形态。

礼乐文明

◎吴予敏

当孔子面对滔滔江水，感叹历史和人生无可挽回的流逝时，他内心里仍然持守着一个坚毅的信念：在充满战乱的春秋时代，复活已经衰落的礼乐文明。他赞叹道："周监于二代，郁郁乎文哉！吾从周！"西周灿烂的礼乐文明，如同一个遥远的梦，寄寓了这位中国古代圣人的社会理想。

从孔子删改诗书开始，儒家学者们从事着一项存亡继绝的浩大工程，力求通过文献考释，在概念上复活礼乐文明，以它作为当时政治制度和人们思想行为的规范蓝本。如果没有这些学者们的努力，我们今天难以得见古代礼乐文明的梗概和全貌。不过，令人困惑的是，历史事实的记述往往和儒生们主观的臆测、理想化的夸饰混淆在一起。近代持激进的反传统立场的经今文学派和疑古派史学家们据此贬斥儒家学者给历史作伪，于是古代是否有过礼乐文明就成了绝大的疑问。但是，经过最近几十年的历史科学的研究，不断发掘地下考古材料，同文献经典相对证，学者们采取客观分析的态度，把文献中的事实陈述与后人的附会臆测区别开来，使古代礼乐文明的基本面貌逐渐确定而清晰了。

中国古代礼乐文明源远流长。早在新石器时代，氏族部落生活的各个方面，例如劳动、分食、居住、婚配、丧葬等活动，都通过一定的原始礼仪来组织。在黄河流域的若干仰韶文化遗址，考古学家发掘出大量的陶器、装饰品和墓葬坑，依稀可辨原始氏族礼仪生活的痕迹。部分岩画和陶器装饰图案还描绘了原始氏族的图腾崇拜仪式和巫术歌舞。原始公社向文明社会过渡的进程中，礼仪制度不仅是氏族成员共享的生活形式，还进一步成为氏族首领人格权威的象征。近年在河南濮阳发掘出仰韶文化时期的大型墓葬证实了礼仪与父系权威的联系。其中大量的雕塑和玉器，就是礼仪权威的艺术表现。

礼乐文明并不是从单一源头发端的，而是多元的地域文化互相交流、冲突、融合的产物。经过多年的征伐战争、灌溉农业、巫教传播、人口同化，逐渐在黄河流域形成了以华夏氏族集团的文化为基础的文明中心。进入奴隶制社会阶段以后，这里就成了礼乐文明的摇篮。

在流传至今的神话和古史传说中，有两大事件可能与礼乐文明的诞生关系密切。一件是治理洪水。黄河泛滥给各个氏族造成了生存威胁，共同的利益要求他们联合成更庞大、更严密的社会组织，国家便应运而生，礼仪成为各个氏族集团之间沟通协调的形式，又成为超然于各个氏族之上的国家制度和权威的象征。另一件大事是巫教改革，这是同氏族联合、建立国家的总趋势相适应的意识形态的建构。相传颛顼帝主持了这一改革，废除了分散的巫技、神祇，由代表君主首领意志的巫师垄断了人间与冥界沟通的权力。一切社会事务，如定天时历法，测吉凶福祸，管理兵农大事和民间生老病死都依据巫教礼仪来进行。巫教便由“人神不分”、鬼神驳杂的原始形态，发展到“绝地天通”、神职专断的阶段。礼仪制度相应地就由分散的民俗形式，发展为集中的国家形式。

孔子在研究周礼时曾经提到过夏商二代的礼制，他因为文献不足没有作详尽追述。据今天的考古学家和神话学者的研究，夏朝奉行巫教礼仪是没有疑问的。《山海经》和《竹书纪年》里描绘了夏朝君主主持巫教典礼的情形，还描绘了各类巫师表演巫教歌舞的场面。在夏文化遗址中，学者们找到了夏朝的乐器，有的上面绘有巫教图案。

对商朝礼仪制度的认识是随着殷墟甲骨考释和商代青铜器的考释获得的。商朝人把夏朝的部落军事联盟奉行的巫教发展成形式更加严密系统的祭祀制度，借以建构宗教观念体系，规定政治和伦理秩序。商人奉行天帝崇拜和先王崇拜。天帝崇拜由原始宗教的自然崇拜发展而来，它制造了一个超然的上帝人格神。“天”即上帝，可以驱遣风霜雪雨，可以决定生死福祸。先王崇拜源自原始社会的亡灵崇拜、氏族图腾崇拜和家族祖先崇拜。已故先王被认为具有惩戒或者恩泽后代的能力。在殷王武丁统治期以后，商人又发展出一个新的概念：先王因为有非凡的德性，可以宾配天帝。两大崇拜趋向合一。商代祭祀礼仪的这一变化，反映了人伦观念的上升，也反映了宗法制度的成长。殷商甲骨卜辞记载着商人在祭祀时按照严格的周祭选祭系统、亲属称谓排列、宗庙宗亲格局来进行。礼仪形式也由简而繁，由疏而密，渐渐表现出“尊尊”、“亲亲”、“长长”的观念。

随着西周奴隶制城邦国家的建立，从巫教文化母体中脱胎而出的礼乐文明方才逐渐蔚为大观。礼乐文明在西周的社会制度和意识形态领域里得到弘扬。史书记载，西周初年，周武王去世之后，其弟周公旦摄政，出师东征，平定叛乱，分封诸侯子弟，营建洛邑为东都，而后，制礼作乐（礼是制度规范，乐是宫廷庙堂的礼仪乐舞），奉行文治。周公对于中国礼乐文明的形成有创造性贡献，他将周氏族的历史传统、殷朝的文化遗产继承下来，再适应时代需要做了统合改造。

周礼之赖以建立有三个支柱，即三个基本的社会制度：宗法制、分封制和井田制。宗法制规定了家族内（王室内）嫡长子的继承权，把人伦亲缘关系限定在高祖、曾祖、祖父、父、子五代范围之内。在举行丧礼的时候，贵族要根据世代亲疏、尊卑、长幼的关系，穿着不同的丧服。丧服制是一项重要的礼制，它是伦常概念的象征。分封制也是基本按照宗法关系来施行的，周王把自己的子弟、同姓和戚属，分封为诸侯或公卿大夫，划定他们的封国、封采领地，逐级逐辈臣服，最终一致臣服于周王。这样，血缘人伦关系又具有君臣政治关系的性质。周礼中各类祭礼典礼和宾礼反映了分封制的内涵。井田制和城邦划分、阶级划分紧密关联。周代的行政地理区划有三个层次，第一是“国”，也就是城邦，指周王居住的王城和分封贵族居住的都城；第二是“郊”，是城市附近的地区，居住着身份自由的农民；第三是“野”，是比“郊”更偏远的山野乡村，居住着农奴。由于水利灌溉和土地丈量分配的缘故，郊野地区的农田都划为规整的井田。井田，顾名思义原是和水井有关的。有了水井就有了沟渠纵横、阡陌分明的农田，农民得以世代聚居，产生了村社民间礼俗传统。在城邦、四郊和四野的周代居民们，过着不同等级和不同形式的礼仪生活。在《仪礼》中，详尽地记载着贵族礼仪生活的情形；而民间村社礼俗，则大多保留在《诗经》的民谣当中。周朝统治者在礼仪概念上有文野之别，但是仍旧注意维系地方村社传统；即使在庙堂和贵族礼仪中也吸收了不少民间礼俗的成分。因此，周礼实可分为三个系统的礼仪：与国家各类事务有关的大典，与贵族个人或家庭生存活动相关的仪礼，和与村社农民的生息配合的礼俗。

国家大典中，最重要的是祭礼，其次有宾礼和军礼。周人祭祀天帝、地祇、人鬼。与殷商不同，周人并不执著于对上帝神的迷信，而是敬畏于自然和祖先的恩泽和庇佑。祭祀活动，仪式繁缛，规格谨严，通过祭祀，在普天之下弘扬道德教化，推崇天道人德。周代的宾礼体系，是与不同的贵族等级相配合的。贵族名分，兼指其政治地位和血亲谱系地位。贵族之间办交际，名分不同，时间、事项、场合不同，都有不同的宾礼规定。宾礼象征着贵族内部的等级秩序。在晚周时代，分封制度的瓦解，就具体反映为宾礼体系的破坏，这常常又是引发贵族之间战争的口实。周代是一个兵农合一的社会，贵族、平民和农奴，到了战时，都是周王朝或诸侯城邦军队的成员。全民皆兵的社会，制定出系统的军礼，用作训练、演习、阅兵、比武和军事教育。有时军礼也同体育竞赛、农事狩猎活动分不开。周代礼仪同实际的经济生产联系也十分紧密。农事大典是重要的国家大典。春耕时节的藉田礼，上至天子，下至平民，都要参加。此外，夏耨、秋获、冬藏，乃至救赈、尝新，都要举行典礼。典礼是全民生产的动员形式，又是向自然祈福的形式，而且和农业生产管理、田赋税收、徭役劳动组织等有密不可分的关系。

周代的贵族过着丰富而严谨的礼仪生活。《礼记·昏义》概括说："夫礼，始于冠，本于婚，重于丧祭，尊于朝聘，和于射乡，此礼之大体也。"其中祭、朝、聘、射、乡诸礼，是贵族子弟进入社会交往时要学习遵循的基本礼仪。冠、婚、丧礼，则是个人成长各个阶段上要履行的人生仪式。冠礼（成年礼）表达了社会对贵族青年的接纳和期待，赋予他人生的意义，明确他即将承当的社会角色和使命。周代的婚礼，在细节上保留了不少氏族社会礼物交换的形式，礼物暗喻男女之间建立合法性关系和共同育嗣的关系和意义。周礼更加强调婚姻对于家庭兴衰的重要性：生命血统的延续、新的家庭角色和伦理义务的诞生、家族之间联姻通好、缔结新的社会联合体等等。

礼乐文明除了规范国家事务、人际关系及个性生命以外，还建立了贵族教育和国民教育体系，这就是著名的"六艺之教"。六艺是六种教学课目（礼仪制度、礼仪性的歌诗乐舞、射箭和驾驭战车的本领、文字和算术）。六艺汇集了当时水平的德、智、体、美的教育内容。六艺之教的根本目标是要培养出符合周代贵族统治需要的理想人才，他要具备大仁、大智、大勇；他要懂得敬天孝祖，恪守人伦；他要文武兼修，优雅渊博，又威猛奋发，理性与感情、个人与社会达到和谐统一。六艺之教，主要实行于贵族阶级，周王朝专门修建了辟雍（即贵族子弟学校），让贵族子弟寄宿于此，加以教化。《周礼》还记载说，六艺教育的内容也贯彻到乡间教育当中。

东周至战国，社会制度发生了翻天覆地的变化，井田制随着私人土地占有形式的扩大而崩溃。旧的宗法关系和分封制度，在各个城邦连年不断的征伐战争中动摇乃至瓦解。阶级结构的改变，使新贵族崛起，成为政治主宰和价值观念的引导者。旧的礼仪徒有其表，形式与内容分离。一方面新贵族肆意僭越礼仪规范，另一方面新思想又改变了对礼的本质的理解，充实了更富理性色彩的自然物本观念和以“民本论”为代表的政治观念。礼乐文明永恒存在的神话被打破了，忧虑、困惑和对未来新秩序的追求，萦绕在人们心中。孔子恰在这时创立了儒家学派，在礼乐制度的废墟上去召唤礼乐精神。

孔子醉心于揖让周旋之礼，他核定文献，开门授徒，以六艺为教，辅以演习礼乐，诵诗弦歌。孔子的创造集中体现在他以“仁爱”概念解释礼乐的本质。他质问道：“人而不仁，如礼何？人而不仁，如乐何？”（《论语·宪问》）孔子标榜的“仁”，包含很多内涵。他解释为“爱人”，“泛爱众”，是普施给一切人的泛爱；又解释为宗“名分”，严格社会贵贱文野等级，不逾越做人的规范；又解释为“忠恕”，待人以宽，“己所不欲，勿施于人”，“和为贵”；又解释为“孝”、“悌”，即一种生发于宗法血缘关系的亲情和伦理。孔子毕生以“克己复礼”为己任，当他意识到政治制度再不可能回到西周模式的时候，他的期望在于重新塑造人心，维护人际间的血缘性社会关系及伦理亲情的纽带。他的继承者孟子和子思在心理体验、人格涵养方面作了很多发挥。

先秦诸子学派对儒家有很多抨击。墨家从民本主义和功利主义立场，批评礼乐的奢靡无用；道家从自然主义和虚无主义立场，批评礼乐的虚伪饰情；法家从国家主义立场，批评礼乐的蛊惑人心……到了战国，时代要求有一个中央集权的帝国，未来的统治者不仅要建立新法制，还要树立新伦理，荀子的思想便应运而生。

准确地说，“礼乐”作为一个含义深广的文化思想范畴，是经由荀子的概括阐述才确定下来的。荀子写了两篇论文，《礼论》探讨了礼制与社会规范、强制的关系；《乐论》探讨了歌诗乐舞与社会认同、美感教化的关系。从此，“礼乐”不再只是对一种文明形式、制度生活的描述，而成为社会哲学概念。礼，代表规范、区分、界限、制约，作用于人的理性；乐，代表调谐、中和、认同、自由，对人发挥情感教化作用。荀子说，“乐合同，礼别异，礼乐之统，管乎人心矣。”在荀子之后，秦汉之际的儒家学者写了大量论文，探讨礼乐文化的伦理法则和社会功能。《礼记》便是儒家经典论文集之一。

《礼记》是对古代礼仪制度的内涵和功能的阐释，这些阐释表现了秦汉两代的儒家学者系统的礼乐文化哲学观念，深刻地反映了他们为大一统的君主专制政体建构伦理价值体系的努力。

《礼记》吸收了战国阴阳五行思想，将天文、地理、物候现象与人伦关系相比附，论证礼乐的精神是"达天道、顺人情"。礼乐包含着父慈、子孝、兄良、弟悌、夫义、妇听、长惠、幼顺、君仁、臣忠的十大伦理规范，节制人性欲望，使其适应社会秩序达到合理满足。这些伦理规范是天道与人道的统一。《礼记》还提出了一整套"修身、齐家、治国、平天下"的社会治理模式，把这个模式的基点置于人的伦理修养，划分出"格物、致知、诚意、正心"的修养层次，将先秦至战国儒家的各派理论整合为系统的道德认知学说。《礼记》发挥了荀子的思想，深刻论述了音乐在道德教化方面的功能。

"以舞相属"画像石，表现汉代宴会上一种礼仪性社交舞蹈。

经过《礼记》这一阶段，礼乐文明取得了它的理论阐释系统。这一系统从天道本体、人性根源，一直论述到政法制度、道德规范、认知图式和美感范型，礼乐精神一以贯之。与先秦时代以理性主义和人本主义阐释礼乐文明相比，汉代推崇的"礼乐"富丽堂皇，华贵雄强。庞大的构架，驳杂的内容，独断的风格，显示了帝国的信心和远虑。礼乐文明已经由既往躯壳遗产，转化为体现统治意志的时代宗教。汉武帝平定宇内，文武兼治，提出"罢黜百家，独尊儒术"，他是要利用历史亡灵，上演一出富于时代风格的正剧。诸子百家不再能以平等地位同儒家抗衡，但是凡是有利于君主专制统治的思想都被包容在董仲舒及其后学弘扬的儒家经学当中。他们包罗万象、杂糅诸子，踵事增华，渐渐将经学的思想统治推衍到极致。礼乐文明发展成经学形式，真正成了官方的宗教，为封建帝国树立起完整的价值体系。到西汉末年，王莽篡权，大兴经学，试图在经学中引出新政模式。他拙劣地模仿周礼，立明堂、辟雍、灵台，置五等爵位，划分行政区域和官阶，更名天下田为“王田”以效法井田制度等等。王莽似乎是倾慕宗周礼乐文明的，然而他拘于制度模仿，违背历史进程，终陷于泥古不化，其“新政”也成了历史上昙花一现的闹剧。

总之礼乐文明经历了原始氏族礼俗、巫教礼仪文化、宗周礼乐制度等阶段，在制度上由盛及衰，不复振起；然而从先秦理性批判，再发展到百家合流，终归于经学形式的完成，礼乐文明又以独立的精神形态存在着。在漫长的封建社会里，礼乐精神体现于中华民族的经济、政治、伦理、教育、艺术、宗教乃至于日常生活，塑造着中国人的心智和情感，它从一具衰朽的社会骨骼蜕变为文化精灵了。

政治制度

◎阎步克

中国历史上国家的出现，一般认为是从夏代开始的。部落联盟首领禹死后，其子启袭承其位并击败了反对者，首领的推选与禅让制遂让位于王位世袭制，这就标志着军事民主制的终结和国家的诞生。刑法、军队与国家机构，在夏、商、周各朝不断完备。夏有“禹刑”；商有“刑三百”，出现了监狱；西周有刑书九篇，以及五刑之属三千。商周军队，其编制为“师”，此外还有王室禁卫军。夏之官制不甚清晰。就甲骨文及金文所见，商代之文职官员有尹、宰、小臣、卜、史等，武职有马、亚、射、卫等。西周之中央机构更为发达，卿士、师氏、大师、尹氏以及“三有事”即司土、司工、司马等等，皆是重臣。

夏王朝大约是以“方国”即各方部族拥戴共主的方式对各地进行统治的。商王朝在王畿之外，把某些贵族和方国首领封为侯、伯。周初就进行了大规模的封国建侯、授民授土。据说周公立国七十一，其中周之同姓五十三，其余则是姻亲、功臣。诸侯对天子承担纳贡、藩卫以及从征的义务，在其封地之内则可把田土人民封赐给卿大夫。卿大夫皆有家臣。卿大夫、家臣皆须对其主承担封建义务。等级封建制度，由此而形成了。各级封建领主，世代垄断官爵禄位。以嫡长子世袭特权为中心，以相应于嫡子、别子、大宗、小宗名分的权益为内容的宗法制度，以及以“亲亲”、“尊尊”为原则的一整套礼乐传统，成为这种制度的主要维系。

春秋战国时代，天子衰微，争雄的列国先后进行了变法，宗法封建制开始解体，官僚制度发展起来。在中央出现了相或丞相，为百官之长，楚国称令尹；武官之长则有将军。各国官职新旧杂出，各有所异。但由于郡县制、俸禄制取代了封土授民制，选贤任能、考课黜陟取代了宗法世卿制，成文法规取代了礼乐传统，这些官员开始变为新式专职专业领俸文官了。至秦始皇统一中国（公元前221年），中央集权的官僚帝国政体正式确立。

秦始皇首创“皇帝”名号，其命为“制”，其令为“诏”，其自称为“朕”；其权力和权威，被认为来自“天”或“天命”，皇帝集立法、司法和行政大权于一身，“天下事无小大皆决于上”；同时也存在着朝议制度，事关军国大政辄令群臣各进其言，由皇帝做最后裁决。

中央实行三公九卿制。丞相总百揆，太尉掌军事，御史大夫为丞相副贰。其下有奉常、廷尉、少府等九卿，分掌王朝政务及皇室事务。此外设有博士，负咨询顾问之责。天下分为三十六郡，郡有守；郡下有县，县有令。最高司法机关为廷尉，地方由郡县兼司司法。最高监察机关为御史府，出巡地方者称监御史，各郡有郡监居郡监察。军队平时由郡尉征集训练，将军统领，边防有常驻军队。秦之官员皆由国家正式任命，录用升迁的标准是功劳与吏能。有保任之法，所推荐之官员不善，保举者连同坐罪。

秦之制度，大致为二千年帝国政治体制确立了基本的原则与架构。但在漫长历史之中，各种政治制度又经历了巨大的发展变迁。

在中央官制方面，主要由专制君主与辅佐君主的官僚机构首长丞相总揽大权，政府机构的职能、分工和结构都有进步。汉初承秦三公九卿之制，但汉武帝以来又往往以大将军及尚书等组成“内朝”，以分丞相之权。东汉初三公演变为太尉、司徒、司空；同时原属少府的尚书演为尚书台，设有令、仆射及诸曹尚书、侍郎，变成了实际的中枢机关，三公实际权力大为减少，便于皇帝居间操纵。曹魏时皇帝鉴于尚书令权势太重，另设中书省掌机要，以分其权，尚书省遂变成执行机关了。此后诸代君主又着意扩大以侍中为首长的门下省权力。北魏门下省权势尤重。时至隋唐，三省分立之制成为定型。中书省草诏，门下省审核，尚书省负执行之责。三省长官合议于“政事堂”（后称“中书门下”），同为宰相；皇帝又常以他官加“同平章事”等号入政事堂为宰相。尚书省下分吏、户、礼、兵、刑、工六部，其下各有诸司，分掌庶务，其体制更为完善，遂为历代相承。

宋代别置中书省于禁中，有同平章事，号称宰相，副贰为参知政事，号称执政。此外有枢密院掌军政，与中书省并称“二府”。又有三司使掌财赋，号称计相，与二府合称“二府三司”，互不统属。宰相之权，一分为三了。元代仍以中书省总政务，枢密院掌军务。

明初中书省设有丞相。明太祖着意隆君权、抑相权，遂罢中书省、永废宰相，以六部直承皇帝。又仿宋制设诸殿诸阁大学士以协理机构，称“内阁”。明成祖以后阁权日重，大学士成了事实上的宰相，有首辅、次辅、群辅之分。但制度上内阁不能领导六部，职责仅为“票拟”，相权已颇受限制。清初以议政王大臣会议为决策机构，仍设殿阁大学士居辅政之位。雍正之时，因军事需要设立军机处，其后至于“军国大计，罔不总揽”，凌驾内阁之上。但终清之世，军机处并非正式国家机关，也没有独立的衙门，只相当于皇帝的私人秘书班子。君主专制，因之进一步强化了。

为了维护行政秩序和贯彻法律，王朝设有监察与司法机关。自汉以来，监察为御史台之责。唐御史台下分台院、殿院和察院。明朝改为都察院，下设十三道监察御史；又别设六科给事中专门监察六部，初为独立结构，清代并入都察院。御史代表天子监察百官，也有谏诤言事之责；不避忌讳，不惧权贵，被认为是御史应有的风范。宋制，御史入台十旬无章疏，则谓之“辱台”。但历代也不乏因触犯皇帝或权贵而遭谴黜者。

最高司法机关，在汉仍为廷尉府，后时或改称大理寺。尚书台成为中枢之后，遂分其权。隋唐以来，尚书省之刑部与大理寺共掌司法，狱案由大理审判，刑部复核，加之御史台合称三司，要案由三司共理。元代废大理寺，明代复置，但已变成刑部审判，大理复核了。明清仍有三司合议之制。中国法制的特点是：各种法典以行政法与刑法为主要内容；特别缺乏权利观念以及对之的保障；同时皇帝与权贵往往越法行事而使之流于空文。此外，儒家道德在很大程度上支配着法律的制订和施行。

由于儒教及儒生士大夫在政治上的特殊作用，文化教育性质的官署官员占有重要地位。汉代为博士置弟子，建立了太学，是培养儒生官僚的重要场所。东汉太学生多至三万人。又为太子置太傅、少傅，进行儒家教育。魏晋南北朝有秘书省掌著述图籍，太学外另设国子学以教贵胄。唐以下各代，中央有国子监，州县亦有学校，培养科举人才。唐有学士院司制诰撰述，宋称翰林学士院。又有史馆掌修国史。宋广设学士之官，“资望极峻”；又有侍读、侍讲学士为经筵讲官，为皇帝宣讲经史。明清翰林院掌修史、著作、图书等，位望至为清华。礼部也是重要的文化事务管理机关，掌礼仪、祭享、贡举等事。这类机构、官员在传播儒家意识形态、维系帝国政治文化传统以及培养官吏人才上，发挥了巨大而独特的作用，而且对政治也往往有直接影响。例如汉之博士可以参与朝议，汉末太学成了政治斗争中心。唐之翰林学士参与机要，有“内相”之称。宋之殿阁大学士至明形成内阁；清之翰林院则是朝廷大臣的重要来源。

宦官制度，以及皇帝为加强专制集权而亲信宦官造成的宦官专权，也颇可注意。宦官出现于商周，秦二世时已有宦官赵高专权之事。东汉宦官中常侍、小黄门等，与外戚迭操朝柄，乱政祸民，与士大夫形成剧烈冲突，酿成“党锢”之祸。唐中后期宦官外出监军，内典禁军，又以枢密使、宣徽使参掌机要，号称“北司”，其权至可废立皇帝，并与朝官之“南衙”形同水火。明代宦官有二十四衙门，司礼监权势最隆，有“批红”即代表皇帝审批票拟之权，其势盛时足可压制内阁。宦官又控制了东厂、西厂、内行厂等特务机关，残酷镇压异己。明后期东林党人反对宦官魏忠贤，许多人惨遭杀身之祸。至清废二十四衙门，其事务转隶内务府，不再以宦官参阅奏章，始革宦官之弊。

在地方行政制度方面，各级行政组织的完善，以及中央集权与地方分权、地方割据的矛盾，是主要线索。西汉一方面承秦郡县之制，同时又分封了一批同姓、异姓诸侯国，他们时或反叛中央。王朝在镇压之余不得不大大削夺其封土及权力，汉武帝为加强对地方的控制，分全国为十三州部，各置刺史以司监察，其秩在郡守之下，收以卑临尊之效。后来州之权力渐大，形成了行政单位。州郡长官兼揽地方行政、司法、财政甚至军事大权。魏晋南北朝之地方单位仍为州、郡、县三级。又常设使持节（或持节、假节）都督某区军事，其督区有一州、数州或数郡不等，也形成一种军政单位。又东晋朝廷对南迁的北方士族及部曲，多设侨州郡县以安置之，为此时期之特有制度。唐地方单位为州县两级，又分天下为十道监察区，后增至十五道。唐玄宗又于沿边置节度使，其设置后来又延及内地，司一地军政大权，并发展为割据势力，拥兵自重，叛顺无常，最终导致了唐王朝的衰亡。

宋代州府以上行政单位为路，北宋末天下共二十六路。诸路有转运使掌财赋，安抚使掌兵民，提点刑狱掌司法，提举常平公事掌仓政盐茶，分称漕司、帅司、宪司、仓司，互不统属，地方权力有一分为四之势。州之长官为知州，但又派朝官为通判以相制约，这就大大抑制了地方割据倾向，加强了中央集权。元以中书省为地方最高行政单位，明承其制，分全国为十三省，但正式名称为承宣布政使司，掌民政。各省又有提刑按察使司掌司法，都指挥使司掌军务，合称三司。清代省数增至十七，北京地区为直隶，或合称十八行省；机构则只有布政、按察二司了。明代又每因事而于特定地区设总督、巡抚，督区、抚区大小不等。清代有八总督领十五行省，兼理文武军民；又有十六个行省各设巡抚一员，总管民政。明清省下有道，但道种类繁多，或因地域、或因职能而设，辖区时有重叠，职掌则有条不紊。此制为明清特有，前世所无。

历代兵制，变化颇大。西汉以兵役制为主，成年男子均须服兵役两年。军队有南军、北军、八校尉及羽林、期门等等。东汉废郡国兵，以职业军队为主。魏晋南朝有士家制，是一种世代为兵的军户，同时也用征兵、募兵。西魏创府兵制，隋唐沿用其制。府兵平时务农，不纳赋税，征发时自备兵器资粮。唐设有634军府，每府有兵800—1200人，分隶中央十二卫。唐玄宗后其制衰败，改用募兵。

宋以募兵为主，有禁军、厢军、乡军、蕃兵。其主力为禁军，分隶中央殿前司等“三衙”。三衙与有发兵权的枢密院分割兵权。禁军又行“更戍法”，按期更换戍地，以使兵无常帅、将不专兵。明又改用卫所制，5600人为卫，下有千户所、百户所。军士身份世袭，大部分屯田，小部分驻防，实现了资粮自给。明太祖时天下设329个卫，分隶各省都指挥使司，总统于中央五军都督府，战时临时任命总兵官。五军都督府、兵部、总兵官都不能独专兵权。明中叶后卫所制又复衰败，改用募兵。

唐、宋、明之军队布防皆以“内重外轻”为原则，以重兵拱卫京师，视内忧重于外患。又皆有“监军”制，唐用宦官，明以御史居多，称“监军御史”。宋、明王朝形成了重文轻武之风，武人权势颇受抑制。

清代军队制度实行以满制汉之法，有八旗兵、绿营兵之分。主要由满人组成的八旗兵驻守要地，装备待遇远优于汉人组成的绿营兵；绿营兵之要职亦由满人担任。

中国古代的选官制度，从察举到科举的演变是重要线索。汉代实行察举征辟制。百石以下僚属由长官自行辟除，同时刺史、郡守等可以以秀才、孝廉、贤良、方正等名目把人才举荐到中央。不定期的贤良、方正要经“对策”才能授官，岁举的秀才、孝廉则不需考试。但从东汉顺帝到西晋武帝间，孝廉与秀才先后实行了考试之法，一试经，一对策，及格方能授官。南朝时明经科取代了孝廉地位。时至隋唐，实行了王朝设科而士人投考，应试者无需长官举荐，进士科取代了秀才地位，察举遂演变为科举制。

唐之科目繁多，以进士、明经为主，参试者来自学校生员及自由报名之乡贡。

宋代科目渐集中于进士一科。明清科举以考试八股文为主，参试者全部来自学校生员。京城及各省三年一次乡试，取中者为举人，次年京城礼部会试，取中者为进士，进士再经殿试分为三甲，由吏部授官。这种以文化知识考试录用官员的制度，体现了功绩制的原则，也促进了社会流动，是一个巨大的历史成就。时人与后人也指出了它的诸多流弊，这多与整个社会制度结构有关，不完全是科举本身的问题。

历代又都有保障官僚特权的选官制度。汉有“任子”制，二千石以上官员可任子弟一人为郎。魏晋南北朝有九品中正制。中正以下下至上上九品评定士人德才，吏部据以授官。但由于此时期士族占据了支配地位，实际上定品标准是门第高下，居上品者大抵是士族门阀。唐有门荫之制，高官子弟可依父之品阶直接获得任官资格。宋代有“恩荫”制，其法极滥，一次恩荫动辄数千人。明清有“荫生”，一定品阶之官员的子弟可以不经考试而直接入国子监，由之入仕。

卖官鬻爵亦时或形成制度。秦汉有纳粟拜爵之制，汉代又有入奴、入羊、入财拜郎之法。明清有捐监，由出资纳绢而获国子监资格作为出身。清之捐纳制度，最高可捐至道员，由之为官者称“捐班”。这使官位变成了商品。

考课制度源于先秦，其周备程度与时俱进。汉代以长官考下属，每年一小考，三年一大考，郡国计吏每年赴京上计，总之于丞相，优者迁赐、增秩，劣者降级、免官。唐代考课大为严密，以吏部考功郎中主之，行积分之法，根据“四善二十七最”评官员为九等。宋有审官院考京朝官，考课院考幕职州县官。明有考满、考察之分。官员三年一考，六年再考，至九年通考分等黜陟，称考满；京官六年京察，外官三年外察，合称考察。其制颇密。清代京官有京察，外官有大计。历代之考课，往往是王朝前期尚有成效，中期以后即趋颓败而流于形式了。

官员体制等级严明，有秩、品、阶、勋等等名目。汉代以俸禄若干石计“秩”，且以之定官位等级，如万石、二千石、六百石之类。魏晋别设九品以别官位高下，北魏品分正、从，四品以下正、从又分上下阶，共30等；唐宋与之略近，隋及元、明、清则简化为九品及正、从，共18等。阶官是确定官员身份等级的，唐文散官29阶，武散官45阶。宋称寄禄官。明清阶官为18等，与品大致一致了。勋官用以酬功劳，崇资历。唐勋官自上柱国以下12转，至明有文勋10级、武勋12级，清废。此外还有爵，是周代分封制的遗存。汉代爵实际只有王、侯二等，相当周之诸侯。历代爵级爵号不尽相同，一般是皇帝同姓封王，异姓只封公侯伯子男。原则上封爵者有封土或食邑，后来大抵成了虚名。

大致说来，中央集权的专制君主，以及由职业官僚构成的官僚机器，在相当长的历史时期，较为有效地为这个小农经济的社会提供安全、秩序、调节与管理。但其内在的弊端，也经常使这一体制周期性地走向解体。特别是，由君主官僚共同构成的统治阶级，使社会付出了沉重的代价——残酷的政治压迫和经济掠夺。当工业制度与现代文明开始改变旧有的社会背景时，帝国的政治体制就不能不因之而发生深刻的变迁，向现代政治体制艰难而缓慢地转型了。

伦理教化

◎沈善洪　何隽

在中国的传统文化中，伦理观念占有特殊重要的地位，而其中儒家的伦理观念又居于主导位置，故在一定意义上说，儒家的伦理观念也就是中国人的伦理观念。把这种伦理观念通过政教风化与教育感化贯彻于世俗生活之中，就是伦理教化。

儒家的伦理学说，形成于春秋战国时期，至西汉中叶取得了意识形态领域中的支配地位，并通过多种教化手段对社会各阶层起着潜移默化的作用。这种作用随着中国社会的发展不断得到强化，到宋代则形成一套完备的体系，对中国传统文化和民族性格产生了深刻影响。

儒家的主要伦理观念是仁、义、礼、智，其中仁是根本的观念。仁有多方面含义，就个人修养来说，它要求人们谦虚谨慎、诚实刚毅；就人与人的关系来说，它要求尊重和顾及他人权益，自己企求达到的愿望希望别人也能达到，自己不喜欢的事也不强迫别人去做，一言以蔽之：仁者“爱人”。只是这“爱人”首先是爱自己亲人，而后推及他人；就人与社会的关系来说，它要求“克己复礼”，即克制自己而服从于社会的规范。儒家所谓义，是指达到仁的道路，即依仁而定的为人处事的具体准则；所谓礼，是体现仁的外在规范与仪式；所谓智，是达到仁所要具备的智慧与知识。仁、义、礼、智四者既是儒家的主要伦理观念，也是其要求的道德行为规范。而作为道德行为规范，则需要有更为明确的可遵循性。因此，在伦理教化中，虽然也宣扬仁、义、礼、智，但更多的则是宣扬忠、孝、节、义。无疑，两者的内涵是基本一致的，只是后者更加明确，更易于为社会成员所遵循，所以被作为主要的道德行为规范而广泛宣扬。

二十四孝之七：汉文尝药。

忠、孝、节、义的含义，历来有多种解说，并因不同的时代、不同的社会阶层的需要而灌注进不同的内容。总体上说，对传统文化及国民性格影响较大的有以下几方面：忠，本义是指诚实无欺，作为道德内涵来说，是指处理个人与国家民族以及政权代表者君主的关系。其具体内容就是忠于君主和社稷、民族。忠君与忠于社稷、民族在许多场合下是一致的。当两者发生冲突时，有识之士往往选择后者。孝，系宗族、家庭伦理，具体讲即子、弟要敬爱父、兄。在传统的伦理教化中，要求晚辈绝对遵从父辈的意志，按宗族、家庭世代相传的规矩办事。节，是个人的道德修养，指始终不渝坚持原则。教化中宣扬的主要有四：一是民族大节，歌颂为国家民族捐躯的英雄，谴责投降变节的叛徒；二是赞扬坚持自己理想信念、洁身自好的君子，谴责看风使舵、卖身求荣的无耻小人；三是所谓君臣大节，宣扬君要臣死、臣不得不死的盲目服从；四是指妇女贞节，要求“从一而终”，反对寡妇再嫁，甚至宣扬“饿死之事小，失节之事大”。义，在忠孝节义四者联用时，指的是人与人交往的道德规范。它要求人与人一旦结交，祸福与共，生死不渝。也就是通俗小说中所宣扬的有福同享、有祸同当，不求同日生、但愿同日死等等。由上述可见，作为伦理教化主要内容的忠、孝、节、义，对于民族共同体的稳定和发展，对传统文化的保存与发扬，都起过积极作用，而其消极作用则是长期维系了宗法血缘等级制，抑制了人的个性、创造性的发展。

那么伦理教化是如何进行的呢？一方面是利用政权的力量，使上层建筑各个领域均以道德准则为依据，并使道德教化渗透到意识形态的所有方面；另一方面，通过教育、文艺等手段专门从事伦理教化。

突出伦理教化，首先是给封建政治涂上一层浓厚的道德色彩。具体地讲就是将家庭、家族与国家勾挂起来，将血亲关系与等级关系等同起来，造成国家与家庭、家族的同构，从而使用于维系家庭、家族进而维系社会人与人关系的道德规范扩展成国家制度，达到政治制度的伦理化。政治制度伦理化的确立，一方面使国家事务的操作过程着意于礼仪，以体现尊卑等级，维护国家体制，以及示教、化育天下百姓。另一方面，在人事的安排上，则标榜“以德取士”。从两汉的察举孝廉，中经魏晋的“九品中正”，直至发轫于隋唐完善于宋代的科举制度，都把“德行”放在首位。而在科举确立以后，儒家经典则成为考试的主要内容。因此，政治制度的伦理化除了直接使儒家伦理外化为有形的制度本身之外，又通过礼仪与人事将其贯彻于社会生活之中。伦理教化不但要“教”，而且要“化”，要使人在大量、经常的感性知识积累中潜移默化地形成道德的自觉。因此，伦理教化中把教育与文艺作为直接的手段，其中尤其注重蒙童教育与通俗文艺。

中国古代教育中，始终把德育放在首位，甚至在知识领域也把“德性之知”抬高到压倒一切的地位。陋儒们甚至宣称对自然界的认识是可有可无的，把科技知识贬为“奇技淫巧”。这种压低知识的倾向，无疑是极其有害的，并历来遭到进步思想家、教育家的抵制。但是，始终把德育放在首位也反映出中国古代教育着力于伦理教化的苦心。中国历来重视蒙童教育，《礼记》所载的“保傅之教”正是古代的婴幼儿教育。从蒙养教材的内容看，除去一部分专为伦理教化而编，如宋以后成为重要蒙养教材之一的《性理字训》之外，在以识字和掌握生活常识为主的蒙养教材中，儒家思想与伦理观念的贯彻仍然占重要地位。在最著名的蒙养教材“三、百、千”即《三字经》、《百家姓》、《千字文》中，除了《百家姓》纯为记诵姓氏外，《三字经》与《千字文》都兼有伦理教化的作用。

在文学领域里，历来提倡“诗言志”和“文以载道”，文学成为直接宣扬道德伦理的工具而得到利用。这一方面固然使文学自身的发展受到了某种限制，但另一方面也确实起到了在愉悦性情的文学欣赏中培植道德理想的作用。“寓教于乐”的原则使通俗文艺成为伦理教化的有力工具；在历来的话本、戏曲、小说中，可以说多数充满了忠、孝、节、义的说教。这对于伦理教化在世俗各阶层中的传播起着有效而深远的作用。

此外，社会教育，即主要通过伦理楷模来教化民众是一个不可忽视的方面。这个方面可粗略划分为四种表现形式。其一，是把皇帝装扮成既是君主又是“圣人”，这种集权力与道德于一体的形象不仅使皇帝成为全社会的道德榜样，而且也是伦理化的政治制度的重要组成部分。其二，是使神与有德之人结合，使人神化，又使神道德化，以此来感化民众。如宣扬忠、义的岳王庙与关帝庙就是这方面的突出表现。其三，是从朝廷对“忠义”、“孝烈”的褒扬旌表到民间的广立节孝牌坊。其四，是在社区推举贤人。

伦理教化对中国社会的发展产生了重大而深远的影响。儒家伦理的根本着眼点在于建立合乎道德的理想社会，其基本形式表现在国家的统一、有序，以及基于其上的和平和发展，而达到的手段主要是依靠“修文德”。因此很显然，借助教化而渗透到中国社会各方面的儒家伦理自然以它的道德精神的实际应用起着促成和团结中华民族的作用，并使中国社会在有序的稳定中得到渐进的发展。同时，伦理教化使伦理在现实生活中发挥的巨大作用，促使象征着突破有限的事实环境、创造理想的应有环境的道德精神在中国社会始终处于最高的地位，这不仅给中国社会带来了“礼义之邦”的荣誉，而且更为重要的是决定了中国人的精神。在最低的层面上讲，它培养起社会成员的社会责任感、义务感；在最高的层面上，它引导人倾向于在历史的观念上去获得生命的真正意义，即超越有限的现实，以道德生命的完善自由来求得自我实现和引导人类进步。粗略而概括地讲，伦理教化的贡献在于使社会获得了实益，使精神归依到根本。

但是，在社会获得实益、精神归依到根本的同时，伦理涵盖一切的功能所反映出来的道德万能主义也造成了负面的效应。社会管理不能完全由道德承担，它必须依赖可操作的制度，依赖政治的、经济的和法律的手段。制度的伦理化使道德混于制度之中，并构成制度的原则，因而极大地削弱了制度赖以存在的自主性和在社会管理中的独立性。这就造成了历史上中国社会在制度建设上的严重不足。同时，由于上述的在国家事务操作过程中的礼仪要求，变成形式化的繁文缛节并影响到整个民风世俗。因此，在既需要激活传统又需要对之进行调整的今天，如何对伦理教化的内容、手段和范围进行新的解释和界定，把伦理至上精神和道德万能主义区分开来，仍然是一个需要认真思考的课题。

法律体系

◎梁治平

中国古代法律的起源极其久远。追溯其源流，大体可以划分为三个阶段，即中国青铜时代法律传统的创立，春秋战国之际新旧继替的过渡，以及秦汉以降法律传统的再造与完成。

中国最古而可考的历史为夏（约公元前2070—前1600年）。据现代学者的研究，传统上称为三代的夏、商（公元前1600—前1046年）、周（公元前1046—前770年）实际构成一个完整的文明形态，即中国青铜时代。在这个时代里，新生的政治组织——国家，与旧有的亲属集团——氏族，保有一种严密的结合：统治的关系依据亲族姓氏来划分，权力的分配按照血缘亲疏来安排。这种格局的特点是家与国合而为一，政与教相互贯通。其中，祭祖的仪式为确定权力等级、加强统治者内部联系的纽带，而征伐刑威乃是保护统治者威权，维护政治与社会秩序的手段。这就是青铜时代的宗教与法律。前者称之为“祭”，后者名之为“刑”。

“刑”的本意为杀戮、砍礫，最初只用以对待异族，这表明“刑”与古时的战争有着共同的起源。古人所谓“刑起于兵”、“兵刑合一”，正是这一种特殊经验的反映。虽然，因为社会及其观念的日渐复杂，早先只用以对待异族而与战争同其形态的“刑”，逐渐发生变化，而包括流、鞭、扑、赎等手段，亦多用于社会内部，但因其源于战争而只具有暴力的性质这一点，却不曾改变。中国青铜时代的法律，先与古代战争混而不分，继则成为统治者贯彻其意志的暴力手段，终究不出“刑”的范围。这种特殊经验凝固而成为中国古代最久远的传统，隐藏于观念，表现于制度，对于中国数千年间法律的发展有着根本的影响。

“刑”缘“兵”而产生，法以“刑”为核心，这固然是中国古代法律发展的特殊路径与形态，实行这种法律的社会却并不因此一定是暴虐无道的。统一家、国，贯通政、教的宗法制度，其主旨在于“纳上下于道德，而合天子、诸侯、大夫、士、庶民，成一道德团体”(王国维语)。三代的制度和礼，皆是道德之器械。礼的贯彻，正要靠“刑”来补足。这种结合礼、刑，纳法律于道德的传统，同样产生于三代，流衍于后世。

青铜时代的法律典章，见于历史文献的，有禹刑(夏)、汤刑(商)、九刑、吕刑(周)等，可惜这些文献都不曾流传下来。比较可以确知的，是周代的法律制度已具有相当的规模，其时不但有专司狱讼的刑官，有确定的诉讼程序、监狱及狱囚改造制度，而且有了成文的法律和法律公布的制度。

大约在公元前8世纪，因为铁器的出现和普遍应用于社会生活，青铜时代遂近于终结，中国古代社会因此进入剧烈变动的转型时期。这一时期的特点是，以往处于从属地位的诸侯、大夫、士等相继崛起，他们僭取权位，自封尊号，以实力相较量。旧有之礼教刑政丧失其权威，青铜时代之格局随之解体。由此带来社会观念与社会制度的深刻变异。身处变局的新兴统治者，以富国强兵为宗旨，以赏功罚罪为手段，自然更重视法律的运用。这一时期的法制变革，或确证新兴君主的合法性，或贯彻君主之意志和推行新政，是以更加公开、明确、注重实效。战国(公元前475—前221年)时郑之刑书、晋之刑鼎都是新法中的代表者。战国末叶，魏国人李悝综理各国法律而撰成《法经》六篇，称盗法、贼法、囚法、捕法、杂法、具法。《法经》六篇久已失传，然而古代法典之影响后世蔚然成一传统的，却要首推《法经》。李悝虽未能首创一套中国的成文法，却为后来人视为中国古代法典编纂的开山鼻祖，正是因为这个缘故。

青铜时代，学在官府。待到“礼崩乐坏”的春秋战国，私学勃兴，于是有自由的思想家。他们关于法律的思考和论述对后人的影响，其意义的重大不输于李悝的《法经》对于后来法制的影响。其时，曾有“法治”(“刑”)与“礼治”(“德”)的对立与论争，争论的焦点在于法律的实际效用，即只依靠法律政令能否实现理想社会一类问题。但法即是刑、是专属于王者的暴力工具，却是一个不曾遇到挑战的传统，成为争论中的共识。先秦思想家和立法者就这样一面创造性地传递了传统，一面开启了即将到来的新世纪。

公元前4世纪中，商鞅入秦国为相，以《法经》六篇治秦，而改“法”为“律”，开创了中国法律史上的“律统”。这可以看作中国古代法律发展进入第三阶段的标志。在这一阶段里面，古代的法律体系渐次完善，蔚为大观。至清朝末年的法制变革前，它以其独特的面貌，独立于世界法制之林。

公元前221年，秦始皇统一中国，为此后绵延两千年而不绝的大一统帝国的新格局奠定了基础。然而这只是新秩序的开端。在经过五百余年的社会大变故之后，如何吸收与融合旧传统和新经验，建立新秩序，使之丰富而完满，乃是秦(公元前221—前206年)汉(公元前206—公元220年)人的首要目标。

秦帝国的统治未及二十年，然而其法令繁多，且及于社会生活的各个领域。对于后人来讲，秦人在这方面的经验是非常珍贵的。汉人立国，首先继承了秦人的制度。汉相萧何在《法经》六篇的基础上，增加了兴律、厩律、户律三篇，合称"九章"。汉代的法律就在此"九章"的基础上发展起来。在后来魏(公元220—265年)、晋(公元265—420年)以及南北朝(公元420—589年)的数百年间，法律在传袭的过程中不断得到完善，法律的原则愈加成熟，法典的体例也逐渐确定。这样到了隋(公元581—618年)、唐(公元618—907年)时期，人们就有可能综合前人经验，写出空前成熟完备的法典来了。这就是唐律产生的背景。在中国法律的发展史上，唐律(也是现存最早的古代法典)占据了一种承上启下、规范划一的显要位置。唐律的基本精神，体现在唐律中的基本原则，唐律的结构和体例，以及确定于唐律的一般法律概念，一直沿用至明(公元1368—1644年)、清(公元1644—1911年)而无显著的变化。不仅如此，唐律产生之后，其影响并不以疆域为限，而及于当时的安南、朝鲜、日本等国，蔚然成一法系("中华法系")。

唐律虽然重要，却不是唐人凭空的创造。它直接由隋律(583年)发展而来。隋律本于北齐律(564年)，北齐律源自北魏律(431年)，北魏律则上承于汉律，由此，我们可以知道在中国古代法源流上《法经》的重要，汉律的重要，以及中国古代"律统"的绵延不绝。

还在汉代，在立法活动开展的同时，对于法律的研习、解说和讲授也逐渐发展起来。由这里，产生出中国古代的律学和律家。秦人杜绝私学，学习法律须以吏为师，但是到了汉代，却有以研习、讲授法律为传家之业的。尤其是到了后来，一些儒学的宗师，以经学家的身份而为法律作注释与讲解，从而将律学的发展推向高潮。中国古代的律学虽然在汉末盛极而衰，其流风余韵却不曾完全止歇，在唐代法律的"疏议"和清代律例的"讲义"里面，仍然可以见到它的痕迹。

汉代的儒生参与立法（如叔孙通）、司法（如董仲舒）和领导律学潮流（如郑玄），表明先秦时代儒法两家关于“德”与“刑”的论争已经不具有截然对立的意义了。在汉人那里，早期儒家的理论（以三代的旧传统为基础）和法家的主张（主要是春秋战国时期的新经验）得到了某种融合。以礼教为本，以刑罚为用，靠了辅以刑罚的礼教来确定根本上乃是道德的秩序，这便是经汉人改造过的新时代的旧传统，以后几代人的努力，只是充实和丰富这个传统，直到它最终在唐律里面获得完美的实现。

现代人论及中国古代法，或以为中国历来不重法律，中国社会乃是“礼治”的社会，或以为古人判案不严格依据法律，而以抽象含混的“情理”代之。诸如此类的议论，虽然不是全无根据，却与历史事实有相当的距离。中国古代法的真精神，应当由中国文化的设计与格局去认识，依其本身的经验去阐述。所以，关于中国古代法的本质特征，可以这样去描述。

先由哲学的立场看，古人造法是要效法自然，以法律的应用去求自然秩序中的和谐。一方面，古人相信法律作为社会制度的一种，在大自然的冥冥之中自有其依据，是以法律之用当与自然相调和，古人行刑尽秋冬之月即以此。另一方面，古人相信天道与人事共其因果，同其道理，政事不修必致天谴。因此之故，遇灾而赦的记载不绝于史，罪与罚的相应相称，更获得一种自然的也是哲学上的必然性。

其次从社会方面说，中国古代法律以伦常为纲，根本上是一种“伦理法”，家族组织在社会生活中的重要性，孝悌原则在政治生活中的重要性，都是青铜时代以来家国合一、政教贯通传统的延续。在这种传统下成长起来的法律，实际是礼与刑的结合。于是，表明血缘关系亲疏远近的“服制图”成了法律上定罪量刑的重要依据之一，社会的伦理的要求多成为法律以强力执行的原则。《四库全书总目提要》谓“一准乎礼”的唐律堪称这种“伦理法”的典范。

再从文化的角度讲，法律虽为文明社会所必需，古人却由其文化的根本理想出发，尽可能将法律的应用降低至最低限度。中国古代法律以伦常为其归依，旨在社会关系之协调，并以排除一己的主张来实现这种社会的和谐。因此，各民族法律虽然同是以社会和谐为其目标，但以权利义务为经纬的法律，只能解决纷争于事后，惟中国古代讲求礼义，旨在消灭争端于事先。施行权利之法，必不以多讼为怪，而中国古法的精神却正是要达到“无讼”，任何民族的法律都要服从此民族文化的追求，中国古代法所揭示的正是中国古代文化的基本构想。

最后由技术的方面看，中国古法历史悠久，变化万端，异象纷呈。然而变中有不变，繁多正蕴含了统一。自公元前4世纪商鞅“改法为律”，“律”便成为中国古代法律的主干。“律”之外可以看作是法律的，有令、格、式、典、科、比、敕、例等等，它们调整的社会关系领域极为广泛，其效力的高下则因时而异。现代学者很容易把它们统统归入“刑法”一类，但事实上，它们与现代社会中的“刑法”并不是正相对应。中国古时法律没有公法与私法的分别，刑律之外，无所谓民法，而刑律中涉及民事行为的条款，也都附有刑罚。在这种与现代法律观念、结构全不相同的面貌后面，正隐含着中国古代法自身的统一性。

古代法既然以礼为最后的根据，自然不乏评判事物的统一标准，由此标准出发，按照道德上的重要性评定行为，设立罪名，使与分为五等的量刑标准（即称为“五刑”的笞、杖、徒、流、死）相适应，这样便造就一张疏密相宜、条理井然的道德法网（所谓“出于礼则入于刑”）。为使这种理想的法律能够奏效，统治者又依刑罚的轻重来确定司法上管辖权限的等级，具体地说，低级的司法（同时也是行政的）机构，依法可以自行处断依道德判断不算严重的罪行（如财产纠纷、打架斗殴等），并对是否使用笞、杖一类较轻的刑罚有决定权；重刑以及与重刑相应的较为严重的罪行（即道德上认为重要者），归高级的司法机构掌管；通常，死刑的审核要直接上达皇帝。与此相应，轻罪的处断，程序简单，比较地具有随意性，重刑的运用手续繁冗，要严格按律文处刑。最后，因为司法与行政合而不分，司法的统一便由统一的行政当中自然产生了。长期以来，帝国各级官吏由具有一定资格的读书人充任，这些读书人虽然不是技术专家，却饱读诗书，熟知古来圣贤教诲，他们靠自己的修养去补足法律的不足，并且依靠道德上共同的自觉意识来最终实现中国古代法的统一。

19世纪中叶以降，中国面临西方文明的挑战，变法图强势在必行，这样到了清末的法律变革，古代法数千年的传统竟而成为绝响。“传统”与“现代”的分界由此而产生。对于今天的中国人来说，逝去的传统并不只是往昔的记忆，它还是今人的生存背景。它对于今人的意义，将最终取决于他们自己的判断、取舍和努力。

士绅阶层

◎张仲礼

中国古代的士绅阶层是受过教育的社会上层集团，具有人所公认的政治、经济和社会特权，并有着特殊的生活方式。士绅阶层高踞于无数的平民之上，支配着民间的社会和经济生活。政府官吏也均出自这一阶层。

“绅”的字面含义是一种腰带或饰带，即古代士大夫束在衣外的大带，以后演变为指有较高功名的人以及退职在乡的官吏。“士”在春秋（公元前770—前476年）以前是最低级的贵族阶层，一般受过六艺教育，能文能武；春秋时极为活跃，凭借其六艺知识，或从事政治活动，或聚徒讲学；春秋中期以后从贵族中分离出来，逐渐成为上层知识分子的通称。中国古代社会后期，“士绅”或“绅士”常常合为一词，以使整个受过教育的上层集团区别于他人。

汉武帝（公元前156—前87年）“独尊儒术”，于是士绅成为由儒学教义确定的纲常伦纪的卫道士、推行者和代表人物。这些儒学教义规定了中国封建社会以及人际关系的准则。士绅所受的即是这种儒学体系的教育，并由此获得管理社会事务的知识，具备这些知识正是他们在中国封建社会中起领导作用的主要条件。

隋（公元581—618年）以后各封建王朝实行设科考试选拔官员的制度，即科举制度。于是士绅的地位主要通过取得学衔、功名和官职而获得。凡属上述身份者即自然成为士绅阶层成员。

学衔是通过政府科举考试后取得的。这种考试是证明受教育者资格的正式方式，由此人们常将经科举考试而成为士绅的那些人称为“正途”。

然而，功名也可以由捐纳获得。虽然捐功名的人也是有文化或受过一定教育的，但是他们不是通过科举考试而取得士绅资格的。这些士绅，人们常称之为“异途”。

在晚期几个朝代中，士绅的地位和条件都变得固定化了。政府掌握的科举和功名制度使士绅阶层的成员人数基本确定下来，这样士绅阶层也就更容易辨别和区分。一系列明文规定的特权，使他们不必从事体力劳动，并给予他们以威望及同官府交往的特殊地位。士绅的特权主要有以下一些方面：

一、可与地方官平起平坐。与平民百姓不同，士绅可自由见官。当一个士绅拜会官员时，他不必行平民百姓必须行的特定的下跪礼。

二、可用某种标志显示特殊地位。同官吏一样，其特殊的称号、饰物、顶戴、服装都不同于平民百姓。例如，士绅和官吏的帽子都有顶子。这些顶子依戴帽者的地位而有不同的质料和形状。上层士绅可用金顶，下层士绅则为银顶。服装也有差别。

三、拥有参加某些礼仪的特权。例如只有士绅身份者可参加文庙的官方典礼。家族的各种祭礼必须由有士绅身份者主持。

四、在法律上享有不受侵犯的特权。平民殴詈士绅，要加重刑。士绅与平民发生诉讼案件，无须亲自出庭，可由家人代理。士绅犯罪受审，可免受肉刑，即使判刑，也常可缴纳赎金赎免。

五、享有一些十分重要的经济特权。首先，一切差徭，士绅是优免的。由于这一原则，士绅也免去了人头税，即丁税，免纳徭役折成的税额。实际上他们的好处更大，因为他们的特权地位常常使他们免缴苛捐杂税，少纳或不纳他们理应缴付的田赋。

从以上各方面可看到，士绅享有的特权，使他们不同于其他阶层。正如明清之际思想家顾炎武(1613—1682年)所指出的：“一得为此，则免于编氓之役，不受侵于里胥，齿于衣冠，得以礼见官长，而无笞捶之辱。故今之愿为生员〔士〕者，非必其慕功名也，保身家而已。”(《亭林文集》卷一，第17—18页)

士绅作为一个居于高层地位和享有各种特权的社会集团，也承担了若干社会职责。他们视自己家乡的福利增进和利益保护为己任。在官员面前，他们代表了本地的利益。他们在文化上的导引作用，包括弘扬儒学社会所有的价值观念，以及促进这些观念的物化。

士绅所承担的事务若非士绅担当，则须由官吏办理。然而官吏的幕属太少，经费不足，不能承担所有这些必要的事务。并且，官吏还因任期太短，地方情况不熟，而难以办理。政府条例对官吏在某一地方任职时间有限制，并规定官吏必须回避原籍。这些措施既有阻止官吏结交地方权势和各种关系的作用，却也使许多事务不得不由士绅来承担。士绅承担的主要事务有以下一些方面：

一、卫护传统的纲常伦纪。这是士绅在中国古代社会中作用的主要方面之一。士绅的整个生涯都致力于表现中国文化的倾向。例如他们捐献了大量财物兴办书院。书院的山长都是"正途"出身的上层士绅。士绅如想成为真正的学者，常常设法进入这些书院，著书立说。最精深的学问往往是在这些书院里做的。士绅还捐资维修文庙、先贤祠等。

二、参与公共工程。地方志中有无数记载表明士绅在修路造桥、开河筑堤和兴修水利等公共工程中所从事的社会福利事业。有的士绅对维修水利工程的职责是这样说的："前贤创之，后人不能守之者，邑绅士之过也。"(《临漳县志》卷十六，第26页)

三、主管常平仓。在许多地方，士绅还负责修建和主管常平仓。维持常平仓是为了能稳定农产品价格，以及在必要时能救济贫民。

四、总揽地方福利事务。士绅在地方福利事务中也起了主要作用，成立济贫、义葬、育婴堂或其他诸如此类的组织。清代江苏巡抚丁日邑(1868—1870年在任)引宋代苏东坡(1037—1101年)所说，胥吏之辈，"贵已不可得而至矣，则将惟富是求"，认为诸种善举由士绅经营将比由胥吏经营，贪污要少得多。

五、调解纠纷。从严格意义上说，士绅是不掌握司法权的，但是他们可作为仲裁人，调解许多民事纠纷。因此人们断言，由士绅解决的争端大大多于知县处理的。(《保定县志》卷六十三，第15页；《天津府志》卷四十四，第64页)

六、维修官学校舍和贡院等。某些地方志(如《博白县志》)关于官学修造的历史一直追溯至唐朝。在较早的各个时期，这项工程由知县经办，到清朝则由士绅承担了这一职责。一般认为，为本地的考试而修造贡院也是士绅的职责。客居异地的士绅也捐资修建会馆，作为接待同乡包括考生的地方。

七、修纂地方志。士绅还是地方志的修纂者。士绅们认为地方志的修撰有助于维持道德规范和他们的名望。

八、参与保卫治安。在封建社会相对稳定时期，政府控制着军队和治安力量，但危机时期，士绅就渗入这些领域。例如，几乎所有清末民国初的地方志都记载了

19世纪中叶地方团练的兴起，从中可以发现，其组织者和首领主要是士绅。政府不得不坐视其势力的剧增，并利用他们去镇压当时的太平军和其他起义军。

19世纪中叶，在封建政权遭受危机时，为了从士绅阶层中寻求支持力量，扩大了士绅队伍（太平天国革命前，全国士绅人数约110万，太平天国失败后约为230万人，比此前增加一倍以上），也造成了士绅权力的扩张。这主要表现在以下一些方面：

一、控制镇压农民的武装，凌驾于地方官之上。州县官吏之命运，如禄位之久暂，官爵之升降，每每取决于地方士绅之喜怒。

二、直接、间接干预地方行政。有的州县实权甚至完全被士绅掌握。地方士绅"有得要兴，有害要除。小事使小绅言之，大事使大绅言之。挟制官长，势在必行"（李舟：《牧沔纪略》卷下，第4页）。

三、干预和把持地方司法权。一些地区的情况是，"无论何事，须由绅董讯明曲直……至绅董不能判断，始许禀官"（《早报》光绪十九年三月二十九日）。

四、掌握地方财政，横征暴敛，搜刮农民。各地勒索农商的厘金局，也多操于士绅之手。

五、把持地方垦政权，掠夺农民。凡清产招垦之类的机构，都操纵其手。否则，"官不能收赋税，民不获事耕耘"（《京报》光绪八年四月初十日）。

以上是士绅阶层在中国古代社会最后几十年中的某些特征，不难看出，受到整个制度急速衰败的影响。光绪三十一年（公元1905年）推行学校教育，废除科举制度，中央王朝通过铨选确定成员资格的士绅制度也就不复存在了。民国时期的士绅或绅士主要是指豪绅地主集团。

秘密会社

◎周育民

中国的秘密会社历史悠久,但大量出现于明清。农业、工商业的发展,各地区经济联系的加强,促进了人口的增长与流动、边疆的开发。而乾隆中叶以后人口的激增、土地兼并的加剧,更造成了大批无业游民,大大削弱了政府对于社会的控制能力。这些因素为秘密会社的兴起提供了社会条件。

在中国历史上,有三种不同类型的社会组织,即家族制度、行帮和僧道团体。中国的秘密会社虽然种类繁多,但大体上是这些传统社会组织方式的变异形态。

为了巩固皇权,曾经形成过一整套与其相适应的神权体系,民间的祖先崇拜、祭祀及其他宗教信仰曾力图被纳入其中。但汉代传入中国的佛教以及中国本土的道教教义在唐、宋以后向世俗流传,却与由专制政府控制的世俗神权体系发生冲突。在南宋时形成的白莲教、白云教等都曾遭到宋、元王朝的禁止。这种政策的结果,最终使世俗的宗教团体脱离了正统宗教的指导,逐渐接受了被统治者取缔的各种异端如弥勒教、摩尼教的教义,提倡儒、释、道“三教合一”,并掺入了民间流行的降僮(神灵附体)、扶乩、占卜等巫术,到明代中叶以后,形成了独具特色的民间教派的教义。这些教义记载在一些民间宗教家撰写的经文(宝卷)中。

民间教派信仰的核心是无生老母崇拜和“三劫说”。明末的《古佛天真考证龙华宝经》称:“元始以来,无天地,无日明,无人物。从真空化出一尊无极天真古佛来。”之后,又出现了无生老母。她生下好多“婴儿姹女”、“人根老祖”。伏羲、女娲,两人匹配婚姻,生下了九十六亿儿女。他们离开了“真空家乡”,“来东土,尽迷在,红尘景界”。民间教派认为,人类的历史分为青阳、红阳、白阳三个阶段,分别由燃灯佛、释迦佛、弥勒佛掌世。每当“天盘”转换之时,人类都要经历一次极其可怕的劫难。“无生母，在家乡，想起婴儿泪汪汪”，请佛祖超度人类。在青阳期的龙华初会、红阳期的龙华二会已各度了二亿，余下的九十二亿在红阳末劫到来之时，弥勒及诸佛诸神都会奉老母之命一起下凡普度众生。人类“既得高登本分家乡，永无生死”。红阳末劫之后，弥勒佛掌世的白阳期是一个无限美好的世界。但是，根据佛经的说法，弥勒佛临凡之时，首先得辅助法王以佛教治化国家。在中国民间宗教中，这种“法王”与所谓的“真命天子”的形象重叠在一起。因此“末劫年，刀兵现”，一旦教派认为红阳末劫来临，便往往发动武装起义推翻现存统治者，拥立由他们选定的“真命天子”，以迎接弥勒佛下世。这种具有政治颠覆性的教义使统治者感到威胁，元王朝就是在白莲教大起义中覆灭的。因此，明清两代统治者严禁白莲教等教派的活动，即使有些教派主张通过运气炼丹、性命双修以达到长寿、成仙，并不从事政治颠覆活动，也在禁止之列。这就迫使民间教派不得不转入秘密状态。

明清时代，除了宋元时期流传下来的白莲教之外，还兴起了各种新的教派，其中以罗教的影响尤其显著。罗教系明代山东即墨人罗梦鸿(1442—1527年)所创。他修行十三年，吸收了禅宗教义，撰写了《苦功悟道卷》、《叹世无为卷》等五部经，形成了自己的教派。清代流传的清茶门教、老官斋教、青莲教、真空教等，都与罗教有着渊源关系。继罗教之后，又出现了佛道相混、以道为尊的黄天道和红阳教，前者由直隶兴宁人李宾(道号普明)创立于1558年，后者由直隶曲周人韩太湖(道号飘高)创立于1594年。

各教派的经文互相借用、流传，使教义的融合进一步发展。清代几支主要的民间教派如清茶门教、八卦教、青莲教等，虽然渊源关系各有不同，但教义上已大同小异。清茶门教原名闻香教，自明代万历年间创立后，由直隶滦州石佛口王姓世代传习达二百余年。弓长、方荣升的圆顿教都是其支派。八卦教由山东单县人刘佐臣创于康熙初年，有五荤收元教、清水教、天理教等名目，在华北一带势力很大。在华南地区，康熙中叶形成了以云南大理府鸡足山为中心的张保太(1659—1741年)的大乘教。乾隆中叶以后，又有混元教、收元教出现。由江西大乘教演变而来的青莲教，在道光中叶分裂为几个小教派，民国时代发展成为拥有极大势力的一贯道、归根道、同善社等。

明清时代，这些纷繁迭出的教派往往利用社会矛盾尖锐、天灾人祸等形势，发动末世劫变式的起义。明代以白莲教最为活跃。到了清代，新兴的教派频繁地举行

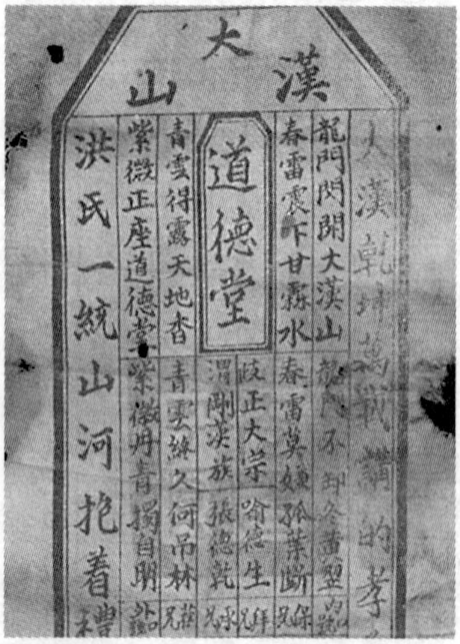

天地会道德堂“会员证”。

武装起义，仅八卦教就发动过四次，收元教、混元教起义遍及五省、长达十年。民国以后，一些教派的教主、头目与军阀、政客相勾结，有的还取得了合法地位。

会党组织效法文学小说《三国演义》、《水浒传》中兄弟结义的故事，在清代大量出现，其中最著名的是天地会和哥老会。

据天地会自身的文件记载，它是于康熙十三年(公元1674年)创立的反清复明组织。但现存清代档案可以查实的是乾隆二十六年(公元1761年)由福建漳州云霄洪二和尚提喜所创。到嘉庆年间，天地会的组织结构基本定型，但名称不断增多，如添弟会、三合会、三点会等等，因结拜兄弟均以“洪”为姓，故又称“洪门”。每会首领称大哥(洪棍)，以下有军师(先生、香主)、白扇、草鞋等职名。拜会场所称为“木杨城”，临时设于穷乡僻壤、深山古庙之中。六名会员架刀设三层门，门外放火盆象征护城河。新丁(新会员)跳火盆、过三洞便来到忠义堂。堂上供奉关帝画像及洪门五祖的神位，设“三军司命”旗斗等。新会员向大哥表示自愿入会之后，便向神位行礼，歃血盟誓，然后由香主授以会规、联络暗号、飘布(会员证)等。各会之间互不统辖，会员通过“海底”(会中秘籍)规定的手势、暗语、茶阵等互相联络。天地会主要分布在华南地区，并流传到了海外华侨社会之中。

哥老会的前身是四川地区的流氓、盗匪团伙“啯噜”。在道光年间，一部分啯噜与具有天地会色彩的青莲教—金丹道相融合，演变成了哥老会。哥老会通过开立山、堂、香、水名目建立组织。如1891年洪江会(哥老会支派)道领马福益在湖南创立的组织名为“昆仑山、忠义堂、来如香、去如水”。山主称为龙头，下设副龙头、坐堂、陪堂、刑堂、执堂、明证、香长，合称“内八堂”，各人均有资格另开山堂。“外八堂”分十个等级，有心腹、圣贤、当家、红旗、巡风、江口、幺满等，四、七两级唯女子可以充任，为金凤、银凤。开山仪式十分隆重，须遍请附近各山堂的龙头大爷出席，然后各头目念诵“海底”规定的台词粉墨登场，犹如演戏一般。主要节目有歃血结盟、宣布立会宗旨、阐明会规、分派职务等。开山之后，各头目便可“放飘”(发展会员)。哥老会各山堂之间互不统辖，会员之间的联络方式与天地会大同小异。太平天国时期，一部分川勇编入到湘军之中，哥老会于是在湘军以至清军各部蔓延开来。随着湘军的裁撤、清军的调防，哥老会遂遍布全国。在长江下游地区，还与当地的青帮发生了融合。

青帮是漕运水手行帮演变而来的秘密结社。明末清初有罗教徒翁、钱、潘三人在漕运水手中传教，在杭州、苏州的罗教庵堂为漕运水手提供住宿、互助以及安葬等帮助。1696年，清政府改变了完全由军丁承担漕运的政策，大量"选募水手"，成为这种宗教慈善福利机构转变为漕运水手行帮的契机。1768年，清政府出于对"邪教"的恐惧，彻底铲平了各地的水手罗教庵堂，使漕运水手行帮最终切断了其宗教脐带。由于原来的罗教祖师不同，水手行帮分裂为翁、钱、潘三大帮派。1853年太平军占领南京，切断了南北大运河的漕粮运输线，数万漕运水手因此失业，使水手行帮流变为秘密结社的一个组织形式，俗称"青帮"。其中潘门因"广收义士"，势力很快超过了翁、钱两帮。青帮以二十四字排列辈分，入帮弟子先投"敬拜某某老师门下"的帖子，并由引见师、传道师在帖上画押，经过香堂仪式才算正式入帮。香堂供奉罗祖画像及翁、钱、潘三祖牌位。仪式开始时，先点香烛请神，然后师父入座，由引见师带弟子进堂，向神位行礼、拜师。师父(本门师)询问训话之后，由传道师授以"通草"(青帮秘籍)及交代三帮九代(本门、引见、传道三师各三代)的姓名。通过"拜师"形成了徒弟对师父的人身依附关系，这种依附关系即使在师父过世以后也不能解除。由此在青帮内部形成一个个以师父为中心的帮派。各帮派头目的势力大小，取决于收徒多少。辈分高的成员在帮内受到尊敬。在19世纪末叶，有的青帮也仿效哥老会的办法开立山堂。

会党和青帮虽然组织形态不同，但都是按照传统家族制度的原则建立起来的。天地会、哥老会通过"三十六誓"、"十禁"、"十刑"等维持会内的纪律，青帮则通过"十大帮规"约束其成员。这些纪律、誓言构成了帮会标榜的"江湖义气"的基本内容，它详细规定了帮会内部成员之间、成员与帮会之间的关系，如不准调戏、奸污帮内弟兄的妻女姐妹，不准欺骗或吞没弟兄的财产，不准出卖弟兄的组织，要孝敬父母、互相帮助等等。青帮因有辈分高低之分，还规定不准父子同拜一师。这些制度刻意模仿家族制度，并力求避免与现存的血缘家族伦理原则相冲突。违犯纪律，将受到"家法"的严厉处罚，包括罚金、笞打、自残肢体以至沉溺、活埋等极刑。如马福益的一个亲信因与会中弟兄的妻子通奸，马不得不亲自送他投江而死。

适应游民阶级的特点，帮会之间还形成了一些特殊的江湖规矩。如帮会分子在他乡落魄，当地帮会在判明其身份后，必须留宿招待、给予川资。甲帮到乙帮地盘上办事，须征得乙帮头目的同意。先入青帮者可以加入洪(红)帮，先入洪帮者则不可入青帮。一些能妥善处理帮会之间关系的头目在江湖上得到尊重，并可以得到较高的社会地位。

由于清代人口过分增长、内忧外患日趋加剧，构成帮会基本成员的主要是破产的农民、手工业工人、游勇和无业游民。他们失去了生计来源，就以帮会作为组织凭藉，进行走私食盐、贩运鸦片、拐卖妇女、抢劫偷盗、诈骗赌博、欺行霸市等非法活动，以牟取财富。这些财富的绝大部分由帮会头目所控制。有的帮会头目变成了地方上的恶霸地主或凶悍的土匪头子。帮会之间为争夺地盘的斗殴也层出不穷。这是当时社会治安败坏的一个重要原因。

在近代历史上，帮会在风云变幻的政治斗争中起过重要作用。太平天国时期，福建、上海的小刀会，两广的天地会，都发动了大规模的起义。1891年青帮头子李洪联合了长江中下游青红帮二三十个山堂制造了一系列的教案，准备大举起事。辛亥革命中帮会也立下了汗马功劳。民国以后，不少帮会头目爬上了社会上层，或成为了军阀、政客的工具。上海的帮会势力在租界的庇护下恶性膨胀，出现了黄金荣、杜月笙、张啸林等"大亨"。抗日战争时期，各地帮会势力急剧分化。常玉清、张啸林等帮会头目直接投靠日伪势力，堕落为可耻的汉奸。

然而，1949年以后，由于遭到了严厉的镇压，这种在传统社会解体过程中出现的替代性社会整合组织，已经退出了历史舞台。

三 都市与建筑

城池与长城

◎王鲁湘

城是中华文明的特色之一。中国自秦废封建，改行郡县制。郡县治所为地方行政中心，通常筑有城；在县城以下，还有厅、军、堡、城、镇等城；另外，也有民间为自卫而筑的堡或寨。

中国人筑城的历史可以追溯到远古时代。陕西省临潼出土的姜寨遗址表明：当时的居民聚族而居，村外挖有环村的壕沟，仅余几个出口以供出入。这大概就是最早的“池”了。据记载，夏朝曾修建了城郭沟池。随着夯土技术的发展和城市的兴起，筑城遂成为一项普遍的公共工程。西周以后，春秋时代的统治阶级营建很多以宫室为中心的大小城市，城壁用夯土筑造，宫室多建在高大的夯土台上。据《左传》记载，筑城工程是在司徒的领导下按照周密的计划进行工作的。春秋时代有一百多个国家。那时，一座城，包括其周围地区，大概就是一个国家。由于建城实为建国，城失则国亡，通常也就称“城”为“国”了。

筑起难攻易守的高大城墙，沿城外围开凿护城河（“池”）以倍城墙之险固，再在城外筑外城（“郭”），这成为统治者一种主要的保民护乡手段。孟子就说过，只要把城筑好了，把池凿好了，老百姓就会替君王拼死效力，而不忍弃城而去。于是，城池的统治者也就能留住人口。中国以农立国，故保护农民安居乐业，才会有国家的一切。秦以后在县治所在地皆设立城郭，于四面留有城门、郭门，昼夜击柝严守，以备不虞，看守全县粮食，不使为强盗所掠。农民平时出城农耕，于四野也都筑有围寨，可为一时安全之计。一旦有了敌警，便回到城中，以为抵御。城内也可派兵适时支援遭到劫掠的四野乡村。这种防盗安民保粮的功用，就是城池的最原始的功用。

城池的主要作用在于坐镇要冲，保境安民。建城的指导思想是防御性的。因此，具有此种功能的附属建筑也特别多，如瓮城、城堞、藏兵洞、敌楼、炮台、马道等。大的城门均有前后两重，即在箭楼下和城楼下各设一门，中为瓮城。战争之际，两门洞开，进可迎击敌人，若不慎失利，退则紧闭双门，固守高城；若敌破前门，瓮城之中，亦可歼敌，所谓“瓮中捉鳖”。以明南京城聚宝门(即今中华门)为例：城门平面呈长方形，南北长128米，东西宽90米，总面积为11720平方米。城门结构复杂，规模宏大，是我国现存最大、最为完整的堡垒瓮城。头道瓮城东西两侧各设马道，供守军骑马登城。城四重，有拱门四道，各门除有双扇木质铁皮包裹的大门外，还建有千斤闸一道。又建有藏兵洞二十七个，供守城部队休息和储藏战备物资之用。城堞，又称雉堞，即城垛，是城墙上端的齿状掩体，守城士兵在堞口处可用弓箭刀枪反击攻城之敌，堞孔处可用长柄武器击杀攀城之敌。城垣马面上的敌楼、炮台可以还击攻城之敌。濠沟、护城河增大了进攻的难度。

从防御的角度，城池不但当扼要冲，而且最好凭险。据传朱元璋造好南京城墙后，就带着他的儿子和大臣们登上钟山，得意地对大家说：“你们看孤王的都城建得如何?”群臣无不点头称赞。唯独年仅十四岁的王子朱棣说：“紫金山上架大炮，炮炮击中紫金城。”一语道破了都城规划建设中的缺陷。朱元璋经朱棣点醒，也发现了将钟山、雨花台、幕府山等制高点留在城外，确实对防守不利，于是下令再筑外郭城。外郭主要利用了都城外围的黄土岗垄筑成。故有“白下有山皆依郭”之说。

从军事防御的角度看，在冷兵器时代，城池的修筑及其附属的专门军事设施，的确能够有效地与攻城之敌相持一个时期。然而，天下没有攻不破的城。据城死战、城破人亡的悲壮故事，史不绝书。公元1082年(宋元丰五年)，北宋于米脂无定河边筑永乐城。金银钞帛粮草充牣其中。后西夏倾其国之兵号称三十万自西而来，围永乐城半月。城中乏水，渴死者大半，兵士只好绞马粪汁饮之。夏兵最后乘雨夜攻陷永乐城，宋军全军覆没，将士役夫死亡二十万人。

城的第二个功能是政治性的。城的规模大小，多取决于其政治地位。政治地位越高，城的规模越大。规模大，城门就多，城楼也就高大雄伟。城楼的功能主要不是军事的，而是一种政治威严的象征。故城楼一般都采用歇山重檐或庑殿重檐式屋顶，耸立于高大的城垣之上，有一股慑人的气势。城门的命名多以正统、吉祥、安定为宗旨。如元大都十一座城门的名字分别为：健德、安贞、光熙、崇仁、齐化、肃清、和义、平则、顺承、丽正、文明。

有些城中还建有“子城”，即城中之城。子城一般都是军政枢要所在，因其特别重要，所以要再筑一道城墙将其围护起来。子城的作用不是为了御寇，而是为了防“贼”治安。子城大概相当于春秋战国时期的“城”，而城则应是那时的“郭”。北京的紫禁城可以说是“子城”之最，北京城倒成了它的拱卫。唐代首都长安城竟有三重城墙，即最外围的廓城、中间的皇城和最核心的宫城。以明德门—朱雀门—承天门的连线作为长安城的中轴线，这三座城门也就正好是三重城墙的南正门。宫城内是宫苑禁地，皇城内是台、省、寺、卫等中央官署，廓城内是街坊与东西二市。

城的规模与范围不一。以都城而言，汉长安城周长45里，东汉魏晋洛阳城周长30里，明南京城周长63里，明北京城周长62里。而隋唐长安城周长73.4里，当是古代中国和世界规模最为宏大的一座城。

城墙开始都是用土版筑而成，后来有了砖包土心城墙和砖石城墙。建于公元前4世纪的燕下都，以及金中都土城，就是版筑夯土的城墙。明西安府城墙，先是版筑夯土，后来才包砖。明南京城用巨大的条石砌基，用巨砖砌成，有的地段全用条石砌成，城垣用糯米(或秫米)拌石灰灌浆作粘合剂，有些地段还掺以桐油，十分坚固。

把城墙的范围加以扩大，建筑到国界、边境上，就是“边堡”，或称“长城”。

春秋战国时代，各国诸侯为了互相防御，于险要处修筑城墙。最早修筑的是楚国“方城”，建于公元前657年。齐国也于公元前6—前5世纪筑城，到公元前4世纪前后，燕、赵、秦、魏、韩各国相继修筑长城。燕国北筑长城与东胡、楼烦为界，南境筑长城与齐为界。赵国西北傍阴山筑长城，与匈奴、楼烦、林胡为界。魏国自郑西北过渭河，又沿洛水东岸到上郡，筑长城与秦为邻。各国在北部修筑的长城，则是为了防御北方游牧民族的骚扰。

秦统一中国后，派大将蒙恬逐匈奴至阴山以北，联结燕赵秦筑的城，并将其延长，号称万里长城。它西起临洮，东至辽东，自甘肃省岷县开始，沿黄河东岸，经皋兰东，宁夏银川之东，乌加河南，东经陶林以北，上都河(即多伦)北，内蒙赤峰县北，在河北建平间与燕长城分开而直向东北行。进入今辽宁省彰武县，东至吉林省桦甸县东，始折而向南，再经丹东临江县，跨过鸭绿江入朝鲜北部，而南止于平壤西南遂城的碣石山海岸。

汉武帝派将军卫青西击匈奴，除重新修缮秦长城外，又自甘肃省景泰县起向西经武威、张掖、酒泉、敦煌四郡之北，向新疆罗布诺尔筑长城，名之曰“遮虏障”。不说“筑城”，而说“起塞”。所谓不经兵战而遮断匈奴国之右臂者，即谓此。

北魏也修长城，西起陕西神木，跨黄河经山西大同之北，东至内蒙赤城，距离不算太长。北齐又接着北魏长城自赤城向东修筑，至燕山居庸关，一直到东海岸。北周及隋又把这两段长城加以修缮，但因为是用泥土版筑而成，难禁风雨剥蚀和人为损毁，未能保存久远。这个时期的长城，是在中国处于分裂状态时由北方政权修筑的，它的规模和长度当然无法同统一的中央集权的秦、汉、明三代所修长城相比。

长城一般都是进入农耕文明的汉民族修的，但也有由少数民族政权修的长城。例如北魏拓跋氏，以及女真人的金国。这是因为这两个民族都非纯粹的游牧民族。拿女真人来说，就是一种城塞部落民族，其人民聚居于村寨中，平日虽尚田猎，也重农耕。

金筑长城是为了防御阻鞢(即蒙古人)。先设屯戍碉堡；继而开浚界濠，以掘濠之土，在濠后筑墙，名曰堡障；最后乃加强堡障；上筑女墙(城堞)及副堤，终于成为三线长城，即“北长城线”(名为长春外边堡)、“中长城线”(名为居庸外边堡)、“南长城线”(名为居庸边堡或中京外堡)。但金长城并不曾阻止蒙古骑兵的深入。公元1211年7月，成吉思汗突提大军对长城实行大迂回，绕道出金西北路长城西端以攻白登城，攻克后进击金之西京大同。并遣其大将哲别分军奇袭乌沙堡背后之乌月营，一战而大破金军。旋即与金军决战于会河堡，以少胜多，逼使金军退守内长城，居庸外边堡以外之地尽失。哲别还于1211年9月底10月初，以游骑分数批，从居庸边堡长城各小径，越城集结，直薄金之中都(今北京)；转而潜袭金之东京辽阳，以奇计诈开城门，大掠月余而去。

在明代以前，修筑长城从未用砖，多是土垣，或借着山势、岩石、堑谷，在道路上设木寨、水门为隘口；筑堡垒为塞，守之而已。明朝开国不久，怕元人反攻，洪武二年(公元1369年)，朱元璋命徐达筑居庸城，垒石为关，以加强隘险。洪武十四年(公元1381年)，又命徐达筑山海关，也是垒石为关。明成祖朱棣将京城从南京迁至北京，对蒙古采取积极的战略进攻方针，曾多次亲征漠北，没有想过修长城。后来，发生了著名的“土木堡之变”战役；蒙古瓦剌部也先在土木堡俘虏英宗，并挟英宗进攻北京，围五日而去。这对明朝君臣产生了非常消极的心理后果，被迫从战略上转攻为守。其实，“土木堡之变”战役后，鞑靼内部也不断掀起篡弑，明朝在北方所受的压力已经大大减轻。但明朝廷不知鞑靼虚实，仅因京师被围事迹，乃不惜动用全部国力，修筑九边堡长城。

自宪宗成化年间决定连接砖石长城始，至嘉靖年间，明朝大体修定以九镇为防御骨干的北部边防体系。九镇亦称九边，从东至西依次为辽镇、蓟镇、宣府镇、大同镇、山西镇、延绥镇、宁夏镇、固原镇、甘肃镇。明人忌说长城，而名其为“九边堡”。它大概可以分为中、东、西三段；中段自山海关至宁夏，东段为辽东方面，西段为宁夏以西至嘉峪关部分。辽东边墙经过的地方，大抵系由山海关以北至广宁(今辽宁省北镇县)纡曲而南，跨运河东北行，经辽阳、沈阳、铁岭等地外围而至开原，再由抚顺向东南经凤城、丹东达鸭绿江边。此段边墙构筑简单，称为柳条边。中段边墙经过的地方，大抵自山海关沿燕山南麓西行，经喜峰口、古北口、居庸关、宣府、大同、偏关再由河曲逾黄河西行，经府谷、神木、榆林、横山、靖边、定边而至宁夏。中段此线称为外边。中段另有一线称为内边，自北京居庸关西南行，经河北易县紫荆关、唐县西北的倒马关、阜平县的龙泉关、山西繁峙县的平型关、代县的雁门关、宁武县的宁武关而至偏关县的偏头关。西段自宁夏沿黄河西南行，经兰州、武威、张掖至嘉峪关。明代长城，途经莽莽草原、浩瀚沙漠、巍峨群山，直至苍茫的渤海之滨，全长6700公里，合13400华里，故称它万里长城还绰绰有余。

长城是世界上最艰难巨大的工程之一。作为其主体的城墙，多选择蜿蜒曲折的山脉，建造在其分水岭上；有条石墙、块石墙、夯土墙、砖墙等数种；特殊地带利用山崖建雉堞或劈崖作墙，如金山岭段的望京楼和古北口城墙；在辽东还有木板墙和柳条墙，在黄河突口处冬季又筑有冰墙。城墙高度视地势起伏而定，约在3—8米之间；厚度约在4—6米之间。城墙上每隔30—100米建有敌台(哨楼)。敌台有实心、空心两种，平面有方有圆。实心敌台只能在顶部瞭望射击。而空心敌台则下层能住人，顶上可瞭望射击。烽堠是报警的墩台建筑，都建在山岭最高处，相距约1.5公里。上建雉堞和瞭望室，台上贮薪，遇有敌情，日间焚烟，夜间举火，依规定路线很快传至营堡。和烽堠类似的还有一种火炮墩台。在烽堠墩台的总台附近，筑有高约1.7米、长约2.6米的矮墙，纵横交叉，以阻止骑兵驰近。凡长城经过的险要地带都设有关隘。关隘是军事孔道，所以防御设置极为严密。一般是在关口置营堡，加建墩台，并加建一道城墙以加强纵深防卫。重要关口则纵深配置营堡，多建城墙数重。这一道农耕民族用以对付机动性强、劫掠为生的游牧民族马队的防御线，正是因其耗费了难以想象的人力和物力，而成为世界军事工程史和土木建筑史上的一大奇观。

然而,自清兵入关以后,长城便不再具有军事和政治上的意义,恰如康熙帝所咏:“天下一家无内外,烽锁堠罢不论兵。”它所留给后人的,只能是深沉而痛切的思考。毫无疑问,无论是城池还是长城,都是人类共同体划定其生存空间的手段,目的在于守土保民,使以农立国的文明获得安全感和稳定感。从这个意义上讲,这类军事工程确乎最好地反映出了隐藏在总体防御战略背后的儒家文化之爱好和平的价值观念。然而,也正因为这样,长城的修造也就同时反映出汉民族性格中的弱点。因为,如果说秦汉长城不仅仅意味着消极的防御,还从某种程度上代表着中华民族积极开疆拓土的进取精神的话,那么,明代长城则是不思进取、但求守成、不明时势的昏聩政治的象征了。而且,从军事上说,作为防御工程,城池尚有其合理性和实用性,而长城则基本上是大而无当,徒耗国力。它从来就没有真正阻止过高原游牧民族的南侵——不管是小规模的劫掠骚扰,还是大规模的入主中原。

不过,从另一个角度讲,就像许多伟大的古代工程一样,当城池与长城的实用意义逐渐淡化并消失以后,它们的审美价值却充分凸显了出来。特别是万里长城,它宛如一条从九天云外飞落的巨龙,沿着雄伟的山脊在天地相接处蜿蜒盘旋,既为壮阔的大自然添加了一层人造的框饰,又借着高低起伏的山势显示出人类智慧与能力的伟大磅礴。无论人们在发思古之幽情时会对长城发出什么样的新奇阐释,他们总要对古代无数士卒役夫劳作的伟力感到敬畏。

集市与都市

◎张勇进

在中国历史上和语言文字里，最初的“城”和“市”乃是两个不同的概念。中国古代的“城”是一种根据权力的需要，为了防御外来侵略，获取和维护政治军事权力而建造起来的设施。中国历史上所说的“筑城以卫者，选廓以守民”，就是讲城的作用。所谓“市”，是随着农业和手工业的分工、商业经营活动的出现而形成的商品交换场所。从原始意义上讲，城的出现比市要早，因为，在与外部交换需要很低的氏族部落已产生了筑城防卫的需要。然而，“城市”一词的使用和城市的发展，最终是随着生产力的发展和商品交换范围的扩大，作为经济、文化中心的市逐渐与作为政治、军事中心的城相互渗透结合的结果。所以，这里我们还必须从集市谈起。

中国的集市，最早出现在奴隶社会的末期。农业文明兴起，狩猎游牧生活渐被定居的耕作生活取代，农产品开始有了剩余，手工业生产也有了很大发展，从而在人们之间产生了交换的需要。集市作为交换的场所，便应运而生了。

最早对“集市”做解释的要算《周易》。据《易·系辞》记载：“日中为市”、“致天下之民，聚天下之货，交易而退，各得其所”。在周代，集市贸易已初具规模。《周礼·地官》总结为“五十里有市”，并有详细具体的描绘：“大市，日昃(即中的意思)而市，百姓为主。朝市，朝时而市，商贾为主。夕市，夕时而市，贩夫贩妇为主。”这里，中国古人已把那些专门以交易为职业的人称为“商贾”，而把那些专门收购货物，并储存到下一个或另一个集市去出售的人称作“贩夫贩妇”。

在古代传说中，春秋时魏国巨贾白圭被尊为商人的祖师爷。他善于掌握市场行情，并能多方运筹，果断勇决，就像孙子用兵、商鞅行法一样，成为商人们效仿的榜样。

唐以前的集市大都是民间自发的，人们根据生产季节、风俗习惯、宗教活动、喜庆节日等等，定期或不定期地举行集市贸易，以交流生产和生活物品。到了唐代，集市开始设有市令官，其主要职能就是管理市场交易，并规定，午时击鼓三百下，商人始能入市，日落前七刻击钲(古代一种用铜做的乐器)三百而散市。这种由官府出面管理集市的行为主要是由于唐代商品交换的发达、规模的扩大而导致的。这是市场管理的最早形式。

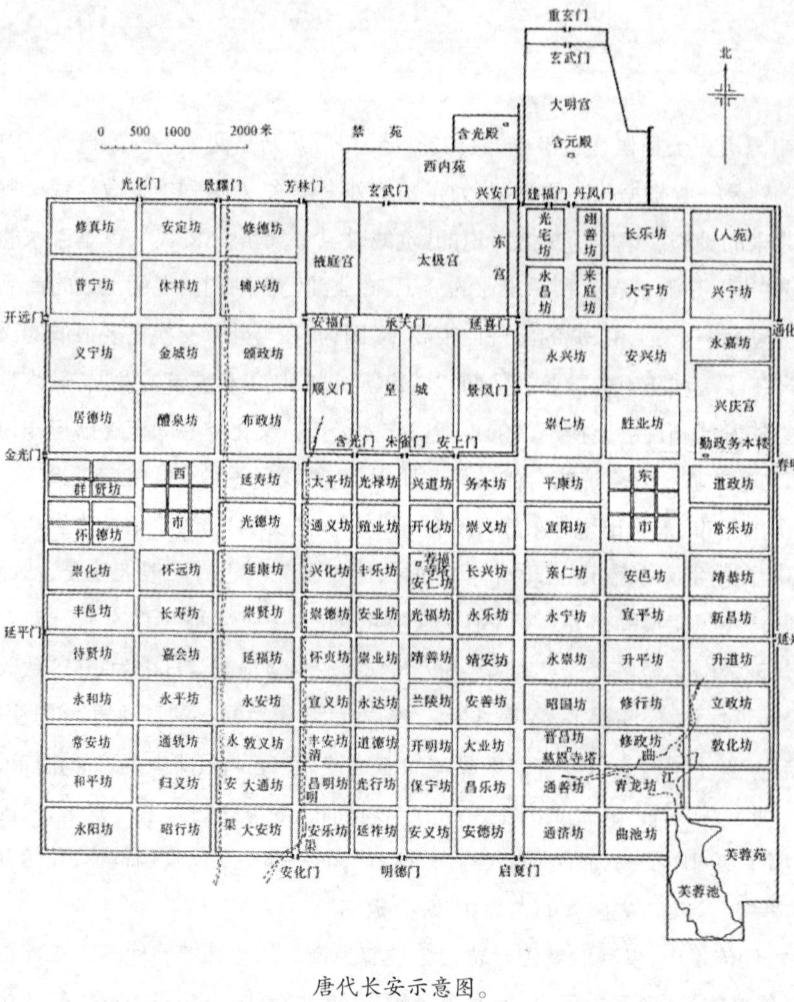

唐代长安示意图。

中国古代集市的形式很多，名称也不一样，有盐市、谷市、草市、牛马市、花市、纱市、庙市等等，其中，庙市是最为正式和隆重的。庙市又称庙会，它是集宗教活动和经济活动为一体的综合大型集市。当然，各地的庙会也不一样，有的一年一度，为期三五天，像近代上海的静安寺庙会；有的则一年数次，甚至每月举行。宋代庙会盛极一时，场面极大，商品极丰富。像汴京的城隍庙市，除了各地的土特产外，还有各种外国商品，如猩猩毯、多罗绒、西洋布等，它可以说是国际性集市贸易的雏形。

明清时代，一方面，由于农业生产技术的改进，人口大增，同时，自明初开始，封建统治者为了加强边防，增加赋税，又进行了多次移民运动，使人口分布日趋蔓延；另一方面，由于农业和手工业的发展，社会经济生活中的商品经济关系也得到了发展，在自给自足的自然经济中出现了"资本主义的萌芽和因素"。这一切都使得以商品交换为主要职能的集市获得了迅猛发展，尤其在一些经济发达地区，如太湖地区，大体上形成了一个三五里一市、十数里一镇的局面。据地方志记载，明正德以前，太湖地区有市镇三十七个，而从清初到鸦片战争前，却新增大小市镇一百五十多个，其中，还出现了很多专业性的市镇。市镇发展的这种趋势，在近代随着帝国主义势力的侵入又得到了加强。

中国的集市主要散布于农村，它是当地农村自然产品的集散地，从而成为农村经济的中心。随着经济的繁荣和社会的安定，人们势必增加集市的次数，扩大交易的空间范围，而最发达的集市形式便是日日市。这种天天交易和定期的集市逐步形成为市镇，其中有的市镇就成为城市或都市诞生的基础。

中国的城市大约有四千多年历史。据考证，在河南龙山文化阶段，已经出现了最早的城市。例如在河南偃师的二里头遗址，考古发现了东西长百余米、南北宽百米的一座南北向的夯土台基，依其大小和由柱洞所见的堂、庑、庭、门排列，形成一座宫殿式的建筑。在它的附近，还发现了大小不等的若干夯土台基，以及用石板和卵石铺成的道路、陶质的排水管道，形成规模宏大的建筑群。

商代至西周，是我国城市发展的最初阶段，宫殿、宗庙、各种手工作坊、贵族与平民的住地相对分散存在。城内各种活动，尤其是经济活动，较以后的城市远为松散。城内虽集中了当时规模较大、技术较复杂的手工劳动场所，但居民大多还要就近从事农业劳动。这时城市与村落尚无十分明显的差别，这也是城乡分化的最初阶段。

从春秋末期到战国中叶，随着私人土地所有制的确立、手工业和商业的发展，出现了一批城市。同时，由于诸侯割据，在各诸侯领地都以宫室为主发展起来一些大城市，如齐的临淄、赵的邯郸、周的成周、魏的大梁、楚的鄢郢、韩的宜阳。据《史记·苏秦列传》记载："临淄之中七万户，……不下户三男子，三七二十一万。……临淄甚富而实，其民无不吹竽鼓瑟，弹琴击筑，斗鸡走狗，六博踏鞠者。临淄之涂，车毂击，人肩摩，……"这时的城市由于战争频繁，大都筑有坚固的城垣、濠沟等防御设施，而在那些都市里，为了象征帝王的威严和便于控制居民，一般都将宫室置于城市的中轴线上，显示出中国以后都城规划和建设的一些基本原则。

汉代由于铁器的普及，推动了农业和手工业的进一步发展，并扩大了二者的分工，从而导致了一些新兴城市的出现。其中，手工业城市有产盐的临邛、安邑，产刺绣的襄邑，产漆器的广汉，产铁的宛和临邛。著名的商业城市有洛阳、邯郸、宛、江陵、成都、吴、合肥、番禺等，临淄则在春秋和战国时代的基础上，以产丝绸和商业繁盛著称于当时。而西汉的首都长安，则是当时中国政治、文化和商业的中心，也是商周以来规模最大的城市。

三国时期至整个南北朝，长期战乱使城市经济发展滞缓。但是，由于北方游牧民族的侵入和纷纷建立各自的朝廷，在中国西北和北方地区又出现了一些新城市。

隋唐是中国社会发展的高峰，唐在隋的基础上，营建了首都长安和东都洛阳。长安是当时世界上最大的城市之一，它规模宏大，规划整齐，占地八十多平方公里，人口近百万，是中国当时政治、经济和文化的中心。同时期，其他著名的手工业、商业城市有成都、幽州(今北京市)、南昌、江陵、扬州、丹徒、绍兴、杭州、泉州、广州等。但是在唐初，城市的各种活动并不能集中反映当时的政治经济面貌，因为自西汉后期起，农民对土地占有者的人身依附关系日益加强，在农村逐步形成了自给自足的自然经济单位，即使在城市，由于受到自然经济和等级制度的影响，城市生活仍然保留了过去那样的密封状态，而且严格按照等级划分居住区。只是到了唐朝中晚期，商品经济在新的基础上才活跃起来，城市经济获得新发展。随着城市工商业的发展以及人身依附关系和等级制度的松弛，在某些商业繁荣的城市出现了夜市(如扬州)，冲破了定时和集中进行商业活动的禁令。此外，在一些市场附近，还出现了供租用的休息场所，使得商业活动越来越多地带上一种当地风俗民情的色彩。

北宋结束五代十国割据的局面、建立统一政权之后，均定赋税，兴修水利，开垦荒地，农业得到迅速恢复，农村中不少定期集市因此形成为市镇。宋朝的手工业分工细密，科学技术和生产工具的进步，扩大了作坊的规模，促进了城市的繁荣，再加上国际贸易的活跃，原来唐朝十万户以上的城市只有十多个，而到北宋增加到四十多个。以后，在北宋与辽，南宋与金、元对峙的时期，全国各地又出现了若干中型城市。这时期，由于对外贸易的发展，沿海的广州、明州(今浙江宁波市)、泉州等城市也在唐代的基础上进一步繁荣起来，成为中国联系海外的重要基地。

宋代城市的布局也发生了变化。汉唐以来，城市大都实行里坊制度，将居民限制在井字形居住区里，同时将手工作坊、商业店肆集中在固定市场内。但是，这种传统的里坊制度和集中的市场对于日益发展的城市手工业越来越不适应了。所以，北宋的首都东京在改建汴州为都城时就已临街设店，接着宋朝又取消了里坊制度和唐朝以来实行的夜禁制度，形成了按行业成街的开放式街巷制度，导致邸店、酒楼和娱乐性建筑大量沿街兴建起来。

宋代的城市生活在苟安享乐的生活方式影响下，呈现多样化的景象。据宋人孟元老的《东京梦华录》记载，宋代汴京的市民过元宵节是家家热闹、户户喧哗，整个汴京城笙簧聒耳、鼓乐喧天、灯火凝眸、游人似蚁。汴京是当时中国最大的城市，人口号称百万，对于它的繁华，除了历来的文字记载外，还有生动具体的《清明上河图》的现场写生。在画中，官府之衙、市廛之居、商铺店坊鳞次栉比，尤其是街道上的车马喧阗、人声鼎沸，汴河中的舳舻相接，更显示出京城热闹繁华的景象。市民的生活于画中也表现得淋漓尽致，有的挑担推车来赶集，有的骑马乘轿去郊游，有的在酒楼席间闲谈，有的做买卖，有的则闲逛大街，也有的在城门口乞讨，组成了一幅生动的世俗画面。

元灭宋之后，在大都(今北京市)建造了自唐长安以来规模最大、规划最完整的都城，从此，奠定了现代北京城的基础。元中叶以后，中原、江南及沿海的若干城市也逐步繁荣起来。为了沟通水运，元改建了山东境内的运河，向北直抵沽口(今天津市)，促进了沿河各地的繁荣，产生了一些新的城镇。

明清时期是中国社会由恢复而停滞、以至崩溃的时期。这时期的城市，除了建设首都南京、北京及扩建若干宋、元以来的旧城外，出现了若干新兴的手工业、商业和对外贸易的城市及地方城镇。同时，中央政府也开始重视对地方府、州、县城的建设和规划。尽管南方城市与北方城市在地理位置、气候、地形上不同，布局上各有特点，但那时一般都增加了书院、会馆、宗祠、戏院、旅店、餐馆等公共性建筑，私家园林也得到了发展。

中国城市兴起形成的因素有以下几种：

一、因手工业、商业和对外贸易发达而形成为城市。

二、因坐落在交通要道而成为城市。

三、大量人口聚居一地，逐渐形成一个居民点，并进而成为工商业中心。

四、政府在军事要地设置防卫机构，发展成城市。

五、政府选择的各级行政中心所在地，特别是都城的选择，对大都市的形成至关重要。

当然，在中国历史上，不同的城市按它的行政地位分成不同的等级，如明清时期的城市按行政级位分为省城、府城、州城、县城。各级城市在地理分布上大体有一定的规定，而且，城市的规模和布局一般也取决于它的行政级位。所有城市中地位最高的是都城。

都城也就是国家的首都。中国最早的都城要算传说中夏王朝的首都阳城(今河南登封县东)，距今已有四千多年的历史，而商王朝的首都亳(今山东曹县南)也有三千五百多年历史。西周以后，中原地区的生产力提高，人口增长较快，区内和区际联系日益紧密，各地城市发展迅速。从春秋战国以至秦汉魏晋，由于列国割据、王朝兴替和改朝换代的频繁，作为首都的大城市在全国范围内有了显著的增加。仅仅根据6世纪初成书的《水经注》记载，上起上古，下迄北魏，城邑数量即达三千处左右，而古都约有一百八十处。从北魏至清朝，列国消长，王朝递变，从而又增加了许多古都。在中国历史上所有王朝的首都中，特别著名的是北京、西安、洛阳、开封、南京、杭州六处，号称中国六大古都，它们在当时世界上，都算得上一流的国际大都市。

在六大古都中，北京由于在历史上的地位和其保留的古代建筑，常被视为中国第一名都。

北京城的历史，至少在公元前1000年便有了文字记载，那时它的名称叫做蓟城，是周朝分封的燕国的都城。秦始皇统一中国，建立了中央集权国家，分天下为三十六郡，蓟城是广阳郡的行政中心。后来，从秦汉，经魏、晋、十六国、北朝这些朝代，前后达八百年，蓟城在我国北方的地位日渐重要，成为地位显赫的军事重镇和贸易中心。隋朝以蓟城为涿郡的行政中心，唐朝则统称为幽州。到公元938年，发迹于北京的辽，以蓟城为陪都，改称南京，又叫燕京。金继辽之后，于公元1153年正式迁都于此，名叫中都。从此，蓟城这个北方的军事重镇演变为全国政治中心。到元朝，又在中都郊外创建新城，叫做大都，它基本上形成了以后北京城的格局。明朝改建大都，始称北京，今天北京紫禁城大部分建筑就是明朝的遗物。清朝继续建都北京，又修建了一些皇家园林和离宫，直到这个王朝的最后崩溃。

北京城的规划建设，充分体现了皇权至高无上的设计理想，一方面，都城布局以宫室为主体，将宫室置于整个城市的中轴线上，并力求左右对称和整个布局的方整。另一方面，为了表现等级制度，在建筑形制上，强调不同的处理。例如，故宫的太和殿是当时最高等级的建筑，采用重檐庑殿的屋顶、三层白石台基、十一间面阔等，而其他建筑的屋顶制度和开间等都必须依次递减。至于红色的墙、柱和装修，黄色琉璃瓦，则是皇宫建筑所专有的色彩。当然，明清故宫建筑反映了中国古代建筑艺术的伟大成就，它是世界上最优秀的建筑群之一。

古城北京可视为中国城市发展的一个缩影。从它这里，不仅可以找到中国城市兴衰的原因，还可以发现中国城市与西方城市的一些不同特点。古希腊的城市实行的是一种城邦制度，每个城市都高度自治，每个公民享有直接民主权，而在中国的城市中，城市的行政权始终处于中央政府任命的官吏手中，人民则把这些官吏当作父母官，根本谈不上民主参与城市的管理。中世纪的欧洲城市继续保留自治的特点，从而使城市里的商业和手工业得到保护，并与周围的封建庄园相对独立，促进了市民阶级的形成和发展，为近代资产阶级的诞生提供了条件，而中国的城市始终是某一地区的行政中心，它不仅从城市征收赋税，而且更多地依赖对农民的盘剥，因而造成市民阶层的不稳定，影响中国近代资产阶级的产生。另外，教会在欧洲城市的发展中起着十分重要的作用，从政治影响、经济收入来源和思想控制等因素考虑，教会一般都把活动重点放在城市，从而给城市的公共设施建设(如学校、教堂建筑)带来了好处，而在中国的城市生活中，宗教活动始终未曾占据显著地位，所以，中国的城市生活更多地具有一种世俗化的倾向。

作为中华文明的一部分，中国的城市文明在世界文明史中，占有它应有的位置。

宫殿与陵寝

◎王语哉

中国建筑是世界上最长寿、最特殊的建筑体系。在浙江余姚县河姆渡遗址第四文化层，发现了大量带有榫卯的木构件等，以碳-14测定，其年代距今约6900多年，这是中国建筑体系的萌芽。到了秦汉，以木构架为主的中国建筑体系已经形成。宫殿与陵寝是中国古建筑中最宏大、最受重视的建筑，历史上多少动人心魄的故事曾在此演出。诚然，建筑审美是不能势利的，声名煊赫的皇家苑囿就未必比得上质朴无华的无锡寄畅园。但是，宫殿与陵寝确实灌注了规划、设计、建造的能工巧匠的心血，具有很高的文化价值，也传达了中国古建筑的美学精神。西方建筑史几乎可以说是一部宗教建筑史，巴黎圣母院、科隆大教堂等宗教建筑是西方古建筑的典范，而中国建筑史的主角则是宫殿与陵寝。

中国古建筑的美学精神可以用宗白华的一句话来概括："于有限中见到无限，又于无限中回归有限。"宫殿、陵寝等建筑经常呈现一种对"宇宙图案"的感觉，创造了良好的环境而臻于天时、地利、人和诸吉咸备，达到天人合一的至善境界。从世界建筑文化背景上来比较，中国传统建筑文化的一个极为显著的特点是，各种建筑活动，从选址、规划、设计及营造，几乎无不受到所谓风水理论(堪舆)的深刻影响。古代匠师积累了丰富的实际经验，也通过理论思维，并吸收融会了古代科学、哲学、美学、伦理学以及宗教、民俗等等方面的众多智慧，最终形成内涵丰富、综合性和系统性很强的独特风水理论体系，集中而典型地代表和反映了中国传统建筑环境科学与艺术的历史真知。在宫殿特别是陵寝的建造上，都可以看到风水理论的重要指导作用。

据《礼记》载："昔者先王未有宫室，冬则居营窟，夏则居橧巢"(秦以前王侯与平民的居住建筑都称宫，秦汉以后才专称帝王居所为宫)。1959年在河南偃师县二里头村发现的商代初期宫室遗址，湖北黄陂县盘龙城发现的商代中期的宫室遗址，是迄今所知的“前朝后寝”布局的实例。战国时的《考工记》载周代宫殿分前朝、后寝两部分，并有明确的中轴线。《考工记》在西汉中期被重新发现，它对汉以后宫室建造有重大影响。

中国建筑史上营造宫室的第一次高潮在秦。秦始皇统一全国后，在函谷关内建宫殿三百处，关外建宫殿四百处。公元前212年，秦始皇又开始在渭水南另建朝宫，作为主要朝会之所。朝宫的前殿就是颇负盛名的阿房宫。“先作前殿阿房，东西五百步，南北五十丈，上可以坐万人，下可以建五丈旗。周驰为阁道，自殿下直抵南山。表南山之颠以为阙，为复道，自阿房渡渭，属之咸阳，以象天极阁道绝汉抵营室也。”这种以自然环境乃至整个天地宇宙为依据的规划设计，令人抚膺叹绝。

现在学术界虽未能详细了解汉宫室的布局特点，但史书所记汉之长乐宫、未央宫、建章宫等，也是宏伟壮丽，堪称杰作。汉宫形成了“东西二堂，南北二宫”的平面布局方式。

隋唐是中国建筑史上宫殿建造的又一高潮。隋改变了汉晋的传统，改用“三朝五门”的“周制”，形成门殿纵列的制度，为以后各朝所因袭。唐大明宫是这一高潮的代表作。公元634年，唐太宗李世民营永安宫，改名大明宫，以备太上皇李渊清暑。662年，唐高宗李治加以扩建(一度改名为蓬莱宫)，成为唐代帝王听政和居住的最主要场所，后被唐末战乱所毁。大明宫位于长安城外龙首原上，可俯瞰全城，遥对终南山。大明宫明确分为外朝、内寝两大部分。外朝沿南北向轴线纵列三组宫殿，含元殿为大朝，宣政殿为日朝，紫宸殿为常朝。内廷建筑布局则较为自由。

宋代宫殿格局较小，但比唐代宫殿更为华丽。

中国建筑史上第三次营建宫殿的高潮在明清。明清皇宫紫禁城是中国古代建筑瑰宝，是世界上现存最大、最完整的古代木结构建筑群。明北京皇宫始建于1406年，至1420年基本建成，明代后期有增改，清代又部分重建和改建。因神话传说紫微垣为天帝所居，且皇宫为禁地，故称为紫禁城。1925年利用紫禁城建故宫博物院，以后即称故宫。

紫禁城占地72万平方米，现有宫宇九千多间，建筑面积约15万平方米。紫禁城分为外朝和内廷。外朝以太和、中和、保和三大殿为主体；内廷包括乾清宫、交泰殿、坤宁宫等。太和殿又名“金銮殿”，是紫禁城最大的建筑，凡重大典礼均在此举行。

整个紫禁城建筑布局严谨。从天安门至神武门，形成一条贯通紫禁城南北的中轴线，中轴线布置了前三殿和后三宫等最主要建筑。这是一条世所罕见的中轴线，渲染了帝王权威的精神震慑力。而更为绝妙的是，紫禁城这条中轴线又与北京城的中轴线重合。北京城的中轴线从外城最南的永定门为起点，经过一条长长的大街，向着内城第一个重点正阳门楼，再经大清门、千步廊、天安门、端门到达午门，经过紫禁城一系列宫室，出神武门，再往北，是“奇峰突起”的景山，由地安门，直抵鼓楼和钟楼。这条贯穿北京城南北的中轴线长近8公里，是世界上最壮美的中轴线。北京被誉为“都市计划的无比杰作”，这条伟大的中轴线则是这无比杰作的点睛之笔。

紫禁城附会《礼记》、《考工记》等古制来进行总体设计。大清门到太和门间五座门以象征“五门”的制度，前三殿象征“三朝”制度等。内廷部分的乾清、坤宁二宫象征天地，以乾清宫东西庑的日精门、月华门象征日月，以东南六宫象征十二辰，以乾东、西五所象征天干等。

紫禁城还通过建筑间数的多少及屋顶形式将主次区分。间数十一间最多，屋顶等级为庑殿、歇山、悬山、硬山，加重檐者为重要的建筑。如午门、太和殿、乾清宫、坤宁宫等均用重檐庑殿顶，间数为十一间或九间，这是最高等级，其他建筑则依次递减。

宫殿建筑运用了高超的艺术手段，集中体现了中国古代社会的宗法观念和等级制度，充分显示出帝王的威严和皇权的至高无上。

如果说宫殿建筑艺术带有更多的社会学色彩，那么陵寝建筑则不仅有社会学色彩，而且有更为丰富的美学内容。

陵寝建筑是古代帝王及其后妃死后安葬的闷宫，是帝王后嗣子孙及臣仆瞻仰敬祀、缅怀其功绩的圣地。在古代中国，陵寝建筑历来有“筑陵以象山”、“因山为陵”或“依山为陵”的风尚，比较中西方建筑文化传统，审视明清两代的陵寝建筑，很多西方学者都敏锐地发现：刻意追求山川自然形势的完美，细心探究自然景观美与人文景观美的有机结合，使整体环境景观予人很强的艺术感染，形成神圣、永恒、崇高、肃穆而又充满生气的纪念气氛，正是中国古代陵寝建筑艺术成就最突出的一个特点。事实上，山川形势的完美景观质量，不仅仅是一项构成陵寝的“建筑艺术的材料”，而且是一个决定性的本质要素。“总以地臻全美为重，不在宫殿壮丽以侈观瞻。”务期吸饮自然美，使陵寝建筑达到“灵山翠微，亿年安宅”、“功德穹碑，天日同光”的境界。

虽然有关夏代帝陵的一些传说偶载史书，但大都不可考。周代的陵墓也未发现确切地点，陵制尚不详。战国时陵墓开始形成巨大坟丘，并有固定陵区。

秦始皇陵是中国历史上体形最大的一座帝王陵，即使称之为世界上最大的一座陵墓也毫无愧色。秦始皇陵位于陕西省临潼，南踞骊山，北临渭河。始皇初即位，“穿治郦山。及并天下，徒送诣七十余万人。穿三泉，下铜而致椁。宫观百官，奇器珍怪，从藏满之”。“令采金石，治铜锢其内，漆涂其外。被以珠玉，饰以翡翠。”“以水银为百川江河大海，机相灌输。上具天文，下具地理……树草木以象山。”仅1974年发现的秦始皇陵陪葬兵马俑，便有同真人真马等高的数以千计的陶俑群，被誉为“世界第八奇迹”，可知整个秦始皇陵及陵园，又该是何等壮观。始皇陵对后世陵寝建筑影响甚大。

唐代陵墓因山而筑，气势雄伟。如唐乾陵(位于陕西乾县，公元684年唐高宗葬于乾陵，武则天于706年合葬于此)在利用山川胜势上取得极大的成功，较之前代堆土为山更为宏伟。

宋陵，习惯指北宋太祖等七代皇帝和太祖之父的陵墓，分布在河南省巩县嵩山北麓、洛河南岸的台地上，是中国历史上最早集中布置的陵区。宋陵明显地根据风水理论来选址。

明十三陵是一个规划极完整、主从分明的大陵墓群，位于北京城北昌平天寿山麓，明永乐以来，十三代皇帝环葬于此。十三陵结合地形，各陵相互呼应，整体性很强。科技史大家李约瑟认为十三陵是“最大的杰作”。他说：“在门楼上可以欣赏到整个山谷的景色，在有机的平面上深思其庄严的景象，其间所有的建筑，都和风景融合在一起，一种人民的智慧由建筑师和建筑者的技巧很好地表达出来。”

清代陵寝，以清朝定都北京后的两个陵区——东陵(位于河北遵化)和西陵(位于河北易县)为代表。它们与明陵代表着中国陵寝建筑的一种重要形式，依山为陵，形成各陵彼此呼应的陵区，配以庄严的建筑组群，建筑景观与自然景观完美结合。

以清代陵寝为例，可以看到中国古代陵寝建筑艺术的美学成就及文化价值。清代陵寝典礼制度中，建筑体制是一个极为重要的组成部分，依尊卑秩序，分为帝陵、后陵和妃园寝制度，各配置不同等级、规模、数量以及不同形制的建筑物，各建筑物依严整的空间序列，以明确的轴线组成既相对独立，又呈现出承继统绪或隶属关系的建筑组群，显示出清王朝宗法礼制的森严。

在清代陵寝中，建筑制度固然重要，但因陵寝经营构思的主题——万年吉地"止期地臻全美"，作为总体环境的有机构成，建筑的配置，其规划设计，从根本上，从属于山川形势，以与"风水攸关"而受到限制，因此需要"遵照典礼之规制，配合山川之胜势"，按风水地形之所宜，乘势随形而经营。

陵寝建筑是礼制性、纪念性很强的大规模建筑组群，中轴线的组织对于建筑构图表现"居中为尊"的传统观念，对于建筑组群空间布局的序列效果，具有决定意义。清代陵寝建筑的这条中轴线，例由选址时据风水理论"分金而立"所确定的陵寝"山向"为基准设置。陵寝山向，着重于陵区山水形势即所谓"龙穴砂水"总体上的权衡。清东陵主陵孝陵的陵寝山向，南对"金星山特起一峰，丰而不肥，形成覆钟，端拱正南，有搢笏朝天之势"，北向昌瑞山主峰之"玉陛金阙、垣合紫微"，"峰宛凤翥而龙蟠，川星而斗滚"，其"前后左右，群山朝揖，众水分流，纷郁丽九光之霞，郁葱萃万年之秀"。由金星山和昌瑞山一线相连的山向所扼控，并与这山向所贯统的整个山川形势相配合，全部陵寝建筑组群，南起金星山北麓的五间六柱十一楼石牌坊，向北顺序经下马牌、大红门和风水墙、具服殿、神功圣德碑亭和华表，绕行外案影壁山，再向石望柱、象生、龙凤门……直抵月牙城前琉璃影壁(地宫入口)，形制各异、多彩多姿的大大小小几十座建筑物，就由一条总长达6000米的神道(甬路)相贯串，一气呵成，形成气势宏伟、序列层次丰富的陵寝建筑中轴线。

孝陵山向和陵寝建筑的中轴线，历经景陵、孝东陵、景陵妃园寝、景陵双妃园寝、裕陵、裕陵妃园寝、定陵、定陵妃园寝、定东陵、惠陵、惠陵妃园寝的建置，更得到不断充实和强化，进而成为整个清东陵宏大陵区的核心轴线。它所显示的天人合一"宇宙图案"的有机秩序，其气势和魄力，其空间艺术效果，也都更为宏伟博大和丰富多彩了。

清代陵寝在规划设计中遵照风水理论"千尺为势，百尺为形"的形势原理，精心安排建筑组群的空间布局，以宜人的尺度，变幻丰富的组织序列，完美的视觉效果，创造出意味隽永的空间环境气氛，具有强烈的艺术感染力。

风水理论认为，人的生死不过是自然生态链上的一环，观照"比德山水"的艺术哲学，则追求"葬者，反本而归藏也，奉先以配五土，而一体于青山"。这种追求，是一种高级的精神境界，也正因如此，才产生了中国古代陵寝永具魅力的艺术成就。

宫殿与陵寝代表了中国建筑体系的特色和水平。日本近代学者伊东忠太认为，中国建筑最大的特色是：不论在技术和艺术上，都基本集中表现在帝王所用的宫殿等建筑和国都上。而中国古代的陵寝建筑，亦反映了古代哲匠的高度智慧和精湛技艺，令人折服。李约瑟认为，皇陵在中国建筑形制上是一个重大的成就。宫殿与陵寝系古代哲匠体国经野、辨方正位、精心营建的杰作，是中国古代建筑史上的重要篇章，堪称中华文明的纪念碑。

寺庙与古塔

◎王鲁湘

中国人的宗教，最初是祭拜多神的，有所谓的图腾崇拜、庶物崇拜、群神崇拜等。后来移向周孔教化，尊上敬祖，崇德报功，“合天人，包万有”。寺庙就是安放神位以供信徒祭拜的建筑和场所。

寺的本义是官舍，是府廷所在。官署有太常寺、少仆寺、鸿胪寺等。中国第一座佛寺洛阳白马寺，就是由鸿胪寺改名而来。相国寺原为信陵君旧宅，北齐建为建国寺，唐初成为郑审宅园，睿宗时僧慧云募宅重建。于是本来是人住的官舍，后世变为浮屠居所的专称。

庙，原指宗庙，是用以祭祖的。古代的庙不一定是独立的建筑，生人之寝前有庙，而且是以寝为主，但也有以庙为主的。寝，人所处；庙，神所处。庙前寝后。死者所居，一如生人，所以寝庙兼备。后来凡祀神之处都称为庙。

从寺庙的由来，可知中国的寺庙与一般的住宅或宫室，原是一样的。这是因为中国人在观念上承认鬼神曾经是人，神人一体，所以用人的一切来对待神，庙的体制也和一般宫室无二，神位的安置也全以方便适合供神者的应用为主。

概括地说，中国寺庙大致可分三类。一是儒家祭圣贤、祖先、帝王、天地的庙宇；一是道教庙宇(祭祀神仙鬼狐一类的杂祠，多纳入此类)；一是佛教的寺庙。

第一类庙宇中祭天地自然之物则筑坛，周围植树。著名的有北京的天坛、地坛、月坛、日坛、社稷坛等。帝王祭祖之处名为太庙，其建筑与普通宫殿一样，只是在正殿中安放祖先之位，左右配殿附属之。

最早的道观可能是王莽于公元9年建于宫中的八风台。但道教建筑的发达应在晋以后。道观建筑形式是以我国传统的砖木长方形结构，分次层进的。如北京白云观的结构布局，是由数进四合院组成，于正中轴线上依次为牌楼、山门、水池、桥梁，主殿为玉皇殿(相当于佛寺中的大雄宝殿)，前后有灵官殿、志律堂(如佛寺中的天王殿、藏经楼)。大体说，道观和佛寺规划很相似，只不过内部细节与装饰全采道教格式而已。

三类建筑中，以佛教的寺庙为多。北魏统治时有佛寺3万多所，仅洛阳就有1367所；南朝建康也有400多所。就平面布局而言，早期中国佛寺和印度大致相同，以塔藏舍利，是教徒崇拜的对象，所以塔位于寺的中央，成为寺的主体。洛阳永宁寺是这时期佛寺布局的典型。到了东晋初，已出现双塔的形式。南北朝到唐，佛寺数目渐多，供奉佛像的佛殿逐渐成为寺院的主体。到宋代又出现将塔建于佛殿之后的格局。宋代的禅宗寺院又发展成“伽蓝七堂”的制度。所谓七堂，即是佛殿、法堂、僧房、库厨、山门、西净、浴室等。印度原来的伽蓝、精舍，已经全部为中国式的殿堂、院落式布局所代替了。佛寺布局的这一演变，是受到中国原有庭院建筑布局的影响。中国自殷周以来就逐渐形成由多层庭院组成的房屋建筑布局。这种庭院布局方式有深厚的传统，不是外来力量能轻易改变的。

在佛教中国化的同时，儒释道三教的冲突趋于调和，形成三教一家的新文化，这从各种寺庙表现出共同的形貌可见一斑：不论何种寺庙，总是和住宅差别不大，只不过寺庙给神住；而神的住法和人的略有不同，仅如帝王与平民生活状况的不同。

一般说来，中国寺庙有下述几个建筑特色：

一、取材以木料为主，并用构架制的原则。在基础上立柱，柱上加梁，梁上加椽，椽上加望板，再砌砖为墙，加瓦为顶。这同基督教或伊斯兰教的建筑以砖石为主料的结构完全不同。

二、以斗拱为木架构的关键。寺庙大殿的大屋顶和飞檐，全靠斗拱结合柱与梁、梁与檐，是力学和结构学的完美境界。由于斗拱“托”、“飞”、“拱”、“伸”的作用，使中国寺庙像宫殿一般庄严华美，是力与美的杰作。

三、与所有的礼制建筑一样，寺庙的平面布局也是中心定位，均衡设计，大抵以中轴线为主，成四合院的布局，或向纵深扩展。全寺以正殿为中心，前后二殿相烘托，左右有配殿，多数是一正两厢，钟楼、鼓楼平衡列于两边，左右配置均齐。

四、广集自然美，多见园林景观。一般大寺庙在中轴线左右，并建高低错落的亭台楼阁,鱼池石桥,假山乱石,院落互异,充满园林风味。

五、注重色彩和美术装饰。屋顶琉璃瓦流丹溢翠,梁柱墙壁多涂深蓝丹赤之色。花墙、门窗,不是雕便是画,藻井彩绘,雕梁粉壁。

寺庙在中国传统社会中曾扮演过相当重要的角色。经济的互通有无,政治的良窳隆污,社会的和谐安定等等,都与寺庙相关。

从经济方面看,寺庙提供了庙会集市的场所。多数寺庙前都有广场,用作娱乐与交易。如苏州玄妙观、南京城隍庙、北京全真观、南京护国寺等,都是有名的摊市所在。河北药王庙逢药王诞辰都有庙会,寺中就成了全国药材交易市场。中国的当铺、合会、拍卖、出售彩券四种筹措金钱的制度,都与寺庙有关。

从政治方面看,寺庙既常作为政府官员临时办公、操练团练、举行政治性典礼的场所,也常成为各种政治集团举行起义时的聚兵之所。

从社会方面看,寺庙所起的功用就更多更深远了。首先,它成了社会救济工作的推广地。如武则天曾令各州建大云经寺,寺中建"悲田院"以收容孤儿老弱,又设"养病院"以收容病患,所需经费由政府支付,但管理及经营则委佛寺担任,一直实行到9世纪。此外,地方上的慈善人士,也把寺庙当做救济院、收容所,收容遭遇天灾、不幸的难民。其次,它还是文化活动的中心场所。达官贵人、文人名士多以寺庙为聚会地,如慧远驻庐山东林寺,时彦名士123人相从会聚。唐代慈恩塔(即大雁塔),进士及第题名塔下,于是"雁塔题名"成为中国文学史上的佳话。平时,寺庙就是社区文化中心。每逢节日必有各项娱乐。元代以后庙前多有戏台,庙又成了民间文艺的保存地。第三,它也常被用作学术教育场所。庙里的偏殿或跨院常作"村塾",供先生作教室、宿舍用。有些书院就坐落在寺庙内。同时,一座寺庙本身就具有特定的教育功能。寺庙里绘塑的历史人物故事,起到了一种历史、道德的普及教育作用。第四,寺庙的宗教功能,成为稳定人们心理,使人们生活安定的力量。在传统中国,每个市镇都会有一两座香火鼎盛的寺庙,百姓常到那里烧香祈福,许愿还愿,求签决疑。此外,丧事设奠开吊也在庙里举行。第五,寺庙成了保存文化遗产的场所。寺庙建筑本身,加上寺庙中的雕刻、绘画、书法、碑文、诗联等等,使寺庙成为当地的博物馆。有些寺庙还从事译经、刻经、出版,丰富和推广了文化事业。

由寺庙,自然会使人联想起古塔。这是随着佛教传入而出现的新建筑类型。印度的塔有两种:一种是埋藏舍利、佛骨等的"窣堵波",属于坟冢的性质。另一种是所谓的“支提”或“制底”，内无舍利，称作庙，即所谓塔庙。这两种形式的塔，传入中国之后，与中国固有的建筑形式和文化传统结合，均有很大的变化和发展。

中国塔主要可以分为三部分：一是地宫，也称“龙宫”或“龙窟”，是用来埋藏舍利和陪葬器物的。地宫的形式，是用砖石砌成的方形或六角形、八角形、圆形的地下室。二是塔身(包括塔基)。塔基是整个塔的下部基础，覆盖在地宫上。早期的塔基一般都比较低矮，只有几十厘米。唐代以后，塔的基础部分有了急剧发展，明显地分成基台与基座两部分。基台就是早期塔下比较低矮的塔基。在基台上，增加了一部分专门承托塔身的座子，称为基座。基座部分的发展日趋华丽，成为整个塔中雕饰最丰富的部分，在建筑效果上，它使塔身更为雄伟突出。塔身是塔结构的主体，不同类型的塔，就是按照塔身的形制来划分的。就塔身内部结构而言，主要有实心和中空两种。实心塔的内部，有用砖石全部满铺满砌的，也有用土夯实填满的。中空塔的内部结构依塔身形制不同而有分别。木楼层塔身与一般木构建筑楼阁做法一样，每层有楼梯上下。楼阁式砖石塔的塔身内部像一个空筒，其楼梯多是紧靠塔壁盘旋上下的。木中心柱塔身以巨大木柱，自塔顶贯通全塔，直入地内。砖石塔心柱塔身全部用砖砌造，楼梯、楼板、回廊、塔檐等等，全部用砖石砌成一个整体。塔的中心是一个自顶到底的大砖石柱子，楼梯沿塔心柱转折上登。塔身的外形直接造成了中国古塔丰富多样的美学形象。塔的第三部分就是塔刹。塔刹，就是塔的顶子，有尖的，有圆的，有用砖石砌成的，有用金属制作的，形式多样。塔刹，作为塔的最为崇高的部分，冠表全塔，至为重要。“刹”的意思是土田，代表国土，也称为佛国，所以佛寺也称作刹。塔刹本身也是一个小塔，它的结构也明显地分为刹座、刹身、刹顶三部分，内用刹杆直贯串联。有的刹基内也有像地宫的窟穴，作埋藏舍利和其他器物之用。刹座的形状大多砌作须弥座或仰莲座，也有砌作素平台座的。刹身的主要形象，是套贯在刹杆上的圆环，称为相轮，也有称为金盘、承露盘的，它作为塔的一种仰望标志，以起敬佛礼佛的作用。相轮上置华盖，也称宝盖，作为相轮刹身的冠饰。刹顶，是全塔的顶尖，在宝盖之上，一般为仰月、宝珠组成，也有作火焰、宝珠的，因避“火”字，或称“水烟”。

塔的外观结构形式有以下几种：花塔、覆钵式塔、金刚宝座式塔、过街塔及塔门、宝箧印经塔等，另外还有其他形式的塔和塔林。

楼阁式塔，历史最为悠久，体形高大，保存数量最多。

密檐式塔外檐层数多而密，几乎看不出楼层，塔身上也无门窗、柱子等楼阁的结构。下部第一层比例特别大，大部分塔不能登临眺望，以第一层作为塔身的重点，集中装饰。

亭阁式塔都是单层的，有的在顶上加建一小阁；在塔身内设龛，安置佛像或墓主人的塑像，多被高僧、和尚们采用为墓塔。

花塔在塔身的上半部装饰着各种繁复的花饰，看去好像一个巨大的花束。

覆钵式塔即喇嘛塔，元代从尼泊尔传入。它的塔身部分呈半圆的覆钵形，其上安置长大的塔刹。塔身下面，建一个高大的须弥座承托。

金刚宝座塔属于密宗的塔，是供奉金刚界五部主佛舍利的塔。塔的座子很高大，座上有五座小塔，中间一座略大，四隅四座略小。

过街塔是建于街道中或大路上的塔。修建这样的塔就是让过往行人得以顶戴礼佛。凡是从塔下经过的人，就算向佛进行一次顶礼了，这给信佛礼佛的人大开了方便之门。

塔除了宗教用途外，也兼作别的用途。首先是登高眺览。“九天云外倚栏杆”，说的就是登塔眺望。塔给中国诗人提供了一个特殊的视点，对于弘扩中国诗词的意境无疑起了很大的作用。其次是瞭望敌情。河北定县的料敌塔和山西应县的释迦塔，就是宋辽两国于边境上修建的军事瞭望塔。还有就是导航引渡。福建福州马尾的罗星塔，在世界航海地图上，早已列为重要航海标志之一。安徽安庆的迎江寺塔，屹立长江转折处，远远可见。塔身上有灯龛数百，晚上燃点，照亮滚滚长江。

佛塔还有一层世俗意义，就是同科举制度的关系。在有较高人文层次的地区，佛塔被用来象征文风昌盛。所谓文星塔、文风塔、文峰塔、奎星楼，往往建于一个地区的水口之处，大多是在东南方位，许多地方志都记载有起文峰塔贮财源而兴文运、连绵科甲的故事。从现代建筑空间美学角度看，文峰塔的兴建，是为了弥补山川形势的不足，使景观趋于平衡与和谐，以满足人们对环境的“完形”心理。塔起到了装点河山的作用。佛塔的兴建，后来又同风水吉凶观念相结合，用来镇所谓的“龙首”，或用以钟灵气、挡煞气。

佛塔本是异域传入中土的宗教建筑，但在中国，这种毫无实用价值的纯宗教建筑被引到人间美好的生活环境中来，使中国的佛塔成为“人”的建筑，而不是“神”的灵境；它凝聚着“人”的情调，而没有发射出“神”的毫光。它有浓烈的人情味。由于中国人在造型艺术上始终保持着清醒的实践理性观点，崇尚明确、秩序、逻辑、机能，所以中国的古塔在木结构严格的逻辑机能和砖结构比较自由的塑形表现中追求一种综合和谐的内在力量，概念明晰，风格明朗，比例匀称，线条简练而明确，轮廓稳定而端庄，节奏亲切而和谐，不夸张，不矫情，显示出坚定执著的人间理性美。嵩岳寺塔的朦胧深邃，大雁塔的端庄稳重，小雁塔的俛仾婀娜，还有宋代那许多富有装饰意味的八角形塔的柔和清丽，反映了当时人们新鲜的创造力。塔在中国大地上的突兀而出，直插云天，打破了中国古代建筑构图规格严谨、铺陈舒展、以横向线条平缓展开层叠的序列节奏，成为几乎每座城镇或风景胜地的重要标志。

古代桥梁

◎刘西陵

桥、梁二字互训。《说文解字》训桥“水梁也”;训梁“水桥也”,梁字“从木水”,会用木跨水之意。最简单的桥梁即独木桥,古人叫“榷”。《说文》训榷为“水上横木,所以渡者”。可见,“所以渡”,是桥梁的基本功用。然而,桥梁不仅为“渡”存在;许多有名的中国古代桥梁,并非由于“渡”的功用特别好,也不只因为处处浸透着“匠心”,而是由于凝聚其中的“人文”。从“灞桥雪柳”、“卢沟晓月”、“枫桥夜泊”中,可以体验到人的精神由桥梁而与自然款通、圆融。

春秋战国时期的基本桥型是梁柱式桥。战国秦汉之际,已出现规模宏大的多跨梁柱式桥。这些桥的建设,并非单纯出于经济、军事或日用目的。史载秦立都咸阳,便是模拟天象:“渭水贯都以象天汉,横桥南度以法牵牛。”这座效法牵牛的“横桥”,又称渭桥;“广六丈,南北三百八十步,六十八间(桥孔数),七百五十柱,百二十二梁,桥之南北有堤,激立石柱”,成为西安地区此类桥梁的典型。“秦作渭桥,以木为梁;汉作灞桥,以石为梁。”汉承秦制,灞桥亦承渭桥形制,唯梁易之以石。其后不知何时又改为木梁;王莽地皇三年(公元22年)焚毁重修;至隋开皇三年(公元583年)复用石梁。宋代以降,灞桥屡毁屡建,故至清代流传“桥自宋以来率六十年一成毁,若有数焉”之说。现存灞桥,是清道光十三年(公元1833年)重修的木梁石轴柱桥,长134丈,宽约2丈,67孔,梁408根。西安附近的浐桥、沣桥之结构均与灞桥相似。灞桥是中国文化史上的一座名桥。汉人送客东出长安,至灞桥折柳赠别,后世演为习俗,历代相传。《开元遗事》云:“灞陵有桥,来迎去送,至此黯然,故人呼为销魂桥。”由此而知“年年柳色,灞陵伤别”情调之悲凉。

史传秦始皇灭六国后东巡至齐,欲“于海中作石桥,海神为之竖柱”,但终究造桥未成。北宋皇祐五年(公元1053年),福建泉州洛阳江入海口上开始建造一座石梁石墩多孔式跨水长桥,开创了在濒临海湾、水深面阔、潮浪交涌之处造桥的先例。技术上首创现代桥梁工程所谓"筏形基础"的新型桥基,即在江底沿桥位纵轴线满抛大石块,并向两侧展开相当宽度,成一横跨江底的矮石堤,作为桥墩的基础。洛阳桥之筏形桥基宽约25米,长500余米,提升江底标高3米以上。桥至嘉祐四年(公元1059年)完工,长260尺,宽一丈五尺,分47桥孔。其后桥工又创造性地在桥基、桥墩上种牡蛎以"固其基"。洛阳桥成后,随着南宋初年文化中心的南移,泉州地区涌起了造桥热潮。一百五十余年间建成大中型石墩石梁桥数十座,总长度五十余里;其中长度五里以上的长桥有34座。当时甚至在陆地与海湾岛屿之间架起桥梁,故有"闽中桥梁甲天下"之誉。

现存最长的安平桥,是泉州长桥典型。桥长五里,又名五里桥。桥之东段属晋江县,西段属南安县。桥上设五亭,中间一座称"水心亭",为两县分界处。361座桥墩,根据水流深浅急缓之不同。分别造成三种形状:船形墩(两头尖)、半船形墩(一头尖、一头平)、矩形墩(两头平)。其他一些著名的跨海长桥,如盘光桥、无尾桥、东洋桥、玉澜桥(长过安平桥200丈)均先后倾毁无存。泉州石梁桥得地利人和。当地南安砻石质地均匀、致密、坚硬,光泽色彩宛如丝绒。清代以来更是蜚声海外,常被用于纪念性建筑。每座石桥均有僧徒参加建造,其中多有精通造桥技术者。"泉南素称佛国",禅宗南派的僧徒们不仅怀着"广度一切,犹如桥梁"的信念,而且由造桥修路来妙悟禅道。

甘肃、四川交界处,横跨白水江的阴平桥,因三国魏将邓艾于此偷渡灭蜀而闻名,现存一座建于清末的独特的伸臂木梁桥。山地河谷区域,谷深流急,桥柱桥墩难以竖立,故多大跨度的伸臂梁桥。此类梁桥的结构特点是以圆木或方木纵横相间叠起,层层向河中心挑出,每层挑出数尺至丈余,纵木前端稍稍上昂,宛如臂膀伸向前上方,以此得名。两头相对向河、谷中挑出到仅余五六米空缺时,再用木梁搭接成桥。早在公元3世纪初,甘肃西北部的羌人就曾造过长150步的伸臂木梁桥,又称"飞桥"。《水经注》载东晋义熙年间,曾在今甘肃临夏境内宽达40丈的河上筑过飞桥。由于伸臂梁层层向前上方挑出,桥高竟达50丈,蔚为壮观。这种桥亦多见于青海、四川、西藏、云南等地,著名者有甘肃甘南诸桥、兰州廊桥、握桥、青海扎麻隆桥、四川木里桥、云南八字撑架桥等。在河谷较宽时,常建多孔伸臂木梁桥;其中较独特的是以积木组成木笼，内填卵石，以为桥墩。著名者有西藏的云南桥、嘉玉桥，后者长达99米。

另一种独特但结构简单的木梁桥式是阁道。现存最早记载是战国时期。《战国策·秦策》三："栈道千里于蜀汉"；《战国策·齐策》六："为栈道木阁而迎王与后于城阳山中。"这可能是两种不同的阁道。前者又称"栈道"，于峡谷险绝之处旁凿山岩架梁阁板凌空成道；后者疑为后世所谓"复道"，即《淮南子·本经》所云"延楼栈道"。栈道多见于西部涧深谷峭壁绝之地。历史上最有名的是秦国由之取蜀的褒斜道(又名石牛道)，以及紧接该道直达四川剑阁的金牛道。汉初刘邦用张良计烧绝所过栈道，以"示天下无还心"；项羽一走，汉军又从更为艰险的"四道"回师。三国时，诸葛亮也曾出此伐魏。此道早已无存，仅留岩壁孔穴。典型的栈道有梁有柱。横木一端嵌入岩壁石穴，一端立柱于水中，搁上木梁即成。有的险绝之处往往无柱。更惊险的，并不见栈道，只在绝壁上旁凿石孔，行人各执四支短木，插入石孔，"展转相攀，经日方过"，真是"猿猱欲度愁攀援"。另一类型的阁道是复道，俗称天桥，光景绝殊。秦始皇宫殿中多复道。《史记·秦始皇本纪》二十六年："殿屋复道周阁相属"；三十五年："(阿房)周驰为阁道，自殿下直抵南山。"秦宫复道是模拟天象："象天极阁道"，汉唐沿袭秦制；以下历代宫殿、台阁之间亦多有复道相通。

北宋画家张择端的《清明上河图》精描细绘的汴水虹桥早已绝迹。虹桥史称飞桥，最早出现在青州(今山东益都)。此地每年夏季山洪暴发，辄冲毁有柱之桥，深以为患。北宋明道年间，州官任用一退休狱卒，叠巨石加固河岸，以大木数十纵横相贯、交错搭置，架为无柱"飞桥"，五十余年未坏。其后十余年，陈希亮在宿州仿造青州飞桥成功，遂推广于汴水、汾水、泗水诸河道。这种桥式既不同于梁桥亦不同于拱桥，或曰介乎二者之间，故今人或称之为"叠梁拱"、"木拱桥"。从技术上说象虹作桥的最大特点是易简。主拱骨架十分简明，由构件纵横相贯承托，逐节伸展，形成"虚架"。其构件加工制作、接合架设均较简便。构件较短小，可按设计尺寸预制，便于装配、拆卸，在一定范围内可筑成不同跨径、适应不同载重的结构物。从艺术上看，桥飞宛如长虹，其优美自不待言，故被张择端选为《清明上河图》构图之中心。

如果用"进化观"看中国古代桥梁的发展，便会陷入迷误。结构更复杂的石拱桥，竟比木拱桥早出现至少八百年。《水经注》中有关石拱桥的最早记录，是晋太康三年(公元282年)在洛阳郊外建成的"旅人桥"，然而在西汉墓葬就已出现墓拱顶，东汉墓葬则普遍采用砖砌卷筒顶了。这表明石拱桥的创始应早于《水经注》的记载。现存最早的、也是古今中外最为闻名的拱桥，是凌架于河北赵县洨河之上的赵州桥(又名安济桥、大石桥)。约于隋大业元年(公元605年)在工匠李春的领导下建成。赵州桥最为人称道的结构特点是坦拱(或称扁拱)，即不是最常见的半圆形拱，而是圆弧形拱。大拱肩上开四个小拱，称作敞肩拱。这种桥形构思，使桥高降低，道路平坦，桥身自重减轻，泄洪量增大，减少水流对桥身的冲击，以致千年不坠。敞肩拱多为后世所效法，而西方至14世纪才出现。除赵州桥外，现存的古石拱桥中较早的是宋桥，而大多则是明清产物，其中绝大部分是半圆拱，没有一座超越赵州桥的成就，因而历来流传着一些关于建造赵州桥的神话传说。古代桥梁的建造因地制宜。半圆形拱形状最简单，施工最方便，各地随处可见。南方航船多，桥拱往往大于半圆，呈马蹄形。清乾隆建的云南建水双龙桥17孔都用尖拱。尖拱尤适用于峡谷中的高桥，如陕西三原清河龙桥桥下净空19米。在数以万计的石拱桥中，有许多不仅在建筑上别具匠心，而且在历史上很有名气。北京郊外跨越永定河的卢沟桥为一联拱石桥，11孔，是华北最长的古代石桥，建于金大定二十九年(公元1189年)。每当春季冰洪俱下，斩龙剑(装在船形桥墩分水尖上的三角铁柱)能击碎冰块，分流洪水。

有的古代桥式竟入了“礼”。《诗经·大雅·大明》载：“亲迎于渭，造舟为梁。”说周文王迎亲时，在渭水上架了浮桥。造，古文为“艁”，意为比连船只而架板于上。文王创制，周代便以“造舟迎亲”为天子之礼。《尔雅·释水》：“天子造舟，诸侯维舟，大夫方舟。”维舟即将船只连结一起为桥，较造舟规模为小(可能是纵列而非并列)；而方舟则只是两船相并之舟了。

古代在大河或宽阔水面上架设浮桥之记录极多。史籍中最早的是《左传·昭公元年》(公元前541年)，秦后子鍼出奔晋“造舟于河”(黄河)。其后，周赧王二十八年(公元前287年)，“秦始作浮桥于河”。秦昭襄王五十年(公元前257年)，“(秦)初作河桥”，此桥自汉以降称为蒲津桥。魏太祖曹操曾在此夜渡，西征马超；唐开元十二年(公元724年)以铁链“维舟梁”，两岸以铁山、铁柱、铁人、铁牛锚固维舟铁链。其时，“天下造舟之梁四”，即黄河上的蒲津、太阳、河阳及洛水上的孝义桥，均为战略要地。至宋，浮桥更多，多以竹索维系。西晋末年，始创以大木箱盛石沉水以系桥之“石鳖”，明代用锚固兰州浮桥，每舟系一石鳖。有的浮桥可以拆卸开阖，如兰州镇远桥。广东潮安韩江上梁舟结合的广济桥更是绝品，此桥建于南宋，历时五十六年。桥长五百米，分东西两段，东十二孔，西九孔，中间因“中流惊湍尤深，不可为墩，设舟二十四为浮梁”，可以开阖，以利泄洪和通航。长江上几次建浮桥用于军事。东汉建武年间，光武帝征伐公孙述，双方先后据险为浮桥，但均被对方用船冲断或焚毁。九百多年后，宋太祖于采石矶过浮桥讨灭南唐。再历九百年，太平军于武汉附近造一组四座浮桥，连通三镇。

公元前3世纪李冰作都江堰时，曾造七桥，其中之一称为笮桥，即竹索桥。中国西南峡谷之地，岸峭流激滩险，无法树立墩柱，自古援索悬渡。早期索桥多用藤萝或竹蔑，即古籍称为“笮”者。战国秦汉之际开始以铁链为索，史传汉初大将樊哙曾在汉中褒城寒溪建铁链桥。最简单的索桥是溜筒桥，或称“溜索子”，即以缆索横牵两岸之间，将竹筒或木筒穿在索上，渡者或仰面或骑跨横木，缘索溜滑而过，十分惊险。溜筒桥有单向及双向、平溜与陡溜之分。云南澜沧江上有溜筒，故俗称溜筒江。更令人胆寒的是双索桥，即上下各悬一索，间距约一米五，渡者手挽上索、足蹑下索而过。此种桥式现已绝迹。三索桥即将二索并列，间距一米，由二索向中下悬一索，或于下索之上置一独木桥面，多见于西藏、四川，云南亦有；“惟土人能行之”。较完全的是多索藤网筒桥，状似蛛网。雅鲁藏布江上有座高于水面40米的藤索桥，长130余米，凌空悬牵的数十根藤索由20根粗藤固定为筒状，再用细藤编成桥面。最著名的竹索桥是都江堰口的珠浦桥(又名安澜桥)，横跨岷江的内外江。桥长百丈，宽一丈，八孔竹索用细蔑编成，粗五寸，共24根。10根作底索，上铺木板作桥面；2根扣压木板两端；余12根分列两边，用作扶栏。明清两代，西南地区曾建铁索桥数百座。世界闻名的泸定桥建于清康熙四十四年(公元1705年)，康熙帝御笔题写桥名并制碑记。桥长30丈，宽8尺余，13条各长近40丈的铁链飞悬两岸，底索9条，上纵横铺板，以通人畜；余4条分列两旁，以作扶手。每条铁索由890链环扣联而成。链环外径近三寸。西方自18世纪出现铁索桥以来，一直受中国古代悬索桥式的影响。

古代桥梁的主体结构各式各样，桥饰亦多姿多彩。大体言之，木梁桥，尤其是伸臂梁桥，多有重瓴飞檐、画栋彩栏之桥屋，如广西三江程阳桥、四川峨嵋解脱桥、湖南新宁江口桥及西藏拉萨瑜顶桥都极具特色。石桥则多雕刻桥饰。创作石桥雕刻的原始观念，是为了镇压水怪，保护桥梁。较早的如“李冰昔作石犀五头以厌水精”。后世桥梁多有以牛作饰的，就连泸定桥头也伏着一尊铁牛。在十二生肖中，牛为丑，按五行学说，丑属土，以牛镇水，取“土克水”之意。许多桥梁石雕的原始意义，今人

明吴伟《灞桥风雪》。

难以了解，但至少可以由之窥见当年人们的审美情趣。如赵州桥上各种姿态的雕龙，卢沟桥上神情各异的石狮，沧州登瀛桥上眺望远方的石猴，河北济美桥和福建洛阳桥上的守护神等等，都与桥的主体结构融为一体，达到出神入化的境界，令人无法效仿。至于古桥上浮雕的各种寓意的图案，更是令人目不暇收。

若说一座古代桥梁就是一首诗、一卷画或一本书，那么桥名就是它的题；许多桥名通古今，类人情，意蕴极深。那些早已绝迹的名桥，因桥名入了诗文而流传千古。

古代桥梁的遗址，常须由堪舆家“看风水”，以增添大自然的和谐之美；许多桥梁的建造，又是为了改善“不祥”的风水。此时，古桥便与未来相通。

造园艺术

◎曹汛

造园艺术是中华文明之风流儒雅的标志之一，它以独特的空间艺术语言体现了中华民族崇尚平和谐调、淡泊宁静的精神。造园艺术的本质特征，就是对大自然的山水加以开发整治，甚至在清静的市郊或喧嚣的闹市中模山范水，以再现一个充满诗情画意的生活游息环境。在“天人合一”的思想观念指导下，造园艺术充分体现了人类与大自然的亲和要求，故其最高原则就是设计成《园冶》所指出的“虽由人作，宛自天开”。它所创造出的既可游又可居的人工山水园，乃是现实人间的理想天堂。明代张岱的《陶庵梦忆》甚至这样记载，当两位老者盘旋于极其华缛的砎园时，“一老曰：‘竟是蓬莱阆苑了也！’一老咈之曰：‘个边那有这样！’”

中国古代园林主要有五个分支：①自然风景区，②邑郊园林，③寺庙园林，④皇家园林，⑤私家园林。而若就造园艺术的发展演变着眼，其中主流自然是皇家园林和私家园林。

皇家园林的渊源可以上溯到殷末周文王的灵台、灵沼和春秋诸侯的苑囿。秦始皇统一中国，写六国宫室于咸阳原上，规模宏伟壮丽。汉建建章宫、上林苑，长安一带皇家离宫别馆相望。建章宫北太液池中有蓬莱、方丈、瀛洲，这种一池三山的格局，成为后世宫苑池山的模式。

秦汉以前，皇家园林占绝对上风。汉代出现私家园林，梁孝王筑兔园，大将军梁冀、茂陵富民袁广汉等建造私园，都是模仿皇家园林，规模很大。魏晋南北朝以后，私家园林逐渐兴盛，出现“中园”一词，和皇家“上苑”抗衡，从此私家园林得以和皇家园林平行发展。后来不仅大官僚、大地主，就连一般中小官僚地主和文人士大夫也开始建造私园，于是又标榜“小园”。庾信《小园赋》更奠定了小园的纲领。隋唐的宫苑仍然兴盛，私家小园和皇家上苑分庭抗礼，争奇斗胜。宋元时候，私家园林趋于成熟，占了上风。

到了明清，皇家园林不得不反过来步私家园林的后尘，取私家小园的精华，建造集景式的皇家园林了。这种集景式的皇家园林，以圆明园为代表，乾隆皇帝标榜说是“移天缩地在君怀”，曹雪芹则转弯抹角地讥评说，非其地而强为其地，虽百般精巧，终不相宜。这时的皇家园林实际上已经走向衰落。通过透视皇家园林和私家园林互相借资、互为消长的三个历史阶段不难看出，我国造园艺术的最后成熟，是以私家园林的最后成熟为标志。这就表明，中国的造园艺术，并不像欧洲那样由皇帝国王主宰，而是一种渗透到全民族文化生活当中的千万人的智慧创造。

我国的自然山水园，无不以再现自然丘壑为主要意趣，因而叠山理水便成了造园艺术的关键环节。一部造园艺术史，也就注定和叠山艺术史同步。造园叠山艺术，正好也经历了三个大的历史发展阶段。我国人工叠假山，渊源极早，先秦文献《尚书》、《论语》中都有人工叠山的记载。秦始皇“筑土为蓬莱山”，汉建章宫“宫内苑聚土为山”，梁孝王兔园有百灵山，袁广汉“构石为山”、“连延数里”。叠造大山的风气，魏晋南北朝依然未衰，手法也逐渐细致起来，能够做到“有若自然”。晋会稽王道子开东第，所筑土山俨如真山，故皇帝临幸时，居然没有发现是“版筑所作”。这个阶段的叠山是整个模仿真山，完全写实，尺度也尽力追求真山。葛洪说“起土山以准嵩霍”，一个“准”字，足以概括这种叠山风格的主要特征。这种叠山手法，接近自然主义，还比较粗放，不够精细。

晋宋以后，一般官僚士大夫兴起营造中园、小园，由于老庄思想的洗礼，不仅促进了人们对于客观山水世界的发现，又促进了主观心灵世界的发现。“外师造化，中得心源。”人们发现“会心山水不在远”，那么小园小山也就足可神游了。约略和“小园”同时，出现了“小山”一词，后来又出现“小山假景”一词，进而才出现“假山”一词。这种假山还是摹仿真山，但是具体而微，尺度极力缩小。唐李华有《药园小山池记》云：“庭际有砥砺之材，础礩之璞，立而象之衡巫。”一个“象”字，足以概括这种叠山风格，而且恰好又可以和上一种风格的“准”字形成巧妙的对比，这种“小中见大”的叠山手法是写意的、象征的，接近浪漫主义。

叠山艺术发展到第三阶段，又有一种叠山手法成为主流，它反对第二阶段那种写意的小中见大，主张恢复写实，用真实的尺度，把假山作得和真山一样，叫做

"掇山莫知山假",但又不是回到第一阶段那种自然主义的再现真山大壑的全部,而是选取一部分山根山脚,叠造平冈小阪、陵阜陂陀和曲峰回沙,"然后错之以石,缭以短垣,翳以密筱",从而创造出一种山林意境,构成一种艺术幻觉,让人觉得仿佛"奇峰绝嶂累累乎墙外"。"人或见之",自己的园林则好像"处于大山之麓",而"截溪断谷,私此数石者,为吾有也"(俱张南垣语)。这种叠山手法是现实主义的,它的出现,标志着我国叠山艺术的最后成熟,也标志着我国造园艺术的最后成熟。

我国的造园艺术本以再现自然丘壑为宗旨,初始时代已经有了很高的成就,但是后来不断升华提高,又刻意追求诗情画意,于是文人画士在造园艺术领域里大显身手,最后是职业的造园艺术家驾驭诗情画意,园林艺术才最后成熟。回顾我国造园艺术中诗情画意的发生发展,正好又是经历了三个历史阶段。

第一阶段先是文人,主要是诗人和散文家主导造园艺术。山水园和山水诗、田园诗差不多同时出现,谢灵运的山庄、陶渊明的田园形诸吟咏,不能不影响人们的造园思想。诗人主持造园成为大家,产生极大影响的则首推王维和白居易。王维工诗善画,人称"诗中有画,画中有诗"。他建造辋川别墅,和裴迪等人在其中体会物情、流连光景,赋诗唱酬为乐。辋川生活已经完全诗意化了,因此后世文人士大夫构筑园林别墅,往往以仿效辋川为高雅,诗词文章多有述及。白居易酷爱山水和园林,在杭州任上整治开发西湖,在苏州任上作《太湖石记》,对园林艺术,影响甚大。他结草堂于庐山,木不加丹,墙不加白,融化在周围环境中。《草堂记》又说,凡所居之处"辄覆蒉土为台,聚拳石为山,环斗水为池","其喜山水病癖如此"。白居易营白莲池于洛阳履道里,是一处弥漫着江南气氛的水景宅园,又建水斋,把水石引进室内,"枕前看鹤浴,床下见鱼游"。这一创举惊动了当时,刘禹锡赠诗云:"共讥吴太守,自占洛阳才。"唐代洛阳园池甲天下,与白居易同时的士大夫所建的著名私家园林还有裴度集贤里宅园和午桥庄别墅,李德裕平泉山庄,牛僧孺归仁里宅园和南庄别墅等,一时形成一个诗人主导造园潮流的领袖集团。不仅是主持和规划,有人还掌握了具体的技术专长,诗人王建善于作山洞,张籍称赞他"平地能开洞穴幽"。散文家们也不示弱,柳宗元《零陵三亭记》、《柳州东亭记》,樊宗师《绛守居园池记》,都是利用整治废池旧地、开发园林胜区的记叙,蕴含着精辟的造园见解。宋代园林文学臻于极盛,欧阳修有《醉翁亭记》,苏舜钦有《沧浪亭记》,都是直接参与的记述,而不是侧面的旁观描写。"洛阳园池不闭门","园亭借客看",因此宋代开始有集中记述和评论名园的专文，如北宋李格非的《洛阳名园记》，南宋末至元初周密的《吴兴园林记》。文人造园后世仍传承不衰，清代著名园林评论家钱泳还得出结论，认为“造园如作诗文”。汪春田又有诗云：“换却花篱补石阑，改园更比改诗难。果能字字吟来稳，小有亭台亦耐看。”汪春田作为一位诗人，自己营构文园和绿净园，因而有更深的体会。

第二个阶段是画士主导造园。画士造园，虽然也可以上溯到工诗善画的王维，但他自云“当世谬词客，前身应画师”，对于画士的身份，表示谦恭而不愿正面承认。宋代司马光、王安石、苏轼等人也都能诗善画，司马光有独乐园，王安石有半山园，名传天下。苏轼有很好的园林见解，还创造出一种能够折叠装配随地架设的观赏亭子，叫做择胜亭。宋代诗人中兼画士又从事造园的，要推晁无咎。无咎才华横溢，苏轼折辈分与之交，李格非亦与之交游，后来坐党籍流徙，放还后葺归去来园，自号归来子，并“自画为大图书记其上”。南宋的俞征，则完全是以画家的身份和眼光从事造园的人了。俞征字子清，是文人画家，画竹石清润可爱，得文(同)苏(轼)遗意。周密《癸辛杂识》说：“子清胸中有丘壑，又善画，故能出心匠之巧。”元代文人画进一步发展，许多文人画家对元代统治者不满，消极避世而沉湎于园林之乐，画士造园在元代达到极盛。昆山画家顾仲瑛建玉山草堂，松江画家曹云西“治圃种竹”，无锡画家倪云林为元代四大画家之一，他的画表现疏木平林，隐逸旷达的思想寄于孤寂无人之境中。其所居清閟阁，幽回尘绝，兰菊之属，蔚然深秀。他又为人画过苏州狮子林山园图，因此后世误传狮子林是他的手笔。元代四大画家的山水小景对造园艺术影响很大，黄子久的矶头，倪云林的水口，成了后世造园叠山理水的粉本。黄、王、倪、吴的山水画影响了著名造园叠山艺术家张南垣。张南垣叠假山，人称“黄王倪吴，一一逼肖”。张南垣为钱谦益造拂水山庄，为李逢申造横云山庄，和黄公望《芝兰室图》有不少相似之处。《扬州画舫录》卷四记重宁寺东园“太湖石罅八九折，折处多为深潭，雪溅雷怒，破崖而下，委曲曼延，与石争道，胜者冒出石山，澎湃有声，不胜者凸凹相受，旋濩萦回，或伏流尾下，乍隐乍现，至池口乃喷薄直泻其中。此善学倪云林笔意者之作也”。

第三个阶段是职业造园匠师主导造园。造园叠山匠师自古已有，宋代“吴兴山匠”、“朱勔子孙”，多半没有留下名姓。职业化了的造园匠师而又有名有姓留传于后世的，则以明人田汝成《西湖游览志》所记杭城陆叠山为最早。陆叠山与张宁同时，是明成化前后人。正德、万历年间，上海有著名造园匠师张南阳，为潘允端造豫园，为陈所蕴造日涉园，又为太仓王世贞造弇山园。万历、崇祯年间，松江又产生一位最著名的造园大师张南垣(1587—约1671年)。南垣少学画，善写人像，兼能山水，遂以山水画意为人造园叠山，与荆关董巨、黄王倪吴一一逼肖，以此游于大江南北五十余年，所造名园不可尽数，今已考知最为著名的就有松江李逢申的横云山庄，嘉兴吴昌时的竹亭湖墅，徐必达的汉槎楼，朱茂时的放鹤洲，太仓王时敏的乐郊园、南园和西田，钱增的天藻园，吴伟业的梅村，郁静岩斋前的叠石，常熟钱谦益的拂水山庄，金坛虞来初的豫园，吴县席本桢的东园，嘉定赵洪范的南园等。张南垣叠假山，“尽变前人成法”，“穿深覆冈，因形布置，土石相间，颇得真趣”，“人见之，不问而知张氏之山也”。诸家评论，多称张南垣造园叠山“天然第一”，“海内为首推”、“一时名籍甚”，“见者疑为神工”，等等。南垣有四子，皆衣食其业，康熙造畅春苑，征召南垣，他以年老辞，而遣其次子张然北上。除畅春苑外，南海瀛台、玉泉山静明园等皇家园林，皆张然所造。大学士冯溥的万柳堂、兵部尚书王熙的怡园也都是张然所造，从此京师诸王公园林，皆出张然之手。张然作为皇家总园林师，供奉内廷二十八年，其子淑继续供奉内廷，北京有称山石张的“世业百余年未替”。南垣三子熊活跃于江南，亦颇负盛名，南垣之侄轼亦能传南垣之术，无锡寄畅园即是张轼的代表杰作，是现存江南私家园林的最高典范。

如前所述，私家园林与皇家园林互相影响、互为消长，私家园林占上风。皇家园林要聘请私家园林艺术家主持，首先就选中了张南垣。造园叠山艺术之最后一个阶段，以真实的尺度再现真山大壑的山根山脚，平冈小阪，陵阜陂陀，这种叠山风范又正是张南垣所开创。造园艺术诗情画意的发生发展，最后是精通诗情画意的职业造园艺术家主导造园艺术，又正是以张南垣为最突出、最优秀的代表。无论从哪一个角度着眼，焦点都集中到张南垣一人身上。他开创出一个时代，为我国园林文化作出了最伟大的贡献，其成功标志着我国造园艺术的最后成熟。他的造园实践主要是17世纪初期和中期。17世纪正是世界造园史上的黄金时代，和张南垣约略同时，法国出现了最著名的造园家勒诺脱尔，英国出现了最著名的造园家布朗，日本出现了最著名的造园家小崛远州。世界造园巨匠一时前后辈出，东西互映，而这些巨匠当中，张南垣的实践最为丰富，理论最为精辟，贡献和影响也最大。

张南垣不是一个孤立的人物。和张南垣同时，原来也是文人画士出身的计成，中年以后转行成为职业造园艺术家。计成生于1582年，比张南垣年长五岁，但从事造园事业却远比张南垣为晚。计成曾为常州吴玄造东第园，为仪征汪机造寤园，为扬州郑元勋造影园。并且在造寤园之暇，总结经验，于1634年写出一部造园理论著作《园冶》，其中的一些见解受了张南垣的影响。

受张南垣的影响，清嘉庆道光年间常州又出现一位著名的职业造园艺术家戈裕良。他所造名园有苏州虎丘一榭园，扬州秦恩复意园小盘谷，常州洪亮吉的西圃，如皋汪春田的文园、绿净园，苏州孙均的环秀山庄，南京孙星衍的五松园和五亩园，仪征巴光诰的朴园，常熟蒋因培的燕谷等。戈裕良能够继承和发扬张南垣的造园艺术，因此洪亮吉赠诗云："张南垣与戈东郭，三百年来两轶群。"

源远流长、独树一帜的中国造园艺术，被称为和西亚、古希腊并列的世界造园史的三大体系。从很早开始，它就已影响到日本、朝鲜、越南等邻国。日本庭园还在吸收中国造园艺术精华的基础上，生发出自具特色的东西来，如著名的"枯山水"(又称"唐山水")。18世纪，欧洲出现中国热，中国的造园艺术也逐步西渐。法国传教士率先介绍了中国的园林。苏格兰人威廉·钱伯斯(William Chambers)为英国主持了欧洲第一座中国式园林——丘园的设计。德国人温泽(Ludwig A.Unzer)在《中国造园艺术》(1773年)一书中，把中国的成就称赞为"一切造园艺术的模范"。中国造园艺术甚至还影响到了18世纪欧洲最杰出的思想家和文学家，如英国的坦伯尔、谢夫菲拜雷、艾迪生、蒲柏，法国的狄德罗、伏尔泰、卢梭，德国的康德、歌德和席勒等，成了对启蒙思想家的启蒙。

在20世纪，中国园林热仍在世界上风行不衰。德国女园艺家玛丽安妮·鲍榭蒂(Malianne Beuchlt)在《中国园林》(1983年)一书中，称赞中国园林是"世界园林之母"，此语现已成为举世公认之名言。近年来，各国争相聘请中国造园艺术家为其修造中国式园林，如美国纽约的明轩，加拿大温哥华的逸园，澳大利亚悉尼的中国园，德国慕尼黑的芳华园，日本札幌的沈芳园等。可以预见，对于深受现代机械文明和密集高楼困厄的现代人来说，中国造园艺术的境界一定会越来越成为他们返回自然、亲近自然的文化源泉之一。

民居庭院

◎赵国文

“如跂斯翼，如矢斯棘，如鸟斯革，如翚斯飞……殖殖其庭，有觉其楹，哙哙其正，哕哕其冥。”这是《诗经·小雅·斯干》中对中国西周社会早期居住建筑宇檐飞张的外部形象和庭堂幽深的内部情形的诗意描述。这种主要由精致的梁柱体系支撑、下置台基、上覆束草或青瓦的中国特有的木结构建筑形式，既与地中海沿岸及南欧拉丁式体系的石制建筑迥异，也与拉丁美洲缀木垒块的土制建筑不同，又与俄国的垒木结构、北欧日耳曼式体系的组织结构、合掌屋顶等木制建筑有相当差别。自远古氏族社会发源时起，历经数千年演进和嬗变，直至明清乃至20世纪，依旧卓然保有着传统旧制和原有的基本形象。

中国境内人类最早的居住方式，除如山顶洞人栖身的天然岩洞外，大致有两种起源。如《孟子·滕文公》中说：“下者为巢，上者为营窟。”意即地势潮湿卑下之处，援木为巢；干燥高显之地，掘土为穴。《韩非子·五蠹》载：“上古之世，人民少而禽兽众，人民不胜禽兽虫蛇，有圣人作，构木为巢，以避群害。”据推测，此种由史前传说中的圣人有巢氏创造的巢居，有可能是分布于长江多水地区，是现仍存于西南少数民族地区的干栏式建筑的先声。此种建设，以木柱凌空架于地面或水泽之上，以得到安全适宜的上层居住空间。公元前5800年浙江余姚河姆渡村建筑遗址即属此例。早期空中的木构干栏已难觅踪迹，地下的穴居则屡有考古发现，主要分布于黄河流域平原丘陵黄土丰厚的地区。现今从甘肃、陕西和河南等省的窑洞民居还可依稀看到昔日穴居的大致情形。

大致经仰韶文化、龙山文化至传说中的夏朝（公元前5000年—前1600年），地下穴居渐次上升为半地上、地上的木骨泥墙草葺坡顶房屋。《史记》所载“桀作瓦室”是中国最早的以瓦覆顶的记录。这期间主要的考古发掘有相距15公里的西安半坡遗址、姜寨仰韶文化母系氏族社会遗址。其中姜寨村落的居住区由五组住房组成,每组以一栋大房子为核心,其门向皆对着中央广场呈环状布置。据推测,其中最小的居住单元为一妻方个体小家庭,每组住房为一母系大家庭,五个母系大家庭又组成一个母系公社,广场周围分布着公社全体所有的窨、仓。村落居高临水,四野广阔,中央的大广场可能正是全体公社成员持尾舞蹈、敬神祭祖的场所,由此形成了人的居住与神的居住相统一的复合整体。到父系社会的龙山文化时期,如河南汤阴白营遗址,中央大广场已不复存在,整个聚落呈成组的松散布置,而大房子则发展为前堂后室形式。此时的“前堂”是否具有议事与安顿祭祝人格神的两重功能,尚难断定,但希腊在类似阶段的大房间(Oecus)是人神混居的。

自夏朝始(公元前21世纪—前17世纪),中国渐入文明社会,据传说和文献记载,夏朝曾修筑了城郭沟池,建造宫室台榭,修造监狱,并在河南濮阳造玄宫圣地。“帝颛顼使南正重司天以属神,使火正黎司地以属民。”有确实证据的是在商朝(公元前16世纪—前11世纪)灭夏以后,宫殿建筑及宗庙建筑开始与居住建筑相分离,但此时的宫殿和宗庙形制还很简陋。从河南安阳殷墟可大致了解其建筑及布局不断孕育、演变的痕迹。西周(公元前1046—前771年)是中国建筑史上的一个重要阶段,建筑的形式和内涵到此基本确定了下来,既是中国青铜时代文明建筑的最高水平和完整总结,又为后世立下了三代理想社会的模本。战国流行的《周礼·考古记》曾历述建筑的三代之异,定周礼之制,从筑城、布局、建筑单体直至门窗设置均已有一定之规,反映了氏族遗制进入国家之后受到法律形式确定与保护的情况。在技术上,木结构建筑大体成熟,已有了柱梁榫卯、坐斗和额枋,以及黏土烧制的陶水管、铺地砖和数种瓦饰。在形制上,如陕西岐山凤雏遗址,已经有了相当严整的中轴线序列和封闭的四合院式布局。从思想和制度上说,作为生存世界的天、地、人、神四方面不管在观念或是在建筑上都已大体确定了下来。这些分别反映在坛、社、庙、宫殿和民居等具体建筑及相互关系上。

人类对天地的认识、对天地跟人的关系的认识,跟社会制度的变迁、自然科学的进步以及哲学思维水平紧密相联。随着部落的统一,多神也归于一神,一个至尊至上的神——“天”出现了。反映在建筑上便是祭天的露天郊野祭坛(《周礼》称圜丘)之设置,如此方可称国称帝。《周礼》称“左祖右社”,因是人格神,故构屋使其居。

作为中国宗族血缘关系的氏族传统，宗庙是营国必配之法器，汉后每郡皆有庙，士大夫府邸设家庙，后称祠堂，设于住宅之东，称做“左庙右寝”。而一般居民则祭祖于正房明堂，人神混居。民不得自祭天地，否则当视为不轨，民居与自然的关系只是在宋代以后反映在风水术中和园林配置上。

神人在建筑上的关系如是，人与人在建筑上的关系则体现在各种等级制度和宗法伦理之中。等级制度主要体现在建筑的形制、大小和色彩纹样等方面，如“礼：天子诸侯黝垩、大夫苍，士黈（音tǒu）”（《谷梁传·庄公二十三年》），而一般民居只能用灰黑色。宗法伦理主要体现在建筑群体院落布置中。

春秋以后，“礼崩乐坏”，诸侯烽起，士大夫地位提高，旧时在宫殿和宗庙使用的院落布局出现在士大夫住宅中。春秋时代士大夫住宅大体与公元前3世纪普利尼希腊化的封闭式院落住宅相仿，封闭的围墙于前部有门三间，门内有院，中轴线底部是堂，中堂是生活起居、接见宾客和举行各种典礼的地点，堂左右设东西厢，堂后有寝室。当时室内仍席地跪坐，席下垫以筵。从《考工记》可知，筵还是计算室内面积的基本单位，日本住宅的榻榻米与此相仿。

秦朝大规模的营造活动汇集了战国各地的建筑经验，统一了新旧建筑制度。而汉朝数百年的建筑活动又是在此基础上开展的。汉代住宅已有明器陶楼、石刻和画像砖等形象资料可资参考，房屋结构多用木构架，少数用承重墙。屋顶多为悬山式坡顶或囤顶。窗户形式有方形、长方形或圆形。其群体布局或以围墙形成庭院，或用房屋组成三合院或四合院，院内植木饲禽，反映出自然景观向规模日益扩大和日常生活化的住宅群落中的渗透。四川出土的画像砖上的住宅图显示了一处地主宅院的情景。而河南郑州出土的空心砖上的住宅图形则显示了一处贵族住宅庭堂嵯峨、生气勃勃的景象。

佛教传入中国时，所出现的寺院建筑以及相应而生的道教建筑基本上是住宅庭院的翻版，其宗教色彩大致落实在宗教装饰纹样以及道家图形符饰上。在隋唐五代与西北少数民族文化交流中，室内家具发生了重大变化，席地危坐习俗至此基本绝迹，代之以高座式家具，门窗形式相应发生了调整，但就整个住宅形制而言，上述时期仍依旧制，进展不大。

对于民居来说，宋代是一个值得大书特书的极其绚丽多彩的时期，也是它从帝王和贵族住宅的重压下解脱出来走向自主繁荣的转折点。此后居民以自身的方式为中国社会增添了几分清新、松快的气息。

首先，都城布局打破汉唐以来里坊制束缚而改为沿街布局，由此产生了底层商店、二层居住的新型都市住宅。同时四合院式和连房式院落进一步向社会下层移动，成为商人和市民的一般居住形式。从《清明上河图》中可看到北宋都城开封民居的丰富多样的形式。街道也开始成为市民日常生活的交往场所。

其次，建筑技术和工匠制度的发展对居民建筑产生了影响。宋代匠人细分为木、泥、油、画、竹、扎、藤、石八大作，行会制度孕育了一代高水平的工匠。专述营造的《木经》和《营造法式》刊世，推进了建筑技术在社会上的普及。从当时诸多绘画作品中看到，城市小型住宅多使用长方形和梁柱、栏杆、棂格、悬鱼、若草等朴实灵活的形体，屋顶用悬山或歇山瓦顶或加气窗。稍大的住宅，外建门屋，内部院落铺以地砖，莳花植树。一些富商住宅多使用彩绘和琉璃瓦饰。再次，在天人关系上，先秦以后的"则天"和"顺天"思想对宋代建筑风格影响很大。前者与民居的园林化相关，主要表现为文人借瘦石青竹、闲鹤寒梅寄托性情。后者与民居的风水术相关，主要表现为农人借地势朝向、符箓镇石趋吉避凶。一般城市民居则兼而有之。

宋金南北对峙之后，南方与北方的文化差异形成。元、明、清时期，江南一带仍沿循宋代作风，产生了一大批优秀的园林式民居建筑和大量朴素自然的水乡民居聚落。北方则在异族复古的统治思想下发展了体现宗法伦理的严整的民居建筑和布局，主要代表是北京的四合院。随着这时期汉人向南方的大迁移，在南方诸省也产生了数种客家住宅，如方形或圆形土楼住宅。又依据地域和民族习俗的不同，目前可见到的民居还有四川山地住宅，云南一颗印住宅，西南干栏式住宅，河南、甘肃的窑洞，新疆、西藏的碉房，蒙古的毡房和东北的井干式住宅等等。16世纪以来东西方文化的交流，对江南一带的民居亦产生了一些影响，如舟山、澳门等地的洋房和扬州民居的西洋装饰等。小说《红楼梦》中亦曾有若干西洋室内装饰的描写。鸦片战争以后，中国的民居住宅遂被纳入新的历史潮流中，前景如何尚待观察。

概括说来，中国居民庭院建筑的特点，一是民居单体程式化、体系化的梁柱木制结构；二是庭院群体体现社会观念、自然观念的空间布局。中国建筑为什么会采用木结构的问题，议论颇多，但大致与氏族遗制保留在国家制度中有关。早期的木构建筑形象被带入文明社会后，以法律形式保存了下来。木结构在希腊随着旧宗教、氏族旧制的灭亡而瓦解，石结构随之而生。而中国则是"周虽旧邦，其命维新"。

石结构和砖结构的可能性只能处于木结构神圣形象的阴影中。

中国建筑的庭院布局，自帝王宫殿，经士大夫府邸和贵族住宅最后传至民间，其中积淀有深厚的尊卑、主次、内外等血缘宗法遗制。也许是儒家制度思想等级和秩序太森严，故形成与之相对的自然式园林，以避尘嚣、冶性情、达逍遥自在之境界。而作为以往人的居住世界图像和本质的风水观念——阴阳、五行、八卦、元气理论的世俗版本，连同民居常有的脊饰、雕刻、门神、年画、剪纸和匾额题字，一样具有家道平安、子孙昌盛和消灾祛病等想象中的功能。“天道远，人道迩”，故重现世的生存、重自身种姓的接续和繁衍乃为中国民居庭院的居住精神。

家具与摆设

◎张勇进 王毅

在远古时代，社会生产力低下，人们吃饭、休息都坐在地上，睡觉时也只用兽皮、树叶等铺地，当然也就没有家具可言。以后，人们在生活实践中逐渐学会并掌握了编织技术，将树叶、芦苇或竹蔑等原料编织成席子铺在地上，起到卫生的作用。所以，席子算是人们最古老、最原始的家具了。

由席子发展，最先出现了床。床的异体字写作“牀”。商代甲骨文里写作“H”(实际应是横放在地上作“Ⅱ”形)。汉代刘熙所著《释名·释床帐》中说：“人所坐卧曰床。床，装也，所以自装载也。”在中国历史上，可考证的床的历史能追溯到2500年前的春秋战国时代。如春秋中期编定的《诗经·豳风·七月》上记载：“十月蟋蟀，入我床下。”我国考古发现的最早的木制床是1957年在河南信阳长台关一处战国楚墓里出土的。这是一张保存完好的漆木床，长2.18米，宽1.39米，床足高仅19厘米，显然较矮。床周围有栏杆，两边栏杆备有可以上下床的地方。床体施墨漆，装饰红色方形纹，六个床足雕成长方卷云形。床框有两条横带，一条竖带，上面铺着竹条编排的床屉，床有竹枕。同时出土的还有几、案、屏风、小箱等家具与摆投。这些器物的图案花纹十分丰富，雕刻也很精美，反映了中华先民高雅的审美趣味和高超的工艺水平，同时也表现出中国古代家具的多样化。

几是一种低矮或小型的桌子，其历史比桌子要长。古时人们席地而坐或坐在矮床上，为了方便常以这种短足、受用面较长的桌子来吃饭、看书写字、休息或搁置物件。《释名·释床帐》对此解释说：“几，庪(即藏)也，所以庪物也。”所以，放置东西是几的基本功能。但还有一种几，人坐累了时可以倚伏在上面，叫做“凭几”。不过，平时倚几则被认为是懒散而不严肃的表现。几有时还作为帝王赐予臣下的礼物，以表达养尊敬老之意。

案也是一种狭长的桌子,有食案和书案之分。食案有长方形的,也有圆形的。可以放在地上。食案形体不大,足很矮,实际上是古代用以进送食物的托盘。书案一般呈长方形,两端有宽足向内曲成弧形,不很高。但到南北朝时,案足逐渐增高,由矮曲状逐渐变直。案是现代书桌的最初形式。

箱子作为专门装衣物的器具,在战国时代也已出现。除了河南信阳长台关楚墓出土的以外,在湖北随县曾侯乙墓也发现了五件漆木长方形的箱子。战国之后,箱子的外形基本上没有什么大的变化。但在材料和制作工艺上越来越讲究。到明清时代,上等的箱子一般都用红木、樟木等名贵木材制作,并加以精细的图案雕饰,使之既具有实用价值,又具有观赏价值。

屏风最早出现于周代,在汉代得到广泛的运用。它不仅是一种家具,也常常被当作一种摆设。因为,一方面屏风可以遮挡风寒,或在屏风上装架子挂器物。另一方面,屏风能够分隔室内空间,为起居、会客制造肃静的背景;特别是一些经过艺术处理的屏风,更能调节室内气氛,点缀整个环境。

不过,在魏晋南北朝以前,也就是高型家具出现之前,床一直是室内陈放的主要家具。别的家具都是围绕着床而陈设的,人在室内的活动也大都在床上进行。如《史记·陈丞相世家》载:“用陈平谋,而召绛侯周勃,受诏于床下。”《汉书·陈万年传》也说:“万年尝病,召咸教戒于床下。”床上放置几或案,以为依凭、进食,用时陈设,用毕即撤,很是方便。

到了西汉和东汉,出现了床的变种——榻。北京大葆台西汉墓出土的榻,是一种四足、较矮、形似木床的卧具,只是没有了床的栏杆。榻有大小之分,大的可坐也可卧,小的仅供一坐。为了舒适和防干扰,有的榻上两面(后面、左面或右面)有矮屏风。榻前置案,可以放吃的东西。后来,榻上三面都置屏风。山西大同北魏时期司马金龙墓中出土的木板漆画上就画有这种坐榻。但是,无论是在床上还是在榻上,古人都采取跪的姿势,这也许是当时的礼仪所规定的。

东汉后期,从北方少数民族传入的“胡床”,影响颇大。胡床称绳床或校(交)椅,由两木相交叉组成床架,床面用绳带交叉贯穿而成。胡床适应游牧民族的生活特点,可以折叠,携带十分方便。古人坐胡床的姿势与现在人坐椅子的姿势是一样的,所以,胡床颇像后来的交椅,又像今天的马扎,成为椅子的祖先。

魏晋南北朝以后，由于生产技术的进步，房屋不断增高，随着室内空间日益扩大，家具也就起了变化，不仅种类增多，且高度也相应提升。例如晋代大画家顾恺之的《女史箴图》中所画的床，其高度和今天的床已经差不多了。周围还有可拆卸的矮屏，床前放的曲足案，可供上下床和置放鞋子。尽管当时人们席地而坐的习俗尚未改变，但床的增高却使人们不仅可跪坐于床上，还可垂足坐于床沿。这一时期，随着西北民族大量进入中原，不仅使东汉末年传入的胡床逐渐普及于民间，还输入了一些如椅子、方凳、圆凳等高坐具，这对汉人起居习惯的改变和各种家具的演化发生了影响。

隋唐家具的一个显著变化是桌椅的广泛使用。桌子的形象，最早见于河南灵宝东汉墓葬中出现的陶制模型，绿釉，桌面方形，四腿较高，腿的截面作矩尺形，腿间作弧形，外形与现代方桌基本相同。但当时尚未广泛使用。到了唐代，桌子多了，其形象大量出现于唐墓壁画中。唐代的椅子也很有特色，胡床逐渐演变成交椅，又叫逍遥椅。在敦煌莫高窟唐代壁画中，还出现了大型宴会时供多人列坐的长桌和长凳，并有扶手椅、靠背椅的形象出现。

桌椅的广泛使用，不仅改变了多少年来形成的席地而坐的习惯，也引起了人们其他生活习惯的改变。无论是读书、写字或饮食欢宴等，人们都开始坐椅据桌，不再限于床上活动。床由一种多功能的用具，退而成为专供睡卧的家具了；更重要的是，这场生活方式的革新引起了一系列生活用具的变化。如南唐顾闳中画的《韩熙载夜宴图》中，就绘有椅子、桌子、鼓凳、矮几、大床、屏风等。从其描绘的造型看，当时对家具的比例、尺寸都有很好的推敲，其功能、尺寸已非常适于垂足而坐的生活习惯了。当然，这种完备的家具在当时还只局限于统治阶层的少数人使用。一般百姓还不能使用这种完备的家具。

宋代是高型家具广泛普及到民间的时代。当时的家具种类更加繁多，有床、桌、椅、凳、高几、长案、柜、衣架、巾架、屏风、曲足盆架、镜台等，在制作上也有了不少变化，这些都为明清家具的发展奠定了基础。

随着手工业的发展，明代的苏州，清代的广州、扬州、宁波等地成为制作家具的中心。这时期，家具的类型和式样除满足生活起居的需要以外，也和建筑有了更紧密的联系。一般厅堂、卧室、书斋都相应具备各自的家具配置，出现了成套家具的概念。至于统治阶级的宫廷和府第，往往把家具作为室内设计的重要组成部分，常常在建造房屋时就根据建筑物的进深、开间和使用要求，考虑家具的种类，根据尺度对式样进行成套的配制。

这时期，由于海外交通的发达，东南亚一带的木材如花梨、紫檀、红木等源源输入中国。这些出产于热带的木材质地坚硬、强度高、色泽和纹理优美，因而在制作家具时，可采用较小的构件断面，制作精密的榫卯，并进行细致的雕饰与线脚加工。在这种物质条件下，再加上当时手工艺的进步，使得明清家具在造型艺术上有了不少新创造。

明清家具的特征，首先是用材合理。它既发挥了材料性能，又充分利用和表现材料本身色泽与纹理的美观，达到结构与造型的统一。框架式的结构方式符合力学原则，同时也形成优美的立体轮廓；雕饰多集中于一些辅助构件上，在不影响坚固的前提下，取得了重点装饰的效果。因此，每件家具都体型稳重、比例适度、线条利落，具有端庄而活泼的特点。

从家具的发展来看，明代家具以简洁素雅著称。清代家具在造型与结构上仍然继承了明代的传统，但宫廷家具的制造趋于繁复。它吸收工艺美术的成就，制作了雕漆、填漆、描金的漆家具。另一方面，木家具的装饰和雕刻大量增多，并镶嵌玉石、陶瓷、珐琅、文竹、贝壳等做装饰。但这种装饰也破坏了家具的整体形象，使比例和色调的和谐受到不利影响。这种趋向到清代后期更为显著。不过在广大的民间，家具仍然以实用、经济为主，很少有此种弊病。

在几千年的中华文明史上，与家具的发展相伴随的，是室内装饰与摆设的逐渐丰富和变化。“摆设”是指室内的各种装饰品及其摆放配置的方法，它是中国传统室内装饰的重要组成部分，同时也是一门综合性很强的艺术，诸如园林环境、建筑装修、文玩书画、花木盆景、生活器物等等，无不与之有密切的联系。这些相关的文化艺术门类为摆设艺术提供了基础；反过来，摆设不仅不断为它们提出新的审美境界和发展要求，而且将这众多的艺术门类萃聚一堂，使它们交相映照、顾盼生辉。

摆设艺术的发展大致可分为三个阶段。商周至汉唐为初始期，这期间虽然经历了漫长的岁月，但摆设艺术的发展却一直比较缓慢。其原因主要是：这时的人们长久地保留着席地跪坐的习惯，家具也很拙朴，后来常有的桌、椅、大案等还未面世，因而室内摆设艺术也就不可能捷足先登。摆设艺术在初始期的主要特点，是它仍集中体现在矮足床、几等简单的家具，以及食器、酒具、灯具、香炉、屏风、帷帐等实用性很强的器物上，还没有形成一门完全自觉的艺术。此时的家具和食器、酒具等食具之所以带有摆设艺术的因素，是因为饮食在中国古代很早就有祀神、礼教等文化功能，食器是否丰富、精美，陈设是否合乎制度，就因与祭祀礼乐直接相关而具有了非同寻常的意义。先秦古籍屡有言及，如《周礼》记小宗伯之职："辨六彝之名物，以待果将，辨六尊之名物，以待祭祀宾客。"又记"司尊彝掌六尊六彝之位，诏其酌，辨其用与其实"。可见在周代，众多不同用途的食器之摆设制度已相当复杂，并且设有专职官员司掌其事。秦汉时期，青铜器艺术较之商周虽然大大衰落，但是轻便的漆器却代之而兴，长沙马王堆汉墓出土漆器之丰富精美令人叹为观止；从大量汉画像砖、石中描绘的室中景观来看，食器酒具以及承载它们的案（类似于现代的大托盘而又有矮足的小型家具），仍然是当时重要的摆设。

灯具普遍成为室内富于装饰性的工艺品是在东周以后。河北平山战国晚期中山王墓出土了一具十五连盏铜灯，高84.5厘米，形如大树，树上还有攀援嬉戏的群猴；另一盏银首人俑铜灯高66.4厘米，造型为一穿袍男子，他左手握螭蛇连接的两层灯盏，右手高举螭蛇连接的另一灯盏。这种错落有致的设计既出于不同高度的照明需要又有很强的实用性，因造型富于变化对比而颇具艺术性。秦汉以后，灯具更趋千姿百态。《西京杂记》记秦宫"有青玉五枝灯，高七尺五寸，下作蟠螭，以口衔灯，灯然（燃），则鳞甲皆动，焕炳若列星盈室焉"。又记"长安巧工丁谖作恒满灯，九龙五凤，杂以芙蓉莲藕之奇"。河北满城汉墓出土的长信宫灯作宫女跪坐持灯状，通体鎏金，灯罩可以开合，因而能随意调整灯光照射的方向和照度。宫女右臂内与烟道相通，烟炱可由此纳于体内，从而保持室内清洁。近年还出土了许多像这样构思精巧，兼具实用性、科学性、艺术性的各式汉代灯具。

与灯具相似，香炉也是汉晋时代上层社会普遍好尚的陈设。因为当时有关蓬莱的神话流行，人们追求得道升仙。所以也常将香炉做成仙山状，如《古诗》曾描写："请说铜炉器，崔嵬象南山，上枝似松柏，下根据铜盘，雕文各异类，离娄自相连。谁能为此器，公输与鲁班。"可见在当时人心目中，它必是能工巧匠方可措手。满城汉墓出土的一件色彩绚丽的错金博山炉就是这类香炉中的精品。

与灯、炉等相比，屏风、帷帐、帘栊是另一大类的室内装饰品。除了挡风防寒等原初功用外，它们的基本作用本是分隔室内空间。木框架结构是中国传统建筑的主要方式，由于材质和结构方法的限制，传统建筑室内空间的格局一般比较规范呆板

(如最常见的一明两暗等等)。因此,室内环境不同风格的塑造,转而主要依靠大大丰富分隔室内空间的方法而实现。在“小木作”(室内细木装饰)发达以前的周秦汉唐,屏风帷帐在这方面的作用尤为重要,所以它们很早就被人们当作装饰艺术品而百般修饰。如江陵楚墓中出土的一件彩绘木雕小座屏,上面雕镂着鹿、鹰等五十余只动物,它们的相互组合流畅生动,在器形稳重、图案对称的风格之中,又表现出丰富热烈的生活气息。汉代除漆屏外,还有玉屏风、云母屏风等珍品。汉以后,流行在屏风上绘制图画,这大大增加了它的装饰性,如史籍记汉成帝“乘舆帷坐张画屏风,画纣醉据妲己作长夜之乐”;光武帝“御坐新屏风图画烈女”等等。山西大同北魏琅琊王墓曾出土一件彩绘烈女图屏风,它配有四个极精美的石雕方座,方座上用浅浮雕、高浮雕、立雕等各种技法雕出忍冬、乐伎、蟠龙、覆莲等图案。这说明此时屏风之类室内装饰,连其附件都已高度艺术化了。从顾闳中《韩熙载夜宴图》、王齐翰《勘书图》等绘画作品可知,直到五代时,各式屏风仍是主要的室内陈设。

宋元两代是摆设艺术迅速发展的时期。其原因主要有二:一是因为从北宋开始,桌椅等高足家具日渐普及,家具的普及不仅使室内空间更富于艺术变化,而且使屏帷以外的小型摆设有了容身之地,因而得以发展。二是因为两宋是士大夫文化艺术高度繁荣的时期,绘画、书法、园艺等相关艺术的繁荣都促进了室内摆设的发展。特别是宋代士大夫对古玩异常嗜爱,古玩品种也十分繁多,钟鼎书画、琴棋文具、名瓷异石等等都成了他们陈列左右、终日把玩之物。这当然大大促使室内陈设日益丰富精致。如南宋金应桂“晚居西湖中,筑‘荪壁山房’,左弦右壶,中设图史古奇器。客至,抚摩谛玩”。从宋代刘松年《四景山水图》、《秋窗读书图》,无名氏的《水阁图》、《深堂琴趣图》、《消夏图》,元代刘贯道《消夏图卷》等众多宋元绘画中,我们都可以领略到这时的室内陈设:桌案上或置鼎彝古玩,或置盆景文具、简册卷帙,室间设大屏风,上面画的多是山水花鸟,屏风前常设坐榻,旁边小几上或陈琴棋,或置瓶花。总之,格调清雅,极富书卷气,这与汉唐时代室内装饰的朴拙风格形成鲜明对比。

明清是继宋元之后,摆设艺术高度成熟化的时代。这时上流社会的居室之中广泛运用落地罩、博古架、书架等各种“小木作”室内装饰,这些“小木作”不仅选料考究、做工精细,而且多与室内整体格局统一设计,追求富于变化的空间韵律和隔中有通、通中有隔的艺术效果。继桌案等高足家具之后,“小木作”室内装饰的成熟

元刘贯道《消夏图》局部。

不仅使摆设有更多的机会展露姿质，而且使摆设能够通过各种罩、架、家具的丰富组合功能，与整个室内空间和艺术格调融为一体。所以在明清，摆设艺术不仅要求单件艺术品精美古雅，而且更注重多件艺术品之间的和谐，古玩书画与家具、房间乃至庭院形制格调的和谐。《瓶史》、《长物志》等明清美学著作中都曾详细叙述了有关摆设艺术的理论。如李渔《闲情偶寄·器玩部》中有“位置”一章，他说：

> 器玩未得，则讲购求；及其既得，则讲位置。位置器玩与位置人才同一理也。设官授职者，期于人地相宜；安器置物者，务在纵横得当。

可见摆设的得体与艺术品本身的质地同样重要，所以他接着例举了“忌排偶”、“贵活变”等具体的摆设原则。又如他论张挂书画的艺术：“厅壁不宜太素、亦忌太华。名人尺幅，自不可少，但须浓淡得宜，错综有致。”曹雪芹也在《红楼梦》中借贾母之口说室内摆设“只怕俗气，有好东西也摆坏了”。

由于摆设日益成为室内装饰艺术整体中的有机部分，所以它也就越来越成为塑造不同的室内格调气氛乃至居住者艺术品格的重要手段，在《红楼梦》对不同居室的描写中，就有许多很好的例子，如荣国府正堂中的陈设：

> 进入堂屋，抬头迎面先见一个赤金九龙青地大匾，匾上写着斗大三个字，是“荣禧堂”；后有一行小字：“某年月日书赐荣国公贾源”，又有“万几宸翰”之宝。大紫檀雕螭案上设着三尺多高青绿古铜鼎，悬着待漏随朝墨龙大画，一边是錾金彝，一边是玻璃盆。地下两溜十六张楠木圈椅，又有一副对联，乃是乌木联牌镶着錾金字迹，道是：座上珠玑昭日月，堂前黼黻焕烟霞。

这里的一切陈设，从御赐的匾额到古董家具、书画的款式内容、楹联的做工辞句等，无不处处体现着主人轩昂尊显的贵族气派和炫耀恩宠的文化心理。而后来描写的秦可卿室之香艳、宝玉怡红院室内的奢华、探春室内的畅豁、宝钗室内的质拙、黛玉室内的清雅等等各种艺术气氛，也无不是通过千百种不同用途、质地、格调的陈设品，结合不同的摆设方法乃至整座建筑的格局、庭院的风格等因素而共同塑造的。通过这种塑造，也就具体表现了当时的审美方式、人格思想、伦理情调等等民族文化精神。

四 水利与交通

四 休闲与交通

水利工程

◎张启人

中国有大小河流上万条，其中流域面积超过1000平方公里的也有1500多条。全国河川年平均流量约2.65万亿立方米，相当于世界年平均径流量的5.6%。然而，由于我国地势是西北高、东南低，故西北黄土高原常年干旱，水土流失严重，中部和东南又经常遭受洪涝灾害侵袭。正因为这样，兴利除害的治水工程，就注定要和中华文明发生和发展的历程相始终。

大体而言，历史上为害最大的莫过于黄、淮、海流域，因而这三条水系从古到今都被当做水利建设的重点。其中，特别是被称为中华文明之“母亲河”的黄河，其含沙量居世界河流之首，流域年土壤侵蚀量达17亿吨，洪水季节含沙达30%以上，造成下游河道严重淤积。目前年平均淤高0.1—0.2米，大堤逐年加高。据历史记载，两千多年来黄河共决口1600余次（尚不包括未曾记入史料的）。决而不堵，往往形成改道。这是世界水利史上绝无仅有的水患，造成了黄淮海流域农业发展的相对迟缓。不难想象，中华文明既是被这样的摇篮养育起来，其全部的民族性格都会与这条肆虐的河流有千丝万缕的联系（参见本书第十二章“名山与大川”）。

在古代传说中，已把治水当做治国的头等大事。公元前22世纪尧、舜时期，黄河流域就曾发生过特大洪水，几经改道。舜帝先让共工和崇伯鲧治水。两人都采取拦坝堵截的办法，结果水势泛滥，九年不成，被舜帝放逐。禹是鲧的儿子，继承父业，但主张宣泄疏导，水患才逐渐平息。禹于是得以承继王位。

到公元前16世纪的商朝，中国农田水利开始有了文字记载。公元前11世纪，西周农田沟洫工程已相当发达。公元前7世纪以后的春秋战国时代，中原地区已出现规模较大的渠系工程。楚庄王时（公元前613—前591年）令尹孙叔敖在安徽到河南一带修筑期思陂、芍陂等灌区工程；魏文侯在公元前422年委派西门豹为邺令，沿漳河修了十二条灌渠，取缔了“河伯娶妇”等迷信活动，这就是历史上有名的海河流域引漳十二渠水利工程。这一时期内，航运工程、水土保持、水工技术也都有一定程度的发展。古人已认识到“民以食为天，食以水为先”的道理。水是农业的命脉。

大禹治水画像石。

公元前221年秦灭齐，实现了一统天下。秦始皇雄心勃勃，大兴水利，发展农业，图长治久安。到了汉代，更以水利为中心发展经济，并于汉武帝时达到高潮。这时，我国第一部水利通史《史记·河渠书》问世，同时世界上最早的水利专著《汉书·沟洫志》也出现了。两部文献分别记述了当时黄河治理和人工渠道建设的实况。例如：

都江堰 秦昭襄王五十一年（公元前256年）蜀郡守李冰经数十寒暑，在今四川灌县西边引岷江水灌溉成都平原，兼利航运。至宋代定名为都江堰。渠首位于长江支流岷江左岸，由鱼嘴分水堤、飞沙堰溢洪道和宝瓶口引水口三项主要工程组成，巧妙地依据地势和水力学原理，不论洪水期或枯水期，都能保证渠道水量适中。都江堰虽经历代修整，仍按原设计原则“深淘滩、低作堰”六字箴言进行，灌溉面积一般在300万亩左右。此堰经两千多年而能历久不衰，使四川成为名副其实的“天府之国”，在世界水利史上成为有口皆碑的奇迹。

郑国渠 秦始皇元年（公元前246年）命韩国水工郑国在关中引泾水兴修大规模灌渠，即郑国渠。渠长300余里，耗时十几年。汉武帝太始二年（公元前95年）又修了另一引泾灌溉工程，叫白公渠，与郑国渠相连。经历两千多年，演变成现在的泾惠渠。

河套灌区 内蒙古河套灌区和宁夏灌区建于秦末汉初（公元前200—前100年）。汉武帝为了北御匈奴，大兴屯田，通过戍边移民，开发河套。后来有"黄河九曲，为富一套"的说法。笔者于1963年春深入内蒙古巴彦淖尔盟河套，但见渠网纵横交错，蔚为壮观。当时恰逢开闸引黄，渠水滔滔，险些迷路。叹服于古人设计部署巧夺天工之妙。宁夏灌区现有汉渠、汉延渠各长达百里，灌溉数十万亩良田。

秦汉时期，农田水利发展很快，大小灌区几乎遍布长江以北。例如新疆龙首渠和所用坎儿井的开发，汉水流域的白起渠和木渠，淮河流域的鸿隙陂等。但当时江南水利仍较薄弱，值得一提的只有位于今绍兴市境内灌田9000余顷的鉴湖水利工程。至于遍布江南各地的小型分散塘圩则古已有之。云南滇池水利到公元纪元之初已经开发，但规模仅在2000余顷。

从东汉、三国、晋、南北朝、隋、唐直到公元1100年的北宋时期，黄河、海河流域水灾不断，农田水利基本上处于修旧补新、填平补齐的局面，沿河两岸修筑的堤坝和灌区不下百处，却因整个流域缺乏整治，没有兴起大规模水利。在北方水利时起时落的同时，南方水利却获得较大发展。唐朝贞观盛世，全国经济繁荣，水利遍及大江南北。在这以后的五百年间，黄河水害日趋严重，连年兵燹使大批河渠失修，成为中国水利史上的徘徊期。北宋虽仍致力于治黄，但收效不大。至于航运工程，则因江淮大发展，以东西大运河为骨干，经唐宋大力经营，成了航运史上的黄金时代。在这一时期，水工技术得到了很大重视，并有详细记载。如：黄河河道水文、埽工、各种水工设计、旅工、管理方法等。在农田水利方面，南方大力开发了多水区圩田，北方推广利用放淤、淤灌。航运上出现了许多新型船闸和航运设施，比西方早几百年。

南宋至明末的五百年间，北方农业渐次衰落，水利长期失修，而南方水利已从长江流域发展到珠江流域。南宋初期决黄河以阻金兵，黄河向东流入淮河；金末（公元1234年）元兵决河淹宋兵，黄河再向南改道入颍、涡。这使得黄河漫流中原近一百年，而又迫水南陟三百余年，洪灾遍及黄淮海大平原，民不聊生。在此期间，因南宋靠江南农业维持政权，沿江自太湖、巢湖、鄱阳湖、洞庭湖均大修圩垸，一时号称"两湖熟,天下足”。此时,江苏、浙江、福建的水利设施也纷纷兴建,而两广水利直到元、明仍有增无减。至于东南沿海御咸蓄淡灌溉工程和浙闽堰塘水利,后人描述为“不啻千万数”。江西、湖南陂墉、梯田到明朝已比比皆是了。元、明间还陆续出现了许多著名的水利科学家。最有名的是元代的郭守敬(1231—1316年),他的最大功绩是跋涉数万里完成了古代第一份南北长1.1万里、东西宽6000多里的黄河流域大地测绘图。郭守敬在水利工程、水工技术、水利规划上的贡献很大,均已载入正史。

17世纪清代前期,对水利十分重视,康熙、乾隆两帝甚至亲临指挥。每逢治理黄河等大工程,总是派钦差大臣督战。不过由于君臣佐使,层层下压,技术人员的能力反而得不到发挥,而官僚贪赃枉法,上下欺瞒,到雍正以后,水利每每“雷声大,雨点小”,收效甚微,而耗资颇巨。鸦片战争后引进了西方水利技术,对长江的治理有较大发展。本来,元、明、清三代已逐渐完成长江干支流的堤防,清末到民国主要以疏浚航道为目的,以防列强入侵。珠江的治理最早始于宋代,集中在三角洲开发。西北江水系中则有北宋至道二年(公元996年)建于高要县的金西堤、明洪武初(公元1368年)的水矶堤,以及北宋大观时(公元1107—1110年)建于南海县的工程浩大的桑园围等。

纵观整部中华文明史,其实也正是这个民族在与水害的搏斗中谋生存的历史,是它在水利的兴修中求发展的历史。在整治水患特别是“黄龙”的斗争中,中国人民既蒙受了巨大的牺牲和苦难,也积累了丰富的水利经验,并形成了重视水利的历史传统。正因如此,一部中国水利史,又正是炎黄子孙世世代代不屈不挠的英雄历史。

古代道路

◎王子今

交通对于文明发生和发展的历史表现出显著的作用，而道路则是最基本的交通条件。

在选择和创造更优越的生存条件以及加强彼此间社会联系的交通活动中，远古先民们开拓了最早的道路。正是在踏破榛莽的道路上，华夏文明一步步走向成熟。传说先古圣王推进历史的功绩中，包括“服牛乘马，引重致远，以利天下”（《周易·系辞下》）。尧在选择继承人时，曾经对舜进行考验，“使舜入山林川泽，暴风雷雨，舜行不迷，尧以为圣”，于是令舜“登帝位”（《史记·五帝本纪》）。可见开辟与辨识道路的能力，是当时人心目中圣者的禀赋。

《史记·夏本纪》说，禹为治水奔走四方，“陆行乘车，水行乘船，泥行乘橇，山行乘檋（音jú）”，在不同的地理条件下，有不同的道路形式。禹“开九州，通九道，陂九泽，度九山”，成为令“万国为治”的圣王。他的历史功绩，也包括交通道路建设的实践。

在殷商王国统治下，据说“邦畿千里，维民所止，肇域彼四海，四海来假”（《诗·商颂·玄鸟》）。根据考古资料，殷商文化的分布范围远远超出以往的想象。而诸多方国与中原的联系，当然是凭借交通道路的畅通来维持的。甲骨文“行”字作“卝”，像四达之衢。《尔雅·释宫》：“行，道也。”卜辞中所见“永行”、“亩行”、“[illegible]行”等等，都是以地方命名的道路。

西周时期，周王朝依靠分封于各地的诸侯藩屏王室，维护天子的统治。这种政治结构要求各地与国都保持密切的联系。在当时军队以车兵为主力的情况下，沟通各地的平阔的大道也是维护国防与治安的必要的条件。西周文献资料和青铜器铭文称当时由周王室主持修筑的通往各地的道路为“周行”或“周道”。《诗·小雅·大东》有“佻佻公子，行彼周行”、“周道如砥，其直如矢”的诗句。西周晚期青铜器散氏盘铭文，也有“封于𠧟道，封于原道，封于周道”的内容。“周道”与“周行”是当时的国家级交通干道，宽阔平直，路旁植有树木。

春秋时期，交通道路建设又有新的发展。大致在这一时期，太行山、秦岭等险山峻岭都已出现可以通行车辆的道路。周定王时，单襄公奉使由宋赴楚，途经陈国，看到道路不修，于是预言陈国将亡（《国语·周语中》）。可见交通道路是否修整，在当时被作为体现政府行政效能的标志。晋平公当政时，晋国道路失修，也受到郑国政治家子产的批评（《左传·襄公三十一年》）。《周礼·地官·遗人》中有这样一段话记述周代的交通制度：“凡国野之道，十里有庐，庐有饮食。三十里有宿，宿有路室，路室有委。五十里有市，市有候馆，候馆有积。”可见当时以道路为基干，已经形成了包括一系列附属设施的交通系统。

战国时期，各地交通由分别称作“巨涂”、“小涂”的不同等级的道路相联系。见诸史籍的著名的交通要道，有所谓“成皋之路”（《战国策·秦策三》）、“夏路”（《战国纵横家书》二四）、“石牛道”（《华阳国志·蜀志》）、“午道”（《战国策·越策二》），以及可能是区段性道路的“邂道”（《石鼓文·吾水》）、“轵道”（《史记·白起王翦列传》）等等。当时诸强国“带甲百万，车千乘，骑万匹”的大军团作战，必须有通行条件较好的道路作为基本军运设施。而对道路的争夺与封锁，也成为当时军事行动的主要内容。

秦始皇兼并六国、实现统一之后，立即进行历史上称作“车同轨”的大规模的交通道路建设，以为秦帝国“周定四极”、“远近毕理”的条件。秦始皇二十七年（公元前220年）“治驰道”。汉初人贾山说，驰道“东穷燕齐，南极吴楚，濒海之观毕至”。以驰道为主的交通干线纵横交错，结成了全国交通网的大纲。驰道是区别于一般道路的高速道路，据说“道广五十步，三丈而树，厚筑其外，隐以金椎，树以青松”（《汉书·贾山传》）。所谓“隐以金椎”，即以金属工具夯击令其稳固，这种厚筑路基以保证土质道路良好排水性能的方式，较西方要早出现许多年。曾经作为秦王朝主要决策人之一的左丞相李斯被赵高拘执，于狱中上书自陈，历数其主要功绩，其中就包括“治驰道，兴游观，以见主之得意”（《史记·李斯列传》）。可见修治驰道是统治短暂的秦王朝行政活动的重要内容之一。秦王朝还修筑了由咸阳北行1800里直抵边防重镇九原的所谓“直道”。直道相当长的路段路基筑于南北走向的子午岭上，方向端直，且可避免水害的威胁。司马迁曾行经直道全程，发感慨说："吾适北边，自直道归，行观蒙恬所为秦筑长城亭障，堑山堙谷，通直道，固轻百姓力矣！"（《史记·蒙恬列传》）这条规模宏大的古道路，许多路段至今残存的宽度仍超过50米。

汉代道路建设又有新的进步，除对秦时道路加以修整完善，进一步向边地拓进外，在都市道路与农田道路的规划、修筑与养护等方面也达到新的水平。西汉都城长安设十二城门，各有三条大路并行，即所谓"披三条之广路，立十二之通门"（班固《西都赋》）。"旁开三门，参涂夷庭，方轨十二，街衢相经。"（张衡《西京赋》）城内交错"八街九陌"（《长安志》引《汉旧仪》）。考古工作者经科学发掘，证实了各个城门并列"参涂"、"披三条之广路"的记载。每座城门均有三个门道，直城门中央门道宽7.7米，两旁门道宽各8.1米，其他城门发现的门道均宽8米左右。长安城内共有八条大街，长者5500米，短者仅850米，宽度都在45米上下。汉魏洛阳城门门道有宽达31米者，城内大街宽度有的超过50米。农田道路"阡陌"的作用当时也受到重视。1979年四川青川秦墓出土的秦武王时更修的田律木牍，对农田道路阡、陌、畛的开通和养护均以律令形式作出严格规定。这一制度为历代所继承。汉文帝时，晁错规划北方边郡的建设，也强调"通田作之道，正阡陌之界"（《汉书·晁错传》）。辽阳三道壕西汉村落遗址发现的铺石大路，说明在有条件的地方，农田道路已经出现石质路面。

隋炀帝专政时，亦有"通驰道"之役，征用民力进行大规模的道路建设。然而中国古代道路发展的极盛时期，当推唐代。唐时制度，"凡三十里有驿，驿有长，举天下四方之所达，为驿千六百三十九"（《新唐书·百官志》）。据说当时交通道路设施之完备，竟达到"东至于海，南至于岭"，"行旅不赍粮焉"（《旧唐书·太宗本纪下》）的程度。

宋、元、明各朝对驿道网的建设和管理，都表现出新的进步。元代驿路东北通达奴儿干之地（黑龙江口一带），北方通到吉利吉思部落（叶尼塞河上游），西南联系乌思藏宣抚司辖境（西藏地区），范围之广超过前代。清代的道路系统分为三等，一等称作"官马大路"，由北京向四方辐射，通往各省城；二等称作"大路"，自省城通往地方重要城市；三等称作"小路"，自大路或各地重要城市通往各市镇。"官马大路"分为东北路、东路、西路和中路四大干线，全长4000余华里。

回顾数千年的文明史，人们发现，历朝统治者大多十分重视交通道路建设，其工程往往由最高统治集团规划组织，而开工与竣工的记载，亦往往录入正史帝纪。

历史上的盛世，一般都是交通跃进的年代。交通秩序与交通效率，是封建王朝实现“大治”的重要条件。道路对于政治文化的重要作用，使得“道”与“路”甚至曾经直接被作为行政区划和行政管理机构的名称。从宏观文化的视角进行观察，人们注意到，中国古代交通道路对于政治安定的维护，对于各地区间联系的实现，对于统一文化体系的构筑，对于强大民族凝聚力的形成，都发挥了重要的作用。

地形十分复杂，山地和高原面积占有很大比重，是中国自然地理的基本特点之一。克服群山险阻，于是成为中国古代道路选线与施工首先面临的难题。以“阁梁”方式跨越险山的栈道，是中国古代筑路者的伟大创造。战国时期，秦惠王始建由关中通往巴蜀的褒斜栈道。这条在峭崖陡壁上凿孔、架木、铺板而成的特殊道路，曾经发挥出影响文化史进程的作用。秦人经由这条道路逾秦岭占有巴蜀，实现了国力由弱而强的转折，从此取得压倒东方六国的战略优势。历史上著名的古栈道，还有故道、武关道、子午道、傥骆道、阴平道等等。秦岭巴山古栈道的许多路段，至今仍有遗迹存留。开通栈道，需削凿山石，减高就埤，平夷正曲，往往要在崖上插梁，在水中立柱，工程异常艰险。褒斜道上褒城以北著名的石门，是世界最早的可以通行车辆的人工交通隧道。石门内壁没有发现使用钻凿工具的遗痕，据说由于“石坚不受斧凿”，石工于是“以火锻炼开通石门”。石门洞壁较为匀整，超挖量不大，方向也相当端直。石门的工程质量，充分体现出中国古代道路开拓者的智慧与毅力。

中国古代道路的设计者还曾经创造出其他特殊的道路形式，例如实现立体交叉的“复道”以及两侧筑壁以保证通行安全的“甬道”等等。而桥梁作为道路通过溪流河渠的必要形式，也显示出中国古代交通发展的水平（参见本书第三章“古代桥梁”）。

《管子·地图》强调“凡主兵者，必先审知地图”，其中尤其应当明确所谓“轘辕之险，滥车之水”，“通谷经川”之所在以及“道里之远近”。天水放马滩秦墓和长沙马王堆汉墓出土的古地图都以显著形式标识出交通道路。东汉初，马援为刘秀筹谋军务，还曾经“聚米为山谷，指画形势，开示众军所从道径往来，分析曲折，昭然可晓”（《后汉书·马援传》）。在类乎近代沙盘的形式中，也注意显示“众军所从道径往来”。当时对山川道路能够达到如此精确、清晰的认识，无疑是以先进的测量技术为条件的。而这种技术，自然会应用于道路勘测选线的实践中。中国古代道路所以四通八达，布局亦较为合理，筑路人员尤其善于征服山阻，以致能够成就如秦始皇直道那种长千八百里而“直通之”的大道，当时领先于世界的应用测量学，显然是其重要的技术基础。

中国古代道路管理历来有严格的制度。古制“司空视涂”，“雨毕而除道，水涸而成梁”，“列树以表道，立鄙食以守路”（《国语·周语中》）。汉武帝幸甘泉，见“道不治”，因而对右内史义纵“怒而衔之”，不久义纵就论罪弃市（《汉书·酷吏传·义纵》）。汉代位列九卿、管理诸陵县的太常，也屡有因辖区道路通行状况不好而遭贬斥的（《汉书·高惠高后文功臣表》）。秦汉驰道制度规定，驰道中央三丈为天子专有，禁止吏人穿行。汉平帝时，“罢明光宫及三辅驰道”（《汉书·平帝纪》），可以理解为禁行“驰道中”的制度终于废止。然而后世宫城附近仍有严禁一般人通行的道路。三国时曹植就因为曾经“乘车行驰道中”而激怒曹操，从此失宠（《三国志·魏书·陈思王植传》）。古代还有所谓警跸制度，即在皇帝出行时清道戒严。官员出行，也有令仪仗士卒前引传呼，使行人避让的制度，称作“喝道”。陕西略阳灵崖寺保存有我国现存最早的反映古代交通法规的实物资料——宋淳熙年间石刻《仪制令》，其中规定：“贱避贵，少避长，轻避重，去避来。”“贱避贵”，显然是古代道路管理最基本的法则，由此体现出传统等级制度对于道路使用权利的影响。

内河漕运

◎张启人

中国古老文明的早期开发，最得力的自然条件莫过于遍布整个疆域、饶有渔舟之利的一千多条大小河流。利用河道几乎是古代长途运输的唯一方式。被道路和工具制约的古代陆运，不过是水运的补充。

春秋战国以前，漕运是水运的同义词。到了秦、汉，水运的中心是向京城运送皇粮和向战地运送军粮，即运送漕粮。从此漕运也就成为通过河流运送漕粮的专称了。直到清道光年间，漕粮多从海运，且逐渐将实物粮税改征银两（叫折色），漕运开始低落。清同治十二年（公元1873年）起，大部漕粮均用海轮运输，实际停止了河运。光绪后，漕粮全部改征折色，漕运宣告废止。

历时两千年的漕运，派生出诸如开通河道、打造船只、修建码头、组织装卸、畅通纤路、征用民夫、强化赋税、设官监运乃至捎带商货之类的措置，给社会经济带来了举足轻重的影响。可以说，中国漕运史实际上是中国历代政治、军事、经济、文化的一面镜子。

远溯公元前11—前8世纪的西周时代，中国已有较大规模的水运。春秋前期（公元前647年）都雍（今陕西凤翔县南）的秦国运大批粮食到当时都绛（今山西翼城县东）的晋国救灾，就是通过渭水，过黄河、入汾水，从水路运粮的。历史上叫“泛舟之役”。春秋后期，江淮流域水运已很发达，吴、越、楚国都有训练有素的水军。战国及以前的全国主要水道集中反映在古籍《禹贡》中。书中以今山西南部为中心，把全国分为九州，即冀州、兖州、青州、徐州、扬州、荆州、豫州、梁州、雍州，全按水道流域划分。当时，湖泊密布、河流纵横的江淮地区水运尤其繁忙。

春秋时期，以连通邻近江河湖泊为目的的人工运河已有多处，如连通淮河支流沙水和汝水的陈蔡通沟，吴国兴修的太湖通江、通海水道等。据历史记载，最早以水运交通为目的的人工运河是春秋战国之交吴国于公元前486年开凿的邗沟，它从今扬州到淮阴，沟通了长江水系和淮河水系。开邗沟后三年，吴又在“商鲁之间”开了一条名叫荷水的运河。公元前361年，魏国又在开封附近开凿了沟通黄河与淮河支流颖水的鸿沟，使江淮黄三大水系可以通航。古汉时叫狼汤渠。

到了秦汉王朝，为了控制大一统局面，除了完善江、淮、河、济之间的水道运输（如长安附近的漕渠工程）外，锐意向南北扩展水运网系。公元前219年，秦国开凿了灵渠运河工程以连接珠江水系和长江水系——漓水和湘江。这时，河淮、江淮、太湖、钱塘江早已沟通，船运可经黄河至渭水直达关中。西汉建都关中，早期漕运粮食从关东到长安，每年不过几十万石。到武帝（公元前140年）时，边防内政均极兴旺，漕运上升到百余万石，而渭水航道迂回，难以满足。于是在元光六年（公元前129年）开挖漕渠，缩短黄河到渭水的距离，直抵长安。此后每年漕运到关中达到400万石，高峰时达600万石。东汉迁都洛阳，东边漕运到洛阳是经黄河入洛水，再从洛水经人工运河——阳渠运抵洛阳。当时洛阳城东建有皇仓，仓下漕船多达千只，蔚为壮观。

西汉时，由黄河东航到荥阳县北，可由荥口进入鸿沟（狼汤渠）水系，与淮河相通。向东一支叫汴渠，经彭城（今徐州）入泗水通淮河。东汉末年（公元3世纪初），曹操向北开凿白沟、平虏渠、泉州渠、新河和利漕渠等一系列运河，又打通了黄河与海河、滦河水系。这时可从北方滦河乘船直达珠江。两广、两湖的大米可以用船直接运达中原，满足了后来三国争战鼎立的需要。

隋、唐、北宋（公元581—1127年）时期是我国水利史上水运和人工运道开拓的全盛时代。隋、唐定都长安，衣食供奉、军饷粮草主要来自江南，故都着力加强东西和东南水运。隋以西汉漕渠、东汉汴渠以及白沟、邗沟等历代开凿的运河为基础，陆续开辟长安到潼关的广通渠、扬州到淮安的山阳渠、洛阳到泗州的通济渠、镇江到杭州的江南运河，形成了由西向东、由东向南的大动脉，后来称为汴河。接着又开凿了由沁河口通达涿郡（今北京）的永济渠，形成由西转向东北的另一动脉。唐宋时期，运道得到了进一步整治和扩充，更为通畅。当年隋炀帝巡幸江南的路线，从长安乘船可直达杭州。唐朝安史之乱曾使汴河停船淤塞八年之久，到代宗即位第三年（公元764年）命刘晏修复了汴河，定出了有名的漕运制度，管理漕运三十多年，每年经汴河可转运粮食110万石。

宋朝建都汴京（今开封），人口集中，数十万禁军驻扎京城，食物全靠江淮漕运。漕渠稍有风吹草动，往往人心惶惶。宋太宗时（公元976年），每年要靠汴河运江淮米300万石，豆类100万石，其他粮食150万石。后来（公元995年）达到580万石。到宋仁宗（公元1023年）后，最多可达800万石。除漕粮外，宋英宗时（公元1064年）统计，还入库金帛缗钱1173万，京西、陕豫运薪柴1713万斤，炭1亿斤。其次，为保证漕运，每年各州需造船2000—3000艘。从淮南入汴河船只多达6000艘，每船运千石。私船运量甚至达到1600石，这需要载重量百吨的大船了。

隋炀帝大业六年(公元610年)造龙舟畅游江南时开通的江南运河，到北宋时仍作为漕运主要水道。由杭州到镇江共长641里的江南运河，愈益完善。此外，作为河北主要运道的永济渠，到北宋时也仍然是向北运粮的要道。

元代定都北京，漕运方向从东西转向南北。明清相继，更加强了这一格局。这一时期的主要工程，是元朝至元二十八年（公元1291年）由郭守敬负责开凿的北京到天津的通惠河（长164里）和沟通南北的关键工程——至元十三年（公元1276年）开挖连通济州（今济宁市）至须城（今东平）长130余里的济州河和至元二十五年（公元1288年）开凿安山以北到临清长265里的会通河，二者亦总称会通河。再经过个别河段的修整，京杭运河便全线开通了。明朝初年在南京建都，京杭运河南段仍为漕运要道，北段因较少利用，失修淤塞。明成祖朱棣迁都北京，重开会通河。此后四百多年，每年经全长近1800公里的京杭运河漕运400万石粮米到通州、北京。其间运河仅有局部改道和修整，变化不大。清雍正年间（公元1723年后）成书的《行水金鉴》上曾以长卷画轴绘制运河详图。

根据史书所载，明朝各地交纳漕粮情况如下表（以万石为单位）：

浙江	江西	河南	山东	湖广	苏州府	松江府	常州府
63	57	48	37	25	70	23	17

应天府	镇江府	安庆等府
13	10	36

在总计400万石漕粮中，江南各省、府负担约80%。这一数字是规定入仓量，不

包括途中损耗量和各级官府的层层盘剥、敲诈贪污。到明末，名义上400万石，实际上要从农民身上搜刮1400万石。加上途中运输和消耗，往往入皇仓一石，要付出十几石乃至数十石的代价。

明成祖永乐初年也曾试用海运，但损失惨重。例如永乐元年（公元1403年）由江南海运漕粮到直沽，总量60.123万石，途中损失11万多石。明成祖不得不下令疏浚运河，于永乐十三年（公元1415年）修造3000艘货船加强河运，海运同时中止。

漕运初期以民运为主，以后逐步改为军运。军运时，沿岸人民常被征夫，甚至劳累致死，这在漕运史上多有记载。另一方面，由于漕运是田赋征转的一种形式，历代漕运制度中也就作了较灵活的政策规定。例如明代曾规定“许运船附载土宜，免征税钞”。清初规定每艘漕运船只可附带土产物资60石。雍正四年（公元1726年）限额放宽到100石。此外，随着漕运发展，商旅往来，运河沿岸先后兴起了手工业和商业较发达的一批城镇，对后来小农经济的解体曾起过不容忽视的作用。

清代漕运承袭旧制，年赋400万石。漕粮负担最重的是江苏农民，其次是浙、皖、赣、鄂、湘、豫、鲁等省。晚清苏、皖年征漕白米（纳入宫廷和贵族的上白米）143万石以上，漕船有65帮，每帮20艘；杭州、嘉兴、潮州三府，年征61万多石，上白米6万多石，运粮船25帮；江西漕粮年征79万多石，船14帮。漕粮每年二至三月（农历）起运，秋收时才能运完，然后紧接着又准备翌年漕运，十分紧张，稍有迟怠，轻则重罚，重则杀头。据清代后期在清江浦的统计，道光年间，漕船过黄、淮北上者常达90—100帮。首帮约于农历二月中航抵运河口，到六月中才过完尾帮；九月下旬空返的首帮南下又到运河口，到十一月中才过完尾帮空返船。首尾几乎络绎不绝，说明运河河道利用率之高。

明、清漕运虽然盛极一时，但由于漕船越来越大，吃水越来越深，增至四尺有余，而沿岸水土保持缺少科学方法，加上黄、淮洪汛为患，往往汛潮一过，河床淤积，漕船受阻，历代王朝常动用巨资和大量人力保河。道光五年（公元1825年）黄水倒灌，淤塞二百余里，一时无法疏浚，只得改道海运。清政府为此支付运费140万两白银。

漕运衙门是清朝典型的贪污腐化场所，晚清时已积重难返，回天乏术。同治十二年（公元1873年）只得耗用金银雇外轮海运漕粮，河运量锐减到10万石。光绪二十七年（公元1901年），漕粮赋税全部改征银两，我国维持六百多年的京杭运河漕运局面才告结束。

丝绸之路

◎杨泓

公元前126年，汉使张骞从西域回到他阔别了十三年的都城长安。他此行的使命本是结盟月氏以夹击匈奴，不料这一目的并未实现，却无意间开创了一个更大的和远为辉煌的业绩——正式开通了联结中西、横跨欧亚的著名历史通道。那就是此后十几个世纪中一直作为中西交流主脉的“丝绸之路”。

不过正式将那条商路称为“丝路”，还是比较晚近的事：1877年，德国学者李希霍芬为了强调那条道路主要是为了运送中国丝绸的，所以将其冠以“丝绸”之名。众所周知，中国是世界上最早饲养家蚕和缫丝制绢的国家。早在战国时期，精美的中国丝绸便已经由欧亚草原的游牧民族传向西方和北方。考古材料证实，南西伯利亚的巴泽雷克的坟墓（公元前5—前3世纪）中已发现了中国织锦和刺绣。这说明早在丝路开通之前，中国的丝绸便已输往国外，受到其他民族的喜爱。而到了西汉年间，它更是备受罗马贵族青睐，他们争相竞购，竟使得丝绸在罗马城中与黄金等值。正因如此，不难想见：中西之间的这条商路最初当然是为了满足西方对丝绸的消费渴求而开辟的，而且丝绸在此后的中西通商中也一直占有非常重要的地位。在今新疆境内的丝路沿线上，例如在和阗东面的尼雅遗址、洛浦县的赛依瓦克墓地，以及罗布淖尔等地方，都出土过汉代的丝绸。显然，这是古代丝路的鲜明“路标”。

汉王朝不断取得对匈奴战争的胜利，声威远播西域各国，遂使得丝路的畅通有了军事保障。同时，中国不断遣使经由丝路去西方诸国，包括安息（今伊朗）、身毒（今印度）、条支（今两河流域）等，也促进了丝路的繁荣。当时的丝路，仅陆路之长就逾七千公里，它以长安为东起点，沿今陕西、甘肃、新疆等地向西延伸，经今巴基斯坦、阿富汗、伊朗和两河流域，来到地中海东岸，最后再渡地中海入意大利半岛，直抵盛极一时的罗马帝国。途中，越过了多少草原、沙漠、高山、大泽，其旅途之艰辛劳顿，费时之旷日久长，恐非掌握了现代交通工具的人所能想象。

东汉末年，中华大陆陷于群雄纷争的局面，后虽经西晋暂时统一，但接着又出现了十六国至南北朝的三百年分裂。不过，维系中西交通的丝路并没有因此被隔断。十六国时期当吕光率军从西域龟兹城东返时，曾“以驼二万余头致外国珍宝及奇伎异戏、殊禽怪兽千百余品，骏马万余匹”。任何商队也不可能拥有上万匹骆驼，可见这次东运的西方精美工艺品空前之多。北魏统一中国北方后，丝路的东起点随之移到其都城平城（今山西大同市），以后又移至洛阳。隋唐时期，随着社会经济的蓬勃发展，丝路也呈现出空前的繁荣。同时丝路的东端，又迁回到长安。

丝路的畅通，不仅使中国丝绸源源输往西方，同时也由西方输入了毛织品、香料、宝石、金银铸币、金银器、玻璃器等。以金银铸币为例，在中国境内丝路沿线和各朝的都城附近，不断发现有波斯萨珊朝银币和拜占廷金币，还有时代较迟的奥梅雅王朝（白衣大食）的阿拉伯金币。此中尤以波斯萨珊朝的银币为多，近四十年来已出土1200枚左右，它们分属十二个国王，由沙卜尔二世（310—379年在位）起，直到萨珊朝最后一王伊斯提泽德三世（632—651年在位），历时近350年之久。这说明当时两国交往是何等密切和频繁。

除了金银铸币以外，从丝路还输入了许多精美的西方手工艺品。它们是当时上层社会的奢侈品。从十六国到北朝乃至隋唐，各朝和各民族统治集团中的显贵，都常常设法获得值得炫耀的西方工艺品，并在死后把它们带入坟墓。十六国时北燕天王冯跋的弟弟冯素弗（死于公元415年），就用几件质薄透明、淡绿色或深绿色的玻璃器随葬，它们正是由西方输入的珍品。其中最引人注目的是一件无模自由吹制的鸭形玻璃器，形状与公元1—2世纪地中海地区流行的罗马鸟形玻璃器极似，装饰手法也雷同，同时，成分分析也证明它是钠钙玻璃，恰好符合罗马玻璃的基本成分。这些精美的罗马玻璃器，正是沿丝路输入中原，再辗转经北路输入北燕的。至于自丝路输入的波斯萨珊朝的玻璃制品，则可以西安何家村唐代窖藏出土的稍泛黄绿色的凸圈纹玻璃杯为代表。稍后，又输入了色彩鲜艳的伊斯兰玻璃器。陕西扶风法门寺塔唐代地宫出土的刻花玻璃，如石榴纹黄玻璃盘、葡萄纹蓝玻璃盘等，都显示出伊斯兰早期玻璃器的工艺特色。

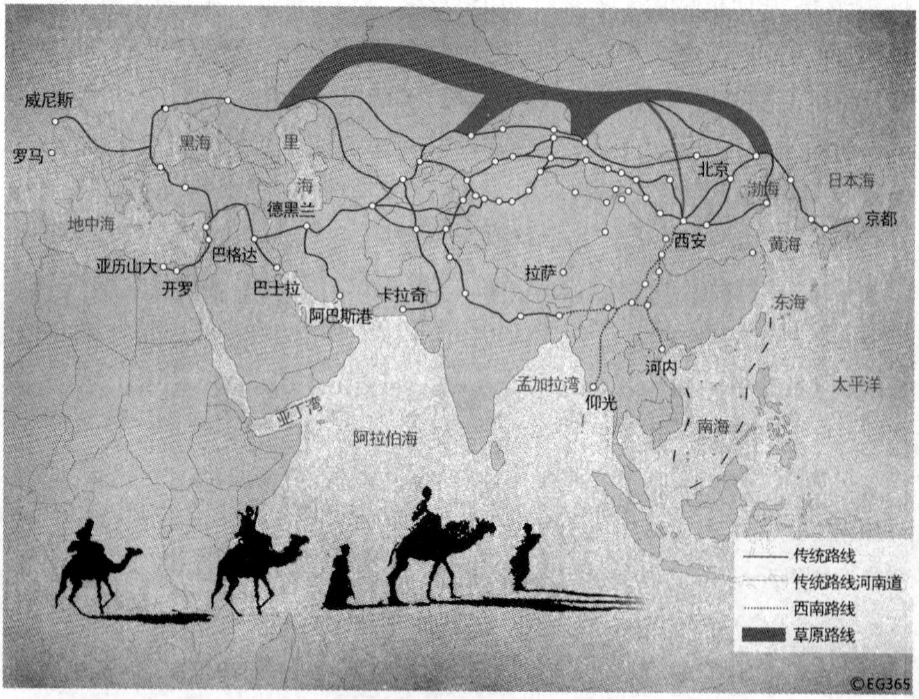

"丝绸之路"示意图。

精美的西方金银器皿,也不断经由丝路输往中国内地。在大同的北魏窖藏中发现的三件高足鎏金铜杯和一件刻花银碗,带有强烈的希腊化风格,很可能是罗马制品。另一件口缘作八曲形的海兽八曲银洗,又可以确定是波斯萨珊朝制品。此外,北魏封和突墓出土的波斯萨珊朝制作的狩猎野猪纹鎏金银盘、北齐李希宗墓出土的锤雕水波莲纹银碗、北周李贤墓出土的鎏金银胡瓶等,都是制工精美的工艺珍品。唐代以后,除了继续通过丝绸之路输入西方的金银器以外,中国的工匠在西亚金银器的影响下,还设计和制作了各种新的金花银器,为中国的物质文明增添了新的光彩。

沿着丝路还传来了新品种的植物和动物,特别是来自乌孙的"西极马"和来自大宛的"天马"等优良马种。这对中国古代马种的改良具有极为深远的影响。从甘肃武威雷台东汉墓获得的许多青铜骏马的塑像,特别是"马踏飞隼"像,反映出经过品种改良后的中国骏马的风貌。

佛教虽在汉末已传入中国，但并未受到重视。只是西晋覆亡后，才得到广泛的传播。域外高僧纷纷经丝路东来，东土的求法者又沿之西去。同时，开窟造像之风，也从西北逐渐推向中原。目前所知的有明确纪年的最早作品，在甘肃省永靖县炳灵寺石窟的169窟中，纪年为西秦建弘元年（公元420年）。北魏统一北方后，在都城平城附近掀起了开窟造像的高潮。在皇室的大力支持下，和平年间沙门统昙曜主持修凿云冈石窟，并引起了河西地区丝路沿线诸地的开窟造像之风。故此现存的重要石窟（如敦煌莫高窟、天水麦积山、永靖炳灵寺等）中，都保留有大量北魏及北朝晚期的雕塑和绘画作品，成为中国佛教艺术的宝库。丝路沿线石窟寺的兴旺情景，也正反映出当年这条商路的通畅繁荣。直到唐代，为了获得“真经”的求法者，仍不远万里地往返于丝路之上，其中最著名的就是玄奘法师。他不仅对中国佛学的发展贡献极大，还写成了《大唐西域记》一书，记述所见闻的138个国家、城邦、地区的历史、地理、民俗、物产、宗教等，为研究古印度和中亚地区提供了重要史料。至于中国古代的许多重要的发明，例如印刷术、火药等，也都是通过这条交通线向西传播的。

宋代以后，中国经济重心南移，造船航海事业也有了极大发展，海上航路的畅通便利，人们逐渐放弃了陆路那横越大漠荒山的艰苦旅程，丝路贸易日趋衰落。元、明以后，西方世界再也无心承担中西交通中转站的重任，所以丝绸之路丧失了它在中西交通主脉的历史地位，由衰落而终于荒废。

还应提到的是，通过丝路输入中国的西方工艺品，又由于唐朝和古代日本之间的交往而东输日本。至今在日本正仓院的藏品中，还保存有一些来自西亚或模仿西亚器形的产品，例如蓝色环纹高柄杯、白琉璃瓶等，都是通过中国传入日本的。我们不妨说，丝绸之路从唐代都城长安又向东伸延，跨越海洋，到达当时日本的都城奈良。正仓院所藏的那些珍贵的文物，正为此提供了实物证据。

四海扬帆

◎李 力

中国有两万多公里长的海岸线，它可以说是中华文明的生命线之一。由于我国远古时的海岸线还要偏西很多，所以大陆上最早的原始人群，如北京的山顶洞人、山东的大汶口人、浙江的河姆渡人，当时都是傍河面海而居的。我们的祖先在与海洋数千年的接触中，逐渐认识了海洋，学会了制造海船，掌握了航海技术，使海洋为人类的生产和生活发挥了极大的作用。

我国古代造船和航海的历史，可追溯到七八千年以前。1977年，浙江余姚河姆渡新石器时代遗址中，出土了一柄用整木削成的桨，表明至迟在大约七千年前，我国的先民已使用了独木舟，同时也说明我国舟船出现的历史比车马的使用要早数千年。春秋时期，地处江海之滨的吴国和越国也有了强大的水军，装备有各式战船，如大翼、小翼、冒突、楼船、桥船等。作战时，大翼相当于陆军的重车，小翼相当于轻车，桥船好比轻足骠骑。这些由不同类型、不同用途的战舰组成的强大舟师，有如今天由各种舰艇组成的混合舰队。吴越国的水军，也可称为中国古代的第一支海军。

秦汉时期，中国版图上先后出现了两个大一统的封建王朝。强盛的国力，使得秦汉时期的航海事业有了长足的发展。秦始皇统一全国后，将原山东六国先进的造船技术和人才集中起来，建造了许多轻舟巨舸，使当时的航行得以通江达海。1974年，广州发现一处规模巨大的秦汉造船工场遗址，其中心部位有三个并列的大型船台，船台下水滑道长88米以上。据测算，其中2号船台能造长30米、宽8米、载重60吨的大型木船。如果将1号和2号船台并台造船，就能生产出更大的船只。这处造船工场一直沿用到汉代。这时的航海者，已经在风云变化的海洋上练就了观天察水的本领，积累了大量驾驶船舶和观测气象的经验。他们总结出十二辰风的季节和风向，掌握了信风变化的基本规律，并懂得了利用海流和潮汐便利航行，如乘潮汐变化进出港口，沿海流的方向作长途远航。正是在这样的造船水平和航海技术的基础上，秦始皇在得到方士徐福的上书，听说海上有蓬莱、方丈、瀛州三座仙山和长生不老的神药时，才能派出由数千名童男童女组成的庞大船队，入海寻找仙山神药。汉武帝更是多次扬威海上。在平定南越的战役中，他令江淮以南船10万之师前去征讨；元封二年（公元前109年），又派楼船将军杨仆率5万大军从山东横渡渤海攻打朝鲜。后来，他也相信了海上有仙山神药的传说，先后几次派由数千人组成的船队出海，并七次亲自来到海边巡视督促。在最后一次巡海时，汉武帝还坚持要亲自率船出海，拒不听从文武大臣的劝阻。只是因当时连刮了十多天狂风，海涛汹涌，船只无法出港，方才作罢。汉代不但开拓了广泛的沿海航行，而且已大胆地走向世界，向远洋发展。中国船只此时可远达印度半岛的南部和锡兰（今斯里兰卡），并以此为中介，将当时世界东西方的两大帝国——汉帝国和罗马帝国连结起来，为海上“丝绸之路”的形成打下了基础。

到三国时，地处东海前沿、占有海上交通优势的吴国开始了与罗马帝国商人的直接交往。罗马商人曾拜见吴国的统治者孙权，并受到热情接待。著名的中国丝绸除从陆路外，也开始由海路传到西方，成为罗马上层社会的奢侈品。

隋王朝建立后，经过几百年战乱割据的国家重新统一了，经济文化的发展也随之加强，造船技术达到了相当高的水平。隋炀帝下江南时，乘坐的“龙舟”高45尺，长200尺，船上有楼四层，需要几百人在两岸拉纤才能行进。公元618年，空前强盛繁荣的唐王朝在中国诞生了。几乎与此同时，唐朝疆域的西方也兴起了一个阿拉伯帝国，它位于东西方贸易的必由之路上，很快便发展成一个商业贸易大国。阿拉伯人的陆上商队，伴随着驼铃声终年往返于中国西部浩瀚的沙海中；阿拉伯海商也结队乘船来到中国，长期留住在广州、泉州、扬州等海港城市。唐代地理学家贾耽所写的《广州通海夷道》，详细记录了从广州起航，经新加坡、斯里兰卡、波斯湾直达今东非达累斯萨拉姆的当时世界最长的航程。贾耽还主持绘制了《海内华夷图》，图长宽均约三丈，比例精确，是一幅巨型的区域世界地图。海上丝路的畅通，使得中国丝绸、瓷器等大量行销到西亚和非洲。今埃及开罗南部郊区的福斯塔特遗址中，出土过上万片的唐至宋初的碎瓷残片；在叙利亚的萨马拉遗址也发现大批唐三彩陶器和青、白瓷器。巴基斯坦、印度和伊朗也有唐越州窑的遗物保存。

宋代较之唐代，在远洋航行方面没有更大的突破和发展，但造船水平和航海技术却有了划时代的提高和创新。此时期的海船建造，已广泛应用了榫接钉合的木工艺和水密隔舱等先进技术，在船型设计和随船属具设置上也日臻完善。1974年夏，福建泉州后渚港出土了一艘宋代古海船，船长30米，宽10.5米，水线长26.5—27米，排水量在400—450吨之间，载重约为250吨左右。全船以12道隔板分隔为13个水密舱，这种水密舱有两个突出的优越性：一是当船发生意外触礁事故时，即使有一两个船舱破裂，其他船舱也不会进水，船体仍有浮力，不会沉没。二是水密舱的多重隔板和船体紧密钉合，增强了船体的横向支撑和抗压能力。同时，船上分舱的设计，也方便了货物的装卸和保存。正因为如此，当时的外国海船在触礁事故中往往很快沉没，而中国海船则能安全返港修理。直到18世纪末，其他国家才吸收了我国的这一先进技术，开始在船上设置水密舱。

泉州出土海船的船形也很有特点，船上部扁阔，底部尖窄，首尖尾方，首尾高昂，船体横剖面呈“V”字型。据宋人记载，当时的南方海船即是“上平如衡，下侧如刃，贵其可以破浪而行”。船体扁宽可加强船的稳定性，底尖首尖宜于在狭窄的水域中破浪而行，阻力小，航速快。实物和文献相互印证，说明古人的记载是真实可信的。与泉州古船同时出土的，还有大量香料和药物，包括降香、沉香、檀香、龙涎香和胡椒、槟榔、朱砂、玳瑁等。这些香货是唐宋时期的主要进口货物，原产于阿拉伯各地和南洋一带。另外，船板上附着的贝壳和巨铠船蛆，也都是南洋地区的海生动物。因而可以肯定，这艘古船是曾经航行于南洋和阿拉伯一带的远洋货船。

宋代航海技术的划时代成就，是将指南针用于航海实践，并最终改进为24方位的航海罗盘。指南针用之于航海，最早见于南宋人朱彧的《萍州可谈》，他在此书中追述了自己的父亲于北宋年间航海时，为辨别方向和确定船位，夜晚靠观测星星，白天靠观测太阳，天气阴晦时便以指南针为准。这说明指南针至迟在北宋以前便已为航海服务。中国海船使用指南针不久，阿拉伯的海船也开始采用，并把这一技术迅速传到西方。后来，指南针在航海实践中不断发展完善，形成了24个方位的航海罗盘，使得定向导航的精确度大大提高。指南针在航海中的应用，使得人类更多地摆脱了陆地和海岸的束缚，更自由地游弋在海洋上。

历史行进到13—14世纪，中国的航海事业发展到了自己的顶峰。元世祖忽必烈曾派遣几十万大军和数千艘战舰东征日本，南征爪哇、占城，显示出强大的航海能力。而到了明前期特别是明成祖朱棣在位的三十多年间，中国的远洋航海事业达到前所未有的鼎盛时期。朱棣为了提高明王朝在海外各国的声威和影响，并借以巩固自己的皇位，前后七次派自己的亲信、大太监郑和率领庞大的船队出使海外，这就是历史上著名的“郑和下西洋”。

郑和航海图(局部)，见明茅元仪编《武备志》卷二百四十。

郑和下西洋时，中国的造船水平和航海技术已达到当时世界最先进的程度。郑和每次率领出洋的船只都在一百艘以上，其中大型宝船占半数，此外还有粮船、马船(运货船)、坐船(运兵船)等辅助船只。大型宝船长约150米，宽60米，船上的篷帆锚舵之大，需二三百人才能举动。1957年，南京明宝船厂遗址出土的宝船舵杆长10米以上，推测舵板高约6米，宽7米左右；如此巨舵，需靠绞车来操纵其升降。这种绞车的部件在南京也有发现。正因为有这样巨大而性能优良的船舶，再凭着高超的航海技术，才使郑和的船队得以“舟行巨浪若游龙”(马欢《纪行诗》)。郑和船队的随行人员巩珍所著的《西洋番国记》自序中，对船队的航海技术作了概括性的描述，表明郑和船队在测定船位、利用季风和海流方面达到了极高水平。船舶在浩瀚无际的大海上航行，基本是按事先设计的航线行驶，因此必须时刻掌握船舶本身在一定海区中的确切位置。郑和船队主要采用测深定位、对景定位和天文定位等三种方法，特别是天文定位中的“牵星术”很有名。完成于明宣德年间的《郑和航海图》中附有四幅《过洋牵星图》，标示出船队所到海外各国港口星辰的高度。将船队航行中测得的星高与这些目的港的星高相校，并配合海图的航向，便可以安全航行到目的港。如把《牵星图》上各港星高的“指”数(星高的计算单位)换算成现代的纬度度数，误差有时仅四五海里。此外，在利用季风和海流以加快航速并修正偏离误差方面也取得了成功的经验，表明当时中国航海技术所达到的高度。

郑和下西洋的航海活动自永乐三年至宣德八年(公元1405—1433年)，历时二十八年，先后到达了三十多个国家和地区，帆舟遍至东南亚和东非各地，是15世纪初叶世界航海史上的空前壮举。这支浩大的船队，在唐宋元三代航海成就的基础上，把亚非各地的航路作了全面的纵横串联和衔接，沟通了西太平洋与印度洋之间的航道联系。郑和船队在第四次下西洋到达印度古里(科泽科特)以后，继续北上至波斯湾头，接通了唐宋以来贯耽的通海航道。同时分出另一支船队由锡兰出发，中经溜山(马尔代夫群岛)，横渡印度洋直达非洲东岸的木骨都束(索马里摩加迪沙)等地。从此，下西洋的船队一直把溜山作为横渡印度洋的起点，开辟了通向波斯湾、阿拉伯半岛红海沿岸及非洲东岸的多条航线，为中国与世界各国经济、文化的交流做出了重要贡献。

明朝中后期至清代，由于统治者采取了禁海锁国的政策，中国的经济发展和科技事业逐渐萎缩，航海活动也趋于停滞。而西方各国在进行了资产阶级革命以后，生产力空前提高，科学技术突飞猛进，终于在鸦片战争中以坚船利炮轰开了中华帝国的大门。历史证明，航海事业发达与否，以及与之相关的对外关系开放与否，关系到中华民族的荣辱盛衰。这一点，是人们应当牢牢记取的。

五 文学与艺术

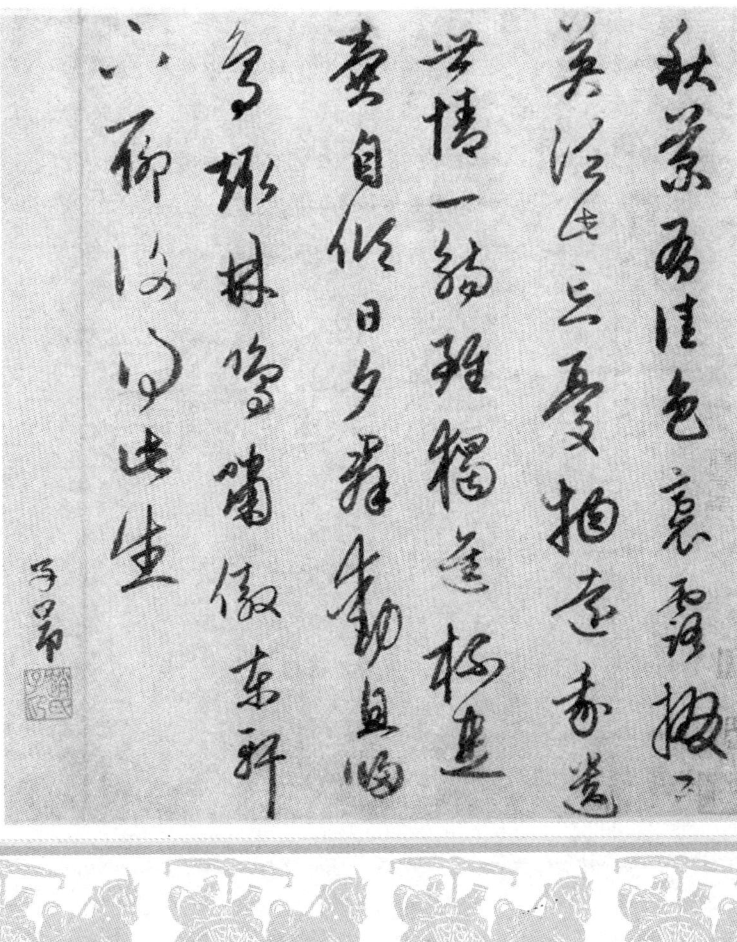

诗歌王国

◎张伯伟

如果将中西文学传统稍加比较的话，那么，能与西方的史诗、戏剧分庭抗礼并最能代表中国文学传统的无疑是诗。更确切地说，这一由诗歌所代表的中国文学传统，实际上也就是一个抒情传统。

口头创作的初民歌谣，在各民族的文化中，都可以上溯到洪荒难稽的远古时期。然而以有文字记载而言，中国的诗歌实始于《诗经》，其产生时代大约在公元前1100—前600年间，即西周初年至春秋中叶。根据可靠的古代文献，最早的“诗”字也是出现于《诗经》中，“诗”的名词的出现，也许表示了一个新的概念的初建，同时意味着文艺批评的萌芽。文字学家阐释“诗”字的原意，以为“诗，志也，志发于言，从言寺声”(许慎语)，而从春秋战国以来普遍流行的“诗言志”的观念中，我们不难为这一文字学上的说明找到文艺学上的佐证。《诗经》中充满了以谐合音乐的语言所表达的人们内心的欢乐与哀伤，这似乎正体现了抒情的两大要素：音乐节奏的语言加上内心意志的独白。而古人对“诗”的“言志”与“从言”的说明，也反映了他们认识到诗歌是生发于内的情感意志和表现于外的语言文字的高度融合。

在中国诗歌史上，就其对后世影响的广度和深度而言，恐怕没有任何一部书能与《诗经》相比。在三百零五篇作品中，除《大雅》和《周颂》的部分篇章外，绝大多数的作品都远离宗教的迷恋和神话的虚幻。而且即使在某些表现祭祀的作品中，对道德因素的强调也往往胜过对神的依赖，这就奠定了中国诗歌的以人文界为核心展开其内容的基础。自从孔子将这些诗列为人生行为的教材之后，至汉代又列为“五经”之一，使它成为历代士人的基本读物，从而进一步增添了此书的权威性。同时，也使它兼经学与文学于一身。因此，传统文学思想特别强调从文学中考见政治得失、风俗盛衰。《诗经》有“六义”，即风、雅、颂、赋、比、兴，其中尤以“比、兴”二义为最重要。诗人采用这些手法，以抒情短章的形式表达自己瞬间的感受。《诗经》以降，《楚辞》、汉乐府，乃至唐诗、宋词，凡属中国文学的上乘之作，几乎无一不是善用“比、兴”的。

《诗经》奠定了中国诗歌的抒情传统。然而将这一传统作了有力的推动，并使之放射出灿烂之光的，则是战国时代以屈原为代表创作的《楚辞》。《诗经》中的大多数作品，其作者的姓名是无考的，而《楚辞》则具有更为强烈的个人色彩。在《离骚》等作品中，屈原展示了自己丰富变幻的心路历程，第一次在诗歌中鲜明地提出了个人与社会的矛盾问题，诸如对祖国的眷恋、对命运的抗争、对世人的哀悯等等复杂的感情，都被融进了他的动人心魄的自我倾诉之中，体现出比《诗经》更为强劲的抒情性。与此相适应的，它在句式上也突破了以四字为基调的《诗经》模式，而代之以六字句的“骚体”。对“比兴”手法的继承和发展，是《楚辞》的又一特色。中国文字史上的“香草美人”的比兴寄托传统，就是由屈原导其先河的。魏晋的曹植、阮籍，唐代的陈子昂、李白，都是此一比兴寄托传统的优秀传人，而阐释者的执男女之词，作美刺之笺，也因而成为传统文学批评的一大特色。

《诗经》和《楚辞》，作为中国文学史的两大源头，在以后的发展中，遂形成了并行不悖的“风”“骚”传统，六朝乃至明清的诗论家，经常认为后世的诗歌是出于《诗经》和《楚辞》的，这除了一部分“崇古”的心理之外，更多的可能还是道出了这样一个事实：中国诗歌的基本发展方向以及艺术手法在发轫期的《诗经》和《楚辞》中已大致确定了。

不过就诗体形式而言，最能代表中国诗歌形式的却既不是《诗经》的四言，也不是《楚辞》的骚体，而是五七言古近体诗。这两种诗体(五言和七言)的成立至成熟，大约在公元1世纪到5世纪中叶，即西汉末年到刘宋时期，而律体诗(或曰近体诗)的完成，则更要晚至公元7世纪初叶的初唐时期。

五、七言诗体的形成，主要是来自乐府民歌。文人对民间创作的摹仿、雅化，是中国文学体裁通常的演变方式。文人五言诗的成熟，是以《古诗十九首》为标志的，经过建安时期(公元196—219年)以曹操父子为中心的邺下文人集团的努力，五言诗遂成为中国诗史上最广泛的诗体之一。七言诗的形成似乎要曲折一些，从张衡《四愁诗》的夹用骚体句式，到曹丕《燕歌行》的句句入韵，此后文人很少继响，一直到“才秀人微”的鲍照出现以后，他吸取北方民歌的形式，在用词方面更加自由灵活，以适应表达自己慷慨激越、跌宕奔放的感情的需要，才标志了七言诗体的成熟，并进一步影响了唐代诗人。

五、七言诗又分古体和近体，所谓近体，即指律体诗。在律诗的形成过程中，五世纪中叶的沈约等人发现了诗歌音律，并人为地规定出诗歌的四声和病犯，具有决定性的作用。至初唐的文人，又对诗歌格律作了进一步完善，从而使律诗的形式定型，并以其讲求格律和对偶与古体诗在形式上豁然分开。此外，一首律诗大多由四联八句构成，在字数上也有确切的规定。正因为如此，唐人和科举考试，也以五律为内容之一。五、七言的绝句，滥觞自汉魏六朝的乐府民歌，至唐代受律诗影响，格律也渐趋整饬。同时，在律诗的基础上，又演化出五、七言排律，扩展了诗歌的涵容量。

就中国诗歌的精神而言，其基调毫无疑问是由《诗经》、《楚辞》为之定弦的。在历代数不胜数的篇什中，对于民生疾苦的挂虑，对于人生哀乐的抒发，对于政治得失的关怀，对于自然奥秘的感悟，始终是历代诗人歌唱的主旋律。而且，只要人们稍稍留心倾听一下，则不难辨认以下这些领唱的歌手。

阮籍(210—263年)的82首五言《咏怀诗》，也许是中国诗史上表现士人对黑暗政治的忧愤、苦闷、恐惧、悲悯之情的最灿烂、最奇幻的结晶。在这些作品中，辐射向人类的广泛同情与缺乏共鸣的强烈孤独融合为一体，慷慨激越的感情与隐晦曲折的表现融为一体，从而形成“言在耳目之内，情寄八荒之表”(钟嵘语)的审美特征。它影响了后代以组诗形式出现的咏怀、感遇之作，而这些作品，往往都是有关于当时政治的。

论到诗与自然，最伟大的诗人应该是陶潜(365—427年)。他的作品所展示的是一个不甘束缚的自由的灵魂，如何从“举世少复真”的黑暗、虚伪的官场中挣脱出来，走上归隐躬耕之路，而发出“复得返自然”的愉悦。在他的诗中，人与自然的亲和融洽第一次被表现得如此充分、如此“自然”。大凡中国的自然诗，皆贵在从自然景色中体悟出某种玄意妙理，而不只是对自然本身的客观描摹。在中国诗人的眼中，自然既是传达思悟的意象来源，更是主观沉思或妙悟的对象，它是“道”的体现。陶渊明的田园诗，贵在从对南山的凝望中悟到“此中有真意”；谢灵运的山水诗，贵在当游览景物时发出“蕴真谁为传”的询问。这一传统，在唐代诗人王维的诗中依然得到完满的表现。不过，在王维的笔下，陶、谢诗中夕阳、飞鸟、洲渚、流水中所蕴含的玄学的“真意”已被空山、幽涧中透露出的禅学的领悟所替代了。在中国文化中，儒、道、释思想中所表现的对于自然的欣赏与热爱，也许是中国诗歌对于自然迷恋的根本原因。

在中国诗歌中，只有杜甫(712—770年)获得了“诗圣”的美名，这无疑是诗国的桂冠。孟子称儒家宗师孔子为“圣”，而杜甫的诗也是儒家精神的集中体现。他的诗，句句闪耀着人伦的光辉，处处流露出广博的爱心。他由自爱出发，爱妻子、爱兄弟、爱朋友、爱国爱民，直至爱周围的草木花鸟。也正因为他有着对美好事物的真挚的爱，他才会对丑恶现象有着切肤之恨。“新松恨不高千尺，恶竹应须斩万竿。”他的一生，是以仁者的怀抱，践履了儒家的操守，使儒家的精神，在艺术形象中得到了具体生动的显现。与“诗圣”之誉联系在一起，杜甫还有“集大成”的称号，这一原出于孟子赞颂孔子的话，用在杜甫身上，更多的是就其在文学史上承先启后的地位而言的。杜甫广泛吸取了汉魏以来直至盛唐诗人的艺术经验，“别裁伪体”，“转益多师”，从而达到“尽得古今之体势，而兼人人之所独专”(元稹语)的诗学高峰。而他的学力丰赡，也使中国诗歌在对偶、用典等方面达到很高的成就，并对宋人产生极大影响。杜甫对于文学传统，是在传承中作选择，由传承而走向创造。由于这种创造的方式根基于儒家文化的精神，因而它也成为唐以后中国诗人从事创作的理想的必由之路。

和杜甫双峰并峙的诗人是“诗仙”李白(701—762年)，然而他并非如人们想象的那么飘逸和超脱。如果说，杜甫对于人生的痛苦只是一意负荷的话，那么李白的诗所展示的，则是不断在痛苦中试图挣脱腾越而又始终无法摆脱痛苦的一个不安的、躁动的灵魂。即使在他的游仙诗中，也找不到任何哲学的思辨或宗教的沉思，有的只是对生命无常的咏叹：或以紧张热烈的情绪哀叹它的逝去，或以恣纵倜傥的笔调幻想它的永恒。在中国诗歌中，对于人生哀乐的抒发，恐怕没有一个诗人能像李白那样用最直率、最真诚、最强烈的声音歌唱了。李白是一个真正的浪漫主义诗人，他能够将其主观的东西由个人扩大到社会，用他的心灵去包围整个世界，并且对未来始终充满了渴望之情。这些都使他的作品在众多的唐诗中焕发出异彩，并闪耀着永恒的魅力。

中国诗歌以抒情为主，但并不排斥叙事和说理，尤其需要指出的是，在古代诗歌中，说理不仅不与抒情相矛盾，而且也是加强抒情的一种有效的手段。《诗经》、

《楚辞》中已含有不少议论的成分，但大量地将说理作为诗歌的一种艺术手段，则是开始于韩愈、大盛于宋代。而对人生哲理的探求，在诗歌中表现得尤其出色的当推苏轼(1036—1101年)。苏轼是中国文学史上的奇才，他的诗、词、文所达到的造诣皆堪称“大家”。他深入于儒、道、释三家典籍，使他面对种种坎坷曲折而应付裕如。他的诗，实际上也就成为他在人生道路上的进取、怀疑、厌倦、解脱的真实记录，既有一种深沉的感伤，又富于智慧的理趣，代表了中国诗歌的一个重要方面。

一直到二十世纪以前，五、七言古近体诗始终是中国诗歌的主流。然而审视诗史的流变，人们会发现，只有唐宋两代(公元618—1279年)才是古代诗歌的黄金时代。而这两个时代的诗，恰恰又显示出两种不同的风貌。概括地说，唐诗以“情”胜，宋诗以“意”胜；唐诗多华贵浪漫之气，宋诗多平淡素朴之风；唐诗追求感情的瞬间燃烧，宋诗追求感情的理性反省。因此在遣词造句上，唐诗多丰腴秀美，宋诗多生硬峻峭。宋以后的诗人，或以唐诗为指归，或奉宋诗为圭臬。所以唐宋诗歌的特点与倾向，实可代表中国诗歌的一般特点与倾向。

五、七言古近体诗自宋代以后，尽管没有再出现新的高峰，但其间仍不无创造和开拓。随着本世纪初新文化运动的兴起，白话诗逐渐成为诗歌的主体，但古典诗歌仍然是人们抒情言志的手段之一，并出现了不少佳作。作为诗人生命的流露，诗歌的本质与表现媒介的文言或白话并无必然的联系，这是对中国诗史流变进行全盘审视后应该得出的结论。

古乐袅袅

◎秦 序

子在川上叹曰："逝者如斯夫!不舍昼夜。"音乐方纵即逝，其速更甚于流水。幸而音乐仍像流贯千万里的江河，在历史的河床上，在岁月的冲积扇面中，留下种种遗痕。依靠浩如烟海的中国古代文献、不断出土的地下音乐文物，再以延续至今的民族传统音乐探源溯流，可以约略窥见古乐昔日的绰约风姿。

中国古乐的开篇

中国悠久的音乐文明何时诞生?过去仅据上古文献记载，追溯到黄帝女娲等传说时代，便已恍忽迷离，似乎难与两河流域及埃及上古文明相埒。所以有的学者还认为中国的七声十二律等来自希腊和巴比伦。

近几十年音乐考古，带来令人兴奋的原始时代音乐信息，有力地改变了上述片面看法。在西安半坡仰韶文化遗址、浙江余姚河姆渡文化遗址等地，先后发现新石器时代的陶哨、骨哨、陶埙、陶角、陶球(摇响器)等多种原始乐器。它们最早的距今达六千至七千年，有的还能重现当时音响，不能不令人对当时的音乐水平刮"耳"相听。青海大通出土的一件五千年前的彩陶舞蹈纹盆，让我们强烈地感受到超越时空限制的原始乐舞魅力，可以推测当时人们已开始自觉进行"美"的创造了。

最新也是迄今为止最重要的发现，是河南舞阳贾湖裴李岗文化遗址出土的一批竖吹骨笛。不久前音乐家们对它们进行了测试。一支经精确计算制作的七孔骨笛，竟能发出宫、商、角、徵、羽、变宫、变徵这样的七声音阶。用它能成功地演奏河北民歌《小白菜》等乐曲。这一早到七八千年前的新石器时代早期的乐器，证明先民们的音乐已有复杂的音阶形态。

这一世界上古音乐史的重大发现，使我们对中国原始时代音乐重新作出估价，并引导我们把探索中国古乐开篇的目光投向比七八千年前更加遥远的古代。因为，如果把这看作中国古乐的发端，那中国音乐便也成了传说中的老子，生下来便已长着白胡子了。

结合有关文献和民族学材料，还可以知道原始时代的歌、舞、乐几乎是浑然一体的。它们既同先民们的生产劳动密切相关，又与原始的巫术、宗教活动紧紧交织。是生产作用的一种“手段”，又是希望慰藉之所系，具有广泛而重要的功能。

原始社会末期，乐舞有了更大发展，出现了许多新的乐器。山西襄汾陶寺及闻喜县南宋、河南偃师二里头等地出土了单件大石磬、陶铃、陶钟，还发现外有彩绘上蒙鼍皮(鳄鱼皮)的木鼓，以及金属的铜铃，这兆示中国青铜时代已悄然来临。

从青铜时代以来，中国古乐的发展，大体可分为以下三个阶段：

1. 以编钟编磬等“金石之乐”为代表的先秦乐舞时代。

2. 以歌舞大曲为代表的中古伎乐时代(汉至唐)。

3. 以戏曲音乐为代表的近世俗乐时代(宋、元至清)。

以下分别述之。

金石之乐时代

与中国青铜文化的兴衰相始终，先秦乐舞是中国古乐发展的第一个高峰。它在世界音乐文化史上写下了浓重辉煌的一页。

前期是夏、商至春秋末。这一时期最受尊崇的是宫廷贵族祭祀的乐舞。代表作品是颂扬黄帝以来各代统治者功德的史诗性古典乐舞“六乐”，如夏禹的《大夏》、商代的《大濩》以及周初制作的《大武》。从殷墟甲骨卜辞可知商代宫廷已有各种专职乐官，除《大濩》外还上演《桑林》、《祴》及求雨等宗教活动所必需的乐舞。西周的统治者十分重视制礼作乐，各种礼仪音乐都按不同社会等级加以严格规定。据《周礼》记载，当时由“大司乐”领导的宫廷乐师乐工多达一千四百余人，表演六代乐舞及各种小舞、各种来自民间及外部族的音乐。被称为中国文学起点的《诗经》，是当时配合各种乐器、舞蹈演唱的乐歌歌词。因而后来《墨子》有“弦诗三百、歌诗三百、舞诗三百"之说。《诗经》风、雅、颂的分类亦由音乐而得名。它们不仅用于讽谏、颂美及典礼,日常生活及政治外交活动也借以传达情意,成为一种特殊的"乐语"。

湖南宁乡出土商代后期青铜乐器象纹铙。

陕西扶风出土西周晚期青铜乐器克镈。

商代已出现编钟和编磬。一般是三件一组。还出土腔皮鼓、双面铜鼓、虎纹和龙纹的大石磬及埙等乐器。周初则已有"八音",即金、石、丝、竹、匏、土、革、木八类乐器,见诸记载的乐器近七十种之多。最受重视的是象征统治者权力地位的金石之乐。西周编钟一组已有八件,而且每钟能发两种不同的音。

金石之乐时代后期始于春秋战国之际。当时社会急剧变革,"礼崩乐坏"导致各国诸侯竞相制作奢华的礼乐器。1978年湖北随县曾侯乙墓出土了规模空前的金石乐器。124件乐器中最引人注目的是由64件钟组成的巨型编钟,其总重达5000余斤,悬挂在约三米高的精美钟架上。每件钟均能发出相距小三度或大三度的两个音。总音域跨越五个八度(A_1—c^4),中心音区十二律俱全,可以旋宫转调。总数达2800字的钟铭,标明每钟双音,以及曾国与楚、齐、晋、周等国律名、阶名、变化音名的对应关系,反映了先秦乐律学高度水平。编钟声音洪亮优美,与同出的编磬、瑟、琴、排箫、笙、鼓、篪等精美乐器一道,生动地展示了战国初年宫廷乐舞的辉煌场景,被誉为世界音乐史上的奇迹。

这一时期民间的俗乐蓬勃兴起,纷纷进入宫廷。孔子突破"学在官府"的旧秩序，以“诗书礼乐”教育弟子，十分重视音乐“移风易俗”的教化作用；但他却是推崇雅乐而贬斥俗乐的。新兴的“士”阶层中，也产生了伯牙等著名音乐家，他们和许多民间音乐家一道，有力地推进了音乐的新潮流。

中古伎乐时代

随青铜时代结束，金石之乐到秦汉亦告衰落。战国以来各地兴起的民间俗乐，尤其是曾给屈原的伟大创作提供养料的南方“楚声”，经过中央集权国家设立的乐府等相应机构的集中和提高，呈现出丰富多彩的面貌。

乐府及达官贵戚占有的伎乐，是当时音乐歌舞表演的主干。乐府有鼓吹乐、相和歌、歌舞百戏及各种器乐。鼓吹乐源出于北方边境少数民族，引入宫廷后主要用在朝会及军中，带有军乐性质。由“街陌讴谣之词”发展起来的相和歌则主要用于娱乐欣赏。它先是由“徒歌”(清唱)发展为加帮腔的“但歌”，再发展为“丝竹更相和、执节者歌”，即名副其实的相和歌。相和大曲是它的最高形式，是有歌有舞还有乐的大型演出。音乐由性质不同的解、艳、趋、乱等部分组成。这种较生动活泼的艺术表演受到广泛欢迎。

从魏晋到南北朝，中国历史进入大动乱大分裂时期。晋室南迁，促进旧有北方相和歌与南方由民歌发展起来的富于爱情题材的“吴声”、“西曲”(荆楚西声)结合，成为风格清新婉丽的清商乐，并占居音乐生活的主导地位。到隋文帝统一中国时，清商乐一度设专署统领，对隋唐时期雅乐和繁盛的燕乐产生过重要影响。

这一时期，随“丝绸之路”而涌入的“西域”(包括西北少数民族地区)音乐，给中原音乐文化带来许多新鲜成分和巨大影响。早在汉初，羌笛、觱篥、箜篌(竖琴)、琵琶等乐器及《摩诃兜勒》等乐曲便已传来。佛教传入，寺院逐渐成为宫廷、府邸、地主庄园外又一重要音乐活动场所。佛曲的俗化与俗乐的佛化，与清商乐相结合，形成“其声清而近雅”的法曲，是隋唐燕乐的一个重要部分。南北朝民族大迁徙大融合，西域鲜卑、龟兹、疏勒、高昌、康国以及天竺、安国等音乐先后传入内地，这些所谓的“胡乐”不仅丰富了南北朝时的音乐生活，也为隋唐燕乐的繁荣创造了条件。散布在丝路沿线的敦煌莫高窟、新疆库车克孜尔等寺院石窟，其绚丽多彩的壁画雕塑，也描绘了宗教及世俗的乐舞活动，是丝绸之路音乐文化交流的见证和写照。

隋唐时期，国力强盛，经济繁荣，各族人民共同创造了以繁盛的“燕乐”(宫廷俗乐)为代表的灿烂音乐文化。

隋初制定宫廷礼乐，对胡乐、俗乐进行了整理，先后编定为七部乐和九部乐。唐初进一步充实扩展为十部乐，即燕乐、清商、西凉、天竺、高丽、龟兹、安国、康国、疏勒及高昌乐。此外，还备有扶南、百济、突厥、新罗、倭国、南诏等多种伎乐，异常丰富多彩。后来又有立部伎、坐部伎制度，所表演的乐曲有唐太宗、唐高宗时创作的《破阵乐》、《庆善乐》、《大定乐》等初唐三大舞，以及武则天、唐玄宗制定的乐舞。它们是具有雅乐性质的燕乐。

燕乐有声乐、器乐、舞蹈以及散乐、白戏等，以歌舞音乐为主。在唐代民歌、曲子的基础上，继承汉魏以来清乐大曲传统而发展起来的燕乐大曲(包括法曲)，是歌舞音乐的代表。它们具有复杂庞大的结构，分为“散序”、“歌”、“破”三大部分。每一部分又有若干乐段，如散序有靸；歌(又称中序、拍序)有歌头、攧、正攧；破(又称舞遍)有入破、虚催、实催、衮遍、歇拍、煞衮等等。唐代大曲很多，《霓裳羽衣》、《赤白桃李花》、《凉州》等是大曲的著名作品，白居易等唐代诗人对之给予了精彩的描绘。

隋唐宫廷虽也大力制定雅乐，但真正受重视的是供享乐的燕乐(俗乐)。唐朝除规模庞大的大乐署、鼓吹署等音乐机构外，还成立了专管俗乐的教坊。著名皇帝音乐家唐玄宗在位时，长安和洛阳的内、外教坊就有五所，专习法曲的“梨园”有三所。“梨园”受玄宗亲自指导，这些技艺高超的艺人被称为“皇帝梨园弟子”。这是宫廷燕乐极盛时期，上述机构的“音声人”(乐人)竟多达数万。也就在此时，胡乐与传统的俗乐得到更充分的融合，形成中国古乐的又一高峰。

器乐在隋唐时也有很大发展。许多外来的乐器已生根开花，琵琶和羯鼓成为最重要的乐器。魏晋以来备受文士们青睐的琴乐在保存“楚汉旧声”的同时又有创新，涌现出许多著名琴人，还改进了记录琴曲的琴谱，流传至今。在本世纪初，人们从敦煌莫高窟藏经洞发现了著名的《敦煌曲谱》，经过今人译解，可以再现部分唐代琵琶乐曲。

高度繁荣的隋唐音乐文化，对日本、朝鲜等国产生很大影响。日本“遣唐使”也有学习音乐的，他们带回唐朝的乐器、乐曲和乐书。有一些保存至今，成为两国悠久音乐文化交流佳话的见证。

唐末，宫廷音乐渐衰，而民间歌舞、曲子及散乐百戏则逐渐抬头，为中国古乐新的发展时期进行了准备。

戏曲音乐时代

宋、金、元时期，农业、手工业的发展与商品经济的发达，导致都市的繁荣和市民阶层的壮大。城市中出现了许多游乐场所，汇集了大量民间职业艺人。仅北宋汴梁城几个商品交易集中点，就有“勾栏”、“游棚”等民间音乐观演场所五十余座，其大者可容数千人观看。艺人们不管风雨寒暑，每日献艺，表演嘌唱、唱赚等歌曲，舞剑、舞旋等歌舞，鼓子词、诸宫调等说唱，及大乐、细乐等器乐；而傀儡、影戏、杂扮、杂剧及院本等戏剧，更是日益兴盛，备受青睐。

包含文学、音乐、舞蹈、美术等多种因素的综合艺术戏曲，经过从原始时代到汉唐这样漫长的萌生阶段，在宋元的有利条件下得到重大发展，趋于成熟。当时北方有继承唐代歌舞戏、参军戏传统的杂剧，由艳段、正杂剧和散段(又称杂扮)三部分组成，音乐多用曲子和歌舞大曲材料。到元代，杂剧发展达到鼎盛，音乐也形成一定的格式。当时杂剧通常有四折，前头或中间有的加“楔子”，每折音乐分别用不同套数，由主角(旦或末)一人演唱全套，其余角色则只说不唱。音乐主要特点是用七声音阶，字多调促，风格遒劲，通称北曲，以笛、鼓、板为主伴奏。

南方则有北宋时在浙东永嘉(今温州)地区形成的南戏，亦称永嘉杂剧。它没有折数限制，也不受每折一个宫调的限制。每种角色都能唱，形式有独唱、对唱、轮唱、齐唱多种。音乐用五声音阶，风格婉丽，字少调缓，通称南曲，在南方地区迅速流传开来。

南曲北曲相互交流吸收。南戏与杂剧均有“南北合套”的实例。南北曲遂逐渐取代歌舞大曲成为最重要音乐形式。

乐器方面，擦弦(或称拉弦)乐器如稽琴(唐之奚琴)开始崭露头角。琴乐受到宫廷重视，涌现了不同琴派的许多优秀琴家和作品，浙派琴家郭沔的《潇湘水云》就是一首著名的代表作。当时民间有多种器乐合奏，有的一直影响到现代民间一些传统器乐的合奏。

明清时期，北方杂剧由盛转衰，而南戏(明多称为传奇)则转为兴盛。南戏不仅经由南北合流取得发展，更重要的是在流传过程中与南方各地民间音乐结合，派生出多种多样的戏曲声腔。最著名的有海盐腔、余姚腔(均浙江),弋阳腔(江西),昆山腔(江苏)。弋阳腔在明初流传尤广,后来盛行于清代的"京腔"等高腔系的剧种,就曾受其影响。昆山腔在明中叶经改进,创造出更为细腻悠缓的"水磨腔"新曲调,经由《浣纱记》的上演,遂盛行于明代社会。到清代昆山腔又称曲,它集南北曲之大成并推出《长生殿》、《桃花扇》等剧目,在康熙、乾隆时达到自己发展的巅峰。

但艺术之林同样有新陈代谢。因为过分追求文雅和雕琢,昆曲很快衰落,不得不让位于如火如荼兴起的各地声腔剧种。影响最大的有弋阳腔、梆子腔和皮黄腔。弋阳腔是前述明初四大声腔之一,"其节以鼓,其调喧",与昆曲的婉丽适成对比,故鹊起而补其不足。梆子腔(最早也叫西秦腔)以梆子为板,音乐风格高亢激越。皮黄腔是西皮(梆子腔流入湖北襄阳后演变而成)及二黄(形成于安徽、湖北一带)的合称。后两腔是以简练的基本音乐素材进行灵活的变化发展的"板腔体"结构,较之杂剧、昆曲用不同曲牌联缀成套的"曲牌体"结构,更富于戏剧性,更易于欣赏学习。这些新腔的出现是戏曲音乐发展的一个重要转变。

18世纪末至19世纪初,徽班及汉班艺人分别将二黄、西皮腔带到北京。两腔结合,吸收昆腔、梆子腔等多方面有益因素加以革新,形成了以皮黄腔为主腔,京胡、二胡、笛子、三弦及鼓、锣、铙钹等乐器为伴奏的独立剧种京剧。经过近两百年不断努力,先后涌现出程长庚、谭鑫培及梅兰芳等优秀表演艺术家,积累了上千种传统剧目,终于成为全国性的第一大剧种。

在昆曲、京剧"各领风骚数百年"的同时,各种地方戏、民间小戏也蓬勃兴起。据近年统计,现存及历史上可考剧种达三百余种,大都形成于这一时期。其中还有少数民族的戏剧。这些剧种各有特点,而音乐风格上的差别则是最主要的标志之一。

明清以来民歌、小曲、歌舞、曲艺、乐器以及乐律、乐书、乐论等均有很大发展。它们融会上古以来蜿蜒流布的各种音乐成分蔚成巨流,与今天民族传统音乐各个门类有着直接的传承关系。它们和其他所有传统文化一道,熏陶我们,哺育我们,时刻都可以接触到和感受到。

书法艺术

◎高名潞

将书写文字发展为一门艺术——书法，乃是中国所特有的现象。书法之所以能成为源远流长的艺术形式，当然有赖于中国文字自身的形象特征。早期人类不同区域的文字都具有象形因素，如古代埃及的图形文字。但埃及的图形文字早在公元前500年左右就字母化了，而中国文字至今仍保留着抽象化了的象形因素。这种形象性的结构为书法艺术提供了结构依据，再加上毛笔的运用，于是有了笔法和章法等等规则，有了篆、隶、楷、行、草等书体，进而又有品第书法优劣、评论书法的特点，甚至研究他人论述书法的著作等书学。

所以，中国书法的形成与发展，与中国文字的诞生和发展紧密联系在一起。古人说，书之出现，乃一人为之，或曰史皇，或曰黄帝，或曰沮诵，而以言仓颉者为多。自然，书(字)不可能是一人所造，但后来总得有一些人将远古的各种记事符号等加以归纳整理。《说文序》说仓颉是黄帝的史官，或许他就是这样的专家。古人又说仓颉时代的文字是“书画异名而同体”，即“书画同源”。如颜光禄说：“图载之意有三：一曰图理，卦象是也。二曰图识，字学是也。三曰图形，绘画是也。”因此在古人的眼中，巫卜性质的卦象符号，作为标记性质的契(字)，和象形因素的符号(画)，都是混一的、不可分离的图形符号。

传世的文字实物，可追溯到新石器时代(约1万—4000年前)。西安半坡、大汶口文化遗址出土的彩陶上有一些类似文字符号的图像。但真正成熟了的文字应数殷商时代(约公元前1300—前1046年)的甲骨文和金文。就风格而言，前期武丁、祖甲时的甲骨文字大而雄伟；中期廪辛、康丁、武乙时的字小而谨饬；晚期文丁、帝乙、帝辛(纣)时的字小而严整，有金文的特点。金文差不多与甲骨文同时产生。商代(约公元前16—前11世纪)早、中期青铜器上有图腾族徽、图像文字。至殷商时期,青铜器上方有铭文,初为二三字,至商末少数青铜器铭文已长达四十多字。金文有时也称钟鼎文、大篆。在传世的甲骨、金文中,我们可以看到早期书法(或者说文字)中象形、书契、卜筮各种符号相混杂的特点。盖此时的文字尚主要作为实用的记事交流和卜筮、礼仪的工具而出现,纯粹审美的书法观念尚未形成。除甲骨、金文外,石鼓文也是传世最早的石刻文字之一,为小篆鼻祖,约为公元前375年之物。

秦汉时代,是中国书法告别古文而走向成熟和自觉的时代。传说李斯省改大篆,造小篆;程邈创造了隶书。不论此说确否,发展出更为简便的实用文字和更为纯粹的书法艺术形式乃是时代使然。在汉代,隶书的流行衍生了章草和今草这些新的更为自由的书体,专门的书法家开始出现。一些文人士大夫如蔡邕开始撰写书论。故东汉至魏这段时间亦可称为中国书法艺术的自觉时期。代表书法家有杜度、崔瑗和崔寔父子、张芝等人,他们是章草和今草的名家。

似乎与东汉(公元25—220年)画像石、画像砖大兴相伴,东汉刻碑之风亦大盛。门生故吏、孝子贤孙纷纷为其主其祖歌功颂德,树碑立传。故汉碑著录不下二百余品。其著名者,若《华山庙》、《史晨》、《乙瑛》、《礼器》、《曹全》、《张迁》、《石门》、《鲜于璜》等碑,风格或秀逸典雅,或朴拙雄浑,或平正刚直,或石峭奇谲,可谓众体皆备,群星灿烂。

这"碑碣云起"的现象当始于"秦六石"。秦始皇灭六国后巡视国内,在峄山、泰山、琅琊台、芝罘、碣石、会稽六处刻石封禅,由丞相李斯书文。从此,书法第一次离开了竹帛、金属和甲骨,与天然巨石和峰峦摩崖相结合,完成历史纪念的任务。这与西方文化中由建筑(如罗马凯旋门)和雕刻(希腊胜利女神)承担纪念碑的形式迥然相异。或许这正是由中国人的自然意识或谓天人合一观念所决定的。秦六石脱离甲骨铜器的原因也许正如龚自珍所说:"石在天地之间,寿非金匹也,其材巨形丰,其徙也难,则寿年于金者有之,古人所以舍金而刻石也欤?"

然而这强劲的"北碑"书风至晋代(公元265—420年)则为新起的"南贴"书风压倒。像这一时期绘画从壁画转向卷轴画一样,书法亦从碑版走向刻帖。这都是因为文人士大夫竞尚墨迹,且内容也不都是经传铭文,很多只是随意性很强的信札简牍。加之魏晋以来,文人以清简为尚、虚旷为怀,修容发语,以韵相胜,落笔散藻,於不期然而然之中获自由潇洒、飘逸空灵之神采。现传世最早的名人墨迹,是西晋陆机的《平复帖》。

南帖的兴起以东晋二王的崛起为标志。而产生了二王的晋代在书法史上也算是黄金时代了。在后世文人眼中，王羲之在书史上的地位可与孔子相埒，乃千古莫二的书圣。明人项穆说："宣尼(孔子)逸少(王羲之)，道统书源，匪不相通也。"而此前唐人张怀瓘即已说："逸少可谓韶尽美矣，又尽善也。"言外之意是，王羲之的书法表现了中和之美。宋黄山谷所谓："右军笔法如孟子道性善，庄周谈自然，纵说横说，无不如意。"元赵孟頫也说王书"总百家之功，极众体之妙"。而后世各种类型的书家，无论是重法度的、抒情浪漫的、唯美的、讲禅家空灵的、重自然平淡的，都要上溯王羲之。然而，王羲之的真迹今日已一纸无存。存世墨迹均为摹本、临本。如《快雪时晴》、《平安·何如·奉橘》、《丧乱》、《上虞》、《十七帖》诸帖，而尤以《兰亭序》最为后人崇仰。

但是，接踵而来的书法盛期唐代，却并非迎合二王的时代。尽管有李世民的提倡，又有唐初欧(阳询)、虞(世南)、褚(遂良)、薛(稷)四大书家承二王衣钵，但唐代书法一方面是理性极强、法度森严的楷书，像唐初四家，各辟蹊径，开唐代楷书中兴之先河，同时又有极奔放纵肆的一路浪漫主义书风，这就是以张旭、怀素为代表的狂草。从汉代的章草、今草到唐代的狂草，中国书法这一脉相延的艺术在发扬蹈厉、与生命同体方面已达于极致。 而这种高度浪漫主义的艺术精神又只能出现在唐代，醉卧沙场、水中揽月都不是诗意或梦境，乃是现实。玄宗时以李白诗、斐旻剑、张旭书为三绝。杜甫《饮中八仙歌》中有"李白斗酒诗百篇"，还有"张旭三杯草圣传，脱帽露顶王公前，挥毫落纸如云烟"。这是由尚武、胡风、诗、书、画的专职化以及崇神敬佛的入世宗教精神等多种因素所决定的。而在这种特定时代中出现的张旭的狂草亦成为中国书法史上的绝唱。

中唐又出了颜真卿，其楷法力挽狂澜。颜书一反初唐四家险劲秀逸之风，而行以篆籀之笔，化瘦硬为丰腴雄浑，改紧劲为宽博舒朗。显示了大唐气度和他本人刚正的人格。实际上，颜书代表了中国书法史上伦理至上的儒家书风。而颜书之于二王，则有如杜甫之于陶、谢。颜书对晚唐、五代、北宋影响至深，为影响仅次于王羲之的大书家。但颜书之影响力至元、明、清渐退，甚至有人认其书如"村夫"，言外之意是不够秀雅和飘逸。

北宋(公元960—1127年)的书法充分地反映了文人的意气。所谓"晋人尚韵，唐人尚法，宋人尚意”。这意气就是个性的张扬。宋人既丢弃了唐人的森严法度，也没继承张旭的浪漫情致，倒是受颜真卿和五代杨凝式的抒情性的行书影响较大。北宋四大家为苏轼、黄庭坚、米芾、蔡襄。除蔡仍谨守唐法外，其余都将书法与人格和性情相统一，主张随心所欲地表现，不受古人书风束缚。苏轼说：“我书意造本无法，点画信手烦推求。”而像他这样自由、恣意地创作的书家确实很少，因为他不讲求形式，握笔不合规矩，甚至到处“乱写”。与之齐名的黄庭坚主张在抒发性情之外，还要加入禅宗功夫，特别是写草书要潜心冥会。其行楷雄劲而奇崛，草书则隽逸瑰丽，其代表作为《李白忆旧游诗》、《诸上座帖》等。大抵宋人讲平和冲淡，尚只是追求，而社会情感、时代心理都使宋代文人的心理难于安和平淡，仍少不得要发书生意气，故其书法也不免流露芒角倜傥风流，还入不得禅家宁静致远的境界。米芾的书法即是一例。他说：“书非以使毫，使毫行墨而已，其浑然天成，如莼丝是也。”他的鉴赏力很高，对前人多有贬意，视颜、柳(公权)为“后世恶札之祖”；他虽赞赏二王的潇洒飘逸的平淡，却又力求突破，而上溯上古之人的朴野之趣。米芾的书法在宋人中最为剑拔弩张，其字跳跃跌宕，劲健爽利，行笔中侧并施，结体错落俊丽，堪称宋书中第一风流。但当时黄庭坚就已批评米书太外露，“如子路未见孔子时”；严羽亦以平淡标准评道：“坡、谷诸公之诗如米元章之字，虽笔力劲健，终有子路未事夫子时气象。”类似的评价至元人更是盛行。而后人康有为在评价宋代革新书风时，则激烈地说：“黄、米复出，意态更新，而偏斜拖沓，宋迹遂亡。”

南宋书法较之北宋已江河日下，书家一般不出黄米樊篱。稍有变通者，只有张即之。

宋代在书法史上的重要性还在于丛帖的刊刻。自宋太宗朝集历代名家书法为《淳化秘阁法帖》后，刊刻丛帖之风由宋至明、清常盛不衰。这对保留传播古人墨迹其功甚伟。但也因辗转翻刻，误失本相而殃及后学，同时更对摹古之风起了推波助澜的作用。明末有人起而反帖学，也自有一番道理。

元代(公元1271—1368年)是中国书法的复古时代，自元初赵孟頫登高一呼，超宋越唐的古典主义书风遂大兴起来。元人很少有学宋人书法者，而多以二王为宗。这与赵孟頫的身体力行有关。赵书欲力追二王，但实多得二王书之秀媚，而失去王书的遒劲和空旷。但赵孟頫的唯美和复古趣味却代表了元明文人趣味的主流，故而影响了元明两代，如明张丑所说“王侯(指赵)笔力能扛鼎，五百年来无此君。”赵曾临《兰亭序》万余本，真行篆隶均善，因其韵度丰艳、圆活遒丽而被称为赵体，流披后世。但后人主雄强者，亦因其书过于秀媚而讥之为“奴书”。赵孟頫传世作品极多，碑刻墨迹均有，如《头陀寺碑》、《前后赤壁赋》、《洛神赋》等。赵所开辟的宗二王的古典书风风靡起来，似虞集、仇远、周驰、黄公望、元明善、揭傒斯等均继其踵。

值得提及的是，与赵书相比，鲜于枢的书法骨势雄强，时人谓有“河朔伟气”。康里子山的章草，雄奇刚毅，于元时奇崛独出。另外，元代书坛中又有一股开后世新风的潜流如张雨、吴镇、倪瓒、杨维桢等。他们不囿于古法，变化中求“逸气”。可以说，他们的书风方得到二王书法平淡空寂的神髓，为明董其昌等人禅意书法之端倪。

赵孟頫的“复古”遗风笼罩着明代早、中期的书坛。一大批文人书画家以晋唐书法为楷模，致力于写精巧的小楷字；到中期则兴“台阁体”，虽雍容矩变，但乏个性。其佼佼者如沈度、沈粲兄弟。因热衷于此路书格者大多为“中书舍人”，故又称“中书格”。它与清代由皇家提倡的“馆阁体”异曲同工。

明代（公元1368—1644年）书法繁盛于后期。“吴门书派”人才济济，其中突出者为祝允明、文征明和王宠。号称“明朝第一”的祝允明楷师魏晋，且尤擅大草。文征明四体俱工，尤以小楷、行草为佳，时人称为“玉版圣教”。文、祝之后，董其昌以禅喻解书画，其趣味秉承米芾，但较之米书秀逸清脱。他的书法和理论风靡明末清初，如康有为所云：“香光(董其昌号)代出，几夺子昂之席。”只是由于乾隆喜欢赵孟頫，方使赵体复为正宗。

明人大都喜欢大草，至晚明尤甚。但明人大草不似张旭的狂草。张之草书乃生命之律动，而明人大草较张草理性得多。它一方面受心学的主观论影响，注重表现，另一方面社会环境导致的抑郁之气也需借此升华。如黄道周、倪元璐、傅山诸家书法均以人格重，其人或为烈士、或拒不降清，故书风超迈苍凝。这一脉到清初，则转为朱耷(八大山人)、石涛、归庄、查继佐等明遗民的书风，而连绵大草也到此告退。明季唯徐渭因身体心理均殊于常人，其草书反有张旭出神入化之境。

清代(公元1644—1911年)书法引人注目之处在其碑学大兴。清初的隶书乃碑学之滥觞。王时敏、朱彝尊、程邃、石涛、高其佩诸家精于此道。乾嘉时期的阮元作《北碑南帖论》指出：“元、明书家，多为《阁帖》所囿，且若《禊帖》之外，更无书法，岂不陋哉。”而后有包世臣《艺舟双楫》和康有为《广艺舟双楫》推波助澜，碑学即乘帖学之微而中兴。至清末，又衍生出金石之学。其间大家有金冬心、伊秉绶、邓石如、何绍基、赵之谦、吴昌硕等。考清人崇碑版、金石而抑帖学之本意，实欲借碑版之雄强救帖学之颓靡，然而，终究只是风格之争，而非书法表现精神之更新，更非新时代书法风格之创造。盖与乾嘉考据之风相合，求于古人天地中求新生。光绪二十五年(公元1899年)殷墟出土了甲骨文，于是书法领域又从金石学扩展到考古学；而敦煌的发掘，又使人们根据木简而开创新的行、草之路。这诸种情状实都出于碑学之兴。

总之，中国书法乃中国特有之艺术，其中凝结着丰富的本土精神和审美趣味，但至今我们对其认识还不充分，仍有待于开发。

文人绘画

◎高名潞

中国绘画史实际上主要指中国卷轴画的历史，而组成卷轴画的又主要是文人画，故中国绘画史在很大程度上偏重于中国文人画的历史。

中国文人画(也可称士夫画)早在魏晋南北朝时期(公元220—589年)就开始形成并与工匠画分道扬镳，且愈来愈成为画史的主流。而在西方绘画史上，直到19世纪上半叶，工匠绘画一直是其主流，即使是文艺复兴三杰——达·芬奇、拉斐尔和米开朗基罗，其身份也只是高级工匠、宫廷画师。

惟其如此，中国文人画较少像西方绘画那样表现叙事主题，或者为某一宗教教义服务，相反，更多地偏向于自然意识、人格化和情性的表现。这与中国文人的哲学观、人生观相关。但是，这种特点也有其发生发展的不同阶段。

一、神化与仙化的天地

今天我们看到的秦汉(公元前221—公元220年)绘画，除了少数墓室帛画外，大量的是墓室壁画和画像砖、画像石。汉代绘画中的物象繁杂，但大体上分为天、地、人三层次，并将之纳入一个整体秩序之中。汉人眼中的天不是自然形态的天空，而是万物之祖、百神之长。自然法则乃神性的表露，是类似人间秩序的天堂。而地上万物自然也是神性的表征。这种浪漫幻想在汉人看来则是现实与真实的。这是带有原始宗教意味的超个体的普遍信仰和敬畏。但在表述和描绘时，一方面以事实为媒介，另一方面又对现实进行了乐观而主观的分解和拼合。

时至魏晋，绘画中的神意渐转为仙气。除了墓室壁画和画像砖、石外，出现了很多由士大夫绘制的卷轴画，如流传至今的传为东晋顾恺之(公元346—407年)所绘的《女史箴图》、《洛神赋图》等。唐代张彦远在《历代名画记》中说："魏晋以降，名迹在人间者皆见之矣，其画山水，则群峰之势若钿饰犀栉，或水不容泛，或人大于山。率皆附以树石，映带其地，列植之状，则若伸臂布指。详古人之意专在显其所长，而不守于俗变。"这种不合于"比例"的画风乃是基于某种范式化了的"神格"，不能以幼稚或无能而誉之或毁之。那些仙岛琼瑶、玉树珊瑚、飘风暴雨与其说是对现实物象的提炼概括，倒不如说是对现实的本质的认定。这一认定又出于"仙心"，这与此时的诗坛相类，所谓"正始明道，诗杂仙心"。即使是颇有儒家正统意味的顾恺之的《女史箴图》，也弥漫着一股鬼魅之气。而此时众多绘画中的一些人物造型样式(如竹林七贤)、道具的铺陈、人与人之间的关系等，似乎都在暗示着"羽化升仙"的真意。

唐代(公元618—907年)绘画继续将前人的冥幻世界推向有序化和完满化，神仙世界的等级和铺排透溢着现世的缤纷层次。李思训、李昭道父子将隋人展子虔《游春图》中已露端绪的刷脉镂金之所长引向极致，使山水画风为之一变，创立了金碧青绿山水一派。"烟霞仙圣"之境至此已为固定样式。"神格"也定型了。画中的山石亦为壁立峭拔不可为常人游居的假山石，山势筋脉刻意重叠繁复，描金勾勒，层层敷染，以设想之宏丽与构造之陆离标示仙圣之所在，仿佛只有这样方为古仙人所居的"三神山"、"五神山"。对仙界神境的向往与对现世物质的占有欲的交融并杂，是唐代绘画的特点。

秦汉、晋、唐绘画表达了这时期人们对自然和外部世界的主观畅想和归纳控制的愿望。因此，这时期的绘画理论中少有抒情的观念，多为畅"神"(道、神话幻想)的意念。如南朝宋人宗炳(公元375—443年)在《画山水序》中描绘的理想境界为"峰岫峣嶷，云林森眇，圣贤映于绝代，万趣融其神思"。而一俟入此境地，作者遂自谓："余复何为哉?畅神而已。"

二、人化的宇宙

宇宙即是时空。《庄子·庚桑楚》曰："有实而无处者，宇也。有长而无乎本剽者，宙也。"也就是说"四方上下曰宇，古往来今曰宙"。当然，古代东方神秘主义的宇宙意识与现代物理学中的宇宙意识，在认知的途径和范畴上存在着很大的差异。东方宇宙意识未能将人与外部世界的抗争导向理性与智能在现世的物化形态——科学技术的发展方向上，而是将这种意识更多地凝结在对其本身而言更为直接、但也更为抽象与玄虚的宗教图像(八卦、太极图等)与艺术图像之中了。

五代两宋(公元907—1279年)的绘画，特别是山水画，较为突出地体现了这种意识。但它不同于宗教图像的是，后者是那种神秘意识的概念化的标记和图示，而宋代绘画则将这种意识朦胧地寄寓在现实境界上，从而创造出一种独特的"意境"。

王逊先生认为："'烟霞仙圣'与'泉石啸傲'两个不同观点，在五代山水画题材中是并列的，而后者渐居上风。"也就是说，晋唐时代绘画中的神化天地从五代开始向理想的人化和自然境界转化。被称为北宋四大家(荆浩、关仝、董源、巨然)之一的荆浩在其《笔法记》一文中，假托仙叟之言，讲述如何含道映物，怎样以绘事探究宇宙本元的画理和画法。他把墨法看作是探究玄秘的宇宙本元的最重要手段，而不是拟写形迹的技法。从现存传为荆浩的《匡庐图》中，可以看到这种过渡性的转折，以积墨法画就的向上尖突的"云中山顶"突破了瑞风祥云飘绕、金碧青翠相间的李家(李思训、李昭道)仙山的"神格"。五代、北宋人结束了唐人少静穆思辨导致的浪漫情致，开始了对宇宙的理性沉思以及对生存世界的修正。因此，五代北宋的山水画展示了中国画史中最为静穆雄浑的一页。北宋人对远古天地经义探究的欲望导致一种"全、多、大"的理想型山水应运而生。而宋代院体花鸟画的写生也是对自然万物的理法进行探求的体现，而非仅为模拟外形。

如果说，在荆、关、董、巨和李成、范宽的作品中主要以探究和重筑天地空间为目的，还较多地关注描绘鸿濛初开时的混沌气象的话，那么从熙宁年间(公元1068—1077年)的郭熙起，则开始更多地注意自然的多样博大和人的现实情感生活的丰富需求相对应。亦即，全、多、大的多样世界——主次朝揖的山水、循环有序的四时、阴晴显晦的气候，都应当由同样多样有序的主体(士大夫阶层)的情感意志去统摄归纳，而后按梳整与规范后的法则去拼合为以大山大水为主的全景山水。

郭熙的理论和创作所奠定的法则实际却是在南宋(公元1127—1279年)被运用。南宋画家们更多地将宇宙法则纳入到现世情感的需求之下。南宋四大家刘松年、李唐、马远、夏珪特别是马、夏的边角之景，和宋人小品中那众多的秋江暝泊、柳岸风荷、柳溪放牧等，令人爱不释手，但都欲在一角半边式的局部世界中展示整体

北宋范宽《溪山行旅图》。

世界的秩序。

宋代绘画从宇宙表述转向情感意志的表现，就像宋代理学从探究宇宙本元和认知外部世界的理法开始而走向人伦自省一样，都是一种人化空间、人化自然、人化宇宙的过程。从泛神到泛情、从理念化到情趣化，中国古代绘画的这种转折的关节以及上一时代的巅峰和下一时代的潮头就都集中在宋代了。

三、自足世界

文人画在中国画史上的最终确立是在元代(公元1271—1368年)。唐代的工匠画家和宋代的宫廷画师中名家辈出，而与士大夫画家争雄。至元代，文人画家已彻底垄断画坛。此后，工匠画即在画史上销声匿迹。工匠出身而能跻身于文人画风格与行列中的画家已寥若晨星。

元代的文人画也是文人画的高峰，它为明清绘画奠定了基础。

经过一场鏖战后，元代文人那破碎的心很快被"三教合一"的粘合剂所弥合了。宋代文人那种尽管底气不足却不乏书生意气的剑拔弩张之情在元人那里不见了。元人有了将各种消极与积极的对立因素消融化解的"空故纳万境"的心态。他们不仅仅像宋人那样是在理性上，同时也在情感上极力"净化"和"完善"内心世界。这种自我完善的境界决定了元代绘画的温雅和谐的基调。

此外，元人对自然山川已失却了强烈的认识目的和占有欲望。宋人"不下堂筵，坐穷泉壑"的山林之思至元代已成为现实，"泉石傲啸、临流独坐"乃至飘然于三湖五柳之间已是元代文人生活的重要组成部分，因而，山川亦被视为"我"的统一体，而宇宙空间和自然山川的法则亦被导向个体的内心世界，从而成为新的山水画的法则。这就是元代绘画"不激不励而风规自远"的风格。

元初的赵孟頫、高克恭、钱选是承先启后的大家，而后方有称为元四大家的黄公望、吴镇、倪云林、王蒙的嗣响。

元代绘画的特点是"写"，书法入画使线条的表现力更为丰富。纸大量代替了古代的绢和帛等丝织品，这也使墨的层次更为丰富。干湿浓淡、轻重缓急、正锋、侧锋等等各种笔法在元人那里运用自如，并日趋完善。

元代绘画"雅秀"的格调、萧散荒率的意境，使明清文人叹为观止，望而却步。

“云林乎，大痴(黄公望)乎!”的呼声响彻明清画坛。数百年内无数画家即在元人所圈定的地盘中翻筋斗。其间虽有数位大家试图力转时风，然而不知根本所在，终未酿成一代风尚。明代(公元1368—1644年)画坛上浙派、吴门、松江等画派林立，但多拟囿于古人，只在风格情趣方面争风，特意独创者少有。

明末董其昌 (公元1555—1636年) 在明末清初之际影响颇大。特别是其“南北宗”之说，对元明文人画乃至晋唐绘画作了概括性的分类，公开明确地张扬文人画的旗帜。他并以禅家南北宗解画之南北宗，褒南而贬北。将“禅意”奉为文人画的真髓。

董其昌在其《画禅室随笔》中说:“画之道，所谓宇宙在乎手者，眼前无非生机，故其人往往多寿。至如刻画细谨，为造物役者，乃能损寿，盖无生机也。……非以画为寄乐者也，寄乐于画，自黄公望始开此门庭耳。”这里有一个公式:画之道=宇宙=生机=生命(多寿)=乐。但这里的“乐”是有标准的，必须是“生”、“拙”、“雅”、“秀”、“荒率”、“天真”的，这就是董其昌以及明清文人画家大多追求的“自然”和“禅意”。而他们的“道”观、“宇宙”观已与秦汉、晋唐、北宋人的相去甚远。在明清人这里，修身养性，既可长寿，又可悟道。幻想着人的自我完善就是宇宙之完善的结果，是使人彻底失去与外部世界抗争的欲望。

如果说，元代绘画已完成了个人世界的心灵完善，明清绘画则将最后一个完善——生命完善——也完成了。

清代(公元1644—1911年)画坛上，处于正统地位的画家以“四王、吴、恽”为代表，即王时敏、王鉴、王翚、王原祁、吴历、恽格，此六人为有清一代朝野共赏之人物。他们的画风上承董其昌的思想，下启“虞山”、“娄东”、“小四王”等画派的画风，但均以元代黄公望、倪云林等为追摹对象。

清代“在野”的画家以四僧(石涛、朱耷、弘仁、髡残)、扬州八怪(金农、郑板桥等)、金陵八家(龚贤等)为代表。

但是，无论是四王还是四僧、八怪的绘画，都还是元代绘画“和谐”意趣的继承者。尽管四僧、八怪的作品有其“异端”性格，然而其“异端”多出于对风格的逆反和情调的反叛，并非出于理性的思索和艺术本体的革新。

朱耷与石涛是四僧中的佼佼者，但朱耷的创新在于其画面构成有一种钢筋式的力度，而石涛的功绩也只在于他的线的丰富和多情，而不在于其表现了什么新的精神。石涛的“搜尽奇峰”(试图归纳)与“一画论”(试图演绎)仍是一对矛盾,最终仍是一个通脱和随遇。

金陵八家之首龚贤在清代画坛上出类拔萃。他主张“心穷万物之原,目尽山川之势”,要取证于晋、唐、宋,蔑视元明。自然,时代的局限使他逃避不了到古人那里讨生活的命运。但他那探究宇宙奥秘的精神,那与某种自然法则相契的层层积墨法,那古涩然而雄厚的山石林木,都显示出理性的超越信念。

清末以及20世纪以来,古老的文人画受到了西洋绘画的冲击,其地位也从独占鳌头跌为偏安一隅。然而其间也出了几位大家,如吴昌硕、黄宾虹、齐白石等。而致力于中西合璧者,也有任伯年、林风眠、徐悲鸿诸人。

要之,总括中国文人画的道路,我们是否可以说它的精神历程是:积极的神化幻想、主动的外拓意念蜕变为乐天的自我完善;“宇宙”的人化,使人夸张了自己在宇宙中的地位;从某种程度上说,文人画的历史也是古代文人渐渐堕入世故和颓唐的记录;近代以来改革诸家虽然或持“中体西用”,引进西法,以求新生,或力守传统壁垒以求复兴,然而终是“殊途同归”,重蹈传统文人的“完善”之路。

古代雕塑

◎高名潞

中国古代雕塑与西方古代雕塑同样有着漫长的历史。它们最大的共同之处在于:一部古代雕塑史很大程度上也是一部宗教和礼仪的发展史。宗教雕刻和陵墓雕刻是古代雕刻的两大组成部分。在中国,由于王朝制度的稳定延续,陵墓雕刻也始终在持续地发展和延续,故相对而言盛于西方。而中国的宗教雕塑主要是佛教造像,西方的雕塑则由埃及、希腊、罗马的神性主题雕塑构成(这种神性主题与现实人有着更直接的关系)。因此,西方雕塑多为写实和地上的。而中国的雕塑多为佛像(以及道教、儒教偶像)和陪葬明器,故其形式更为夸张,并多置于地下或洞窟、寺庙这些远离人世之处,很少像西方雕塑那样常常置于露天公共场所之中。一般而言,雕塑功能有三:宗教偶像、纪念碑、建筑装饰。但在中国古代,纪念碑的功能,即树碑立传,都是由书法来完成的,从青铜铭文到泰山石刻,乃至比比皆是的墓志铭均如此。这是中西雕塑中大不相同之处。

中国古代雕塑同建筑一样一直是众多不知名的工匠所为,文人士大夫耻于此道,故雕塑与建筑的地位较之文人书画要低得多。西方古代雕塑和绘画都是由工匠(包括高级宫廷匠师)完成的,故不存在这种差别。

"雕塑"一词的本来意义是指制作手法。"雕"是用刀或其他硬质金属工具在较软的质料上刻、削,而"塑"则是直接用泥等软质材料捏或拍打成形象的方法。

早在中国的新石器时代(1万—4000年前),陶器的塑造就可看作是一种造型活动。很多陶器上都塑上了鸟、兽、人的造型。这些形象一般塑于容器器盖上,也有整个容器即为一完整动物造型的。造型大多为非写实的,其功能除装饰目的外,也带有神性崇拜意味。其中包括自然崇拜(植物、山水纹样)、图腾崇拜(动物)和祖先崇拜

(人物)。近年出土辽西牛河梁红山文化遗址的《女神》塑像,即是被崇奉的祖先形象。

商周战国时代(公元前16世纪—前221年)的雕塑以青铜器艺术为代表。青铜器上的雕饰有四种形态:平雕、浮雕、局部圆雕、整体圆雕。青铜器上丰富的纹样母题大致有四种:①饕餮。这是商代青铜器中最普遍的纹饰形象,有面、体、分解、变形等各种变体形象。②各种龙纹,如有体龙、回首龙、带喙龙、有羽(有翼)龙、S形龙等。③其他动物形象,如鸟、蛇、牛、蝉等。④单元纹样,如有眼带、圈带、回纹带、涡纹、三角纹等。前三种都可称为动物纹样,故动物是商周战国青铜器雕塑的主要母题。其艺术风格又可分为三个阶段,按郭沫若的划分,为古典期、退化期和中兴期。依高本汉的意见,则分为古典式、中周式与淮式三个时期。

在古典期(古典式,公元前1400—前950年),以饕餮及其他神异动物为主要纹样形象。其造型神奇诡异、狞狮庄严,具有很强的支配性神力;相对而言,在纹样中,人的地位是被动与隶属性的。在退化期(中周式,公元前950—前650年),许多纹样趋向呆板和固定化。其形状所表现的神话意味和超自然的力量显然减退,古典期中占主导地位的饕餮纹几乎完全消失。到了中兴期(淮式,公元前650—前221年),古典期的许多动物纹样,包括饕餮纹又重新出现,但形象只是因袭传统而程式化,不再具有神奇力量,同时又出现了一些新的写实性的兽纹。这说明,到周代后期,人已经从对神的敬畏,即从动物的神话力量下解脱出来,人开始以挑战者的姿态出现。这是因为"周代晚期智识之普及与深刻化,及当时由儒家所代表的人文主义的兴起"(杨宽语)。

自从战国时期(公元前475—前221年)俑代替人殉随葬以后,中国雕塑从青铜时代进入陵墓雕塑时代。

时至秦汉(公元前221—公元220年),由于制陶业的发达,陶俑大量出现,它在艺术成就和规模上的辉煌代表即是秦始皇陵兵马俑。作为一种时代风格,秦始皇陵兵马俑的写实性特征可称历代之冠。首先在具体兵马的塑造上,兵俑与战车、战马、兵器皆仿真人及物的大小,并认真刻画兵俑的性格和身份。其次,在整体阵容的安排上,数以千计的陶塑兵马排列有序,呈现为严阵以待、整装待发的状态。三个巨大的俑坑位于陵墓的东边,兵士、车马皆面向东方。这反映了秦王扫六合之后对域外夷狄及域内六国仍存在着的"忧患心理"。而秦陵兵马俑亦不啻对内之"万里长城"。

1954年陕西西安出土西汉拂袖舞女陶塑。

同时，这种对真实的人和人的力量的模拟也反映出进入新的王权社会以后的“王道”意志。

汉代(公元前206—公元220年)的各种陶俑和明器更为丰富。同时,作为陵墓表饰的地上大型石雕有了大规模的建造，特别是出现了大量的作为墓室雕饰的画像石、画像砖。汉代是中国陵墓雕塑的全盛时期。

《封氏闻见记》说:“秦以来,帝王陵寝有石麒麟、石辟邪、石兕、石马之属,人臣有石人、石虎、石柱之类,皆表饰坟垅,如生前仪卫。”帝王陵前石兽神秘而高贵,大臣墓前石雕则较现实、生动和自然。位于陕西兴平的西汉霍去病墓前的石兽群刻即是人臣墓雕塑的代表,同时也是汉代地上大型石雕的佼佼者。全部石兽群及墓冢被安置在有如“祁连山”的象征性自然景观中,这些石雕采用天然花岗岩,只稍加人工雕凿,写意式地塑造出马、牛、虎等动物古朴浑厚的形象。

应该说最丰富、同时也最能表达汉代人观念的是散布于河南、山东、四川、山西、江苏、陕西等地的众多墓室中的画像石和画像砖。它们都是用“阴刻法”或“减地法”雕刻的“石刻画”,反映了汉代平民墓葬的风气。山东武梁祠碑文云:“孝子孝孙,恭修子道，竭家所有……选择名山，南山之阳，擢取妙好，色无斑黄……良匠卫改，雕纹刻画，罗列成行，摅呈技巧，委蛇有章。”这些画像石、画像砖的题材极为丰富，从神话传说到历史故事，从珍禽异兽到现实生活，从天文神话到山川建筑……它们表现了汉代人重礼教孝道、崇天道神灵、炫富贵浮奢的三大人生主题。在表现形式上，通常分天、地、人间三部分或上、中、下对应排列，或混杂在一起。不论其如何丰富杂多，但均蕴含着“天人合一”的内在秩序。

1965年，在陕西杨家湾出土的高约半米的涂彩骑士俑和文武侍从俑数千件，同秦始皇陵兵马俑一样整齐地埋在坑内，只是尺寸规模均逊于后者。此外，各地汉墓还出土了大量的武士俑、文臣俑、侍从俑、舞俑、乐俑、庖厨俑、说唱俑、杂耍俑等，动物俑也包罗万象，还有许多建筑模型、器具模型。可以说，仿制现实生活物品的俑类在墓室中应有尽有：人间的礼仪和生活的秩序在俑的世界中如同在汉赋和汉画像砖、石的世界中一样，被表现得淋漓尽致。

汉代的美学思想将先秦儒家学派的以善为美、以道德教化为第一要义的思想神秘化，形成了“天人感应”之说。这种神秘化又与尚真朴、尚简化的道家思想调合在一起，使神秘化有了事实和自然的依托。这就是汉代雕塑既神秘又亲切的意味之所在。同时汉代雕塑在保留了商周雕塑那种既能把握大体、又能概括抽象的能力的同时，又淡化了商周雕塑的诡秘、狞狞的内涵，形成了自己古朴自然而又浑厚洒脱的风格，从而引发了魏晋佛教雕塑潇洒飘逸的风神韵致。

魏晋至隋唐(公元220—907年)是中国佛教雕塑的全盛时期。自东汉永平年间佛教东来，佛教造像亦传入中华。魏晋南北朝时(公元220—589年)摩崖石窟造像从北至南风靡华夏。《法苑珠林·敬佛篇》云：“自泥洹以来，久逾千祀，西方制像，流式中夏，虽依金熔铸，各务仿佛，名工奇匠，精心展力。”在甘肃敦煌莫高窟、永靖炳灵寺、天水麦积山、山西大同云岗、太原天龙山、宁夏固原须弥山、河南洛阳龙门、河北峰峰矿区的南北响堂山、南京栖霞山等众多的石窟中都有早期开凿的窟龛和造像。

在长达千余年的发展历程中，佛教雕塑在形式手法、风格神韵和神性主题诸方面均形象地反映了印度佛教在中国逐渐本土化的过程。北魏时期的造像多传模印度“犍陀罗样式”，这种样式因亚历山大东征而带有希腊雕塑风格。但传入中国后，很快融入“秀骨清像”的神韵和“曹衣出水”的风格特征，遂形成清俊空阔的特定样式，进而衍化为唐代丰腴饱满、雍容端庄的风格样式，从体态、着衣到造型都完全中国化了，其代表作品为洛阳龙门石窟奉先寺的庐舍那大佛，其神韵雄伟睿智，安然慈祥，兼具“温柔敦厚”(儒)和“宁静致远”(道)两种审美意趣。佛像的线条圆柔自若，婉转流畅，完成了由南北朝刚劲平直的刀法向圆刀的过渡。在窟龛形制方面，北魏时期为“一佛二菩萨”，到唐代则变为“一佛二弟子二菩萨二天王二力士”，这种布局和形制在佛经中无出处，完全是现世朝廷中君臣主仆的格局。盛唐的菩萨塑为温良慈爱的女性形象，以示其救苦救难的慈悲胸怀，当时有“菩萨似宫娃”之称喻。唐代佛窟龛的形制和壁画中众多的《西方净土变》显示了朝廷和俗众对净土宗的热衷，而禅宗的兴起则代表了文人士大夫的思想和意愿，这两种因素都奠定和左右了下一个时代的雕塑风格。

但是，晋唐佛教雕塑的兴盛并未使陵墓雕塑衰落，今见于南京等地的六朝陵墓石雕雄浑劲健，衍承了汉代雕塑遗风。至唐代，丰厚的物质基础为厚葬从而也为陵墓雕塑的发展提供了条件。《唐会要》记载“王公百官，竞为厚葬，偶人象马，雕饰如生，徒以炫耀路人，本不固心致乱，更相扇动，破产倾资。风俗流成，也下兼士庶”。散布于西安周围群山中的唐代帝王陵寝辉煌雄伟，陵墓表饰也规整壮丽。以李世民战马为题材的《昭陵六骏》代表了这一时期雕塑艺术的成就。

贵妇、武士、骏马、骆驼构成了唐代明器艺术的主要题材，它不像俑那样包罗万象，似乎已失去了囊括统纳世间万物的欲望，但却凝缩了唐人的生活和意趣之所在，而富丽堂皇、饱满充实的审美意趣则孕育了独特的唐三彩艺术。

在中晚唐盛行起来的禅宗，到五代两宋时期(公元907—1279年)已是独占鳌头，而五代、两宋以来的佛教雕塑也基本成了禅宗雕塑。这时人们已不再像前人那样热衷于凿建大窟巨像，乃多借助自然岩势和天然溶洞开龛，比如杭州飞来峰一带的石窟造像。而龛制也大量增加了罗汉群像，特别是无忧无虑、喜形于色的大肚弥勒往往成为龛主，以往宗教世界的严格秩序和神秘威武的气势变得亲切和生活化了。在宋代大足石刻造像中，水月观音、净瓶观音、宝珠观音等各种化身的观音和罗汉成为主要角色，而以往通常在壁画中表现的《文母恩重经变》这类的世俗题材也被大量搬入雕塑之中。以往高高在上、不可企及的宗教偶像至此也成为满足俗众还愿祈福、解厄救难之需要的现世恩主了。雕塑手法更趋写实，尽力模拟真人神态。如山西大同上、下华严寺中的菩萨像，举手投足，甚而开颜启齿，打破了佛像塑造不得张嘴露齿的戒律。而山西晋祠内取材于民间传说而制作的泥塑侍女，其容貌特征亦同于当地民女。

宋代以后，甚至还出现了以圆寂僧人的肉身为胎而绘塑的佛像。明清两代的寺庙造像，不仅彩绘繁缛，甚至以真人毛发为塑像之须眉。偶像的崇高感已荡然殆尽，庸俗繁琐、生气全无。

明清以后，陵墓雕刻也走向衰落，尽管帝王陵前石人石兽仍不乏规模。但神兽温顺似猫狗，故徒具形制而不能张威。

在宋元明清时代大放异彩的是工艺雕塑。朝廷御供、文人趣味和民间商贸等诸种需求刺激了工艺雕塑在品种、形式、材料等方面的发展。文人案头的清赏小品如瓷塑观音、达摩像，根雕罗汉、寿星像，竹笔筒、石砚盒等文房用品上的精美雕刻，门窗户牖等建筑装饰雕刻，江南的砖雕、木雕，北方的琉璃釉雕等等，都总结发挥了以往传统技艺，使之臻于极致。

难以计数的小品佳作构成了这一时代的特色，从而与前期的宗教和陵墓雕刻相颉颃。

失去早期巨型雕塑的宏伟风格而走向更近于人世的亲和风格是中西雕塑的共同走向。然而，西方自文艺复兴以后，雕塑的母题日益丰富，并走向大众场所、自然景观等更为开放的空间，而中国古代后期的工艺雕塑却恰恰相反，日益进入案头书斋，变成精巧细致的把玩小品。这迥异的趋向反映了中西近世不同的人文精神和文化心态。

舞姿翩翩

◎王克芬 等

中国古代向有“诗、乐、舞同源”之说。据此，以人体动作为主要表现手段的舞，和诗与乐一起，同为最早产生于中国历史上的一种综合的原始艺术形式。事实上，在初民那里，最早的区别于物质生产的精神活动，是混沌未开的。所有在后世被分化为诗、歌、乐、舞、剧等等的艺术门类，在一开始均糅合在唯一的原始意识形态——巫术礼仪之中。也正因为这样，原始舞蹈就涉及到了原始宗教生活的各个方面。

远古传说的“击石拊石，百兽率舞”(《书经·益稷》)，其目的即在于“神人以和”，显然是一种作为巫术礼仪活动的图腾歌舞。我国云南、内蒙古、新疆等地遗存的远古崖画中有不少头插羽翎、肩挂羽披或带尾饰的舞人形象，特别是青海省大通县出土新石器时代的舞蹈纹陶盆上所绘画的连手而舞、带有尾饰的舞人，形象地印证了史书中所谓“百兽率舞”、“凤凰来仪”、“假干戚羽旄以表其容”的说法。这种拟鸟兽舞时至今日仍在我国各族民间盛行，主要有狮舞、龙舞、孔雀舞、竹马舞等等，传统舞蹈术语中又有许多模拟鸟兽情态的，如“双人燕”、“大鹏翅”、“虎跳”、“商羊腿”等等，当然，其间本来蕴含的势烈迷狂的宗教意义，已被淡化乃至遗忘了。

祈求氏族繁衍昌盛的生殖崇拜，是原始宗教的重要方面。考古学家王炳华发现的新疆呼图壁县唐家石门子生殖崇拜岩雕刻画，十分清晰地展示出原始歌舞与这种信仰的密切关系：两个性别特征十分明显的男女作交媾状。下面则刻有数十个动态一致、正在欢舞的小人，他们是氏族兴旺、生命延续的象征。先民们在某些祭祀活动中男女交合、择偶的史实，已为不少古文献所证实。而今日各族民间情歌、情舞的广泛流传，仍可看作这种远古求偶舞的残存与变态。

舞蹈的神秘感染力，使人们认为舞可通神、娱神，因而舞蹈很自然地就成为祭礼仪式的重要组成部分——舞祭。舞祭的目的，在于祈神赐福。我国最早的文字——甲骨文与金文中，有许多关于祭祀舞蹈的记载，其中不少与巫人求雨有关。这种巫舞在商代十分兴盛。

传说中的远古舞蹈，还有反映战争的“刑天氏之乐”，具有健身作用的“阴康氏之乐”，颂天、地、祖先，祝人畜兴旺、五谷丰登的“葛天氏之乐”等等，都与人类的生存与发展密切相关。

原始舞蹈最初是用来取悦于神的，但这恰恰又因为它一开始就具有自娱性——人们在舞蹈活动中倾泻情感、陶醉欢愉，甚至忘身忘我，才会以为舞蹈可以使自己接通神灵。而后，随着社会的进步和宗教观念的淡化，传统的祭祀活动逐渐变成了节日性的庆典和集体性的娱乐，娱神的宗教舞蹈就又向单纯自娱(群众性舞蹈)及娱人(表演性舞蹈)的艺术形态发展。在此基础上，出现了专门从事乐舞创作、表演的乐舞奴隶，即最早的专业舞蹈家。相传夏桀有女乐三万，其审美特点是“以钜为美、以众为观”，崇尚恢宏华丽、人数众多的舞蹈表演。商纣时著名的“北里之舞”、“靡靡之音”，则是专供纣王享乐的乐舞。

周代是一个人文精神跃动的时代。建国初期，即在周公旦的主持下，汇集、整理了前代传统乐舞，建立了一整套礼乐制度。当时编制的“六舞”(《云门》、《咸池》、《大韶》、《大夏》、《大濩》、《大武》) 中，除《大武》是歌颂周武王外，其余都是歌颂前代英雄的乐舞。当时又编制了 “小舞”(《帗舞》、《羽舞》、《皇舞》、《旄舞》、《干舞》、《人舞》)，用以教育国子(公卿士大夫之子弟)。“六舞”的设立，创建了我国封建时代的“雅乐”体系。“小舞”的编制，则提供了我国最古老的乐舞教材。以乐舞为审美教育的内容之一，在我国已有三千多年的历史。

春秋战国的社会大变革和思想大活跃，带来了“百家争鸣”的局面和文化艺术的繁荣，也给舞蹈的发展带来勃勃生机。僵化刻板的“雅乐”日趋衰落，各地的民间舞则蓬勃兴起。《诗经》中描写有“坎击其鼓，无冬无夏”、“不绩其麻，市也婆娑”等舞情浓郁、舞意酣畅的场景。战国玉雕舞女，青铜器、漆器上刻绘的舞人纹样，那袅袅长袖、细腰欲折、飞舞飘逸的舞姿，展现了战国时代舞艺的高超水平。而著名舞人旋娟、提嫫表演的《萦尘》、《集羽》、《旋怀》，是我国最早出现的舞蹈专名。舞名显示了舞蹈的特征是轻盈与柔曼。这种审美格调，至今传承在部分中华舞蹈中。与此同时，还出现了有关驱鬼逐疫的面具舞——“傩”的记载。

在乐舞理论方面的争鸣，是这一时期的突出成就。儒家提倡乐舞，认为“凡乐之起，由人心生也，人心之动，物使之然也”。墨家则反对乐舞，站在下层人民的立场上，反对贵族穷奢极欲的乐舞享乐生活。

在秦统一六国的基础上，汉代舞蹈和其他文化形态一起取得了重大的进步。在当时流传最广的音乐、舞蹈、杂技、幻术、武术等表演杂陈的“百戏”中，包括技艺水平很高的《七盘舞》(或称《盘鼓舞》)、《巾舞》、《鱼舞》、《建鼓舞》及西南少数民族的《巴渝舞》等等，且出现了以各种《龙舞》求雨的明确记载(《春秋繁露》)。装扮人物的“总会仙唱”，含戏剧情节的《东海黄公》，是后世戏曲的萌芽。“鱼龙曼衍之戏”，则上承远古“百兽率舞”、“凤凰来仪”的传统，下启各族民间拟鸟兽舞的传播。汉画像砖石上刻有十分丰富的“百戏”表演情状。

汉代出现了技艺高超的著名舞人，如高祖宠姬戚夫人、成帝皇后赵飞燕等。戚夫人善“翘袖折腰”舞及“楚舞”。赵飞燕舞姿轻盈，人称“身轻若燕，能作掌上舞”。早在两千多年前，我国古代舞者已掌握了柔软的腰功、弹跳及控制呼吸，甚至可能将气功中的“轻功”运用在舞蹈中，还创造了独特的舞步等高难度技巧。汉代是舞蹈技艺取得重大进展的时代。

三国、两晋及南北朝时期，社会动乱，民族迁徙杂居，各族乐舞文化交流频繁，为隋唐特别是为唐代舞蹈的高度发展准备了条件。

公元581年隋朝建立后，隋文帝集中南朝、北朝乐舞，制定宫廷宴乐——《七部乐》，后增为《九部乐》。公元618年唐朝建立，进入我国封建社会的鼎盛时期，汇集了南朝的汉族传统乐舞、北朝的各少数民族乐舞，在国内外各民族民间乐舞的基础上，编制、创作了丰富绚丽的唐代舞蹈。有兼具典礼、礼仪、欣赏、娱乐性的宫廷燕(宴)乐《九部乐》与《十部乐》。除歌颂唐朝兴盛的《燕乐》和汉族传统的《清高乐》外，多以国名、地名为乐部名称，如《西凉乐》、《天竺乐》、《高丽乐》、《龟兹乐》、《安国乐》、《疏勒乐》，它们都是具有浓厚地方特色与民族风格的乐舞。另一套著名的唐代宫廷燕(宴)乐《立部伎》、《坐部伎》，是从初唐到盛唐，大量吸收各族民间乐舞素材编创的。其内容是歌颂当朝皇帝，规模宏大，富丽堂皇，其中有闻名中外的《破阵乐》，设计精巧、回身换衣、布字如画的《圣寿乐》和狮子舞《太平乐》等，表演人数多达百余人。还有规模较小、人数不多的《坐部伎》诸舞，如三人舞《鸟歌万岁乐》、优美的花舞《龙池乐》等。

在表演性舞蹈中，以“健舞”、“软舞”及歌舞“大曲”名声和影响最大，传播地区广，且流传时间长。其中不少舞蹈经五代传至宋朝，至今还能找到其传承的踪迹。“健舞”、“软舞”以舞蹈风格特点分类，“健舞”矫捷雄健，富于阳刚之美，“软舞”优美柔婉，长于抒情。“健舞”类的《剑器舞》、《胡旋》、《胡腾》、《柘枝》等，极负盛名。其中《剑器舞》舞者一般手执剑等武器，舞姿英武豪健，气势磅礴，动人心魄。名舞伎公孙大娘之《剑器舞》，名噪一时。其舞蹈浏漓顿挫之势，激发了草书家张旭、怀素的灵感，使其书艺大进。公孙氏的表演也曾给幼年时的诗人杜甫留下难忘的记忆。五十二年后，他在观公孙大娘弟子舞《剑器舞》时，感慨万端，写下了《观公孙大娘弟子舞剑器行》。《胡旋》、《胡腾》、《柘枝》，均是由西域传至中原的民间舞。那明朗、活泼、欢快、俊俏、婀娜多姿、变化丰富的舞情舞态，给人们留下了深刻而鲜明的印象。此种情调，十分符合唐朝昂扬向上、豁达开放的时代精神。人们对上述舞蹈简直到了如醉如痴的境地。诗人白居易慨叹道：“天宝季年时欲变，臣妾人人学圜转，……从兹地轴天维转，五十年来制不禁。”可见《胡旋舞》风靡一时的情景。《柘枝舞》在长期流传于中原的过程中，发生了符合中原人民的审美习惯的变化，由民族风格浓郁的独舞，发展至双人舞，名曰《双柘枝》；后又发展成二女童藏于大莲花中，花开舞人出，跳起典雅的对舞。其演出服饰也汉化了。

“软舞”中的《绿腰舞》，以舞袖为容，时而漫转双袖，低身旋舞，如莲破浪，时而急挥双袖，如雪萦风，在连绵不断的缓缓舞动后，接着是快节奏的舞段，那纷繁的舞姿，敏捷轻盈，有“飞去逐惊鸿”之势。乐声模拟飞鸟鸣叫的《春莺啭》，也是“软舞”中比较著名的作品。张祜《春莺啭》诗有“内人已唱春莺啭，花下傞傞软舞来”之句，描绘了宫廷舞伎柔曼婉畅的歌声舞态。执碗而舞的《凉州》是“软舞”中流传久远的乐舞；《武林旧事》载南宋官本杂剧段数中，有七种不同名称的“凉州”。

“大曲”是具有统一、严谨结构的大型多段体套曲。由器乐演奏、歌唱、舞蹈组合而成，有散序、中序、破三个乐舞段落，技艺精湛，传播久远，对宋代带故事情节的“大曲”和后世兴起的戏曲艺术，有深远影响。保存至今的唐人“大曲”名目约有四五十种。部分“大曲”已不可考。其中最具代表性的要数《霓裳羽衣》。乐曲由唐玄宗部分地吸收《婆罗门》曲编制而成，着力描绘虚幻的仙境，故有唐明皇游月宫后作《霓裳羽衣曲》的传说。舞者扮成仙女，服饰别致、典雅华丽。散序不舞，中序入拍起舞，舞姿轻盈飘逸:“飘然转旋回雪轻,嫣然纵送游龙惊,小垂手后柳无力,斜曳裾时云欲生。”(白居易《霓裳羽衣歌》)入破以后,节奏加快,舞动激烈,变化繁复:“繁音急节十二编,跳珠撼玉何铿铮。”最后突然在“长引一声”的慢节奏中结束。《霓裳羽衣》是唐代宫廷名舞和保留节目,其表演形式有独舞、双人舞及数百人的大型群舞。

唐代还产生了有故事情节、人物的歌舞戏,如《踏谣娘》等。舞蹈深入、广泛地渗透在社会生活的各个方面,除上述诸多燕乐及其他表演性舞蹈外,群众节日自娱性舞蹈如《踏歌》等,亦风靡一时,遍传农村、城镇。王室贵族,公主贵妃,文臣武将,文人学士,常即兴起舞,或显示惊人才艺,或借舞抒情明志。专业歌舞伎人——宫伎、官伎 、馆伎、家伎,是推动唐代舞蹈高度发展的主力。但他(她)们大多是社会地位卑贱的奴隶。唐代宫廷设置的各种乐舞机构——教坊、梨园、太常寺,是分工不同的“皇家歌舞杂技团”,集中培养了大批专业艺人,对唐代舞蹈的发展起到了不可忽视的作用。

公元755年“安史之乱”后,宫廷乐舞机构解散或裁减,大批技艺水平很高的艺人流散民间,对民间舞蹈的传播、发展、提高起到了促进作用。五代十国是唐舞向宋传递过渡的时代。宋一方面继承唐舞, 另一方面将舞蹈融入戏曲艺术发展的长河中,使舞蹈艺术的发展出现了转折性的变化。

公元907年契丹立国(后称辽),早于北宋建国五十余年。辽称本民族乐舞为“国乐”,称辽统治下的其他民族乐舞为“诸(侯)国乐”,而所谓“大乐”则是指唐代流传下来的“大曲”和燕乐中的部分乐舞。辽演奏“大曲”多半只表演其中的快节奏舞段——“曲破”。据《辽史·乐志·大乐》载:辽代宫中保存了唐代燕乐《景云》四部,即《景云》、《庆善》、《破阵》、《承天》。舞者四至八人不等,恰好是唐代《坐部伎》的编制。史称契丹辽人的舞蹈,无回旋等高难技巧,“止于顿挫,伸缩手足而已”。至今我国北方少数民族舞蹈仍保存了这种雄健粗犷的风格气质。北京云居寺的石幢和罗汉塔上雕刻的辽契丹舞人的矫健舞姿,至今犹存。

中原地区舞蹈的发展,发生了转折性的变化。程朱理学的兴起,使宋代上层社会不再以善舞为荣,反以为耻。宫廷大典所用燕乐,仍有大型队舞出演,分“女弟子队”与“小儿队”。舞者人数“小儿队”为72人,“女弟子队”为153人。其中许多队舞的名目与唐舞大致相同,如《柘枝队》、《剑器队》、《胡腾队》、《浑脱队》、《菩萨蛮队》、《霓裳队》等。其表演形式当有所变化。

宋代还继承了唐代“大曲”,并有所发展。有些大曲已不单是纯音乐舞蹈的表演,在歌中夹有唱述故事或表演人物、情节的段落,如宋《剑器大曲》,就穿插了楚、汉相争时鸿门宴的故事和唐代草书家张旭观公孙大娘舞《剑器》的情节。两个历史故事相距千余年,却被拉到一起来了。南宋官本杂剧段数中,有许多唐宋歌舞大曲的名目,如《六么》(即《绿腰》)、《剑器》、《梁(凉)州》等,清楚地显示了戏曲艺术在形成发展的进程中,吸收前代音乐舞蹈的史实。

传统舞蹈,虽在融入新兴戏曲艺术的过程中有所发展,但作为独立表演艺术品种却呈现衰落的趋势。不过,民间节日群众性娱乐活动中的舞蹈(宋称“舞队”),则相当兴盛。城镇的行会组织或村乡等,都拥有自己的“舞队”,其名目有《旱龙船》、《竹马儿》、《扑蝴蝶》、《耍和尚》、《杵歌》等等,经元、明、清一直流传至今。宋代关于民间舞蹈活动的记载最为丰富。与此同时,都市的繁盛又促使了专门表演各种技艺的固定场所——瓦子、勾栏的形成。艺人们摆脱了唐代那种对皇室贵族的依附。在勾栏、瓦子中获得了自创自演、自谋生路、自行传授技艺并相互竞争的机会。在多种技艺表演中有“舞旋”等舞蹈名目,但占据主要地位的却是新兴的杂剧和杂耍、说唱等。

与宋并立的政权除辽以外,还有金和西夏。金在乐舞方面,除本民族传统外,还承辽舞、融宋舞。金“院本”是早期的北杂剧,从出土的金墓杂剧砖雕审视,其身姿手态,均富于舞蹈的美感。西夏人笃信鬼神,在其巫术活动中常有娱神、祈神的巫舞。在敦煌莫高窟与安西榆林窟等石窟中,保存了一些西夏舞蹈形象,那健美的舞姿在一定程度上反映了西夏舞蹈的风貌。

中国古代社会后期的元、明、清三代,其最高统治者分别为蒙、汉、满族,但这一时期舞蹈发展的趋势却是一致的。舞蹈(包括前代传统及民间歌舞百戏等)继续被吸收、融合在各种戏曲表演中;元杂剧、明传奇、明末清初兴起的昆曲、清代形成并发展的京剧及主要源于民间歌舞的各种地方戏曲,其表演都含有浓重的舞蹈因素。戏曲表演的四功:唱、念、做、打,其中做与打都舞蹈性极强。值得注意的是,任何富于舞蹈性的表演,都是为戏曲刻画人物性格、展示故事情节服务的。随着戏曲的发展、兴盛,历代戏曲艺人创造了一套完整的表演程式及形体训练方法,为我国古典舞体系的形成与发展奠定了坚实的基础。因此,融合在戏曲表演中的舞蹈取得了高度的发展和辉煌的成就。

但作为独立的表演艺术品种的舞蹈，仍呈衰落趋势。虽有一鳞片爪关于家伎舞蹈的记载，但社会上已无专业舞蹈演出团体和各处献演的舞蹈艺术。“善舞者”皆为各类戏曲演员。不过虽然中原汉族上层社会以舞自娱或礼节性起舞之风已绝，但民间舞蹈却随民间风俗、节庆、祭祀等活动在人民群众中代代传习，长流不断。朝廷虽再三明令禁止民间舞蹈活动，各族民间舞蹈仍传承不衰，表现出顽强的生命力。今日尚存的有：汉族民间舞《狮舞》、《龙舞》、《秧歌》、《高跷》、《旱船》、《竹马》等；维吾尔族的古典歌舞《木卡姆》、《赛乃姆》等；蒙族的《倒喇》(表演形式类似今《盅碗舞》和《灯舞》)；藏族的《锅庄舞》；满族的《莽势舞》；瑶族的《长鼓舞》；苗族的《芦笙舞》；壮族的《扁担舞》；傣族的《孔雀舞》；台湾高山族的《杵舞》(或作《杵乐》)；朝鲜族的《扇舞》等。

辉煌的中华舞蹈，是各族人民共同创造的一份宝贵文化遗产。它至今还有强劲、蓬勃的生命力，以自己多姿多彩的独特审美风范，博得世界各国人民的喜爱与叹赏，为人类舞蹈宝库增添了一颗璀璨的明珠。

梨园戏曲

◎路海波

古代中国戏剧源于古代巫祭及原始宗教歌舞，人们根据“巫”、“舞”在殷商甲文的卜辞中同为一字，推测其距今已有二三千年。而内蒙古阴山岩画上所绘巫术性的丰收歌舞和狩猎歌舞，距今约有一万年。这可以看作古代中国戏剧的起源。

以巫舞及其他原始宗教礼仪为形式的我国原始戏剧，自然是幼稚简单的，但它已具备了戏剧最本质的形象——当众扮演及“扮演者”与“观众”的情感交流。巫师及参加仪式的其他人，时而以神灵附体的方式装扮成神灵，时而装扮成某种野兽以祈获狩猎的胜利。这种以原始宗教仪式为形象的原始戏剧，在我国上古时期流传很久。除内蒙古阴山岩画外，同样具有较大规模的云南沧源岩画，广西花山岩画，以及青海大通出土的距今五千年的绘有饰以兽尾的舞距人形舞蹈纹彩陶盆，都可为佐证。

《诗经》十五国风多处记载了春祭仪式上一种以爱情为主题的全民性化装狂欢歌舞。这种男女对唱、表达细腻曲折、最后以集体渡河仪式结束的春祭歌舞，包容了质朴的戏剧因素。此外，秦汉宫廷及民间戴面具的、称作“大傩舞”的驱鬼仪式，秦汉宫廷宴乐歌舞，各种杂技百戏，以及优伶侏人以扮演活人讽谏帝王的各种古戏陈迹，也为史籍所津津乐道。

唐代是中国古代戏剧渐趋形成过程中的一个重要过渡时期。唐玄宗时，宫廷中甚至出现了教练宫廷歌舞艺人的专门处所，称为“梨园”。唐玄宗爱好此道，有时还亲自前往教正，这些艺人由此被称为“皇帝梨园弟子”。后人遂称戏班梨园，戏剧艺人为梨园子弟。“梨园”也即被作为戏曲的代称。唐代戏剧有不少种类，像《兰陵王》、《踏摇娘》、《拨头》一类歌舞戏，以及那种以滑稽问答、嘲讽赃官为形式的“参军戏”，则以其一定的情节性、叙事性和以此为基础的戏剧冲突，对后来的宋元戏曲走向成熟发生了重要影响。

宋代出现了集中的市民游艺区，叫瓦舍或勾栏。在其中，常常通宵达旦地演出杂剧、杂技、傀儡戏、影戏、说经书、说唱、讲史、舞蹈、诸宫调等。书会则是与瓦舍、勾栏相随而生的专业作家组织，在书会里以编写话本、戏本、曲词本等为生的“专业作家们”当时被称为“才人”。瓦舍、勾栏及书会中的各种演出创作活动，为当时的艺术家们相互学习、交流提供了有利的条件。对中国戏剧的发展来说，宋代各种演出艺术中，意义最重要的是杂剧。南宋以前，杂剧尚缺少严格的范围。杂剧常常是傀儡戏、角抵戏、滑稽戏乃至百戏杂技等一类节目的统称，间或也指已有较丰富的形制，像《目连救母》这种可进行连续演出的长篇叙事性节目。到南宋时，戏剧渐有严格的范围，主要指两类戏剧形式：一类是以对白为主的滑稽戏，一类是歌舞戏。它们虽然形式不同，但均以有较强的叙事性和较完整的情节为共同特征。据记载，南宋较著名的滑稽戏有《三十六计》、《天灵盖》、《二圣环》等。滑稽戏受到唐代“参军戏”的影响，上述诸戏均以讽刺嘲笑童贯、秦桧等奸臣的贪生怕死、事敌卖国的丑恶行径而著名。歌舞戏在当时也有一些著名节目，像《人面桃花》、《莺莺六幺》(即《西厢记》故事)、《赖房钱》、《打调薄媚》、《目连救母》等。歌舞戏以各种曲调结合舞蹈，间以说白叙事演唱故事为特色。

自南宋光宗朝(公元1190—1194年)后，宋杂剧在浙江永嘉即今温州地区发展演变为一种完整的戏剧形式，称“南戏”，也叫“戏文”。南戏已有“科”、“白”、“曲”诸种表现手段，并用“曲”、“白”代言来演出一个完整的故事情节和塑造有个性的人物，已具备相当完备的戏剧形式。早期南戏如《赵贞女》、《王焕》、《王魁》等的剧本今已不存。现存的几种南戏剧本《小孙屠》、《张协状元》、《宦门子弟错立身》、《牧羊记》、《杀狗记》、《琵琶记》、《荆钗记》、《白兔记》、《拜月亭》等，尽管大多经过明人改编，但对于南戏在戏剧形式上的完整性，人们从未怀疑。故史家多认为，南戏是我国古代戏剧最早的成熟形态，它在其后的发展过程中，与北方盛行的元杂剧并列“分流”为我国南北戏剧的两朵奇葩。而当这一局面尚未形成之前，整个宋杂剧与当时我国北方基本相同于宋杂剧的“金院本”相融合，直接影响了我国元杂剧的形成，从而推动开创了我国古代戏剧的黄金时代——元杂剧的时代。

元朝是我国历史上第一次由一个少数民族(蒙古族)统治全中国。元朝统治者出于民族歧视心理，并为了保证蒙古贵族政治统治权的纯正，而一举废除了科举制度。此举对元杂剧的勃兴意义重大。因为大批汉族知识分子由此而仕进无望，遂在被迫融入下层社会后，以自己对于艺术的兴趣和自身所拥有的文化优势，参与到民间艺术家的创作中去。当时的北京（元时称大都）出现了像玉京书会或元贞书会这样的下层文人与民间艺人进行合作的专业创作团体。京城又拥有大批第一流演员和戏班，书会之间也经常开展竞演活动。大量的演出需要众多的剧本，在此过程中专业剧作家大量涌现。至今已知元代有姓名的剧作家约有两百多人，元杂剧剧本约有七百三四十种。在元末夏庭芝所写的《青楼集》一书中，人们还可看到记录有一百多位戏曲歌舞演员的轶事，其中的珠帘秀、翠荷秀、赛帘秀、喜春景等人，当时都曾享有盛名。值得一提的是，元朝初期致力于征服南宋，而北方的大都、真定（今河北正定）、平阳（今山西临汾）等城市则没有战争，社会稳定，富庶繁荣。属北方游牧民族的元朝统治者缺乏深厚的文学修养，不喜吟诗填词，而独好歌舞伎乐，这也极有利于杂剧的盛行。凡此种种，都推动了元杂剧的发展。

元杂剧以前的金院本已采取了分为上下场门的舞台演出形式，有细致的角色分工，有舞蹈、武打、插科打诨等诸种表演手段及相应的服饰和面部化妆技术。元杂剧借鉴这些戏剧表现手段，又融会了北宋以来流行的各种北方曲调和民间歌舞杂技，最终形成了一种用北曲联套方式歌唱、表演故事情节的综合性戏曲艺术。因此元杂剧又称北曲或北曲杂剧。

从现存的元杂剧剧本看，其体制已相当完备成熟。元杂剧在结构上一般分为四折一楔。楔子一般放在开头作为序幕，以介绍戏剧矛盾发生的必要背景；或放在折与折之间做过场戏，起承上启下的作用。楔子可使元杂剧的戏剧结构更加紧密完整。使用“题目正名”则是元杂剧剧本的另一特色。所谓“题目正名”，是用两句或四句韵语来概括全剧主要情节，它们或被放在剧本开头，或放在结尾，一般情况下，韵语的末句或末句的最后几个字就成为全剧剧名。例如关汉卿的剧本《感天动地窦娥冤》的“题目正名”是“秉鉴持衡廉访法，感天动地窦娥冤”，这两句中的后一句就成了剧名。题目正名可起广告宣传作用，它言简意赅地点明了戏的主旨内容。当时多将“题目正名”写在戏招子（即今天的海报）上招徕观众，很受观众欢迎。

元杂剧非常适合于演出，其大多数剧本，包括关汉卿、王实甫、杨显之等名家的剧本，也都以曲白通俗流畅、生动自然而见长。这种戏剧当时既在都市勾栏的戏台上演出，也在村镇迎神赛会时的庙台乃至可聚众观看的空场上演出。由于这几种演出场地都较狭小，加以受说唱艺术的影响，元杂剧在表现剧中的场景变化、时空更替及人物的一些行为动作时，主要让演员采取象征性虚拟表意的动作，引发观众的想象，从而形成了中国戏曲的时空自由、以象征虚拟动作表意的美学传统。

元杂剧以歌唱为主，间以动作（剧本中称“科”）和宾白（对话与独白）。其唱法很独特：每本四折演唱四套宫调不同的曲子，由一个演员主唱；又分旦本和末本，即一出戏须由正旦或正末独唱到底；其他角色从不唱整套曲子，偶尔只唱一两支小令；而如果正旦和正末同时登场，也只能有一人唱，这就叫“一人主唱”。

元杂剧涉及题材广泛，同时，不论是取材于春秋、三国、五代的历史戏，或者取材于前代文学作品（如唐代传奇）的改编戏，还是取材于近代和现代生活的剧作，都有一个共同的特点，即强烈的人道精神和对质朴人性及生命意识的肯定弘扬。在某种意义上，这是元杂剧历经几百年而不衰、受到历代人民热爱的根本原因。概括起来看，元杂剧的上述特色主要集中于以下几个方面：其一，展现被侮辱被损害的女性的善良、聪颖、勇敢等美好品性，此类作品有关汉卿的《金线池》、《救风尘》，石君宝的《曲江池》等。其二，表现普通人的自我牺牲精神及生命被恶势力所毁灭的不公正，此类作品较著名的有关汉卿的《窦娥冤》。其三，歌颂青年男女对自由人性和纯真爱情的不懈追求，此类作品有白朴的《墙头马上》、关汉卿的《拜月亭》、王实甫的《西厢记》等，而以后者影响最为深远。

元杂剧繁荣于元世祖忽必烈统一中国前后的三四十年间，名家名作大多出于此时。元代中叶以后，南方经济迅速恢复，社会发展比北方快，杂剧演出的中心遂逐渐南移到临安（杭州）。但南方的观众难以适应用北方语言和乐曲演出的北剧。同时，原在南方流行的戏曲则吸收糅合了元杂剧种种长处，又逐渐突破了元杂剧一本四折及一人主唱、情节与性格容易简单的局限，并将一些优秀的北剧改为南戏，使南戏广受欢迎。这样，元杂剧终于难以与之竞争，逐渐衰落。

南戏在元末曾有较大发展，出现过高明的《琵琶记》及“荆、刘、拜、杀”（即《荆钗记》、《刘知远》、《拜月亭》、《杀狗记》）四大名戏。入明以后，南戏逐渐演变成为一种新戏曲形式——传奇。明清两代，传奇一直是主要的戏曲演出形式。明清传奇色彩纷呈，据知有作品二千余种，今传六百余种。著名作家中最杰出者有汤显祖、李玉、洪升、孔尚任、高廉、冯梦龙等。以《紫钗记》、《牡丹亭》、《南柯记》、《邯郸记》（统称“临川四梦”或“玉茗堂四梦”）四大传奇名世的汤显祖，甚至被现代研究者誉为“中国16世纪的莎士比亚”。

约在清代中叶，传奇由多种声腔并存竞艳演变为昆曲独尊。至清代晚期，昆曲因过于脱离群众，渐失舞台优势，终成强弩之末，而让位给各种新兴的民间地方戏曲（史称“花雅之争”，前者指诸种地方戏曲，因其声腔多样故称之为“花”；而昆曲以高雅著称，并宫廷化、上层化，故谓之“雅”）。而各种地方戏曲包括18世纪末京剧等剧种的勃兴，实际上为中国戏曲的复兴，注入了新的生命力。

中国小说

◎陈平原

在古代中国，“小说”的概念相当含混。尽管《庄子·外物》中已出现“小说”字眼，但并不是在文类意义上使用的。班固《汉书·艺文志》收录“小说”十五家，并称：“小说家者流，盖出于稗官，街谈巷语，道听途说者之所造也。”此说影响甚大，可仍是界说不清。后人虽借助“虚一实”这一理论尺度，力图把小说与史书区分开来（如明人胡应麟、清人纪昀等），然中国“小说”概念之含混这一先天性特点，仍无法根本改变。一方面是不同时代“小说”的概念有所演变；一方面是同一时代接受不同文学传统的作家批评家心目中的“小说”大不一样。大致而言，中国古代文言小说的概念大大超过现代文类学意义上的小说（在现代人看来，许多文言小说不是小说），而中国古代白话小说的概念则可能小于现代文类学意义上的小说（宋代说话四家，小说只居其一）。

将中国古代小说分为文言小说与白话小说两大系统，不只是因为在20世纪以前的中国文人眼中，这两者不可同日而语；更重要的是，这两者的区别不仅仅是语言媒介不同，更包括不同的文学起源（前者主要得益于史传、辞赋，后者则主要来源于说书艺术）、不同的文学体制（前者在短篇小说方面较有成就，后者则以长篇小说见长），以及一整套与之相联系的不同的表现方式和审美情调。文言小说与白话小说的相对独立平行发展，是中国小说的一大特点。因而，这两者在一定程度上互相对峙、互相影响并各自消长起伏的趋势，也就构成了中国小说发展的一个重要侧面。

不管是文言小说还是白话小说，在整个中国文学结构中，都处于边缘地位。相对于处于中心地位的文学盟主诗文，小说总是一种不正经的浅陋的通俗读物。这一千百年来士大夫普遍存在的偏见，使得中国小说较为切近民间生活与民间欣赏趣味，文体轻松，情节性强，娱乐色彩浓厚。小说地位卑下，这固然使得不少很有才华的作家不愿涉足于此，可能妨碍了这一体裁的演进（比如说书风格的长期滞留就是一个明显的例子）；可反过来，正因为其远离主流意识形态，较少受"文以载道"观念的束缚，各种艺术创新的自由度更大。尽管明清文人鄙视小说，可在后世文学史家看来，明清两代小说艺术的发展，比正宗的诗文更值得骄傲。

中国古代没有留下篇幅巨大叙事曲折的史诗，在很长时间内，叙事技巧几乎成了史书的专利，这就难怪千古文人谈小说，没有不宗《史记》的；另一方面，中国作为一个诗的国度，任何一种文学形式，只要想挤入文学结构的中心，就不能不借鉴诗歌抒情特征，否则很难得到读者的赏识。这两者决定了"史传"传统和"诗骚"传统在中国小说的内在发展方面起着举足轻重的作用。前者主要体现为补正史之阙的写作目的，实录的春秋笔法，以及纪传体的叙事技巧；后者则落实在突出作家的想象虚构，叙事中注重言志抒情，以及结构上引录大量诗词。不同时代不同作家可能同时接受这两者的影响，只不过因其不同的审美选择，在具体创作中各有所侧重。

20世纪以前的中国小说，按其不同的发展趋向，可大致分为以下五个阶段：

唐以前的神话传说、志怪志人，在叙事技巧及故事题材方面，对后世小说影响甚大。但作家或讲求实录，或为"发明神道之不诬"（干宝《搜神记序》），不若唐代小说家之"作意好奇"、"尽幻设语"（胡应麟《少室山房笔丛》）。如果以由"实录"转向"幻设"代表中国小说之脱离史部成为独立的文类，那么汉魏六朝只能作为中国小说的酝酿期。真正意义的"小说"，要到唐代才正式登台亮相。

尽管王度的《古镜记》作为最早的唐人小说出现于7世纪上半叶，可唐传奇的真正成熟是在8世纪中叶以后。按小说表现的内容，唐传奇大致可分为三类：一类重在言情，如《莺莺传》、《李娃传》、《霍小玉传》等；一类畅述神怪，如《枕中记》、《南柯太守传》等；一类颂扬豪侠，如《聂隐娘》、《无双传》、《虬髯客传》等。唐人小说虽历经变化，各家表现内容及艺术风格可能迥然不同，但大体上都情节曲折离奇，叙述婉转有致，讲究文辞，注意人物形象刻画。因而，在艺术形式上明显不同于此前的志怪与志人。其中有些精彩的篇章，千载之下仍令人有难以企及的感慨。难怪宋人洪迈称："唐人小说，小小情事，凄婉欲绝，洵有神遇而不自知者，与诗律可称一代之奇。"（引自《唐人说荟·例言》）

宋人也作传奇，但上承唐制，没有新的发展；再加上过于讲求教训，显得平实有余而文采及想象力不足。宋人的贡献在于说话及由此衍生的话本小说。唐代已有职业艺人的说书与寺院僧人的俗讲,其说唱形式刺激了部分传奇作家的创作欲望,对传奇的发展有一定的启发作用。但只是随着两宋都市的繁荣及说话业的迅猛发展,话本小说的成熟才成为可能。在《碾玉观音》、《错斩崔宁》、《杨思温燕山逢故人》等优秀的早期白话小说中,既保留明显的说书痕迹,叙事又十分生动感人。只是现存的宋人话本,没有确凿的文献依据证明其作者及创作年代,也不排除其中不少经过明人的删改整理。

明人冯梦龙根据前人话本及其他轶事传说,加工或创作了《古今小说》(又名《喻世明言》)、《警世通言》和《醒世恒言》三部白话短篇小说集,其后凌濛初又独立创作了《初刻拍案惊奇》和《二刻拍案惊奇》。"三言两拍"的出版,代表了17世纪中国白话短篇小说的艺术水平,也使得这一艺术形式基本定型。元明两代最值得重视的文学现象是章回小说的崛起。元刊全相平话五种的发现,使得学术界对宋元之际说书人的讲史如何影响章回小说的形成有更清晰的了解。罗贯中的《三国演义》虽得益于史传及说书人的创造,可作家虚构及加工处甚多,艺术上远非《三国志平话》可比。此后撰写历史小说的,几无出其右者。施耐庵的《水浒传》也有史实与传说作依据,可作家艺术创造的成分更大,其中若干英雄形象(如林冲、鲁智深、李逵等)的塑造尤为成功。后世的英雄传奇及武侠小说,多以之为蓝本。吴承恩的《西游记》和兰陵笑笑生的《金瓶梅》,不只因其自身的艺术价值,更因前者游戏笔墨玩世不恭的创作态度与后者凭空虚构独立成文的艺术个性,使得章回小说摆脱了讲史的"束缚",谋求进一步的发展。实际上《西游记》代表的神魔小说和《金瓶梅》开启的人情小说在明清两代蔚为奇观,对中国小说艺术上的成熟起了决定性作用。

清代小说如同整个清代文化一样走向综合,已有的小说形式基本上都得到某种程度的继承和拓展。文言短篇小说经过很长一段时间的沉寂后,在清代重新大放异彩。蒲松龄的《聊斋志异》和纪昀的《阅微草堂笔记》代表了清代文言小说两种基本的倾向:前者用传奇法以志怪,描写精细曲折;后者尚质黜华力追晋宋,叙述雍容淡雅。白话短篇小说虽前有李渔后有艾衲居士,仍无法改变其17世纪后迅速衰落的命运。清代最值得重视的小说形式仍然是章回小说。吴敬梓的《儒林外史》以其辛辣而又婉曲的讽刺笔调,使各色世态人情暴露无遗;其集锦式的结构技巧,对此后的小说影响甚大。而曹雪芹所撰《红楼梦》的出现,更是代表了中国古代小说艺术所能达到的顶峰。正如鲁迅说的,“自有《红楼梦》出来以后,传统的思想和写法都打破了”(《中国小说的历史的变迁》)。此后,中国小说的发展相对停滞。李汝珍的《镜花缘》和韩邦庆(字子云)的《海上花列传》虽立意创新,然也只是局部的技巧改良。

一直到19世纪末20世纪初,中国小说才出现新的转机。在域外小说的刺激和启迪下,中国小说实现了结构性转化,开始从古典形态转向现代形态。这一进程一直延续至今。

杂技与魔术

◎李金山

杂技与魔术(古称幻术),是中华古代文明中具有奇幻色彩的传统技艺。早在远古,它就已成为先民乐舞的核心组成部分,后又经过世代艺人的设计、提炼,逐渐熔中原和边陲各族的风格于一炉,并吸取西域和西方技艺的营养,形成今日门类众多、异彩纷呈的风貌。

杂技主要是显示和表演人的膂力之大(打鼎、角力、摔跤、拉弓)、用力之巧(掷准、耍弄球剑、攀援)、斗兽、训兽、象舞(模仿狮等兽舞、蟾戏、跑竹马)、象声(模拟鸟兽等声音的口技)、力的平衡(蹬、顶技、爬杆、走索、马戏)等,总之是以奇、美、难、新为中心,以令人警绝为追求目标的技艺。中国杂技萌芽于春秋战国或更早,形成于秦汉,但杂技这个词却始见于《隋书·音乐志》的所谓“广召杂技,以修百戏”,到唐代才逐渐为人们广泛使用。

幻术,本属杂技品类,它侧重于显示表演的奇幻和不可思议,可以从无变有,化有为无,如“掷杯化鸟”,以及大型古幻术“鱼龙曼延”、“东海黄公”等都表演得出神入化、奇诡突兀。幻术与健美有力、以形体动作来表演的杂技有所不同,它以灵巧疾迅的手法(或辅以大小道具)表演各种高难技艺,但也给人以美、奇、新和幻的观赏效果,并具有启迪民智的功能。

有一种说法认为,杂技源于“蚩尤之战”。黄帝与蚩尤之战,虽以黄帝获胜而告终,但蚩尤的勇猛卓绝,也给人们留下至深的印象。这番凄烈大战的场面,便成为后来“蚩尤戏”的原型。有关文字,最早见于南朝梁任昉《述异记》卷上:“(蚩尤氏)头有角,与轩辕斗,以角抵人……今冀州有乐名蚩尤戏。”冀州位于今河北省中部,号称杂技之乡的吴桥,就在这一带。

这一最初散见于民间乐舞中的“角抵之戏”，从秦代起被引入宫廷演出，并形成制度。《史记·李斯列传》载李斯求见二世，然“二世在甘泉（宫），方做觳（角）抵俳优之观”，终不得见。这说明，角抵百戏之制，秦时已初步形成。

汉高祖刘邦即位，认为秦二世嗜百戏而亡，为了接受秦鉴，遂下令罢斥。然而，如《汉武故事》中所说：“秦并天下，（角抵）兼而增广之，汉兴虽罢，然犹不都绝。”所以“不都绝”，是因为客观上需要。一者，统治者本身需要自娱，如刘邦之父就喜好这乐戏；二来，随着国势日隆，朝廷举行各种庆典，迎宴来朝的国宾，少不了杂技幻术的演出。如方士们所创作的“鱼龙曼延”、“东海黄公”节目就很盛行。前者，艺人藏身于彩扎的动物内（如耍狮子、龙那样），转瞬间，瑞兽化为池中鱼，再化为空中龙；后者，黄公与白虎斗，颇富人与兽斗的奇幻色彩。汉元封三年（公元前108年），出现了“作角抵戏，三百里内皆来观”（《汉书·武帝纪》）的盛景。

东汉三人倒立杂技俑罐，藏于河南省洛阳文物工作队。

张骞为武帝派遣出使西域十三年（公元前139年出使），归国时，带回西域幻术。《史记·大宛列传》中说：“汉使还，而后发使随汉使来观汉广大，以大鸟卵及黎轩善眩（幻）人献于汉。”《史记·张骞列传》说，自安息（今伊朗）等国传入“植瓜”、“种树”、“屠人截马”等。

汉末，战乱频仍，“百戏也衰”。至魏，曹氏父子均喜杂技、幻术。曹操一再下令“增修杂戏”、“百戏”，还收以善演“掷杯化鸟”、“铜盘钓鲈”（今称“空竿钓鱼”）著称的左慈等幻术家为门客；曹丕将含杂技武技、跳丸的“巴渝戏”修订后升格列入雅乐。可见当时“角抵奇戏(即幻术)及展览诸怪物(指畸形人、怪兽)”等,已成为当时百戏的主要组成部分。

隋唐两代,特别是国强久安的唐代,为杂技百戏进一步繁荣提供了有利条件。

隋初禁百戏。后炀帝即位,在会见外族可汗时屡屡“大陈百戏”,规模宏大,乐声“闻数十里外”,仅“弹弦擫管者一万八千人”,“鱼龙曼延”已是“激水满衢”了,“百戏之盛,振古无比”(《隋书·音乐志》)。

唐初,“罢百戏不进”,放还乐人于民间。可是,当宫廷创制颂大唐创业者文治武功的“十部乐”时,又不得不采收传统杂技幻术的精华。如“破阵乐”中收有杂技中的武技,而颂扬武则天的《圣寿乐》则是一出独具中华特色的幻术舞。一百五十余歌舞演员,随着队形不时变换,现出“皇帝万岁”、“宝祚弥昌”等字样,高潮时,艺人所着的衣色倏而转换。有诗道:“忽举视而萦紫,复回身而拖红。”(邵轸《云韵乐赋》)变化之妙,令观者无不称奇。

唐中期出现的供宫廷观赏的“坐部伎”和“立部伎”,也是采用杂技来丰富自身的乐舞。前者为堂上乐舞,参演人员较少,幽雅而精致,后者为百人演出的粗犷而雄壮的表演艺术。关于后者,白居易写道:“立部伎,鼓笛喧,舞双剑,跳七丸。”中唐后,“立部伎”已进一步变为杂技。

唐代杂技演出规模宏大,有时艺人达万人,仅马戏女艺人和踏球艺人就不下数百。玄宗在洛阳天津桥畔曾召开过类似文艺大会演的“大酺”,演员之众,节目之多,堪称空前。盛唐时,与三百余个国家有外交往来,域外杂技艺人也多有流入。这时,宫廷杂技与幻术已臻于鼎盛时期。

在边陲民族入主中原的十六国时期,中原与边疆各族文化多有交融,其杂技也糅进北方民族粗犷、强悍的风格。十六国的后赵创出北方杂技派的风格,著名的马上杂技为“猿骑”:马在疾驰中,骑者或立于马首,或立于马背,或镫里藏身;另有“齿上橦”:艺人将载有两伎儿的长杆,忽而移到头顶,忽而用齿咬住。北魏又有“五兵角抵”、“畏兽”等,前者为骑在马上的艺人耍弄五种兵器,后者则装扮成凶猛野兽。这些都表现出西北民族的剽悍与健美,在风格上与南国细腻和柔美的技术形成鲜明对照。

随着唐的败落,宫廷杂技由盛转衰。这一趋势,一直成为宋和以后几个朝代的主要倾向。究其原因,主要有:1.市民阶层逐渐发展起来,各都会日趋繁华,市民需要自己的文化娱乐以及与之相适应的娱乐场所；2.宋明两朝，理学日盛，以尚武为精神支柱的杂技，不为宫廷所重；3.培养杂技艺人的教坊，遭受战乱和经济困难的双重打击，规模大为缩小。原本来自民间的杂技，又回返民间。大批杂技艺人，特别是身怀绝技的艺人，在民间组成新的杂技团体，名曰“社火”。以数十人到上百人结成的“社”和由数人结合而成的“火”，各分专业单项，训练和演出都十分灵活，成为宋以后直到清末都会杂技活动的主要形式。

在汴梁、临安等大都会，“社火”团体或在广场搭起瓦舍、勾栏（戏楼前身），或在商贾厅堂进行各单项的演出，以娱市民。《东京梦华录》载，“武士有射弓踏弩社，皆能攀弓射弩”；“爆仗响，有烟火就涌出，人面不相睹，烟中有七人……相与格斗击剑，作破面剖心之势，谓之‘七圣刀’。”“奇术异能，歌舞百戏，鳞鳞相切，乐声嘈杂十数里。”也有“水上百戏”，双船相并而成舞台，在其上演出种种杂技；或开展龙舟竞渡，规模不亚于宫廷杂技会演。更有众多流浪于广阔民间的艺人，走街串镇，进行“路岐”、“村店”表演。清末的走马卖艺者，当是他们的后继人。这一时期，为适应在村镇、广场演出，民间艺人创作出一批独具中国特色的民间戏法，短小精干，匠心独运，任四周观众围观。这一点迥异于西方剧场舞台魔术，不怕从后面观赏。艺人们仅凭手上功夫，演出如“仙人摘豆”、“九连环”、“五彩戏法”等绝活。这些节目，几经“水火”，散佚不少。

元、清两朝统治者，为防范杂技艺人与百姓结合谋反，不时下令取缔艺人拿刀弄棒演练武技，致使杂技事业屡遭摧残，甚至冤狱迭出。但这种为人民群众喜爱的节目，经过改头换面，又为新兴的元明杂剧、清代戏曲和各地方戏曲所吸收、消化，成为它们的有机部分。如昆曲、京剧和一些地方戏曲中的优美武打、翻斤斗、吞刀吐火、扮装兽人相斗、耍狮子舞等片断，无不是从杂技汲取的营养。至于川剧中奇幻有趣的“变脸”，更是取自杂技又对原技法作了改进的例子。

在《世界魔术》一书中，有一幅绘于15世纪的插图，描绘了一位中国魔术师与西方同行同台演出的情景。这位中国人表演的是西方称之为“中国环”（即“九连环”）的节目。这是中、西魔术互相交流的很好例证。至19世纪末，被称为法国超级魔术师的罗伯特·奥定，即著名的“遁术大王”，也擅长表演“中国环”。

19世纪末，中国一批为生活所迫的杂技艺人流浪到西方各国。天津杨柳青戏法家朱连魁（艺名“金陵福”Ching Ling Foo），于1899年在纽约演出。他的东方式奇幻风格，征服了西方观众。他表演的中国五彩戏法，从毯子底下变出各色什物，妙趣横生，干净利落，最后竟取出一个透明的注水泳鱼的鱼缸，令观众大为赞叹。美国著名魔术家亚历山大·赫尔曼（1896年逝世）的助手威廉·罗宾逊（1861—1918年），向朱连魁求艺，并仿照"金陵福"的名字起了"陈灵苏"（Chungling-soo）的艺名。有关罗宾逊的演出情况，1983年英国出版的一本书中作如是说："空中钓金鱼，这是陈灵苏从中国引入的戏法。将一条带钩的鱼线抛向观众，忽然看到一条金鱼活蹦乱跳地出现在鱼钩上。表演者将鱼取下，立即放入水碗，金鱼还欢畅地游来游去。"陈灵苏成为名噪一时的世界魔术家。从1890年到1914年第一次世界大战爆发前这段时期，有"西方魔术黄金时代"之称。这时传到美国和西方世界的中国杂技幻术，对这一"黄金时代"起了意想不到的积极作用。

1917年，吴桥孙富友组成中国第一个大马戏团（约有140人）出访美国，从此开了中国杂技艺人到世界各地演出之风；接着还有吴桥孙凤林组成的"凤林班"出访美国、古巴；史德俊组成"北京班"访东欧、北欧各国。中国杂技和幻术在近代同西方各国进行的技艺交流，使世界各国人民对中国的古老和灿烂文明以及中国人民的才智与艺术功力有了进一步了解。

六　学术与教育

经学沿革

◎刘放第

古代中国的主导意识形态大都载于“经书”。从西汉学者刘歆的《本略》到满清皇帝下令编修的《四库全书总目》，都将此置于群书之首（经、史、子、集）。所谓“六经”，其名最早见于《庄子·天运》篇：“孔子谓老聃曰：‘丘治诗、书、礼、乐、易、春秋六经’。”六经为战国诸子自由引用，并不专属儒家。且当时各国文字并不统一，故六经本文亦不尽一致。所谓“经学”，就是在阐释六经的基础上发展起来的一门学问，其形成契机是汉武帝“罢黜百家，独尊儒术”的文化大一统政策。此后，在两千多年的沿革中，上演了“经今古文之争”、“汉宋学之争”等思想学术论辩，其要义在于争夺正统地位。

秦始皇三十四年（公元前213年），六经遭到焚书浩劫。其时，离秦亡仅七年。秦统治者毁灭文化的严酷措施，并未能使文化的经典毁灭殆尽。当始皇帝颁诏焚书时，济南人伏胜已把经书藏进墙壁的夹层之中。这些冒险私藏下来的经书大多是以“古文”即战国的六国文字书写的。与此对应的“今文”即以秦代隶书抄录的文本，则多依据“坑儒运动”中残存下来的士人回忆而成。尽管有此重大区别，在汉初，古文经师与今文经师之间尚未形成水火不容之势。

汉初，秦代“挟书之禁”的文化专政，已被信奉黄老清静无为、与民生息的新的政治思维给废除了。士人陆贾曾在刘邦面前称说《诗》、《书》。刘邦之子惠帝更把取消“挟书之禁”当做社会复兴的政策来推行。六经又开始公开流传，学者又在民间教授弟子。他们的学说，开始重新影响社会发展。

汉武帝即位之后，接受董仲舒的“罢黜百家，独尊儒术”的建议，设置五经博士，在太学中以“五经”（指《易》、《书》、《诗》、《礼》、《春秋》，《乐经》遭秦火后已失传）

传授弟子。五经博士斯时既是官职，也是学科专业。施、孟二氏的易学，申培的鲁诗学、辕固生的齐诗学、韩婴的韩诗学，欧阳氏的书学，后苍的礼学，公羊家的春秋学，并盛一时，蔚为壮观。这些官置的博士，均属今文经学。至于古文经学，如费氏和高氏的易学，孔安国的《古文尚书》，毛氏的诗学，左氏的春秋学等，只在民间流行。建为五经博士的今文学派，其地位比在民间的古文学派显赫百倍。从习五经博士的学子，有"读书做官"的机会，自命为五经的唯一正确的解释者。

这些五经博士强烈地排斥与攻击其他学派，但思想反对派还是出现了。首先起来向他们发难和挑战的是刘向之子刘歆。早先，在汉成帝时，刘向曾奉命校勘藏书，意外看到了汉初以来民间所献的"古文经"。他比较了古文经及其经说与今文经及其经说，觉得前者优于后者。汉哀帝初年，刘歆建议朝廷为"古文经学"设立新的五经博士，但遭到了老博士们的强烈反对。他撰写《移让太常博士书》，批评今文学家，但却触怒了政府遭到贬斥，下放为河内太守和僻远的五原太守。由此，发生了延续两千年的"经今古文之争"。后来，王莽篡汉自立，他任用刘歆建立了古文经的五博士。再后来，刘歆竟被王莽杀害。而王莽死后，古文经的官方地位也遭到取缔。后来的正统学者认为刘歆曾在王莽朝廷内做过官，古文经是出自刘歆的伪造，目的在于为王莽篡位制造舆论。但刘歆同时代人一般只指责他"改乱旧章"，并不斥责他作伪。东汉今文家何休也仅在义理上驳斥刘歆《左传》，并指责《周礼》是"六国阴谋之书"。

东汉初年，五经之学虽承袭了西汉之旧，但古文经学终于引起了知识界上层人士的重视。陈元等人建议光武帝为《左传》设博士，此议虽遭范升等人激烈反对而未能实施，但许多著名学者已认识到古文经学优于今文经学。章帝于建初三年下诏，集儒士于白虎观"讲议五经同异"，"今文家"与"古文家"均有出席。这种兼容，无异是对古文经学的事实承认。古文经学的著名学者诸如郑兴、贾逵、马融，尤其是因著作《说文解字》而著名的许慎，均对学术思想潮流的转折推波助澜。而今文经学却少有著名人物。在这种全新的背景下，旨在兼取古文与今文长处的集大成者郑玄产生了。他既批评今文学家何休，又批评古文学家许慎。这种治学态度，避免了门户之见。在注《仪礼》时，他以今古文互校，择其善而从之。有些注文颇类现代的"校后记"，使人读后得以了解今古文的异同。由于他博通经籍，且能融会贯通古今文经说，故被后学奉为儒学正宗。郑玄的历史地位还在于，他死后不久，三国鼎立便成定局，而儒学思想界的独尊地位日趋衰落，这就使郑玄随儒学的停滞而成为界碑式的最后的大师。

当然，郑玄也不是没有对手，如王朗之子王肃曾作《圣证论》专门驳斥郑玄，他对五经的注释今虽不存，但从一些佚文来看，有些见解并不逊于郑玄。但此公的学品却不及郑氏纯正，常造伪书以证其说，如《孔子家语》一书，据考证即其伪造。南朝时流行的"伪古文尚书"也可能是出自他的手笔。从此，经学又添一大公案。王肃、郑玄之争虽源于对经书理解不同，但还同属儒学范围。

代表全新的魏晋学风的著作，当推魏朝王弼的《周易注》与何晏的《论语注》。这两位著名的思想家博通儒家经说，但重心已完全倾斜到老、庄方面，其结果是以道家思想解释《周易》、《论语》，多所创意，发前人所未发。自此之后，学术思想界发生了巨大的移位。儒学衰而玄学兴已成定局。士人尚玄谈，治《周易》者无不从习王弼的学说。汉儒解《易》拘于象术，王弼解《易》则重义理。玄学渗透经学，并非偶然。

历经永嘉之乱和民族大迁徙，两汉诸学派，诸如梁丘氏、施氏、高氏的易学，齐鲁二派的诗学，欧阳氏、大小夏侯氏的书学大部份散失。孟氏《易》、韩《诗》等派典籍虽存，却无传人。晋朝所立博士以王弼易学，毛氏诗学，郑玄的书学、周礼及礼记学，服虔、杜预的春秋左传学为宗，今文家之说被逐出太学。南朝所设经学概循此例。

古文经学的历史性胜利，并不能证明它就是真理。相反，许多诈伪之事照样借"古文"之名流行。这里仅举一例：早在东汉，孔安国献给朝廷的《古文尚书》在学者中逐步传播。马融、郑玄等人都曾据此进行研究。汉末大战乱使此书湮灭无存。东晋初，梅赜"献出"这部佚经。这就是现今通行的《尚书》文本。然而从宋明以来就有学者怀疑这部《古文尚书》是部伪书。直到清初，经阎若璩、惠栋等人考定，终证其伪。

中原地区，经十六国混战，由北魏统一。北魏的文化政策不同于南朝，崇尚汉学而轻魏晋玄学。这种保守主义的态度，对于保存当时支离破碎的中国文化，却有积极的功效。隋朝是军事上北方征服南方的结果之一，而在文化上却是北方被南方所征服。如著名学者陆德明就是南朝人。陆氏的《经典释文》一书，作于陈朝。受命于唐太宗编撰《五经正义》的孔颖达虽出身于北方，但他在编撰《五经正义》时全盘按照南朝惯例，如《周易》用王弼注，《左传》用杜预注，解经时也主要援引南人的见解。孔颖达主张"注不驳经、疏不驳注"，在经学上殊少创见。唐人学五经，据《正义》；

至于传授源流及训诂，则多据《经典释文》。在经学方面自是南人的天下。

宋初，经学还拘守于唐《正义》之学。仁宗庆历年间之后，学风逐步变化。欧阳修的《毛诗本义》，对《毛诗序》和《毛诗笺》设疑而阐扬己说。苏辙继之作《诗集传》，仅保留《毛诗·小序》之首句，其余一概予以删除。北宋著名改革家王安石治经原为变法制造理论依据，其改革失败后，其《三经新义》也就随之散失了。但他以学术充当政治的直接婢女，却开宋代官场的通病。所以，与王安石对立的各派，亦好发其空论、立其新说。如苏辙亦曾质疑《周礼》，但都限于政治需要；只因王氏新法常引《周礼》为自己张目，故反对人士要证明《周礼》制度不可行，先得证明其绝非周公之制。这场争讼的要害在于，变法与反变法的双方，都是崇古派，都想以"六经注我"。

宋代经学真有创见的是程颐的《伊川易传》，该书开理学著作之先河，纯谈哲理，不及象数。但与王弼的《周易注》不同的是：王弼是以玄学释《易》，程颐则是以理学释《易》。之后，许多理学家都援此风。以己说为《五经》作注，其大成者是南宋的朱熹。他的《易本义》、《诗集传》等著述，迄今仍是流行的读本。理学家对经学的最大贡献在于，他们把《孟子》从子书中提出升格为经，又从《礼记》中提出《大学》、《中庸》两篇，与《论语》、《孟子》合称《四书》。朱熹的《四书集注》成了后人的范本。朱熹在宋代经学的地位可以比于东汉的郑玄。他虽未遍注《五经》，但他对思想界的影响，却比郑玄为深。从理学思想出发，他有选择地对待唐宋以来对经籍的阐释传统。如对《毛诗序》的许多观念，他都予以摈弃，但在名物训诂方面，却沿袭并继承毛诗郑笺、孔疏的解释；他把自己的创见局限在对篇义的理解。这种有分寸的态度，显然是受了较早的郑樵的有益影响。和他持同一方法研究《诗经》的，有王质的《诗总闻》；和他持相反意见而固守毛、郑旧说的，有吕祖谦的《吕氏家塾读诗记》。朱熹的学问，代表宋代经学的主流。宋人治经不拘旧说，对本文理解超过前人。如朱熹《诗集传》对篇义的解释，即胜于《毛诗序》。而明清两代的科举取士均以朱熹的解释为据。故程朱之学，成为南宋之后六百余年大一统社会的显学和官学。元明两代的经学大体上是继承了宋人之学说而极少发展，尤其是在明代中期王阳明"心学"崛起之后，王艮等人更趋极端，一切都以自己的思想为指归，故而在治经史方面成就不大。

明后期的理学家的谈性命之学，反传统之道，使传统经学急趋衰落。这实际上是对大一统帝国以八股取士、取消经学独立性的一种抗议。结果使思想学术界的风气激进有余，扎实不足。明清之际的杰出思想家们如顾炎武、黄宗羲、王夫之等人，都是八股取士体制的批判者。由于亡国的惨痛经验和痛定思痛的反思，使思想学术界的风尚为之一变，开始趋向复古与扎实。顾炎武大力考证并写下《音学五书》、《日知录》等著作，开有清一代文字、训诂、音韵学及考证学的先河。一代名家如阎若璩、毛奇龄等，也以精于考证而闻名。阎若璩的《尚书古文疏证》找出许多证据，通过周密论证，证明东晋梅赜所献"古文《尚书》"及"孔安国传"乃后人托名的赝品。毛奇龄对《诗经》、《周易》等经典作过深入的钻研、探讨，立论与朱熹的权威学说大相径庭，大有复归汉儒学的趋向。此外，如陈启源的《毛诗稽古编》，胡谓的《禹贡锥指》、《易图明辨》等皆复归汉代学者的观念，而与朱熹代表的宋学分庭抗礼。这实际上也是一种对官方尊崇程朱理学的文化政策的抗议，只不过清儒的方式不同于明儒罢了。清初学者的"尊汉"倾向，到雍正、乾隆之际，导致以训诂、考证之学为特点的"汉学"的兴起。

汉学分为吴学、皖学两个学派。"吴学"的创始者是著名的惠周惕、惠士奇、惠栋祖孙三代学者。他们都倾向汉学而摒弃宋学。惠栋后来居上，成就最高，著有《周易述》、《古文尚书考》、《春秋补注》、《九经古义》等书。继之而起的钱大昕、王鸣盛也是吴学巨子，他们精于考证，认为汉人的经学其说近古最为可信，而且汉代玄学未兴，佛学也未传入，因此诸多学术更为纯粹。

"皖学"晚于"吴学"，创始者是杰出的考据家戴震，其著作蔚为壮观，主要有：《毛郑诗考证》、《仪礼正误》、《考工记图》、《尔雅文字考》、《方言疏正》等等，颇为时人赞誉。他的著名弟子有《说文解字注》的作者段玉裁、《读书杂志》和《广雅疏证》的作者王念孙等人，均亦精通考据训诂之学。王念孙的儿子王引之秉承家学，也是一位汉学翘楚，撰有《经传释词》、《经义述闻》。王念孙的密友汪中也受戴震影响而反对宋学。他的另一个弟子江藩著有《汉学师承记》，为吴学、皖学人物作传，公开标出"汉学"之名。

汉学家们大多活动在清乾隆、嘉庆年间，故称"乾嘉朴学"。"朴学"的学风扎实，立论有据。这种学风一直影响到清末的孙诒让、俞樾，甚至民国时期的章炳麟、黄侃等人。汉学家们对东汉古文经学的推崇，还产生了另一种后果：由于按照他们依据时代早晚而订出正谬的尊古逻辑，另一些学者进一步认为西汉"今文家"比东汉"古文家"更早，其说当更近经典原义。因此，他们便大力搜辑"今文家"的遗说，更进而推崇"今文经学"以批评"古文经学"。这派人的佼佼者大都是常州人，其学称作常州学派。稍后，又有福州人陈寿祺、陈乔枞父子，专辑西汉今文家关于《尚书》、《诗经》的学说，作《三家诗遗说考》、《今文尚书遗说考》等。后来，具有社会革新思想的龚自珍、魏源等人，在经学研究上就继承了常州学派复兴今文经学的传统。最后，康有为在倡导变法维新的过程中，更是充分吸取了他们的思想而加以发展，写下了掀起一代思想风暴的著作《孔子改制考》、《新学伪经考》。

修史传统

◎阎步克

中华民族对历史有着特别的兴趣，其修史的活动，可以追溯到相当久远的年代。在其源远流长的文化之中，修史已经构成了一种深厚的传统；史官、史书、史法和以历史为借镜的“史鉴”态度，既是传递文化价值、社会规范的重要方式，也集中地体现了中国人对人、社会、自然和宇宙的独特看法。

传说三皇五帝之时已有典籍，其名为“三坟”、“五典”。黄帝之史官名为仓颉。这虽然不能据为信史，却未尝不反映了中国人这样一种态度：修史是与文明与生俱来的一种活动。《说文解字》说“史”是“记事者”，又说“古”为“故也，从十口，识前言者也”。在中国人看来，历史就是旧事的传述与记录。古代之历史传述有“书”、“诵”之分，即所谓“史不失书，矇不失诵”，“诵”为乐师属官瞽矇的口头传述，“书”则是见于典册的成文记录。书面的历史记述相对说来又有两种，一为“记注”，一为“撰述”。记注是对发生的事件、事迹的原始记录；撰述则是更为成熟的史书著作了。

最早文字记录，大约可以追溯到殷商贞人的甲骨卜辞，以及殷周的金文彝铭。《尚书》说“唯殷先人，有册有典”，大概殷人已有典册文献了。至周代，典册文籍日趋丰富，其类别也颇为多样。今之所见殷周传世之古文献，如记录先王事迹诰誓的《尚书》，包括史诗在内的乐歌汇编如《诗经》，记叙帝王诸侯大夫世系姓氏的如《世本》(辑本)；更具专门性的则是各国的编年历史记录。传说孔子曾据鲁史而作《春秋》。所谓“鲁史”，就是鲁国的编年史事记注。《春秋》以年时月日系事，为中国史书之编年体的滥觞。至少春秋以下，大约各国都有这种体裁的史书了。时人与后人之所见者，如周之春秋、燕之春秋、宋之春秋、晋之乘、楚之梼杌等等，又有“百国春秋”之称。

战国以来，社会与文明的进步导致了撰述性史书的发达。人们开始考之文献，取之见闻而撰史。其中最为著名的作品，是《左传》、《国语》、《战国策》等。《左传》相传为左丘明所作，今存60卷，18万余字，记述鲁隐公至鲁悼公共259年的史事，文字优美，详曲精练。它使《春秋》之编年体因之发扬光大，可称中国历史撰述作品正式诞生的标志。《国语》、《战国策》则分国纪事，开国别史一体之先河。

西汉时期，出现了伟大的历史著作——司马迁的《史记》。《史记》原名《太史公书》，共分五个部分："本纪"以记帝王，"世家"以记诸侯，"列传"以记人物，"书"以记典制，又辅之以"表"。其书积十余年始成，采摭广博，内容繁富，结构周密。所叙上至帝王将相，下至游侠俳优，触及了政治、经济、文化和社会生活各个方面。熔铸五帝至汉武帝三千余年历史于一书，开创了"纪传体"之新体裁，奠定了二千年中国史书修撰的典范。

此后，班固等继之而作《汉书》，其体裁承袭《史记》而略有变通。其所记为一朝之事，是中国第一部纪传体的断代史。自此以下，中国古代的修史活动日趋活跃。在根据刘向《七略》而成的《汉书·艺文志》中，文献分为六艺、诸子、诗赋、兵书、数术、方伎六类。史书只附于六艺类的春秋家以下，且仅425篇，其中作于司马迁以前者仅191篇，这反映了专门性的史书尚不发达。晋代出现了文献之甲、乙、丙、丁四分法，史部独立，初在丙部，后归乙部。《隋书·经籍志》径以经、史、子、集分类，史部书籍达16585卷，数百年间增加了四十倍。《明史·艺文志》史部书1316部，30051卷。《四库全书总目》之史部书2174部，37049卷（存目合计）。其卷帙之浩瀚，令人叹为观止。

这一进程之中，史书之体裁也日益丰富多样。编年体在汉代有荀悦《汉纪》承其绪。至宋代司马光作《资治通鉴》294卷，叙战国至五代1362年间史事，它取材于正史、野史、传状、文集、谱录等二百余种，是一部取精用宏的杰作。南宋袁枢作《通鉴纪事本末》，以事件立目成篇，又创一体。《隋书·经籍志》史部书分十三类；《四库全书总目》之史部书，分为正史、编年、纪事本末、别史、杂史、诏令奏议、传记、史抄、载记、时令、地理、职官、政书、目录、史评十五类，如果再加上谱牒一项，则大致概括了中国古代史书的各种类别。类别体裁的细密，也是中国古代史学发达的标志。

在各类史书之中，"正史"具有特别的地位。《隋书·经籍志》以纪传体史书为"正史"，《宋志》沿用其说。清代编定四库全书时，经乾隆帝钦定，以历朝二十四种纪传体史书为"正史"。由之而来的所谓"二十四史"，分别是《史记》、《汉书》、《后汉书》、《三国志》、《晋书》、《宋书》、《南齐书》、《梁书》、《陈书》、《魏书》、《北齐书》、《周书》、《南史》、《北史》、《隋书》、《旧唐书》、《新唐书》、《旧五代史》、《新五代史》、《宋史》、《辽史》、《金史》、《元史》和《明史》。它们使中国历代王朝更迭嬗替，有了一套绵绵不绝、首尾衔接的系统记叙，也构成了足以统摄其他体裁各类史书的纲领。

中国古代史书之渊源久远、卷帙浩瀚、体裁完备，在世界历史上也堪称独步。相应地，中国人之历史观念，也格外地深沉厚重。司马迁作《史记》，宣称他所遵循的是孔子“载之空言，不如见之行事之深切著明”的原则，要通过作史来“究天人之际，通古今之变”。天人之际的义理，必须见之于古今之变方能深切著明，它寓于古往今来的史事之中，而不是游离其外。中国人对纯以思辨方式推求出来的义理，有着天然的不信任；而由考求古事得到的启迪，被认为最为可靠。汉代有今古文经学之争，今文派重义理，古文派重考据。可是今文经学亦非空言义理，它是通过对历史文献的解说来阐发“微言大义”的，如《公羊传》之于《春秋》。当然，由于思想的发展，义理研求与史事考述必然要分化为二途，但对舍史传以求义理的批评，也一直构成了一个反向的张力。《四库全书总目》“史部·序”曰：“苟无事迹，圣人不能作《春秋》，苟不知其事迹，虽以圣人读《春秋》，不知所以褒贬。儒者好为大言，舍传以求经，此其说必不通”，就是这一思维方式的反映。清代章学诚倡言“六经皆史”，更强调要以“史”视“经”，他的论点是：“若夫六经，皆先王得位行道，经纬宇宙之迹，而非托于空言。”

对待“史”的这一态度，与中国历史的连续性、文化的现世性，当然是互为因果的。“史”之所以最终取得了“配经”的地位，在于史传能够提供历史事实使“空言”落实到现世人间。中国人自古以来的修史热情，正基于一种“史鉴”的态度。在最古老的文献《尚书》中，便已称“我不可不监于有夏，亦不可不监于有殷”；《诗经》“殷鉴不远”之句更成为历代的习语。周初之统治者已经常从夏殷史迹中探求兴衰之由了。战国儒家“祖述三代，宪章文武”，以前古为取法之范；法家崇变革，亦是从“帝王不相复”、“治世不一道”的历史进程中找到坚强证据的。宋神宗把司马光之巨著题为“资治通鉴”，就是因为“其所载明君良臣切磋治道议论之精语、德刑之善制、天人相与之际、休咎庶征之原、祸福盛衰之本、规模利害之效、良将之方略、循吏之条教，断之以邪正、要之以治忽，辞令渊厚之体、箴谏深切之义，良谓备哉。”历代的君主臣工、儒者学人，无不从史书的上述内容中吸取了修齐治平之大法。

这大约也促成了对修史活动的尊重态度和信实要求。古文字中史、事、吏本为一字，史为事务官之称，其事或依赖于典册文档，故后来任事者为吏而记事者为史。史官初与祝、巫、卜有相似处，兼涉祭祀、阴阳、历象、卜筮，其职尊崇，被视为“天官”。直到汉代，朝会仪位上太史令犹在丞相之前。周代之思想发展中，天道渐让位于并寄寓于人事之中，人们渐以“事”的角度视“史”。史官地位下降，但“史鉴”观念以及由之而来的“信史”要求的发展，依然使修史者维持了和维护着其特殊的尊严，并形成了独特的修史道德和原则。

《左传》中就已经有了这样的记载：赵穿弑晋灵公，大史直书曰“赵盾弑其君”，孔子为之申说了“书法不隐”的原则；又齐大史直书崔杼弑君之事，相继被杀而不挠，终于使这一史实见之于记注。尽管侵犯或背弃这种尊严与独立性者代不乏人，但对之的尊重、恪守毕竟也构成了传统。“信史”要求求实考信的精神。《汉书·司马迁传赞》说《史记》一书“其文直，其事核，不虚美，不隐恶。故谓之实录”。《资治通鉴》取材广博，每叙一事，往往于三四种材料间择善而从，皆为后人奉为法式。魏收作《魏书》，利用修史机会酬恩报怨，人称“秽史”；《晋书》“好采诡谬异事”，也受到了批评，著名史评家刘知几认为“良史以实录直书为贵”，欲达此境则有赖作者的文才、学问与见识，后章学诚又益之“史德”。这都是中国古代对修史法则的精到总结。上之所述，都使中国古代所留下的浩瀚史书，具有了其他许多民族的古代文献所不具有的可信度。

但是“信史”或“实录”也并非支配中国人修史活动的唯一原则。以史为鉴，就不能没有是非褒贬；而“资治”的目的，反过来又将影响到“史法”。《左传》托之“君子”之语称：“《春秋》之称，微而显，婉而辩，上之人难使昭明，善人劝焉，淫人惧焉，是以君子贵之。”据说孔子作《春秋》，申明大义而乱臣贼子惧。对史学之道德功能和社会功能的强调，固然也体现了史学家的社会责任感，但君主时代之所谓大义，无非是君尊臣卑之专制礼法。修史的原则与方式，也不能不适应于这一目的。中国古代史学有“书法”之说。后人认为孔子作《春秋》，一字一词都有深切的褒贬在内。例如“王正月”三字，据说有“大一统”之意；“邾仪父”称字不称爵，是“褒之也”，等等。通过年号正闰的选择、语词称谓的区别等来显示基于礼法名教的褒贬，成了“史法”的重要内容。而且一种与“直书”、“不隐”相左的原则也被提出来了。《公羊传》称，“《春秋》为尊者讳，为亲者讳，为贤者讳。”明代刘基发挥其义说：“录其功而不扬其罪，虑人之疑之，立教之道也。”礼法名教的需要，为曲笔者提供了冠冕堂皇的理由。

史书的褒贬功能，意味着这是一项文化权力。这种权力在中国古代来得格外大，因此王朝与君主最终要将之纳入掌握之中。中国古代史书有官修与私修之别。春秋以上记注作册责归史官，史又有大史、小史、外史、内史、左史、右史等名。春秋末年和战国以下，由学在官府而学下私人，始有民间士人私自撰述之事。如果孔子作《春秋》其事可信，那么这就是中国第一部私修之史。汉代以下仍有官员负责记注，所记者称"起居注"，后来又有所谓"实录"。《史记》、《汉书》是私人撰述，魏晋南北朝史学繁荣，其间史书十之八九出于私修。当然所谓私修者，大抵也是王朝官僚的作品，往往利用了官方藏书，后来甚至还往往得到了君主的许可与委托。而且，王朝日渐重视修史，始设专职修史之著作郎。北朝魏、齐曾设修史局、史馆，由高级官员监修国史。隋唐正式以史馆修史为永久性制度，历代遂相承不绝。其机构亦趋完备，有翰林院、实录馆、起居院等分工。官修史书的直接优点，是人力、财力和资料的充裕，但作者如林而责任不专，奉旨述作而忌讳繁多，很少独立思想与创造性可言，所以能够立言名家者，依然多出于私修。但问题还不仅仅于此。尤为重要的是，由朝廷主持修史，评判前古是非，弘扬今主业绩，这就意味着皇权是裁断善恶的终极权威。这是王朝正统性的重大象征，以及王朝"文治"昌明的标志。

在中国人看来，历史有如一延绵不断、奔流不息的江流，它沟通了过去和现在，也沟通了未来。但这一不息的江流，似乎是在浩瀚史书的篇章卷帙之中流动的，人们在其中殷切地寻找自己的过去形象，也深沉地寄托了自己的未来命运。开国之君自比于汤、武，中兴之王拟之于刘秀，文臣寄情于诸葛，武将心驰于岳飞，欲行废立则追法霍光，指斥僭逆则斥为王莽，称扬慈母则言同于古之孟母，赞美孝子则称其为今之曾参……"名垂青史"，被视为人生成功的最高标志；"垂法后嗣"，不啻帝王行事的座右之铭；就是取法前贤而舍生取义的志士仁人，当想到自己将留名史册之时，也就含笑九泉了。一代又一代的修史活动，延续着中华民族的传统。浩如烟海的史籍之中，也蕴藏着中华民族的不朽灵魂。

官学与私学

◎刘放第

中华文明以重视教育著称。早在其他文明处于神权政治的时代，中国政府就设置了世俗化的学校，制订了与政治体制相关的教育制度，是为“官学”。与此同时，民间也逐渐兴办了各种教育机构，形成源远流长的“私学”传统。

殷墟甲骨文已有教育活动的大量记载，表明殷代已有学校产生，但具体学制已不可考。到周代已经形成由中央王朝和诸侯国主办的国学与地方主办的乡学。据史料记载，那时的政制二十五家为闾，闾有塾；五百家为党，党有庠；二千五百家为州，州有序；一万二千五百家为乡，乡有校。塾、庠、序、校，盖属乡学范畴。至于京畿的辟雍，诸侯国的泮宫，则属国学（大学）；国学的小学，设在宫南。各国泮宫的形制与此相同而略小。

周代国学中，以吏为师，号称师氏、保氏。国学学生称为国子，乡学的教师则由地方长老充任。国学的教育以诗、书、礼、乐为主。据《周礼·地官·司徒》：“师氏教授三德，保氏教授六艺。”乡学教育则以“六德”、“六行”、“六艺”为主。

国学隔年考核，通过考试的，给以“小成”或“大成”的评语。通不过考试的，则给予处罚。至于乡学，则选取优秀者叫选士；选士之优者叫俊士；俊士中优秀者不服徭役，叫造士；大乐正选造士之优呈报于王，叫进士；再选进士之贤者量才授官。

春秋战国降临，王朝的国学衰落，官学的教师流散各国各地，所谓“天子失官，学在四夷”的局面，就是这种文化向周边辐射的结果。民间的私学就此兴起。据说孔子是其创始者，弟子多达三千人。其后，稍晚于孔子的墨子、孟子、庄子、荀子都广设私学，形成学派。与此新气象相对应，诸侯的国学还存在着，如鲁僖公的泮宫即是。同时，齐宣王创办的稷下学宫既是官学又兼容各派私学，是一个伟大的创举与尝试。民间的乡校也积极参与社会活动，例如《左传·襄公三十一年》记郑人聚在乡校议政，宰相子产并不禁止。

秦代，教育沦为官府向民间传达圣旨的“法制教育”，而教师则是握有生杀大权的酷吏。但民间仍有诗书传习，可见私学未被专制断绝。随着短命的秦的覆灭，先秦旧制开始复苏，到文景之治时已具教育复兴的基础。

汉代太学创设于武帝时期，隶属于太常，为最高学府。太学教授号称“五经博士”。博士之上有仆射，东汉时改称祭酒。名经博士先设七人，汉宣帝以后增至十四人，每人专治一经，如孟氏《易》、鲁《诗》、齐《诗》、韩《诗》、大小夏侯《尚书》、大小戴《礼记》、严氏《春秋》等。西汉时征聘或荐举名流学者任博士，东汉时则改行考试办法。年龄五十以上、身体康健、品行端正者方能入选。

西汉的太学学生称“博士弟子”，东汉则称“诸生”或“太学生”。太学开始仅有学生五十名左右，王莽时则多达万人。东汉迁都洛阳后，修学未断。汉顺帝时，有校舍一千八百余间。汉质帝时，太学学生已达三万之多。

太学教授儒家经典，弟子从博士专攻一经，但《论语》、《孝经》却是必修课。教学方法除正式上课外，高年级学生要充当“小先生”辅导低年级学生，另依成绩优劣分甲乙两科。师少生多，辅以自学。太学学生年限并不固定。东汉朝廷鼓励通才，通经多者职位高，故不少人除学专经外亦兼学他经，而张衡、崔瑗等人还钻研自然科学。

太学讲究家法、学派的师承，所以弟子不得兼师他家。经师爱显示渊博，有的经说达百万言，有时解释某一个字即用去数万言。太学生之间也常议论政治，哀帝时还发生了王朝末期特有的太学生运动。其时外戚专权，任人唯亲，太学生王咸为营救直言的鲍宣而汇集学生千人上街游行，拦截丞相专车，上书皇帝请愿，结果鲍宣免于死刑。东汉末期，太学生领袖郭泰、贾彪与知识精英陈藩、李膺等人评论国是，以期改革政治。他们受到一些公卿士大夫及许多郡国学生的支持，结果却被诬为“党人”，两次遭到残酷镇压，被捕入狱千余人，史称“党锢之祸”。这次事件埋下了东汉政权覆灭的种子。

汉灵帝所立的鸿都门学，专习辞赋、小说、绘画、书法、尺牍等文艺。学生毕业后很快委以重任，这在某种意义上开了唐代以诗文取士的先河。相比之下，郡国官学并不受重视。

两汉时代民间的私学颇盛，有的学校学生竟达千人之众，有的相当于太学，叫“精舍”或“精庐”；有的相当于小学，叫“蒙馆”或“书馆”。私学教师中多有受到官学排挤而精于古文经学的大学者，如马融、郑玄等人。他们的治学方法重视考据训诂，后世所谓“汉学”即以其为代表。

魏晋南北朝社会大动乱，形成了中国教育史上官学与私学共同面临的大低潮。但在这个低潮中还是发生了几个意义深远的新事件：首先，西晋政权在太学之外另立国子学，录取五品以上官僚的子孙，于是太学便沦为六品以下的官僚子弟学校，后世所谓“国子学”的名称即由此始。其次，宋文帝立儒学、玄学、史学、文学四馆，相当于现代大学下属的四个系科，明帝则设“总明观”总揽四科，这构成了唐代分科教育的起源。最后，北魏少数民族的贵族政权，下令禁止民间私学，同时又严格限制了大、中、小各郡的博士、助教及学生的人数，从而奠定了以后诸代地方教育的模式。

南北朝大乱初定，隋文帝倡学，置国子寺，相当于现代的教育部，这是中国政府设置教育官署的开端，其专辖五学：国子学、太学、四门学、书学、算学。但行之不久，这一试验即行终止，各学又告罢废。

短命的隋代试验之后，唐代迎来了中国教育的黄金时代。太宗—玄宗时期，首创分科办学，专业学科受到广泛重视，不再像汉晋前代那样局促于儒学，如书学以石经、《说文》、《字林》为专业，兼习其他字书。算学以《九章》、《周髀》、《缀术》等著作为教本。律学收学生五十，以大唐律令为专业。学习期限，律学为六年，算学十一年，其他九年。入学年龄也制度化了：律学十八至二十五岁，其他为十四至十九岁。

除了这些普通教育机构，门下省还设有弘文馆，东宫又设有崇文馆，聘请著名学者执教，收三品以上官员及贵戚的子弟六十名，以学习经、史、书法。弘文馆与崇文馆在教育职能之外，还负有专题研究之使命，真正做到了孔子所说的“教学相长”。作为官学，太医署属下设有医学校，分为医科、药科、针科、按摩科等。司天台属下有天文学、历数学、漏刻学。太仆寺属下有兽医学。军队系统的屯营、飞骑也有各自的专业学校。

随着唐代国际性交流的频繁，以上各学还吸收日本、高丽、高昌、土蕃贵族子弟入学。普遍推行考试制度如旬试、月试、岁试和毕业考等。唐代学校的风气，完全摒弃了汉儒死守的家法，而富于创新的精神。至于地方官学，则有经学、医学两种，学生名额依各地人口多少而等差。

唐代的中国政府出于高度的自信，还大力鼓励私人办学，因而民间教育相当普及。许多著名学者既做官又讲学，如柳宗元、韩愈；或先讲学后做官，如颜师古、孔颖达；或退职后再讲学，如刘焯。他们设立的“学馆”虽然不能和近代的私立学校相比，但其推进教育之功终不可没。

宋代官学大体沿袭唐制，保留了律学、书学、医学、算学，并创立了武学、军监学、画学等，又为皇族子弟设宗学，在外侨集中的地区如广州、泉州官府还设立了蕃学。

宋代在中国历史上，可算一个相对自由化的文治时期，因此官学总的来说处于不景气的状况，学者们更注重学术而不是利禄。为扭转这种分散化趋势，力主中央集权的社会改革家王安石试图恢复一种更古老的传统，把学术重新纳入政治的轨道。为统一思想，他以宰相之尊亲自主编《诗经》、《尚书》、《周礼》三部古经的“新义”，为政治变法提供学术依据。他的国家主义试验遭到了抵制，但极力抵制他的人们却也自觉不自觉地受了影响，定下了宋学紧密联系社会政治的基调。

宋代的官学学生仍然保持这一传统：关心并干预国家政治。钦宗时，金兵围困汴京，主战派李纲被和议派李邦彦所排挤，太学生陈东上书斥李邦彦为“社稷之贼”，要求李纲复职，声援者竟达数万人之多，游行示威围住皇宫请愿；钦宗鉴于民情激愤作出妥协，让李纲复了职。南宋国学生杨宏中等六人，上书批评权贵，结果被遣送远方，天下号为“六君子”。

在汉代“精舍”、唐代“学馆”的基础上，宋代的新型书院发展到登峰造极的地步。北宋有五大书院：①庐山白鹿洞书院，前身是南唐的学馆，至宋初学生达数千人；②登封嵩阳书院，建于后周，宋初赐名太室书院；③长沙岳麓书院，宋初朱洞创建；④商丘应天府书院，平民曹诚创建；⑤南京茅山书院，仁宗时代侯遗创建。南宋的书院更有蒸蒸日上之势，半壁江山之下即达五十余所，主持人有朱熹、陆九渊等著名思想家，其影响凌越于官学。书院以私人捐赠的图书为教材，还有自由聘任的教学和管理人员。主持人有山长、洞主等富于道教色彩的称号。招收学生不分阶级，因而吸引了大批平民子弟。这样的学院，多是某地区或某学派的中心，其教材常是重要的学术著作。其间经常展开学术观念的交流，谓之会议。在对话中切磋砥砺，是中国历史上一项极为宝贵的传统，值得后人纪念。

书院虽有学规，对学生要求颇严，但却大力奖掖后学，推重创新，鼓励独立思考、知行结合，倡导师生之间的互相诘难。谈经之外，大量探讨传阅当世之作。以书院为核心形成的知识体系，被史学家称为宋学。它缺乏汉古文经学的考据功夫，但其继魏晋诸子而发扬的阐发义理之风，却大大推动了中国思想（而不仅是"学术"）的发展，此功实不可没。

到了明清时期，随着社会一元化的加强，教育也开始僵化甚至萎缩。国子学和太学合并为"国子监"，但国子监的职能却缩小了。明代尚有北京、南京两个国子监，清代只剩北京一个国子监。三品以上官员的子孙可以作为荫监或荫生不必经过正式考试而被保送入学；甚至商人都可以花钱买得入学资格。但同时，对入学资格的阶级限制也减弱了。不过这种"平民化"倾向却不是西方第三等级兴起的结果，而是中国式的中央集权的结果，尽管二者都立足于削弱贵族的特权。

国子监的主要课程，是钦定的宋代程朱注释的《四书》、《五经》以及各种律令、御制大诰等。八股文成为必修课和学习目的。读书做官，成为知识的最高价值。学术完全政治化了。与此相一致，当局加强对学生的思想控制，历代（如汉代、宋代、明代等）相传的太学生政治参与活动，终于在清代被扑灭了。历代相传的言论、结社、上书的权利被取消了。尽管满清政府只要俯首贴耳的奴仆，但最后还是爆发了另一种形式的知识分子的政治运动——戊戌变法的前奏"公车上书"。不过其主角已不是官学学生，而是获得了功名的"知识精英"（举人）了。清代尚有"八旗官学"，通过教育八旗子弟来加强奴化统治，镇压汉人的反抗，但这也并未能够阻止"大清国"的灭亡。

明清两代的私学书院仍有发展，但自由讲学、学派体系、议政之风，却屡遭中央集权政府的抨击。如明代嘉靖、万历、天启年间竟先后发生四起禁毁书院的事件。无锡东林书院的主持人顾宪成、高攀龙等人，大胆倡导士人的气节和独立的人格，批判指鹿为马的强权政治，这在专制政治统治下，是可以和鼓吹叛乱等同视之的。而由于宦官率先违纪乱法，所以士人对社会的批判，也就被认为是把矛头指向皇帝的亲信——宦官，这格外遭到当局的切齿，遂被视为大逆不道，罗织成狱，成批地逮捕流放，各地书院也被乘机一扫而光。

入清以后，满洲贵族镇压书院教育的手法更为老辣。他们指令各省统一书院，拨官费办学，实际目的是把八股文充作书院的专业。这样的书院退化为官学的附庸，与宋明书院不可同日而语。只有少数私人书院还保持着宋明时代的传统。一是颜元主讲的漳南书院，重视经世之学；一是阮元主讲的诂经精舍，注重考据。再有姚鼐的中山书院，讲授词章。

直到八国联军打破了朝廷的美梦，满清政府才横下心来，废除八股，兴办新式"洋学堂"。尽管这对推延王朝末日已无济于事，但却开辟了现代教育的通道。北京率先设立"京师大学堂"；各省则一窝蜂地把省会的大书院改为高等学堂，府城的书院换上了中学堂的牌号，州县的书院改名为小学堂等等。但实质性的教育现代化，却是缓慢而迟滞的。

科举制度

◎阎步克

科举制度是一种以王朝设科而士人投考为特点的官员录用制度。从初具形态到终止（从隋唐之际到清帝国末年），其历史达一千三百年之久，明清则为其全盛之时。在中华帝国的政治文化结构中，该制度属于处于中心地位的那些制度之一。

科举制度的形成是一个漫长的过程，在战国以上的宗法封建时代，实行“世卿世禄”制度，选官依赖于宗法制的“亲亲”原则。战国以后，国家迅速地“官僚制化”了。秦汉帝国中，专职专业的领俸官僚成了行政骨干。在汉代的察举制中，“举贤”的原则充分制度化了。

察举制首先是一种推荐制度，它由地方长官（以及某些中央高官）定期或不定期地以“贤良”、“方正”、“孝廉”、“秀才”等科目向中央贡上士人以供任用；但在其中，“考试”的因素也存在着并日益重要起来。如贤良、方正要对策，明经科要试经，最为重要的孝廉科在东汉顺帝时也采用了对策之法。此后推荐这一环节日轻，考试之环节日重，地方长官的责任逐渐变为搜罗士人以应试。隋代承袭了此前的秀才、孝廉、明经等科，隋炀帝又新设以文词取士的进士科。唐初允许士人“投牒自进”即自由投考，又打破了员额限制而使等额考试变成竞争性的差额考试。科举制度遂因之而正式形成了。

唐代初年的考试科目，有秀才、进士、明经、明法、明字、明算等。进士与明经是主要科目，其中进士又最为人瞩目。此外还有不定期的制科。进士考试内容，是诗赋、策论、杂文等，明经则考试《易》、《诗》、《书》、三《礼》、三《传》等。应试者包括学校生员以及自由报名的“乡贡”，他们应先通过学校与州县的预备性考试。科举考试在长安举行，每年一次，由礼部主持，被录取则称“及第”，第一名为“状元”。吏部对之再做一次选试，合格者依等第而授予八、九品左右的官职。

宋代科举制度又有发展。宋初除进士、明经等科之外，还有制科、词科、九经、五经、三史、三《礼》、三《传》、学究、明法等。王安石变法以后，罢诸科而并之于进士，诸科遂有合一之势。其改革取消了诗赋考试而突出了经义、策论的内容。此后诗赋或试或不试，其制不定。此外，宋代科举逐渐变成了三年一次，取消了吏部的选试。“殿试”，即礼部省试后再由皇帝亲自加以考试定等第，也渐成定制。

明清二朝，是科举制最为成熟和发达的时代。在这一时期，考试制度更为严密复杂了。对于一位希望通过科举而入仕的士子来说，他首先应该参加知县主持的“县试”和知府主持的“府试”，由此而获得“童生”的资格。成为童生之后，他须参加学政主持的“院试”，如果及格的话就成为“生员”，俗称“秀才”，从此就算是国家的正式学生，进入府学或县学学习了（这种学习有时只是名义上的），并领取国家钱粮，所以成为生员又称“进学”。“进学”之后有“岁试”，根据等第而有赏罚。但更重要的则是“科试”，通过了“科试”，就可以参加每三年一次在省城举行的“乡试”了。

乡试由中央派遣的官员和各省巡抚主持，因一般于秋天举行，故又称“秋闱”。其考试有三场，内容为八股文，以及论、判、诏、诰、表、经史、时务策、试帖诗等。其及第者称“举人”，第一名称“解元”。举人已经有任官资格了。

各省举人于乡试次年参加京城的“会试”。会试在三月，故又称“春闱”，由皇帝任命一、二品大员担任总裁、副总裁主持其事。会试地点在贡院，其考试方法、内容大抵同于乡试。会试录取者称“贡士”，第一名称“会元”。贡士经复试后参加“殿试”，由皇帝主持，只考策问一道。殿试出榜分为三甲，一甲为赐进士及第，只有三名，分称状元、榜眼、探花；二甲为赐进士出身，第一名称传胪；三甲为赐同进士出身。三甲都泛称为进士。殿试后还有一次朝考，然后根据复试、殿试和朝考成绩分别授予官职。所授之官，有翰林院修撰、编修、庶吉士、六部主事、知州、知县等。

这种通过层层考试录用官员的制度，使士人获得了仅仅凭借才艺就可以入仕居官的制度化途径。唐代每年参加科举的士人，多时达数千人。明经及第者约十之一二，进士科则只有百之一二。其时进士及第者被称为“白衣卿相”、“一品白衫”（盖因投考者习惯穿白麻衫袍），宰相不由进士出身者终觉不美，时称“士有不由文学而进，谈者所耻”。宋代参加科举者多时数万人，进士及第名额也增加了十余倍，一般约二三百人，多时五六百人。明清时代会试录取者多时也达到了四百多人；而全国乡试中举者后来一般在千人左右。由科举入仕者称“正途”。其时非进士不入翰林，非翰林不入内阁。由进士而为庶吉士者，被视为“储相”，即未来的宰相。尽管在科举初期，在各种选官途径中由科举入仕者并不占多数，但其社会声望与政治地位却扶摇直上，很快就达到了顶点。大致说来，经科举而获得功名者，构成了王朝政治与行政的最主要的承担者。

科举成了王朝的“抡才大典”，“考试”成了帝国政府选拔官员的主要手段，这充分地体现了文官制度的自由竞争、公开考试和人才主义原则。它的产生，使诸如汉代的“任子”、魏晋南北朝的“九品中正制”、唐代的“门荫”、宋代的“恩荫”等等依赖父祖家族势位与帝王恩宠的选官方式，以及诸如汉代的“赀选”、清代的“捐纳”这些凭借财富的选官方式，至少在制度上被置于较为次要的地位上了。明清时代高官子弟虽然也有任官特权，但这也因科举的发达而变成了“荫监”的形式。他们可因门荫直接成为国子监生，不必经秀才即可参加乡试，但如不经科举或监内考试，则入仕后声望低于科举。

作为科举制前身的察举制也以“举贤”为宗旨，但它主要依赖于长官推荐，这就为个人好恶甚至营私舞弊留下了较大余地。其次察举制取人常以孝子、贤人、名流、义士等为对象，“贤”的标准较为原始、粗泛。而科举制则大大淡化了不易具体把握的、非专门性的“德行”标准(如孝悌、高隐等)，仅仅以几项具体的文化知识考试取人，“一切以程文为去留”，有利于客观评估、严密审查，更具可检验性、可控制性，也更为程式化、标准化了。从察举制发展到科举制，是行政的理性水平的一大进步。

当然，科场的腐败与黑暗，在专制时代是不可避免的。尽管发展出了诸如“别试”、“弥封”、“誊录”、“糊名”等一系列旨在防止考官与考生舞弊作伪的严密复杂的制度，其弊端仍层出不穷。在唐代，就不时出现因“主司不公、试官受贿”而滋事骚乱的“下第不逞者”。类似事件后世也时有发生。如清朝康熙年间江南乡试案，数千考生因考官受贿卖关节而聚众抗议，将财神抬入府学明伦堂，并将“贡院”匾牌改成“卖完”。

但另一方面，“公平”仍是科举制度本身的基本精神，它促使帝国政府不断完善制度和维护法纪；也足以使平民士人引以为凭藉而为入仕机会抗争——在另外一些历史条件下，他们大概就不会产生这种要求了。在科举制下，“朝为田舍郎，暮登天子堂”并非完全是虚辞。在获得教育的途径上存在着社会性的不平等，获得官位后则存在着官僚特权的不平等，但是在凭借知识获致官位这一环节上，尽管达官贵人依然保有了一些特权，科举制却确实保证了相当的平等机会。它对应着更大的社会流动，使平民也有了跻身统治阶级的机会，也使官僚体制保证了其官员的素质和更新，赋予了它更多的活力。

对于科举制的考试内容，学人给予了严厉批评。人们指责它考试的不是有关兵刑钱谷、考课铨选的专业行政技术。确实，唐试诗赋，宋试经策，明清行八股文，所考试的都是古典人文性的文化知识，答卷强调美文风格。尤其是八股文，题目出自四书五经，发挥不离程朱义理，起承转合皆有定式，其僵硬死板无益于用，更为人诟病。对科举考试之学用脱节的批评，几乎伴随着这一制度的始终。早在唐代，赵匡就指责科举"所习非所用、所用非所习"之弊了。明末清初之顾炎武，更以为八股之害"等于焚书"。历代也有一些企图对之加以改革者。如宋代王安石欲以经义策论取代诗赋，并增加律令考试和明法科，以提高考试的实用性，但其结果依然是扬汤止沸，不过是"变秀才为学究"而已。清代乾隆时舒赫德亦以选官所考察者应为"其居官所当为之职事"为由，请行更革，但反对者则以为"立法取士不过如此而已"，结果不了了之。

中国的官僚政治，是一种以文士学人担负政务的士大夫政治。王朝必须从知识阶层之中取士，因此选官标准就不能不受到这一阶层的文化传统与文化素质的深刻影响。科举以考试取官这一形式是典型的官僚制式的，考试的内容却是面向文人的，甚至原有的一些实用性考试内容后来也文人化了(例如策、判等后来也变成了美文)，这正是士大夫政治的本质特征与内在矛盾的反映。但是，士人必读必考的四书五经中，在特定政治文化脉络中确实也包含着治国平天下的方法与道理，包含了官员必须掌握的正统意识形态。同时对考试检验方法不能期待过高。科举制只是假定，经过系统学习并能通过复杂考试者必定也具有较高智力，因此居官后在职责要求与考课奖惩的体制性压力之下，他也必然能够较快地承担起行政任务。如果整个政治文化背景能保证官僚体制的良性运转，那么科举制内在的学用矛盾还是可以得到相当补偿的。

科举这种形式独特的考试制度，其目的并不仅仅在于考校人才，它还有其他许多重要功能。例如察举制下士人为官首先依赖于地方长官举荐，士人遂与地方牧守有了"故吏"的密切关系。这曾经成了分权与割据的社会条件之一。而科举时代士人沿金字塔式的考试体制趋向于中央，他们遂由牧守"故吏"变为"天子门生"了。科举制也确定了一个相对客观的、理性的标准，保证了社会上下层的活跃对流，并以此维系了一个既承担行政、又承担教化的士大夫阶层的存在，而这一阶层是整合中国社会的主要力量。科举制构成了以控制文化资源来加强官僚制式的集体专制的有力手段。对其优劣的评判，也只能在整个社会的政治文化运行机制中得到理解。

清末时期的贡院。

相应地，当社会变迁引起了中国传统政治文化秩序的瓦解之时，也就是科举制度的曲终奏雅之日。在清朝末年的社会变动之中，维新派与改革人士提出了改良与废止科举的主张。这一改革首先针对的是八股文的积弊，要求把新的政治、经济、法律与国际知识作为考试内容。进之，便是那种高度集中化的金字塔式的考试体制的完全废止。最后一次科举是在1904年举行的进士考试，这次科举考试录取了它的最后一名状元，从此这一制度就寿终正寝了。

但是科举之废，不等于考试录用方法的完全废弃。毋宁说，"考试"的方法与原则，以新的形式融入了新的教育体制与文官体制，在新的条件下合理化了。现代文官制度依然依赖于考试制度。众所周知，19世纪的英国文官制度改革，便是受到了中国科举制度的启示。而且一些学者认为，这种影响还可追溯得更早，例如17世纪末普鲁士的文官考试(这在欧洲是第一次)，很可能也是出于科举的影响。据信，医士考试制度，在12世纪就已由中国经巴格达而传到了罗杰二世 (King Roger Ⅱ) 统治的西西里；而神圣罗马帝国皇帝弗里德里克二世 (Frederick Ⅱ) 正是罗杰二世的孙辈。就此而言，科举制的影响，还是世界性的。至于它对中国古代社会中的多方面的重大历史作用，更是学界的重大研究课题。

古籍与版本

◎李穆

中国有数千年的文明史，积累了浩如烟海的古典文献。《尚书·多士》载："惟殷先人，有册有典"，说明早在商代就已有典籍的存在。在河南安阳的殷商遗址中发现的大量甲骨文也可佐证。商周时代，典籍由官方掌管，国家设有官员典司其事。到了春秋战国时代，孔子以私人身份办学，在官方文献的基础上整理出六艺成为儒家学派的经典。此时各派各家也纷纷著书立说，一时涌现出大量学术著作。秦始皇统一中国，为维护其统治，曾采取"焚书坑儒"的政策，使秦以前的典籍受到极大损失。到汉代初年，朝廷重视典籍的整理与收藏，广开献书之路，建藏书之策，使得一些先秦古籍流传下来。这些典籍在我国学术史上占有极重要的地位，对后世的政治、哲学、文学等各个领域都产生了重要的影响，被奉为经典性著作。

汉代以后，尽管朝代不断更迭，天下战乱频仍，古籍的数量仍不断增多。汉成帝后，刘向、刘歆父子校理秘阁图书，得13000余卷。西晋荀勖整理中央图书时，已有29945卷。南朝宋元嘉八年谢灵运编国家书目，收书64582卷，到隋朝统一中国，收藏南北方图书达14466种、89666卷。唐宋以来由于雕版印刷术的发明，典籍数量与日俱增，到清代乾隆年间编纂《四库全书》时，收入图书3461部、79309卷，存目6793部、93551卷。计此时朝廷掌握典籍共10254部，172860卷。

典籍的增长是同汉以后历代统治者崇尚"文治"、崇儒尊经、设馆置官、收藏图书的政策分不开的。另外统治者提倡文化，组织学者编辑大型丛书、类书，对当时及以后的社会文化都曾产生促进的作用。如北宋时编辑《太平广记》五百卷，《太平御览》、《文苑英华》、《册府元龟》各千卷，明代编成《永乐大典》达22877卷，清代编辑有《古今图书集成》万卷及《四库全书》，都成为文化史上的不朽盛事。

但古籍在历代亦曾严重散失，主要原因是朝代更革之际的战乱，以及统治者出于政治目的销毁图书。如清代修《四库全书》，寓禁于征，凡书中有被认为诋毁朝廷的内容，概行销毁，其种类与数量几乎与四库收书相等。此外，近代以来帝国主义的侵略也造成我国古籍的大量散失。如八国联军入侵北京，使《永乐大典》几乎散失殆尽；1932年"一·二八"事变，日本侵略军在上海焚毁了藏书达518000册的远东著名的东方图书馆，大量古籍珍本毁于一旦。

我国古籍现存的数量尚无确切的统计，但据专家们估计，约有七八万种。其种类和数量之多，及体系的完整性和连续性，在世界是罕见其匹的。仅历代的正史《二十四史》就有三千多卷，包括了明代以前我国的各个历史时期，为世界史学史上所仅见。学习和研究古籍，必须借助于目录，这是书海航行中的指南针。我国早在西汉时就产生了自己独特的目录体系。唐代魏征说："古者史官既司典籍，盖有目录以为纲纪。"西汉成帝时，刘向领校中五经秘书，负责整理典籍，根据当时存书内容，将图书分为六大类。刘向每校完一书，写定正本，便撰一书《叙录》，条列篇目、介绍作者、说明大意，连同书籍一起奏上。后又将各书《叙录》别编一部，称为《别录》，一共二十卷。刘向死后，他的儿子继续校书，并在《别录》基础上编撰了我国第一部综合性图书分类目录——《七略》。

《七略》包括辑略、六艺略、诸子略、诗赋略、兵书略、术数略和方技略。六艺略分易、书、诗、礼、乐、春秋、论语、孝经、小学九种，主要是儒家的经典和学习经典的基础读物。诸子略分儒、道、阴阳、法、名、墨、纵横、杂、农、小说十种，主要包括哲学、政治、经济、法律等方面的书籍。诗赋略分屈原赋之属、陆贾赋之属、孙卿赋之属、杂赋、歌诗五种。兵书分兵权谋、兵形势、兵阴阳、兵技巧四种。术数略分天文、历谱、五行、蓍龟、杂占、形法六种。方技略分医经、经方、房中、神仙四种。辑略是"诸书之总要"、"六略之总最"，用以分别说明六略三十八种大小类目的意义与学术源流，列于六略之前。《七略》不仅是一部图书目录，还反映了当时的学术渊源和思想，被视为一部古代学术史。其中六艺略被列于六略之首，是汉武帝以后独尊儒术的反映。

《七略》原书今天看不到了，但它的编辑原则、体例和方法对后世目录学产生了深远影响。东汉著名史学家班固沿袭了《七略》的分类法，只是取消辑略一项，将辑略内容分开，总序列于六略之首，大小序列于六略及三十八种类目以后，使我们可以从中窥见《七略》的概貌。此外，他的《汉书·艺文志》开创正史以官方藏书编制目录的先例。隋唐以后正史中的《经籍志》、《艺文志》中或纪一朝之藏书，或纪一朝之撰述，在古籍目录中占有重要地位。

《七略》的分类原则被后世接受，但类目的分合在后代有所改变，其中最著名的是传统的四部分类法。四部分类在三国魏文帝时编写的图书目录《中经》里已具雏形。晋武帝咸宁年间（公元275—279年）秘书监荀勖依《中经》编成《中经新簿》，又称《晋中经簿》，分图书为甲、乙、丙、丁四部。甲部为经书，分易、书、诗、礼、乐、春秋、孝经、论语、谶纬、小学十目。乙部为子书，分儒、道、法、名、墨、纵横、杂、农、小说、兵、天文、历术、五行、医方十四目。丙部为史书，分正史、古史、杂史、霸史、起居法、旧事、职官、仪注、刑法、杂传、地理、谱系、簿录十三目。丁部为集部书，分楚辞、别集、总集三目。此外另设有道经部、佛经部，以纪道佛二教经籍。这种分类是将《七略》中兵书略、术数略、方技略合并于诸子略形成子部，并将史书单独列出，反映出这一时期史学著作的大量增加。到了东晋初，李充编成《晋元帝四部书目》，将四部分类中乙、丙两部对换位置，甲部纪经书，乙部纪史书，丙部纪子书，丁部纪集部书。从此，经、史、子、集四部分类法成为我国古籍的传统分类法。

我国古代目录学的重要目的是“辨章学术，考镜源流”。目录之学被视为治学的门径。清代学者王鸣盛说：“凡读书，最切要者，目录之学。目录明，方可读书，不明，终是乱读。”古代的图书目录有不少流传下来。除正史艺文志外，最著名的是清代乾隆年间完成的《四库全书总目》。《四库全书》是由皇帝下谕，由大臣总裁，聘请全国各地著名专家学者历时约十年完成的一部大型丛书。四库收书面既广，采用底本又多为珍贵的善本书，加上负责各类的都是当行专家，因此编辑质量之高是空前的。《四库全书总目》著录的书籍，基本上包括了乾隆时期以前的古籍，为各书撰写的提要多考据精审，对后世影响极大。此外，清阮元等编有《四库未收书目提要》。近人孙殿起编《贩书偶记》及续编，以记后出的书籍和版本，可视为《四库全书总目》的补编。

阅读古籍，既要注重目录，也要重视版本，清末张之洞为士子求学撰《书目答问》，说：“读书不知要领，劳而无功，知某书宜读，而不得精校精注本，事倍功半。”可见版本的重要。

版本指一本书的各种不同本子，主要是雕版印刷的各种书籍，也包括雕印发明以前的各种写本和以后的钞本、稿本等。版本名目繁多，以刻书时间论，有唐写本，宋、元、明、清刻本。以刻书单位论，有官刻本，内又分中央、地方各衙刻本，及私人刻本即家刻本或家塾本，和坊贾刻书即坊本或书棚本等。以地区论，则有浙本、闽本、蜀本等。

雕印创于唐中期，以前则只有写本。唐至五代雕印的书流传到今天的寥若晨星，故谈版本多从宋代谈起。

北宋刻书主要是官刻和坊刻，其时刻书费用尚贵，私人刻书很少。官刻以国子监最著，所刻书多儒家经典、史书、算书、《文选》、《文苑英华》等，称北宋监本。靖康年间，监版为金人掠去。今北宋版本很少，诸藏书家著录多为南宋翻刻本。南宋在杭州重建国子监，收有少量北宋监版，后陆续修补出版。南宋官刻还有崇文院、德寿殿刻本，地方政府如两浙东西路茶盐使司等也刻了不少书。官刻校勘精审，为宋刻上乘。南宋私人刻书兴起，著名的有岳珂、廖莹中等，岳刻五经被视为标准读本，廖刻九经极精美，惟删落经注为人不满。宋代坊刻，精者不亚公私精刻，但坊贾为图利，一些书偷工减料，满目鲁鱼。宋代刻书主要有浙、闽、蜀三个地区，浙本最精善，闽为产纸之区，印刷业最盛，但以质量衡之，为宋版中下驷。

辽代有书禁，版本几乎不传。金收北宋书版和刻工，继承了北宋传统，刻书中心在山西平水，精刻不下宋本。

元代是刻书业发展较盛时期。官私诸刻犹承宋代遗风，刻书精美，可与宋版颉颃，后世藏书家多以宋元并称。元代官刻除国子监外，兴文署主掌雕印，各地学校如各路儒学、群庠都有刻书，尤以书院为著。元代各地书院不下百所，掌书院的“山长”多为饱学，精于校雠，书院经费较有余裕，刻书多精工。元代私人刻书多有名人手书版。坊刻集中在浙、蜀、闽和平水等地，为逐利而刻了许多民间需要的医书、戏曲、小说，保留了许多珍贵的文化遗产。

明代官版有南北监本、经厂本、各衙刻本。经厂本为宦官监修，虽大版精刻，但校勘不精。明官刻不及宋元，但藩府刻书颇有佳本。私人刻书在嘉靖以前尚较慎重，正德后覆刻宋版几可乱真。嘉靖以后，刻书窜改、删节之风盛行，故传本虽多，精刻甚少。常熟毛晋汲古阁刻书最多，颇有益于学林，但精者也不多。明代坊刻仍以福建为最盛。雕版技术在明代有很大进步，精刻多出于苏州、徽州两地。

清代官刻之多远胜宋元明三朝，精善亦首屈一指。活字版有广泛应用，如以铜活字印《古今图书集成》万余卷，武英殿以铜活字排印许多宋元善本等。清高宗认为活字名不雅，更名为聚珍版。朝廷刻书多极精美，如《西清古鉴》等书达到了前所未有的高度。外省官刻不多，同治以后，各省始设立书局大量印书。

清代校勘学大盛，私人刻书以藏书家、校勘家刻书为著，产生了一些版本专家和著作，如钱曾撰有《读书敏求记》等。嘉庆、道光时私人刻书最著名的有鲍廷博、卢文弨、黄丕烈、顾广圻四家，他们学问渊博，考订亦精，校刻古籍之精善远过前人。

鉴定版本，首先应明了历代刻本的特点。宋版书的字体，浙本多为欧体字，福建、江西本多为柳体，蜀本则是颜体字。刀法多精工，不失字体风神。浙本、蜀本多用白麻纸，闽本多用黄麻纸。墨色香淡。宋版书避讳较严格。版式早期多四周单栏，后为上下单栏，左右双栏，行宽字疏，白口，单鱼尾。版心多刊有刻工姓名、字数。书尾多有牌记。装帧主要为蝴蝶装，南宋时有包背装。

元版书字体多为赵孟頫体，坊刻本多用俗字，纸多为黄麻纸。坊本多竹纸，墨色稍浊，不避讳。版式多四周双栏，行窄字密，黑口；花鱼尾，版心上刻字数，下刻页码或刻工姓名。装帧以包背为主。

明初书字体为软体字，即楷书字体，宣德正统间多仿宋本，景泰间有仿元本。明中期书字多仿宋体；晚期字体变长，为长宋体。明代用纸多为棉纸，间有麻纸、竹纸、毛边、毛太等。明刻本初不避讳，到天启、崇祯间避讳始严。明初版式多四周双栏，精黑口，少数细黑口。正德以后多仿宋版，白口，万历以后白口多，黑口少，单栏双栏兼而有之。嘉靖以前装帧多包背装，至万历时逐渐变为线装。

清代刻本一种为硬体仿宋字，一种为软体楷字。纸质繁多，避讳较严。版式一般左右双栏，也有四周双栏或单栏的，大部分白口，少数黑口。封面页反面雕有刻版地点、牌记和年月。装帧为线装。

读书欲得善本。善本书指古本、足本、精校精注精刻本。明嘉靖以前刻本，年月既久，都可视为善本，嘉靖以后劣刻甚多，故须仔细甄别。

七　科技与工艺

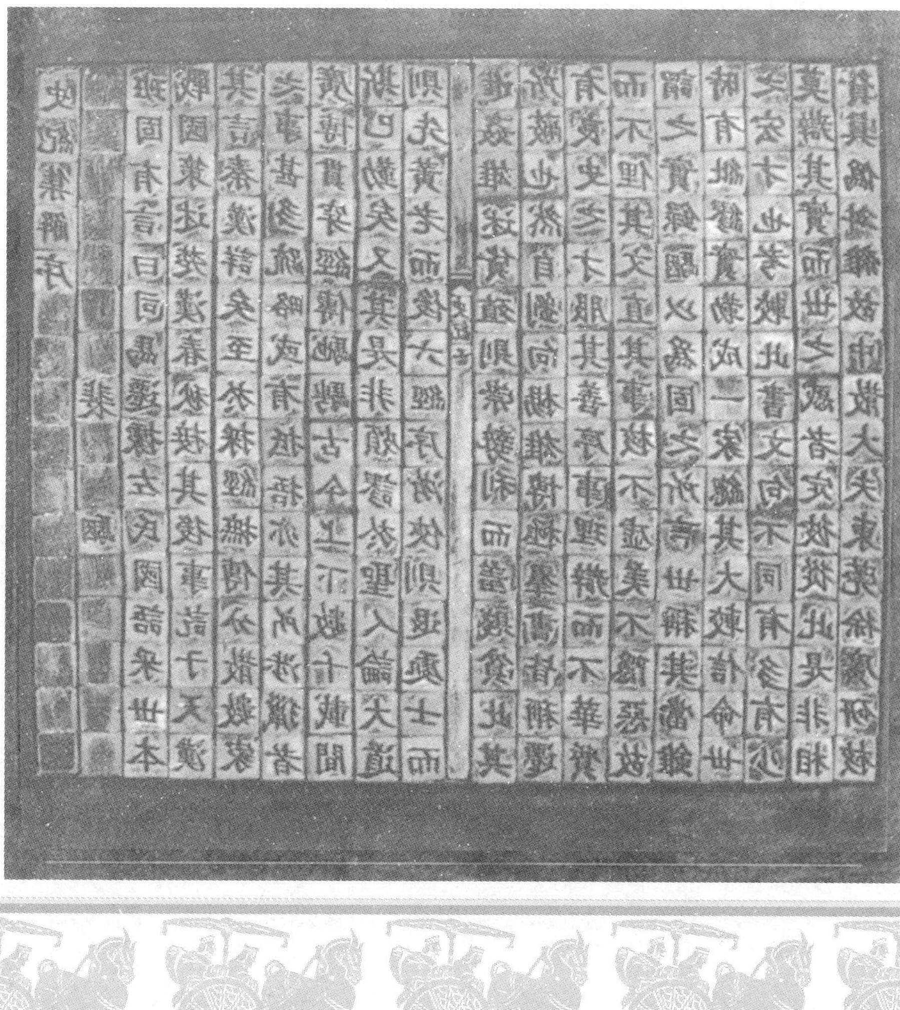

天文与历法

◎谢松龄

天文与历法，是中国文化史上最悠久和最辉煌的成就之一。早在距今6000多年前的新石器时代，先民就已开始将天文观测的知识用于生活的各方面。西安半坡遗址房屋的朝向，以及江苏邳县大墩子遗址的墓葬方向，都表明当时已由观看北极星或立竿测日影以确定方向。根据记载，人们还推算出4400年前就已经以观测大火(即心宿二)昏见来确定春天到来的季节。而以大火南中来定夏至日，则始自殷商时代。

自有文字记载以来，中国的天文学就具有“官方”性质。殷商时期，星历之术由巫所掌。《尚书·尧典》记载帝尧“乃命羲和，钦若昊天，历象日月星辰，敬授人时”。可见自古便有最高统治者指定的专人执掌天文历数。因而观测天象的天文台也只能筑在都城。据记载，夏代便有了天文台，名为清台，商代谓之神台，周代改称灵台，而“诸侯卑，不得以观天文，无灵台”。春秋时期王道式微，诸侯始建台。《左传》记僖公五年(公元前655年)：“正月辛亥朔，日南至，(鲁僖)公既视朔，遂登‘观台’以望；而书，礼也。”可见君主观望天象乃是一种礼仪，以示观象制历的大权在握。

西汉在长安筑有天文台，初名清台，后改称灵台，又称候景之台。台上置浑仪、铜表及相风铜鸟等。以后历代都建天文台，现存最古的观星台建于元初，位于传说周公立土圭测日影的河南登封告成镇。北京的观象台则始建于明正统年间，连续观测近五百年，为世界现存古天文台中连续观测历史最久者。天文仪器则被视为国之“宝器”，大致可分为三类。一是测日影的圭表，可用以定方向、时间、节气乃至回归年长度。圭表的应用，至少可追溯至3500年前。二是仪与象。“仪”测定天体球面坐标，又称“浑仪”，汉武帝时落下闳就已制造过浑仪。元代郭守敬制简仪，现存者是明正统年间仿制的。“象”用以表演天体在天球面上的视运动,又称“浑象”。最早的记载是东汉张衡制作的用传动机械和漏壶相联接的漏水转浑天仪,以后水运仪象代有改进。三是计量时间的仪器,即漏刻,史称“肇于轩辕之日,宣乎夏商之代”。

古代天文观测的目的有二:一为星占,以定吉凶休咎;二为制定历法,以“授人时”。这两者均关系到朝代兴衰、天下存亡。中国以农立国,一部准确、精密的历法对正农时、候耕获是必不可少的,但其意义不仅于此。中国古代有“三正”之说,即夏正建寅,以寅月为岁首;殷正建丑,以丑为岁首;周正建子,以子月为岁首。朝代更替须颁行新历,称为“改正朔”(正,年始;朔,月初),所谓“王者得政,示从我始,改故用新”。因此,奉谁的正朔,就归谁统治,历法成为统治权力的象征。同时少见的天象又被视为改朝换代之征。《汉书·天文志》记“汉元年十月,五星聚于东井”,认为是汉高祖的受命之符。历史上不少精通星历之术的官员则因以天文异象的出现向皇帝进谏或要求改革,而遭诛身灭族之祸。可见在古代天文是一项极端秘密的知识。因而许多朝代都明令严禁私习天文,严禁天文官员与外人来往,也不准天文图籍在民间流传。明代,更进一步严禁私习历法,习历者遣戍,造历者诛死。最高统治者将天文观测、历法制定之权牢牢控制在自己手中,视之为巩固统治的重要手段。因此历代史书都有《天文志》和《历志》,连同其他许多天文星占书籍,保持了古代天文与历法的长期连续性,取得了任何一个其他民族都无可比拟的成果。

古代中国人将空中的恒星划分成群,加以组合,称之为“星官”。各星官又组成一个庞大的系统,划分为三垣二十八宿,一直沿用到近代。三垣二十八宿各象人事。三垣中的紫微垣是中垣,共有三十七个星官。左右两垣象宫墙拱卫;中间的北极星,又称北辰,象太子、帝、庶子、后宫。太微为“天子庭”,是三垣的上垣,有二十个星官。其中有五帝座及十二诸侯府;太微垣外则有明堂、灵台(即天文台)。天市垣定型较晚,为三垣中的下垣,有十九个星官,以帝座为中枢,左右两垣之星以列国命名,中有列肆、东肆、屠肆、市楼等星官。二十八宿早在春秋末年便已定型,且与青龙(东)、朱鸟(南)、白虎(西)、玄武(北)四象相配。每宫七宿。其中东宫七宿之一的心宿二(大火)是殷商时期观测天象的标准星;象龙心,又为明堂、天子之位。其他星宿亦各象官府和国事。二十八宿还各个对应于天下各国、各州,即所谓“分野”。这是天象之常。可见,观看星官系统宛如见到一个古代中国社会。

所谓星占,是要观测到天象之变,并据以作出人事吉凶休咎的判断。《春秋》每年记事寥寥数条，但“日有食之”却记了三十七次。日为君象。日食，被视为“君失其行”(如人君妒贤嫉能)或“臣下谋上”之征。《汉书·天文志》将之与“弑君三十六，亡国五十二”联系起来。汉代以后，每当日食等天变出现，皇帝通常要下诏罪己，表示对“天谴”负责。但“归过股肱”、寻找替罪羊的事例也史不绝书。《汉书·五行志》所载发生在汉成帝河平元年(公元前28年)的太阳黑子，是世界公认的最早的黑子记录。这些在当时都被目为君主失道、西汉灭亡的征兆。由此不难理解，为什么中国有史以来，日食、月食都有近千次的精确记录。

木、火、土、金、水五大行星(又称“王纬”)是星占的主要对象。甲骨文中就已有“大岁”星(即木星)的记录。长沙马王堆三号汉墓出土的帛书《五星占》，成书于西汉初年(公元前170年左右)，是现存最古的一部天文书。其中记载金星会合周期584.4日，比现代天文学的测值583.92日只大0.48日；土星会合周期377日，比现在测值小1.09日；恒星周期30年，较现在测值29.46年仅大0.46年。可见两千多年前的五星观测已达惊人的精确。史书中也载有一些著名的五星占。《魏书·崔浩传》载北魏元明帝时，太史报告荧惑(火星)在某夜突然亡失，不知将会停留在哪里。根据星占理论，荧惑停留某宿较久，其分野国遭殃：三个月有灾祸，五个月受兵，九个月亡土大半。司徒崔浩推断火星亡失当在庚午、辛未两个阴天，庚午对应于秦，辛是西方之干，未对应于井宿，故火星肯定入秦。八十多天后，火星果然出现并停留在西方井宿。井宿的分野是秦，几年后姚氏后秦果然灭亡。这次星占被视为“神占”。崔浩长于天文历学，这是精确预报火星运动的一例。

其他天变，最著者为彗星。中国可靠的彗星记录始见于《左传·文公十四年》(公元前613年)：“秋七月……有星孛入于北斗。”这是哈雷彗星的最早记录。自秦始皇七年(公元前240年)至清宣统二年(公元1910年)的两千多年间，哈雷彗星出现过29次，中国每次都有详细记录。至清末，对各种彗星的记录已多达360次左右。彗星又名孛星、拂星、扫星，为“除旧布新”之象，因而在星占中具有十分重要的意义。《左传》记鲁文公十四年的(哈雷)彗星：“周内史叔服曰：‘不出七年，宋、齐、晋之君皆将死乱。’”虽不幸言中，但却是后人的追述。此外，关于新星(汉代始称“客星”)的记录始见于甲骨文。至17世纪，可靠的记录已达六十多项。新星是恒星爆发，其亮度可突然增加数千至几亿倍，原来肉眼不见的星，突地皇皇然出现，像是不速之“客”，扰乱了星空的秩序。根据形态和颜色，其中某些被看作“瑞星”，但多数是“妖星”。关于流

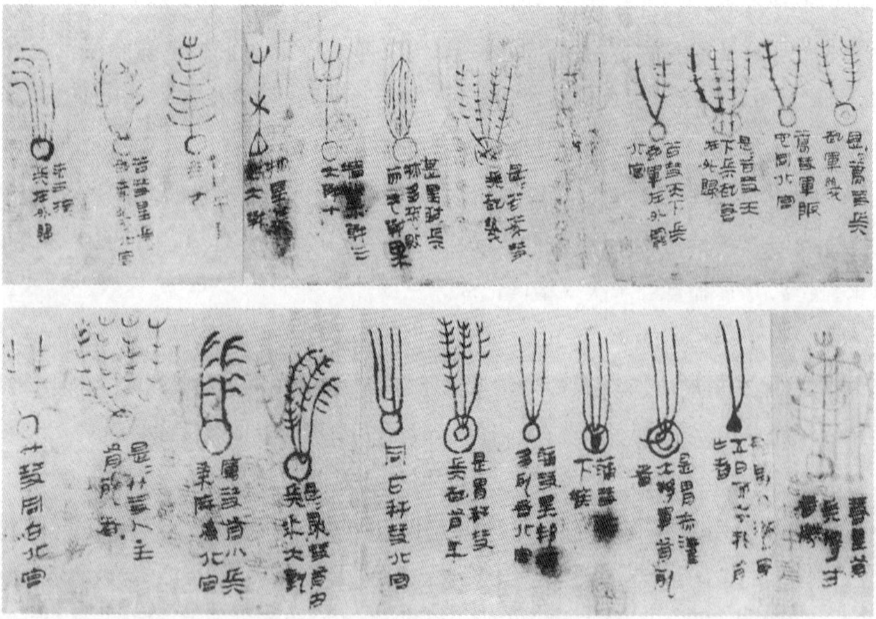

长沙马王堆汉墓出土帛书彗星图。

星雨，可靠的最早记载见于《春秋·庄公七年》(公元前687年)：“夏四月，辛卯夜，恒星不见，夜中星陨如雨。”古代记录流星雨约180次之多，因为这是王者失道，下民将叛，众庶流徙之象。对陨石，春秋时期就知道是流星坠地，而欧洲直到18世纪，法国大科学家拉瓦锡还认为是“破土而出，非自天降”。古代中国的天文成就，的确是世界上独一无二的。

古代历法不仅政治意义重大，而且包括关于日食、月食和五星运行的推算等天文内容。历史上几次改历的直接原因就是日食预推有错。因而，编历几乎是编算天文历。相传为记载夏代历法的《夏小正》，是中国最古的科学文献之一。它按夏历十二月顺序，分别记述每个月的天象、物候和农时政令，尚带有自然历的色彩。而《尧典》所记则是依据观测北斗星的斗柄，和某些已确定的星宿，如鸟、火、虚、昂的昏旦出没及南中(过子午线)来决定时令季节，制定历法，即所谓“观象授时”，较之《夏小正》已进了一步。现代天文学的研究表明，《尧典》所记正是殷商时代的天象。人们还根据甲骨卜辞的记载确定，最迟到殷商时已能测定分、至。卜辞中并有“春”、“秋”二字；祀鸟、火等星以为神，祈求丰收。殷人将一天的时刻分为明(旦)、大采、大食、中日、昃、小食、小采、暮等段落。所创干支记日法一直沿用至今，是世界上最长的记日法。十日为一旬，由甲至癸，癸为旬中第一日。采用的是太阴记月、太阳记年的阴阳历；以新月出现为月首，月有大小；年有平闰，年终置闰，平年十二月，闰年十三月。

西周历法更注重月相。《诗·小雅》："十月之交，朔日辛卯"是典籍中最早提到的朔日，朔日即日月合朔之日，比新月初现早一两天。周代有大典名为"告朔"，天子每年季冬以次岁十二月朔政分赐诸侯，诸侯受而藏之祖庙，于每月朔日(初一)祭庙受朔政。至鲁文公始不视朔，仅以牲羊祭庙，故后世以"告朔饩羊"喻虚应故事。这表明早在春秋之前就已将月首从新月改到朔日。恒星月，即月在恒星间运行周期为27.32天；其时测定为28天，二十八宿便是以月每天"住"入一宿划分而成的。

春秋后期出现四分历，即以一回归年为$365\frac{1}{4}$日(四分历由此得名)，一朔望月为$29\frac{499}{940}$日，并以19年7闰为闰周的历法。其时诸侯为政，为了显示统治权力，各国虽然皆用四分历，但所用岁首不同。鲁国以冬至所在的子月为岁首，即周正(建子)；晋国以寅月为岁首，晋为夏地，故称夏正(建寅)。所用历法起算点"历元"也不同，历元，即制历时往前推算到某天夜半子时正好日月合朔并交冬至，作为历的起始(元者，始也)。有了历元，再推算此后各年冬至及合朔时刻就十分方便。

秦统一中国后，颁行四分法的《颛顼历》。为彰明其获"水德"之瑞，而以十月为岁首(建亥)，在历法史上堪称"空前绝后"。

汉武帝时颁行的《太初历》是中国第一部较完整的历法。是年十一月甲子日，夜半正好合朔并交冬至，是极为理想的历元。于是武帝下诏改历，以元封七年为太初元年，并将二十四节气入历，废止年终置闰，以无中气之月为闰月，因袭至今，称为"夏历"。二十四节气已见载于《淮南子·天文训》，以太阳运行为根据，相间分为十二中气和十二节气，前者如春分、夏至、秋分、冬至；后者如立春、立夏、立秋、立冬。这是中国历法的独特创造之一。

帝王受命须制历，谋反或篡位也要造历。西汉末年，刘歆将三统说引入太初历，名之《三统历》，为王莽篡汉树立理论根据。但历代帝王每造新历，也还想使历法更符合天象观测，以"循天之道"，因而不断有改进、改造。三国时，孙吴作乾象历，首先引进月行迟疾。曹魏造景初历，在日、月食推算上有创造。南朝刘宋的元嘉历创“调日法”，为后世历家广泛采用。萧梁祖冲之制大明历，把东晋虞喜发现的岁差引入历法计算；定出的交月点日数，较现代天文学数值仅差十万分之一日。

历代每制历辄发生政治权力斗争，隋及唐初尤其激烈。所编历法不在少数，但不是未被采用就是行用不久即废。唐玄宗开元年间，因《麟德历》日食不验，而诏僧一行作新历。一行立象依《周易·系辞》大衍之数，故名《大衍历》。《大衍历》颇有创新，因测得冬至日行最急，夏至日行最缓，春分、秋分日行最平，而发明以此区分节气的“定气”；且立法整齐，为后世所效法，但其附会《周易·系辞》象数，致使有些数据与天象不符。一行曾依《大衍历》推得两次日食，但均未观测到，便释以天为玄宗之德行所感，并非推算有误。

宋代是颁行历法最多的朝代，这既有赖于天文观测的进步，也是内忧外患交集的表现。两宋共颁18部历法，平均十七八年便要改历一次。北宋纪元历，是古代历法中朔望月数值最精确者。年误差在0.17秒以下，比西方16世纪采用的第谷数值小得多。南宋统天历回归年长度是365.2425日，与现今国际通行的格里高利历完全一样，但早行三百余年。

辽、金都几次造历。元代，天文仪器制造及天象观测均达高峰，由此而产生了古代最精确的历法《授时历》。明代《大统历》基本袭其法数。二者实为一历，行用364年，是中国历史上使用时间最长的历法。但在明代二百年间多次出现日、月食推算上的误差。明末，又引进西洋法数，编成《崇祯历书》，未及颁行而明亡。此时的观测计算更为精确，回归年数值与现代精确值相比，一年仅差2.3秒。

《崇祯历书》经清初传教士删改后以《西洋历法新书》之名进呈清廷，据以编成《时宪历》，沿用至今。当然，在引进西洋法数之后，中国的历法的政治意义和政治功能也就不复存在了。

算学的发展

◎沈 彬

中国算学的萌芽期可溯至四千多年前，据战国时尸佼著《尸子》记载："古者，倕(黄帝或尧时人)为规、矩、准、绳，使天下仿焉。"这说明当时已有"圆、方、平、直"等形的概念。司马迁《史记》载有夏禹(约公元前二千多年)治水时"左准绳"、"右规矩"的事迹。殷代甲骨卜辞明确记载了十进制记数法，甲骨文的十三个记数符号如下：

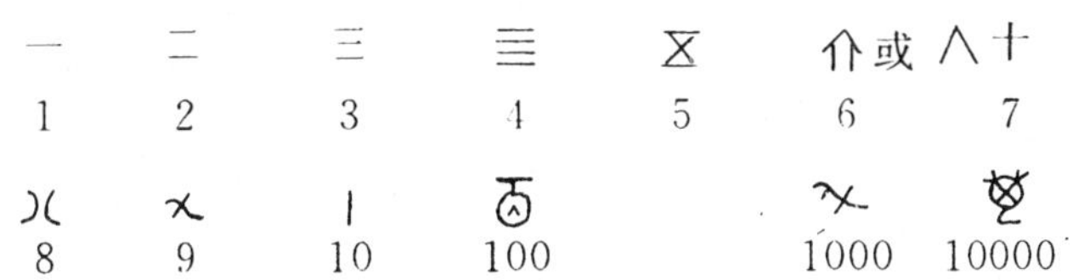

其中前面1—9九个符号是数码，其他四个符号是位值符号，分别表示十、百、千、万。十、百、千、万的倍数，用合文表示，例如：

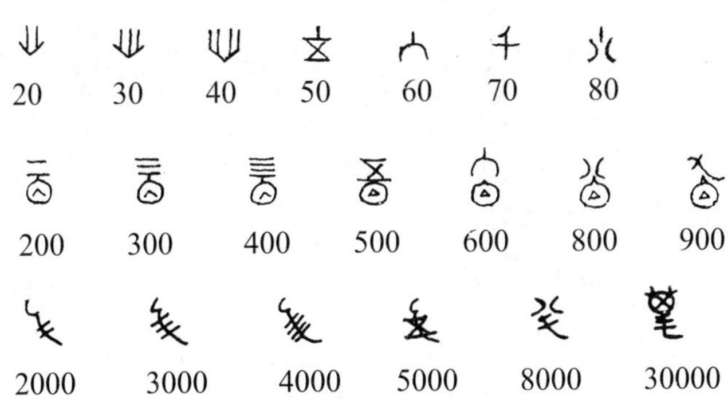

将数码与位置符号相结合，就能记数。例如242，用甲骨文表示，就是。

在西周（公元前11世纪—前8世纪）的钟鼎文中，记数字体与甲骨文相比，略有变化，“4”写作“”，或“”，“10”写作“”，但记数方法与甲骨文大体相同。

算筹记数则意味着一个巨大的进步。算筹多用竹制成，也有骨、铁、象牙制的。截面常呈圆形，也有呈正方形或三角形的。算筹至迟在春秋时（公元前8世纪—前5世纪）已普遍使用。算筹数码有两种摆法：

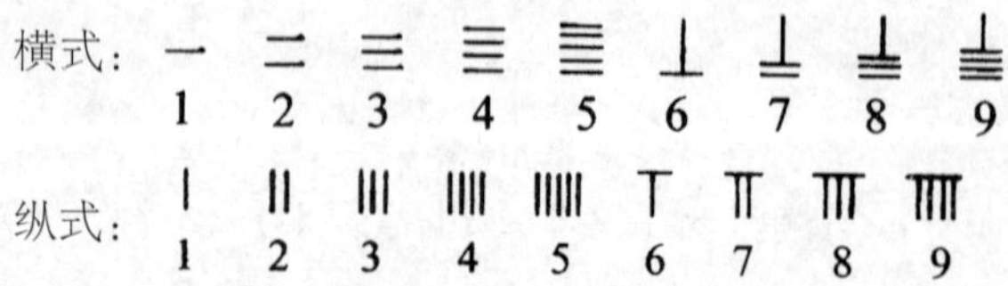

算筹记数采用地位制，不用位值符号。记数时，个位上数常用纵式，其余纵横相间。例如5431，摆成𝍭𝍣𝍫𝍠。如果没有纵横相间的规矩，摆成𝍤𝍣𝍢𝍠就无法确定数值。在筹算主数中，零采用空位（不放筹）的办法表示。比如306摆成𝍫 𝍥。大约在宋代以后，书写算筹筹式时出现了“0”的记号，以表示零。公元3世纪，筹算成为当时中国的主要计算方法。

4	9	2
3	5	7
8	1	6

公元前1世纪的《大戴礼》载有象征吉祥的河洛书纵横图，即“九宫算”，这被认为是现代“组合数学”最古老的发现。

两汉开始出现了一批重要的算学著作和学者，标志中国算学的正式形成。此后一千年间，中国算学在许多方面居于世界领先地位。

《周髀算经》是我国现存最早的天文历算著作，约成书于公元前100—前50年间。它使用相当繁复的分数算法和开平方法。在现存古算书中，它最早引用勾股定理。据说古希腊的数学家毕达哥拉斯在证得勾股定理时，宰了一百头牛表示庆祝。

这里引用勾股定理的目的是为了测量。《周髀算经》记载了有关这种测量的方法，如根据标竿(表)的日影的长短来量出太阳的高度的方法，用这种方法来进行天文上的测量，当然不能测出正确的结果，但用它来测量地面上的远近、高低等，是能够做到十分精确的。据《周髀算经》中的记载，当时人们已经使用这种方法来进行地面上的测量了。

因此，中国算学一开始就带有与天文历算、地理测量等生产和生活实践紧密相关的特点，所以在很长一个时期内，中国算学著作大都采取问题集的形式，而没有出现像西方《几何原本》那样从几个简明的公理出发的严格抽象演绎体系。这无疑与中国文化看待世界的根本态度有关。

中国算学早期最优秀的成果体现在《九章算术》里，它产生于汉朝，全书收集了246个应用问题的解法。书为九章：①方田章，讲平面图形面积的计算，记有分数的运算法则和平面图形的面积计算公式。②粟米章，讲各种粮食交换的计算，叙述了比例分配的计算。③衰分章，讲按照一定比率进行分配的方法，记有比例分配以及等差、等比数列的计算。④少广章，讲已知面积求边长和已知球体积求直径的算法，涉及到开平方和开立方法。⑤商功章，讲各种立体的体积计算，记述了不少有关立体图形的计算公式。⑥均输章，讲合理运输和均匀分担的问题，涉及到的数学内容有配分比例、复比例、等差数列等。⑦盈不足章，讲算术中盈亏类问题的解法，提出了一种具有普遍意义的解法——盈不足术。⑧方程章，讲用联立一次方程解应用题的方法，还叙述了正负数的概念及其运算法则。⑨勾股章，讲勾股应用题和简单的测量问题，以及一元二次方程的解法。

从其内容可以看出，它的丰富多彩是与实际生活特别是农业生产密切联系着的。特别是其中负数的概念以及正数和负数的加减法法则，是具有世界意义的成就，如印度数学家到了公元7世纪以后，欧洲则到了16世纪以后，才产生比较明确的负数概念。有关联立一次方程组的普遍解法，法国数学家直到16世纪才得出类似的解法。因此，《九章算术》不仅是我国数学史上一部杰作，而且在世界数学发展史上也很重要。现在，它已被译成多种文字出版。

三国时代刘徽对《九章算术》的注释是中国数学史上极重要的文献。他最早提出十进小数的概念；在分数除法运算中首先采用将除数颠倒相乘的办法；在代数方面，提出解多元联立方程的互乘相消法；正确地表述了正负数的概念及表示法，并给出了正负数、零的加减运算法则。在几何方面，他创立求圆面积近似值的“割圆术”，并得$\pi=3.14$(在《九章算术》中π是取值3来计算的)；给出各种面积和体积公式的证明。他还第一个明确主张对数学命题应该予以证明。

三国之后，南北朝的长期混战，使大量的人口迁移到了南方，伟大的科学家祖冲之(公元429—500年)就生在这个时代。他博学多才，著述涉及许多方面，数学方面有《缀术》六卷、《九章算术义注》九卷、《重差注》一卷。这些著作多已失传。据史书记载，他在数学方面的主要成就有：首先，有关圆周率，他算得$3.1415926<\pi<3.1415927$；另外，还得出了用分数表示的两个圆周率数据，一个较精确的称“密率”，另一个称“约率”，即：密率$=\frac{305}{133}$，约率$=\frac{22}{7}$。其中密率和π的误差很小，而且好写好记，是π的一个“最好近似分数”。祖冲之提出密率，比西方早一千多年。本来，圆周率的计算达到小数点后四位就足够精密、足够应用了，那么继续计算下去有什么意义呢?因为，在数学史上，许多国家的数学家都曾寻找过更加精密的圆周率，因此，圆周率精密程度常可作为衡量一个国家数学发展水平的标志。祖冲之对数学的研究不仅仅限于实用。可惜的是，在中国历史上这样的数学家并不很多。祖冲之的儿子祖日恒也是有名的数学家，他天才地解决了曹魏时代刘徽所遗留下来的问题，算出了球体体积的精确公式。这虽比欧洲为迟，但所用的方法却很巧妙。

隋朝兴修了大运河等巨大土木工程，这在数学上的反映主要是三次方程求正根问题。唐朝初年王孝通著的《缉古算经》讨论了筑堤上下宽窄不一致、两头高低不一致之类堤坝的体积问题。在解决这类问题时，王孝通还第一次引入了一般三次方程的解法，解决了三次方程求正根问题。他把此书看成毕生研究的结晶。

在国力鼎盛的唐朝，算学的教学发展很大。“算经十书”就是唐初为进行数学教学选定的十种算书，是算学典籍的集大成者。它包括《周髀算经》、《九章算术》、《海岛算经》、《孙子算经》、《夏侯阳算经》、《张丘建算经》、《缀术》、《五曹算经》、《五经算术》、《缉古算经》十种，许多当时提出的数学名词，如分子、分母、开平方、正负、方程等，一直沿用至今。

算学在宋代继续有较大发展。在公元12和13世纪，出现了大批的杰出人物，像贾宪、秦九韶、李治、朱世杰等。从杨辉的《详解九章算法》中得知，贾宪曾论述过“开方作法本源图”(后世称此“贾宪三角”或“杨辉三角”)，另有“增乘开方法”，步骤与英国数学家霍纳(Horner)于1819年所提出的“霍纳法”相同,但时间早出七百余年。

南宋人秦九韶(约1202—1261年)于1247年著成《数书九章》,书中提出的求解一次同余组的“大衍求一术”和求高次方程数值解的“正负开方术”,都是当时世界上的先进成就。他还提出由三角形三边长(a,b,c)求其面积(A)的“三斜求积术”(今称“秦九韶公式”):

$$A=\sqrt{\frac{1}{4}\left[a^2b^2-\left(\frac{a^2+b^2-c^2}{2}\right)^2\right]}$$

李治(公元1192—1279年)的主要数学著作有《测圆海镜》十二卷(公元1248年)和《益古演段》三卷(公元1259年)。书中系统介绍了我国独特的设未知数列方程——天元术。《测圆海镜》全书共170题,都是应用“天元术”讨论圆与直角三角形相切时所成线段的相互关系,即“勾股容圆”问题。“天元”代表未知数,相当于现代数学中的“X”。“天元术”,相当于现代的列方程,因古代筹式都是直行的,所以三次方程“$x^3+3ax^2+3a^2x+a^3=0$”的天元式的表示形式如下:

<table>
<tr><td>1
3a
$3a^2$
a^3太</td><td>或</td><td>1
3a
$3a^2$元
a^3</td></tr>
</table>

右旁注“太”字的项,是不含未知数的项,现称“绝对项”。其上一项就是含未知数X的一次项,再上去依次为X的二次项、三次项等等。或在含未知数X的一次项右旁注“元”字(即“天元”),则其下一项是绝对项,其上依次是含未知数X的一次项、二次项、三次项等等。“天元术”又很快推广为“四元术”,“四元术”就是以天、地、人、物四个字作“元”,分别代表四个未知数,好比现代数学中用x,y,z,u来代表四个未知数一样。到元代朱世杰,已可用此法求解多元高次联立方程组了,这成为此期算学的主要成就。

宋、元两代学者在代数学中联立一次同余式的解法,几何学中平面割圆、球面割球等方面,也都取得了很大成就。其中联立一次同余式的解法,在欧洲一直到18世纪才被一些著名的数学家发现,比中国要迟许多年。在一般西方数学书籍中,有时把此定理称作“中国剩余定理”。

14世纪中叶以后，日益繁重的计算任务，使古代的筹算已不敷所用，于是推出了新的计算工具——珠算盘。公元1578年柯尚迁的《数学通轨》，载有一个十三档的算盘图，称为“初定算图式”，形式已和现代通行的算盘完全相同。数学家程大位于1592年完成了《直指算法统宗》。该书共18卷，包括595个问题，大都录自古代传本数学书，是现存介绍珠算最系统的一部书。书中各种珠算口诀对珠算的推广影响重大。

珠算盘还曾流传到朝鲜、日本、越南、泰国等地，对这些国家数学的发展也起了重大的影响。

自晚明、清代以降，中国算学就明显落后于西方数学了，算学家们虽对古代成果继续推进，但没有大的突破，而是把精力放在译介西方数学典籍上。这一时期的重要数学家如徐光启(1562—1633年)就是如此。他与意大利传教士利玛窦合译欧几里得的《几何原本》(1607年)和《测量全义》(1607年)，介绍西方的测量方法，使西方三角学及测量术得以传入我国。明清之际，笔算、代数学、对数术、几何学、割圆术、平面、球面三角术、三角函数表以及一部分圆曲线说相继传入。

到雍正年间，统治者又取“闭关”政策。这种形势使数学家们转向古代数学的整理，他们把“算经十书”以及宋元算学著作重新刻印。如陈世仁、项名达等对我国旧有的剩余定理、整数论、方程论、级数论等等，又做了详细的解说和论述，取得了丰富的研究成果。这些成果虽较欧洲为迟，但都是在独立研究中得出的。

总之，中国传统算学的发展表现出较重实用的特点，它重视对实际的具体问题的解决，重视确定的结果和答案，因而在抽象演绎的理论体系方面较欠缺，发展的领域主要是在算术、几何、代数、三角等领域，其内容基本上属于初等数学范围。

造纸与印刷

◎曹晓晨

纸是人类书写、记事、传播思想感情的理想材料。发明纸以前，中华先民为寻求记事材料始终进行着步履维艰的探索。古代的“堆石纪事”、“结绳纪事”等，就是最原始的提示记忆的方法。从公元前5000—公元前3000年的仰韶文化起，又发明了在陶器上刻画符号以记事。殷商时代则在龟甲、兽骨上刻画文字。随着冶炼技术的发展，文字又被刻铸在青铜器上，形成“钟鼎文”。以后，玉与石也相继成为记事材料。由于甲骨稀少不便普及，金石费工而笨重，故又选用简(长方形的竹片)和缣帛为书写材料。但“帛贵而简重”，仍不理想。因此，植物纤维纸的发明，标志着书写记事材料的革命。

造纸技术的萌生，得益于古代的漂絮法。据《说文解字》解释：“纸，絮——笘也。从系，氏声。”纸、絮、笘三者之间的内在联系提示：纤维原料经草木灰的水浸泡蒸煮后可以提纯，分解在水中的纤维借助透水器具的过滤，形成平滑的薄片，这促成了造纸思想的萌发。

漂絮法引发了造纸思想的事实，也给了造纸术的“西方起源说”以口实。某些西方学者根据我国古籍中有关“絮纸”、“蚕茧纸”、“棉纸”等不规范的称谓和模糊的认识而认为，中国纸只是用丝和棉制造的，而以麻和破布造纸的技术则是14—15世纪由德国人或意大利人首创的。英国传教士艾约瑟(1823—1905年)就曾提出：“为什么不再提出纸和墨都是从西方传入中国呢？这两项文化成就在中国知道它们几百年前就已在欧洲使用了。”然而近代考古实物的出土，尤其是西汉及东汉古纸的出现，却证明当中国人用纸书写的时候，西方各国还在用羊皮书。

纸的发明，一般认为应归功于中国东汉时期的宦官蔡伦。《后汉书·蔡伦传》

载："自古书契，多编以竹简，共用缣帛者谓之为纸。缣贵而简重并不便于人。伦乃造意，用树肤、麻头及敝布、鱼网以为纸……故天下咸称'蔡伦纸'。"蔡伦纸易书写，是替代简牍的理想材料。蔡伦于东汉和帝元兴元年(公元105年)将此纸献给和帝，深受赏识。之后，他又首创以树皮(楮皮)造纸，扩大了原料，以致蔡伦被民间顶礼膜拜为"纸神"。

但本世纪的考古新发现却进一步说明，早在蔡伦之前就已有纸。1933年，我国著名考古学家黄文弼在新疆罗布淖尔汉代烽燧亭故址中，发现一片古纸，鉴定为麻纸，比蔡伦纸要早150年左右。1957年5月8日在陕西西安市灞桥古墓中，又掘得西汉古纸共88片，称为灞桥纸，其制造年代更为古老，是世界上现存最早的植物纤维纸。

但习惯成自然，蔡伦发明造纸的传说仍得到了国际社会的普遍首肯。如1990年8月18日—22日，在比利时南部城市马尔梅迪举行的国际造纸历史协会第20届代表大会上，来自欧、美、亚十个国家的六十多名与会专家再次公认：蔡伦是造纸术的伟大发明家。尽管对纸的发明者的争论还在继续，但鉴于西汉麻纸纸质粗糙，无法用于书写，把蔡伦作为书写用纸创始人便无可非议了。

我国古代造纸分为四个时期：一、造纸萌芽期；二、迅速成长期；三、全盛期；四、迟缓发展时期。

西汉到东汉是造纸的萌芽期，而自蔡伦之后，逐渐形成了一套相对定型的造纸工艺。其技术大致分为四个步骤：一、原料的分离；二、打浆；三、抄造；四、干燥。汉代以后，造纸工艺日臻完善，但主要步骤并未改变。无论造纸技术、加工技术还是造纸设备，已形成完整的技术体系，包含着现代造纸技术的主要技术环节，堪称现代造纸技术的原始形态。现代湿法造纸工艺基本上还是沿用中国古代造纸法的主要工艺流程。

继蔡伦纸之后，在东汉末年又出现了"研妙辉光"的名纸——左伯纸，与"张芝笔"、"韦诞墨"并称为当时的良纸、精笔、佳墨。但上流社会的文人仍视缣帛为贵，故迄至汉末，仍是简、帛、纸并用。

魏晋南北朝是我国造纸事业迅速成长的时期。纸被朝廷规定为正式的书写材料。故自东晋后，纸成为正宗的书写材料，无论是国家机构的奏议或文书，还是民间书画，皆以纸淘汰了简、帛，使纸得以迅速推广。尤其是社会上流行的藏书热，导致了抄书盛行，而用纸量的暴增又促进了造纸业飞跃。造纸工艺日益精良，名家辈出，

古代造纸工艺流程图。

最著名的是南朝时的张永。《宋书·张永传》载:“张永善隶书,又有巧思,纸及墨皆自营造。”造纸技术从此推向新的起点。由于用纸量日增,造纸原料相对缺乏,又促使人们把造纸材料由单纯的用麻发展到用桑皮、藤皮等植物外皮的纤维,从而拓宽了原料来源,形成“桑皮纸”、“藤皮纸”以及用皮料和麻料混合造成的众多纸品。在造纸技术与设施方面也对传统工艺加以革新,开始应用施胶技术,也就是将植物淀粉经加热后,混入纸浆中予以研光处理,从而根除了在书写时走墨、晕染等现象。这项技术的应用比欧洲要早1400多年。同时,为防止纸张虫蠹的“潢染法”(用黄檗汁和雌黄对纸进行浸染),也诞生在这一时期。这些技术有助于中国古代浩瀚的史籍流传至今。造纸设施不断向效益型发展,则是晋代造纸的一大特色。“帘床抄纸器”的发明,在造纸史上有里程碑效用。由固定尺寸的帘床生产出的纸张首次具有一定的尺寸规格，纸面薄而匀，纸质上乘，省时省力，效率大增。现代的土法抄帘床与此一脉相承。

隋、唐、宋三代，为造纸的全盛期。其中尤以唐代堪称峰极。隋初，社会稳定，人民安居乐业，造纸业有长足的进步。到唐代，官办与民营的造纸作坊星罗棋布，纸种繁多。宋代苏易简(958—996年)的《文房四谱》写道：“蜀(四川)人以麻，闽(福建)人以嫩竹，北(河北)人以桑皮，剡溪(浙江)人以藤，海(广东)人以苔，浙(浙江)人以麦面(秸)、稻秆，吴(江苏)人以茧，楚(湖北)人以楮为纸。”这说明纸为民用的趋势日渐兴起，各地均以当地特产为原料造纸。随着造纸术的提高，造纸成本下降，纸制品的用途也日益广泛，开始成为纺织品的代用品，出现了纸衣、纸被、纸帐、纸甲等。宋代又以纸做账簿、糊窗户、制灯笼、雨伞、鞭炮等。同时，造纸加工技艺亦日渐完善，高质名纸屡见迭出。如曾名噪一时的唐代名纸“浣花笺”，以芙蓉皮为料，色彩斑斓，实为诗画佳品，深得墨客骚人喜爱。唐代诗人李贺曾咏诗赞美：“浣花笺纸桃花色，好好题词咏王钧。”浣花笺的发明者女诗人薛涛因此名动文坛，广为后人传颂。驰名中外的宣纸也可以追溯到唐代宣州贡纸。用宣纸刻画人物眉须毕现，描绘自然则栩栩如生，“不失神采笔踪”。

时至北宋，在长江流域开始用整竹造纸，从以往只用木本植物的韧皮发展为用茎秆纤维造纸，开创了造纸原料来源的新渠道。北宋再生纸(还魂纸)的出现，标志北宋造纸工业达到新的高峰。

元、明、清三代集造纸经验之大成，尽管发展迟缓，但改进了造纸经验，使工艺流程日臻合理。造纸术约在隋唐时期开始东传朝鲜、日本，西传印度、波斯、阿拉伯，南布东南亚各国；最后传到北非和欧洲。

被视为现代“文明之母”的印刷术是中华文明对世界的另一卓越贡献。

印刷术是在一定的物质条件下发明的。如东汉的蔡伦纸和左伯纸，3世纪的韦诞墨，即是印刷术的必要物质条件。而殷商时代的甲骨文以及晋代的写阴阳文凸字技艺，也给刻字及反文印刷以极大的启迪和借鉴。

古代印刷术的发展大致可分为雕版印刷术与活字印刷术两大阶段。对雕版印刷术的发明年代尚无确切结论。世界上发现最早的雕版印刷物——唐代木刻《陀罗尼经》(公元704—751年)，以及我国发现最早的标有确切日期的雕版印刷物唐懿宗咸通九年(公元868年)的《金刚经》的出土，证明雕版印刷术在唐代已普及。在唐代，雕版多用于印刷佛教经书和占星术、占梦术等书籍。但一些著名诗人如白居易、元稹等的作品也刊行于世，并作为商品出售。五代时期雕版印刷迅速发展，而宋代则是雕版印刷术的巅峰时期。明代学者高谦总结说："宋代刻书，雕镂不苟，校阅不讹；书写肥细有则，印刷清朗，故以宋本为善。"而宋代印刷字体几经借鉴，逐步形成清逸俊美、结构严谨、笔画横平竖直、排布合理的独特风格，极易刻版和印刷，故沿袭至今。宋本书由此成为古代印本中的珍本。

雕版印刷工艺颇简单，先在印版上深刷墨汁，后覆上纸张印刷，揭下后就是印刷品。而印版的制造工艺相形之下要繁杂得多。一是选板材，即选用纹质细密、质地坚硬的木材加工成一定规格的木板。二是写字，即根据书籍版面要求，将原稿工整地抄在透明的薄纸上。三是雕刻，即在木板上涂上一层浆糊，将抄好的原稿正面平整地贴在木板上，尔后将清晰可见的反体字迹在木板上精雕细刻出来，形成凸起的阳文反字。这样的印版与现代的铜锌版颇多相似。

由于雕版印刷费时费工，势必与迅速发展的文化脱节，故在社会生活中的作用日渐衰微，渐被简捷、先进的活字印刷术所替代。

活字印刷术是北宋庆历年间(公元1041—1048年)由平民毕昇发明。北宋沈括《梦溪笔谈·活板印刷》载："庆历中，有布衣毕昇，又为活板。其法用胶泥刻字，薄如钱唇，每字为一印，火烧令坚。"至于排版印刷，则"先设一铁板，其上以松脂、蜡和纸灰之类冒之，欲印则以一铁范置铁板上，乃密布字印，满铁范为一板，持就火炀之，药稍溶，则以一平板按其面，则字平如砥。若止印三、二本，未为简易；若印数十百千本，则极为神速。"活字印刷使用方便，造价低廉，保存简便，按韵分类，以"木格贮之"，其效率大大高于雕版印刷。

毕昇之后不断有人改进胶泥活字。元代农学家王祯在《造活字印书法》中曾提到两种方法：一种与毕昇的方法大同小异，只是用稀沥青替代松脂、蜡和纸灰。另一种是在薄泥上排列活泥字，送入窑内烧制，形成整块陶字印板进行印刷。王祯本人发明了"转轮排字法"，把木活字按编号排列，排版时转动字盘，捡字操作颇为捷便。

木活字印刷在清代又有很大发展。金策就是这一时期的代表人物。清乾隆年间，金策负责编纂辑佚《四库全书》和《永乐大典》，遂令工匠造木活字203500个，刊印了佚书130多种，共2300卷，取名《武英殿聚珍版丛书》。他还亲自撰写了《钦定武英殿聚珍版程式》一书，论述了造活字的经验及技术细节，并对贮字器具加以改进，研制了贮字用字柜。现代排字柜可寻源于此。

锡活字是我国最早出现的金属活字。至迟在元初,我国已开始用造模浇铸的方法制造锡字,并以之印书。这比被西方誉为“活字印刷鼻祖”的德国人谷登堡的金属活字还要早一二百年。但锡活字不易着墨,其质柔软,耐磨度低,印刷品质劣,故未能盛行。相比之下,铜活字最为流行,尤以明代华氏家族的会通馆最负盛名。华燧(1439—1513年)在会通馆先后排印了《锦绣万花谷》、《百川学海》及宋人潘自牧的《记纂渊海》、谢维新的《古今合璧事类前集》等书和华燧自己著作的《九经韵览》、《十七史节要》。其叔父华理也曾以铜活字印行了南宋著名诗人陆游的《渭南文集》、《剑南续稿》。其侄华坚继承了华家的印书事业,以兰雪堂华坚活字铜版刊印了汉代蔡邕的《蔡中郎集》、唐代诗人白居易的《白氏文集》、元稹的《元氏长庆集》等书籍。

在明代较有名望的还有安国(1481—1534年)的铜活字,略晚于华氏铜活字。安国桂坡馆的印行数量仅次于会通馆。此外,还有金兰馆、五云溪馆、五川精舍等印馆用铜活字印书。这足以说明铜活字版在明代已具有相当规模。

我国清代用铜活字印刷最大的类书《钦定古今图书集成》,是清内府最宏大的印刷工程,远比当时《大英百科全书》为巨。全书共10040卷,约1.6亿字。印刷如此一部卷帙浩翰的巨著,仅用时三年,印刷质地上乘,素有“图绘精神,考定确当”之称,可为清制铜活字之精妙的佐证。但清内府的这套铜活字最终却惨遭毁字铸钱的厄运,成为我国印刷史上一大憾事。直至鸦片战争以后,西方铅字才流入我国,并形成现代中国金属活字印刷的主流。

火药的应用

◎姚大力

大约公元10世纪初叶前后，由硝石、硫磺和木炭混和而成的某种易燃易爆物品，悄然从方术之士的炼丹房进入古代中国的兵器制作场。在世界范围的兵器史上，这是人类从冷兵器时代向使用火器的全新时代过渡的重要开端。但是，生逢其时的两宋文人，虽然作诗时推尚遣词用事“无一字无来处”，却似乎没有一个人想到要探究一下这种致爆物究竟是如何被发现的。现代的人们，也只是从“火药”这个名称和几种炼丹书的字里行间，才得以推知它与“服饵”之道的渊源关系。

从字面上讲，“火药”的意思，即“会着火燃烧的药”。古人把药分为上、中、下三品。“上药令人身安命延。……中药养性。下药除病。”丹砂之类的上药，因此成为方士们合炼“长生”仙丹的主要用料。他们隐居于名山崇岳，用丹砂、金银、“众芝、五玉、五云”等等，配以其他各色药石，“合金丹之大药，炼八石之气英”。方士们经年累月，有的甚至“养火数十年”，企盼着能造出“开炉五彩辉神室，入腹三魂返洞天”的奇效仙药。这种合金丹之术，与追求“点铁成金”的“黄白术”互为发明，于是在对各种药石、金属施以“伏火”(即用一定火候对被试物及其配料加热)等方法，使之改变某些性状的过程中，炼士们反复看到了这些物质间相互作用所导致的一系列化学反应。强烈的化学作用时常引起冲天大火，故“以烧炼破家者”代不乏人，丹灶遂被称为“火花娘”。可能正是炼药成火的灾患，将这些充满创造性幻想的中古神秘主义化学家，逐渐推上发现火药的道路。

公元5和6世纪之际，陶弘景懂得了根据点燃后是否呈青紫焰来区别真硝和“朴硝”(硫酸钠)。一百多年后，孙思邈在《丹经内伏硫磺法》里，最先载录以硝石、含炭植物皂角及生、熟木炭为硫磺“伏火”的方法。不过当时人们还不知道自己其实已配成火药。又过了大约一二百年，成于中唐的炼丹书《真元妙道要略》，即以非常确定的口气告诫说，以硝石、雄黄(三硫化二砷)、硫磺和蜜(着火后会释放二氧化碳)相合点燃，会引发强烈的火焰，乃有因此而“烧手、面及烬屋舍者”。这段记载，被认为是已知的第一个“原初火药”的配方单。

就是从唐末到宋初之间，这种能引起焰火的药石方子，从术士传到兵器家的手中，并很快就被用于实战，“火药”的名称亦开始广为人知。北宋前朝已出现专造火药的制作场。撰写于公元1044年的《武经总要》，记载了当时已投入实战的三种火器的药方。这是现在见于文献的最早的真正火药配方。

北宋时火药的含硝量还很低。这时候的火器，主要用来延烧敌阵，及布散烟幕、毒气。到南宋与金王朝对峙期间，爆炸性火器“铁火炮”(又名“震天雷”，即掷向敌营的火药铁罐)在双方军队中都渐见普及；用竹管或“敕黄纸”管子填入含硝或不含硝药料，一经点火便“焰出枪前”的管火器“火枪”，也在这时投入战争。宋人关注火药火器，不仅由于它在实战中已发挥一定的杀伤力，也因为它对敌方的恫吓作用。他们对霹雳炮、震天雷之类火器“声如霹雳”、“其声如雷，闻百里外”的效应叹服不已，甚至以为爆炸的声音就可以将敌人“惊死”。这种传统的用意影响后来几百年，故元朝后期一具铜手铳上有铭文曰：“射穿百孔，声振九天。”火器先声夺人的威慑力，被看得与它的侵彻力同等重要。晚至明朝的军队，还在作战中使用一种“纸糊圆炮，不过震响一声而已”。明末的宋应星也提到过，火药爆炸的“惊声”可以杀人。

火药较大规模地应用于攻坚、野战和火战，大体始于元末明初。撰于明代初叶的兵书《火龙神器阵法》，载录了十余种常用火器的火药方子，其中有些已相当接近于近代黑色火药的配方。用铜铳射出的“飞炮”，由实心弹发展为开花的爆炸弹；喷筒、火药筒则成为海上“御寇之切要”。明代前期，重达四五百斤的火铳已颇为常见。但是，这一类火器装填药弹缓慢费时，发射间隙太长；尽管正统年间出现用合成单管铳原理改制而成的两头铳、多管铳，其实战效力仍很有限。此后直到明朝中后叶西方枪炮传入时，中国火器的形制再未见大的改观。在“以机巧为戒”的普遍文化背景下，个别部门的技术发展，难免要受到心有余而力不足的限制。另外在当时人们的观念里，火器“可以代矢石之施，可以作鼓角之号，可以通斥堠之信。一物而三用具焉，呜呼神矣！”火器在作战中仅能替代矢石鼓角的认识，是否也局限着进一步设

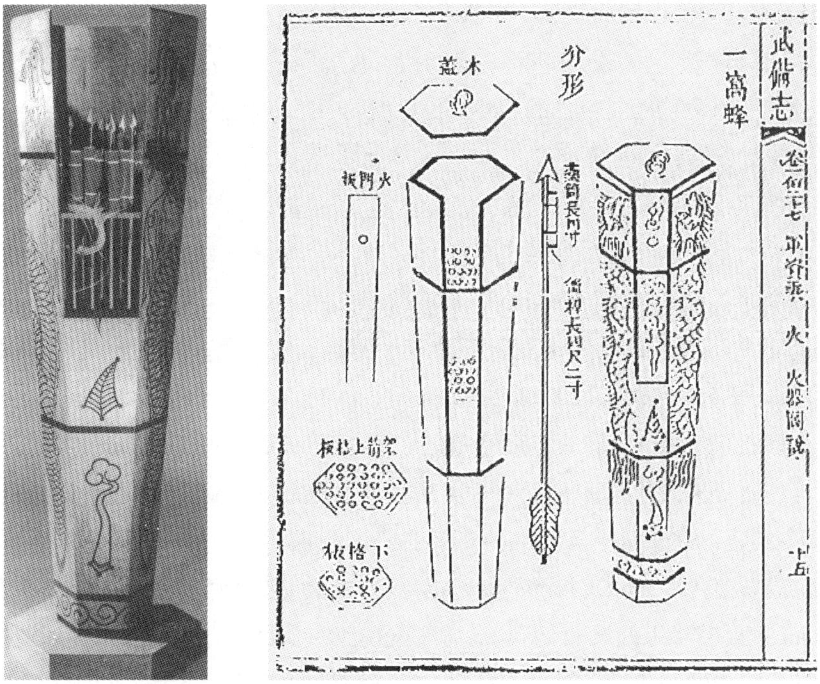

14 世纪制作的“火箭”一窝蜂及其构造图。

法去提高其战术性能的技术发展?抑或相反,是当时火器战术性能的局限性本身导致了上述认识?更可能的是,二者之间实际上互为因果。

从明嘉靖迄于近代,中国的火器制作差不多一直是在西洋枪炮的影响下发展的。16世纪前期,葡萄牙人使用的“佛朗机铳”传入中国。该机的炮管由子、母二铳套置而成。母铳管长达五六尺,内置可拆卸的子铳,中实药弹。弹发后可将子铳退出,另以预先装填弹药的备用子铳置入母铳,继续点放。子母铳构造正好弥补了中国火器装填、点火缓慢的弱点。明军于是逐渐放弃旧铳,仿造并进而改制佛朗机铳。得自日本的鸟铳,管背有雌雄二臬(准星),用之击鸟,“十发有八九中。即飞鸟在林,皆可射落,由是得名”。鸟铳很快获得推广,成为明军最得力的火器之一。嘉靖年间,为抗御混杂着日本浪人和中国海盗的持有火器的倭寇,戚继光在沿海编练抗倭步兵营、骑兵营和车营,军中配置火器的兵士约占全体战斗员的一半弱。明末又获得荷兰的“红夷炮”,时人以为它“更为神奇,视佛朗机为笨物”。其大者重5000斤。它是清军在征服全国的战争中应用的主要攻城战具。

到清代中叶，中国火器进一步落后于西方。在鸦片战争及后来的一系列对外战争中，脱胎于佛朗机铳、红夷炮之类的清军火器，在面对新式的洋枪洋炮时黯然失色。从同治中叶开始，西洋的后膛式枪炮引入中国。中国军队遂得采用现代枪炮以逐渐地更新自己的火器装备。

明清两代令中国人刮目相看的西洋火器，最初却是由于中国火药的西传而发展起来的。大约13世纪之初，中国的硝石传入西亚，因而在伊斯兰世界有关硝石的诸多较早的名称里，有所谓na-mak-i chīnī(波斯语，译言"中国雪")、tha'j al-sin(阿拉伯语，译言"中国盐")者。它起先用于入药，也用作烟火的发药。当地用它配制军事用火药，最早见于1280年以后撰成的一部兵书《马术与战争谋略全书》。蒙古在西征中曾在西亚等地使用他们从中原得到的火药火器。1253年，旭烈兀以皇弟身份领兵征讨阿拉伯帝国，随行军队中就有一支从中原征发的"naft抛射军"。阿拉伯语词汇naft原指美索不达米亚的沥青纯品，后转指以它为主要成分的军用火焰喷射液"希腊火"；硝石西传后，naft又相继被用以指称硝、烟火发药和爆炸火药。出自华北的这支naft抛射军使用的火器，无疑是乌马里在他的《眼历诸国行纪》里提到过的装填火药(bārūd)的"naft罐子"，也就是另一种伊斯兰史料记述的蒙古人在巴格达城下施放的"铁瓶"，亦即中国的"铁火炮"或震天雷。军事上使用火药致爆，是否就是由这支留驻在伊朗的中原naft抛射军传授给伊斯兰世界的呢?

至于西欧，则应是从伊斯兰世界辗转获得火药火器的。欧洲文献有关火药的确切记载，始于13世纪晚期；而普遍地应用火药于军事，更是14世纪的事情了。

西洋火器后来居上，其精巧锐利超过中国，在很大程度上得益于18世纪在资本主义世界开始的工业革命。而清王朝坚持的"骑射乃满洲之根本"的国策，以及曾国藩在所谓"凡兵勇者须有宁拙毋巧、宁故毋新之意，而后可以持久"的典型议论中所代表的正统派士大夫的治军方略，或许也促进着上述差别的扩大。就是在18世纪末叶，英使马戛尔尼在广东向清朝封疆大吏演示每分钟响二三十记的火枪。他大出意料地发现，在场的中国官员都反应漠然，"若无足轻重"。于此亦可见中国火器之所以落后的部分原因。

与火药使用于军事几乎同时，它也自然而然地被用于吉日喜庆的娱乐活动。这就是最初出现于北宋年间的爆仗和烟火。

《东京梦华录》载，北宋宫廷中呈演百戏，每一出毕，都"忽作一声如霹雳，谓之

'爆仗'"。明人注解说:"凡御前供奉皆曰仗。故爆亦曰仗也。"一部南宋时的志书曾提到,爆仗"以硫磺作爆药,声尤惊"。只有硫磺、没有硝石的"爆药",引燃后不可能发生惊人之响。可知爆仗实际上是使用含硝量不高的火药来引爆的。北宋皇宫里玩爆仗,还不止于呈演百戏的场合。据称除夕之夜,"禁中爆竹、山呼,声闻于外"。此处爆竹,其所指当同于爆仗者。

古人每逢正月初一,有"鸡鸣而起,先于庭前爆竹,以辟山臊恶鬼"的风俗。"爆竹"者,即"以竹著火中,烞熚有声",用以惊走会使人染上寒热病的恶鬼"山臊"。此种风俗与除夕之夜的"守岁"之风互相激发,人们往往不待当夜更终,便提前爆竹不止。北宋时普通百姓中仍流行以竹著火中来驱鬼辟邪的做法。但在皇宫里,由于有了装火药的爆仗,显然已经用它来取代爆竹的旧形式。禁中爆竹尚未以爆仗替代,则竹著于火的声响,是无论如何也不可能闻于宫墙之外的。

正如汉末的"胡风"起于灵帝好胡服、胡帐、胡床、胡坐之类一样,爆仗也从北宋宫廷逐渐流向民间。南宋时一般民户除夕时仍以爆竹求吉利,间或有以爆仗代之者。自元明以来,爆竹就完全被当做火药爆仗的同义词来使用了。此外它还有纸炮、响岁等各种名称。从除夕到元旦,"比户放爆竹彻昼夜","天光愈黑,鞭炮益繁……合衣少卧,已至来朝,旭日当窗,爆竹在耳","满城迭响,如崩瓦裂石"。从前在除夕用以迎送六神的五色钱纸,后来也被包卷在爆竹中,一经点燃爆开,即产生"满地踏金钱"的吉祥景象。燃放爆仗的时节,也逐渐从除夕、元旦扩大到各种吉庆佳日。

烟火也出现于北宋。《东京梦华录》描述了御前演戏时装扮鬼神者口中吐放的烟火,还有在戏台上就地点放的烟火。它与爆仗同时见于记载,无疑是用火药制作的。烟火先于爆仗而在北宋即流入民间。夏历六月六日崔府君生日,东都庙食之风靡盛,市内表演诸色杂艺,"或竿尖立横木列于其上,装神鬼吐烟火,甚危险骇人"。元宵灯会时施放烟火则起于南宋。北宋文人咏元夕诗作中亦偶见"烟火"、"宝焰"之类,仍应是指彩灯的灯火而言。

南宋时禁中元宵观灯,至夜深时即以"宣放烟火百余架"为尾声。京城的显宦大户,除在其宅第四周张灯外,亦"间设雅戏、烟火,花边水际,灯烛粲然"。当时烟火种类有起轮、走线、流星、水爆之类,还有燃着后贴地旋窜的地老鼠。宋理宗即位之初,在清燕殿排宴欢度元宵,席间烧烟火于庭。不料点着的地老鼠窜到太后座下,惊得她"拂衣径起",御宴遂为之中辍。临安的"小经纪"商场,设有专卖烟火的摊贩。点放烟火亦已不限于元宵夜,他如元旦、冬至,皇城中行大朝会,"晚筵于庆瑞殿,用烟火、进市食、赏灯并如元夕"。南宋的一个地方官,专门雇有制作和表演烟火的艺人。此公在任期间,动用公款宴客并观赏烟火竟多达二三十次。

明成化年间,以"元夕鳌山烟火"奉皇太后欢心。隆庆时定制每岁举行。后在万历朝罢撤。但在民间,元宵观灯时放烟火之风则愈演愈炽。烟火出售以架以盒,盒有械寿带、葡萄架、珍珠帘、长明塔等。明后期的《宛署杂记》枚举京都烟火种类云:"有声者曰响炮,高起者曰起火,起火中带炮连声者曰三级浪,不响不起、旋绕地上者曰地老鼠;筑打有虚实,份两有多寡,因而有花带人物等形者曰花儿,名几百种;其别以泥函者曰砂锅儿,以纸函者曰花筒,以筐函者曰花盆。总之曰烟火云。勋戚家有集百巧为一架,分四门次第传爇(音ruò),通宵不尽,一赏而数百金者。"

清朝皇宫和民间都在元宵前后的灯节放烟火。制作烟火的工场称花炮棚子,烟火种类有线穿牡丹、水浇莲金盘、落月葡萄架、旗火二踢脚、飞天十响、五鬼闹判儿、八角子炮打襄阳城等。"富室豪门,争相购买。银树火花,光彩照人。"

在被用于现代工程爆破之前,火药作为一种具有极大摧毁力的主凶之物,却偏偏是由探求生命的长驻不逝之术的炼丹师最先发现的。中国人发明了火药,但它只在欧洲才成为攻破中世纪贵族城堡的有力武器;而在中国军事史上,向火器时代的过渡,反而须依赖于洋枪洋炮的进口和仿制才最终完成。中国古代正统派意识形态反对崇尚"奇技淫巧",但是我们的祖先将火药的作用发挥得最淋漓尽致的方面,又偏偏是烟火和爆仗的制作。凡此种种,似乎都在暗示我们,火药的故事里,或许隐藏着中国文化的某些尚未解开的秘密。

罗盘的发明

◎刘西陵

对古代中国人来说，辨认并确定方向从来就有着至关重要的意义。它既体现在日常生活的物质方面，更和宇宙的秩序、人世的吉凶祸福等观念紧密结合在一起。陕西西安半坡村遗址的房屋和江苏邳县大墩子遗址的墓葬，都表明6000多年前的先民已掌握了辨认方向的方法。而殷墟的发掘则表明，南北向的殷代宫殿基址方向与今之指南针所指无异。

号称古代中国四大发明之一的指南针，究竟创造于何时，已无从查考。但东汉以后已有"黄帝与蚩尤战于涿鹿之野，蚩尤作大雾弥三日，军人皆惑，黄帝乃令风后法斗机作指南车，以别四方，遂擒蚩尤"的故事流传；东汉张衡、曹魏马钧、南齐祖冲之都曾制作指南车，但其法不传。北宋燕肃记此车形制甚详，留存至今。指南车是一种以差动齿轮原理装置的机械，与利用磁铁在地球磁场中的南北指极性而制成的指南针，性质原理迥异。历代堪舆家亦皆将指南针的发明附会于黄帝，显然毫无根据，因为指南针并非一次性创造的产物。在其不同发展时期，有着不同的外形和名称。

现存古籍中，较早提到指南器具的是成书于战国末年的《韩非子·有度》："先王立司南以端朝夕。"朝夕，为一种测日影之表；端朝夕，即确定东西方向，亦即正四方之谓。司南，便是有据可考的最初的"指南针"。由天然磁石琢磨而成，形似勺，底圆滑(为重心点)，磁南极一头成长柄状。王充《论衡·是应》描述："司南之杓，投之于地，其柢指南。"此处所谓"地"，是栻占用的"地盘"，其形方，四周按方位五行学说刻有八干(甲、乙、丙、丁、庚、辛、壬、癸)，十二支(子、丑、寅、卯、辰、巳、午、未、申、酉、戌、亥)，四维(乾、坤、巽、艮)二十四向。地盘中心有一极光滑的圆面，置司南于其上，使之自由旋转，静止时长柄所指即是南方。由此可见，配有栻占地盘的司南，便是罗盘的前身。

司南的发明，基于磁石及其指极现象的发现。《管子·地数》说“上有慈石者，下有铜金”，如同(磁)母(铁)子相恋；《山海经·北山经》中亦有“西流注于泑泽，其中多慈石”的记载。这些发现，多与堪舆(俗谓“看风水”)之术有关。司南的发明，最初为了堪舆。由于其构造特点，只能在水平位置使用，因而根本无法用于航海。

用天然磁石琢制的司南，不易找出准确的极向，且极易因震动或高温而减弱甚至丧失磁性，因而逐渐出现了制作更简便的指向器具。王充描述司南后一千年，北宋沈括在《梦溪笔谈·磁石指南》中记载：“方家以磁石磨针锋，则能指南”；其后亦有人记述：“阴阳家为磁石引针定南北。”磁石引针原为自汉以来的普通常识，但当时人造磁针分配极向尚未把握，只注意到磁针之针锋有指南作用，不知另端具有指北性质。故沈括说：“磁石之指南，犹柏之指西，莫可原其理。”但这却是我国古籍乃至世界上第一次记述用人工磁化方法制造指南针。在19世纪现代电磁铁出现前，世界上所有指南针都是采用这种方法制成。直到20世纪40年代末，中国民间仍沿用这种方法制作堪舆罗盘。时至今日，各种指南针虽名目繁多，但均以这种磁针为主体。《梦溪笔谈》还记述了四种装置指南针的方法。一是将磁针横贯灯芯使之浮于水面的水浮法；二是将磁针置于指甲盖上的指甲旋定法；三是置磁针于碗沿上的碗沿旋定法；四是用单丝水平悬挂磁针的丝悬法。其中，第一法后来用于水罗盘；第二、三法原理与以后旱罗盘的支点固定原理相似；而丝悬法的原理现已广泛应用于多种磁学仪器中。

沈括之前，曾公亮主编的《武经总要》中也曾记载在行军需要时，将磁铁片制成的指南鱼浮于水面以指明方向。从描述上看，指南鱼的磁化方法与指南针不同：将裁成长二寸阔五分的鱼形薄铁叶，置炭火中烧至通红，用铁钳钳鱼首出火，将鱼尾正对子位(子位，即北方，属五行之水)并蘸入水盆数分，然后收入“密器”。其实，这套操作，源于五行学说：“鱼尾正对子位，即鱼首正对午位(午位，即正南方，属五行之火)；当鱼尾蘸入水中，即淬火的一刹那，立即发黑(黑，子水之色)，而鱼首仍红(红，午火之色)，以此比类“夺取天地造化机”，使薄铁叶感“气”而生磁性。不过，也许最后一步，即“以密器收之”是磁化的关键，因密器中藏有天然磁石。但《武经总要》却讳言之，以神其术。其后，其他铁物亦可自然磁化的现象，已为堪舆家等方术之士所知晓。李豫亨《青乌绪言》称:"以铁杖不拘巨细,系绳悬之,以手击之旋,旋定必指南,即罗经法也。"明代堪舆师亦常悬铁条而指南,以代罗盘之用。

南宋陈元靓的《事林广记·神仙幻术》曾记述当时作为幻术玩具而流行于民间的木刻指南鱼和木刻指南龟。二者的指向原理相同,都是将天然磁石塞在腹中,唯装置形式各异,木鱼是自由浮在水面上而指南(鱼首指南),木龟则有一个固定支点,即在腹部开一小穴,将其置于竹针之上,使之自由转动,待其静止即南北指向(龟尾指南)。后者的装置原理与日后由西方传入的旱罗盘相似。

沈括对磁石磁针的指南特性"莫可原其理",而后来的学者多以阴阳五行解释之。如认为磁石受太阳之气而成,磁石孕铁,亦由太阳之气而生。南方在后天八卦中为离卦,属太阳真火。磁石为铁之母,有阴阳向背之分,针之指南北是阴阳感应必然之机。明万历以来,国人有接受西方地圆及地球东西自转之说者,便认为地球表面之气随东西自转而动,故"东西动,南北静",物体因静而后定,故解释磁针指南为止于南北之静。

司南的使用需置于地盘。指南针也须配之以方位盘。最早出现的联磁针与方位盘为一体的罗经盘是一种堪舆罗盘。首见于南宋曾三异的《因话录》所描述的"地螺"。此处"螺"为"罗"之假借,所谓"地螺"即地罗。地罗用以"分列向以正南北","进退度数",故谓"罗经"。其名称,或按针盘联组结构称之"针盘"、"盘针"、"定盘针";或以其功用为辨别方向称为"子午盘"、"向盘";或按针盘构造不同名之"水罗盘"("水针盘")、"旱罗盘"("旱针盘");或据产地不同名为"徽盘"(安徽新安)、"建盘"(福建漳州)等等。罗盘的分度法源于汉代司南的地盘。汉代地盘为方、八干,十二支分层立位,分称十二支,加上四维合称为二十四向。自南宋以后,曾出现"天干辅为天盘"(圆)、"地支分为地盘"(方)的盘制。后受"合局"(即将八干、十二支、四维周列为一环)的影响,演为圆盘,以后遂成定制。二十四向分度法为历代堪舆师和航海者用之不辍。沈括即用地盘二十四位发明地图制法。

罗盘的创制和应用过程中,首先发现了现代地磁学所谓"磁偏角现象"。早在《梦溪笔谈》中,沈括就记述了指南针指南"常微偏东,不全南也"。《因话录》云:"地螺或有子午正针,或用子午丙壬缝针。"其中,"子午正针"是以磁针确定的地磁南北极方向(磁极子午);子午丙壬间的"缝针",是以日影确定的地理南北极方向(臬影子午)。这两个方向之间有一夹角,即"磁偏角"。这一发现较哥伦布1492年海上探险时发现磁偏角早四百多年，但却首先应用于堪舆。堪舆家以正针、缝针分天地，别出“天盘”(即前述“天地盘”)。其后，又以天文南北极方向(北极子午)为“中针”形成“三针”学说，并各有偏重，分立学派。以后三针合图，“正针可辨方位阴阳，中针可察天星贵贱，缝针可占五行生死，三盘合用，原自贯串”。应用时互参，成为典型的中国罗经方位盘。盘图分为七层：一层天池(中心空白圆)，二层后天八卦，三层正针，四层十二地支，五层缝针，六层天星，七层中针。合天文地理于一盘，正合“堪舆”之意(堪舆，天地之总名；许慎曰：“堪，天道；舆，地道也”)。磁偏角因地而异的现象，也被应用于堪舆，并有明确记载。《因话录》说：“天地南北之正，当用子午；或谓江南地偏，难用子午之正，故丙壬参之。”即，在地磁子午线和地理子午线一致的地方，仅用子午正针即可；而在江南沿海一带，地磁子午线和地理子午线形成一夹角，便须参用丙壬缝针。当然，不仅“江南地偏”，《明史·天文志》载，根据指南针术，北京也偏东五度四十分。

堪舆之术虽至少已有二千余年的历史，但应用罗盘却始盛于明代，集大成于清代。在罗盘发明以前，亦以二十四路考寻休咎，要在阴阳相符。《汉书·艺文志》将堪舆归诸“形法”，说：“形法者，大举九州之势，以立城郭室舍”，并著录《堪舆金匮》14卷及《宫宅地形》20卷。《管子》中亦多列立城择址之原则。与现代的误解恰相反对，堪舆与鬼神丝毫无涉，即《汉书·艺文志》所谓“非有鬼神，数自然也。”这数，便表象为二十四向。根据堪舆学说，建筑物的高度与形状，道路与桥梁的方向，都须与一地之特殊地势，如山岳、水流的气势、形状与走向，配合和谐，融为一体。举凡古代京城的择址，无一不在山环水抱、虎踞龙盘的“帝王之宅”；集镇、乡村也往往坐落在青山秀水之畔，而“不祥之地”则可通过挖沟掘壕，打通隧道，建筑桥梁以改造补救之。可见，堪舆包含着显著的美学成分。遍观中国古都和宫殿的令人叹为观止，以及农田、居室、乡村、城市、道路、桥梁的美不胜收，多可藉风水得以说明，难怪风水之学已引起近世西人的兴趣。

罗盘为现代人熟知的用途是航海。航海也是古代方术之一。古代典籍记录指南针用于海舶始自北宋朱彧《萍州可谈》。当时海舶兼用多种方法识别方向：“舟师识地理，夜则观星，昼则观日，阴晦观指南针，或以十丈绳钩海底泥嗅之，便知所至。海中无雨，有雨则近山矣。”可见当时使用指南针十分有限，是阴晦日月星辰不见时辨识地理的几种方法之一，辨别方向仍靠天文知识。此时指南针为何构造体制，尚不清楚。但“针盘”之名不见于北宋。宣和五年(公元1123年，北宋末年)，徐兢由宁波出使高丽，在《高丽图经》中始记其时航海指南针为浮针：“若晦冥则用指南浮针，以揆南北。”由此可见在罗盘发明前航海时使用的指南针，是以单位磁针横贯灯草使之浮于盛水器皿中。浮针在船头船尾各置一只。

航海而用罗盘，始见于南宋吴自牧《梦粱录·江海船舰》。据载这时有了针盘，且于风雨冥晦时“惟凭”之，足见其可靠性已大大提高。至元代，罗盘在航海中愈益重要。其时《海道经》记有“依针北望”、“依针正北行”。甚至无论昼夜冥晦阴晴，都以罗盘导航，并专门编制出罗盘针路。《大元海运记》：“惟凭针路定向行船。”所谓“针路”，即将船行何地、应采用什么针位，一一标识明白的航线。温州周达观《真腊风土记》序言：“自温州开洋，行丁未针，历闽广海外诸州。”丁未针位南向偏西，这正是海船由温州至南洋的航路。明初郑和“七下西洋”，航船由江苏刘家港出发，到苏门答腊北端，沿途航线都标明罗盘针路；过苏门答腊又用罗盘针路与牵星术相辅而行，赖此完成人类航海史上的空前壮举。航海者正针、缝针变通使用。他们对二十四针位的重视，并不亚于堪舆家，把二十四向奉为神祇，配祀诸神之列，出海前以祝文祈祷。

明代，出于堪舆与航海这两种方术的不同需要，罗盘发展成两种盘制。堪舆罗盘因三针学说影响，逐渐发展成多层制，如前述三针合图之盘，而航海则多用二十四向盘。但这两种罗盘均为水罗盘，即以浮针定子午，而无其他形制。12与13世纪之交由海路传入阿拉伯再传入欧洲的，也是这种水罗盘，用于航海极为不便。至明代嘉靖年间，开始出现旱罗盘，较之水罗盘有巨大的优越性；因有固定支点，而不会在水面上游荡。明代以来，各种文献都公认，旱罗盘是自域外传入的。

采矿与冶金

◎戴裕民

中国古代的采矿业发端于四千多年前，尤其是铜矿石的开采，在殷代就已初具规模。春秋战国时期，人们已经懂得矿苗和矿床的共生关系。《管子·地数》中说："山上有赭者，其下有铁；上有铅者，其下有银；上有丹砂者，其下有黄金；上有慈石者，其下有铜金。"

找矿技术推动了采矿的发展。春秋战国时的矿井已出现竖井和斜井两种，深达四五十米，采掘时，竖井为交通要道，由此把矿石和地下水提出地面并送支护木到井下，且掘一段竖井，挖一段平巷。每一平巷都装有辘轳，矿石掘出后，逐段提运，接力完成。为防上下塌陷，各条平巷的方向不一，宽窄不同，最大的宽可近2米，内高1.56米。斜巷与平巷的作用不同：从矿层表面开斜巷到底部，主要是探矿；再沿水平方向开平巷，从矿层底部向上回采。已采的矿石在井下先行初选，将废石和贫矿填充采空区。这既可有选择地开采，又可提高采出矿石的品位，减少提运量。初选时，以船形木盘等器具进行重力选矿，确定矿石品位，决定采掘方向。为解决通风问题，矿工利用不同井口气压差的高低，形成自然气流，并密闭废弃的巷道，控制气流使沿着采掘方向前进，保证气流达到最深处的工作面。在巷道支护方面，采用榫接和搭接相结合的木支架形式，有效地承受了巷道顶压、侧压和底压。解决井下排水时，用木水槽构成井下排水系统，引水入井下积水坑，然后用桶提出井外。

自春秋战国以来，开采矿种甚多，其最著者有盐卤、天然气、石油、煤炭等多种。自战国李冰首创盐井掘凿，至东汉已大规模发展大口浅井型盐井。晋永康元年(公元300年)，已能凿到30丈深。唐时陵井深达80丈。

西汉时，河南等地的煤田已开始得到开采。至宋代，煤矿开采已具有一套较完整的技术。为排放煤矿中毒气，将巨竹凿去中节，插入炭中，使毒气从竹中透上。

采矿业的发展离不开找矿知识的丰富。除据矿苗找矿以外，中国古人已积累了植物找矿的经验。自先秦的《荀子·劝学篇》中指出“玉在山而草木润”始，至梁代的《地境图》就更充实了：“二月，草木先生下垂者，下有美玉；五月中，草木叶有青厚而无汁，枝下垂者，其地有玉。”“山有葱，下有银，光隐隐正白。草茎赤秀，下有铅；草茎黄秀，下有铜器。”唐代《酉阳杂俎》卷十六中说：“山上有薤，下有金；山上有姜，下有铜锡。”

汉晋时期，已能掘火井(即天然气井)至60余丈深，并巧用火井煮盐。

北宋仁宗庆历、皇裕年间(公元1041—1053年)，开凿的“卓筒井”(即小口深井)深几十丈，井口却只有小碗大，使用的凿刀为“圜刃”。这种“圜刃”是近代钻井用的各种凿刀的先驱，为深井钻凿中必需的工具。在“卓筒井”的盐井采掘中，用粗大的竹子做井套，隔断淡水，用较小的竹子做桶，出入井中。一筒装水几斗，用机械提升。

至宋代，有色金属和黑色金属的开采已规模庞大。当时全国有金矿场14处，银矿场56处，大者拥丁役10万余众。

随着矿井深度的加深，便把当地的含油地层打穿了。这样，中国于明代正德十六年(公元1521年)在四川峨嵋山下的嘉州(今乐山)，凿成了第一口石油竖井，深达几百米。到清代道光年间(公元1821—1850年)，四川自流井地方的钻井能手，又用竹、木、钻头构成的钻机，钻穿了四川气田的主要地层，建成了深达千米以上的气井，使天然气的开采达到了新水平。

采矿发展到明、清时期，其规模、产量和技术都已很可观。最大的汤丹铜场，年产量可达1300万公斤。明代的采矿技术，除用铁锥、铁锤等敲打锤击之外，还发明使用“烧爆”和“火爆”法。“烧爆”大抵是用火烧矿床后，再以水淋，利用热胀冷缩的变化，使矿床爆裂，再行开采，“火爆”法可能是用火药爆破技术采矿。

采矿业奠定了冶炼的基础。中国的冶金术始于青铜的冶炼，并且是从石器加工和制陶业中产生和发展起来的。烧制陶器的丰富经验为青铜的冶炼积累了提高炉温和使用耐火材料等知识。如黑陶的烧成温度约为950—1050℃，已接近铜的熔点。冶炼用的熔炉都是陶制或近似陶制的。燃料木炭也是烧制陶器时发现的。

青铜的冶炼技术最早可以追溯到新石器时代晚期，人们用铜矿石加锡矿石或铅矿石，混合冶炼出青铜。主要的冶炼设备有“将军盔”和大口陶尊等。

商代中期到西周早期，青铜的冶炼达到鼎盛时期，已有内径达80厘米至1米的熔炉，炉温也可高达1200℃左右，并已能冶炼纯铅和纯锡了。同时，已经学会通过观察冶铜时的火焰来判定冶炼进程。春秋战国时期的《周礼·冬官考工记》载："凡铸金之状，金与锡黑浊之气竭，黄白次之；黄白之气竭，青白次之；青白之气竭，青气次之，然后可铸也。"

在青铜的冶炼中，人们逐渐积累了投料的配方比例，掌握了配制锡青铜的六条规则："金（指青铜）有六齐（同剂，调剂、剂量之意）：六分其金而锡居一，谓之钟鼎之齐；五分其金而锡居一，谓之斧斤之齐；四分其金而锡居一，谓之戈戟之齐；三分其金而锡居一，谓之大刃之齐；五分其金而锡居二，谓之削杀矢之齐；金锡半，谓之鉴燧之齐。"（《周礼·冬官考工记》）内中的"几分其金"的"金"指赤铜。这是世界上最早对合金规律的认识，它第一次指出了合金性能与其成分之间的关系。

迟至春秋时期，中国即出现了冶铁业。最初是把矿石烧炼至800—1000℃，由木炭还原而直接得到熟铁，也称块炼铁。但这种铁炼好后不能从炉中流出，炼完一炉后，要把炉膛破坏才能取出铁块，生产效率低，成品质地软，因此，很快就走向了白口生铁的冶炼。白口生铁是在温度1150—1300℃的条件下冶炼出来的，出炉时产品呈液态，可以连续生产和浇铸成型，质地很硬。由块炼铁到生铁，是中国冶铁技术史上的一次飞跃。到战国中晚期，已能将白口生铁经高温火柔化而得到一种高强度的可锻铸铁。这种铁具有一定的可塑性和冲击韧性，依照热处理条件不同，它可以分为白心可锻铸铁和黑心可锻铸铁。此后还冶炼出了品质较可锻铸铁更好的球墨铸铁，具有高强度、高韧性和高塑性。这在冶金发展过程中是一个划时代的进步，比欧美要早上二千年。

至秦汉时期，冶炼技术更臻成熟。以炼炉、熔炉、配料池、铸造坑、淬火坑、藏铁坑等一系列设施而组成了合理的冶炼体系，完成从选矿、配料、入炉到熔炼、出铁等各道工序。当时多座熔炉并列成排，各炉的烟囱互相贯通，抽气力大。炉内火力旺，温度高。炉身也更为加大，炉底面积可增到8.4平方米，容积约达40—50立方米。

为提高炉温，鼓风技术迅速发展。早期冶炼用橐（即皮囊）鼓风。一座炼炉用好几个橐，排成一排，曰"排橐"。起初用人力操纵，称为"人排"，后改用畜力鼓风，称作"马排"、"牛排"。东汉初年，南阳太守杜诗发明了用水推动的"水排"，功效较前提高三倍。水排依木轮的放置方法分为立轮式和卧轮式。都是通过轮轴、拉杆，或以传动带，把圆周运动变为直线往复运动，以启闭风扇，进行鼓风。水轮转动一次，风扇可启闭多次，提高了鼓风速度，加大了风量和风压，增强了风力在炉里的穿透能力，提高了冶炼强度，可因此而扩大炉缸，加高炉身，增大有效容积。

西汉末年，中国已有炒钢技术。此因在冶炼过程中要不断地搅拌，似炒菜一样而得名。把生铁加热到液态或半液态，靠鼓风或直接撒入精矿粉，使硅、锰、碳氧化，以达到含碳量0.05%到2%的钢。炒钢多是一种低碳钢，控制得好，亦可得到中碳钢或高碳钢，或得到熟铁。

东汉时期，中国在炒钢的基础上炼制出了百炼钢，这是将含碳0.6%到0.7%的炒钢反复折叠锻打而得。宋代沈括《梦溪笔谈·炼钢》载曰："凡铁之有钢者，如面中有筋，濯尽柔面，则面筋乃见。炼钢亦然，但取精铁，锻之百余火，每锻称之，一锻一轻，至累锻而斤两不减，则纯钢也，虽百炼不耗矣。"百炼钢随着叠折层数的增加和锻打次数愈多，内中夹杂物便更少，更分散细小，分布更均匀；碳的分布也愈益均匀，很少见到高低不均的碳层。在加工过程中是否需要搀碳，要根据料铁本身的含碳量和对成品性能的要求而定。如果料铁是高碳钢，就不搀碳；如果是低碳钢或熟铁，又嫌其软，就要搀碳。

南北朝东魏期间（公元550年左右）中国开始出现了含碳量较高的优质钢，即有了灌钢的冶炼技术。冶炼时，把生铁烧化，浇到叫"柔铤"的可锻铁料上。如是反复几次，灌钢就产生了。制成的刀叫宿铁刀，用动物的油脂和尿来淬水能"斩甲三十札"。随着冶炼工艺的发展，灌钢出现多种操作方法。一是把生铁和"熟铁"片捆在一起，用泥封住，入炉烧炼，然后再锻打，使它们互相掺和，故此灌钢又称团钢。二是把生铁放在上面，"熟铁"片放在下面，生铁先化，渗淋至"熟铁"之中。三是"苏钢"炼法，这是灌钢发展的高级阶段。操作时，先把料铁放到炉里鼓风加热，后把生铁的一端斜放到炉口里加热。当炉温升到1300℃左右时，炉内的生铁不断往下滴铁水，料铁也已软化。这时钳住生铁块在炉外的一端，使其铁水均匀淋到料铁上，并且不断翻动料铁。这样就发生剧烈的氧化。一般要淋两次。炼出的钢含有大量的氧化夹杂，硅、锰、碳等元素含量均较高，料铁组织疏松，渣、铁达到一定的分离，同时，料铁中铁的氧化物氧化了生铁中的碳以后，铁便被还原出来，提高了金属的收获率。

至隋唐五代时期，金属冶炼的规模、品类和产量都超过了前代。当时全国"岁来银万二千两，铜二十六万六千斤，铁二百七万斤，锡五万斤，铅无常数"。有色金属冶炼尤为异军突起。其时广用“吹灰法”炼银，即取得矿碎石，“用臼捣碎，再上磨，以绢罗细，然后以水淘，黄者即石，弃去；黑者乃银，用面糊团入铅，以火锻为大片，即入官库。俟三、两日再煎成碎银。”吹灰法利用铅与银能互相熔解的原则，在炼银时加入金属铅，使在冶炼中能有足够的铅把矿石中的银全部携出，再利用铅的比重大，而与矿渣相分离。然后再继续冶炼铅银合金，使铅氧化生成氧化铅而析出银来。吹灰法冶炼提高了银的纯度和回收率，是古代一种先进的炼银方法。

宋代普遍使用的胆铜法是中国古代冶炼术中的一支奇葩，它是世界水法冶金的起源。胆铜法即以胆水炼铜。虽早在西汉《淮南万毕术》中就有“曾青得铁则化为铜”和东汉《神农本草经》中“石胆……能化铁为铜”的记载（曾青、石胆均为天然的硫酸铜），但至宋代方广泛用于冶金实践。胆铜法系将铁放置胆矾（硫酸铜）溶液（即胆水）中，使胆矾中的铜离子被金属铁置换而成单质铜沉积下来的炼铜方法。冶炼时，在胆水产地就近随地形高低而挖掘沟槽，用茅席铺底，把生铁击碎，排砌在沟槽里，把胆水引入沟槽浸泡，分节用木板闸断，呈阶梯状。利用铜和铁的颜色不一，浸泡到颜色改变，说明胆水里的铜离子已被铁置换，然后把浸泡过的水放走，取出茅席，沉积在席上的铜就可以收集起来了。另一方法为煎熬法，即把胆水引入用铁制成的容器里煎熬，这个铁容器既是容器，也是原料，煎熬一段时间后，就在铁容器上得到铜。

宋元时期，已用木风扇鼓风，这是木风箱的前驱。风扇盖板上设活门，木箱与风管连接处亦有一活门：一是进风口，一是出风口。盖板扇动，两活门交替开闭。同时以两具木风扇交叉使用，可连接鼓风，风量风压显著增加，极大提高了炉温。

炉温升高，要求炼炉必须用较好的耐火材料。元代时普遍使用瓶砂（碎陶瓷末）、白墡（白色耐火土）和炭屑等，再加小麦穗和泥作配用材料和粘合剂，以此筑炉能抵抗炉渣侵蚀，又能耐高温。且炉口小，炉膛大，热损失小，便于炉料顺行，避免了悬料事故。

宋代已广用煤炭为冶炼燃料。至明代前后，即已发明炼焦法。同时改进了鼓风设备，以活塞式木风箱取代了木风扇，以利进一步扩大炉腔和提高冶炼强度。这些进步把汉代的炒钢工艺和灌钢法推向了新的高潮。

自宋人冶制铜锌合金——黄铜始，至明代已能炼制纯锌。时称“倭铅”。炼时，为防其“入火即成烟飞去”，故将十斤炉甘石（碳酸锌）装入一“泥罐内”，然后“封裹

明宋应星《天工开物》炼铁图。

泥固”，并使其表面光滑，慢慢风干，切忌火烤，以防“坼裂”。再用一层层煤饼把罐垫起，在下面铺柴引火烧红，这时罐里的炉甘石就“熔化成团”。冷却后，“毁罐取出”，此即“倭铅”。此法已与现代横罐炼锌法相似，代表了有色冶炼的进步。

丝绸染织

◎戴裕民

丝绸是中国的特产，自古代始，中国丝绸便以其发达的工艺和精美的产品饮誉世界，乃至于古希腊、古罗马当时称中国为丝国。丝绸不仅是中国各个时期主要的衣着原料之一，也是中国古代对外贸易的重点商品，它通过著名的丝绸之路和东南沿海港口，远销西亚和欧非，极受西方国家的欢迎，被看作“光辉夺目、人巧几竭”的珍品，并以能穿着这种珍品为乐，大有“绝代豪华”之感。

中国历史悠久的丝绸织造技术，起自新石器时代晚期。人们最初利用野蚕丝，约于五千多年前始用家蚕丝，其时民间广为栽桑养蚕。《大戴礼记·夏小正》中说：“三月：妾子始蚕”，“执养宫事”，“宫”即蚕室。

原始时代即已掌握两种纺纱方法，一是搓捻和续接，用双手把准备纺制的纤维搓合和连接在一起；另一是用原始的纺纱工具纺坠和纺砖，使纤维抱合和续接。纺砖，是由陶质或石质制作的近似圆形的盘，叫砖盘，中间一孔，插一根杆叫砖杆。纺纱时，把要纺的纤维捻一段缠在砖杆上，然后垂下，一手提杆，一手转动圆盘，向左或向右回转，就可以使纤维牵伸和加拈，待纺到一定长度后，就把已纺的纱缠绕到砖杆上。如此反复，在纺砖上绕满纱为止。但此种纺纱方法费力、缓慢，拈度也不均匀，产量和质量都很低。

与纺纱发展的同时，新石器时代已出现正式的织造技术，称“手经指挂”。最初是像编席一样用双手编结，《仓颉篇》曰：“编，织也。”随后出现了原始的机织工艺，利用原始腰机和引纬的骨针织作。新石器时代晚期，已经能够生产出经纬密度均为每厘米48根丝缕，且排列均匀、坚密平整的绢了。

到商周时期，丝织技术显著提高，已有缯、帛、素、练、纨、缟、纱、绢、縠、绮、罗、锦等多种织品。除生织、熟织、素织、色织外，还出现了多彩丝织物——锦。织物的结构也逐渐繁复，除平纹外，尚有斜纹、变化斜纹、重经组织和重纬组织，并出现了多综片的提花机和提花技术，开始织作比较复杂华美的提花织物。《易·系辞下》载："叁伍以变，错综其数，通其变而成天下文也。"按照"叁伍以变"的规律，能普遍织出比较复杂的花纹来。

染色至此也已成为专门的行业，并设有官职"掌染草，掌以春秋敛染织物，以权受量之，以待时而颁之"(《周礼》)。染色时，高贵的丝和丝织物先要经过"暴练"处理(相当于现今的精练工艺)。《周礼·冬官考工记》载操作工艺，先是"以涚水沤其丝七日，去地尺暴之"，而后"昼暴诸日，夜宿诸井"，共"七日七夜"。因为丝织物比丝线紧密，暴练时要"以栏为灰，渥淳其帛"，再"实诸泽器，淫之以蜃"，同样反复处理七昼夜。其中涚水和栏灰都是富含碱性的植物灰汁(碳酸钾等)，蜃是用贝壳煅烧出来的碱性很强的石灰。"暴练"大都在春季进行，以后便开始了大规模的"夏纁元，秋染夏"的染色活动。

染料多由多种矿物颜料和植物染料组成。能染出黄、红、紫、蓝、绿、黑等颜色。用矿物原料着色称为"石染"，如用赤铁矿、朱砂染红色；石黄染黄色；绢云母染白色；空青染绿色；石青染蓝色。染的方法有浸染与画缋两种。浸染是将着色材料研磨成微细粉末，用水调和，把纱、丝或物浸入其中，使矿石粉末被纤维吸附。画缋是将加胶液而调成糊状的颜料涂在织物上，或涂一种颜色，或杂涂各色而成图案花纹。植物染料初用靛蓝，这是蓝草经空气氧化后而得到的一种还原氧化染料。操作时需"刈蓝倒竖于坑中，下水"，用石头或木头镇压住，以使蓝草全部浸于水中，浸的时间"热时一宿，冷时两宿"，然后过滤，将滤液置于瓮中，"率十石瓮著石灰一斗五升"，"急于抨之"，等溶解在水中的靛甙和空气中的氧气化合后产生沉淀，再澄清泻去水，另选一"小坑贮蓝靛"，等水分蒸发后"如强粥"，盛到容器里，于是"蓝靛成矣"。染时，织物每"浸染一次，颜色便加深些"，如对茜草染红套染的时候，由浅红到深红有不同的名色，"一染縓，再染窥，三染纁"，又"三入为纁，五入为緅，七入为缁"。以后尽用茜草染红色；紫草染紫色；荩草、地黄、黄栌染黄色；皂角染黑色。其中许多属媒染色染料。例如，茜草中含有呈红色的茜素，它不能直接在纤维上着色，必须用媒染剂方可生成不溶性色淀而固于纤维上。当时所用媒染剂大多是含钙铝较多的明矾，茜草与其合用后方可生成红色。此外，也常用富含铝盐的柃木、椿木灰作媒染剂。

春秋战国时期，已有一套完整的缫丝技术。首先松解蚕茧，把蚕茧放入沸水中煮烫，用温水脱去附在丝上的丝胶，使蚕丝显现特有的柔软细长和光泽。操作时根据水温和水中丝胶的浓度，使用文火并视情搀加冷水，防止过热时脱胶不匀、丝多疵累和过冷时丝头散扬、难于松散，要使沸水"形如蟹眼"。并按时换汤，但换汤过勤则蚕丝白而不亮，换汤不勤则丝亮而不白。抽丝时，用小木棍把几经散开的浮丝从锅中挑起，几根合为一缕。细长完整者合为细缕，根数较少；稍次的继丝合为粗缕，根数稍多；最次的断丝合为纺丝，根数更多。

为保证蚕丝质量，养蚕技术迅速提高。战国时期《管子》载："民之通于蚕桑，使蚕不疾病者，皆置之黄金一斤，直食八石，谨听其言，存之于官，使师旅之事无所与。"可见其对养蚕防病极为重视。

至秦汉年间，栽桑、养蚕、缫丝、织素已遍为农民的家庭副业。人们已从西周时的撒籽种桑改为压条植桑，比原来缩短了许多生长时间。同时涌出了如《汜胜之书》、《秦观蚕书》、《幽风广义》、《广蚕桑说》、《蚕桑辑要》、《野蚕录》、《樗茧谱》等许多蚕桑专著。人们头年把桑椹子和黍种合种，待桑树长到和黍一样高时，平地面割下桑树，第二年便从根上重新长出新枝条，这样长出的桑树枝嫩叶肥，宜于养蚕。

制备蚕种，是养好蚕的重要环节。《礼记·祭仪》载："奉种浴于川。"言洗选蚕种。秦汉以来，人们由用清水浴洗卵面保护蚕种，发展至用朱砂溶液、盐水、石灰水及其他有消毒效果的药物清毒卵面，使蚕蚁（幼蚕）不致受病菌侵袭。养蚕时则给予适当的高温和饱食，以利于蚕的生长发育，缩短蚕龄。同时，整治蚕室，涂塞隙缝和洞穴，以防鼠患，并便于防风和掌握蚕室温度。

汉元帝永光四年（公元前40年），山东蓬莱掖县人民，始采收野生的柞蚕茧来制作丝锦。至西汉前后，已出现二化蚕。"原蚕一岁再登"，与以前的一年养一次蚕相比，丝产量大大提高了。

秦汉时期，缫练蚕丝的工艺、设备及操作水平空前提高，丝织品的质量好，丝缕均匀，纵面光洁，有的素纱织物"薄如蝉翼"，可与现代尼龙纱媲美。马王堆汉墓中的一件素纱禅衣长160厘米，两袖通长190厘米。领口、袖口均用绢缘，其总重仅48克。绢的经线密度大都达到每厘米80—100之间，最高可达164根，纬线密度一般在经线密度的二分之一至三分之二间。提花织物也出现了素色提花的绮、罗及用不同彩丝织成的锦，纹样繁多美观，有菱纹、对鸟纹、矩纹等。并出现了起毛锦织物，制时用较粗的经线在应该提花显纹的地方织成绒圈，使花纹高出织物面，形成明显的立体感，并掌握了起绒方法。

精美的丝织品源于高超的纺织机械。汉代纺纱已由手摇纺车（又称缫车）代替了远古的纺砖，纺纱能力较前提高了约二十倍。这种纺车由一个大绳轮和一根插置纱锭的铤子组成，绳轮和铤子分装在木架两端，以绳带传动。用纺车可以加拈、并合比较均匀一致、精细要求不同的丝或弦线。除纺纱以外，纺车还可以制成纬纱用的纡子，弥补了以前纺砖的缺陷。

与纺车相配合，丝织机也进步到脚踏提综的斜织机。斜织机设有机架，经面和水平的机座成五六十度斜角，既可坐着织造，又可一目了然地看到开口经面上的经线张力是否均匀和有无断头。织工用脚踏动一长一短两块踏板时，被踏板牵动的绳索牵拉“马头”，“马头”前俯后仰，就使综线上下交替，从而把经纱分成上下两层，形成一个三角形的织口。由于手脚并用，用双脚代替了用手提综的繁重动作，就使左右手能腾出来而更迅速有效地用于引纬和打纬，其功效比原始织机提高十倍以上。织物产量大幅度提高，因而广为利用。用于丝绸提花的提花机这时已使用分组的提花束综装置，并有地经和绒经分开提沉的双经轴机构。操作时，挽花工坐在三尺高的花楼上，按设计好的虫禽鸟兽等纹样挽花提综。所谓提综，是牵动束综的衢线，衢线下连的竹棍为衢脚，一般要一千多根。挽花工提综时，像鱼儿在上下争食一样迅速敏捷。提牵不同的经丝时，有屈有伸，侧面看去，酷似画出的星图。

秦汉时始盛行用栀子染黄色。并以栎树、五倍子、柿子、冬青叶等富含单宁质的植物加青矾为媒染，结果便“与之俱黑”。

至北魏时，因黄檗中含有的小檗碱既易于染色，又有杀虫防蠹之功，故遍用黄檗染丝绢为黄色，古谓之“锉檗染黄丝”。

这个时期，扶风人马钧独具匠心，改进了织机。以往的绫机是“五十综者五十蹑，六十综者六十蹑”。综是使经线分组一开一合上下运动，以便于穿梭的机件；蹑为踏具。这种绫机笨拙而效率低，“丧功费日”。马钧将其改进后，使五十蹑、六十蹑的绫机都改为十二蹑，织成的提花绫锦，花纹图案奇特，花型变化多端，且操作简单方便，提高了生产效率，极大地促进了丝织业的发展。

为适应织机的迅速发展，至东晋又发生了纺车的改革。在原来手摇纺车的基础上，创造出了脚踏纺车和水力纺车。利用偏心轮制成的脚踏纺车可同时用三锭纺纱，使纺纱效率大为提高，与当时先进的织机形成了纺、织的配套发展。

为取得优质蚕丝，蚕农已经注意蚕种的选择工作了。《齐民要术》载："收取茧种，必须取居簇中者，近上则丝薄，近地则子不多。"通过选种，一是可以淘汰体弱有病的蚕种，二是使第二代蚕的生长发育时间和速度一致，便于饲育和管理。选种包括选蚕、选茧、选蛾和选卵四项。同时还特别重视养蚕过程中的卫生消毒工作，预防蚕的各种病虫害。除了饲养春蚕以外，还饲养夏蚕、秋蚕，以至一年内养多批蚕。为此，除了利用多化性蚕自然传种外，还发明了低温催青制取生种的方法。通过低温抑制蚕卵，使它延期孵化，这样，一种蚕可以在一年内连续不断孵化几代，使一年内能养蚕多批。

唐代丝织品以绫、锦为主。大量的锦是以纬线显花的纬锦，是以两组纬线与一组经线交织而成。以纬线起花，受织机的限制较小，使色彩更美，纹样更丰富。这种织物以其艳丽的色彩和巨大的织制难度而成为古代最贵重的织品。故谓之："锦金也，作之用功重，其价如金。"同时，印花工艺也有较大的突破，其中的绞缬属纺染印花工艺，用线把待印的坯绸紧紧地扎成多纹样的小花，然后做浸染。结扎的方式不同，线拆后便会形成不同的花纹。夹缬是用木板等材料按照预定的图案镂成的花板作工具，把待印的坯绸夹在两片花板之中，在镂空处刷色，以得到预期的花纹。亦可在镂空处刷涂防染浆料，去板后印染，而得到色地白花的产品。蜡缬是用竹签作工具，沾取蜡液，在坯绸上绘画花样，再行印染，利用蜡液的防染作用印成花纹。此外，还出现了介质印花。其中除了使原有的媒染剂印花工艺更先进以外，还创造出了碱剂印花和消除媒染剂印花，使印染技术达到空前水平。时至今日，它仍不失为现代印染技术的蓝本。

到宋元时期，纺织机具出现了用于提花的华机子、立织机、小布卧机子、罗机子、掉簨座和用于穿综、修纬的泛床子等多种。纺织技术更是丰富多彩。纱、罗、锦、缎等丝绸织物的织造方法和提花工艺达到历史最高水平。织纱罗时均以二根或三根经线为一组，起绞而成。织出的亮地提花纱稀经密纬(15×21)，绞纱特点明显，有良好的透明和飘逸效果。织的罗在纹样上也突破了以前的以图案花纹为主，而走向追求写实的各种花卉鸟兽，且花本的编制加细。通丝数相应增加，因而织作物更为精细。织锦已达四十余种。织出的宋锦以用色典雅沉重见长。著名的云锦基本是重纬组织，用色浓艳厚重，别具一格，当时用金银线作花纬或地纬织出的金锦，更是富丽辉煌，驰名中外，所织的缎属中国古代最华丽和最细致的丝织物，穿着起来令人婀娜多姿，光彩夺目。宋时的缂丝更是别具一格，既是丝织品，又是艺术品。缂丝又称刻丝或克丝，是当时中国独特的丝绸纺织品。宋代缂丝织品多以唐宋名画，如山水、楼阁、鸟兽、花卉等作底本，将这些精彩多姿的绘画不爽毫厘地织进去，成为驰名世界的缂丝画。这种审美价值极高的艺术珍品把中国古代的丝织业推到了巅峰。

纵观亘古，随着华美的丝绸珍品畅销海外诸国，中国丝绸的织造智慧也先后传到许多国家。早在公元前，日本便率先掌握了中国缫丝和织罗的技术。以后随着西域道路的开拓，中亚细亚及欧洲许多国家也都相继仿造起中国的纺织机具，吸收中国的丝织技术。有的干脆聘请了中国工匠就地传授织造。无疑，中国丝织技术的外传对世界纺织业的发展起了不可磨灭的作用。中国丝绸是一块璀璨的世界瑰宝。

农作技术

◎张仲葛

大约在一万年以前，中国文明进入新石器时代，形成农业科学技术的萌芽时期。我们的先民在长期采集野生植物的活动中，经过无数代的观察、摸索、试种，把一些可食用的野生植物逐渐培养为农作物，终于发明了农业技术。随着农业的出现，家畜的饲养也随之产生了。这就是原始的农牧并举时代。这时，粟(谷子)和水稻已在黄河流域、长江流域分别栽培。如在陕西西安半坡遗址、山西万荣荆村遗址都发现了6000多年前的粟和黍，浙江余姚河姆渡遗址出土了稻粒。

随着农业的发明，先民们可以获得较过去多的食物。有时捕获了较多的禽兽，一时吃不了，就先把一些小牲畜或即将分娩的母兽圈起来，以备不时之需，这便开始了初期的或原始的畜牧业。这时的所谓“六畜”：马、牛、羊、鸡、犬、豕(猪)，在原始社会都已基本上饲养了。当时，使用的是木、石、骨、蚌制作的原始农具，土地利用率很低，收成微薄，生活艰苦。

新石器时代末期，黄河中上游的农业区发展为文化中心，并且最早进入阶级社会，先后出现夏、商、周国家，奠定了以农立国的基础。黄土地带，土壤比较疏松，便于原始的木、石农具开垦，因而形成我国历史上最早被开发的一个农耕区。但黄河中上游雨量不多，只适宜于旱作物的生长，这种自然特点，便促使了当时农业生活走上了旱作的道路，形成了早期的旱作技术。那时，我国还处在一个人少地多的历史阶段，有大量的荒地可以放牧，因而畜牧业也相当发达。据“卜辞”载，那时祭祀所用牛羊之多，一次有达300—400头的。

在这一时期，在农作领域运用了青铜冶炼的成果。在相当于夏代文化的二里头文化遗址中，即发现了不少青铜器。冶炼技术的进步推动了农业生产的发展。锡铜合金的青铜比铜坚硬，利用青铜做农业生产的工具，提高了农业生产力。

农具的种类在夏、商、西周时期已有十多种，包括：(1) 耒、耜、铲、臿、䦆、耰等整田农具；(2) 钱、镈等中耕除草农具；(3) 镰、铚等收获农具；(4) 杵、臼等加工农具。所有这些农具的出现，说明整田中的碎土平田技术，田间管理中的中耕除草技术，均已在夏、商、西周时期出现了。

战国后期，在新的社会体制下，奴隶转为自由民，获得了自己的耕地，精耕细作技术开始发展。这时，铁农具已得到广泛使用。铁犁耕地效率虽高，但所需的动力也大。随着铁犁的出现，就迫切需要解决拖犁的动力问题。牛就是这样被作为一种动力应用到农业生产上的。因此史学家指出春秋时期的历史特征之一是：农业生产使用铁农具，用牛耕田。开始用犁，进行深耕。从此，牛便成为农耕的主要役畜。牛耕发明之后，农民不仅可以深耕，以更好地利用土地，而且可以多耕以扩大耕地面积，所以当时牛耕之于人耕，不啻机器之于牲畜耕，在耕作技术上是一大革命。因此牛耕、铁犁的施用，成为春秋战国以及秦汉时期生产力发展的主要因素之一。牛耕、铁犁的出现使农业生产的面貌为之改观，这就必然引起社会关系的变革。总的变革趋势是农村公社公有制的瓦解和土地私有制的出现。表现在农业生产方式上则由大集体粗耕变为小集体精耕，并促进了个体经营生产方式发展，给中国后来的农业奠定了始基。

随着农业的发展，水利灌溉事业越来越被重视，兴修了许多大型水利工程（如四川灌县都江堰和广西兴安县的灵渠）。在灌溉工具方面，出现了利用杠杆原理提水的工具——桔槔。在耕作技术方面以深耕熟耘为基础的精耕细作方法已基本形成。由于战国时期耕作技术水平的提高，肥料的使用，农田水利工程的兴修，使得我国的土地利用由撂荒发展到连年种植，个别土地还达到了"一岁而再获之"。在两千多年前，我国就达到了这么高的土地利用率，这在世界农业史上也是罕见的。

在畜牧业上，春秋战国时期不仅需要大量的马、牛，同时更需要大量跑得快、挽力大的良马和良牛以供军事和生产上的需要。马、牛等家畜的创伤和疾病也需要治疗。这便促进了相畜术和兽医的发展。与这种新发展相适应，产生了我国最早的农学著作，据记载，有《神农》、《野老》、《神农教田·相土耕作》等，可惜这些书现在都已失传。

秦汉、魏晋南北朝是北方旱作技术体系的形成时期。秦汉时，农民和地主普遍饲养家畜作为副业，并出现了一批从事商品生产的大地主或牧主。国家也经营以养马业为基干的大规模养畜业。秦、汉两朝实施的轻徭薄赋，增殖人口，设常平仓，行均输法，兴修水利，推广牛耕，改革工具，奖励“力田”，垦荒“实边”等措施，对当时农业生产的发展，起了很大促进作用，从而在我国历史上形成了第一次农业生产的高潮。

秦汉时期的黄河流域，是全国的经济重心。秦汉政权为了克服这一地区干旱少雨的矛盾，曾在这一带大兴水利。但是，兴修水利只能解决部分地区的灌溉问题，并不能从根本上解决整个黄河流域干旱少雨的问题。这样，就促使人们从耕作上找出路，一套适应黄河流域自然特点的耕作技术，如代田、区等的耕作法，以耕、耙、耱为中心的抗旱保墒耕作措施等，便在这样的历史条件下产生了。耕作保墒，是这一时期在土壤耕作上一个最杰出的创造，它为北方旱作地区指明了抗旱的新方向，从而奠定了我国北方土壤耕作技术的基础。

我国人民早就从实践中总结出保墒、施肥、处理种子等方法。例如，秋季蓄墒，春季防止跑墒，播种期缺雨深耕借墒，苗期锄地浅中耕保墒，雨水过多深中耕放墒；种植和翻压豆科植物苕子作绿肥；用水淘、泥水选、风扬等办法去秕去杂，还给种子捽上精质肥料下种。汉代赵过发明的机械播种工具——三脚耧车，把开沟、播种结合在一起，一次完成，一人一牛可以“日种一顷”，大大提高了劳动效率。东汉毕岚发明的翻车，经三国的马钧改进后，引用到农业上作为提水灌溉的工具，即成水车，它比西方的水车早1500年。汉代还创造了水稻育秧移栽和温室培育蔬菜的新技术。南北朝时期发明了利用水力推动的谷物加工机械——水磨，果树嫁接技术，蚕种的低温催孵化技术。畜牧业也有很大的发展：秦汉至南北朝时期，马和猪在畜牧业中占有特别重要的地位。马在当时是军用和交通的主要役畜；猪在农区是肉类和粪肥的重要来源。为了选择良马以供役使和选择良种猪以供繁殖，便促进了相畜术在这一历史阶段的发展。此外，阉割技术也有相当的进步，由过去使用的火割法（即用烙铁烙断血管止血）改进为水割法（乃割开阴囊，割断睾肋——腱索，用手掐断血管后，用冷水冲洗，刺激血管收缩止血），为阉割术的一大进步。汉代非常重视养马，曾经从西域引进大宛马改良中国的马种，开展了杂交优势的利用研究。同时，出现了汜胜之、贾思勰等著名农学家及其著作《汜胜之书》、《齐民要术》等。《齐民要术》一书，是我国也是全世界流传至今的一部最早的农业科学巨著。从今天的观点看，它在许多方面的技术水平，不但在当时超过其他国家，而且现在仍有其重要的科学价值。

隋、唐、宋、元是我国南方水田农作技术普遍发展的时期。公元589年，隋文帝杨坚统一全国，结束了南北朝长期分裂对峙的局面，使南方的农业生产迅速发展起来。公元755—763年"安史之乱"以后，北方遭到严重的破坏，国家财政经济收入越来越依赖南方，出现了"赋出天下，江南居什九"的局面。江南成了全国的经济重心。

长江流域，气候温和，雨量充沛，土地肥沃，灌溉方便。到了隋唐，水利工程有了更大的发展，已会制造河渠的闸门。水车得到了普遍的应用，还发明了筒车、高转筒车和立井水车。重要的农具——犁，已由直辕改进为曲辕，这样操作起来方便，也更符合力学原理。在精耕细作方面，唐代人民在耕地之后，还要进行耙、耱等工序，用碌碡或砺砰将土地整治得更熟更细，有利于庄稼生长。

自古以来长江流域就是我国盛产水稻的地方。随着长江流域的开发，我国的水田耕作技术和一套以培育壮秧为重点的水稻栽培技术，便在这个时期形成了。与之相适应，一套适应稻田耕作栽培需要的农具如曲辕犁、耖、耥等也在这个时期创造出来；龙骨车、筒车等提水工具，也得到大规模的推广使用。

宋、元两朝，经济发展，人口骤增。为了充分利用土地，增加粮食生产，宋朝政府向以种植旱作物为主的北方推广水稻，水稻从此成为全国占首位的粮食作物。到了元朝，棉花的种植已逐渐从我国西北、西南地区推广到了江南和中原一带，这对解决我国各族人民的衣着问题有巨大的意义。

在这一时期还创造了圩田、梯田等土地利用方式和稻麦二熟制等。生产的发展，复种指数的提高，使肥料需要量大大增加。这样，就促进了我国肥料积制技术和施肥技术的发展，并在这个基础上，形成了我国古代的土壤肥力学说——"地力常新壮"理论。

宋代除了继续发展原有蔬菜种植外，还有竹笋品名90余种；大白菜则有白菘、紫菘、牛肚菘等品种；还创造了黄化蔬菜(无光栽培法)新技术，培育了至今仍受欢迎的豆芽和韭黄。

宋代以后，由于全国经济中心移到东南，而江南人多地少，连山地也开垦为农田，没有多少地发展畜牧业。这样，连军事需要的养马业也衰落下去。从此，除西北部草原地区外，畜牧业只能作为农民的家庭副业来经营。而我国的粮食种植和蔬菜栽培却越来越发达，品种日益增多，质地日益提高，遂形成了我们民族以吃粮菜为主的传统习惯。

元太祖忽必烈1279年灭宋统一中国，改蒙古旧制，重视农业生产，开辟农田和兴修水利。打通北京到杭州3000多里的运河航道，这对当时沟通南北经济，起了很大作用，出现了南粮北调的新局面。

元代王祯的《农书》，是综合了黄河流域旱田耕作和江南水田耕作两方面的生产实践写成的，分《农桑通诀》、《百谷谱》、《农器图谱》三大部分。《农器图谱》是全书的重点，也是我国现存最古老的一部农器图谱。

明、清时期，传统农业技术深入发展并继续提高，而人多地少的矛盾日益尖锐。为解决这种矛盾，大力推广一岁数收的多熟制，提倡粪多力勤，以提高单位面积产量。这是解决当时耕地不足的主要途径。

明代中叶起，中外贸易和文化交流更加频繁，许多重要的粮食和蔬菜作物，如原产新大陆的玉米、甘薯等高产作物和花生、烟草等经济作物，相继传入我国。这些作物的传入，使当时日趋紧张的粮食供应得到了一定程度的缓和，而我国的茶叶、大豆、柑橘、枇杷、银杏等，也先后传到国外。明清时期的畜牧业虽不发达，但在养猪、养鸡方面还是有一定成就的。广东猪输出英美，并改良了欧洲的猪种。我国的九斤黄和狼山鸡也在这一时期被引进到英、美、日、澳等国。

然而，耕地的大量开发，多熟制的普遍推广，却使原有的生态平衡遭到了破坏，致使水、旱、虫（特别是蝗虫）灾不断发生。这样，救荒、备荒成了这个时期十分突出的问题。因此，野生植物的利用、蝗虫的防治等技术，在这一时期得到了空前的发展。

这一时期，地区性农书，理论性农书，救荒、治蝗的农书，种桑、养蚕的农书大量出现，其数量之多，超过以往各个时期，成了这一时期农学发展的特点。明代农学家徐光启的《农政全书》是我国古代最大的一部农书，其篇幅之大，内容之丰，都称空前，是这一时期我国古代农学取得的重大成果之一，也是对我国传统农业技术的一次比较全面的总结。

任何科学技术成就都建立在前人成就的基础上。近代农作技术也是古代科学的继承和发展。离开了我国传统农作技术这份遗产，要实现中国农业现代化也是不可能的。

八　医学与颐养

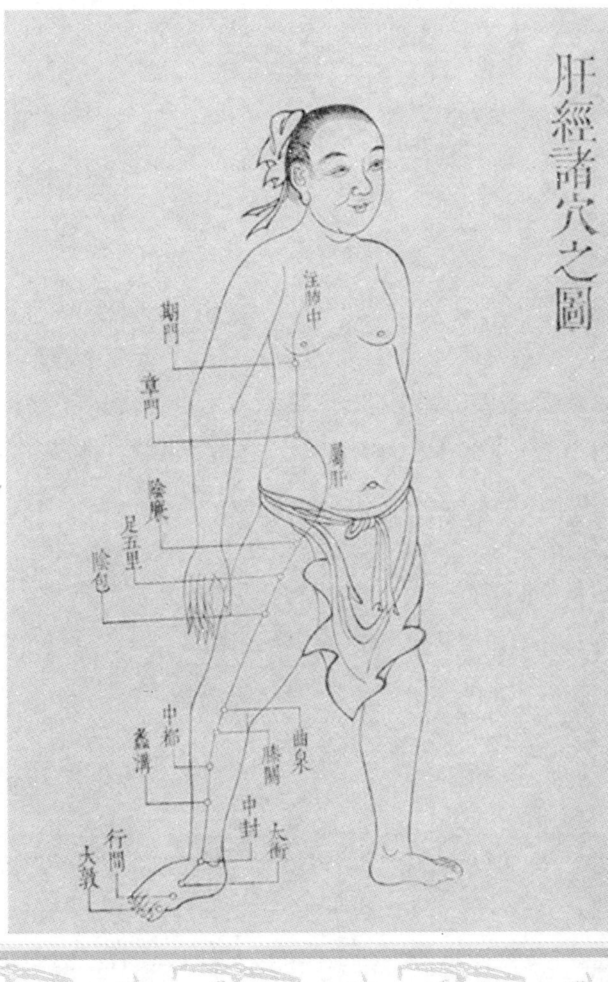

望闻问切

◎吴安尔

望、闻、问、切合称“四诊”，是中国传统医学体系中最基本最重要的诊断术。虽然古代医学的某些治疗技术(如针刺)可以溯源于新石器时代，但当时究竟用什么方法诊断疾病，却无实物佐证。殷墟出土的甲骨文卜病者323片，415辞中有疾首、疾目、疾耳、疾齿、疾鼻、疾腹、疾足、子疾、疾育、出疾、风疾，以及疕、疥、蛊、龋等辞，已具备“诊断”因素。其中包含对疾病部位、性质及病因等多方面的判断，而这只能由目视、手按、听取病人诉说等经验方法获得。

周代，巫、医渐趋分离。春秋时期，医官运用望、闻等诊术已见于记载。《春秋左传·昭公元年》记医和语：“天有六气，降生五味，发为五色，征为五声。”其中五色为后来望诊内容，而五声则为闻诊对象。脉诊(切诊)亦见记录。《史记·扁鹊仓公列传》载春秋名医扁鹊通过“切脉、望色、听声、写形，言病之所在”。并由切脉预言“五日不知人”的赵简子三日之内必寤；由望诊推断齐桓侯疾在“腠理”、“血脉”、“肠胃”、“骨髓”，不治而死，皆得应验。

战国秦汉之际，医学理论体系逐渐形成，诊断之术开始系统化。《灵枢·邪气脏腑病形》所谓的闻、见、按、问，便可视为后世“四诊”之前身。

东汉末年，《难经》首次阐述了望、闻、问、切：“望而知之谓之神，闻而知之谓之圣，问而知之谓之工，切而知之谓之巧。”这表明当时“四诊”之术已相当成熟，且对施诊者也有很高要求。古人十分重视名称的排列顺序，由望、闻、问、切以知病之所在，而分别谓之神、圣、工、巧，说明“四诊”的实施，既要求熟练于工巧之技，更需要得悟于神圣之道。这与中国文化以道统技的精神并行不悖，而后世庸医重术不重学的倾向则恰恰与此背道而驰。

孔庙藏扁鹊行医画像石。

可见医学是一国文化的重要表征。对古代中国人来说，疗病之技与治国之术同出一道。因而《汉书·艺文志》在论及方技时说："论病以及国，原诊以知政。"所谓"道"，亦即根本的价值观，在医学中亦得以充分体现，这就是"时中"。春秋时秦国名医医和就曾指出晋平公的不治之疾，根本上是由于"不节不时"。战国秦汉以后，"时中"观念经由阴阳五行学说的构建，成为医学理论体系的基础。根据这一学说，天地万物皆由阴阳五行气化而成，人体亦具阴阳五行之性，因而人像天地万物，是个小宇宙。人体要像宇宙运作、万物生长那样不失其常，才是健康。疾病，只是人体阴阳失调、五气逆乱的表现，其根本原因是不时不中。引发疾病的直接因素，不外乎外感、内伤、饮食劳作不节。"天之五气"：风、暑、湿、燥、寒，原是人与万物赖以生长的条件，但若非其时而有其气（不时），发生太过或不及（不中），便成外感之"淫邪"。人有"五志"：怒、喜、思、忧、恐，若发而失中节，则致"内伤"。"地之五味"：酸、苦、甘、辛、咸，若是偏嗜，亦可致病。五气、五味、五志，各具阴阳五行之性，这些都是四诊的依据。

因此，《黄帝内经》说："善诊者，察色按脉，先别阴阳。"《难经》则进一步阐明四诊的内容和功用："望而知之者，望见其五色，以知其病；闻而知之者，闻其五音，以别其病；问而知之者，问其所欲五味，以知其病所起所在也；切脉而知之者，诊其寸口，视其虚实，以知其病，病在何脏腑也。”这正是沿用至今的四诊之大原则。五色、五音、脉象都是体内五脏六腑、气血津液的外形，体内的失常，必然表现为体表的相应变化。望五色、闻五音、问所欲之五味、切脉象的作用，便是“视其外应，以知其内”。中医的整个诊疗过程，即由四诊开始，区分征候的阴阳六变，然后对症下药或下针，以泻其太过，补其不及，求得中和，达到“阴平阳秘”。

四诊需得其时，《内经》对施诊之时亦有严格规定：“诊法常以平旦，阴气未动，阳气未散，饮食未进，经脉未盛，络脉调匀，气血未乱。”其理论根据是：清晨，阴阳之气平和，体内状态未得扰乱；而子夜阴竭阳生，正午阳竭阴生，皆非施诊所宜。

望、闻、问、切虽然排名有先后，但历代医学术士皆强调“四诊合参”，并不拘执于某一诊术。然而在实际应用中，则较偏重望诊与切诊。

望诊列为四诊之首，是由古代相术分化而来。二者之间错综颇多，且皆以阴阳五行论人的形、性、神、色。区别在于前者偏重百病死生，后者侧重吉凶休咎。当然，百病死生也包括在吉凶祸福之内。望诊内容与相术一样，遍及人的全身，包括神、色、形、态、头面、躯干、肢体。但历来之重点在于面部气色，即所谓“望五色”，这与相术以相面为主并行不悖。五色是五脏之气现之于外者。“天食人以五气，地食人以五味”，五气、五味入，而藏之于五脏(脏者，藏也；藏五气、五味，五脏由此得名)，五脏之精气上华面颐，即为五色。因而气为色之根。望五色，首先要确定部位。根据阴阳五行学说，人为天地之象，五脏、四时、四方皆由阴阳五气化生，各各相应于人面之上。肝为木，青色，为春，东方；心为火，赤色，为夏，南方；脾为土，黄色，为长夏，中央；肺为金，白色，为秋，西方；肾为水，黑色，为冬，北方。故左颊属肝，颜(额)属心，鼻属脾，右颊属肺，颐属肾。从《黄帝内经·素问·刺热》可以体会望面之部位的意义：“肝热病者，左颊先赤；心热病者，颜先赤；脾热病者，鼻先赤；肺热病者，右颊先赤；肾热病者，颐先赤。”热病属阳征，发为赤色(即火)，为阳有余、阴不足之征。此时阴阳虽乱，但病症未著，宜先行针刺。如“肝热病，刺足厥阴少阳”之类，可使阴阳归诸中和而病不发。所以，“病虽未发，见赤色者刺之，名曰‘治未病’”。通过望诊可以治未病，而防患于未然正是中国医学的主导思想。这与治国之术是相通的。

面部五色有主、客之分。相术和望诊皆根据先天禀赋五行之气的多少而把人分为五形：禀木气多者为木形人，面色略青；火形人略赤；土形人略黄；金形人略白；

水形人略黑。又有脏色：肝青、心赤、脾黄、肺白、肾黑。这称之为主色。此外，“凡观五色之殊，当审四时之变”，四时各有其色，即春青、夏赤、秋白、冬黑，四季皆黄。此谓时色或客色。客胜主，即人能随四时变易其色，为善、为吉；不能随时而易，如“肝病”者，四时皆青；“心病”者，四时皆赤，则为恶、为凶。于此可见“应时”的意义，一色独见，或不应位应时，则为病色。

五色的根本在于五脏之气。《内经》曾建立以色之有气(光明润泽)或无气(晦暗干枯)为判断死生的征候，为后世沿袭两千年不变。直到清代医家提出“望色十法”，方始有所增益。望色十法是“辨其色之气”，以别于望五色的“辨其气之色”。十法除从总体上辨其死生外，还可辨其表里、阴阳、虚实、久暂。与五色诊交互为用，十分复杂，故须灵活运用。

闻诊，从理论上来说是闻五音、五声。五脏各有音、声发之于外：肝，音角，声呼；心，音徵，声笑；脾，音宫，声歌；肺，音商，声哭；肾，音羽，声呻。闻五音五声可知五脏之病，五气之邪。《古今图书集成·医部全录》注《难经》“闻而知之者，闻其五音以别其病”云：“五脏有声，而声有音。肝声呼，音应角，调而直，音声相应则无病，角乱则病在肝；心声笑，音应徵，和而长，音声相应则无病，徵乱则病在心；脾声歌，音应宫，大而和，音声相应则无病，宫乱则病在脾；肺声哭，音应商，轻而动，音声相应则无病，商乱则病在肺；肾声呻，音应羽，沉而深，音声相应则无病，羽乱则病在肾。”历代医学术士皆以此作为闻诊基础。但较之望五色，它更机械，也具有更大的不确定性，十分难以掌握。故大都以闻言语、呼吸、咳嗽、呕吐之声音取而代之，虽然多属“经验之谈”，但在辨症上十分有用。闻诊向来是“闻以耳占”，近几十年又复增加了嗅气味的内容，显然受了西医的影响。

问诊是问所欲之五味。《内经》把木酸、火苦、土甘、金辛、水咸五味各个入于五脏。因而可从偏嗜之味和口中之味辨五脏之病。如肝病嗜酸，心病嗜苦，脾病嗜甘，肺病嗜辛，肾病嗜咸。口中的异常气味，是脏腑之气循经脉上至于口所致，亦可据此推断脏腑之病。口酸多为肝热，口苦是心火上炎或胆气上溢，口甜多为脾浊上泛，口辛为肺热，口咸为肾热，口淡为脾胃虚寒。这种问诊法虽有偏执之嫌，然一直为历代医药术士所沿用。况且古代看病叫作“求医”，病人多自诉其苦，为医术者往往不问，只凭望、闻、切下诊断，以神其技。故问诊极少发展。直至明代，才有人从理论上扩大问诊范围，作为“十问”。即问寒热、汗、头身、便、饮食、胸、聋、渴、旧病、病因。以区分阴阳、表里、寒热、虚实，成为辨别征候的重要依据。

切诊分为脉诊和按诊。按诊即按压或触摸病人身体以诊察疾病之所在，虽起源很早，但较少应用。脉诊则是四诊中成熟最晚，但发展却最为完备的。古代有关四诊的专著中最多的是脉诊。脉诊向来被视为精微之术。《内经》对其施诊的时间、部位、正常脉象、四时脉象差异，以及有病、将死的脉象均有具体而精微的描述。故《难经》称由诊脉得病之所在为“巧”。东汉末年张仲景的《伤寒论》将脉象作为诊断的最主要依据，奠定了脉诊的地位。晋代王叔和著《脉经》，使脉学理论和方法系统化，是为第一部脉学专著。《脉经》影响深远，广泛流传。6世纪时传到朝鲜、日本；后来传入阿拉伯；17世纪译成多种欧洲文字。自此直至明清，医术之士遂将脉诊列为四诊之首，更有唯脉诊是务者，故历代有脉学著作问世。明代，李时珍撰成《濒湖脉学》，以诗歌形式分述浮、沉、迟、数、滑、涩、虚、实、长、短、洪、微、紧、缓、芤、弦、革、牢、濡、弱、散、细、伏、动、促、结、代27种脉象之形状动态、主病及鉴别，使脉学进一步发展普及。后来李中梓益之以“疾脉”，成28脉象，沿用至今。脉象以言记述，往往词不尽意。宋代许叔微首绘脉象图，已佚。其后施发《察病指南》绘有33幅脉图，开脉诊形象教学之先河。

脉诊之法亦有一由繁趋简的过程。《内经》时代为“遍诊法”。诊位分上(头)、中(手)、下(足)三部，每部又分天、地、人三候，故又谓之“三部九候法”。这种诊法颇为不便，在当时尤其不适用于女病人。东汉末，张仲景改为上、中、下三部各取一脉，称为“三部诊法”。至晋代王叔和，进一步简化为独取寸口脉的“寸口诊法”，沿用至今。其实，寸口诊法亦源于《内经》。《内经》称寸口脉“独为五脏主”；《难经》亦称寸口为“脉之大会”，“独取寸口，以决五脏六腑死生吉凶”。但至王叔和《脉经》才详述其诊法，推而广之。寸口脉是手掌鱼际后一寸九分的一段动脉。这里的寸，是“同身寸”，因人之身材而异，即以各人手中指第二节掌侧两横纹间为一寸。寸口分为寸、关、尺三部，其中前六分是寸部，中六分是关部，后七分是尺部；两手合为六部。每部依切脉时按压力度的轻、中、重分为浮、中、沉三候，亦称之为“三部九候”，但与《内经》名同实异。寸口六部分属脏腑。左寸、关、尺分别候心、肝、肾；右寸、关、尺分别候肺、脾胃、命门，故候寸口六部可知五脏六腑。

脉象应四时五行。肝木应于春，脉象“端直以长”，称为春弦(即弦脉)；心火应于夏，脉象“来盛去衰”，谓之夏洪(洪脉)；脾土应长夏，脉象“悠扬和缓”，叫作缓脉；肺金应于秋，脉象“轻虚向上”，称作秋浮(浮脉)；肾水应于冬，脉象“如石沉水”，谓之冬沉(沉脉)。脉象应其时而现，为顺、为吉；在其时而无其脉，甚至出现相克之脉，则为逆、为凶。这就叫“时”。若五脏失其“中和”，太过或不及，必然现于脉象。如肝木亢盛，脉象弦而有力，不及则弦而无力；心火过旺，脉象洪盛有力，不及则洪大无力。对脉象的描述，都是采用“比类”的方法，须心领神会方能得之。故《内经》云：“善为脉者，必以比类”，“不引比类，是知不明也”。

切脉可察阴阳顺逆。一般而言，浮、大、滑、洪、数为阳；沉、微、涩、细、迟为阴。阳证阳脉、阴证阴脉者顺，易治；阳证阴脉、阴证阳脉者逆，难治。

色、脉合参，可见死生。《内经·灵枢·邪气脏腑病形》：“见其色而不得其脉，反得相胜(克)之脉，则死矣。得其相生之脉，则病已矣。”所谓色、脉相合，即肝木色青，脉弦；心火色赤，脉洪；脾土色黄，脉缓；肺金色白，脉浮；肾水色黑，脉沉。如肝病色青，见弦脉，即为脉色相符。若是见其色不得其脉，得克脉则死，得生脉则生。如肝病不得弦脉，反见浮脉(属金)，则为相胜之脉，即克色之脉(金脉克木色)，为逆、为凶；若得沉脉(属水)，则为相生之脉(水脉生木色)，为顺、为吉。当然，色、脉尚须与由闻、问及病人自诉而得的症候互相参合，才能“万全”。

缓者平旦施诊，急者即刻急诊，为四诊之“时”；色、脉、症合参，不偏于一，则为四诊之“中”。得其“时中”，庶几无误，这正是中医诊法疗术的一条重要原则，也是中医能够延续不衰数千年，保民之健、卫民之生的根本原因。

针灸与中药

◎吴安尔

针灸和中药，都是古代中国人治疗疾病的“器用”。所谓中药，包括本草和方剂；而针灸，则是针刺和艾灸的合称。二者源头可溯及远古，至今流行不衰。

中国远古巫医难分。最原始的治病之术兼用巫祝与刺血、火熨。刺血用砭石，火熨以草木，这是针灸的起源。对此，内蒙古多伦新石器时代遗址出土的一端有刃、一端锥形的石针可为佐证。《山海经·海内西经》说六巫“皆操不死之药”，其中巫咸、巫彭之名屡见于甲骨卜辞，当在殷中叶，距今三千多年。

甲骨卜辞中未见“药”字，但有“鬯其酒”的记载。鬯，即百草合黍酿成的芳香药酒，为降神之用。古时降神之物亦用以治病，因而酒是早期的药，且在古代医药中一直占有重要地位。《黄帝内经》论及酒的作用时说：“邪气时至，服之万全。”后世并有“酒为百药之长”之说。故“醫”字从“酉”。另一种降神之物是糈，亦用以治病：“医之用针石，巫用糈藉，所救钧(均)也。”殷商时期，医药之术为巫所掌，故“醫”又写作“毉”。古文《尚书·说命》记载殷王武丁说，用药不达头昏目眩，则病不愈，便可能是一种巫术体验。药物常苦口且致瞑眩，后世多称之为“毒药”。民间亦广泛流传神农尝百草，一日而遇七十毒(即七十种药)的故事。

周代巫的地位下降，医药等方技之术遂纳入王官。春秋时代王官失守，医术亦流入民间，师徒传承，由是而兴。《诗经》指物譬喻已咏及药物五十多种；《山海经》亦载百余种植物、动物、矿物药材，记有食、服、浴、佩带、涂抹等多种用药方法，能治数十种病。及至战国，巫医渐趋分离。虽然凡有疾病仍医、巫、卜三者并用，但已出现专事针、灸、药而不用巫术的游医。《史记·扁鹊仓公列传》记扁鹊把“信巫不信医”视为病的“六不治”症之一。其视病如洞见脏腑，针砭药熨相互为用，而名闻天下。

《汉书·艺文志·方技》有“医经”与“经方”二家。医经以针、灸、本草为用，而经方以(经典的)方剂为具。经方著录文献今皆不传；医经唯独《黄帝内经》十八卷流传于世，为历代医药方技之士所宗。

《周礼》所记草、木、石、虫、谷“五药”，西汉以后统称“本草”，为药物之总名。本草所具的阴阳五行之性，取决于药物本身、产地、采集时间、炮制方法等，表述为药物的四气五味、升降浮沉以及归经。升浮者为阳，沉降者为阴。四气又称四性，因另有“平”性，实则为温、热、平、凉、寒五性；与酸、苦、甘、辛、咸五味各个对应四时四方及木、火、土、金、水五行。而五行中，木火属阳，金水属阴。可见，服药便是服入阴阳五气。针灸则专论经络脏腑，“手太阴肺经”、“足太阳脾经”、“手少阴心经”、“足少阴肾经”等十二经脉，及分布其上的365个穴位，本身就具阴阳五气；针之灸之，无非导入引出阴阳五气。针法亦有补泻之别。前者慢进快出，将气导入，后者快进慢出，将气引出。总之，“善诊病者，先别阴阳”，然后“阴病阳治，阳病阴治”，“不及者补之，太过者泻之”。使之归诸“中和”。具体而言，阳胜则热，须用寒凉药以制其阳，治热以寒，即“热者寒之”；阴胜则寒，宜用温热药以制其阴，治寒以热，即“寒者热之”。肝木不足，可补肾水，以肾水养肝木即“滋水涵木”；心火过旺，亦可补肾水，以肾水济心火，称“滋阴降火”。

《淮南子》说：“世俗之人，多尊古而贱今。故为道者，必托于神农黄帝而后能入说。”这正可解释中国古代文献愈晚出，托名愈古远的现象。《黄帝内经》成书于西汉，其中《灵枢》被后人称为《黄帝针经》，可知其专重针灸。《神农本草经》出现于东汉末年，但托名更古远。二者是传世的最早针灸、本草要典。针灸虽为“外治”之术，但在《内经》时代已相当发达。就针具而言，《灵枢》所列“九针”便各有特殊形状及效用：镵(音chán)针，形似箭头，适于浅刺；圆针，针身如柱，头部卵圆，用于按摩穴位；鍉(音dī)针，针身较粗，针尖稍钝，用于按压；锋针，针尖三棱，刃锋，用于刺血；铍(音pī)针，形似双刃剑，用于切开排脓；利针，身稍粗，尖圆利，用于急刺；毫针，细如毫发，最为常见，应用广泛；长针，针长七寸(23.5厘米)，用于深刺；大针，身粗尖圆，用于刺治关节病。西汉中山靖王墓出土的四根金针、五根银针中就有似毫针、锋针、鍉针者。《灵枢》并规定了按阴阳、虚实、寒热、营卫所应采用的不同针法，指出失针之宜，必生殆害。

西晋初年，针灸大师皇甫谧取《素问》、《灵枢》、《明堂孔穴针灸治要》(已佚)三书之要，撰为针灸专书《黄帝三部针灸甲乙经》12卷，128篇，系统论述了五脏六腑、精神气血、津液阴阳、脉诊等基本理论。以十二经穴和头、面、胸、背、颈、耳、肩、腋、腹等分部取穴，统一厘定穴位647个；并阐明针道、针法及禁忌。在针灸发展史上承上启下，迄于唐宋无有越其樊篱者，故后世称其为针灸学之祖。5世纪后，流传域外，影响颇广。

此后，针灸著作多因传抄而生重复、混淆，经穴记述也相当紊乱。中唐名医王焘曾力言误针之害，盖因俞(腧)穴不明，究其根本，在于有经无图。唐初孙思邈曾作彩色人体正、背、侧经穴图，但后亡佚。直至宋天圣四年(公元1026年)，王惟一为铸针灸铜人而撰著经穴专书，后名为《新铸铜人腧穴针灸图》，载有重新考定之穴位354个，并附有插图说明。其字图镌刻在四幅各高六尺、宽两丈余的石碑之上，置于汴京三皇庙前以供众览。第二年，他奉诏铸成针灸铜人两座，为最早之针灸模型。铜人高同人体，分脏腑十二经，旁注腧穴所会，穴旁刻题其名。自此，针灸腧穴有了更统一明确的标准，后人皆为宋之学。

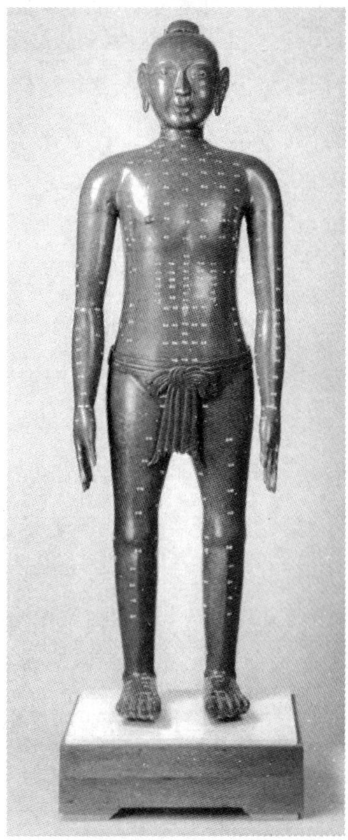

明针灸铜人，高213厘米，全身共标666个针灸穴位。

针灸铜人当时便为一珍物。百年之后，宋败于金，金人指定贡献铜人为议和的一项条件。元代至元年间，针灸铜人与《针灸图经》刻石均移至大都(北京)，置于太医院内。四百余年后，因石刻漫漶不完，铜人亦昏暗难辨，乃于明正统八年(公元1443年)重铸铜人，复刻《图经》。宋代针灸的另一成就是创“子午流注”针法，以井、荥、俞、经、合五俞穴配阴阳五行，天干地支配脏腑时辰，以推算经气流注盛衰开合，按时取穴。因腧穴脏腑各随阴阳消息、五气盛衰而开阖有时，故须逐日按时开穴针灸方为有效。开穴法有“纳干法”和“纳支法”，遵循“按日起时，循经起穴；时上有穴，穴上有时”的原则，颇类现代时间生物学说。20世纪60年代在北京出土的宋代《铜人针灸图经》刻石碎片上就载有施行灸治的特定时间。《子午流注》针法大盛于金、元。明代的针灸名家有高武和杨继洲，前者曾铸男、女、儿童铜人针灸模型各一座。后者的《针灸大成》则广为流传，直达海外。清代，因满人鄙薄针灸，太医院取消针灸一科，故而未见发展。然此疗法仍为民众所欢迎，其术不绝。

作为“内治”之学的本草，在汉代已是颇为普遍的知识。《淮南子》、《尔雅》、《说文解字》，皆载有多种药物。但传世的第一部典籍是《神农本草经》。《本草经》概括了四气五味、君臣佐使、七情和合等中药学说；载药365种，并袭董仲舒“性三品”及《内经》君臣佐使之说，按药效及主治分之为上、中、下三品，各应天、地、人。上品120种为“君”，主养命以应天；无毒，效力缓和，常年服用可获轻身益气不老延年之效。中品120种为“臣”，主养性以应人；无毒或微毒，斟酌得宜可遏病补虚羸。下品125种为“佐使”，主治病以应地；多毒，不可久服，有除寒热、祛邪气、破积聚之功效。从中可以看出，本草以摄养卫生为第一要务，用以治病则是下策。这一“防患于未然”的思想自《内经》就已确定。《本草经》所载药物主治之病症约有170余种，所记药效有些在世界医药史上属最早发现。如麻黄平喘，常山抗疟，黄连止痢，海藻疗瘿，苦楝子驱虫，当归调经，阿胶止血，乌头止痛，汞、砷剂治恶疮、疥癣等。并对某草之入药部分有所阐述，如麻黄用茎发汗，用根止汗；款冬用花，葶苈用子，当归用根，夏枯草用全草。根据不同的药性，分别采用丸、散、酒、膏等剂。

早期的药疗，仅以一味药治一种病，即所谓“单味药时代”，《神农本草经》便是其总结。《内经》所载药方，亦仅用一两味药。这些皆属《汉书·艺文志》所著录的“医经”一类，且均托名远古，不著私人姓名。《艺文志》著录“经方”不传，但皆为方书则毫无疑问。东汉末年，张仲景著《伤寒杂病论》，撷古代医典之精华，融理、法、方、药于一体，成千古“方书之祖”，医道为之一变。此书至宋分为《伤寒论》与《金匮要略》，以三阴三阳论治则，前者载方113首，用药170余味；后者载方262首，用药214种。详述药物炮制，方剂配伍、制剂及用法。如炮制，记有麻黄去节，杏仁去皮尖，甘草蜜炙，附子需炮，大黄酒浸，厚朴姜炙等。所用剂型有汤、丸、散、酒、洗、浴、熏、滴耳、灌鼻、灌肠、软膏、肛门及阴道栓剂等。每剂用药不多，但配伍极为严密精当。以麻杏石甘汤与麻黄汤为例，二者均仅用四味药，且皆以麻黄、甘草、杏仁止咳平喘。但前者配伍石膏，后者配伍桂枝，因致两方功效、主治截然不同。因而书中所载之方，后人称之为“经方”，历代沿用不辍；又因张仲景以私家撰此经典，而誉之为“医圣”。今人用茵陈蒿汤治急性黄疸型肝炎，白虎汤治乙型脑炎，麻杏石甘汤治急性支气管炎及肺炎，乌梅丸治胆道蛔虫症等均有显效。此后，本草书及综合医书中均载方剂，但除张仲景的“经方”外，后世所出者皆别称“时方”。

史传张仲景曾预言侍中王仲宣二十年后当落眉，后半年而死，令其服五石汤。但仲宣受汤不服，二十年后果然落眉而死。五石汤原方不可考，但均为《神农本草》中的上品之药却无疑问。魏晋以降，道家长生久视、神仙黄白之术盛行，摄养卫生而炼丹服石蔚然成风。其中以寒食散(亦名“五石散”)最为流行。寒食散之方，大抵采丹砂、雄黄、云母、钟乳之类炼就。史载晋哀帝与北魏明元帝皆因服寒食散殒命。针灸大家皇甫谧，亦是由于中年服石招致“风痹”而习医术的。炼丹术可溯至战国时期，至东晋道教大师葛洪的《抱朴子》集其大成，促进了制药化学的发展，扩大了化学药物的应用范围。南梁道士陶弘景亦擅炼丹，著有《合丹法式》。唐代炼丹者首创的轻粉能治癣疥，红升丹能长肉生肌，白降丹能拔脓化腐，至今仍为外科常用。

葛洪于方药亦有贡献。《时后救卒方》被后人称为简要临诊全书。书中最早记载了天花病。所载方药大都易得、价廉、有效，许多为救急丸、散。陶弘景则在本草分类法上颇有创新，他突破《神农本草经》三品分类法，又搜集倍于《本草经》的新药，著《本草经集注》，载药730种，依药源分为玉石、草木、虫兽、果、菜、米食、有名未用七类；复按主治作用分本草为80余种“诸病通用药”，如治风通用药有防风、防已、秦艽、芎䓖；治黄疸通用药有茵陈、栀子、紫草、白藓等，以便于临诊用药，为后世本草书所袭。此外，刘宋雷敩《炮炙论》(已佚，后世集为《雷公炮炙论》)为第一部制药专书，阐述了各种药物的炮制方法17种，如炮、炙、煨、炒、煅、水飞、蒸煮、破等，目的在于降低毒性，改变性能，即改变其阴阳五行之性，便于贮藏和制剂。

唐宋时期最值得称道的是敕编本草、方书的出现。唐显庆四年(公元659年)，颁行《新修本草》，包括药图、图经、本草三部分，是中国乃至世界第一部药典。药图由描绘地道药材的标本而成，开世界药学著作图文对照之先例。所载以白锡、银箔、水银合成银膏，作为牙科充填剂，是世界最早使用汞合金补牙的记录，先西方一千多年。宋代先后颁行《开宝重定本草》(已佚)、《嘉祐补注神农本草》(已佚)及《政和经史证类备急本草》，载药1700余种，较唐《新修本草》增加一倍。主要方书有：《太平圣惠方》，载方16834首；《圣济总录》，载方2万余首。为显示官方力量，而使本草、方剂愈见庞杂繁冗。宋代设置“御药院”、“尚药局”等药政机构，并立有官药局“太平惠民局”和“和剂局”，以控制药品，推行“局方”，疫病流行时则免费供药。同时，药物的鉴别、采集、栽培、炮制等技术也大大提高。唐宋两代，名医辈出，民间的本草、方书也极多。如初唐孙思邈主张人人通医，著《千金方》，简便实用，有“药王”之称。中唐王焘的《外台秘要》载方6000首，保存了大量失散方书。宋代私人编著的《济生方》之中，归脾汤、济生肾气丸等仍为今人沿用。许多方书向专科化方向发展。《小儿药证直诀》中用于小儿痘疹初起的升麻葛根汤，治小儿心热的导赤散，治脾胃虚弱、消化不良的异功散，以及治肾阴不足的六味地黄丸等均为后人喜用之有效方剂。其后，金元学派也创制不少名方。如“补土派”的升阳益胃汤、补中益气汤、沉香温胃丸；“滋阴派”的滋阴降火之剂：越鞠丸、大补阴丸、琼玉膏等，皆疗效显著，为后人称道。

明代，集本草学大成。李时珍历经三十多年，“渔猎群书，搜罗百氏”800余种，亲身“一一采视，颇得其真”，著成《本草纲目》。全书载药1892种，附方11096首，绘药图1000余幅，共190万字。总论七方十剂、气味阴阳、升降浮沉、七情和合、脏腑标本、用药禁忌。列举各科百病主治之药。该书以“由贱至贵”的分类原则而采取的部类分类法，将本草分为：水、火、土、金、石、草、谷、菜、果、木、服器、虫、鳞、介、禽、兽、人16部；部下有类，如水部下有天水、地水之类，总共62类，为当时世界上最完备的分类系统。书中对历代本草之误亦多所订正。全书内容涉及植物学、动物学、矿物学、物理学、天文气象学等广泛领域，具有多学科价值。《本草纲目》于1607年传入日本，后又传入西欧，至少有七种文字之译本。由于《本草纲目》以宋代《政和类证本草》为蓝本，故明清本草家多认为该书割裂旧文、任意剪裁改窜，又泛引杂说，内容繁复。更有人反对《本草纲目》设有“人部”，且将人之头顶骨入药。因而自此书刊行后，便引发了复古及直接研究本草之风，成果亦著。

针灸与中药，很早就流传域外。公元5世纪，《针灸甲乙经》传到国外；唐代前后，向印度输出的“神州上药”有人参、茯苓、当归、远志、乌头、附子、麻黄、细辛等多种；炼丹术多次传入阿拉伯，进而传入欧洲。公元701年日本采取唐制，以法律形式规定学医者必修《素问》、《黄帝针经》、《针灸甲乙经》、《新修本草》等书。近几十年来，欧美、日本诸国研究中药、修习针灸者更是日渐增多。

食疗与药膳

◎吴安尔

食疗，是中国的饮食医学。自古便有“医食同源”之说，凡可食之物亦食亦药，亦药亦食，共为养生卫生之用。

史传商汤之相伊尹自幼受养于庖人，故精通烹饪之术。又创制汤液本草，集医、食于一身。《吕氏春秋·本味》记述伊尹与商汤论调味以及治道时说：“和之美者，阳朴之姜、招摇之桂。”姜、桂既为调味品，又是常用药。千古经方“桂枝汤”就与烹调相互关联。方中共五味药：桂枝、白芍、甘草、生姜、大枣，均日用于庖厨。

周代，已有相当完备的医政体制，设有医师(上士)、食医(中士)、疾医(中士)、疡医(下士)等职官，且分工明确。职责是调和饮食，并兼用药物防疾治病。据《周礼·天官》记述，食医“掌和王之六食、六饮、六膳、百馐、百酱、八珍之齐”；疾医则“以五味、五谷、五药”，“掌养万民之疾病”，将五味、五谷列于五药之先。

战国秦汉之际，阴阳五行学说兴，药食同源的理论方始完备。根据这一理论，食物、药物、人体乃至天地万物皆由阴阳五行气化而成，故药、食同源于五气，而各具五味。人之健康状况，则取决于人体阴阳五气的调和平衡。日常摄入饮食五味，既是为了满足口腹之欲，更是为了调和平衡。药食虽同源于五气，但药物较日常饮食所含五气更为精粹，适于大泻大补。因而轻、缓之疾仅须调整饮食，即所谓“宁可食补不用药补”；重、急之病则先用药物顿挫病势，待之缓解再以饮食和理。故《黄帝内经·素问》说：“虚则补之，药以祛之、食以随之。”各种食物中，五谷所含五气又较精粹，所以《论语·乡党》有“肉虽多，不使胜食气(同“饩”，谷)”之说。对此，《素问》论道：“毒药攻邪，五谷为养，五果为助，五畜为益，五菜为充。气味合而服之，以补益精气。”这一食养食疗原则，符合中国人的体质及以农为主业的生活方式，两千多年来为人们普遍遵循。

食养食疗的主要原则体现了“人与天地参”及《黄帝内经》所谓“法于阴阳、和于数术”的精神，自古以来就十分深入人心，从而形成“传统”。第一，饮食要合时宜，随四季变化而易。如《吕氏春秋》上讲：“食能以时，身必无灾。”以五味论，“春发散，宜食酸以收敛；夏解缓，宜食苦以坚硬；秋收敛，吃辛以发散；冬坚实，吃咸以和软”(《周礼·天官》)。以五性论，则春宜凉，夏宜寒，秋宜温，冬宜热，四时皆宜平。中国民间食粥随四季而异，便是这一原则的反映，如春天食荠菜粥；夏季食绿豆汤、荷叶粥；秋天吃藕粥或地力粥；冬天吃羊肉粥、桂元枣子粥。可见，四时食治是采取相反相成的路径，使人在季节变化中保持和顺，不致失衡。第二，饮食须适得其中，即《内经》所谓“食饮有节”。如先饥而食，食不过饱；先渴而饮，饮勿令过；宜少量多餐，忌一顿过饱。同时须五味调和，偏嗜五味则会使一脏之气过盛而殃及他脏。第三，患者有饮食宜忌，须根据疾病之阴阳六变，并结合食物的性味来确定。《内经·灵枢》曾按五行说给出一般规定：“脾病者宜食粳米饭、牛肉、枣、葵；心病者宜食麦、羊肉、杏、薤；肾病者宜食大豆、猪肉、栗、藿；肝病者宜食麻、犬肉、李、韭；肺病者宜食黄黍、鸡肉、桃、葱。五禁：肝病禁辛，心病禁咸，脾病禁酸，肾病禁甘，肺病禁苦。”“五禁”在民间演为“发物”之说，指可引起旧疾复发、新病增重之食物，诸如鸡头、猪头、海鲜、鱼类、酒、葱、姜、椒、笋等等。然而有些疾病则须进食发物使之“透发”。此外，尚有服药食忌，不能进用与所服之药相恶、相反之食，即民间所谓“忌口”。第四，疾轻缓者治以食，病急重者食药兼用。药疗猛烈，可收一时之功；食治固本，方为长久之计。故向来就有“良工”仅以食治之说。

食疗的方式，可分为二。一是以食入药，即以日常食物一种或数种作为药用，组成“食疗方”；二是以药配食，取一味或数味药物入膳，即所谓“药膳”。食疗的发展，是先出现食疗方，然后才逐渐形成药膳。药膳是更为成熟的食疗形式，其式样丰富多彩，有米面食品、菜肴、饮料、汤羹、精汁、糕点、糖果、蜜饯及其他小吃。

《汉书·艺文志》著录经方十一家，其中有《神农黄帝食禁》九卷，显然是食疗专著，但已亡佚。长沙马王堆三号汉墓出土的帛书《五十二病方》抄成于秦汉之际，为现存最古的医方专书。其中以大量食物入药。方载药物247种中，谷类15种，菜类10种，果类5种，禽类6种，兽类23种，鱼类3种，共61种。所载50余种病中有半数主要以食治、养。东汉末年，“医圣”张仲景的《伤寒论》中已有简易食疗方，典型者如桂枝汤、文蛤散、猪肤汤、百合鸡子汤、当归生姜羊肉汤等,用以治养多种疾病。而同时的《神农本草经》中“上品药”大枣、人参、枸杞、五味子、地黄、薏苡仁、茯苓、沙参;“中品药”生姜、葱白、当归、贝母、杏仁、乌梅、鹿茸,及“下品药”附子等,后世均常用于食疗方及药膳。

魏晋南北朝时期,食疗方的种类和应用范围大有拓展。这与饮食烹调、本草方药及炼丹术的发达密切相关。《隋书·经籍志》载食品、药品种植、养殖、食品制造、饮食烹调及食疗著作近40种。其中食养食疗者有《膳羞养疗》、《论服饵》、《神仙服食经》、《神仙服食药方》、《老子禁食经》、《黄帝杂饮食》等十一种。虽全已亡佚,但仍可从同期道教大师葛洪的《肘后方》中窥其一斑。其中海藻酒治瘿(甲状腺肿)、猪胰治消渴(糖尿病)等,均为后世食疗树立了典范。

唐代是食疗发展的重要时期。疆土的扩大,对外交流的开通都给食疗提供了更多的资源。相传安禄山就曾向唐明皇进贡过食疗名方“鹿肾长龟汤”。魏晋以来兴起的炼丹服石之风至唐益盛,贻害甚多,因此医家多倡以食疗病。“药王”孙思邈强调“为医者当先洞晓病源,知其所犯,以食治之,食疗不愈,然后命药”的治养原则。所撰《千金要方》、《千金翼方》,记有当时应用颇广的养性服饵方:茯苓酥、杏仁酥、地黄酒酥、造甘草酥、杏子丹、天门冬丸、黄精方。老人食养补方:耆婆汤、服牛乳方、猪肚补虚羸乏气方。所载用谷白皮粥预防脚气病,以海藻、羊靥、海蛤防治瘿病,以动物肝防治夜盲等方更为现代西方医学所称道。而以脏(动物的内脏)治脏(人之五脏)的方法,则为后世广泛采用。孙思邈弟子孟诜的《食疗本草》是古代第一部集食物本草于一书的食疗专著。收集食物241种。他的格言是:“若能保身养性者,常须善言莫离口,良药莫离手。”可见其宗旨仍是以食入药,故详述各种食物性味,药用功效及偏嗜所致危害。唐代另一部重要食疗著作《食医心鉴》,不记单味食物本草,专载各种食疗方,如浸酒茶药诸方、治诸气食治诸方、心腹冷痛食治诸方、小儿病食治诸方、妇人妊娠及产后食治诸方等。食方剂型亦较多样,有粥、羹、菜肴、酒、浸酒、茶方、汤、乳方、索饼、丸、鲙(同脍)、汁、散,为药膳的大规模应用奠定了基础。

宋代是食疗发展成熟时期。敕编本草、方书的颁行,官办药局的创设,城市管理的开放,特别是烹调技艺和饮食行业的高度发达,都为食疗的进步提供了条件。此外,帝王将相、达官贵人热衷于炼丹服石,也对“进补”之风起了推波助澜的作用。如“四司六局”,原为官府后院饮食业务体制,此时却搬上市面,包办筵席,以适应市民大规模宴饮之需要，原来专为宫廷贵族享用的膳食也流行于市。苏菜、粤菜、川菜、鲁菜四大地方菜系开始形成。据文献记载，仅南宋临安一地，市面上常见的菜式便有335款，糕点饼饵70余种；四时鲜果近40种；各种消闲小吃更是不胜枚举。此时流行的食疗方及药膳，多见载于官颁的"局方"之中，民间食方书亦有不少记录。《太平圣惠方》有两卷专论食治，载有羹方、粥方、饭方、饼方、面方、馄饨方，及灌肠、灌藕、酿猪肚、煨肾、药乳、腌渍、酒、汤、汁等多种肴馔方。动物脂肪及内脏的应用较为广泛。

南宋时期，更为成熟的药膳形式在民间发展起来。许多山林乡村日常所食之物被收入食养食疗专书《山家清供》，可以借此了解当时民间流行的治养食方。其主要特色是更为重视食物本身的作用，配伍药物较少。这些药膳琳琅满目，命名雅致，美不胜收。如保健养生的青精饭、黄金鸡、素蒸鸭、百合面、碧涧羹、黄精果、土芝丹、松黄饼、拨霞供、神仙富贵饼、金饭、蓬糕、玉延索饼、自爱陶、当团参、金玉羹、胡麻酒。用于治病的有地黄馎饦、椿根馄饨、柳叶韭、酥琼叶、紫英菊、进贤菜、沆瀣浆、通神饼、如荠菜、萝菔面、河祇粥、忘忧齑、牛尾狸、牛蒡脯、茶供。对精选采制疗效食品多有记述，为后世效法提供了方便。

金元时期，食疗方与药膳的完备，助长了滥用"局方"温、燥之药大肆进补之风。于是医界出现了"寒凉派"和"攻下派"，一反潮流。金朝攻下派张以正曾做过太医，深知滥用温燥进补之害。其医案中，有一男子，病泄十余年，不仅补药用尽，而且灸熨"补穴"，仍皮肉皱槁，神昏足肿。进补便要忌口，张氏认为这是忌口太过之罪。故不再用药，鼓励病人进食羊肝(原为禁忌)浆粥，月余而愈。

元代，宫廷饮膳每以药入。宫廷饮膳太医忽思慧撰《饮膳正要》，收载有关食物本草314种，并附插图。书中记述当时制作御膳"于本草内，选无毒无相反，可久食补益药味，与饮食相宜，调和五味。……每日所用，标注于历，以验后效。"十分注意每种日常食品的养生、医疗作用，对养生避忌、妊娠、乳母食忌、饮酒避忌等均有论及。载有药膳菜肴94则，汤煎56种，神仙服饵24条，食疗方61首，其中抗衰老药膳29则，如苦豆汤，补元温中顺气；生地黄鸡，治腰背疼痛身重气乏盗汗食少；鲫鱼羹，治脾胃虚弱。此外还记述了狼肉、狼皮、狼尾、狼牙的主治、功用，以及部分西域及西北少数民族地区传入的"聚珍异馔"，颇具蒙古族特色。

明代本草著作中，食养食疗多涉前人未及之领域。李时珍的《本草纲目》不仅集历代诸家本草之精华，且采入不少民间方药。所载食治方多简易而有效。如醍醐酒，治中风烦热；人胞(胎盘)烹食，治久癫失志；黄雌鸡、乌雌鸡，并治冷气着床；鱼鳔末和葱酒热饮，醉醒头风则愈；妇女月经崩漏治以鹿血、猪肾、乌骨鸡、丹雄鸡、雀肉、鲎尾、蚌壳、文蛤、鲍鱼、海蛤、阿胶、羊肉。此外还载有用于充饥疗疾的药粥42种。同一时期的《救荒本草》、《食鉴本草》、《茹草编》、《野菜博录》等均于食疗颇多贡献。《遵生八笺》则提供了为中老年人保健而设的32种汤和35种粥。

清代食疗进一步普及，皇室贵族更将药膳列为日常之用。与前代相比，专门著作尤多。《食物本草会纂》，集前人各种本草、方书中的食疗内容为一体，附有插图。《随息居饮食谱》，强调节制饮食并行食教，对食物加工及食治作用叙述详细。其他各具特色的专书有《随园食草》、《饮食十二合论》、《调疾饮食辨录》、《食物秘书》、《本草饮食谱》、《食养疗法》等。另有《粥谱》共载粥方两百多个，是现存的第一部药粥专著。

食疗与药膳不仅为国人所喜，且令西人瞩目。然而它毕竟只是养生卫生之一术，故须与生活习惯配合才能取得实际效果。对背道而嗜欲过度造成的身体亏损则更无回天之力。对此，孙思邈说："饮酒吐逆，劳作汗出以当风卧湿，饱食大呼，疾走举重，走马引强，语笑无度，思虑太深，皆损年寿。"更有极端表述："夜饱损一日之寿，夜醉损一月之寿，一妾损一年之寿。"故而，除了注重食疗外，人们还应食饮有节，起居有常，不妄作劳，才算得颐养之道。

古代体育

◎刘 东

人们一提“体育”二字，难免马上联想到选手们在狂热欢呼声中的竞技，因为这正是现代传媒努力向大家灌输的观念。但实际上，所谓体育，顾名思义，不外指人们为增强本身的体质以及与之相应的技能而施行的自我训练。若从这个意义上讲，说我国古代有相当发达的体育活动，是绝不过分的。因为，尽管我们在古代文献中并没有找到“体育”这样一个专门名称，却可以发现大量与强身健体有关的锻炼方法和教育活动。

只不过，需要特别注意的是，尽管中国古代体育的一些部分的确和现代流行的体育活动相类似，但这并不意味着，我们只要把过去那些能和现代体育项目的外延相重合的健身活动搜罗到一起，就算是讲清了古代的体育。事实上，中国特有的体育文化，作为古人须臾不可离身的生活方式，作为和古代思想相交融的体验宇宙与人生奥秘的实践功夫，是中华文明系统的一个有机组成部分。它紧紧镶嵌于中国文化的总体背景之中，具有不可归约为外来体育观念的独特境界。所以，如果我们认识不到贯穿于中国古代体育活动之中的内在精神，即使我们把这类活动的细节全都再现出来，也算不得把握到了它的真谛。

那么，中国古代体育活动所追求的境界到底是什么呢？笔者大胆地断言一句——正在于“阴阳调谐”四字。也就是说，古人把宇宙间的一切，包括人体自身，都看成是由对立力量之消长而导致的大化运行，而又于此流变过程之中，努力去把握和守护某种不变的平衡状态。有了这种独特的价值准则，自然也就有了中国独有的健康概念，从而步步地接引出相对封闭于其他体育体系的独特健身体系。从外部关系来看，它不是号召人对自然的独立、挑战与对抗，而更强调两者的同构、融洽与顺遂。由内部关系来看，它也并非判然划定体育和智力发展的界限，而更追求身体和精神能够在同一过程中得到营卫和颐养。正因为这样，我们不妨说，中国古代的养生健体之道，同时也正是人们默契天道的路径，和悦智悦神的方法。它从根本上堵住了人们通过锻炼后落得“四肢发达，头脑简单”的可能。这是它与外来体育文化的本质不同之处。

从这种高度出发，可以使我们对中国古代体育体系认识得更深入和清晰些。有些作者，总是以现代世界所流行的体育活动为潜在的参考框架，到过去的史料中去翻拣可资比附的东西，甚至似是而非地讲出许多“中国第一”来。这中间最具代表性的例子，就是举出曾经随着胡风而一度传进中土的蹴鞠活动，来证明中国才是“足球的故乡”。这类做法，从表面上来看，似乎是给中国人争来了一点面子。但实际上，由于它骨子里还是以西方体育体系作为衡量标准的，所以说到底还是忽略了中国古代体育的真正优点和特长。比如，针对那种把中国讲成是现代足球发源地的说法，人们不禁要问：既然如此，那么足球到底为什么会在中国丧失了传承的基础呢？为什么中国人至今还在体质上和心理上表现出对这种活动的左支右绌呢？

其实，根本用不着像那样去生搬硬套，因为不同的体育文化本有不同的宗旨，它们各有各的正面，也各有各的负面。的确，从一个角度讲，由于中国古代体育本来就不太注重竞技性，它甚至并不刻意追求超乎自然常态的和令别人叹为观止的体格与体能，所以，当现代体育场馆刚一向中国人敞开大门的时候，他们当然会显出最初的不适应，甚至免不了要被不了解中国体育精神的人认作羸弱的“病夫”。可是，若是掉换一个角度看，既然这种体育活动强调内外修为的一致与调适，那么，它也完全有理由拒绝仅仅用一些竞赛场上人为规定的量化指标去片面地判定人们的实际健康水准，特别是在人们为了身体某一部分的过度发达而牺牲了另一部分的正常发育时。更何况，正因为中国古代体育讲究自家的体会，而非他人的评判，无论老者少者强者弱者皆可身体力行，所以这种质朴无华的锻炼活动倒很可能更接近体育的真精神。最起码，它比较不容易从“为己”的健体活动异化为“为人”的商业行为，以至于引得大多数人放弃了积极参与运动的锻炼时间，去观赏甚至逼迫少数人在竞争中把身体拼坏。当然，笔者这样极而言之，并不是想要在不同的体育体系中间强分出孰高孰低来。毋宁说，笔者在这里提倡的是一种“理解”的态度。有了这种态度，人们才足以对一个民族的健康状况和体育能力进行合乎实际的评价，也才足以对一种自成系统的体育传统进行设身处地的了解，发现其真正有价值的符号资源。

若从纵的角度来分析，可以看出，共同孕育出中国古代体育体系的原初因素是多种多样的。它们可以被大体上区分为两类。其一是创化原始物质文明所必不可少的体质及技能训练，它主要包括来自原始生产劳动和原始部落战争两方面的内容；其二则是原始精神文化所带有的最初价值取向，以及相应伴生的对于人类形体活动的种种要求(如史前舞蹈)。这些内容一般被包容在集原始教育、医疗、娱乐于一体的原始宗教活动之中。而若从横的角度来分析，又可以看出，中国古代体育活动的种类也是五花八门的。为叙述方便，它们可以被粗略地依据其在古代体育文化中的重要性而排定为四类。其一，是从古老的医疗保健活动中发展起来的吐纳导引之类的养生术。其二，是从狩猎搏击和军事战斗技能中转化出来的，从周代的射、御教育开始就代代传习的武艺，以及它在后世演成的武术。其三，是从春秋时期已相当普及的博弈一脉承袭下来的棋类活动。其四，是其他一些具有地方色彩的体育活动(如竞渡)，以及在民族文化交流中引入并一度开展过的体育活动(如蹴鞠、摔跤)。在这篇短文里，笔者不可能面面俱到地逐一叙述这些体育活动的来龙去脉，而只能挑选部分最能反映古代体育精神，因而最具有华夏民族特色的体育活动项目，作扼要的个案分析。

最先而且应该最多着墨的，无疑是被现代人称为“气功”的吐纳、导引之类的养生术。其所以如此，不仅是因为它在后来各种体育因素的融合中逐渐演成了其他运动项目的基础，从而在中国古代体育体系中占有中心的位置，而且因为它是最具有顽强生命力和广泛普及性的体育项目，以至于直至今天仍然是活生生的体育传统。我们只要看看，一方面，根本用不着大力提倡，在民间就自发兴起了广泛而持久的“气功热”；另一方面，无论怎样千方百计地扶植，欲以足球之振兴来象征国运之昌盛的梦想，终归成不了现实，就足可以省悟到，吐纳导引之术和蹴鞠之戏在中国古代体育传统中的地位原是不可比拟的。唯其如此，现代中国人在习练它们时才会显出能力上的巨大差异。

受现存史料局限，我们尚不能准确地断定，这种历千百年而不衰的气功养生术，究竟发端于何时。如果根据《黄帝内经》所谓“余闻古之治病，惟其移精变气”；《吕氏春秋》所谓陶唐氏因“民气郁阏而滞着，筋骨瑟缩不达，故作舞以宣导之”；《庄子·刻意》所谓“吹响呼吸，吐故纳新，熊经鸟申，为寿而已矣。此道引之士，养形之人，彭祖寿考者之所好也”等等材料，似亦可将其历史线索依稀上溯到远古。但问题却在于，上述材料都较为晚出，难免被人怀疑那些战国以后的作者有假托古人以神其说之嫌。所以，如果把眼光只盯住这些正面叙述气功的材料，势必导致一些人认为它们大致可信，另一些人认为它们不足为凭，从而把气功的起源搞成聚讼的悬案。既是这样，也许在这个问题上另辟蹊径，反可以触类旁通地推断得更笃定些。我们都知道，中国独有的针砭医术起源得特别早。《说文》云：“砭，以石刺病也”，《广韵》云：“砭，石针也”，这种以石头而非金属制造医疗工具的做法，显系石器时代之遗风。那么试问：不管远古时代的针砭医术如何粗浅，发明它的医学根据是什么呢？合乎逻辑的回答只能是：于此之前原始人已经发现了(哪怕是再朦胧简单的)经络现象。想到了这一点，人们就很难再全盘怀疑前引那些文字材料的可信性了，因为到现在为止，唯一能真正认明这种运行气血之通路的，仍然不是西洋医学的外科解剖，而是中国气功的气机发动和收视返听，正如李时珍《濒湖脉学》所说，“内景隧道，唯返观者能照察之”。因此，如果传说中伏羲氏“尝味百药而制九针”(皇甫谧《帝王世纪》)的说法其来有自，如果史前考古学关于砭石、骨针的发掘报告言之有据，那么，我们以互证之法，把原始状态的气功养生术推溯到原始针砭术的同时代甚至更早，应该是不成问题的。

倘若上述推想不中亦不远，那么，我们就可以顺势看到文化发展史中的一个既重要又有趣的现象——一个民族之基本生活态度的定型，看来是早出于并且决定性地影响着其哲学取向的定型。寻常人们总爱说：中国文化主静，西洋文化主动；中国文化重合，西洋文化重分；中国文化向内，西洋文化向外……这类说法当然是有根据的。而根据雅斯贝斯的提示，我们也已经认识到，中国文化的这些与众不同的特点，是落成于“轴心时代”。不过，即使认识达到了这一步，也仍然只算是知道了古人思想方式的“其然”，而并非“其所以然”。如果我们进一步追问：为什么先秦诸子尽管思想那么活跃，形成了“百家争鸣”的热闹景象，却仍然显示出了莱布尼茨式的“前定和谐”，不约而同地具有“天人合一”、“气一元论”、“中庸之道”、“内在超越”的思想倾向呢？其答案无疑只能隐藏在即使对那些创造大传统(显文化)的古人来说也已是耳濡目染的小传统(隐文化)之中。毕竟，无论多么伟大的文化创造，也绝非空穴来风，而只能是对传统的激活，这既可以说是置身于历史之中的人们的局限，也可以说是他们成功的唯一现实条件。缘此，顺着本文前面的叙述，我们就不能不惊异地关注到：潜伏在原始气功中的文化密码，和“轴心时代”所酿成的中华文明的主导倾向之间，居然有着非常贴近的“亲缘关系”！

长沙马王堆汉墓出土西汉帛画《导引图》复原图。

问题的关键在于：当初民们逐渐开始自觉地意守脐下气海(即后来道家所谓丹田、医家所谓胎息之处)的起伏，感觉到有明显的热气团沿体内的一定通路(即后世所谓十二正经和奇经八脉)循行时，他们不仅仅得到了身舒体畅、神清智明、祛疴伐病的锻炼效果，还更于气功状态中获得了与现代物理学的框架格格不入的关于大、小宇宙的“原则同格论”。通过战国时代《行气玉佩铭》上的短短45个字——“行气，深则蓄，蓄则伸，伸则下，下则定，定则固，固则萌，萌则长，长则退，退则天。天几春在上，地几春在下。顺则生，逆则死。”我们便可以发现，当时人们是怎样借助于深沉平稳的腹式呼吸以及它对人体产生的神奇效用，来达到对内外世界之本质及其关系的总体理解的。恐怕并非凑巧的是，这样的升发过程，在先秦诸子那里也都能找到。我们先来看《道德经》：从“营魄抱一，能无离乎？专气致柔，能婴儿乎？涤除玄览，能无疵乎”，到“天地之间，其犹橐籥乎？虚而不屈，动而愈出”，到“道之为物，惟恍惟惚。惚兮恍兮，其中有象；恍兮惚兮，其中有物”，再到“人法地，地法天，天法道，道法自然”，类似的关联何等清晰！我们再来看《庄子》：从“真人之息以踵，众人之息以喉”，到“无听之以耳而听之以心，无听之以心而听之以气”，到“人之生，气之聚也。

聚则为生，散则为死。若死生为徒，吾又何患?故万物为一也”，再到“缘督以为经，可以保身，可以全生，可以养亲，可以尽年”，其思路又何其相近乃尔!同样，从《管子·内业》的“灵气在心，一来一逝，其细无内，其大无外”，到它的“精存自生，其外安荣。内藏以为泉原，浩然和平，以为气渊。渊之不涸，四体乃固；泉之不竭，九窍遂通，乃能穷天地被四海”，再到它的“血气既静，一意专心，耳目不淫，虽远若近”，或者从《孟子》的“我善养吾浩然之气”，到它的“其为气也，至大至刚，以直养而无害，则塞于天地之间”，再到它的“万物皆备于我矣，反身而诚，乐莫大焉”，也都可以发现共通的家数。笔者于此不遑详论，要之由于古代境界原本不分身心、物我，气功这种集身法、息法、心法于一体的养生术，就很容易接引出和它相近的宇宙论和人生观来，难怪海德格尔越是憧憬古希腊主、客体一如的原初境界，就越是对和古代气功关系最密的道家思想有兴趣。

这样，从发生学的意义上，我们对“轴心时代”的中华文明的“基因突变”，就又多了一层理解。由于此后的文明进程无论怎样一波三折，各种文化现象总是万变不离其宗，而且越到后来各种文化因子就越多地浸染了文化基因的特征，从而使作为一个整体的中国文化日益显出系统的成熟，所以，只要我们紧紧抓住这个文明之价值内核中的精神走向，再来理解其他的文化现象，就会势如破竹了。

当然，在这篇短文里，笔者仍只能以中国古代体育体系为典型案例分析的对象。显而易见，尽管中国古代的健身活动极为丰富多彩，但各种偶因中却隐藏着深刻的必然性：要么某种体育活动在中国体育精神所容许的范围内蓬勃发展，从而不管它禀有多少独具的特色，到头来总会对中国文化的价值理念显示出一种柏拉图式的“分有”。要么某种体育活动无论如何也漏不过中国体育精神的筛眼，从而不管它是从上古还是从域外传来，都只能逐渐地萎缩和失传。后一种情形，笔者在前面已借叙述蹴鞠在中国的命运而有所涉及。所以，在余下的一点篇幅里，仅就前一种情形作约略的分析。

首先“分有”了中国古代体育精神的，正是在后世逐渐形成的各门各派的气功功法本身。据笔者和爱好气功的朋友的不完全统计，到现在为止，仅仅经过今人发掘并且亲身实践的气功功法，就达340种之多。其中，除了晚近创编出来的融众家之长的综合功法之外，尚可析理出历史传承线索比较清晰的六大派别，即道家功法、医家功法、佛家功法、儒家功法、武术家功法和民间功法。从表面上看，这些气功派别之间是门户森严、互不授受的。可是，在林林总总的不同细节背后，却潜藏着也许并未被人们自觉意识到的、唯中华文明独有的共同前提。这中间，素来讲究“致虚极，守静笃”的道家，和主张“恬淡虚无，真气从之；精神内守，病安从来”的医家，似乎毋须多论，因为它们本是气功的源头和正统。最耐人寻味的倒是佛家：这种原本强调“四大本空”、“五蕴无我”的“西学”，一旦被接种在具有贵生倾向的华夏文明的土壤中，也居然不顾徒增“身执”、“我执”的危险，而发育出了种种具有中国佛教特点的气功功法。也许，从本意上说，佛门弟子之“由定生慧”的日常功课，并非想在躯壳上下什么工夫。他们决不是想落入第二义而成为“守尸鬼”，而只图关切脱离肉体的精神智慧的永恒。可话说回来，人的身心毕竟是一个互相牵连的整体，所以只要在修持中锻炼运用内向性的意念，就自然会增强人对自身生命运动的调节、运用和控制能力，从而达到强身益智、祛疾增寿的养生效果。正因为这样，在中国文化的大氛围下，作为入门手段而本欲追寻人能否成佛和如何成佛的禅定功夫，竟然和“性命双修”的道教殊途同归，演出了天台宗、禅宗、净土宗、密宗等具有不同家法的气功门派，并广泛流入民间而被用之于体育锻炼。这种在文化传播中的有意误读现象，正是根据中国精神来筛选和重组外来文化信息的鲜明例证。

接下来，话题就该轮到武术家的气功了。而武术和气功这两种体育活动的交叉，也恰好给了我们机会去转而审视古代体育的另一支脉是如何“分有”中国文化的基本理念的。笔者在《尚武精神》一文（见第十一章）里，曾主要从社会结构分析的角度入手，谈到汉以后的统治者是怎样承袭秦朝的弱民之术，把先秦盛行过的尚武精神压制到社会边缘，从而在居于社会中心的精英分子中逐渐酿成了“重文轻武”之风气的。而与此相呼应，本文要叙说的则是，恰恰借着“去武行文，废力尚德”的历史势头，过去从搏击和战斗技能中脱胎出来的实用武艺，就获得了被重新进行文化阐释的可能性，从而转变成了和古代气功一表一里的、中国人特有的体操形式——武术。当然，这类从宋代以后逐渐发展分化出来的武术套路，无论如何总还保留着一些格斗的功用。不过，谁要是以为那些花拳绣腿的每一招式都是专为实战而设计的，可就大上其当了。实际上，于史有征的古代战争，从来都不会像明清小说所描写的那样，让两支大军都按兵不动，只各派一员大将捉对厮杀以决胜败。所以，应着集体战阵的实用需要，真正的武艺动作倒是较为简捷朴素的。只有当它逐渐从开阔的疆场而进入狭小的私宅时，或者说，只有当它不再以军团而是以个人为习练单位时，人们才会有工夫去讲究演武动作的审美效果，种种表演性的技击形式才会发展出来。而与之相联系的是，一旦武术借着多种契机变成了个人的私事，其基本内涵也自然就从军事训练转变成了体育锻炼。也就是说，它主要关心的不是如何去杀伤别人，而是怎样来保养自己。这样，武术的旨趣就与气功相当接近了，所以它也就水到渠成地与后者交融在一起。且不说太极拳、八卦掌、形意拳等等似乎专为健身设计的“养生拳”了，就是那些仍然保有打斗功效的武术套路，也都讲究“内练一口气，外练筋骨皮”，从而各自发展出了一套作为练武基础的站桩气功。这样的锻炼效果，遂使中国的武林高手往往同时就是养生方家，而和只讲究排打外功的泰拳师大多不寿形成了显著的反差。

最后，还应对中国源远流长的棋类活动(据清人辑本《世本》：“尧造围棋，丹朱善之”)略作分析。无巧不巧，从表面上看，它和前述的武术活动相仿佛，也脱不尽演化自古代战争的痕迹。即使撇开仍保留着“将”、“士”、“相”、“车”、“马”、“炮”、“兵”等具体军事术语的中国象棋不谈，就是以抽象形式出现的“黑白”、“方圆”(均为中国围棋之别称)，也正如应玚《弈势》所云：“盖棋弈之制所尚也，有像军戎战阵之纪。”马融《围棋赋》曰：“略观围棋，法于用兵，三尺之局，为战斗场。阵聚士卒，两敌相当，怯者无功，贪者先亡。先据四道，守角依傍……”谢肇淛《论棋》道：“观其开阖操纵，进退取舍，奇正互用，虚实交施：或以予为夺，或因败为功，或求先而反后，或自保而胜人，幻化万端，机会卒(猝)变，信兵法之上乘，韬钤之秘轨也。”这类古往今来征引不尽的以弈喻兵的说法，令人想到，尽管疆场上的斗勇已转化为楸枰上的斗智，围棋仍是中国本土固有体育活动中最具竞技性的一种。正因为这样，在所有的古代体育项目中，围棋也就最容易被“创造性地转化”为一种现代体育活动，从而纳入国际性比赛之中。

不过，每当笔者于电视屏幕上看到国手们在“读秒”声中手忙脚乱地落子，却不免为“分有”了中国古代体育精神的围棋活动已为日本的武士道所异化而痛惜。因为，围棋在中国原有“烂柯”、“坐稳”之称，其本意恰恰在于让弈者忘却时光的流逝。所谓“棋罢不知人世换”(欧阳修《梦中作》)、“闲敲棋子落灯花”(司马光《有约》)，正说明围棋在中国古代本属排遣消闲、养性乐道之具。传说中孔融二子因下棋而不避杀身之祸(见《魏氏春秋》)、谢安因下棋而不露破贼之喜(见《晋书·谢安传》)的故事，均喻指此等忘情尘世的境界。所以，和从武艺向武术的转变过程相通，围棋也是从“兵法之类”(桓谭《新论》)转化成了“施之养性,彭祖气也”(班固《弈旨》),从而被中国体育的内在精神点化成了益智悦神的健身活动。作为士大夫们超功用的艺术活动——“琴棋书画”的一种,它绝对不会压迫得棋手去大口地吸氧,而只会使他们通过沉着雅致地“手谈”而神闲气定。当然,既然是下棋,势必就要一决胜负;不过,在中国文化的特定氛围中,人们高雅的弈趣却又是远远超乎这“兵家常事”之外的。黄俊曾在《弈人传·自序》中这样描绘围棋的境界——“无人我故无胜负,无胜负故无喜愠”。这两句话其实都不对,因为若无人我、胜负、喜愠之分,人们就不可能全神投入这场游戏了。所以,在这方面,究竟还是坡翁的手眼最高,只有他那句“胜固欣然,败亦可喜”(《观棋》)的诗,才道出了棋中三昧——恰恰是通过这种既斤斤计较又优哉游哉的手谈,对弈双方的心境才能同时得到积极的修养和欢悦的净化。可惜的是,眼下已沦为“名利场”的棋枰,竟与这种古代的体育精神有天渊之别了。

房事与养生

◎周一谋

“饮食男女，人之大欲存焉。”中国古代对男女两性生活十分重视，不仅视其与饮食一样重要，而且把它与养生保健密切联系起来。古代称性生活为房室生活，简称房事，又叫入房或行房，亦称房中、房帏或隐曲之事。古人认为：“房中之事，能杀人，能生人，故知能用者，可以养生，不能用者，立可致死。”人们要想多得补益，避免损伤，其关键在于掌握“房中术”。也就是掌握男女交合的法度，合理地安排房室生活。我国古代有着十分丰富的房中医学文献，对房事与养生有不少精辟的论述。

早在先秦两汉时期，重视养生的道家和医学家，除了主张清静恬淡和精神内守之外，还特别注意房中术的研究。《汉书·艺文志》就曾著录过《容成阴道》、《务成子阴道》等8种房中著作，计186卷，惜已失传。长沙马王堆西汉墓出土的14种医书中，专门论述房中养生的著作就有竹简《十问》、《合阴阳》、《天下至道谈》等三种。这些医书反映了我国早期房中医学的成果。

竹简《十问》说，如果阴阳不相交合，造成精道闭塞不通，就会使“百脉生疾”。竹简《合阴阳》认为，房室生活能够“发闭通塞”，使“中府受输而盈”，也就是使全身气血流畅，五脏六腑都受到补益。我国早期的医学著作《黄帝内经》，不仅提出反对“醉酒入房”，还谈到了房事有“七损八益”，但内容不够具体。竹简《天下至道谈》却具体详尽地论述了房事的“七孙(损)”和“八益”，并且要求运用八益而除去七损。

所谓八益，指的是将气功导引与两性交媾活动相结合的八个步骤和八种做法。其具体做法是：早起打坐，伸直脊背，放松臀部，收敛肛门，导气下行至阴部，这叫“治气”。呼吸新鲜空气，吞服舌下津液，这叫“致沫”。交合之前，夫妻应尽情嬉戏娱乐，等到双方都产生了强烈的性欲时再行交合，这叫“知时”。交合时导气下行，使阴部蓄满精气,这叫“蓄气”。交合时动作轻柔舒缓,使阴部分泌物增多,这叫“和沫”。交合时不要贪欢恋战,在阴茎尚能勃起之时即停止交媾,这叫“积气”。房事将要结束时,当纳气运行于脊背,这叫“待赢”,即等待盈满。房事结束之时,将余精泄尽,及时洗涤,这叫“定倾”,好比使倾倒的东西得到扶正和固定。

所谓七损是:其一,交合时茎痛,精道不通,甚或无精可泄,这叫“内闭”。其二,交合时大汗淋漓不止,这叫阳气外泄。其三,房事不节,滥施泄泻,精液虚耗,这叫“竭”。其四,到了交合的时候,阴茎却像柔软的纱巾那样阳痿不举,因而叫“怫”。其五,交合时呼吸喘促,神昏气乱,所以叫“烦”。其六,女方性冲动缓慢,男方要善于等待,如果女方毫无性欲而男方强行交合,非但无快感可言,而且对女方的身心健康极其有害,因此称为“绝”,犹言陷入绝境。其七,交合时急速图快,这叫“费”,也就是徒然浪费精力。这些论述,至今还很发人深省。

从魏晋南北朝到隋唐时期,随着道家学说的流播,许多医药学家径直接受了道家的影响。他们除了提倡炼丹服食之外,更加重视房中养生的研究,并且撰写了相当一批房中著作,使我国的性医学和性保健得到了进一步的发展。

晋代道家兼医药学家葛洪,曾经撰著《抱朴子》一书。在该书内篇中,对房事与养生多有论述。葛氏明确指出:房室生活是健康人的正常需要,“人复不可都绝阴阳,阴阳不交,则坐致壅阏之病,故幽闭怨旷,多病而不寿也”。有人说掌握房中术可以消灾弭难,转祸为福,葛洪批驳了这种观点,他认为房室生活虽有一定的补益作用,但也不可过于夸大。他还指出,房室生活要有节制,适度则有益,过度则有害,“唯有得其节宣之和,可以不损”。

唐代名医孙思邈,曾撰写过一篇《房中补益》,收录在所著《备急千金要方》第二十七卷中。孙氏指出,房事的关键是巩固精关,不随意泄泻。他谆谆告诫青年人,千万不能凭着年轻力壮就放纵情欲,更不能乱服壮阳的春药来肆意行房。除了患有性机能疾病者急需服药治疗之外,健康人不得滥服房中补药。如果“兼饵补药,倍力行房”,势必斫丧元气,使人未老先衰,甚至“精髓枯竭,惟向死近”。因此,青年人“极须慎之”。

孙思邈又提出,要根据不同的年龄特征和体质条件来安排房室生活。如年二十者四日一泄,三十者八日一泄,四十者十六日一泄,五十者二十日一泄。这些数字,当然不可能成为行房频率的绝对标准。事实上,体质刚强者可能远远超过这些数字，而身体羸弱多病者就不可能达到这些数字。但随着年龄的增长，每月行房的次数应当递减，这却是至关紧要的。他又指出，体弱多病的老者最好禁绝房事，而禀赋雄厚的健康老人，亦不可强忍不泄，所欲不遂势必郁闭生疾，反而会导致痈疽一类疾病。孙思邈还列举了各种房中禁忌。如说："人有所怒。血气未定，因以交合，令人发痈疽。又不可强忍小便交合，使人淋，茎中痛，面失血色。及远行疲劳来入房，为五劳虚损，少子。且妇人月事而交合，令人成病。"孙思邈的这些论述，大多合乎科学道理，至今犹有积极意义。但必须指出，他的所谓采阴之说，诸如"数数易女则得益多"，"御九十三女"可以"年万岁"等，却十分荒谬，不足为训。

《医心方》是一部综合性的医学著作，系日本丹波康赖氏于公元982年所编。该书辑录了我国唐代以前的许多种医书，也包括了为数不少的古代房中著作，如《玉房秘诀》、《玉房指要》、《素女经》、《玄女经》、《洞玄子》等。这些房中著作大多已经失传，多赖此书的引文使其主要内容得以保存。这就为后世整理上述各书的辑佚本提供了方便。

《医心方》第二十八卷为"房内"，共收房中养生专论三十篇。其中《至理篇》引《玉房秘诀》说："凡人之所以衰微者，皆伤于阴阳交接之道。"《和志篇》引《洞玄子》云："男唱而女和，上为而下从，此物事之常理。若男摇而女不应，女动而男不从，非直(只)损于男子，亦乃害于女人。"认为夫妻感情对于性生活来说至关重要，强调行房之前，夫妻应当亲吻拥抱，叙绸缪缱绻之情，使彼此神和意感，情投意合，做到互相配合默契。如果两不相感，或者有一方不乐意，就不宜交媾，否则勉强交合，则对双方均无益有害。房室生活的高度和谐协调，不仅是夫妻自身健康和家庭和睦幸福的关键之所在，而且是优生优育的重要条件之一。

《求子篇》则阐述了交合怀孕的宜忌。该篇引《产经》说，"温病未愈"及"忧恐"、"惊惶"之时，不宜交合，否则"生子不祥"。又引《玉房秘诀》，谈到"合阴阳有七忌"。认为在醉酒和劳倦等情况下，应当禁止行房。一方面，若不禁房事，势必更为严重地损伤身体健康；另一方面，倘或在此种情况下交合受孕，其所生子女虽不一定都成为痴呆、癫狂或残废者，但是其体质和智力之低劣不良是必然的。

宋代由于程、朱理学盛行，性医学的发展也受到了限制，很少有房中专著流传，只在若干有关养生的医著中偶有提及。

元代以后，研究房中养生的医家医著逐渐增多。特别是明清时期，随着反映市民生活等的言情小说不断流传，性文化也得到了一定的发展。这个时期又出现了不少新的房中医学文献，它们大多继承发扬了前人的有关研究成果。

元代李鹏飞的《三元延寿参赞书》，是一部养生学专著，共分五卷，其中第一卷是专论房中养生的。该书收录了《欲不可绝》、《欲不可早》、《欲不可纵》、《欲不可强》、《欲有所忌》、《欲有所避》等许多专篇，引用了相当一批前代房中文献，并且作了新的发挥，颇具真知灼见。其中《欲不可绝》明确指出："圣人不绝和合之道"，认为适度的房室生活是调和人体阴阳的重要手段。《欲有所忌》则着重谈了醉酒、强忍大小便和大病初愈后过性生活所造成的严重后果。该篇列举了许多古代的实例，如齐国有位侍御史因长期醉酒入房而患痈疽，竟至一命呜呼。西汉时有位贵族妇女因强忍小便过性生活，后来患了遗溺症。三国时有个叫顿子献的官吏，因大病初愈后不禁房事，结果仅仅三天就丧了命。这些都是值得引以为戒的。

明代医学家万全，在所著《养生四要》一书中，特别强调晚婚和节欲，主张如"古男子三十而娶，女子二十而嫁"。万全极力反对早婚，认为早婚有害健康，是早衰和短命的重要原因之一。他说："今之男子，方其少也，未及二八(十六)而御女，以通其精气，则精未满而泻，五脏有不满之处，他日有难形状之疾。"万全又认为，凡能够坚持晚婚和节欲的人，则"生子贤而寿"，而早婚纵欲者则"生子多夭且不肖"。这就是说，晚婚不仅有利于自身保健，而且有利于优生优育；早婚不但导致早衰，而且有害于后代的繁衍。

清代医学家石成金，对房中养生也很有研究。他在所著《长生秘诀》中说，色欲一事，世人未有不好者，古今皆然，原不可禁戒，亦不必禁戒，但必须有节制。他明确指出，寒暑当戒房事，雷雨当戒房事，恼怒当戒房事，衰老当戒房事，疾病当戒房事，否则贻害非浅。特别是老年人和羸弱多病者，尤其要谨慎房事，石成金认为，人到五十岁以后，血气精神渐渐衰老，此时凡事皆宜省节，色欲更是这样。必须做到："谨戒房事，使我精神坚实，自然百病潜消，而延年永固矣。至于身体素弱之人，年虽未老，精神早已衰疲，亦须节欲保固。"这些都是养生保健的经验之谈。

纵观历代诸家所述，集中说明了这样一个道理：房室生活是健康人(包括青、中、老)的正常需要，不可禁锢，但必须适度而有节制。适度而和谐的性生活可以增进人们的健康，有利于优生优育；与此相反，房事不节，放纵情欲，不但损伤寿命，而且不利于子孙的繁衍。

九 烹调与饮食

烹调与饮食

宫廷御膳

◎王学太

宫廷御膳是与宫廷生活一起产生的。三皇五帝邈矣，可不具论，在这方面有文字或实物记载的，可追溯到三四千年前的商、周。

中国之重视吃，至少在商周宫廷饮食中即可见端倪了。不过，最初人们重视饮食却并非出于对美味的追求，而是为了沟通人神关系，饮食是祭祀中最重要的贡品。商代一些重大祭祀竟有用300头牛乃至千头牛者。周代祭祀中也十分注重粢盛的精洁，肴馔的丰盛。执掌祭祀食品之筹备者，在政治生活中占有重要的地位。商代的冢宰、周代的太宰，本义为祭祀时宰牲的负责人，后演变为“总百官”的宰相。

从商周起，统治阶级就主张天子有广罗天下美味的权利，这是一统天下的象征。《吕氏春秋·本味》中记有“伊尹以至味说汤”的故事。伊尹为了助汤夺取天下，便以烹饪理论向他游说，并列举了天下至美之味，如产于“流沙之西”的凤凰之卵，产于“藋水”(地在西极)的飞鱼，“洞庭之鱄”(江猪)、“东海之鲕”、“昆仑之蘋”、“云梦之芹”、“阳朴之姜”等等。这一切都是“非先为天子，不可得而具”的。商周时期的天子，实际上已享受到了四方进贡的美味。不仅《禹贡》中记载了九州向天子进贡的食品，一些甲骨文中也有异族部落向商王进贡珍异食品的记录。

宫廷饮食不单追逐食物的丰盛和肴馔的珍美，还要体现帝王至上的地位，这一点至少在周代就已经制度化了。《周礼》中记载为周天子服务的官吏约4000人，其中管理饮食的就有2200余人，可见当时宫廷饮宴的排扬。周天子之“燕食”(日常饮食)，已有食物26品，其中包括“蜗醢”(蜗牛酱)、而苽食(雕胡饭)、雉羹；麦食、脯羹、鸡羹；折稌(细米饭)、犬羹、兔羹、和糁不蓼(言和羹不加蓼菜)、濡豚包苦实蓼(烂煮小猪，内填蓼叶包以苦菜叶)；濡鸡、醢酱实蓼；濡鱼、卵酱(鱼子酱)实蓼；濡鳖、醢酱实蓼；腶脩（捶脯施以姜桂）、蚳醢（大蚂蚁卵为酱）、脯羹、兔醢；麋肤（麋鹿肉）、鱼醢、鱼脍、芥酱、麋腥（生麋鹿肉）、醢酱、桃诸（腌桃）、梅诸、卵盐（大盐）”（见《礼记·内则》）。而当时宫廷中的饮宴，则更是等级严明。周秦两汉宴会要用鼎，以鼎之多少标明主人地位的高低。天子宴会鼎有十二（牢鼎九、陪鼎三），诸侯大夫依次递减。至于筵席上盛菜肴的豆（古食具），也有严格的规定，“天子之豆，三十有六；诸公，十有六；诸侯，十有二；上大夫，八；下大夫，六”（《礼记·礼器》）。进膳时的礼制，后来演变为身份地位的标志，故汉代主父偃有“且大夫生不五鼎食，死即五鼎烹”之语。

鼎本为炊器、食器，后来与许多青铜食具、餐具一起，演变为祭祀祖先的礼器和象征着权力的重器。这种演变除了这些器物内在的原因外，又与帝王、贵族饮食中的多方面追求有关。《韩非子·喻老》中讲：“昔者纣为象箸而箕子怖，以为：‘象箸必不加于土铏，必将犀玉之杯；象箸玉杯必不羹藜莠（菽藿），必旄、象、豹胎；旄、象、豹胎必不衣短褐而食于茅屋之下，则锦衣九重，广室高台。吾畏其卒，故怖其始。’居五年，纣为肉圃，设炮烙，登糟邱，临酒池，纣遂以亡。”可见商纣王已懂得从多方面美化其饮食生活，不仅要吃美味，还要有美的食具、餐具，还要穿着美服到高台广厦中去吃。至于饮食中间佐以音乐舞蹈，更不待言。

不过，照后世看来，商周烹饪水平并不高。纣王最为荒淫，后世指斥他侈于饮食，其罪状也不过是“酒池肉林”，以多取胜而已。到了周代则更是如此。除了上面已经谈到的周天子“燕食”与宴饮时的规格，《周礼》中还记载着周天子的食单。属于其食用范围的有“六畜”、“六兽”、“六禽”、“六谷”，供其饮用的有“六清”，菜肴有120品，酱有120瓮（先秦烹饪过程中多不调味，食用时方用酱调味，故酱种类很多）。其中，体现周代宫廷御膳最高水平的乃是“八珍”，为周天子的专用品，不过从今人眼光看来，它却既非山珍海味，烹调手段也很一般，似乎并不足以称之为“珍”。

“八珍”包括淳熬、淳母、炮豚、炮牂（音zàng，母羊）、捣珍、渍、熬、肝膋（音liáo，肠间脂肪）。这八道菜可按顺序分为四组。第一组淳熬、淳母皆为肉酱盖浇饭，其区别是一为黍米饭，一为旱稻米饭。第二组为“炮”菜，炮豚为烤乳猪，炮牂为烤羊羔。第三组为嫩肉菜，“捣珍”为汆嫩肉丸子，“渍”为生腌嫩肉片。第四组为杂菜，“熬”类似今日之牛肉干，“肝膋”为配套肴馔，包括烤狗肝与稻米肉糜粥。这些都反映了当时的中原食俗。

秦汉至魏晋南北朝的宫廷御膳，既继承了先秦传统，又有所变化。首先表现为南方食俗的引进。汉承楚制，在宫廷肴馔上也受到了楚文化的影响。汉宫食单虽未传世，但枚乘《七发》和马王堆一号汉墓出土的遣策竹简中所记录的随葬食物，都是荆楚风格的。至于后来在南方立国的六朝，则更是如此。其次，胡人食俗也传入宫廷。西汉张骞通西域后，带来许多西域食品，如葡萄、西瓜、黄瓜、大蒜、扁豆、胡麻等，这些新异食品必然先传入宫廷。史籍还记载，东汉灵帝特别好吃胡饼，从而引起京师人民的效仿。南北朝期间，北朝政权为胡人所建，其食俗自有胡风，如《洛阳伽蓝记》就说，当时宫廷以羊肉酪浆为常食。其三，此时发明了磨，可以磨麦作面粉（先秦所说的"粉"乃指被捣碎或碾碎的米屑或豆屑），而东汉末年又发现了面粉发酵法，因此各种面食包括馒头、包子、面条、馄饨都进入宫廷。其四，青铜食具、餐具逐渐退出宫廷，代之而起的是精美的漆器、珍贵的玉器以及由各种宝石雕琢成的器皿。东汉明帝尝宴群臣于华林园，以赤霞瑛为盘，月下视盘与樱桃一色。

南北朝期间，首次出现了饮食专著，如崔浩《食经》、贾思勰《齐民要术》的饮食部分、虞悰《食珍录》、谢讽《食经》等。这为隋唐五代饮食文化的大发展作了准备。

隋唐以后的宫廷肴馔，一反前朝宫廷肴馔的古朴特色，出现了大量花式肴馔。它们用料珍贵，烹饪技术复杂，讲究外观造型，且在命名上多富文化内涵。唐宫廷名肴"浑羊殁忽"，是把肉末与糯米用五味调好装入鹅腔中，再把此鹅装入整羊之内，缝好羊腹，用火烤熟，只取鹅浑食之。另一名肴"消灵炙"，则是"一羊之肉，取之四两"烤炙而成，据说此肉"虽经暑毒，终不败臭"。而所谓"遍地锦装鳖"，是以甲鱼为主料，外垫以羊网子油、淋以鸭蛋脂蒸成，它芳香四溢，鲜美异常。其他如"驼峰炙"、"红虬脯"、"十遂羹"，皆为御厨的拿手菜。宫廷主食，有武则天时的"百花糕"、中唐敬宗时用以清凉消暑的"清风饭"、中唐以后用以赐进士的"红绫饼餤"，及宫中常食"王母饭"等等。它们从名目到制法都已带有近世特点。这一时期，也十分重视餐具的精致美观。宫中食器以精美的瓷器、金银器、宝石水晶等制作的器具为主，注重器具与肴馔色形的谐调。杜甫曾有诗咏此："紫驼之峰出翠釜，水精之盘行素鳞。犀箸厌饫久不下，鸾刀缕切空纷纶。"（《丽人行》）从"翠釜"、"水精之盘"到"犀箸"，可见其餐具的名贵。

宋代宫廷饮食的奢侈程度，前后略有不同。北宋初、中期比较简约，后期及南宋则较侈靡。北宋肴馔多为面食、羊肉；南宋除此之外，还注重猪肉、水产、海味，花式肴馔也更为繁富。北宋神宗时吕大防的话颇能代表当时宫廷食风："饮食不贵异味，御厨止用羊肉，此皆祖宗家法，所以致太平者。”（《续资治通鉴长编》）宋太祖宴请吴越国主钱俶的第一道大菜便是“旋鲊”，这品名称似鱼的名肴，其实是用羊肉醢制成。宋仁宗半夜饥饿想吃的也仅是“烧羊”。可见宫中菜肴大多以羊肉制成。徽宗以后，奢侈之风渐盛。高宗偏安之后，更沉浸于饮食享受。《东京梦华录》尝记宋徽宗寿筵，不仅肴馔繁多且行酒九次，每次行酒间又都有各种表演，如奏乐致敬，唱歌跳舞，百戏杂剧，蹴鞠摔跤等，耗时约需一整天。高宗幸清河郡王张俊家时，张俊曾进奉食品数百种，只菜肴就有百余种，其中不少属于水产品和珍异之味，如花炊鹌子、沙鱼脍、炒沙鱼衬汤、鳝鱼炒鲎、鲜虾蹄子脍、洗手蟹、虾枨脍、水母脍、江珧炸肚、江珧生等。这在北宋宫廷食品中是不多见的。

宋宫廷饮食生活还有一个显著特点，就是宫内所需经常取之宫外的酒店、饮食店。据《诗话总龟》中记载，宋真宗曾派人到酒店酤酒宴群臣。《邵氏闻见后录》也记载了仁宗从东京饮食店中买食品菜肴赐宴群臣的事。南宋高宗亦常从临安饮食店中购买肴馔。如《枫窗小牍》记他从宋五嫂的鱼店中买鱼羹。《西湖游览志余》记他常派人买“李婆婆杂菜羹、贺四酪面脏、三猪胰胡饼、戈家甜食”。这与汴京、临安饮食业发达是分不开的，也反映了宋代宫廷饮食制度没有清代那么严格。

由于蒙古马队的铁蹄曾远征到南亚、中近东、中欧，因此元代宫廷饮食十分庞杂。它以蒙古饮食为主，也包括汉族、女真族、西域、印度、阿拉伯、土耳其和欧洲一些地区的食品。比较全面地反映了元代宫廷御膳的书是忽思慧所著的《饮馔正要》，书中所列肴馔，许多是外族或外国食品，如“八儿不汤”系“西天”（指印度）茶饭，“马思答吉汤”、“搠罗脱因”都是维吾尔族茶饭，“阿吉剌酒”是出自阿拉伯的酒，有些汉式名目的肴馔亦非传统汉族食品，如“熊汤”，听似汉菜，但从其调料看却是典型的“西餐”。

元宫廷进馔礼仪也与汉俗有异。陶宗仪《辍耕录·喝盏》记云：“天子凡宴飨，一人执酒觞，立于右阶，一人执拍板，立于左阶，执板者抑扬其声赞曰：‘斡脱。’执觞者如其声和之曰：‘打弼。’则执板者节一拍，从而王侯卿相合坐者坐，合立者立，于是众乐皆作，然后进酒，诣上前，上饮毕，授觞，众乐皆止。别奏曲以饮陪位之官，谓之喝盏。盖沿袭亡金旧礼，至今不废。”可见出身游牧民族的蒙族统治者较为质朴，其宫廷礼仪不甚繁缛，君臣相隔不甚悬绝。

明自永乐起以北京为首都，但宫廷饮食带有强烈的南国色彩。许多南货由漕运而至北方，水果有蜜柑、凤尾橘、漳州橘、橄榄、风菱、脆藕等；蔬菜有冬笋、蒿笋、香菌、苔菜、黄精、黑精等；水产海味有石花海白菜、龙须菜、鹿角菜，又有银鱼及各种鱼虾。明代许多皇帝也颇嗜南味，《酌中志》记云："先帝（指天启皇帝）最喜用炙蛤蜊、炒鲜虾、田鸡腿及笋鸡脯。又海参、鳆鱼、鲨鱼筋、肥鸡、猪蹄筋盘共烩一处，名曰'三事'，恒喜用焉。"皇帝的喜好对宫中饮食风气实有影响。

明代宫廷还十分重视饮食肴馔的时序性和节令食俗，其流风至今还在北京市民中部分地保留着。如除夕夜包好饺子，留待初一早晨吃的风俗。其他如吃元宵、吃萝卜咬春、吃月饼、吃重阳花糕等，也都与今日相同。重视时序又表现在追求时新果品肴馔上。如二月"或以面和稀，摊为煎饼，名为'薰虫'"。"是时食河豚，饮芦芽汤以解其热。"四月"吃白煮猪肉，以为'冬不白煮，夏不爊'也"。五月"夏至伏日，戴草麻子叶。吃'长命菜'，即马齿苋也"。六月伏日吃"过水面"。九月喝"菊花酒"。这些吃法除了应时应景外还具有保健性质。

清朝宫廷御膳，在其礼仪、规模、用度以及肴馔的品种与质量、烹饪技艺等方面，都超越前代而登峰造极。负责清宫饮食的御膳房机构庞大，分工细密，厨师众多，而且厨师历代相传，积累了丰富的经验。

清代皇帝膳食一般说来是前俭后丰。顺治、康熙、雍正三朝较朴素，乾隆以后则日益铺张，到了内忧外患、国匮民穷的清末，帝后饮食消费却极尽奢侈起来，如掌权数十年的慈禧太后，每餐肴馔都在百种以上。

清宫御膳用料极考究，即使普通的食料也必须是某地之特产。各级政府均把四方生产的最佳食品打上"贡"字运往北京，如东北的飞龙，镇江的鲥鱼，河南的油茶，浙江的蜜枣，会同的银耳等都是被点定的贡品。其他如鹿胎、鹿筋、鹿脯、山鸡、熊掌、天鹅、地鹔、哈什蚂（雪地蟾）等山珍野味，也须从各地贡入，以为宫中日常食品。有些菜肴，其选料只有"富有天下"的皇帝才用得起，如"清汤虎丹"系用小兴安岭虎睾丸制成，"一品麒麟面"系用"四不象"的全副头面制成，"明月照金丹"系用鹿的眼睛制成。这类肴馔不仅原料极其珍贵，其工艺过程亦极繁杂，表现出极高的烹饪水平。

宫廷菜肴讲究造型。清宫一般采取双拼、三拼的办法，即御厨所谓："皇帝不吃寡妇菜。"拼配的目的，是要在食器中呈现吉祥美丽的形象，以使观者赏心悦目。如有名的"龙凤呈祥"，就是由水晶虾仁与黄酒蒸鸭拼成。

清宫御膳在调味上强调原汁原味，如做鸡为主料的菜肴时，必须用鸡汤、鸡油。猪、羊、牛、鸭等菜肴亦然。清宫御膳强调遵守祖制，许多肴馔在配方、用料、调和上都有固定不变之常式。御膳房每次为皇帝呈上的肴馔，必须将其使用的原料、调料详细地记入菜单，不得任意配合。这样的菜肴，无论做多少次也不会变样、走味。这当然对烹饪有促进的一面，使之规范化、工艺化。但同时也有阻碍它发展的一面，中国烹调之精义全在于味，技艺超群的厨师，其高明之处就在于他能全面考虑食客的习惯，用餐的季节，上菜的先后，而灵活地掌握主料、辅料、调料的运用、烹饪时间的长短，从而制出最适口的味道。名厨决不会为固定不变的常式所左右，正像大诗人决不会被格律所束缚一样。但清宫的死板规矩却使名厨难展其长。

趋吉避凶本是常人之心理，这一点在宫廷中表现得尤为突出，宫廷御厨为肴馔起了许多象征吉祥如意的菜名，如寿比南山、宫门献鱼、旭日东升、怀胎桂鱼等。在喜庆年节之时，一些主菜的菜名要拼配成一句有吉祥含义的成语。如光绪元年(公元1875年)除夕早膳的添安膳桌上，有“燕窝迎字八鲜鸭子”、“燕窝喜字口蘑肥鸡”、“燕窝多字锅烧鸭子”、“燕窝福字什锦鸡丝”四品，其中寓“迎喜多福”之意。

清宫礼制特别严格，皇帝每次进餐都是独自一人，如召皇后或妃嫔陪同进食，则要经过极复杂的礼仪，如进餐前要叩头，赏酒赏菜都要叩头，吃完还得谢恩。赐王侯亲贵饮食礼仪也极繁琐，故皇帝独自进食时为多。

宫廷集聚了天下精美、珍异的食料，荟萃了技艺超群的厨师，那么皇帝能否吃到最美之味呢?能否在饮食中得到物质上、精神上的多重满足呢?若以清代为例，其答案是否定的。这主要是宫廷礼制限制了厨师，使其不能发挥特长，皇帝肴馔过于丰富，御膳房又与进餐处有一段距离，因此，皇帝所食菜肴往往是提前做好，煨在火上等候着，或在大笼屉中焖着，味道都串了，中看不中吃。用末代皇帝溥仪的话来说，宫中肴馔是“华而不实，费而不惠，营而不养，淡而无味”。即使有现炒之菜，从厨灶到膳桌也大多失去了味道最佳时的温度。满清亲贵也知道御厨所制肴馔未必皆佳，有人甚至以皇帝赏赐肴馔为苦，如鄂昌就有诗云:“宁甘家食供藜藿，不向天厨忏糜馁。”皇帝进餐没有家人(后妃子女)陪伴，很难享受进餐时的天伦之乐，饮宴中也不可能与王公亲贵觥筹交错、借饮食以联欢。因此平民在饮馔中享受到的许多乐趣，皇帝反而享受不到。

菜肴菜系

◎王学太

有了菜肴才能形成菜系。菜本指野菜。《说文》释菜云:“菜,草之可食者。”后来,它逐步演变成对一切菜肴的简称,即指与主食相对的辅助性食品。

早在先秦,人们就产生了主、副食概念。人们把赖以充饥的、为人体提供大部分养料的、用谷物制成的熟食看作主食。《黄帝内经》就有“五谷(稷黍麦菽麻)为养”之说。与此相对,《内经》又说,“五果(枣李栗杏桃)为助、五畜(牛羊猪犬鸡)为益、五菜(葵藿薤葱韭)为充”,明确地把果、肉、菜列为辅助食品。人们把以果、肉、菜为主料、用五味(酸苦辛咸甘)调和制成的或生或熟的食品统称为菜肴。这个制造过程就是烹饪。

烹饪自先秦至近代大约可分为三个时期:一为先秦至汉魏六朝,二为隋唐宋元,三为明清至近代。

第一时期的烹饪技术还较原始。虽然此时人们已掌握了火烤、水煮、汽蒸、油脂煎炸的技术,但广泛应用的还只是烤和煮。烤煮主要用来加工肉食,做熟的肉往往是大块的(当时称之为胾),要先切成薄片(称之为脍),再蘸醢(肉酱)、酱而食。不同的肉都有与之相应的醢、酱相配,故孔子言“不得其酱不食”。大块的“胾”不能入味(烤、煮之时也不调味),因此“脍”只有切得薄才能充分入味,故孔子又说:“脍不厌细。”

在先秦,通常只有贵族才吃得起肉,人们称之为“食肉者”;平民百姓则被称为“食蔬者”或“食菜者”。孟子在描绘他的“仁政”理想蓝图时说,“七十者可以食肉矣”,可见对平民百姓来说肉很难得。秦以后有些改变,但从史书记载来看,平民百姓在招待客人时也只有“黍饭只鸡”而已。平民百姓主要是制成“菹”(腌成的酸菜)

或煮成羹作为佐餐之菜。

羹是不为等级所限的菜肴。故《礼记·王制》中说:“羹食自诸侯以下至于庶人,无等。”现代以羹为名的菜,多比汤略稠、略浓,而古代的羹一般比现在的羹还要浓稠一些。羹是这个时期最重要的菜肴,不仅因为它被普遍食用,而且因为只有制成羹才注重调和五味。羹在《说文》中写作鬻,解释为“五味调盉”。这意味着,人们懂得使用五味调料后,首先把它用于制羹之中,后世称制羹为调羹就是这个道理。高级的羹要用肉或鱼煮制,羹中还要加些料屑。先秦古羹写作[illegible](见《陈公子甗》),其中之“卌”就像碎米之形。孔子厄于陈蔡而绝粮,制羹时“藜而不糁”,即只能在汤中放藜菜而不能加米屑。

饮食作乐是先秦人最重要的享乐方式之一,特别对生活优裕的统治者来说,“口极豢刍之味”是他们最大的享受。夏商两代亡国之君桀与纣,都被后世指责为侈于饮食、追逐美味,春秋战国时代处于乱世,诸侯卿大夫以酒食为消闲享乐者更多,并出现了善于调制美味的名厨易牙。《吕氏春秋·本味篇》中还对“味”作了细致的分析,总结了先秦厨师调味烹饪的经验,强调水(传热介质)、火候、齐(调料剂量)三者的统一:首先当时只在羹中调味,所以水是给食物加热和使食物入味的中介;其次,水的“九沸九变”是通过火候大小实现的,并且只有火候适当才能清除异味;最后食物美味的实现,还是要靠在烹调中按照一定剂量(齐)搭配五味。对味的追求成为中国烹饪理论的核心。

第二时期,菜肴烹饪技术有了长足的发展。首先,菜肴原料大大增加,大批海味、外来蔬菜、豆制品,如海蜇、乌贼、鱼唇、鱼肚、玳瑁、海虾、菠薐菜、莴苣、豆腐、面筋等入馔,丰富了菜肴的品种。

此时还出现了数量众多的花式肴馔,即工艺复杂、具有美丽外观与典雅命名的菜肴。这些菜肴已经注重色香味形器的统一。如“五生盘”是用牛、羊、兔、熊、鹿五种肉切出刀面拼摆的花盘;“玲珑牡丹鲊”是“以鱼叶斗成牡丹状,既熟,出盎中,微红如初开牡丹”。其他如“箸头春”、“金铃炙”、“莲房鱼包”、“鸳鸯炙”等,都是这类菜肴。这些菜肴可以满足食客视觉、嗅觉、听觉等多方面的享受。

这个时期烹饪史上最重要的事件是“炒菜”的出现。作为菜肴加工方法的“炒”,是在锅中放入少量油以为中介质,在锅底加热后把肉或蔬菜倒入锅中,然后不断地翻腾,并在由生变熟的过程中根据需要加上各种调料以入味。炒菜的原料一般体积较小，如末、丁、片、丝、条、块、球等。炒的门类极其复杂，包括清炒、熬炒、煸炒、抓炒、大炒、小炒、生炒、熟炒、啜炒、干炒、软炒、老炒、托炒、溜炒、爆炒等。其他如烧、烩、焖、炖等也都是在炒的基础上再辅以其他烹饪方法，可看作是炒的发展。"炒"字出现很晚，以"炒"这个概念命名菜肴则更晚，但用炒的方法制作菜肴却滥觞于1500年以前。《齐民要术》中介绍过的"鸭煎法"就是一种较原始的炒菜，类似现在的炒肉末。到了宋代才有了以"炒"命名的菜肴，如生炒肺、炒蛤蜊、炒兔、炒鸡兔、炒蟹（见《东京梦华录》）、炒腰子、炒假肺、炒鸡蕈、炒鳝（见《梦粱录》）等。作为一种烹饪法，炒的加工对象极为广泛，蔬菜中的果类、叶类、块根、块茎、茎类都可以用炒的方法加工，其他如山珍海味、家畜家禽、面筋豆腐乃至粥饭糕饼无不可炒。炒菜营养丰富，不仅因为它的配伍多，是由多种菜搭配成的合菜，也因为它的加工时间短，各种营养成分流失较少。炒菜可荤可素，也可以荤素合炒，有少量的肉与较多的蔬菜便可以炒一个菜，这是用水煮、火烤、气蒸、油煎等烹饪法做不到的。"炒"之所以在被发明之后很快为大家接受，而且发展成为独占鳌头、花样繁多的烹饪方法，是因为以农立国的中国人，其食物结构以粮食为主，"以菜为充"、"以畜为益"，而菜肉齐备的炒菜正是适应了这种饮食习俗。

由于两宋商业的发展，在一些大城市的市肆中出现了风味菜肴，如汴梁、临安的一些餐馆中挂出了"胡食"、"北食"、"南食"、"川味"等招牌，以表示该店菜味的独特风味，这便是菜系形成的嚆矢。

因此，在第三时期，菜系逐渐形成。严格说来，各省、各地区甚至各县都有独特风味的肴馔。但要称为"菜系"，这些具有独特风味的肴馔就应能组成系列，在原料选择、调料运用、烹调技艺上都有自己的特点，并且各种肴馔的制作有一定的内在联系。

菜系的形成，又是与该地区的商业、交通、文化发达相联系的，以城市繁荣为基础的。只有具备了这些条件，才会出现大量的酒楼饭馆，烹饪技艺才得以广泛交流，各种珍异的食物原料才得以荟萃，从而才能形成大量的名馔佳肴。菜系的形成还要有一定数量，并有能世代相传的厨师，这是菜系形成的关键。另外，还要有一批高水平的消费者和有文化教养的美食家品评提倡，这是菜系形成的动力。

明清两代，由于手工业、商业的发达出现了一大批繁华的城市，特别是在沿海各省，运河、长江、黄河两岸，大中小城市星罗棋布。饮食行业往往集中在繁华的城市商业区，有的还形成了饮食市场或饮食街，如北京的大栅栏，南京的秦淮河，杭州的西湖，开封的相国寺等。众多酒楼饭肆集中在一起，互相竞争，取长补短，自然大大提高了肴馔的品质。

由于对菜系的理解不同，对中国到底有多少菜系，迄今尚无一致的意见。以下选取历史渊源较深、具有全国性影响并带有独特文化背景的六个菜系，分别加以介绍。

一、京菜

北京作为首都已有七百余年的历史，它是帝王、贵族、士大夫长期活动的中心。而京菜就是为贵族饮宴、官场应酬、士大夫雅集服务的，因此它占个“贵”字。

京菜还有集大成的性质。北京地理位置接近游牧地区，历史上的辽、金、元、清时期，又都是由游牧民族居统治地位，故统治集团的口味与饮食需求必然对北京肴馔起决定性影响。元代忽思慧《饮馔正要》写于北京，其中记载的宫廷菜肴就以牛羊肉为主。直至近代的全羊席、烧羊肉、烤羊肉、涮羊肉，乃至小吃中的爆肚、锅贴，都是北京肴馔中最有特色的。清统治者满洲人在关外就嗜食猪肉，其烹饪技艺简单古朴，以烤烧煮炖为主。所以北京菜肴自清以来猪羊并重，就是受到满族食俗的影响，其代表菜肴是为烤乳猪、白煮肉等。

另外，北京又是各地士大夫云集之所，他们带来了各地技艺高超的厨师，也使京菜能够吸收各地所长，从而丰富了北京肴馔的风味。对北京影响较大的是山东、淮扬、江浙三个菜系。山东本距北京较近，清初至中叶京朝显贵中山东人又很多，故山东人几乎垄断了清代北京的饮食业，有名的大饭庄如同丰堂、福寿堂、惠丰堂都是山东人开办的。山东菜中的“爆”、“锅煬”技艺，与其善于运用葱香味的烹调特点，对北京烹饪有很大影响。如爆羊肉、锅煬豆腐等，都是吸收了山东烹调技法和调味特点的北京普通菜肴。此外，淮扬（指扬州、淮安一带）、江浙（指苏南、浙西一带）人在北京经商、求官的特别多，口味也特别高，有些人士还能设计菜肴。因此，北京厨师即使并非来自江南，亦以能“包办南席”相标榜。近人徐凌霄云“明明是老北京的登州馆，也要挂‘姑苏’二字”（《旧都百话》），正说明了南菜在人们心目中的地位。南菜北上后其风味也产生了变化。如淮扬、江浙重甜味、淡味，而北方重咸味、厚味。南菜要在北京立足,不免要入乡随俗,在调味上略加变化,创制出一些南北合璧的菜肴。如晚清翰林潘祖荫创制的鱼羊合烹而成的潘先生鱼,苏州人吴闰生创制的吴鱼片等,都属于带有江浙色彩的北京菜。近百年来被称为“世界第一味”的北京烤鸭,始出于明宫廷烤鸭,它用北京填鸭为原料,并吸取了淮扬一带注重色泽的烧烤技艺,而烤成后用于调味的甜面酱和生葱及配食的荷叶饼又都属于山东风格,可以说是典型地反映了北京菜的“多源性”。

清乾隆以来逐渐流行的最高规格的宴席——满汉全席,其菜式、冷碟近两百种,点心几十种,也反映了北京菜的渊源。这道宴席是以满洲烧烤与南菜中的鱼翅、燕窝、海参、鱿鱼、鲍鱼等为主菜,并以满洲传统糕点——饽饽穿插于菜肴之间,以淮扬、江浙羹汤为佐菜。它集京菜之大成,比较全面地反映了北京肴馔的技艺和风味。

总之,京菜如同北京在中国的地位一样,是万流归宗之处,有兼收并蓄之胸怀。因此,它不是以一两种肴馔名世,而能推出几十种甚至百种以上具有独特风格的肴馔,从小吃到大餐乃至整桌筵席,都有其他菜肴不能企及者。另外,京菜不追求怪诞,不走偏锋,不寻求刺激,善于把平凡的食物加工成为美味的菜肴,其口味也易于被一般人接受。

二、鲁菜

山东菜肴的渊源更为久远,最早可追溯到春秋战国时的齐鲁。北魏贾思勰的《齐民要术》所总结的烹饪经验,有不少就取之于齐鲁一带。因之,鲁菜的特点是“古”,特别是鲁菜中的阳春白雪——孔府菜,保留了不少古式菜肴。

鲁菜主要由济南菜与胶东菜组成。济南菜肴依靠鲁中、鲁西北、鲁西南的丰富食料,如大明湖的茭白、蒲菜、藕;章邱的大葱、黄河的鲤鱼、泰安的豆腐、北园的蔬菜等。济南厨师精于制汤,善于用爆、炒、炸、烧等烹饪方法,多以淡水鱼、猪肉、蔬菜为原料。其代表菜肴为奶汤鲫鱼、糖醋黄河鲤鱼、奶汤蒲菜、锅烧肘子、油爆双脆等。胶东菜以烹饪海鲜著称,无论是用名贵的海产珍品如鱼翅、海参、燕窝、干贝,还是用小海味如鳞、介、虾、蟹,都能烹饪出精洁鲜美的名肴。其代表菜肴如绣球海参、烧五丝、鲅扒鱼唇、红烧干贝肚、芙蓉虾仁、芙蓉干贝、炸蛎黄等。

总的说来，山东菜在烹饪技艺上重视爆、炒、扒、锅，烹制出的菜肴脆、嫩、鲜、滑。在调味上以咸味为主，酸、甜为辅。调和咸味除了用盐以外，还常用豆豉、酱等。山东人喜食葱，烹调中也常用葱烧海参、葱烧蹄筋、葱烧肉等。双烤肉、炸脂盖等山东名菜更以生葱段佐食。在爆、炒、烧、溜的诸菜式中，山东厨师都以葱花炝锅，以取葱香之味。

三、淮扬菜

自唐以来，扬州即为富商大贾的云集之地，明清两代扬州的盐商更是富可敌国，连乾隆皇帝下江南时看到盐商的饮食排场都为之咋舌。大多盐商家皆有名厨，往往均能烹制一两种令人叫绝的肴馔。故盐商请客设宴往往从各家请厨师取其所长，以凑出市肆不能企及的筵席。因此，李斗在《扬州画舫录》中说："烹饪之技，家庖最胜。"淮扬菜系正是在消费水平极高的富商的奢侈需求下逐渐培植起来的，故淮扬菜占个"富"字。

扬州处于江淮湖海之间，盛产鱼鳖虾蟹及各种海味与蔬菜，这为烹饪的发展提供了丰富的原料。如果说山东菜以急火快炒见长（这反映商业经营对烹饪的要求），淮扬菜则以炖、焖、焐、蒸、烩等见功，加工时间较长（这正是"家庖"的流风余韵）。其名肴如三杯鸡、炖金银蹄、栗子黄焖鸡、荷叶蒸肉、八宝鸭、扬州狮子头、蝴蝶海参等，都带有此特点。因此淮扬菜注重原汤原汁，要求鸡有鸡味，鱼有鱼味，突出主料的味道，再恰当地配以辅料，使两者相得益彰。其选料精严，讲究刀功、造型，瓜灯镂刻，更显得富贵气十足。

淮扬菜口味偏甜，但不过当，而且往往糖盐并用，以糖起提鲜作用，使得菜肴鲜味悠长，回味无穷。淮扬菜还重视色泽，善于运用糖色、红曲色、清酱色及原料本色。如"雪里藏蛟"，即以蒸制而成的雪白蛋清泡为底色、上覆以乌黄发亮的爆炒鳝丝，对比鲜明，真如蛟卧雪中。淮扬菜肴的色彩往往与菜味相应，凡色彩浓亮则味也浓、汁也厚；凡色彩清淡素雅的，其味清鲜利口，汤清见底。

四、江浙菜

江浙指苏南（苏州、无锡一带）和浙西（杭州、湖州一带），其经济是中唐以后逐渐发展起来的。五代以来，经济、文化中心南移，此地区成为文人渊薮。如果说淮扬一带烹饪发展主要是为了满足富商大贾需求，那么江浙一带烹饪技艺的发展和特色，正反映了士大夫的趣味与追求。自宋以来，饮食著作多为江浙文士所撰，如对后世素食影响很大的《山家清供》（杭州林洪）；精于肴馔制作法的《易牙遗意》（吴县韩奕）；注重人体与健康关系的《遵生八笺》（钱唐高濂）；富于实用价值的《居家必备》（高濂），兼采用南北肴馔制法的《食宪鸿秘》（嘉兴朱彝尊）；提倡素食、淡食的《闲情偶寄·饮馔部》（杭州李渔），集传统烹饪理论之大成并构筑了理论体系的《随园食单》（钱唐袁枚）；搜罗肴馔十分丰富的《养小录》（嘉兴顾仲）等。士大夫们品评佳馔名肴，总结烹调经验，为江浙烹饪技艺与实践的发展提供了依据。

江浙菜的特点是注重蔬菜。《山家清供》主要搜罗蔬菜制品，《闲情偶寄·饮馔部》中对笋、蕈、莼、菜评价极高，认为只有它们才能体现清鲜之味。这些蔬菜为主料的菜肴，不仅为人们日常所食，而且也是流行饭馆的名肴，如鸡油菜心、南腿菜扇、糟烩鞭笋、西湖糖醋藕、镜箱豆腐，以及久享大名的莼菜羹等。其次，江浙菜又注重产于河湖港汊的鱼虾蟹贝。江浙一带本是鱼米之乡，鱼虾现捕现食，味道十分鲜美。故江浙菜中以鱼虾为原料的名肴很多，如被清乾隆皇帝誉为“天下第一菜”的松鼠鳜鱼；饮誉数百年的西湖醋鱼、为人赞美一千余载的松江鲈鱼脍等；其他如杭州用龙井茶配伍的龙井虾仁、苏州用莼菜配伍的莼菜塘鱼片，也都脍炙人口。

江浙菜偏甜、偏淡，也有不少使用糖醋味或香糟味的菜肴，其烹饪法与淮扬菜接近，但其色、形大多较为质朴，取其自然，不刻意追求。这一点与富丽堂皇的淮扬菜有很大区别。

五、川菜

一提到川菜，人们马上就会想到麻辣、鱼香、怪味，其实这种风味的形成不过是近百年的事，而且最初也只在下层社会流行。两百多年前，四川名士李调元为其父李化楠刊刻所著之《醒园录》，其中收录了肴馔一百余种，不仅没有用辣椒调味的菜肴，就是使用蜀椒、食茱萸等辛香调料的菜肴也不多见，调味十分温和，与现行菜肴大异其趣。直至今日，一些高级川菜如芙蓉鱼翅、一品熊掌、烧白、虫草鸭子、鸡蒙葵草、蒜泥白肉、开水白菜等，仍保持了传统川菜的风格，尽管它们不是风靡全国乃至海外的川菜代表菜肴。流行的川菜，则以辛、辣、麻、怪、咸为特色。它味浓、味美、味重、味多，有百菜百味之美誉，且十分下饭。

四川古称天府之国，除海味外，几乎无所不产，家畜、家禽、淡水鱼虾、家蔬野味都很丰富。川人自古好滋味，创造出众多口味丰富、醇美并富于特色的调味品，如中坝的酱油、保宁的食醋、潼川的豆豉、涪陵的榨菜、重庆的辣酱、郫县的豆瓣、宜宾的芽菜等。厨师用这些调料，以普通的鱼肉禽菜烹制出许多朴实无华、经济实惠却极有特色的菜肴，不仅为广大川人所习惯，而且受到其他地区人们的欢迎。回锅肉、鱼香肉丝、豆瓣鲫鱼、宫煲鸡丁、麻婆豆腐、水煮肉、肉末豇豆、蒜泥白肉、毛肚火锅等，均物美价廉，又很下饭。因此川菜可以说是最大众化的菜系。

川菜多用复合味，如咸鲜、糖醋、麻辣、酸辣、椒盐、酱香、五香、鱼香等，可列数十种之多。其烹饪技艺擅长小煎、小炒、干煸、干烧。"小炒"的特点是，烹饪食物不过油、不换锅、急火短炒、一锅成菜，如炒肝尖、炒腰花都只须一分钟左右，成菜嫩而不生。"干煸"主要用来加工纤维较长的食物，如牛肉、萝卜、苦瓜、四季豆等。川式肴馔中的小吃，也占很重要的地位，如棒棒鸡、怪味鸡、夫妻肺片、灯影牛肉、小笼蒸肉、担担面等。

六、粤菜

广东古为百越之地，与中原长期隔绝。近三四百年又首先与西洋通商。因此，它的食物原料、烹调技法、调料运用都有异于其他地区之处。因此粤菜的特点是"怪"。

广东地处岭南，背山临海，其居民除古越人外，秦汉时又移居了一大批中原居民。因此，广东饮食文化中保留了不少古越人与秦汉间的食俗。如《淮南子·精神篇》说"越人得髯蛇以为上肴"。唐刘恂在《岭表异录》中还说，广东人喜吃各种野味，如鸮、孔雀、鹧鸪、野象等。南宋周去非在《岭外代答》中说，两广人"遇蛇必捕，不问短长；遇鼠必执，不别大小。蝙蝠之可恶，蛤蚧之可畏，蝗虫之微生，悉取而燎食之。蜂房之毒，麻虫之秽，悉炒而食之。蝗虫之卵，天虾之翼，悉鲊而食之”。吃鼠、蝙蝠、蝗虫卵都是先秦中原人遗俗，而当代其他地区的汉族人很少敢问津。

粤菜的烹饪技艺，在继承其他地区技法基础上又吸收了西餐的菜肴烹制法，融会成为自己独特的风格。如盐焗、酒焗、锅烤、软炒等均如是。“盐焗”是用烧热的盐粒焐烤食物原料(如鸡)；“酒焗”是用酒气对食物原料加热；“锅烤”指上烤下烧，双重加热的烹饪法；“软炒”则是指加工流体或半流体的食物原料时急火快炒的烹饪法。这些烹制法的代表菜肴为盐焗鸡、玫瑰酒焗双鸽、锅烤蛋、软炒牛奶等。

能表现粤菜食料之特异的名肴有龙虎斗、菊花龙虎凤、豹狸烩三蛇。这些菜肴主料为蛇、豹、狸猫等，还要配以山瑞、海狗、鲍鱼等，其调味佐料中常用的海鲜味如蚝油、鱼露、蛏油与沙茶酱、喼汁等，都是其他菜系很少用的调料。

风味小吃

◎王学太

小吃是与大菜、正餐相对的小食品，它包括面广、种类繁多，为平民百姓所深爱。这种食品虽是在饮食商业繁荣以后才流行开来，其滥觞却在先秦。《周礼》言及“笾(竹制食器)实”，包括了“糗饵粉餈”，《招魂》中也有“粔籹蜜饵”，都属于此。“糗”为炒米屑，“粉”为炒豆屑，“饵”、“餈”皆类似后世之糍粑。“粔籹蜜饵”类似后世的油煎馓子、蜜麻花。这些小食品一般不作正餐，它虽被摆上筵席，随意作“点心”，却也可携之而食。这时的小吃还远不是市井或大众食品，享用的范围亦极其有限。

西汉魏晋南北朝期间，小吃有了发展。其原因有二，首先是饮食行业的兴起，汉代《盐铁论》中感慨“古者，不鬻饪，不市食”，而当时则“熟食遍列，殽旅成市”。市肆中售卖的小吃就有“豆饧”(甜豆浆)、“羊淹鸡寒”(酱肉熟鸡)之类。《史记》中亦记载汉初以来有靠卖浆、卖“胃脯”(酱杂碎)之类小吃而发了大财、富比公侯的。其次，由于面食的推广，以及汉末将发酵技术用于制作面食，产生了种类众多、携带方便的面食品，如蒸饼、胡饼、馒头、饺子等等。《东观汉记》中讲，东汉开国皇帝刘秀质问“市掾”(管理市场的官吏)第五伦是否有人馈赠其母一筐饼。可知当时市肆已出售饼，故被用来贿赂管理市场的官吏。生活奢侈的达官贵人也爱吃这些小食品，但讲究颇多。魏晋间贵族何曾“蒸饼上不作十字不食”。五胡乱华时后赵暴君石虎“好食蒸饼，常以干枣、胡桃瓤为心，蒸之使坼裂方食”(《太平御览》引《赵录》)。所谓“作十字”，也就是“坼裂”。这种带馅的、上面裂开的蒸饼类似今日的开花馒头。羼入馅心的蒸饼很容易发展为包子，当时名为馒头。晋束皙《饼赋》中有“於时享宴，曼(同馒)头宜设”，它成为宴会必不可少的点缀。《事物原始》云：“诸葛亮南征，将渡泸水，土俗杀人首祭神，亮令以羊豚代，取面画人头祭之，馒头之名始此。”饺子(当时称为馄饨）也始于此时。这些小食品集主副食于一身，携带方便，市肆有售，价格不高（贵族所食考究的小食品除外），故平民百姓乐于接受。

唐宋元时期，饮食行业日渐繁荣，其表现之一就是小吃品种增多、花样繁富，并大量涌向食品市场，为消费层次不同的人们所享用。

“花糕”本为宫廷小吃，武则天当政时曾令宫女采百花捣米粉和而作糕，后流传市肆，为人们所爱，于是出现了许多制花糕的食肆。五代开封有人专卖花糕而发财、捐资为员外郎，人称“花糕员外”。“李环饧”为麦芽糖制成的甜食，本为贵族李环家中特味食品，后李家厨师在洛阳绥福里开设店铺，专售此品，大受欢迎，遂普及到其他各地。小吃品种的增多与这种多向交流密切相关。

此时已有些市肆考虑到民众的食俗，专卖应时性的节令食品。唐代长安阊阖门外通衢有张手美开的食肆“随需供应”，“每节专卖一物”，如元日卖“元阳脔”，人日（正月初七）卖“六一菜”，上元节卖“油画明珠”，二月十五卖“涅槃兜”，寒食节卖“冬凌粥”，四月初八卖“指天馂馅”（素馅包子），五月初五卖“如意圆”，伏日卖“绿荷包子”等等，其中绝大部分是小吃。食肆提供的这种服务反映了长安市民对季节性小吃的需求。

此时，随着大城市中食肆激增，专经营小吃的店铺也出现了，如唐代长安有“饆饠”（类似馅饼）店、胡饼店、蒸饼店、馄饨店。宋代汴梁、临安有疙瘩面店（类似炒疙瘩）、油饼店、包子铺等等，还有食贩摊担，深入街巷。中唐理财家刘宴五更“入朝时寒，中路见卖蒸饼之处，热气腾辉，使人买之，以袍袖包裙帽底啖之，且谓同列曰：‘美不可言，美不可言’”（《刘宾客嘉话录》）。《水浒传》中的武大郎卖炊饼即属于流动食摊一类。北宋汴京的早点、夜宵，供应及时。宋太祖撤销宵禁后，汴京“夜市直至三更尽，才五更又复开张，如要闹去处，通晓不绝……至三更方有提瓶卖茶者，盖都人公私荣干，夜深方归也”（《东京梦华录》）。这些食贩还善于做娃娃的生意，以儿童零食为大宗（见风俗画《货郎担》）。为了招徕顾客，有的高声吟叫，有的唱着小曲，有的戴上面具跳舞，有的“装饰车担盘盒器皿，新洁精巧，以耀人耳目”（见《梦粱录》）。小食品包装美观，鸡头米用翠绿的荷叶包裹，法豆用五色纸袋装封。市肆同行之间竞争激烈，推出许多名牌小吃。两宋都城就有曹婆婆肉饼、太学馒头（最初源于太学）、王楼包子、魏大刀熟肉、戈家甜食等等，其中许多还受到皇帝的青睐。由于需求量大，小吃生产也向专业化方向发展，有的小吃店每天只生产一种食品。如只蒸炊饼、只烤烧饼的饮食店在汴京、临安有许多家。这种生产方式大大提高了小食品的质量。《本心斋蔬食谱》中赞美炊饼说:“截彼圆玉,琢成方砖。有馨似椒,薄洒以盐。”炊饼洁白如玉,趁热切开,放出椒盐的芳香,无怪宋高宗南渡到临安后,每日必吃炊饼。

明清两代的小吃,已与近世没有多大区别了。而且,几乎各地都有自己的名牌小吃与特味食品,它繁荣于市肆,流播于众口。有许多甚至成为当地一绝,使当地人引为骄傲,如高邮的腌鸭蛋、扬州的煮干丝、嘉兴粽子、苏州糕团等等。小吃的地域性由此得到充分的表现,在这一点上,小吃比地方菜系表现得还要强烈。菜肴随着商品的流通、士人的游宦,其地方风味遂向其他区域扩展,从而使不同菜系之间得以相互交流和影响。而小吃造价低廉,用料又多为当地土特产,流通起来大费周折,故而利润不高,因此大多数小食品很难越出自己的疆界。如清代在北京可以吃到淮扬风味的菜肴,可是很难吃到淮扬的小吃。有些小吃地方口味性极强,即使移植到其他地方,也很少会有人问津,如北京的豆汁、绍兴的油炸臭豆腐、广东的蜜唧(糖渍白鼠)等等。这个时期,小吃品种日益增多,特别是一些具有消闲性质的小食品,在人们饮食生活中也占有了一席之地,如干鲜果品,瓜子桃仁之类。《红楼梦》描写的是有闲阶级的生活,故这类食品更是充斥在每一个生活角落,主人公们或用它解忧破闷,或用它打发时光,或用它增助谈兴,或借以联络亲情,有时甚至还用它打情骂俏。如六十二回写到贾蓉与其姨妈尤二姐抢砂仁吃,二姐嚼了一咀渣子,吐了贾蓉一脸,贾便用舌头舐着吃了,以此突出二人的不正当关系。

与各路大菜一样,小食品也是文化信息的载体。但它们与山珍海味、金齑玉脍所体现的富贵气象不同,表现了清俭朴实、质胜于文的风格。这些小食品——特别是可用以充饥果腹的小食品——大多价格低廉、经济实惠、为平民大众所常食。白居易曾亲自烤了一炉胡饼寄给杨敬之,并附一诗:“胡麻饼样学京都,面脆油香新出炉,寄与饥馋杨大使,尝看似得辅兴无? ”“辅兴”指长安辅兴坊,坊中有最著名的胡饼店。因此诗人请老友尝一尝自己的手艺比京都辅兴坊如何?这里既包含了对长安生活和两人友情的回忆,也包含了对同遭贬斥的感慨,同时从诗人的馈赠物品中,亦可见他们清慎自守的性格。

不仅饼饵,许多用以充饥果腹的小吃都能体现平民生活的风范。如炒米是流行于苏北的一种极简便的小食品,它用大米干炒而成,用开水泡食,亦可以煮粥,有焦香味。清郑板桥写给其弟的信中说:“天寒地冻时,穷亲戚朋友到门,先泡一大碗炒米送手中,佐以酱姜一小碟,最是暖老温贫之具。暇日咽碎米饼,煮糊涂粥,双手捧碗,缩颈而啜之,霜晨雪早,得此周身俱暖。嗟乎!嗟乎!吾其长为农夫以没世乎?”这些普通食品与贵官富豪无缘,而只是“暖老温贫之具”,故益可显出强烈的人情味。人们普遍认为炊金馔玉决不会久长,只有简单食品才能给人们带来长久的满足,进而成为人生功业的可靠支点,因此“咬得菜根则百事可作”,便成为一些清贫士人的道德训条。

由于小吃有很强的地域性,常会引起游子的乡情。楚国屈原在给客死秦国的楚怀王招魂时,就遍陈楚国风味的饮食(其中包括许多小吃),以期引起怀王魂魄对故乡的思念。晋朝吴人张翰在洛阳为官,见秋风起而思吴中菰菜羹、鲈鱼脍,因说:“人生贵得适意尔,何能羁宦数千里以要名爵!”于是命驾而归(见《世说新语》)。这里的“菰菜羹”、“鲈鱼脍”就成为故乡的代表意象,它们时时萦系着安土重迁的人们的心。另外,昔时的经验感受往往只呈现其美好的一面,人们忆及儿时的乡间生活则更是如此。鲁迅曾说:“我有一时,曾经屡次忆起儿时故乡所吃的蔬果:菱角、罗汉豆,都是极其鲜美可口的;都曾是使我思乡的蛊惑。后来我在久别之后尝到了,也不过如此;惟独在记忆上,还有旧来的意味留存。他们也许要哄骗我一生,使我时时反顾。”(《朝花夕拾·小引》)其弟周作人则更是沉浸其中不能自拔。虽然他只在故乡绍兴生活过十年,而在北京生活了四十余年,但他还是时常忆及故乡的吃食,特别是小吃,往往著为文章,形诸诗篇,对故乡的烧鹅、香糕、香酥饼、炙糕、糯米食、茯苓糕乃至藕、莲子、菱角、罗汉豆等无不津津乐道,有可想而不可得之感,表现出深挚的乡思。他还引《醉梦录》记绍兴人莫元英事,言其居京已三十余年,仍有诗云:“五月杨梅三月笋,为何人不住山阴?”其不克还乡之苦况,尽露言表。当然这种地域性的食品,不仅可用以表达思乡之情,也常用于对故土、故国和居停较久地方的思恋。陆游在川中作官时苦苦思念家乡的莼菜、荠菜、鸡头米、侬偟(麦芽糖)、粔籹(米粉做成的各种小食品)等,回到家乡后却又想念“川食”,遂在《冬夜与溥庵主说川食戏作》云:“唐安薏米白如玉,汉嘉栮脯美胜肉。大巢初生蚕正浴,小巢渐老麦米熟。龙鹤作羹香出釜,木鱼瀹葅子盈腹。未论索饼与馔饭,最爱红糟与缹(音fǒu,煮义)粥。东来坐阅七寒暑,未尝举箸忘吾蜀……”清末学者俞樾还乡后,也忆及北京的小吃油酥萝卜丝烧饼,故赋《忆京都》词云:“忆京都,茶点最相宜。两面茯苓摊作饼,一团萝卜切成丝。不似此间恶作剧，满口糖霜嚼复嚼。”如果时逢国破家亡，故国许多美好的事物都会变成它的象征，成为人们追怀的对象。北宋灭亡之后，《东京梦华录》的作者“出京南来，避地江左，情绪牢落，渐入桑榆”，遂“暗想当年，节物风流，人情和美，但成怅恨”。所以，汴京的小食品就成为他梦中的最美好的回忆。陆游的《老学庵笔记》也曾记出使金国的陈长卿、钱恺至燕山，有人持炒栗十裹来献，自称是李和儿。李和儿是汴京卖干鲜果名店的店东，以炒栗子著名。李和儿向南宋使节献炒栗子，正是要使者记住被金人占领的中原故土。后人有诗云：“燕山柳色太凄迷，话到家园一泪垂。长向行人供炒栗，伤心最是李和儿。”

风味小吃是地域文化的重要组成部分，它的许多特点是由此延伸出来的。在食物原料日益丰富的条件下，风味小吃将会更加丰富多彩。

饮酒文化

◎刘 东

产地不同、传承各异的中国酒，构成了风味繁多、品不胜品的庞大系列，向人们诉说着华夏民族赓续历史的久长，和生息地域的广阔。人们只要看一看古往今来那些诱人的酒名，什么剑南烧春，杭州秋露白，山西羊羔酒，潞州珍珠红，相州碎玉，西京金浆醪……便会胃口顿开，甚至有几分醺醺然了。弥足庆幸的是，尽管历经数千年风雨的洗汰，那中间的许多名酒却并未失传。像曹操所谓“何以解忧，唯有杜康”中的杜康酒，李白所谓“兰陵美酒郁金香，玉碗盛来琥珀光”中的兰陵酒，杜牧所谓“借问酒家何处有？牧童遥指杏花村”中的杏花村汾酒等等，至今还在发出透着诗意的酒香，使人们为之酩酊而醉。

如果从质地和口感上讲，这些历时悠久的传统名酒，以及许多后来居上的当代名酒，当然各有各的特色，各有各的妙处。大曲酱香型的茅台酒、郎酒；大曲清香型的汾酒、西凤酒；大曲浓香型的五粮液、剑南春、泸州老窖、古井贡酒、洋河大曲；药香型的竹叶青，以及黄酒中的绍兴加饭、花雕等等，均为其中极上品。但可惜的是，即使笔者是最擅知味的品酒师，也不大可能把自己在品尝这些美酒佳酿时的奇妙味觉享受借文字道出，以邀读者共享。所以，本文着墨的侧重点，毋宁在于中国人饮酒时所形成的独特“酒文化”。毫不夸张地说，这种围绕杯中物所形成的特殊行为模式和文化氛围，比起中国酒的独特口感来，更具有地道的中国味道。而且，饮酒文化之发生和发展的过程，也正是不断嬗变的中华文明史的一个缩影。

饮酒方式之所以能够随着历史的演进，而被纳入不同的文化范式之中，赋予不同的文化涵义，实与酒的自身特点有关。《说文》上对“酒”字有两种解释：一曰“就也”——“就人性之善恶”；二曰“造也”——“吉凶所造起也”。这当然不足以说明

"酒"字的真正起源,因为"酒"字最早通"酉"字,其字形在甲骨文和金文中显出了与陶罐的密切关系。不过,若就"酒"本身的性质而言,许慎的上述解说却有相当的道理。所谓"就人性之善恶",包含着这样一层意思:酒乃是一种助兴之物,它并不能改变人们原有的心态,而只能通过对神经中枢系统的刺激来增强这种心态。欣喜的时候,会觉得"白日放歌须纵酒"(杜甫:《闻官军收复河南河北》);郁抑的时候,又会觉得"举杯消愁愁更愁"(李白:《宣州谢朓楼饯别校书叔云》);发奋的时候,可以像苏舜钦那样"汉书下酒";颓废的时候,又可以像陶潜那样挂印酒隐。而所谓"吉凶之造起也",则可借药圣李时珍的下述说法作为注脚——"酒,天之美禄也。面曲之酒,少饮则和血行气,壮神御寒,消愁遣兴;痛饮则伤神耗血,损胃亡精,生疾动火。邵尧夫诗云,'美酒饮教微醉后',此得酒之妙,所谓醉中趣,壶中天者也。若夫沉湎无度,醉以为常者,轻则致疾败行,甚则丧邦亡家而殒躯命,其害可胜言哉!"尽管人的酒量有大小,但现代医学却证明,当血液中酒精浓度达到0.05%—0.1%时,会对人的神经中枢系统起兴奋作用,使人欣快轻松,而当血液中酒精浓度上升到0.2%—0.3%时,又会对人产生抑制作用,使人烂醉不醒,这一规律人们概莫能外。正因为酒可以对人产生这样复杂多变的作用,便使它足以充任具有多重阐释可能的文化信息载体,来适应人类各个文明阶段的不同需要。

中国酒究竟为何人所发明,已难于确考。传统酒业供奉的祖师爷,一般为杜康和仪狄,正如晋代江统《酒诰》所云:"酒之所兴,肇自上皇。或云仪狄,一曰杜康。"不过,细究起来,上述说法却多属以讹传讹。宋代高承《事物纪原》已云:"不知杜康何世人,而古今多言其始造酒也。"姑依汉代许慎《说文》"古者少康初作箕帚、秫酒。少康,杜康也"的说法,这位杜康也只是夏朝第五代的君王,比向夏禹进贡"旨酒"的仪狄晚了许久,根本不可能是酒的发明者。再进一步说,那位和大禹同时的仪狄,亦只生活在四千年前左右,比起五千多年以前的龙山文化早期的酒器来,也晚了一千多年,同样不可能是酒的开山祖。一追溯到五千多年前,读者们便自然会想到,那时候尚没有出现文字记载。所以,无论是谁首创了酒,后人都无从知悉了。可以约略推断的只是:考虑到酒的发现并不困难(如《酒经》所谓"空桑秽饮,酝以稷麦,以成醇醪,酒之始也"),又考虑到"酒"字原型与陶罐的关系,中国酒的诞生决不会比原始陶业的出现晚太久,应在至少六千年以前。

所幸的是,就本文而言,弄清酒的确切肇始年代并不重要。真正重要的是,我们尚可以准确地知道，酒一经形成，便对华夏民族的性格产生了巨大影响。有关酒和民族性格的问题，受到了文化人类学家的重视。露丝·本尼迪克特在《文化模式》中甚至据此把原始文明分为两类——“酒神型的”和“日神型的”；她说，在酒神型的文明中，“人们用喝发了酵的仙人掌果汁的办法在礼仪上获得那种对他们说来是最有宗教意义的受恩宠状态。……在他们的习惯做法和他们的诗歌中，喝醉酒和宗教信仰是同义词。喝醉酒能把那种朦胧的梦幻和明察洞鉴混而为一。它使整个部落感到一种和宗教信仰相关的兴奋”。以这种标准来区分，华夏文明的最初阶段，正可以说是一种“酒神阶段”。历史残留的材料表明，商人相当迷信原始巫术，而这种盛行的巫风恰恰又是和饮酒之风密不可分的。据罗振玉等人考证，甲骨文和金文中与施行巫术有关的“祭”、“奠”、“礼”等字，均从“酒”中脱出。之所以如此，又正如张光直在《商代的巫与巫术》一文中所推测的：“酒也是一方面供祖先神享用，一方面也可能是供巫师饮用以帮助巫师达到通神的精神状态的。”正因为这样，在后人心目中，夏、商两代，尤其是后者，既是迷信天命的朝代，又是醉生梦死的朝代，就有了合乎逻辑的内在联系。根据传说，夏末的亡国之君桀，尝造“酒池”以取乐，其酒池可以运船，糟堤可以望十里（《新序·刺奢》）。而商末的亡国之君纣，则造“肉林”以资“长夜之饮”，“令男女裸而相逐其间，是为醉乐淫戏……”（《论衡·语增》）。更有甚者，《尚书·酒诰》上讲，不仅商王“惟荒腆于酒”，就连臣民也“庶群自酒”，以至于腥气传到了天上，“故天降丧于殷”。究竟殷商是否纯因酒而误国，似还有待讨论。不过，这个处在“酒神阶段”的国家上上下下一片迷狂，醉心于原始宗教，并因而败给了另一个较为清醒理智的国家——周，却是不成问题的。

由于“殷鉴不远”，深怀忧患意识并希望以德配天的周人，便更少执迷于需要狂热体验的宗教境界，而更多地关切需要去冷静处理的人事。缘此，借马克斯·韦伯的术语来说，“巫魅”便被大大地“祛除”了。正是在这种思维方式的蜕变中，必然地出现了周公的“制礼作乐”。从此，既然强调以“礼”所蕴含的理性、规范、节制去统摄“乐”，“乐”字所蕴含的感性欢悦便不再意味着放纵、陶醉和沉迷于自由狂想，而是意味调谐、中和和从心所欲不逾矩。李泽厚曾在《华夏美学》中指出：“即使不说‘礼乐’传统是日神型，但至少它不是酒神型的。”殷周之际这种从“酒神型”到“非酒神型”的转变，是中华文明在文化基因上的一次突变，它在很大程度上改变了华夏民族的精神风貌，塑造了许多在现在看来是“中国人之所以成为中国人”的性格特征。

不过，又有谁能想到，这种在文化类型上翻天覆地的巨大变化，竟是和当时人们对小小的酒的态度转变分不开的呢。

《战国策·魏策二》中记载，鲁君（一作鲁共公）在酒席间说："昔者，帝女令仪狄作酒而美，进之禹，禹饮而甘之，遂疏仪狄，绝旨酒，曰：'后世必有以酒亡其国者。'"这故事的内容很可能是假托的，作为国家的首创者，大禹还不太可能具备"亡国"的历史经验。不过，鲁君讲故事这件事本身，却可以当做信史来读，因为它的确符合"酒神阶段"之后人们对酒的普遍警觉。在刚才提到的《酒诰》中，周公明确要求人们"无彝酒"、"饮惟祀"，希望把过去常常破坏人们思考力和意志力的酒严格限制在举行祭礼的特定场合，以便把人们的行为举止乃至思想感情统统纳入礼的规范。从这种精神出发，周朝发展出了酒礼，如《礼记·乐记》所云，"豢豕为酒，非以为祸也，而狱讼益繁，则酒之流生祸也。是故先王因为酒礼。一献之礼，宾主百拜，终日饮酒而不得醉焉，此先王之所以备酒祸也。"时至今日，透过《仪礼·乡饮酒礼》的规定，我们尚可依稀看到举行这种"一献之礼"的完整过程。根据杨宽《"乡饮酒礼"与"飨礼"新探》一文的梳理，它分为六个阶段：一曰谋宾（商谋宾客名次）、戒宾（告知宾客）、速宾（催邀宾客）、迎宾之礼；二曰献宾（宾主相互敬酒）之礼；三曰作乐（分升歌、笙奏、间歌、合乐四阶段）；四曰旅酬（按尊卑秩序依次相酬）；五曰无算爵、无算乐（不断饮酒作乐，醉而后止，尽欢乃罢）；六曰送宾及日后的拜谢。这种乡饮酒礼的古风曾为士大夫们长期传承，以至于我们在清代吴敬梓的《儒林外史》中还可以看到这样的场面。一般人或许会以为，那不过是一大套繁文缛节罢了。但据传说，大哲学家孔子却一眼便看穿了那背后的两个相互依赖的要点：其一是能明确"贵贱"、"弟长"之类的等级秩序；其二是能使人"和乐而不流"，"安燕而不乱"。这两者综合起来，差不多已经是"礼乐文化"的全部精义所在了，故而孔子又说，"吾观于乡（饮酒礼），而知王道之易易也"（《礼记·乡饮酒义》）。从本文的角度来看，特别值得注意的是：一旦过去那种醉醺醺的文化模式随着文明的进程而被否定，酒本身也就被赋予了新的价值内涵，以执行新的文化功能。它所造成的形神相分的欣快幻觉，不再被用来谋求人与神的相通，而转过来被用于化解人与人的隔膜和差别。尽管等级是森严的，礼法是刻板的，但只要循规蹈矩，人们毕竟可以相安无事地饮酒作乐，尽欢而散。在这里，适度的酒精仍足以给人带来快乐，只不过它已变成了一种理性限度之内的快乐，而不是非理性的快乐。

读者们真要为酒对各种文化要求的广泛适应性而称奇了。不过,更绝的是,即使在同一个文明结构中,甚至在同一场合下,只要语境一转,酒的意味也可能大大不同。这方面最极端的例子,要数《周礼》中的初看不无矛盾的规定——乡大夫的职责,是每三年查考一次人们的德行道艺,并举办乡饮酒礼向选出的贤者、能者致敬;而闾胥的职责,竟又是在举行这类礼仪时,向失礼者处以罚酒(乃至鞭挞)。简直是眼睛一眨,酒味儿就魔术般地变了。酒居然被同时赋予如此截然相反的两种涵义,似乎叫人难以理解。然而细究起来却不难发觉,酒的赏罚功能都是从礼乐文明的同一种逻辑中推出的。问题的关键在于:一方面,礼法规定,凡表示尊敬,"必上玄酒(兑了水的酒)",而"唯飨野人旨酒(醇酒)";另一方面,礼法又规定,敬酒时用较小的爵,罚酒时用较大的觵(据《考工记》、《释文》等,这两种酒器的容量之比为1升:5斗或1升:7升)。原来,从制礼作乐者的角度来看,既然对酒的诱惑和危害保持理性的节制和警惕,实乃文明的标志,那么,强迫一个人用照后人看来简直是专门盛酒的大酒器(容庚即持此说)来过量地饮浓酒,使之在行为举止上野蛮地逾越了中庸的尺度,那不啻一种羞辱性的惩处。在乡饮酒礼的特定场合,这种因受罚而导致的肉体与精神上的双重苦痛,的确和别人其乐融融地以小杯品淡酒形成了鲜明的对照。

尚秉和曾在《历代社会风俗事物考》中列举了《礼记》、《晏子春秋》、《淮南子》、《世说新语》中以酒为刑、罚的事例,并困惑地说:"夫酒者人所喜欢,而以是为罚,且以酒代刑,倘遇嗜饮者,不愈得意乎?然其风至今未已。此等习惯殊不可解已。"可现在,有了上文的分析,我们已经知道,这种"敬也饮酒罚也饮酒"的习俗,实乃中国人源自礼乐传统的特异古风,与他们对酒的警惕和节制有关。当然,真正以酒为刑的做法,以后慢慢地绝迹了。不过,其流风所被,仍使中国人在后世养成了相互劝酒、派酒的习惯。正因为人人都要对酒保持节制,所以他们偏又要彼此太过殷勤,甚至软硬兼施地劝酒,看看究竟有谁被打破了防线,因不胜酒力而出乖露丑。这种以谈笑之资为目的的小小恶作剧,正是以酒为罚的古礼之孑遗和积淀,也是最最中国化的文化情结(设想若有一位俄罗斯人同席,他准会正中下怀地将此全当好意来领教)。毋庸讳言,这种劝酒之风经常会演成不可开交、大伤和气的灌酒、闹酒、斗酒,而流为一种中国特有的陋俗。不过,这种带有一点儿强迫性的饮酒方式,却也翻出了各种各样妙趣横生的酒令。举凡射箭、投壶、猜拳、下棋、诗词、对联、笑话、谜语等等,均成了助兴佐饮的游戏。这类嬉戏的场面,当然有雅俗之分,前者如李白的“如诗不成,罚以金谷酒数(三斗)”,后者如《红楼梦》中薛蟠的“女儿乐……”。但无论如何,严峻庄重的古礼在这里已经变成了轻松喧闹的行乐,尽管输者仍要在哈哈大笑声中心甘情愿地被“浮(罚)以大白(杯)”。

只可惜,恰恰是在这“没有不散的筵席”前,古人又油然兴叹,人生的欢乐聚会是何等有限而短暂——“对酒当歌,人生几何,譬如朝露,去日苦多。”缘此,正是出于对浮世之欢娱的依恋和执著,反而在中国历史上乐极生悲地逼出了海德格尔式的存在主义主题。而无巧不巧,由于酒本身的广泛适应性,这种因关切死亡而导致的对生命的自觉恰恰又是和它紧紧联在一起的:

“服食求神仙,多为药所误,不如饮美酒,被服纨与素。”(《古诗十九首》)

“慨当以慷,忧思难忘。何以解忧,唯有杜康。”(曹操《短歌行》)

“五花马,千金裘,呼儿将出换美酒,与尔同销万古愁。”(李白《将进酒》)

“故国神游,多情应笑我,早生华发。人间如梦,一尊还酹江月。”(苏轼《念奴娇·赤壁怀古》)

汉魏以后,这些名句一直在回旋的共同音调是十分复杂的——既因酒所带来的欢乐而慨叹人生如寄,又因对青春不再的忧思而更要开怀畅饮。酒在中国文化史中的内涵又被大大深化了。如果说,在夏、商两朝,它主要被借以加强人与神之间的联系,而在西周一代,它主要被用来加强人与人之间的联系,那么,经过了魏晋文人的发掘,它的主要功用则在于帮助体验人和本己的关系。此时,酒之所以能促使人挣脱种种社会的羁绊而赢得自由的心态,如晋人张翰所谓“使我有身后名,不如即时一杯酒”。再如李白所谓“天子呼来不上船,自称臣是酒中仙”。那倒未必是因为受酒精的麻醉而产生了庄子式的超越有待世界的幻觉,而是因为受饮酒的启发而领悟了个体生命的本真性和不可替代性。且让我们再引两首诗看:

“扰扰驰名者,谁能一日闲?我来无伴侣,把酒对青山。”(韩愈《把酒》)

“日日无穷者,区区有限身。若非杯酒里,何以寄天真?”(李敬中《劝酒》)

照这样子喝酒,真可以说是越喝越清醒了!

品茗之道

◎宗　群

“茗”即茶。我国是世界上最早发现和生产茶叶的国家之一。从苏东坡“名(茶名)从姬旦始,渐播桐君录”(《寄周安孺茶》)的诗句里,便可知中国茶的历史可上溯至公元前11世纪的西周。晋代常璩的《华阳国志》记载周武王伐纣时,南方的八个小国都来助战,其中参战的巴蜀人,就曾把四川的茶作为贡品献给周武王。我国历史上第一个全面总结种茶品茗之道的“茶圣”——唐代的陆羽——在他的《茶经》(世界上第一部茶书)中说:“茶之为饮,发乎神农氏,闻于鲁周公”,所谓“神农尝百草,日遇七十二毒,得饮茶而解”的传说,也表明我国茶的发现和利用十分古老。许多国家关于茶叶一词的发音,也都是我国“茶”字的音译,如俄语——чай,英语——Tea,德语——Tee,日语——Cha,法语——Thé。虽然这些译音是福建、巴蜀音律的变态,但茶的原义不容置疑,说明这些国家的茶叶最初都是从中国引进的。

要了解中国的饮茶文化,不能不提及《茶经》。《茶经》写成于公元8世纪中后期,但在《茶经》之前,已有不少古籍文献提到了茶;除《华阳国志》外,还有西汉初期司马相如的《凡将篇》,其中列了一个包括桔梗、贝母、芍药等的药单子,就有舛诧(即北方话的“川茶”)。西汉的扬雄和王褒也论及过茶;东汉末的大医学家华佗,在《食论》里曾说:“苦茶久食,益意思。”

《茶经》全书不过6200多字,分上、中、下篇,共10节,分别论述了茶之源、茶之具、茶之造、茶之器、茶之煮、茶之饮、茶之事(饮茶名人及事例)、茶之出(产地)、茶之略(使用茶具和茶器的灵活性)等方面的内容。它对于茶文化的精辟探究和全面总结,不仅在中国很重要,且产生了世界影响。《茶经》的诞生,表明饮茶在唐代已很普遍。据《封氏闻见记》载,唐玄宗开元年间,从山东、河北到长安,“凡城市各开茶店

台北故宫博物院藏唐《宫乐图(会茗图)》。

铺,煎茶卖茶。其茶来自江淮,舟车相继,所在山积”。唐人饮茶已流传边疆,据史籍载,凡新疆、西藏王公贵族都贮备内地名茶,有秦州、舒州、顾渚、蕲门、昌明、浥湖等茶区名茶。不仅云贵四川,而且江南两湖、河南、福建、两广、陕西等省也已茶区遍布。白居易《琵琶引并序》中“商人重利轻别离,前月浮梁买茶去”,便反映了唐代的茶商和茶贸市场的情况。到了唐德宗时,茶便作为生活必需品和漆、竹、木一样被列为征税的对象。

唐代,茶园处处,栽植益进,焙制益巧,烹饮愈精,茶市繁荣。到了宋代,茶成为对外贸易的高级商品。明清两代,社会饮茶愈盛。日常生活中,凡饮食、交际都不可须臾离开茶。城乡市镇,到处都有茶社茶楼,类似老舍写的名剧《茶馆》那样。尤其在四川、两湖、江浙、福建、两广等省,茶馆遍布市街。嗜茶君子晨夕必至。茶馆成为饮食、应酬、娱乐场所,乃至谈事业、议合同的地方。一些著名茶馆还成为中国茶文化的精粹集中之地,如旧时成都锦春楼茶馆,堂倌周麻子的冲茶功夫被称为锦城一绝:他右手握着锃亮的紫铜壶,左手捏着一摞银色锡垫和白瓷碗,左手一扬,一串茶垫脱手飞出,几旋几转,一人面前一个。茶托刚刚放稳,每个上面又放好茶碗,动作

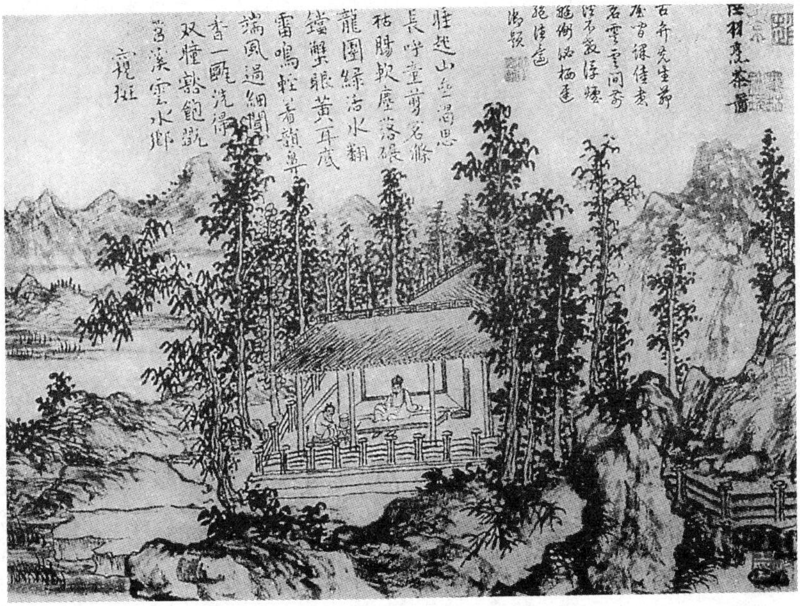

台北故宫博物院藏元赵原《陆羽烹茶图》。

神速利落，碗里各人点好的茶绝不会错；周麻子在一米之外拎起茶壶点在碗里，茶水盈盈却无半点溅出。接着他又抢前一步，小拇指把茶盖一挑，盖得严实，滴水不漏，其高超的技艺，令人叹为观止。

饮茶不仅是百姓平常之事，更有许多精神雅趣，尤其在士大夫中，吟诗作赋与聚会品茗结合起来，产生出许多飘溢茶香的名篇佳作。唐代大诗人元稹有一首别具一格的《一字至七字诗》，颇能道出茶的妙意："茶，香叶，嫩芽，慕诗客，爱僧家，碾雕白玉，罗织红纱，铫煎黄蕊色，碗转麹尘花，夜后邀陪明月，晨前命对朝霞，尽洗古今人不倦，将知醉后岂堪夸。"至于饮茶后的体验与感受，我们也能在不少诗篇中读到。如唐人卢仝的《玉川茶歌》："白花浮光凝碗面。一碗喉吻润，两碗破孤闷，三碗搜枯肠，惟有文字五千卷。四碗发轻汗，平生不平事，尽向毛孔散。五碗肌骨轻。六碗通仙灵。七碗吃不得，唯觉两腋习习清风生。蓬莱山，在何处，玉川子，乘此清风欲归去……" 唐代名僧释皎然将茶的功用分为三个层次："一饮涤昏寐，情思爽朗满天地。再饮清我神，忽如飞雨洒轻尘。三饮便得道，何须苦心破烦恼。"茶的高深功用似乎神秘莫测，但它的一般功用却是常人皆知的，我们有时可见茶壶盖上写有"也、可、以、清、心”五个字，这是一种回文体，只要顺时针方向读，都可表达饮茶的益处。

唐代诗人刘贞把饮茶的好处概括为“十德”：“以茶散郁气，以茶驱睡气，以茶养生气，以茶除病气，以茶利礼仁，以茶表敬意，以茶尝滋味，以茶养身体，以茶可行道，以茶可雅志。”宋代吴淑的《茶赋》说：“夫其涤烦疗渴，换骨轻身，茶荈之利，其功苦神。”颂茶与爱茶，作为茶文化的一部分而融入中国传统文化中。唐宋以来，茶诗、茶赋、茶歌、茶画多不胜举，仅陆放翁一人就有茶诗三百多首。这些诗、词、歌、赋充满了诗人对茶的赞美、品茶的乐趣和美的感受。茶圣陆羽将毕生精力都奉献给茶叶事业，不羡慕官和财，只热爱茶叶。他在《六羡歌》中写道：“不羡黄金罍，不羡白玉杯，不羡朝入省，不羡暮登台，千羡万羡西江水，曾向竟陵城下来。”他羡慕的只是有一杯好水来品茶，可见其爱茶之心。清帝乾隆喜爱饮茶，晚年更嗜茶如命。他八十五岁高龄时拟让位给嘉庆，当时一些老臣对此举表示惋惜，有一个宫医当面提出“国不可一日无君”的意见。乾隆却手抚银须，哈哈大笑，说道“君不可一日无茶啊”。明太祖一次晚宴后，来到国子监视察，厨人献上香茶一盏，愈喝愈觉香甜，乘兴赏给这位厨人一套冠带，这时院子里有位贡生不服气，故意高声吟道：“十载寒窗下，何如一盏茶”，众人皆敬。朱元璋却笑和一句：“他才不如你，你命不如他。”贡生只好认命。

茶所以具有神奇的功能，在于茶叶所含的特殊成分。现代科学研究证明，茶叶含有三百多种有效成分，有利于保健养生疗病。比如其中的矿物质氮、磷、钾、铁、氟、锰、铝、硒等，就是人体所需的部分元素；茶多酚类，则对人体具有多种药理功能；其中含量丰富的蛋白质和二十多种氨基酸本身，就是营养物质；此外还有芳香物质、咖啡碱、糖类化合物、维生素等等，均能产生不同的药用和增强人体新陈代谢功能。

饮茶之所以能给人带来无穷的乐趣，还在于它那十分考究的器具和煮茶沏茶的工序。各方面追求上乘之优，能使饮茶增色不少。当然品茗理应首先选择名茶。而其中备受钟爱的有西湖龙井、洞庭碧螺春、黄山毛峰、庐山云雾、君山银针、顾渚紫笋、婺源茗眉、太平猴魁、六安瓜片等。饮茶还应讲究水。《茶经》认为煮茶的水以山水为最好，其次是江河的水，井最差。而山水中，又以钟乳石上滴下来的水或石池里流动缓慢的水为绝佳。陆羽还曾对他所经之水，评定优劣名次二十种：庐山康王谷水帘水第一；无锡县惠山寺石泉水第二；蕲州兰溪石下水第三；峡州扇子山下虾蟆口水第四；苏州虎丘寺石泉水第五；庐山招贤寺下方桥潭水第六；杨子江南零水第七；洪州西山西东瀑布泉第八；唐州柏岩县淮水源第九；庐州龙池山岭水第十……宋徽宗的《大观茶论》认为，“水以清轻甘洁为美，轻甘为水之自然，独为难得”。江河之水也有很好的，“扬子江心水，蒙山顶上茶”，就很受人称颂。

有了优质的茶叶和水之后，还必须讲究烧水沏茶的火候，同样的水如果烧煮火候不同，沏出茶水来就会不同。如《茶经》认为，当水煮到出现鱼眼大气泡，微微有声是第一沸；边缘连珠般水泡向上冒涌时是第二沸，二沸是向水里投茶最好的时候；水面波浪翻滚时是第三沸，三沸之后，水味就不好了。水煮老了固然不好，如果烧嫩了也不好，“不开”或“落开”都不利于泡茶。《煮泉小品》称嫩水叫“婴汤”，老水叫“万寿汤”，并说：“汤嫩则茶味不出，过沸水老而茶乏。”这种烧水掌握火候的功夫叫做“候汤”。宋朝人蔡襄在《茶谱》一书说：“候汤难，未熟则沫浮，过熟则茶沉，前世之谓蟹眼者，故熟汤也，沉瓶中煮之不可辨，故曰候汤最难。”在今天，人们一般主张水烧开后，稍加冷却，待水温80℃时再冲泡茶叶，此时就能达到最佳效果。

高水平的饮茶，还讲究烧水的器皿和燃料。煮茶沏茶只有好水还不够，如果烧水的器皿和燃料有问题，同样不能取得好的效果。苏廙的“十六汤品”说得详尽，他把以金银为汤器煎出的茶水叫“富贵汤”，这种水具虽好，贫民是无法享受的；而琢石为器煎出的水叫“秀碧汤”，因为这种汤有秀气；用铜铁铅锡水器煎出的水恶气缠口，叫“缠口汤”，已不足取了。他还认为“沃茶之汤，非炭不可”，叫“一百汤”；如果用熏薪有杂味的燃料煎水那就犯律犯法叫“法律汤”；用粪火烧水泡茶，恶性未尽叫“宵人汤”；用竹条树梢烧水也不好，叫“贼汤”；如果燃柴浓烟蔽室，有损茶味，叫“魔汤”。

最后，茶入口中，还需茶具。上品之茶，还需上品之具相配，做到“泡茶不走味、贮茶不变色、盛茶不易馊”。在各种材料的茶具中，恐怕唯有陶瓷的历史最久、品质最优。中国是陶瓷的故乡。数千年的制陶史，产生出无与伦比的精品，其中用作茶具便是主要的功用之一；而宜兴的紫砂陶茶具和景德镇的景瓷茶具又可谓两绝，它们除了在充当茶具时具有优越的物理功能外，还因造型优美、做工精细、装饰精巧而具有较高的审美价值。除了景瓷宜陶之外，别的茶具也独有风韵，比如玻璃茶具，因其光洁透明，在冲泡名茶时，可见杯中轻雾缥渺、氤氲腾升，色彩变幻，浅深纷呈，茶芽朵朵，或旗枪交错，或上下浮沉，观之令人心旷神怡，陶然自得。

我国幅员广大，各地的饮茶习俗不尽相同，这更增添了品茗的乐趣和魅力。

福建以饮茶考究、茶叶品种繁多而享誉国内外。在闽南，人们把最好的茶，如铁观音、毛蟹、黄旦等用来敬客。而且尤为讲究泡茶的方式：在冲泡时手举得离茶壶一尺多高，斟茶时手又放得很低，几乎接近杯底，当地人称之为“高冲低斟”。这样泡出来的茶不仅汤色好，香气散发得快，而且味道甘醇，回味深长。斟茶时还不能斟得太满，只能斟到七分满，怕烫伤客人的手，所以有七分茶、八分酒的规矩。

至于福建的汀州、漳州、泉州及广东潮州的功夫茶，冲饮技艺之讲究更为奇特。功夫茶用乌龙茶，茶具十分精美：用长方形瓷盘，盘径七寸，深寸许，内盛一壶四杯，壶以铜制，或用宜兴紫砂壶，壶大小如掌，杯大小如胡桃。饮用方法十分精妙。当客人驾临，以茶待客时，先用凉水漂出茶具的尘滓，涤净茶具，投茶叶于壶中，约占容量的三分之一，立即注满沸水加盖，然后取沸水徐徐浇淋壶上，至水将要满出瓷盘时，取毛巾覆于壶上，良久方始取下毛巾，将茶注入杯中奉给客人；客人须衔杯细品细啜，以玩其味，若饮稍急，主人则会认为客人不懂得品茗之道而不快。一般茶要经三泡，上品茶要四五泡，功夫茶的饮法沿袭至今不变。

与功夫茶细品成鲜明对照的，便是山东的豪饮。山东是我国北方饮茶习惯较深的一个省份，在鲁北平原一带，不但男人喜欢饮茶，妇人也饮茶成癖，一日三遍茶，喝足了再干活。有的家庭婆媳两把壶，否则喝不过瘾。当地有句谚语，“情愿舍头牛，不舍二头货”，意思是茶沏两遍，味道已浓，不能扔掉。

成都和广州以坐茶馆、茶楼饮茶闻名遐迩。成都茶馆经久不衰，上茶楼摆龙门阵是一大乐事。广州饮茶者多数喜欢到茶楼茶肆饮茶。广州的餐厅酒家，饭前饭后都有茶水供应，一般上茶三种任客自选。

在我国一些少数民族居住的边远地区，也有千姿百态的饮茶习俗。仅以云南为例，就有拉祜族的“烤茶”、佤族的“烧茶”、布朗族的“青竹茶”、傣族的“竹筒茶”、白族的“雷响茶”、纳西族的“龙虎茶”等等，不胜枚举。

十 器物与玩好

器物与玩好

青铜器具

◎周永珍

经历了漫长的石器时代之后，人们最先认识的金属大概是自然铜。用它来制作的小件工具和饰物称为红铜器。但由于当时石器仍占优势，这段时期还是铜石并用时代。后来，又发明了冶铜技术，在红铜中加上适量的锡，以降低熔点和增强硬度。以这种合金制造的器具，即是青铜器。随着青铜器的大量出现和相应的政治变革，人类社会开始步入了青铜时代。

中国早期的铜器在黄河流域的马家窑文化、龙山文化、齐家文化中都有发现，其中年代最早的约为公元前3000年，器形有刀、斧、凿、锥、环、镜等小件工具和装饰品，质料有红铜，也有青铜，制作方法有冷锻的，也有单范铸造的。山西襄汾陶寺遗址出土的一件铃形器为合范铸成的红铜器，表明当时已经掌握了相当水平的铸造技术。

合范铸造法是我国青铜时代铸造工艺的主要特点，范大都是黏土和砂子做成的陶范。铸器时，首先要塑出器物的泥模，再在泥模上翻出外范，外范要根据脱模的需要分割成若干块，泥模上的装饰花纹也翻印在外范上。然后，又根据器物所需的厚度，用泥模削成范芯。外范和范芯经晾干、焙烤后，即可合范铸器。

按照史书的记载，我国在夏朝初年就开始采矿冶铸铜器，但从考古发现来说，二里头文化可以确认已进入青铜时代。它的遗址在河南偃师县西南，自1959年以来，经过三十多年的持续努力，已发掘出两座大型宫殿基址、大面积的居住址、窑址、铸铜遗址以及众多的各类墓葬，获得了大量的陶器、青铜器、玉石器等遗物。目前在学术界对这种文化的认识还存在分歧，有人认为这种文化就是夏文化，但也有人认为它的早期是夏文化，而晚期出现的大型宫殿基址，乃是商汤所都的西亳遗址，应是商文化。遗址所出的木炭标本经碳14测定，其年代约当公元前1900—前1500年。

在二里头文化晚期已经出现具有相当规模的铸铜遗址，出土很多陶范和炼渣。青铜器的种类也较多，工具有刀、锛、锥、凿、鱼钩；武器有戈、戚、镞；装饰品和乐器有镶嵌绿松石的牌饰和铃等；礼器则有爵、斝、鼎、盉等。其中以礼器和绿松石铜牌饰最为引人注目。所谓礼器就是指祭祀和宴飨时使用的饮食器皿和乐器，是最神圣和珍贵的器物，在铸造工艺上也比其他器物更复杂，因此最能代表当时冶铸技术、工艺所达到的水平。

二里头文化的青铜礼器中出土数量最多的是爵，现已发掘了十几件。这是一种小型的饮酒器，器形为束腰、平底、长流、三细足、单鋬，口上也有带小柱的。斝和盉也都是酒器，多与爵同出而数量较少。鼎仅一件，鼎腹为平底盆状，三足为锥状空足，口上有双耳。二里头的青铜礼器都是薄胎，一般都没有花纹，有的器形也不甚规整，加工也不精细，通常器表都存有铸缝，表明当时的冶铸技术水平不高。但是镶嵌绿松石的牌饰却制作精美，用绿松石组成兽面纹饰，表现出熟练的镶嵌技术。

继二里头文化青铜器之后的是郑州商代遗址的青铜器。郑州商代遗址是一个大型的都城遗址，已发现的有夯筑的城墙，城内东北部有宫殿基址，城外有铸铜、制陶的作坊；此外，还有墓葬和铜器窖藏等。

在这里出土的青铜器有了很大的发展和变化。以青铜礼器来说，数量有了明显的增长，器类也增加到十几种，有方鼎、圆鼎、鬲、爵、觚、斝、尊、罍、卣、盉、盘等。冶铸技术有了很大进步，已经掌握了铸造大型礼器的技能，如一件大方鼎，高达1米，重86.4公斤。大多数器物的表面都饰有饕餮纹和乳钉纹。这些变化为我国灿烂的青铜文化奠定了基础。

与此同时，长江流域的青铜文化也勃然兴起。湖北黄陂盘龙城遗址发现有周长超过一公里的夯土城墙，城内东北部有宫殿基址群，城外则有居住址和墓葬，遗址的年代约和郑州商城同时。盘龙城出土的青铜器大都出自墓葬。略大的墓都随葬有青铜礼器，器形有鼎、爵、觚、斝，这是最常见的礼器组合；大型墓随葬的铜礼器则有鼎、鬲、甗、簋、爵、觚、斝、盉、卣、罍、盘等，此外还有象征权力的铜钺和青铜武器等。这些青铜礼器也都在器表饰有饕餮纹等纹饰，有的器形也较大。从器形、花纹和铸造技术方面来看，与郑州商城的青铜器基本上是相同的。据推测，盘龙城遗址很可能是商朝前期在长江中游的一个重要方国。

1989年，江西新干县发现大批青铜器，它们大概出自一座大型墓葬中，其中有方鼎、圆鼎、鬲、甗、卣、罍、豆、盉、铙等礼器，以及大型铜钺、兵器和具有南方特点的工具。所出的方鼎与郑州的相同，而双耳上有虎形饰。圆鼎中有的为扁足，作虎形，双耳上也有虎形饰。甗高达115厘米，为少见的大型器。铙的器形也较大，是具有南方特色的乐器，黄河流域尚未发现这种乐器。这些青铜器器表都有纹饰，有饕餮纹、乳钉纹、圆涡纹等。这批青铜礼器风格与郑州商城相近而略晚。鉴于青铜礼器上都有虎形装饰，也许是商朝时期虎方族的遗存。

商代黄河流域或长江流域青铜文化的急剧发展，需要大量的铜、锡等金属原料，这些原料来自何方，以前并不清楚。20世纪70年代以来，在长江沿岸的湖北大冶铜绿山、江西瑞昌、安徽铜陵和南陵都出现规模很大的古矿冶遗址，有供采掘的竖井、平巷等遗迹和各种采掘工具，也有炼铜用的炼炉遗址等。这些矿冶遗址中年代最早的大约相当于郑州商城时期。正是由于有了这样充足的原料供应，商代青铜器文化才得以进入它的最繁荣阶段，即商代晚期的安阳殷墟时期。

安阳殷墟是商代晚期商王盘庚迁殷以后的都城遗址，最早以发现甲骨文而驰名。自1928年开始发掘以来，已发掘出小屯村东北的宫殿宗庙建筑基址群，发掘了侯家庄西北冈商王陵墓群和祭祀坑，还有苗圃北地的大规模铸铜遗址和其他各种手工业作坊等，充分显示了商代晚期都城的规模。

殷墟出土的青铜礼器早在北宋时期就见于著录，而自清代以来发现日多。清末民初，盗掘之风日烈，外国人趁机收购，遂使很多重要的青铜器流失国外。1928年殷墟发掘之后，才有了经科学发掘的殷墟青铜器，至今已累积约千余件。仅1976年发掘的妇好墓所出的青铜礼器就多达210件，由此可见殷墟青铜器繁荣时期之一斑。

商代晚期青铜器的器类又增加了许多，除了前一时期已有的器形外，新增加的有瓿、壶、觥、觯、甑、方彝、方斝、方壶、方罍以及各种鸟兽形象的尊。妇好墓出土的偶方彝，器盖铸成殿堂式的屋顶模样，而三联甗则由一件六足甗架上置三件大甑组成，这些都是前所未见的。方鼎的形状也有明显的变化，由以前的方斗形变成长槽形，成为方鼎的固定形式。乐器则有铙和鼓。铙都是三件或五件一组、形状相同、大小递减的编铙。鼓是仿木鼓铸造的，鼓面上有鼍皮纹。青铜器的花纹也趋于繁缛诡谲，普遍以雷纹为地纹，其上突出主体花纹，其式样有各式饕餮纹、夔纹、鸟纹、蝉纹、鸮纹、蚕纹、龟纹等，往往布满器身；凸起的扉棱和牺首也被广泛用作装饰。商代晚期的青铜器大都胎厚体重，显示出庄严、敦厚的风格，安阳西北冈王陵区大墓出土的司母戊大方鼎，重875公斤。铸造这样大型的器物在技术上有更高的要求，如司母戊大方鼎的鼎身和四足是整体铸造的，鼎耳则是在铸成的鼎身上，再安模、翻范后浇铸而成的。铸造时还必须有较大的熔铜炉群，可以一次熔化足够数量的原料，而且有可能采用经地槽流注的方法进行浇铸。商代晚期青铜器的另一个特点是开始出现铭文，即将所刻的文字翻印在范芯的外壁，铸在器内，以为标志。较早的铭文只有很少几个字，大都是族徽、人名或父祖名，如“妇好”之类。商末才出现三四十字的长铭，内容多为因受赏而为父辈作器，如安阳后冈祭祀坑出土的戍嗣子鼎，有铭文三十字，就是因商王赏贝廿朋而为其父癸作器以为纪念的。

以安阳殷墟为代表的高度发达的青铜器文化，必然会对它的四邻产生巨大的影响。现在发现商代晚期青铜器的地点已遍及河南、河北、山东、山西、陕西、湖北、湖南、安徽、江西、四川等地，其中的山东益都、山西石楼、陕西城固、四川广汉、湖南宁乡出土的青铜器群，可能是商代晚期各个方国的遗存。

周人在灭商之前，作为商王朝在西方的一个方伯，肯定会接受商代青铜文化的影响。因此1972年在岐山京当公社发现的一批铜器也许可以表明周人在商朝前期已经能够铸造商式铜器了。但是，直到商代晚期，周人的青铜器铸造还不能说是很发达的，因为迄今在先周文化的遗址和墓葬中发现的青铜器数量并不太多。只是在灭商之后，周人虏获了具有高超铸铜技艺的商代工匠和充足的铜、锡矿源后，西周的青铜器铸造才迅速地发展起来。

西周早期的青铜器显然继承了商代晚期青铜器的传统，两者的青铜礼器在器类、形制、纹饰、组合等方面基本相同。不过，综观西周早期的青铜礼器，仍然可以发现它的某些特点。如方座簋、四耳簋是周初出现的新的形式，陈放礼器用的禁是前所未有的。西周早期之末还出现了三件一组的编钟。在花纹方面也出现了简朴的式样，用弦纹或一条纹饰带围绕器物的颈部和圈足。礼器的基本组合也不同于前代。商代晚期最常见的是爵觚组合。而西周早期则是鼎簋组合，即使有酒器，也多以觯代觚。尊、卣也往往同出，有的是一尊二卣，卣的形状相同，大小有别。在器形方面，西周早期之末的鼎、尊、卣等器的腹部普遍呈垂弛的形式。这些都是可以用来识别西周早期青铜礼器的标志。

另外，西周早期青铜礼器上长篇铭文增多，且多有关史实，这就大大增强了西周青铜器的史料价值。如利簋所记的武王克商，何尊所记的成王经管成周，塱方鼎所记的周公东征，克盉、克罍所记的初封燕侯，宜侯矢簋所记的授土授民，小盂鼎所记的征伐鬼方等等，都可以补文献之不足，是研究西周历史的重要资料。

西周晚期的青铜器发生了很大的变化：早期常见的爵、觚、觯、尊、卣、盉、斝、觥、方鼎、方彝等已很少见，甚至消失，代之而起的是盨、簠、鍪、匜等；原有的器类形式也改变了，鼎足由柱状足蜕变为蹄状足，簋多带盖，圈足下更附三个小足；饕餮纹、夔纹、鸟纹等早期花纹几近绝迹，而流行窃曲纹、重环纹、垂鳞纹、环带纹和瓦纹。这种变化不仅反映了当时的贵族阶级在生活起居、日常器用上的改变，也反映了他们在意识形态、美学观念上的变化。

西周晚期的青铜礼器有很多出自窖藏，其中以在周原发现的最多。周原是周人的旧都。近些年的考古发掘，在那里发掘出很多建筑基址，有封闭性的内外两重的院落，也有分散的网状柱基的建筑群，表明这里的贵族宅第鳞次栉比，而青铜器窖藏大都出于这类建筑附近。据推测，大概是在西周末年，幽王无道，犬戎入侵，贵族们仓皇出逃，而将青铜礼器埋入地下。窖藏青铜器大都是西周晚期的，有的是一家数代人的遗物，如微氏家族铜器群包括了从康昭时至共懿时四代人的器物，对于研究西周青铜器的断代有着重要意义。

西周晚期青铜器中，不少是有长铭文的，内容涉及土地制度、奴隶交换、刑法诉讼、征伐战争及册命制度等，都是研究西周晚期社会历史的重要资料。宣王时的毛公鼎，为现存铭文最长的青铜器，全文499字，是一篇完整的册命。裘卫四器的铭文内容涉及土地的赔偿和交换。曶鼎记录了以匹马束丝换取五名奴隶的情形。𠑇匜则详细记录了诉讼、判决、刑罚的整个过程，虢季子白盘记录了征伐猃狁、得胜庆贺的史实。后人借此可以窥知西周晚期生产力的发展及社会结构的更趋复杂。

平王东迁，王室衰微，因此东周时期各诸侯国的青铜器数量急剧增加，诸如齐、鲁、晋、秦、楚、吴、越、蔡、曾、中山等国的铜器，多有发展。由于这些诸侯国经济发展不平衡，生活习俗不相同，各地的青铜器往往具有地方特点。总的来说，东周青铜礼器的器类有鼎、鬲、甗、簋、盨、簠、豆、敦、壶、罍、舟、鉴、盉、盘、匜等。鼎的形式多为圆腹、附耳、蹄足、有盖，顶有三钮。鼎的数量，多有定制，且多与簋相配，以示地位之高下，如九鼎八簋、五鼎四簋之例。乐器则有编钟、编镈；战国早期的曾侯乙墓出土的一套编钟，在迄今的发现中属数量最多、保存最好的，计钮钟19件、甬钟45件、外加楚王所赠的一件镈，共65件。曾国在当时并非大国，统治者竟如此奢靡，可见一时之风尚。东周青铜器上的花纹也有很大的变化，盛行蟠螭纹、蟠虺纹。宴饮、射猎、水陆攻战等贵族生活写实的图像纹饰也时见于铜器上。

东周青铜器的铸造技术和工艺都有了新的发展，分铸技术被普遍采用，有的还用焊接方法将预先铸成的器身和附件焊接在一起。春秋中叶以后出现了失蜡法熔铸技术。用蜂蜡一类的材料做模，雕塑出花纹，然后敷细泥为范，范干后，加温使蜡模熔化流出，然后烧铸成形。用这种方法铸出的青铜器，花纹纤细，玲珑剔透。河南淅川下寺楚墓出土的铜禁，湖北随县曾侯乙墓所出的尊、盘，都是用失蜡法铸造出的精品。此外，镶嵌、鎏金、错金银、线雕等工艺也广为应用，使东周青铜器的装饰纹样更加绚丽辉煌。

东周青铜器及其铸造技艺虽然仍有相当大的发展，但当时新的冶铁技术已经出现。至迟在春秋时期已有人工冶炼的铁器。而到战国中晚期，冶铁技术又有了进一步提高：铁的农具和手工工具被普遍使用，并在生产领域中占据支配地位，铁兵器也有很多发现，甚至上面提到的中山王礨鼎也是铜身铁足。随着冶铁技术的出现和发展，历史也由青铜时代进入早期铁器时代，作为青铜时代象征的青铜礼器，在走完了它的发生、发展和繁荣的时期之后，逐渐走向衰亡，被铁器、漆器等其他新兴器种与工艺所代替。

玉器文化

◎杨伯达

玉器在中国文化史上占有特殊的重要地位，历来为人们所重视。但“中国玉器文化”却是晚近才提出来的新概念。研究这种特殊文化现象的目的，在于分析我国玉的内涵，玉器发生发展的长久历程、工艺特点和艺术风格；指出它与书法、绘画及各种工艺美术的相互关系；阐明其社会功能的多样性、持久性，对社会生活所产生的广泛影响和所发挥的重要作用。

玉器文化是中华文化的一个重要组成部分，它是我国政治、经济、宗教、社会关系的反映；它凝结着蒙昧时代的祖先对自然界、群体生活的朴素理解；它蕴含并升华着文明时代的先民在生产和生活中的实践；它包容着前人的美学、道德等意识以及他们的追求和理想；它影响并规范着市庶的物质、精神生活。

正因为玉器文化现象是十分复杂的，所以这一新的研究课题也是非常艰巨的，它涉及到自然科学、社会科学的诸多学科，需要地质学家、岩石学家、宗教学家、历史学家、考古学家、美学家以及工艺史家、艺术史家等的通力合作。在这里，笔者仅就玉器文化的三个侧面——玉、玉器和鉴玩略抒己见。

一、玉的内涵

我们首先需要研讨玉的内涵，这是玉器文化的物质的、精神的重要前提。可以说，玉器文化是建立在人们对玉内涵的理解益趋深化和提高的基础之上的。

对于玉的内涵，《说文解字》释云：“玉，石之美者，有五德……”这是汉儒批判地继承先秦儒家的玉德观并对其进行提炼后得出的结论。那么，先秦儒家的玉德观又包含哪些内容呢？这就是孔子所谓玉有十一德的说教。值得注意的是，孔子在向他的弟子讲授玉有十一德时，还说到“夫昔者君子比德于玉焉”。由此可知孔子也是继承上世传之已久的君子比德于玉的准则，用和阗玉可视、可听、可信的诸种特性阐明儒家的各种伦理规范，并使其形象化、通俗化，进而促使玉成为儒学精神——德的化身与表征。

再往上溯，在儒家玉德观这一内涵形成之前，玉还有更广泛的已为后人忘却了的诸种内涵，如工具、佩饰（山顶洞人的玉串饰）、祭器（以玉事神）、瑞信（良渚文化玉钺、红山文化勾云形器）、财富（良渚文化玉璧）、敛葬（良渚文化、红山文化的玉葬）等六大内涵及其社会功能。这些均已为考古出土资料和文献记载所证实。而令人惊奇的是，上述这一切都发生并完成于先民们徘徊于文明门槛之前的原始社会后期。这使我们不能不承认——构成我国玉器文化基础的玉的内涵在彼时就已十分充实并相当成熟了。距今70万年至20万年前的“北京人”，曾从离其住地两公里之外的花岗岩山坡上找来水晶打制工具。水晶古称水玉，无疑就是“北京人”的玉。距今约2万年前的“山顶洞人”，以白色石灰岩小珠、椭圆形黄绿色岩浆岩小砾石石坠做装饰品。这些小石珠、小石坠无疑也是“山顶洞人”心目中的玉和玉器。所以，从“北京人”始，至距今6000—4000年前的原始社会后期，是先民发现玉并逐渐深入认识玉、解释其内涵的最初阶段。此时，玉在群体的政治、祭祀、装饰以及丧葬等重要社会生活中发挥了显著的作用，这说明古人对玉的认识和使用已达到相当高的水平，远远早于其他任何工艺美术。

在漫长的年代里，各原始部落（联盟），从自己居住地附近找到的玉，其品种、质色、名称是多种多样的，它们仅仅通行于各自的部落成员之间。《说文》、《玉篇》、《广韵》、《集韵》等书上注释的带“玉”偏旁的形声字很多，如玌（音求）、玒（音江）、玚（音诧）、玴（音紫）、玖（音九）、玘（音起）、玚（音法）、玜（音江）、珃（音师）、玟（音莫）、玪（音前）、玥（音亶）、球（音邮）、玸（音扶）、珔（音诉）、玹（音现）等，故均释为玉名。这些玉名很可能先产生于各个不同的原始部落，待文字出现后再依声造字，得以流传。

后来，昆仑玉亦称和阗玉（于阗玉）终于进入内地，成为玉器文化史上具有划时代意义的大事。和阗玉由于其质地优良而受到人们的喜爱，经过长期筛选，被确认为“真玉”。和阗玉打破了玉坛固有的平衡，压倒群芳，占据了主角地位，各地方玉遂屈居其下。先秦儒家抓住已深入王室、公侯、士大夫等统治者心目中的和阗玉，将其与儒学规范相比附，既形象地阐发了深奥的儒学概念，又使和阗玉德性化，更加巩固了它的主流地位。发人深思的是，生活于清代盛期的文学大师曹雪芹，创造了礼教叛逆者贾宝玉的形象，他呱呱坠地时便从娘胎里带来一块宝玉，于是，宝玉也成了他的大名和命根子，佩带在身上，形影不离。当贾宝玉失去宝玉后，他则变成失去灵性和理智的痴人。这的确发人深省：莫非宝玉真的是中华民族文化的命根子吗？

和阗玉的矿物学属性，是由法人德穆尔利用法国侵略军在第二次鸦片战争期间从圆明园劫掠的和阗玉玉器检测得出的。他首次披露：和阗玉的主要化学成分为钙镁硅酸盐，角闪石玉，硬度为莫氏6°—6.5°，比重2.9—3.1，显微结构以纤维状为主要特征。这个分析结果于20世纪初传入我国。

不过，我国古人对玉内涵的理解却是岩石的、美感的、宗教的、政治的和道德的等因素的结合体，其中精神属性又是主要的。前人并没有站在矿物学角度做出自然科学的结论，而是从直接经验和自我感觉出发，首先承认玉是岩石中的美石，再赋予它以诸种文化的解释。我国古文化就这样伴随着玉、玉器同步成长、日趋进步。玉不仅是我们民族文化的奠基石，它也是我们民族文化发展提高的阶梯及其重要内涵。

翡翠产于今缅甸北部山区，大约在汉代进入我国玉坛。由于它那类似玻璃的质地和苍翠欲滴的绿色，得到了个别文人的青睐，而获得了像翡翠鸟那样的美名——翡翠。尔后，历代都有少量翡翠流入我国，但并未引起人们的广泛兴趣。所以翡翠往往被误认为碧玉或绿玉。至清代乾隆时期，翡翠输入增多，并在乾隆晚期开始为人们赏识。嘉、道之后，翡翠身价日益抬高，超过了和阗玉。慈禧太后特别喜爱翡翠首饰，经常向粤海关索取。经法人德穆尔检验，翡翠的主要成分为钠铝硅酸盐，辉石族矿物，比重为3.33。硬度为莫氏7°，显微结构也呈纤维状。由于翡翠硬度高于和阗玉，又称为硬玉，和阗玉遂相应地称软玉。翡翠在晚清的兴起有两个原因：第一，与和阗玉那种内在的含蕴美不同，翡翠之美乃是一种外向的、辐射的、富有刺激性的类似宝石般的美，这是它的固有条件；第二，道光时期新疆发生了张格尔叛乱和沙俄的入侵，新疆和阗玉贡路受阻乃至中断，于是内地玉材匮乏，不得不以岫岩玉、南阳玉补充，翡翠便乘虚而入，成为玉坛上的后起之秀。当然，它不可能具备和阗玉的上述内涵,仅是华美的玉材而已。

二、玉器艺术

我们民族崇玉爱玉的传统、玉内涵及其功能的进一步扩展,促进了玉器雕琢工艺的改进与提高。铊机的使用提高了治玉效率,使玉工艺最终脱离了石器工艺,迈进独立的手工艺领域,成为崭新的玉器工艺,被后世称为“碾玉作”或“玉行”。铊机是旋转性圆盘工具,带动水调金刚砂磨琢玉料而成玉器。经鉴定,从商代妇好墓出土的玉器,即用铊具碾琢,彼时铊机效率较高,已是成熟型的琢玉手工机械工具。据此推论,原始铊机理应出现于原始社会末期,亦即红山文化、良渚文化的繁盛期。目前所见这两个原始文化的玉器,便有使用铊机的痕迹,故笔者以为原始铊机可能出现于彼时。铊机的发明、改进与推广,是玉器工艺走向独立发展道路的重要技术条件。可以说,如果琢玉不用铊机,而仍沿用治石的陈旧工艺,那么不仅玉器艺术难以提高,玉器工艺也不能与石器工艺分离而独立。

另一推动玉器艺术发展的因素,则是和阗玉的传入及其推广。已如前述,和阗玉从今新疆维吾尔自治区的和阗、叶尔羌出发,经过荒漠、河西走廊进入关中,到达中原。这条玉石贡路比丝绸之路早约千余年,也是联系东西文化的纽带和桥梁。和阗玉的美是内含的、蕴藉的,与中华民族的性格及文化面貌极其吻合,很快就被人们接受和喜爱,并赋予神秘化、政治化、德性化的内涵。从此,和阗玉凌驾于各地方玉——良渚文化玉、红山文化玉之上,主宰了玉坛。以迄今为止出土的各个原始文化玉器与和阗玉比较,便不难发现,前者不论在温润、光泽还是在洁白、缜密上,均无法与和阗玉相比。这就是和阗玉能够压倒各地方玉的优势所在。总之,和阗玉给人们的美感及其德性的内涵,成为玉器美术蓬勃发展的美学条件和精神支柱。

玉器美术是中国工艺美术的一支,随其发展而发展,随其衰微而衰微,其基本脉络和工艺格调也往往是一致的、相通的。但是,玉器艺术的个性又是鲜明的,特色也是突出的。引发其个性、特色的基因是:

一、由于玉的社会功能的多面性,促使其器型丰富多姿,变化多端。不过,略经概括,不外乎分为圆曲系(璧)、直方系(斧、圭)、圆直折中系(琮)、肖生系(人、兽、禽)等四系。它奠基于原始社会,后虽经长期的、互为交织的发展和演变,而万变不离其宗。圆、直两系玉器的厚度不足，往往呈扁体，正、反两面均有图案装饰，这是石器孑遗及玉材制约所致。新兴的折中系（陈设、器皿）、肖生系两种玉器，体量均有所增强，但仍偶见圆、直二系的遗痕。

内蒙古翁牛特三星他拉村遗址出土的新石器时期玉龙(红山文化)。

江苏武进寺墩遗址出土的新石器时期兽面纹玉琮(良渚文化)。

二、玉的灵性与德性，决定其艺术表现上出现了以“良玉不琢”为主旨，略加琢磨，充分显示其本质的玉器；与之相对的则是精雕细琢的玉器。前者以良渚文化玉璧及后世的礼制玉器为代表，后者以良渚文化玉琮及之后的佩饰、陈设类玉器为其典型。这两种不同的做工和艺术表现手法，贯彻于玉器艺术史的始终。

三、惜玉如金，因材施艺。和阗玉来自迢迢万里之外的昆仑山北坡，是有灵性与德性的珍贵材料，在使用上要非常谨慎，精打细算。而治玉不可避免地要受到玉材形状和质地的制约，尤其是采于河滩或沙中的子玉，其制约性更强，在肖生玉和玉山子上表现得更为明显。玉色或皮子的巧妙利用，称为“俏色”或“巧色”；化玉之瑕绺、石性等弊病为利的做工，称为“巧作”。当然，强调惜玉如金、因材施艺过分，束缚手脚，便走向反面，成为玉器艺术的灾难（“玉厄”）。

四、铊机碾琢的玉器与刀凿雕刻的工艺品、艺术品不同，有着特殊的韵味。铊机善于碾磨，磨出来的玉器不论平立造型还是阴阳纹路，都不可能像刀凿雕刻那样锋芒毕露、挺拔流畅，而以其浑厚圆润、悠缓妩媚见长。粗简者往往留下铊砂痕，与刀斧痕也不尽相同。

五、仿古玉有着独立的体系和独特的美术价值。仿古是宋代之后各门类艺术产生的共同倾向，但玉器仿古却有它的特殊性。书、画、铜、瓷仿古，均有其明确对象，要做到既似又精，虽下真迹、实物一等，但足以乱真。而玉器仿古对象往往模糊不清，遂自我作古，甚者便假托杜撰，冒充古玩，在仿古的潮流中雕琢出臆想的、折中的、富有个性的新式玉器。玉匠们往往以杂色玉、边皮、脚料再经人工致残或染色等手段，仿制受侵蚀的和残损的古玉，为仿古玉增添了沁色美、残缺美和古色古香的韵味。

上述五点原因，使得玉器艺术产生了鲜明的个性和特色。这种特色虽也在历代玉器的时代风格影响下变化着、发展着，然而，它那浑朴圆润的格调，内在的、含蓄的典雅气质，以及小中见大、以微显幽的视觉效果，却一直是历代玉器艺术的主流和精髓。

三、玉器鉴玩

玉器鉴玩是玉器文化长期发展及其沉淀的必然结果。

玉器不论具有何种社会功能，都有程度不等的审美价值。即使是可以通神的琮、代表等级的圭等庄重高雅的玉器，也都包含着一定程度的美的因素。但无论如何，上述玉器还都是宝器，不可供玩赏之用。

不过，玉玩的起源也很久远，在商代王室已经出现，如殷墟妇好墓出土的玉跪人、玉虎、玉象等肖生玉都不是装饰性或供奉性的玉件，应是迄今所见最早的独立观赏玉器。又如商纣王收藏的大量玉器，仅被武王缴获的旧宝玉就有14000件，佩玉亦有8万件之多，可知商族是爱玉、玩玉的民族。遗憾的是，武王灭商后，把周族的农耕文化强加于商地，抑制商族爱玉、赏玉的传统，推广本族的玉材观，进而将玉更加政治化、神秘化，客观上推迟了它的艺术化进程。尔后，儒家赋予玉以德性，更加延缓了玉器鉴赏的发展过程。佛教传入我国之后，也抓住玉不放，做玉佛以供养，这对鉴赏玉器的发展也是不利的。尽管如此，宋代后仍出现了不少富有生活气息和人情味的以山水、人物、禽兽、花卉等为题材的玉器，其中不乏鉴赏玉。

另外一方面，从宋代起，收藏家也已注意到对古玉的搜罗与庋藏。有的收藏家在搜罗书画、铜瓷的同时，还收集古今玉器。如宋高宗赵构幸清河郡王第，张俊曾进贡42件新旧玉器，其中有古剑璏等旧玉器。上行下效，搜罗古玉的风尚愈演愈烈。宋代吕大临《考古图》(1092年) 收录古玉14件。元代朱德润编纂《古玉图》，此为专门性玉器图录之鼻祖。明代曹昭《格古要论》、高濂《遵生八笺·燕闲清赏》等鉴赏文玩的专著，均有论述古玉器的篇章。在清代，随着金石学的发展，玉器考据取得进展。乾隆帝弘历不仅是清代最富有的玉器收藏家，也是古玉的鉴赏家和考据家，他留下了有关玉器的诗近700首（篇），多系有感而发，包括描述、鉴赏与考据等内容，颇有研究价值。清末吴大澂编纂《古玉图考》，以经学考证古玉的定名、形制和功能。19世纪末至20世纪上半叶，有关玉器辨伪、染色等的专著《玉说》、《玉纪》、《古玉考》、《古玉辨》等相继问世，说明对古玉的收藏、鉴赏、研究有了蓬勃的发展。

自宋代以来，具有各种社会功能的古玉统统成了文玩，为玉器爱好者收藏。古玉的鉴玩包括欣赏和鉴考两个主要环节，成为一种高尚的、充满了学术空气的文化享受，可以达到增长见识、怡养心身的目的。明、清以来，尤其是清代，在鉴玩古玉的同时，还欣赏新作玉器。乾隆帝在这方面也是一位代表人物，他的诗篇中有不少是吟咏苏、扬两地玉工所琢碾的各种玉器的。他看到苏州专诸巷所雕“桐荫仕女图”后，曾赋诗表彰曰“女郎相顾问，匠氏运心灵”。扬州玉工所碾的最著名的一件大玉，则是《大禹治水图山子》。此山子完成于乾隆五十三年，乾隆帝题长1800余字御制诗及释文，赞此玉雕“博大悠久称观止”，并阐明制此大玉山的目的是“获此巨珍以博古王圣迹，非耳目华器之玩可比也”。这位皇帝还告诫子孙“慎守旅獒之训，以凝承大宝，庶不负予制器垂裕之深衷耳”。说明他玩物而不丧志。

这种赏心悦目、怡神养性、寓教育于鉴玩的活动，是一种特殊的文化现象，它是我国的玉、玉器内涵决定的，也是中华民族文化传统中派生的一种高尚的文化生活。古玉鉴赏活动的经久不衰，又将我国玉器工艺、玉器文化推向更高级的阶段。

玉器文化有着强劲的生命力，它不仅影响着我们民族的过去和现在，还将影响到未来。

瓷器之国

◎张小舟

在世人的眼中，瓷器与中国似乎不可分，以至于在英语中，“瓷器”和“中国”是同一个单词。的确，发明制作瓷器是中国人对世界文明的重大贡献，其影响的深远人所共知。

最早的瓷器产生于东汉时期，此前经历了由陶到瓷的漫长发展阶段。早在新石器时代初期，我们的祖先已掌握了制陶技能，到商周时期，出现了一种火候较高、外表包着青绿或黄绿色薄釉的陶器，由于它已具备了某些瓷器的特征，因此被称作“原始青瓷”。一般说来，真正的瓷器应该具备这样的特征：以瓷为胎，烧结温度高，不吸水，半透明，叩之有金石声。在浙江省上虞县一带东汉晚期窑址中发掘出的瓷器已达到这种水平。烧制瓷器取材容易，工艺简单，但烧制出的成品自有千种风流，万般神韵，以“点土成金”来形容是一点不过分的。早于瓷器出现的青铜、金银、漆器等，或庄严或华贵或典雅，然而由于用料讲究，工艺繁复，只能为贵族所独享，而瓷器则是“天下无贵贱通用之”的。与陶器相比，瓷器又有耐用、清洁、赏心悦目的优点，所以瓷器一经问世就备受青睐，在大江南北迅速普及，成为人们最普遍的日常生活用器。

说到瓷器的生产，素有“南青北白”之说，谓南方以烧制青瓷为主，而北方则以生产白瓷见长。当然这是不严格的划分，但唐代以前情况大致是如此的。

在南方众多的青瓷窑中，越窑青瓷最为出色。越窑之名见于记载，最早在唐代。陆羽《茶经》云“越瓷类玉”。其窑场集中在越州境内的上虞、余姚等地。其实在唐代以前，这些地区就是烧制青瓷的集中地，所以说自东汉以来至唐宋的一千多年间，越窑青瓷的生产一脉相承。西晋时期，越窑瓷业发展很快，窑场增加，仅上虞一地就发现这个时期的窑址六十多处。产品质量也显著提高，在江苏宜兴发现的江南大门阀士族周氏家庭墓中，出土的神兽尊、方壶、砚、熏炉、槅等，制作精致，釉层均匀，釉色青灰，器形端庄稳重，达到了较高的水平。

经六朝至唐，越窑青瓷更趋完美，原料加工和制作精细，胎薄而坚实；釉色滋润，隐露精光，如冰似玉，被誉为“千峰翠色”；器形规整，轻灵俊秀。当时饮茶之风盛行，士大夫、文人以饮茶为风雅。饮茶不但讲究茶叶的色香味和烹茶方法，也力求茶具的精美，以求其与茶色相一致的效果。而越瓷的青绿色泽与茶水的颜色配合，相得益彰。被后代称为茶圣的陆羽评价说：“碗，越州上。越州瓷青，青则益茶。”“越碗初盛蜀茗新，薄烟轻处搅来匀”（施肩吾《蜀茗词》）的吟唱，道出了越碗与新茗相配合的情趣。除碗之外，瓯也是唐代流行的茶具。据陆羽的描写：“瓯，口唇不卷，底卷而浅，受半升而已。”对照已发现的唐代瓷器，可知所谓瓯就是盏。孟郊“蒙茗玉花尽，越瓯荷叶空”的诗句，证明了瓯与茶的依存关系。在唐代，酒也深受人们特别是文人的喜爱。当时盛酒的酒壶叫作注子。在宁波出土的唐代越窑注子有五种不同的形制，其流（出水口）有长有短，其柄有曲有直，而腹部多做成瓜棱形，瓜棱凹进处釉厚、色深，凸起处釉薄、色浅，这就使得同一件器物的色泽有了深浅不同的变化，因而更有韵律感。

晚唐时期，越窑烧制的专供皇室使用的御用瓷被称为秘色瓷。根据宋人的记载，以往都认为秘色瓷出现于五代，是吴越政权的钱氏下令烧造的，因命民间不得使用而得名。但1987年在陕西省扶风县法门寺唐代塔基的地宫中，却出土了十几件秘色瓷器。这些青瓷器之所以被断为秘色瓷，是因为在地宫中石刻的器物帐中明确写着“秘色瓷”字样。由此可知在唐末已有秘色瓷器了。这一发现解开了陶瓷史上一个久而未决的谜。十几件秘色瓷中有八棱净水瓶、碗、盘等，器形较大，釉色是沉稳的湖绿色，温滑莹润，的确有如玉的感觉。越窑在宋代还曾烧造过贡瓷，但由于诸多名窑的兴起而逐渐衰落了。

唐代南方烧造青瓷的著名窑场很多，仅就见于《茶经》的而言，除越州窑外，还有鼎州窑、婺州窑、岳州窑、寿州窑、洪州窑。有一处瓷窑不见于史书，而瓷品又极富特色，这就是位于今湖南省长沙市郊的长沙窑。通过考古发掘，在长沙窑局部窑址就获得遗物2200多件，瓷器式样之多，在唐代瓷窑中少见，器物主要有壶、碗、盘、文房用品及玩具等。长沙窑瓷最突出的是它的装饰艺术，首先模塑贴花是一大特色。

贴花多装饰在壶一类器物的腹部，纹样有人物、动物、果木等，较具特征的有胡人乐舞纹样。在器皿的贴花部位，往往覆以褐色圆斑，表面再施青黄色釉。另外长沙窑瓷首创了釉下彩绘技法，突破了青瓷的单一色调，用生动的笔触，以褐、绿等色彩绘出戏童、水鸟、动物、花木等，极富情趣。这些瓷器上还书写诗句、民歌，内容多诉说离愁，如“一别行千里，来时未有期，月中三十日，无夜不相思”。一件传世的长沙窑壶腹部写着“卞家小口天下有名”，这是窑场主为自己烧造的瓷器所作的广告，带有明显的商业意味。

《钦定古今图书集成》版画“瓷器窑图”。

烧造白瓷的工艺比青瓷复杂，需要掌握好火焰及胎釉中铁的呈色，因此白瓷的出现比青瓷为晚。北方地区所发现的最早的白瓷器，出土于河南省安阳市的北齐范粹墓中。隋代墓葬中出土的白瓷器已达较高水平，内中有高大的彩绘瓷俑。进入唐代，北方出现了与南方越窑齐名的烧造白瓷的邢州窑。基于李肇《国史补》有关“内丘白瓷瓯”的记载，三十多年来多在内丘境内寻找邢窑遗址，但无所获。1980年才在河北省临城县祁村发现了邢窑窑址。据考，窑址所在地唐时不属邢州内丘，而属赵州临城，但与内丘交界，而《国史补》所记只是就大体而言。邢窑白瓷胎质细腻，釉色白而润泽,"类银类雪"。虽然陆羽从品茶的角度认为越州瓷为上,但也记录了"或以邢州处越州上"的说法,应该说邢窑白瓷与越窑青瓷是唐代瓷品中的双璧。邢窑遗址出土的白瓷器有碗、壶、小瓷塑等,以碗的数量为最多,也最有代表性,其中一种在玉璧形底中心施釉的碗,是精工细做的产品。白瓷的出现,为后来多种彩绘装饰的发展提供了可能,因而在瓷器发展史上具有重大意义。

由五代入宋,迎来了瓷业发展的繁荣时期,定、汝、官、哥、钧五大名窑争奇斗妍,此外耀州窑、龙泉窑、吉州窑、磁州窑等也各放异彩。

定窑创烧于唐代,由于它的兴起,原名噪一时的邢窑衰落了,以至于宋人只知有定而不知有邢。定窑遗址在今河北省曲阳县涧磁村,唐时属定州。定窑白瓷胎薄,釉为象牙白色。装饰技法有刻花、划花、印花等。纹样有各种花卉以及燕雀、戏婴等。花纹细腻而不繁缛,器物富丽又不失古朴典雅。定窑器多采用覆烧方法,即将碗、盘等器一个摞一个倒扣着装窑烧制,这种装窑方法的特点是产量高,但所烧器物的口沿部分无釉,被称为"芒口"。为追求瓷器整体的完美,一些瓷器的芒口处被包以金、银、铜等金属,称之为金扣、银扣和精装定器。据记载,定窑除烧白瓷外,还间烧其他釉色的瓷器,其中紫定甚为珍贵,近年在定窑遗址已有发现。

传说宋徽宗不喜欢定窑器有芒口,因而命汝州贡瓷,从此汝窑名闻于世。然而汝窑瓷器传世极少,以至于有人怀疑它是否真的存在。1987年在河南省宝丰县清凉寺发现了汝窑窑址。汝瓷的特点是胎为青灰色,釉料中掺有玛瑙,色天青,并有美丽的开片。

宋代官窑是官府设置专为宫廷烧制瓷器的窑场。北宋宣政间,官府在京师汴梁自置窑,始有"官窑"之名。北宋官窑窑址至今尚未发现,而传世的官窑瓷器有一些与汝窑瓷接近,因此也有人主张汝瓷即官窑。实际上官、汝两窑都是存在的,但汝窑在很大程度上影响了官窑。宋高宗南渡后,在杭州另立新窑,是为南宋官窑。南宋叶寘《坦斋笔衡》记:"中兴渡江,袭故宫遗制,置窑于修内司,造青瓷器名内窑;后郊坛下别立新窑。"郊坛官窑窑址在今杭州南郊乌龟山一带,窑址出土的瓷器胎薄,胎色黑灰或黑褐,与记载的"紫口铁足"吻合。其釉色有粉青、米黄等,施釉较厚,器物中很多是仿商周秦汉时古铜器和玉器的,显然是受了当时复古之风的影响。

关于哥窑,有记载说:"哥窑与龙泉窑皆出处州龙泉县。南宋时有章生一、生二弟兄各主一窑,生一所陶者为哥窑,以兄故也;生二所陶者为龙泉,以地名也。其色皆青，浓淡不一；其足皆铁色，亦浓淡不一。哥窑则多断纹，号曰百圾破。”哥窑窑址至今没有找到，从传世器物看，哥窑瓷胎有墨灰、浅灰、土黄，釉有粉青、月白、油灰、青黄各色，因此有人提出传世哥窑瓷器也许并非一个窑口所烧。至于其产地则有龙泉、景德镇、吉安、杭州等多种推测。哥窑问题是陶瓷史上的悬案。

钧窑在河南省禹县。钧瓷的特点在于它的不透明的乳浊釉，烧结后器物的釉色千变万化，那青中带红的颜色，宛如蓝天中的晚霞，极具诗情画意。“夕阳紫翠忽成岚”，是对钧瓷绚丽色彩的绝好描绘。人们发现在钧窑贡瓷底部都刻有数字，对于这些从一到十的数字的意义，自清以来就有种种推测。通过对窑址器物的研究，得知这些数字是表示器物型号大小的，“一”是最大的器皿，而“十”就是最小的。

宋以前瓷器总的特点是器形简单，装饰较少，而以釉色取胜，追求古朴、自然的风格；五大名窑之外，耀州窑瓷的橄榄绿、龙泉窑瓷的梅子青、景德镇瓷的影青、建窑瓷的兔毫和鹧鸪斑都各具魅力。宋代以后，中国瓷器的发展进入新的阶段。

元代，由于青花瓷器烧制成功，使瓷器的装饰有了突出变化。其工艺是以钴料在瓷胎上绘画，然后覆盖透明釉，经烧制呈现蓝白分明的艺术效果。青花瓷的产地在景德镇，此后景德镇的瓷业迅速发展起来。青花瓷玉肌青骨，淡雅娴静，是中国绘画技巧与制瓷工艺完美的结合。元青花瓷器类多样，有高足杯、折腹碗、菱花口大盘、盖罐、玉壶春瓶、贯耳瓶等。花纹较繁缛，层次多，画面满，但主次分明，浑然一体。关于青花的起源，学术界有两种看法：或以为自波斯传入，或主张是中国自创。然而，烧制青花必需的两项工艺釉下彩绘和运用钴料，在唐代就已具备，至元代已有四百年左右的历史，故青花瓷正是在前代制瓷基础上创制成功的。

明代瓷器生产仍以青花为主，但彩瓷开始流行。成化时期，烧制成功釉下彩与釉上彩相结合的斗彩。斗彩以青花为基本纹饰，点缀以三四种以上颜色的釉上彩，风格清新、活泼。彩瓷的出现是以有高品质的白瓷为前提的。嘉靖、万历时期的五彩是把青花作为一种颜色因素，与多种釉上彩结合，色调浓厚、鲜艳，此时青花装饰在器物上已不居主要地位了。景德镇在明代成为全国制瓷业的中心，当时至精至美之瓷，莫不出于此。

彩瓷的出现刺激了人们审美趣味的改变。清代彩瓷在明代的基础上大大地发展了，品种有民间五彩、珐琅彩、粉彩、斗彩、素三彩等。清瓷的另一突出成绩是能成功地烧制各种色釉。仿宋各名窑的瓷器可达乱真的程度；明一度失传的铜红釉得到恢复，烧出的郎窑红深艳美丽。清代新创的色釉还有胭脂水、珊瑚红、秋葵绿、乌金釉、天蓝釉等。清瓷在工艺方面极尽精巧，镂空套瓶、转颈瓶、青花玲珑瓷都是具有代表性的器物。《陶说》记述了当时的制瓷业几乎可以仿制各种手工艺品，“戗金、镂银、琢石、髹漆、螺钿、竹木、匏蠡诸作，无不以陶为之，仿效而肖”。清瓷流行各种吉祥纹样，如牡丹、石榴、桃、松鹤、鹿、蝙蝠等，以象征富贵、多子、福、禄、寿等。清瓷追求奇巧的风格，工艺水平空前之高，被誉为我国瓷器发展史上继宋之后的又一高峰。

文房四宝

◎张懋镕

文房四宝即笔、墨、纸、砚，是书房中常用的四种书写器具。作为帮助文字留影与传播的器物，它在中国问世之早、发展之快、品种之多、制作之精良，都为世所罕见。

文房四宝发轫在何时，现在还不能下断语。所谓蒙恬造笔、蔡伦造纸已成陈说。不过，有一点却可以肯定：它们或者它们之间的一两种，几乎与中国文字的产生同步，因而是中国文明时代肇始的标志之一。

现在学术界通行的看法是：商代晚期的甲骨文是系统的、成熟的文字。在此之前，上溯到原始社会晚期，应是文字萌芽的一个悠长的时期，而文房四宝正是在这一时期初露头角。作为文房四宝的“首领”，笔应是产生最早的。在我国新石器时代的彩陶上，绘制有很多古朴秀美的几何图案或动物形花纹，从行笔分析，很可能是用毛笔绘制的。在安阳殷墟发现的商代甲骨上，有未经契刻而留存下的朱书或墨书的字体，其笔划或圆转自如，或刚劲出锋，很难说它不是用毛笔写出来的。只可惜没有发现实物。现在我们所能看到的最早的毛笔实物是1954年在湖南长沙左家公山战国墓中出土的一支竹杆毛笔。其笔头和笔身都套进一支竹管里，笔杆实心，很细，长18.5厘米、粗0.4厘米；笔毛是上好的兔箭毛，长2.5厘米，夹在笔杆劈开的一端，然后用细线缠住，外面涂漆加以固定。

早期的毛笔虽然没有发现，砚的老祖宗却被我们找到了。在西安半坡、宝鸡北首岭，都发现了仰韶文化时期的研磨器，尽管它造型简单、制作粗糙，仍然称得上是砚台的祖型。1980年，在陕西临潼姜寨遗址中，出土了一块石砚，上面盖有石盖，揭开石盖，砚台凹处有一支石质磨棒，旁边放着若干块黑色颜料（氧化锰）。这应是目前所知最早的古砚，距今约有5000年。1975年，在湖北云梦睡虎地秦墓发现一件石砚，砚和研磨石都是用不大规则的鹅卵石加工而成。据观察，砚及研磨石均有使用过的痕迹和残留的墨迹。砚台的早期发现，从另一角度证明毛笔至少在砚台发明时已经存在。

墨的产生也比较早。相传西周宣王时，有个名叫邢夷的人开始制墨。但实际上，至少在商代就有墨了，甲骨文上的墨书字体便是极好的证据。只是没有发现实物，不清楚究竟是用天然矿物色还是用烟炱作原料制墨。1954年，在湖南长沙杨家湾战国墓里出土了一批墨书文字竹简，同时发现在一个竹筐里装满着黑色的泥块，据分析，这些泥块就是中国墨的祖型。由于制作水平粗糙，并不像书写出来的那样细腻，因此推测当时制墨水平应在此之上。1975年湖北云梦睡虎地秦墓出土一块圆柱形墨块，直径2.1厘米、长1.2厘米。这是初具形状的烟墨实物。不过总的来说，这时墨的形态，只是信手捏成或做成小圆块，还没有用模型固定成一定的形制，所以无法用手握着研磨，须借助研石压着研磨成粉末，再兑水稀释成墨汁。故伴出物往往是研磨的研石。

纸的产生比较晚，考古发现告诉我们，至迟在西汉时期，我国已经造出植物纤维纸。1933年，考古工作者在新疆罗布淖尔的汉代烽燧遗址中发现一片西汉麻纸，比文献记载的东汉蔡伦纸早了一个多世纪。1957年在陕西西安灞桥西汉墓葬中，出土了一叠80多片麻纸，比罗布淖尔纸的年代更早。1972—1976年，甘肃居延地区北额济纳河汉代遗址出土了两张麻纸残片，一张为汉宣帝甘露二年（公元前52年），一张为哀帝建平（公元前6—前3年）以前。1978年，在陕西扶风县中颜村西汉窑藏中，发现麻纸三张，有一定的光泽和韧性，被命名为“中颜纸”，也是西汉宣帝时的产品。

纸比笔、砚、墨晚出，这并不奇怪。因为在纸发明之前，作为纸的替身——竹片、木版、缣帛都曾被广泛采用为书写绘画材料，甚至龟甲、兽骨、陶片、玉片、石片都曾成为中国文字的载体。在从商代至战国的一千多年中，它们暂时代替纸与笔、砚、墨并驾齐驱，发挥了重要的作用。

自秦汉始，中国成为一个统一的大国，政治的需要与经济的发展加速了文化事业的蓬勃开展，文房四宝的制作也是日趋完善。如果说秦以前的石砚纯粹着眼于使用价值、不尚雕琢的话，那么两汉砚在雕凿技艺上已较精细。解放后出土的数量可观的汉砚，说明专供书写用的砚已被普遍使用。除石质外，也有一些陶质、玉质、金属和漆砚。砚的造型以圆形、长形为主,另有山形、龟形等。江苏徐州出土的一件东汉铜盒砚,除砚面部分为石片镶成外,砚盖为兽身,通体鎏金,镶嵌各种宝石和红珊瑚,制作十分精美,是汉砚的代表作品。魏晋南北朝时,由于制瓷工业的发展,出现了新的品类——瓷砚,数量较多,以圆形为主。这一时期还出现了石雕砚。如1970年山西大同出土的一件北魏石雕方砚,砚心两侧浮雕有耳杯形水池和方形笔舔,两端为鸟兽,作饮水状,周边还雕有骑兽、角抵、舞蹈、沐猴四组图案。制作艺人连砚四侧及砚底也不放过,雕刻着飞禽、花卉等,其工艺之精湛令人叹为观止。在魏晋南北朝砚形完善的基础上,唐代涌现出“四大名砚”,即山东鲁砚、广东端砚、安徽歙砚、甘肃洮砚。鲁砚中首推青州红丝石砚,石色美丽,石中多云纹、水纹等纹彩,且储水不干,易于发墨。著名书法家柳公权称赞道:“蓄砚以青州为第一。”端砚因产于端州(今广东肇庆市东郊)而得名。它有研墨无声,发墨不损毫的特点。其中精品被列为贡品,专供皇胄朝臣使用。歙砚的特点是石质坚韧、晶莹润洁,其中以龙尾砚为上品,扣之如玉振,声音清越,蓄水经旬不燥。洮砚石质坚润,色彩绿蓝,发墨快,且利笔,深受文人学士钟爱。四大名砚的出现,标志着中国制砚艺术进入完全成熟的阶段。

自秦代始,毛笔的制作技术也有了很大的提高。1975年湖北云梦睡虎地秦墓出土了三支毛笔,笔杆一端不是劈成数开,而是挖成空腔,将笔毛放入腔内。外有骨箍加固。这或许说明蒙恬确曾对毛笔作过一些改制工作。这对于秦代文字的统一、书体的美化,起了推进作用。两汉以后出现了一批制笔名手。如汉时称为“草圣”的张芝,不仅以创“今草”闻名,而且他本人就是精制毛笔的名匠。东汉文学家、书法家蔡邕,平生就最喜用张芝笔。到了唐代,出现了专门的笔匠与作坊,毛笔的制作已相当精致。当时的宣州(今安徽宣城县)成为全国制笔的中心,出产名噪一时的宣笔。宣笔以高质量的兔毫为原料,制作精细,赢得历代文人骚客的广泛赞扬。唐代诗人白居易曾写下脍炙人口的《紫毫笔》:“紫毫笔,尖如锥兮利如刀。江南石上有老兔,吃竹饮泉生紫毫。宣城之人采为笔,千万毛中拣一毫。毫虽轻,功甚重,管勒工名充岁贡,君兮臣兮勿轻用。”晋唐时,高腿桌椅尚未流行,人们多盘坐席上写字,往往悬腕而书,所以要求笔锋坚挺,宜用兔毫。北宋以后,新式的高腿桌椅开始普及,书写姿势舒展大方,因而改变了晋唐以硬挺为上的制笔方法,要求笔的原料及性能多样化,于是软毫渐占上风。南宋时,中国经济文化重心南移,制笔中心逐渐由安徽宣城转移到浙江吴兴县一带。到了元代，这一带属湖州，以本地区“嘉兴路”山羊毛最负盛名，制出的毛笔比宣笔柔韧，特别适合书写，因此后来有“湖笔甲天下”的美誉。直至明朝，湖州一直是全国的制笔中心。

墨的制法，在东汉时有了较大的进步。其形状已由小圆块改为墨锭，可以直接拿着研磨，从此作为砚的附件的研石就销声匿迹了。同时出现了规模较大的制墨作坊。由于产量大增，所以当时朝廷有条件按月将墨发给官吏们使用。东汉时松烟已成为造墨的主要原料。所谓松烟，就是用松木烧出的烟灰，拌以漆、胶制成。经鉴定，河南陕县刘家渠东汉墓出土的五锭残墨，便为松烟所制。用松烟造墨，其色黑且质地细腻，重量轻而便于研磨。松烟墨的兴起，为书法艺术的发展提供了良好的条件。西晋陆机所写的《平复帖》，距今已1600多年，但字迹仍然清晰。东汉以后，墨的制作质量不断提高，渐臻完善。如三国韦诞制墨十分考究，将取来的松烟灰经过漂、筛，除去杂质，并加上麝香、冰片、皮胶等名贵药物加工制作，故墨能防蛀防腐，且异香扑鼻。他制的墨被誉为“一点如漆”，后人尊他为制墨的祖师爷。唐五代制墨高手当推奚超、奚廷珪父子，他们制的墨“丰肌腻理，光泽如漆”，受到南唐后主李煜的赏识，并由此而被赐予国姓“李”，李廷珪也当上了墨官。当时李墨名满天下，以至于有“黄金易得，李墨难求”之说。李氏父子居住在安徽歙县。到了宋代，歙州改名徽州，从此“徽墨”在全国号称第一。宋代的制墨质量较前代又有提高。当时发明用桐油、石油、麻油、脂油所燃之烟为原料，其质地之佳，渐为人们所喜爱。北宋著名科学家沈括在《梦溪笔谈》中提到，用石油烟制墨，“墨光如漆，松墨不及也”。这一首创，在我国制墨史上占有光辉的一页。

纸虽然在西汉已出现，但总的来说比较粗糙，不便于书写，不能完全取代简帛的地位。到了东汉和帝时，尚方令蔡伦利用树皮、鱼网、破布造纸，不仅提高了纸的质量，而且由于扩大了原料来源，使纸的产量大幅度增加。可以说，东汉时已步入造纸的成熟阶段。魏晋南北朝时，造纸原料扩大到稻草、麦秆、藤皮、桑皮；在制造技术方面加强了碱液蒸煮和舂捣，使质量与数量都有提高。同时出现了色纸、涂布纸、施胶纸等加工纸，外观洁白、表面平滑，深得人们喜爱。此时，纸张已基本取代了简帛的地位，成为人们唯一的书写材料。现存最早的书法真迹《平复帖》，就是书写在白麻纸上的。隋以后，造纸原料继续扩大，多以瑞香皮、栈香皮、木芙蓉皮、青檀皮等韧皮纤维作原料，制造出柔韧而薄、纤维均匀交错的纸。特别是用青檀皮制作的宣纸，具有质地柔韧、洁白平滑、细腻匀整、色泽耐久、吸水力强的特点，尤其适用于中国书画，是手工纸里的精品。宋承唐绪，广泛用竹为原料造纸。当时南方多竹，为造纸业的发展提供了丰富的物质条件。因此，宋代竹纸的产量越来越大。同时，由于纸张耗费量大，造纸工人创造了一种“再生纸”，即以废纸为原料，经加工成为新纸，人或称之为“还魂纸”，开我国废物利用之先例。宋以后造纸多用植物黏液（如杨桃藤、黄蜀葵等浸出液）做“纸药”，使纸浆质地均匀，纸质有了进一步提高。

当笔、墨、纸、砚各自步入其成熟阶段后，“文房四宝”这一名称遂趋于定型。1974年，南昌市东晋墓中出土一方木，上有记载笔、墨、纸、砚的文字。看来，这四种器具的定型化在晋时已基本完成。隋唐以后，由于文人的提倡与介入，“文房四宝”的内涵更加明确。武则天时，李峤有咏纸、墨、砚、笔的诗传世，使文房四宝登上诗坛，广为流布。南唐时，人们把澄心堂纸、李廷珪墨、诸葛氏笔、婺源龙尾砚并称为“文房四宝”。北宋时，我国第一部系统介绍文房四宝的专著《文房四宝谱》问世。南宋时，帝王多精于书画，地方官吏为取悦皇上，常常以“文房四宝”上贡。明清时，“文房四宝”特指浙江湖州的湖笔，安徽宣城的宣纸，安徽徽州的徽墨，广东肇庆的端砚，这一涵义一直沿用至今。

由于“文房四宝”在古代多为文人学士所用，天长日久，文人往往参与其制作。如著名的加工纸“薛涛笺”，即为唐代女诗人薛涛指导匠人改制而成。又如被推崇为宋代典型的抄手砚，据说是大文学家苏东坡所设计。在文人看来，文房四宝不只是书画用具，而且是珍贵的艺术品，具有鉴赏与收藏的价值。这一观念的扩散，导致宋以后文房四宝向欣赏品、工艺品方向发展，既然作为观赏品，外表自然极其重要。对于毛笔，不仅讲究质量，笔杆的选材也很严格。除了一般的竹质笔杆外，有名贵的檀木、花梨木之类的木质笔杆和金、银、玉石、象牙、玳瑁等珍贵笔杆。笔杆上的雕镂艺术，也日趋精巧，除了镌刻名言警句外，往往还雕刻、镶嵌、彩绘各种山水、花鸟、人物，成为精致的欣赏品，这在明清两代最为突出。

明清墨锭质量不但超过前代，还以精美的墨式著称于世。由于文人参与制墨，墨的制作向“精鉴墨”、“家藏墨”两个方面发展，前者专供鉴赏，后者多作收藏或馈赠朋友。如清代曹功素的《经常应世墨》，图案细致，造型优美。其中“紫玉光”墨面上是黄山三十六峰，由36锭墨按照各峰形状组合而成，一墨一峰，既可独立欣赏，又能合而通观，很有艺术趣味。

纸上虽然不能镌绘如此复杂的图画，但丰富的色彩与纹理亦足以引人入胜。宋代以后，纸品繁多，如加工纸中出现了彩色的蜡笺、泥金、冷金、罗纹、砑花等新品种，五彩缤纷，令人眼花缭乱。宣纸虽产生在唐代，但到了明代才名震文坛。明宣德年间，文人墨客争相购用，一时出现宣纸奇缺的现象。这也是因为宣纸具有收藏价值。

明清砚台，不仅造型多样，而且砚式丰富多彩，纹饰遍及山水、人物(包括仙佛)、花鸟、鱼虫、走兽。如清初江南刻砚名手王岫君所刻一方山水砚，在正反两面依原石天然形势为山水，构图奇巧。此时还讲究在砚上镌诗、题铭。一方名贵的砚台，镌刻名人铭文后，更增添了艺术欣赏价值。

如果说，笔、墨、纸、砚的发展轨迹是中国古代文化前进的一个缩影，那么，“文房四宝”所共同蕴涵的审美价值，则是独特的民族性格的积淀。

古代钱币

◎李学勤

钱币是中国古代文物的一个重要门类，研究古代钱币的学科称为古钱学。习惯上“古钱”一词主要是指金属铸币，而“钱币”的涵义要更宽广一些。

在殷商和西周的时代，贝是最常使用的货币。所用的贝是一种名叫货贝的小海贝，十枚贝称为一朋。

中国什么时候开始使用金属作为货币，现在还是一个没有真正弄清的问题。按照古书，比如汉代司马迁《史记》所讲，虞、夏时代已经以“金”为币，而且“金”有黄金、白银和铜三种。这如果是真的，金属充当货币要上推到公元前2000年以前。可惜这种记载没有任何考古材料可以证明。看商代晚期的甲骨文、金文，王有时以金属(可能是铜锭)赏赐他的臣下，可能当时已使用金属作为货币了。同时，在安阳殷墟等地的商代晚期墓葬中，发现过一些铜铸的贝，这究竟是铸币还是一种装饰品，尚无确切的证据。在西周的金文里，有“金”(指铜)用作货币的肯定事例，并且“金”可以同贝互相折算。不过，这时的“金”仍旧是以锊(音lüè，重量单位，相当$6\frac{2}{3}$两)计量的，恐怕还不会是铸币。

目前能够确定的金属铸币，最早的属于春秋战国时期。由于列国林立，铸币的形制也多种多样，总的说来有布、刀、圆钱、铜贝、金钣五类。前四类都用铜铸造。布是铲子形的，上端的铲柄称“首”，下面的铲身上缘称“肩”，下缘如分成两尖，尖部称“足”，足间称“跨”。刀形如窄长的小刀，柄端作环形，刀尖称“首”。圆钱作圆形，扁平而在中心有一个孔，称为“穿”。铜贝通称“蚁鼻钱”，形如货贝，一端有小孔。金钣则是用黄金铸造的，呈方或束腰的版形。

古书《国语》记载，春秋时周景王二十一年(公元前524年)铸大钱。据说景王以前已经有钱流通，而且分为子、母两等。"钱"字的本义是一种铲形工具，《国语》讲的就是布币。考古发现证实，春秋中期以后周确行用布币，其首部中空，故名空首布。周空首布有平肩、斜肩的，多有文字，早的有铸造的标记，较晚的是铸造所在地名，如"三川釿"、"东周"等，"釿"是布币的单位。战国时周还有圆钱，圆穿，文字有"西周"、"东周"等。

春秋战国之初，晋国也行用空首布，特征是耸肩尖足。有带文字的，也以"釿"为单位。到战国时，晋分为韩、赵、魏三国，都以布币为主。与周合在一起成为布币区。

魏国的布币是平肩方足或圆肩方足的圆跨布，分半釿、一釿、二釿三等，铸地有"安邑"、"阴晋"等多种。另有"梁正币"、"梁奇釿"两种圆跨布，是公元前361年魏迁都大梁所作，合计也是三等。魏国另有圆钱、圆穿，文字有"共纯赤金"、"漆垣一釿"等等。

赵国的布币有耸肩的尖足布，地名有"晋阳"、"平原"等多种，分两等，较小的附"半"字。另有圆首圆足布，面文"蔺"或"离石"，背有纪数，仍分两等。由此演化出三孔布，圆首圆足上各有一圆孔，背有"十二铢"或"一两"纪重，首部有纪数，其面文有"上曲阳"、"北九门"等，是布币中最珍异的。赵国也有圆穿圆钱，文字有"蔺"等；还有直背的刀币，称为直刀，面文有"邯郸"、"柏人"等等。

韩国的布币是小型的方足布。小型方足布是战国后期韩、赵、魏和周都有的布币类型，地名很多，反映当时已有统一货币的趋向。

燕国、齐国的钱币，都以刀币为主，形成了刀币区。

燕国的刀币较早的是尖首刀，弧背，有铸造的标记文字。燕国最多见的明刀，可能就是从尖首刀演化来的，其面文为一"明"字，背面有各种标记字，早些的仍为弧背，晚的则作磬折形。燕国也有布币、圆钱，方足布小而精致，文字有"襄平"、"益昌"等。圆钱为方穿，文字有"明刀"、"一刀"等。

齐国的刀币比明刀厚重，面文有"齐法货"、"齐之法货"、"即墨之法货"("法货"原作"去化"，或释"大刀"，尚待讨论)等等，罕见的还有"莒邦"铸造的。莒地所铸另有一种近于明刀的刀币，通称"博山刀"。齐国也有方穿圆钱，文字为"賹化"等种。

楚国以"蚁鼻钱"和金钣并行。"蚁鼻钱"有"君"、"行"等几种文字，多不易释读。另有一种狭长的方足布，分两等。文字怎样释读还没有定论。金钣上有"郢称"、

"陈称"等文字戳记，可以切割，用天平秤量流通。

秦国以圆钱和"布"并行。"布"是真正的织物，秦律规定长八尺、宽二尺五寸，折合十一枚圆钱。秦的圆钱是方穿的，面文"半两"。个别有面文"两锱"的，两锱也就是半两。另外有"文信"、"长安"等圆钱，为秦封君所铸，很少见。还有"一铢重一两"圆穿钱，有编号，是否货币尚难确定。

秦的统一，结束了先秦铸币的混乱局面，半两钱成为法定的唯一钱币，从此方孔圆钱便是钱币的主要型式。据古书载，秦半两钱直径一寸二分，重十二铢，实物则在大小轻重上都有明显差异。西汉初年沿用秦制，但钱大小轻重的规定和文字的书体均不相同。如吕后时铸八铢半两，已较薄小，文字带隶意，不是标准的篆书了。文帝时起又铸四铢半两，文字更为苟简。当时还出现有特小的，号为榆荚半两，大约是非法流通的。

汉武帝即位之初，曾铸"三铢"，行世不广。到元狩五年(公元前118年)，铸行"五铢"，便于流通，于是成为一代定制。五铢钱也是方孔圆钱，有内外郭。根据考古所获实物，知道钱上文字形状有一个演变过程，如"五"字的叉笔由直而变曲，"铢"字"金"旁的上端渐呈三角形。武帝还规定有麟趾、袅(音niǎo)蹄两种金币，近年也有实物出土，分别为圆饼形和中空的马蹄形。

王莽时在钱币方面锐意复古。起初造大泉、契刀、错刀三种，与五铢并行。大泉是值五十的圆钱，契刀、错刀则是刀币，值五百和五千。不久又行"六泉十布"，即六等圆钱和十等布币，各有名称。最后改行重五铢的圆钱"货泉"及值二十五钱的布币"货布"。王莽屡变币制，复杂难行，但所铸钱币相当精好。

王莽灭后，东汉又恢复行用五铢。这时钱上"五"字叉笔更为变曲，"铢"字"朱"的上端改为圆折，和西汉钱不一样。五铢钱的变异很多，如灵帝时所铸，背面内郭四角各有一线伸出，称为四出五铢，诸如此类，不能尽述。

魏晋南北朝时期，政权繁多，币制也多变化，但始终没有完全脱出汉代钱币的影响。例如蜀汉续铸五铢，又有"直百五铢"，或省作"直百"。东晋沈充铸小钱，文为"五朱"，号称沈郎五铢。北魏所铸有的附加年号，有"太和五铢"、"永安五铢"。刘宋行"四铢"，后加年号作"孝建四铢"，又省作"孝建"，还有"景和"，实是二铢钱。梁也铸五铢，穿孔上下有四星的称四柱五铢，二星的称二柱五铢。陈所行五铢很小，称鸡目五铢，后来又铸"太货六铢"。这些都是五铢钱的苗裔。又有接近莽钱的，如孙吴铸

"大泉五百",后赵铸"丰货",北周有"布泉"、"五行大布"(圆钱)等。

隋朝仍然铸行五铢,外郭较宽,"五"字叉笔较直,为其特点。末年所铸色较白,有五铢白钱之号。到唐高祖武德四年(公元621年),铸"开元通宝"钱后,宣告了五铢钱一系的终结。

"开元通宝"也是方穿圆钱,也可回环读做"开通元宝",文字传为欧阳询手书。整个唐代一直在铸造这种钱,与唐玄宗开元年号没有特殊关系。唐高宗作"乾封泉宝",肃宗作"乾元重宝",代宗作"大历元宝",德宗作"建中通宝",开启了后世年号钱缀以"某宝"字样的先例。

五代十国时期钱币,沿袭唐代传统,但因政权纷更,品种也很多。其中有些所记不是年号而是国号,称国号钱。如后周的"周元通宝"、南唐的"唐国通宝"、"大唐通宝"。宋代也有国号钱,如"皇宋通宝",但以年号钱为主,品种和数量都很多,字体也多种多样。其中有些出自著名书法家之手,还有皇帝亲笔的,如宋徽宗的崇宁、大观钱,称为御书钱。辽、金也铸行年号钱,而金所造为多。西夏的钱,则用西夏文。元到明中叶继续铸钱,但因多行纸币,钱数量较少,到嘉靖、万历以后才逐渐加多。清代各帝沿用明制,仍设局铸钱,直至辛亥革命为止。现在很容易看到的"宣统通宝"小钱,铜质粗恶,文字模糊,可说是方孔圆钱衰亡的标志。

铜钱以外,还有铁钱、铅钱。铁钱最为多见,汉代半两、五铢已有铁制的。大体说来,南方铸作的铁钱较多,如萧梁曾大量行用铁钱,即其一例。宋代规定铜铁钱并行,四川专用铁钱。铅钱汉代也已出现,后世屡有制造,但显然少于铁钱。这些仍然属于方孔圆钱的传统。

方孔圆钱又影响到中国周围的国家,如朝鲜、日本、越南等。这些国家有的仿铸中国钱,有的自铸钱币,形制与中国钱接近,统称为外国钱。在历史上,有些外国钱曾在中国与中国钱一起流通,收藏家每易识认。当然,还有不少与中国钱形制不同的外国钱币,古时也流传到中国,如东罗马金币、波斯银币之类。

方孔圆钱是中国古钱的大宗,研究者一般依照其年代、质地、形制、文字、纹饰等方面,加以分类和描述。有的钱上记有铸造的时间、地点、钱局等项,也作为分类的依据。收藏家和研究者对与钱有关的各种现象,有一套相沿使用的名词。例如钱的正面叫"面",反面叫"背"或"幕"。钱体叫"肉",穿孔叫"好",边缘称"外郭",孔缘称"内郭"。钱的外边被剪掉为"剪边",剪下的外轮为"綖环"。钱上文字反书称"传形”。文字重复称“重文”，两面均为面文称“合背”，均为背称“合面”。钱体相连为“连钱”。一种钱有字体不同的两样为“对钱”，成组的钱为“套钱”。当一行用的钱是“平钱”或“小平钱”，当二以上称“折二”、“折三”、“折五”、“折十”。折五以上，通称“大钱”。用翻砂法铸钱时的雕模，叫做“母钱”；如果母钱也是铸的，原用雕模就叫“祖钱”。试铸上呈或颁发作为样品的钱，叫做“样钱”。特为纪念或去灾铸造的大钱，称为“镇库钱”。

还有一类钱，通称“压胜钱”，其实不是真正的钱币，而是节日、喜庆、祭祀之类场合使用的，还有供游戏、传信、辟邪等用途特制的，形制大都和真钱一致，多有美观的纹饰，为收藏家所喜爱。又有专为殉葬制作的，名叫“冥钱”。

除圆钱外，金、银在唐代以来仍然作为货币行用。近年发现的，有唐代的金、银铤和金、银饼，多有款识。其中金、银铤都是长方条形。宋代的银铤也有款识，形状为束腰形，成为后来通称的“元宝”。元、明、清的元宝形制大致相同，是大家熟悉的；另有小锭，通称锞子。

纸币的出现，始于北宋真宗时四川地方的交子。交子本来是商人使用的，后来为官方所行用。到宋徽宗时，改为钱引，有五百文、一贯两种。南宋高宗时，造关子、会子。会子有二百文、三百文、五百文和一贯等种。金人也有纸币，称为交钞，分为大钞、小钞。小钞由一百文到七百文，大钞由一贯到十贯。随后有贞祐宝券、兴定宝泉等名目。元初继承金制，有中统宝钞，分十等；后发行至元宝钞，有五文至二贯十一等。明代的纸币称大明通行宝钞，有十文至一贯十一等。清代也有宝钞，又有户部官票，面额自一两至五十两。

银元、铜元，都是清末光绪时开始铸行的，已超出古代钱币范围，不在此叙述。

收藏和研究钱币，首先须注意辨伪。古代钱币从来为收藏家所重视，罕见之品价格昂贵，同时伪造费工较小，因而伪品广为出现。伪造的方法很多，有完全伪铸的，有据真品翻制的，也有随意改刻的。至于制作假锈，更有种种伎俩。鉴定古钱真伪必须了解各时代的钱币特点和风格，从质地、工艺、形制、文化等各个方面综合考察，每每需要长时期的经验积累。

中国的钱币研究，有非常悠久的历史。现知最早的钱币学专书，是《刘氏钱志》，南北朝萧梁时人顾烜已引用此书。有人认为《钱志》就是《隋书》所载刘潜的《泉图记》，刘潜生活于齐、梁时期，也就是公元5世纪和6世纪之间的人。顾烜的著作名为《钱谱》，很受后人推重。刘、顾二氏的书，还有随后的若干作品，都早已散佚，最多只有佚文留存。能够流传至今的最早的一种，是宋代洪遵的《泉志》。和其他有关文物的学问一样，钱币学在宋代较盛，元明转衰，到清代又盛行起来，出现了许多著名收藏家和学者，著作很多，晚清李佐贤的《古泉汇》为其集大成之作。辛亥革命后，钱币学有新进展，20世纪30年代末丁福保编印《古钱大辞典》，汇集众说，材料丰富。70年代美国邱文明编《中国古今泉币辞典》，可惜只出版了七卷。最近，在北京有文物出版社出版的《中国古钱谱》，在上海有上海人民出版社开始出版的十二卷《中国历代货币大系》，内容都超过前人。特别是近年考古发掘的古钱日多，为进一步系统整理研究提供了条件，钱币学正在不断进步。

衣冠演幻

◎易 夫

在远古洪荒时期，原始人可能首先利用天然的兽皮、树皮、草叶等来掩盖身体。清代《滇黔记游》中记载云南的少数民族“纫叶为衣”。台湾高山族人也用芭蕉叶等做衣服。北方的鄂伦春等民族，则用兽皮、鱼皮做成衣服。这恐怕多少反映出上古的服装面貌。而在新石器文化时代的仰韶、河姆渡、良渚等文化遗址中，又曾经出土早期的葛、麻织物及原始纺机的零件，这表明到了五六千年以前，先民已可用植物纤维纺织出服装原料，并将衣着作为生活的必需品了。

蚕丝的发现和利用，是华夏祖先的一大贡献。在5000年前江苏吴兴钱山漾遗址中，便有了丝织品的发现，说明当时的人们已经开始养蚕并且掌握了缫丝、合股等纺织技术。

在这些完美的服装原料基础上，华夏子孙在商周时期形成了完整的服装式样。从安阳殷墟出土的玉雕人像、广汉三星堆出土的青铜人像等实物和文献记载中可以看出，商周时期，既有与身等长的袍服，也有上衣下裳这类分开的套服。上衣有偏衽与对襟直领等几种式样，一般为紧口窄袖。下裳是长及足踝的裙子，腰间系带，腹前还悬挂有一块长方形的蔽膝黼黻。下身不穿裤子，只在小腿上缠有裹腿，古人称之为邪幅或斜幅。冬天则加穿各种兽皮的毛裘。贵族还在毛裘外罩上棉衣，叫作“裼”。

冠，是古代男子，尤其是贵族男子必戴的“头衣”。它由一个冠圈和一根不太宽的冠梁组成，藉之把头发束缚住。为了防止冠圈掉下去，在冠圈两边有丝绳做成的缨，系到颔下。缨打结后余下的装饰部分叫作绥。还可以用一根丝绳，兜住下颔，两头系住冠圈，称作竑。为了固定冠和发髻，古人还使用笄、簪等饰物。

商周人已经穿用各种质料的鞋，有用葛、麻纺织的葛履、麻鞋，也有皮革鞋子。诸侯贵族们穿着丝绵织做的履，厚底的履被称作"舄"。

战国时期，中原服装出现了两大变化。一是北方赵国武灵王提倡的"胡服"，一是在中原各国普遍流行的"深衣"。

宽大的衣裙在当时已成为中华特有的服装。但它在以车战为主的春秋时期还勉强可以适应，而在以步、骑兵野战为主的战国时期便不适于作战了。赵武灵王为了富国强兵，学习北方游牧民族骑马作战的本领，命令全国改穿胡服，即废除下裳而穿有裆的长裤，废除履舄改用长统皮靴，上衣也变成紧身窄袖的左衽短袍，以便于驰骋征战。这是对传统中原衣裙的冲击，对秦汉时代的衣装也发生了不小的影响。

深衣则是一种将上衣下裳联成一体的长衣。在中山王国遗址和楚墓等处出土的铜人、木俑身上，都可以看到这种袖子宽大、领口交掩、下衣襟接出一条三角形曲裾缠在身上的衣装。它穿着方便，又能严密包裹身体，所以直至西汉还十分流行。

秦汉时期，袍服、深衣成了人们的主要衣式。妇女的日常穿着又转向上襦下裙的两截服装。襦是交领或直领的上衣，有长、短之分，可单可夹。而广大劳动人民也普遍上身穿长刚刚过腹的短襦，下身穿裤或缠斜幅(裹腿)。他们的衣装只能用粗毛褐或麻布制作，所以"衣褐"和"布衣"就成了平民百姓的代称。在劳作中，他们往往只穿一条短裤——"裈"。在山东沂南画像石上还可以看到穿"犊鼻裈"的男子。犊鼻裈是一种仅围住股间的短裤。汉代文人司马相如临邛卖酒时，便身着此衣。

汉代的冠幅式样非常丰富，官员们戴的冠有长冠、委貌冠、高山冠、进贤冠、法冠、武冠、鹖冠等等。平民则多用巾帛包头，或者戴大体与帽子相似的"帻"。到了汉代后期，幅巾和帻戴用得比较普遍，文人官员也常戴它们了。

魏晋南北朝时期，服装有了重大的改变。由魏晋名士风度造成的"褒衣博带"式汉族服装曾经风行一时。这时的服装，往往由宽松肥大的长袍和长裙组成，衣袖也极为宽肥，腰间系着宽宽的长丝带。衣带迎风起舞，显得十分潇洒。南北分裂后，南朝基本上保持了这种传统服装。

而被北方游牧民族占领的中原地区，则受到胡人衣装的影响。裤褶服，即由长裤、靴鞋与宽袖紧身短上衣组成的胡服，成了北方人民习惯穿着的主要服装式样。各种皮帽如突骑帽、合欢帽等也代替了冠巾，为世俗普遍戴用。北方游牧民族统治者为了镇压汉族反抗，曾强令推行胡服。直至北魏孝文帝决心变俗汉化，才改为推行汉人衣冠。北方的服装遂向南方靠拢。在南北朝晚期,长袍大袖的汉族礼服与经过改革的裤褶服同时并存。冠笄制度普及南北。以南方汉族妇女衣裙式样为主的女服,吸收了北方胡服的一些特点,上衣变得短窄紧身,衣袖细长,长裙及胸。披帛和长袍式的披风等也在敦煌莫高窟北朝壁画的女供养人身上出现了。

隋唐时期,是中国古代社会的巅峰。此时的帝王官员服装也形成了完整的等级制度,包括祭服、朝服、公服、常服四种式样,并且以不同的纹饰和色彩将各等级严格区分开来。而皇帝的服装更具代表性,仅冕服就有六种。最华丽的衮冕服,包括用金饰和玉旒装饰的冕冠;绣有日、月、星、龙、山、华虫、火、宗彝的黑色上衣、白纱中衣;绣有藻、粉米、黼、黻的红色长裙、蔽膝、大带和金舄等。官员们的朝服也以冠、上衣和裙裳、蔽膝等组成。常服则改为圆领窄袖的长衫——襕(音lán)衫,头戴幞头。

幞头是唐代新定型的东西。它来源于用巾帛包头的风气。将巾帛缀上四条带子,用两条在脑后系成一个结,另两条反折到头顶发髻前束紧,就成了幞头。由于它舒适轻巧,很快便风行社会,成为最普遍的一种头衣。在唐代的雕塑、画像等人物形象上,常可以看到各种式样的幞头。

唐代的男装,以襕衫和袍服为主,胡服式样的长袍也很流行,又有穿裤褶服的,但是裙裳却相对少了。唐代的女装极其丰富多彩,成为历史上最艳丽的服装。其基本结构为“衫、裙、帔”三部分。单衫和夹袄都做得又窄又短,衣袖细窄,衣领开得很低。裙却又肥又长,下可曳地,一般用六幅布帛缝合而成。帔子,是一条披在肩上的彩帛,它是受西亚波斯等国服装的影响形成的。唐代妇女还喜欢穿半臂上衣。在新疆阿斯塔那唐墓中可以看到穿着半臂和披帛的女俑。由于这时的女装多用色彩华美的丝锦制作,故唐代壁画中的妇女衣装常艳丽照人。

唐代妇女特别喜欢扮成男装,穿着胡服,它包括窄袖翻领的对襟长袍、紧口裤、靴子等。胡帽也是妇女们常戴的,有卷檐毡帽、锦帽、皮帽以及遮盖头部至全身的纱网——幕罱(音lí)等。

到了唐代后期,妇女的服装又有了重大改变,排斥胡服,恢复肥大的衫裙,使服装中汉族的传统色彩重占上风。这时的女装,衣袖和裙裾都十分宽大,衫短裙长。布履、蒲履代替了靴鞋。穿男装的风气虽然还有,但已很少见了。

宋代的服装在严格等级界限的同时,趋向素净质朴,简单保守。男子日常穿着的衣衫分为两种:文人、官吏、市贾等,大多头戴幞头或巾子,身着交领宽袍或圆领

唐周昉《簪花仕女图》。

襕衫，宽窄适中，式样较少变化；而劳动阶层则大多身穿短襦和裤子，头戴头巾，足登麻鞋。热天则仅穿两当式布背心或对襟半臂，甚至上身赤裸，仅穿短裤。衣服的色彩也变得淡雅协调。

宋代官员戴的幞头变化很大，由软巾帛变为硬胎的纱帽，两脚加长变直。文人士大夫又风行起戴幅巾，并创造了许多新式样。“东坡巾”就是最有名的一种。

宋代新流行的背子，是男女咸宜的一种服装。它由半臂发展而来，直领对襟，但有长袖，与长袍相似。背子的特点是前后衣裾不缝合，两侧衣衩缝直开到腋下，所以必须在腰间束帛或系带，男人不能把背子作为正式服饰在外面穿用，妇女则可把背子套在外面，所以妇女的背子式样也较多。宋代《清明上河图》、晋祠圣母殿宫女彩塑等都有妇女背子的具体式样。

元代，蒙古人的服装又进入了中原。常见的有圆形、四方形的笠子帽，辫线袄子等。辫线袄子是在腰部缝出许多横向折裥的短袍，它具有一定伸缩性，很受武士们欢迎。蒙古服饰的突出代表是蒙古贵族们的质孙服和顾姑冠。质孙服是上衣下裳相连的一种袍服，衣式较窄，腰间作出无数细褶，并根据颜色和饰物分成不同的种类。顾姑冠是妇女头戴的高帽，帽顶是一个数尺高的细圆筒，上加珠宝等饰物。现存元代皇后彻伯尔像上，可以看到这种帽子。

明代对于服装的限制特别多，连衣服长短、帽子式样都由皇家加以规定。民间恢复了传统的宽袍大袖服装，有圆领右衽的宽袍，也有直领的直裰，裙、裤并存。平民的服装有短袄、短裤、布裙、长袜等，与近代的衣装很相似。

明代官员服装上新创了一种等级标志——补子，它是绣有特定动物图案的方形织锦，钉在官常服的胸前和背后。官服也因此被称为补服。

明代新兴的衣装有：六合一统帽，亦即沿用到民国初年的瓜皮帽；四方平定巾，即方形的墨纱高顶帽；束发的网巾；双梁的重脸鞋；以及妇女穿的比甲，头箍，凤冠霞帔等。比甲是一种无袖无领的对襟长衣，来源于蒙古军人的护身外衣。头箍是由网巾演化而来的束在额头的装饰品。至于凤冠霞帔，则是贵妇人们的礼服专用品。

清军入关以后，以满族衣装为主，强迫汉人剃头换装，形成了面貌迥异的服制。满族服装主要是圆顶冠帽、袍褂、马蹄袖、长裤与靴鞋等。满族袍子与汉袍不同，上身紧窄，袖子细瘦，袖口前端做出箭袖，圆领口，衣襟右掩。有些袍子下身前后左右开衩。满族还习惯在袍子外再穿一件对襟圆领的短外褂。又有一种武士特有的外褂，袖子仅及肘部，衣长不过腰，适宜骑马穿用，叫作马褂。马褂在清代非常流行，色彩和式样经常随时尚变化，是清代人们重要的装饰衣物。

清代的妇女衣装颇具特色。旗装是满族妇女的礼服，它以长袍为主，圆领，右掩襟，但不开衩，显得瘦长，袖口敞开，比较宽大。贵妇的旗装上常加一条围巾和一件马甲。马甲类似马褂而无袖，上面加意做出多重镶嵌刺绣，十分艳丽。清代初期，汉族妇女多沿用明代的衣装式样，如对襟短衫、裙、比甲等。以后在满族服装的影响下，逐渐改为袄、衫、裤子、披风和长背心等。衣身、袖口比较宽大，衣领大多是圆领和斜领，显示出旗装的影响。晚清时，女装极力向堆砌装饰的方向发展，在衣边、裤脚、袖口等外镶加各色花边，新鲜离奇，板滞费工。清室灭亡后，这种女装即被淘汰。西方现代服装的涌入，使中国服装进入了一个新的演变阶段。

民间玩具

◎李寸松

中国的民间玩具很丰富，四时八节都有，过年过节更多。上了些年纪的人，一闭眼就能回忆起小时候玩过的那些小玩意儿，例如，泥娃娃、布老虎、陶叫叫、瓷哨子、假面具、小木偶、风筝、风车、花灯、花炮、木鸟、木鸭、竹弓竹箭、木球纸球、玻璃弹子等等。这些“小玩意儿”不起眼，自古以来，很少有人注意。因此，要问起它们的历史，古书上的记载很少，只是星星点点有一些。不过，我们如果加以注意，就可以知道我国民间玩具的历史十分久远。

“断竹，续竹；飞土，逐肉。”(东汉赵晔《吴越春秋》)这首“弹歌”相传是远古时代的作品，语言精练，只用八个字，就描写了远古先民造弓、用弹、打猎的情景；同时也说明竹弓泥弹在远古时代就有了。这不也是后世儿童玩的竹弓竹箭的“祖先”吗？说到弹丸，新石器时代仰韶文化西安半坡遗址(公元前4800—前4300年)出土文物中有不少石球和陶球，直径最大者3厘米，最小者1.1厘米，加工精细。其形体小而轻，倘作弹丸似不实用，应属小儿玩具。半坡遗址152号一个五六岁女孩的墓中，出土随葬陶器、石球、石珠、耳坠、骨珠等79件，更可说明石球、陶球当时除用作弹丸外，也已成为小儿玩具。这些小球距今已有6000多年。还有，四川巫山大溪遗址(约公元前4400—前3300年)、湖北京山屈家岭遗址、天门石家河遗址(约公元前3000—前2600年)都有陶球出土。四川大溪遗址出土的陶球有了刻画、篦点、戳印等饰纹，屈家岭遗址出土的陶球多达40余件，直径大者8—9厘米，小者3—4厘米，加工更为精致，球有素陶、彩陶、空心、实心之分，球上有网纹、十字、米字、三角、菱形花瓣等多种图案，这些美丽的陶球，不是弹丸，明显应属玩具。可见，古老的弹丸，也就是今天小儿所玩玻璃弹子的鼻祖。

仰韶文化半坡类型临潼姜寨遗址出土有单孔和三孔陶埙。后者高5厘米，球体中空，吹之能发四种声音。陶埙在新石器时代河姆渡遗址(约公元前5000—前3300年)、河南辉县殷墓、郑州商代遗址等地都有发现。晋代《拾遗记》说："庖牺(即伏羲)……丝桑为瑟、灼土为埙，礼乐于是兴矣。"伏羲造埙，只是一种传说。新石器时代实物的发现，证实了埙的历史古老。埙，可能也始于原始人的狩猎实践。旅顺铁山镇出土了一个新石器时代马鞍形陶笛(哨)，上有二孔，吹之能发出尖锐声音。上述半坡的单孔陶埙，亦即陶哨，现在吹起来仍吱吱有声。埙作为一种古老的乐器，流传至今。同时也作为一种玩具，几千年来一直在民间广为流传。当今的民间玩具中仍有它的后代。河南淮阳称之为"小梨喽"的二孔、三孔、五孔烧土哨，几乎和新石器时代的陶哨、陶埙一模一样。还有，山东阳谷的"咕咕虫"，河南浚县的"泥咕咕"等，也都是古哨、古埙的孑遗和演变。至于用它的发声原理制作的哨子玩具更是遍布广大农村，什么陶哨、瓷哨、泥哨、石哨、竹哨、木哨……多种多样，广为流行，形成了我国传统音响玩具的一个主要品种。

新石器时代河姆渡遗址，湖北京山屈家岭遗址，山东大汶口遗址（约公元前4300—前2500年)先后发现了很多10厘米左右的人面、小鸟、鸡、羊、猪、鱼等小陶塑。半坡遗址也出土了人头(高4.6厘米)、鸟头(高7厘米)、兽形钮(高4厘米)等陶制小品。这些珍贵的、古老的艺术小品，乃是我国陶瓷玩具的先行者。出土存世的古代玩具以陶瓷居多。旅顺市、河南省等博物馆藏有商代陶制玩具：陶虎、陶羊头、陶兔埙等。东汉王符《潜夫论》云："或作泥车瓦狗，马骑倡俳诸戏，弄小儿之具，以巧诈。"反映了汉代捏烧玩具已很普遍。陕西省博物馆藏有从隋代李小孩墓中出土的烧土玩具，有小鸡、小狗、小人、小簸箕等。唐代烧制玩具更为普遍，存世实物较多，如湖南省博物馆藏有唐代长沙窑陶瓷玩具小人、小鸟、小兽等数十件；上海博物馆藏有唐代邛窑瓷兽、瓷鸟、瓷铃等小玩具；旅顺博物馆藏有唐代三彩狗、陶驼、陶猴、陶鸟、陶铃等玩具。宋代陶瓷业鼎盛，流传陶瓷玩具颇多，如河南、安徽、上海、浙江等省市博物馆均有收藏。清代施闰章《矩斋杂记》云："宋时江西窑出庐陵之永和市，有舒翁工为玩具，翁之女尤善，号曰舒娇。"如此突出地记述玩具作者，甚为少见。1975年，苏州宋代平江府平权坊遗址，出土了一批磕制泥玩具的模具和磕出的泥玩具。花样有坐童举笙、捧笙童子、抢球童子、水月观音、文官、高僧、牡丹、花朵、狮戏球、虎头哨、小鸟、小龟等等，人兽花鸟，生动精妙。山东博山和宁阳宋代窑址也有模制玩具出土。博山有“人马平安”、龟、犬、蛙等；宁阳有爬童、鸭、蛙、鱼等。仅举“挂一漏万”之例，也可见宋代陶瓷玩具多彩高超之一斑。明代青花是瓷器又一高峰，玩具风格与宋代不同。明、清以后，青花瓷玩具流传甚多，上乘佳作屡见不鲜。近代民窑遍布各地，各窑在烧制陶器皿的同时，均带烧儿童玩具出售，如瓷都景德镇，陶都宜兴等，过去均有陶瓷玩具生产。以上概述，已可见我国陶瓷玩具之源远流长。

“女娲抟土造人”虽是远古神话，然而也反映了捏小泥人的历史久远。泥质易解，远古的泥人无迹可寻，然可知其比陶塑更为古老。《史记·殷本纪》云：商代“帝武乙无道，为偶人，谓之天神。与之博，令人为行。天神不胜，乃僇(戮)辱之。为革囊，盛血，印(仰)而射之，命曰‘射天’。”此事可能也为传说，然而是关于泥人的较早记述。关于小泥人记述，数宋代为多，当时称小泥人为“摩睺(音hóu)罗”或“磨喝乐”等。宋人金盈之《醉翁谈录》、周密《武林旧事》、庞元英《谈薮》、祝穆《方舆胜览》和元人陈元靓《岁时广记》等书均有记述。孟元老《东京梦华录》云：“七月七日潘楼街东宋门外瓦子，州西梁门外瓦子，北门外、南朱雀门外街及马行街内，皆卖磨喝乐，乃小塑土偶耳。”可见当时“磨喝乐”盛极一时。1976年，江苏镇江宋代遗址出土了一组泥孩儿，高10厘米左右，像上有“吴郡(苏州古称)包成祖”、“平江(苏州古称)孙荣”的戳记。这组泥孩儿共有五人，他们正在玩摔跤游戏，神情生动，姿态不同，生活气息极浓，展现了宋代民间“摩睺罗”的面貌，甚为珍贵。据唐代段成式《酉阳杂俎》中记述：“齐公所丧一子，漆之如摩睺罗。”可知这种泥孩儿唐已有之。

女娲抟土造人是神话，而河南淮阳的艺人们说：我们捏“泥泥狗”的手艺是“人祖爷爷(伏羲)和人祖姑姑(女娲，因传说伏羲、女娲是兄妹成亲，故称“姑姑”)传下来的”。这当然不足为信。不过，经过调查，“泥泥狗”确是自古流传至今的最古老的泥玩具。淮阳当地有“伏羲陵”，每年农历二月二到三月三有“人祖庙会”。庙会上有售称为“泥泥狗”的泥玩具。“泥泥狗”古朴奇丽，当今仅见，它与伏羲、女娲的神话相联系，作品有大量类似图腾、莫能以名的怪物；有似人又似猴的“人祖”；猴头鸟身的“猴头燕”，以及“两头狗”、“两头鸟”、“两头猴”、“两头人”等等。这种一身二首之作，与《山海经》所载的两头兽“并封”、“屏蓬”相似，又与伏羲、女娲两蛇(龙)交尾图像相像，又竟然和新石器时代河姆渡遗址出土的两首陶猪相巧合。前述该地产的“小梨喽”又与古埙相似。因而人称“泥泥狗”为“活文物”。当前，仍在生产的著名泥玩具产地，还有陕西凤翔、河南浚县、江苏无锡等地。凤翔是先秦十九代国君建都之地，民间玩具又多又好。“泥老虎”和“泥挂虎”是其代表作。“泥老虎”置以“护儿”，当地有外婆或舅父以泥虎赠初生之外孙或外甥之习俗。“泥挂虎”悬之“镇宅”。民间传说：明初，朱元璋之守兵，曾戴泥虎头吓退了元军，给凤翔带来了安定幸福。凤翔泥塑，色彩艳丽，对比强烈，有秦腔高亢激越之韵味，其纹样又有周秦遗意。河南浚县古称黎阳，隋末瓦岗起义军曾在此地与隋军大战。泥玩具集中产于城关杨玘屯村。传说该村原是瓦岗军大将杨玘屯兵之地。当年瓦岗军为怀念战友而捏制小泥人，以后流传至今。泥玩具以嘶鸣的战马、骑马兵将、古军号海螺演变的“泥咕咕”等为特色。然该县泥玩具是否确始于隋唐，尚有待考证。江苏无锡泥人名扬四海，以“大阿福”最有名。传说古时，天降一“沙孩儿”，吞灭了山上猛兽毒蛇，使无锡民众得以安宁幸福，故有“大阿福”之作。据明代张岱《陶庵梦忆》载，当年无锡商店中已有泥人出售。艺人们传说他们的祖师是战国时的孙膑。孙膑曾为战胜庞涓而捏泥人演阵。根据出土的新石器时代小陶塑“人面”等实物，以先土后陶的合理推断，我国“捏小泥人”的历史，至少在7000年以上了。

竹木易腐，故传世竹木玩具甚少。旅顺博物馆藏有唐代木鸭一个，难能可贵。河南南阳汉代画像石《许阿瞿画像墓志铭》上刻有墓主人许阿瞿生前观赏三童牵木鸠、驱木鸠的情景，可见汉代已有较为精巧的木玩具。新石器时代河姆渡遗址出土一件木鱼(高3.5厘米，长11厘米)距今已五六千年，足证木雕小品远古已有，极为珍贵。竹子早为先民利用。新石器时代西安半坡遗址出土的一个陶钵底部印有清晰细密、一如当代的席纹，《西安半坡》一书并注明，“当时的编织方法很多”。由此也可推断，竹玩具出现不会太晚。近代竹木玩具品类颇多。当前产品产量较多的产地，木玩具当推山东郯城、河南浚县等地；竹玩具以南方产竹区为多，如浙江、四川、湖北等地。

布玩具是民间玩具之一大宗。古老的布玩具未见实物发现，但可以刺绣史料作为佐证。宋代高承《事物纪原》记述传说：“《帝王世纪》曰：太昊制九针，(针)由此始。”“帝舜始为绣。”据1958年长沙楚墓出土的春秋时精致的绣品，可以推断当时民间已有布玩具无疑。制作布玩具为农家妇女之所长，代代相传，巧手遍布各地农村。

儿童玩小木偶，是摹仿木偶戏。木偶戏即傀儡戏。宋代佚名《百子嬉春图》中就有儿童玩傀儡的情景。战国《列子·汤问》中云：西周(公元前1046年—前771年)巧匠偃师带其所造“倡者”(傀儡)谒见周穆王，“王以为实人也。与盛姬内御并观之，技将终，倡者瞬其目招王之左右侍妾，王大怒，立欲诛偃师，偃师大慑，立剖散倡者以示王，皆傅会革、木、胶、漆、白、黑、丹、青之所为”。3000年前已有木偶乱如真人，可能言过其实，然可知当时已有精巧木人。据艺术考古家常任侠先生考证，木偶戏起源于原始社会的“方相驱祟”，“因其(方相氏)魁垒，跳跃作戏，故称傀儡戏”。据此可知，木偶玩具的历史也不会短。

皮影人玩具有纸、木两种。如今陕西凤翔产品是木片制的。说起皮影历史，一般都要追溯到西汉(公元前206—公元25年)汉武帝思念亡故的李夫人，方士齐人少翁“夜张灯烛，设帷帐”，使汉武帝隔帐“遥望”见之(《汉书·外戚传》)。宋代皮影戏繁荣，孟元老《东京梦华录》、吴自牧《梦粱录》、周密《武林旧事》等书均有记述。皮影人玩具亦当早已产生。

孩子们戴假面玩耍，民间常见。涂面和面具始于原始社会的“傩舞”。汉代画像石歌舞百戏中，即有戴假面表演之状(见《沂南古画像石墓发掘报告》)。到宋代，戏曲面具已十分丰富。明清更有发展，玩具假面亦趋普遍。

风筝也是小儿喜爱之物。人称中国是风筝的故乡。宋代高承《事物纪原》云：“古今相传云是韩信所作。”也有人以战国《韩非子·外储》载：“墨子为木鸢三年成，蜚(飞)一日而败”，视为风筝之始祖。此外，唐《南史》、北宋《新唐书》、北宋《资治通鉴》、明《询刍录》等书，均有涉及风筝的记述。历代美术作品中也常见《放风筝图》、《牛背放鸢图》等。可见风筝渊源久远，遍及民间。而今风筝活动之佼佼者，当推北京、天津、山东潍坊和江苏南通等地。北京、杭州等地中、小学，亦常有风筝竞赛等活动。

球类玩具古已有之。春秋战国“蹴鞠”(亦称“蹋鞠”，即足球)盛行。《史记·苏秦列传》述及：“临菑其富而实，其民无不吹竽鼓瑟，弹琴击筑，斗鸡走狗，六博蹋鞠者。”唐代徐坚《初学记》载：“古用毛纠结为之，今用皮，以胞为裹，嘘气闭而蹴之。”可知战国已有“蹋鞠”，唐时已有皮球。宋代陶枕、铜镜，以及明代青花瓷器上均有蹴鞠图形，可见球类玩具发源之久。

灯彩，由来已久。东汉时，有上元(元宵节古称)“燃灯表佛”之俗。唐时已形成元宵灯节。据《东京梦华录》等记述，这一风俗宋时更盛。历代相沿至今。元宵节既是成人赏灯之节，也是儿童玩灯之时。当今常见的儿童玩具灯有金鱼灯、金蟾灯、兔子灯、小宫灯等等。

祭祀始自远古；上古已有米麦；棋类上溯“帝尧”(晋《博物志》有“尧造围棋”之说)；火药创自中国；纸张始我华夏。故而，我国的面塑、棋类、花炮、纸品等玩具，都有古老的历史。

中国民间玩具，大多“廖廖数笔”，“信手涂抹”，看来好像“简单、粗糙”，其实不然。不足表现对象形神者，谓“简单”；“偷工减料”草率成之者，曰“粗糙”。而民间艺人熟悉生活，熟悉对象，“胸有成竹”，大胆取舍，“一以当十”，作品“形神兼备”，此乃简练；他们的技艺世代锤炼，用笔酣畅肯定，此乃粗放。民间玩具做的大多是农村中常见的事物，如鸡、犬、牛、羊之类。可是各地民间艺人做出来的形象，都能独创一格，各有巧妙不同。拿老虎玩具来说，各地的作品，各有特色，无一雷同，不似老虎，又是老虎，形神俱在。其奥妙在于作者们抓住了老虎的内在和外形特征，如有神的大眼，有力的长须，美丽的斑纹，各种威武的姿势，以及象征“百兽之王”的“王”字等等。作者对之加以大胆的想象、夸张、删节、概括，倾注了激情，做出他们心中最美的老虎。所以，大量佳作老虎都是威武而驯顺，美丽而有神，达到了“妙在似与不似之间”(齐白石语)的艺术境地。

民间玩具在色彩上，也不追求标本模型式的真实，不拘泥对象固有的颜色，而是根据自己的创作意图，以自己的审美情趣，连用大红、大黄、大蓝、大白、大黑等强烈的原色组成艳而不俗、绚丽热烈的调子，抒发了劳动人民热爱生活的炽烈感情。

正由于民间艺术家们“外师造化，中得心源”进行创作，因而才能“八仙过海，各显神通”，既有个人特色，又有地方风格。它和民歌、民间戏曲一样，各有乡土韵味。各地不同的地方风格集合在一起，又形成了独特的中华民族风格，显示了中国劳动人民在艺术创造上的杰出才能。

十一 兵法与武备

兵书与阵法

◎蓝永蔚

中国古代把军事著作统称为兵书。据陆达节《中国历代兵书目录》统计，上古至明清期间见诸著录的兵书有1304部，6831卷，其中存世兵书288部，2106卷；据今人许保林《中国兵书知见录》统计，著录兵书3380部，23503卷，其中存世兵书2308部，18567卷，足见中国兵学之发达。

考古发掘证实，我国最早的军事文献保存在公元前13世纪的商代卜辞里。那时候，商王朝的史官们就已经开始记载参加战争的军队人数、编制和作战队形排列了。著名西周金文《不娶簋铭》所记载的作战命令显示：西周奴隶主阶级的军事家们，早在军事行动前，即对诸如部队的行军速度和战场的地形条件等问题进行了周密的考虑。当然，这些还不能称为专门性的军事著作。那种著作的出现大约在公元前8世纪。这就是《军志》、《军政》和《令典》。《军志》可能是一些用兵的原则；《军政》是军事勤务的规定；《令典》则是作战条令汇编。其中的若干片断内容，至今还保存在《左传》和《孙子兵法》中。从《左传》的记载得知，这些著作在春秋时期的战争中曾被各国军将们广泛征引应用着，成为指导战争的经典。

春秋战国时期是我国古代军事科学蓬勃发展的时期，从春秋末年开始，一直到西汉初年，许多彪炳千古的军事著作相继问世。这一阶段的兵书可以称之为早期兵书。

早期兵书具备两个特点，也可以说是分为两类：

第一是综合性。如《孙子兵法》、《吴子》、《司马法》、《孙膑兵法》、《尉缭子》、《六韬》等书，它们的内容从军事哲学、战略原则、谋略、战法、阵法到将帅修养、士兵训练、军队组织、军事勤务以及攻防战具等无所不包，自军事科学的角度言之，还没有形成明确的学科分类。

第二是非专业性。在当时儒、墨、法等显学的著作中，大多都有谈兵的部分：如《周礼》有《地官》、《夏官》诸篇专论军队的组成、编制和军官职责；《管子》有《乘马》、《揆度》诸篇谈军赋制度；《墨子》有《备城门》等20余篇专论要塞防御；《荀子》有《议兵》篇论证军队的作用；《商君书》的《农战》、《战法》、《立本》、《兵守》诸篇专论治军之道……这些非兵家的著作往往喜欢从十分宽泛的角度研究军事问题，从而开拓出政治战略、军队后勤、军事经济、筑城学、军制学等新领域。

这两个特点反映出当时军事科学的不成熟，它不仅没有明确的学科分类，也没有形成完全独立的研究课题，因此往往杂糅在其他学科的范畴之中。早期兵书可以《孙子兵法》、《司马法》、《墨子》为代表作。

《孙子兵法》成书于春秋末期，反映了古代从车战向步战转化的伟大军事变革。它重视步卒在战争中的作用，强调对步卒的训练，并从仁的思想出发，提出“视卒为爱子”的爱兵主张。它提出若干军事哲学命题，并以朴素辩证法思想总结了许多战争规律，至今仍被中外军事家奉为圭臬。它重视地形对战争的影响，开军事地形学之先河。

《司马法》成书于战国中期，但其中探讨了许多西周和春秋初期的军事原则，是最早的军事史研究之作。它试图以道德标准来规范战争行为，从而制定了某些战争的规则，汉人因而名之为《军礼司马法》。它以丰富的军事哲学思想，论证了战争中许多对立而又相互渗透的因素，从而提出“兵惟杂”的兵器配置原则。

《墨子》成书于战国中期，其《备城门》诸篇系统阐述了要塞防御的战略和战术，是战国时期要塞战日益发展的科学反映。《墨子》重实证，它对要塞构建有具体的设计，是最早的筑城学杰作；同时它也对攻守城战具进行了专门研究，又是最早的军事技术专书。

秦统一六国后，对兵书或禁或焚，使兵学发展受到影响。汉初出现的《三略》和《淮南子·兵略训》大体仍沿袭战国兵书体例。汉代曾两次整理兵书：张良、韩信整理注录兵书，共得182家；任宏第一次对兵书进行科学分类，将“吴孙子、齐孙子以下凡五十三家”兵书分成兵权谋、兵形势、兵阴阳、兵技巧四类。这一分类标志着我国兵书已进入一个新的发展阶段。但由于汉武帝独尊儒术，兵家地位已开始下降。兵书由国家统一收藏，也限制了它的撰写和流传。兵书数量从汉初的182家减到汉武帝时仅剩的53家、790篇，如韩信、范蠡等人的兵法当时便已亡佚。

从汉至唐是我国兵书发展的第二阶段，其特点如下：

一、专业性大大增强，出现了许多研究具体战术、军事勤务及兵器使用技术的专书。如研究部队行军、宿营勤务的《出军秘占》、《黄石公阴谋行军秘法》、《安置军营行阵》；研究军事气象学的《别成子望军气》、《兵云图》、《李卫公天象占候秘诀歌》；研究兵器使用方法的《李将军射法》、《望运连弩射法》、《弩射秘法》、《手搏》、《剑道》；研究骑兵战术的《马射图》、《马槊谱》、《骑马都格》、《骑马变图》；研究步兵战术的《步战令》、《火攻备要》等。

二、伪书的出现。这一情况首先是从《孙子兵法》开始的。孙子《十三篇》经汉初流传，迅速繁衍出一系列附会伪托之作，从13篇膨胀为82篇，成为长达数十万言的洋洋大书。如《孙子兵法杂占》、《八阵图》、《孙子战斗六甲兵法》、《吴孙子牝八变阵图》、《孙子三十二垒经》、《孙子兵法秘要》等等。其次又集中在诸葛武侯兵法上面。三国魏晋期间，仅诸葛亮的兵书就有：《诸葛武侯心书》、《诸葛孔明心书》、《八阵合变图说》、《诸葛武侯行兵遁甲金函玉镜》、《诸葛七书》、《武侯八阵图》、《八阵伍法辨》、《武侯火攻心法》、《火龙经》、《兵原》等数十种，鱼龙混杂，令人目眩。

三、兵学研究的神秘化。先秦兵书均为质朴平实的科学之作，论述家或有不确之处，但从不涉及怪力乱神。汉以后，随着谶纬之学的盛行，军事学术领域逐渐变成妖氛弥漫的神秘殿堂，听音望气、灾变吉凶，统统成了堂而皇之的研究课题。如根据《孙子兵法》中关于判断敌情的征候部分演绎出的望气之学；如《白猿奇书日月风云占候图说》、《风气占军决胜战》、《五行候气占灾》、《天大芒雾气占》、《乾坤气法》等等。这一倾向使当时的军事研究步入绝境。

四、军事典籍学的勃兴。军事典籍学是作为神秘化倾向的直接对立物而产生的，首发其端的便是曹操的《孙子注》。曹操对于《孙子兵法》的整理和研究无疑是我国文化史上一件值得称道的盛事。他澄清了《孙子兵法》在长期流传中形成的混乱状况，重新恢复了《孙子兵法》的本来面目；同时又对《十三篇》的内容进行了精审的注释。在他的影响下，隋唐之间注家蜂起，如王凌、张子尚、贾诩、杜牧诸人，均有专书问世，形成了研究《孙子兵法》的热潮。这一热潮有力地遏止了汉以来将《孙子兵法》泛化、神化、庸俗化的趋势，同时也打击了兵学研究的神秘化倾向，为兵学研究奠定了科学基础。

这一时期的兵书，可以《孙子注》和《太白阴经》为代表。

曹操《孙子注》的写作动机前面已经谈过。此书表现了曹操深湛的军事学术素养和渊博的军事史造诣，开质朴严谨的清新学风，为军事典籍研究树立了楷模。

李荃的《太白阴经》成书于唐代宗时期，全名《神机制敌太白阴经》。此书从体例上承继了任宏的分类，对军事谋略、作战态势、军仪典礼、战阵队形、军事文书、人马医护、物象观测、军队后勤以及各类攻防战具均有具体论述。此书基本上是综合前代兵书典籍及有关著作写成的，其中存录了不少有价值的军事资料。但书中兵阴阳部分则沾染了隋唐兵书的陋习，掺杂了大量风角杂占、奇门遁甲之类荒诞不经的神秘内容。

唐以后，由于火药的发明以及火药和火器在战争中的使用，我国战争开始进入冷兵器和火器并用时代。这一军事变革自然最灵敏地反映在兵书之中。特别是赵宋王朝迫于内忧外患，一直着意于整军经武，使军事技术不断精进，当时宋代的军队已成为世界上武器装备最先进的军队。宋神宗熙、丰变法所确立的"强兵"目标，更掀起了军事科学研究的大波，余绪所及，历久不衰。从宋至清初，是我国兵书发展的第三阶段，其特点如下：

一、规范性。宋熙宁五年，正式建立了我国第一所以培养职业军人为目标的正规军官学校。元丰中在对古代军事著作进行大量研究整理工作的基础上，从当时流行的240种兵书中选定了《孙子兵法》、《吴子》、《司马法》、《六韬》、《尉缭子》、《三略》、《李卫公问对》七部书为正式军事理论教材，列在官学，规定武学必读，不得由后人妄自增损。这就是著名的《武经七书》。这是自汉初张良、韩信、任宏序定兵书目次以来我国所进行的第三次大规模的系统整理兵书工作。这次整理的一个最直接成果就是以法定形式结束了隋唐以来兵书流传的混乱状况。同时由于普遍传习该书的需要，使用汇集兵书研究成果的专书不断问世，促进了军事学术研究的繁荣。

二、大型军事百科全书(类书)的出现。宋仁宗鉴于武备松弛、将帅军事素养低下，乃命曾公亮等人编成了著名的《武经总要》。这是我国第一部具有军事百科全书性质的大型军事类书。该书分前后两集，前集20卷，分制度15卷，边防5卷，对选将料敌、教育训练、部队编成、行军宿营、古今阵法、通讯侦察、军事地形、步骑应用、城邑攻防、水战火攻、武器装备以及边防配置、地理沿革、山川道路、军事关隘等均作了专题论述。后集20卷中，故事15卷是分类介绍历代战例，比较得失；阴阳占候5卷，系考旧说敷衍而成,多有迷信不经之谈。此书广辑军事资料,虽见解失之平庸,却比较系统完整地记叙了北宋时期的军事制度及技术状况,特别是保存了我国早期军用火药的配方及各种早期火器和技术装备的图形及使用方法,对中国军事学术史和兵器技术史研究有较高的参考价值。

三、技术性增强。这一时期的兵书均十分重视先进技术兵器及军事器材的著录和使用。如《武经总要》中系统介绍了兵器、火器、战船、军用桥梁、云梯、测量器材等军用器具,并且在营阵、器械等部分大量附图,详加解说。这表明随着火器的发明和应用,战争的面貌已经改观,先进的技术兵器和军事器材愈来愈对战争的胜败起着不容忽视的作用。兵书的实证性进一步增强了,而学术理论性则有所削弱。军事技术作为一种日益显赫的专门性内容,愈来愈与传统的兵书体例不相适应了。

这一时期,除了《武经七书》、《武经总要》之外,兵书的代表作当推《武备志》和《练兵实纪》。

茅元仪所辑《武备志》是明代的综合性大型军事类书,汇集兵家、术数之书2000余种,历时15年编成。全书由兵诀评18卷,战略考33卷,阵练考41卷,军资乘55卷,占度载93卷构成;共240卷,200余万字,图738帧。其中军资乘收录各种攻守器械、兵器战具达600余种,仅火器就有180余种,有陆战用、水战用以及飞行式和地雷式的,品种之多、应用之广,前所未见,充分反映了我国明代火器的发展程度。

抗倭名将戚继光所著《练兵实纪》是明代以军事训练为主的著名兵书。此书的特点是反映了在当时的作战对象和大量使用火器的情况下,军队编制、装备和作战队形的改进。如车营有战车128辆、火炮256门,并配有相当数量的鸟铳和火筒。同时,还重点训练步、骑、车及铳手、炮手的配合作战,以发挥各种兵器的威力。

有明嘉靖以来,随着红夷炮与西方火器技术的引进,军事技术家徐光启、孙元化、张焘、焦勋等著书立说,致力于火器制造的研究,如孙元化《西法神机》、焦勋《火攻挈要》等书,均属我国最早的兵工技术专著,但这些已不是原来意义上的兵书了。鸦片战争以后,迫于国势日危,兵书著述猛增,八十年间刊印兵书竟高达千余种,其中除著述、注疏、汇辑之类外,还有大量译著。但这些都已属近代兵书范畴,限于篇幅,只能略而不述了。

谈到兵书,自然便会想到阵图,因为据记载,从最早的《孙子兵法》开始,兵书就是附有阵图的(尽管这些古阵图均已佚失)。但阵图是死的,阵法是活的,如不习阵法，单知阵图，等于是观看一具僵死的军队化石，故本文要从阵法说起。

阵法就是阵形的变化。阵同陈，其本意是指战车和徒兵的排列，这原是车战时代的专用军事术语，后被引申为军队战斗队形的泛称。军队作战是武装集团之间的对抗。只有当其数量达到能够形成一定战斗队形时，才谈得到相互对敌，因此抛开阵形孤立地谈论军队作战是没有意义的。

由于古阵图的失传，有关古代阵形的可靠资料已经十分稀少，加之隋唐以来众多的猎奇者穿凿附会，将阵法研究笼罩在一种莫测的烟云里，更使古代的阵法几成千古之谜了。有关阵形名称的记载也是零乱而又纷繁的，如见于《左传》的有鱼丽、荆尸、盂、五陈、角等数种；《孙膑兵法》列有方阵、圆阵、疏阵、数阵、锥行之阵、雁行之阵、钩行之阵、玄襄之阵等十阵；汉以后附会之说大兴，如晋一般认为诸葛亮曾作八阵图，《杂兵书》说八阵是方、圆、牝、牡、冲、轮、浮沮、雁行八种；还有人认为是金、木、水、火、土和天、地、人；或认为是天、地、风、云和龙、虎、鸟、蛇；《后汉书》更提出了孙吴有八八六十四阵之说。至于这些阵形的实际排列究竟如何，那就谁也说不清楚，甚至不去关心了。隋唐兵书所附阵图多系臆想伪造的赝品，全无研究价值；宋曾公亮《武经总要》所列的名目繁多的阵图只是一种在边境地区部署大纵深即设防地域的军队配置构想图，北宋军队因此种僵死的防御构想曾打了无数次败仗；至于有明以来的阵图，特别是戚继光《练兵实纪》的阵图当然具有实战价值，但却与古阵法无关了。

本文认为，阵形名称尽管繁多，但从其构成的基本形态来看，却不外方阵与圆阵两种。方阵是进攻队形，圆阵是防御队形，圆阵又是从方阵变化而来，所以欲知阵形阵法，首先要了解方阵。

殷商和西周时期是方阵战术的早期阶段。此一时期的方阵是整个军队按左、中、右排列成三个大排面的方阵。此种方阵的特点是队形密集，纵深单薄，没有机动余地，作战时整个方阵作为一个巨大整体协同进退，因此前进速度缓慢，对地形的适应能力差，无法实施兵力机动，保持队形困难。

公元前541年，晋国大夫魏舒将战车甲士和步卒混编在一起，组成了我国第一个独立的步兵方阵，这就是著名的魏舒方阵。魏舒方阵的基本单元是由五伍25人组成的小方阵，其中包括15名着甲步兵和10名轻装步兵。阵中的25名士兵以五列纵队排成一个长短兵器互相配合的有纵深的横队，其正面和纵深均为7.2米。每辆战车周围有四个这样的小方阵按前、后、左、右作环形配置，由战车统一协调其行动。魏舒方阵的总体则由五个如此构成的互相掩护的大方阵组成，但其最前边的一个方阵(前拒)只是为诱敌而设，所以它实际只是四个方阵，按前、后、左、右配置，中间是空的。这就是最早的"五阵"(见图1)。

五阵实际是由行军队形演化而成的作战队形。这种队形将步兵小方阵做三线配置，加大了队形的纵深。其中每一个小方阵的两翼都有两块机动地带，称为闲地，处于中央的指挥官可以根据作战需要随时调动各个小方阵的位置，进行兵力机动，所以队形机动性大大增强；由于整个方阵不再成一个密集整体而是作疏散配置，因而方阵对地形的适应能力增强，保持队形容易，提高了方阵的运动速度。方阵总体实际是由若干个这样的小方阵组合而成，是一种积木式结构，即使被敌军突破，小方阵也具有独立作战的再组合的能力，因此大大提高了方阵的攻击力量。这就是所谓的"军中容军，队中容队"，"大阵包小阵，大营包小营，偶落钩连，折曲相对"。

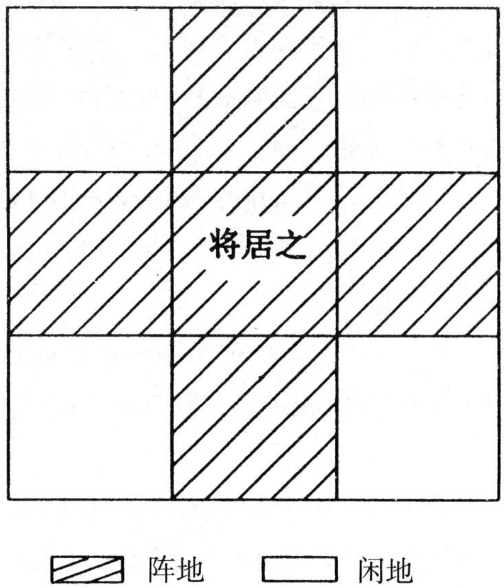

图1　五阵

此种方阵及其基本原理自春秋中期一直延续至宋明时代，始终是我国古代军队战术演进的主线。

所谓阵法，即指此种方阵的队形变化。古兵书将此种队形的变化称之为八阵。《孙膑兵法》说："阵则知八阵之法"，可见掌握八阵队形变换的要领是用阵的关键。这个变换的内容，概括地说，即所谓的"数起于五，而终于八"。如图1所示，如果将整个队形所占地域分成九块面积相等的正方形，则其中有五块是阵地，又称实地；其余四块是闲地，又称虚地。作战时四个步兵小方阵可以指挥官所居的中央实地为中心，在八个方位上机动变换位置，这就叫做"数起于五，而终于八"。所以五阵是方阵的本体，八阵则指方阵的变化，后者出自前者。

《孙子兵法》说："奇正之度，不可胜穷也。"五阵的变化究竟是不是"不可胜穷"呢?试计算如下：

按古代步兵兵器的使用原则，作战时各个小方阵内部的长短兵器可按照战术需要随时调整位置。此种位置调整是以横向排面为单位，通过队形前后变换来实现的。此外，小方阵为了在四个不同方向的正面上作战，还需随时进行队形的方向变换。以上两项变换，无论横向还是纵向，都是以不打乱原建制为前提，也就是说，它是以五人为单位来进行的，因此其队形变换的总次数即应为：

4×4(5!)=4×4(5×4×3×2×1)=1920次……[Ⅰ]

四个小方阵在内部队形变换的同时，还要在八个方位上进行机动，其队形变换的总次数即为：

8!=8×7×6×5×4×3×2×1=40320次……[Ⅱ]

故小方阵自身队形变换总数即为[Ⅰ]+[Ⅱ]=42240次。这指的是方阵的一个单元。

若求大方阵自身队形变换的总数M，我们设其所包括的单元总数为N，为简化问题，再将大方阵纵深的队形变换和战场上的兵力机动等因素除外，则M≥N×42240次。说它的变化"与天地有相数而不穷"，是并不过分的。在激战中，四个小方阵不仅其自身要不断地调整行列，而且要按照中央方阵的命令向八个方位进行频繁的队形变换。看起来纷纷纭纭，眼花缭乱；实际上进退有节，指挥若定。这就是所谓的"四头八尾，触处为首"，"纷纷纭纭斗乱而不可乱也"。

以下再看方阵与圆阵之间的队形变换。从方阵变为圆阵，即所谓"散而成八，复而为一者也"。圆就是一。当军队转为防御时，便要将疏散的进攻队形迅速收拢，这样，方阵的翼侧遂消失而为一，暴露的方阵也就变成"无角"的圆阵。《李靖问对》说"方所以矩其步，圆所以缀其旋"，所以圆阵的形成，是在方阵被敌打乱之后，方阵中的士兵按一定顺序和方向进行旋转的结果。这实际是形成一个密集的防御圈。大概也只有这种方法才能够在杂乱的运动中重新调整部署，使部队迅速收拢，坚守下去。曹操在《孙子注》中所说的"卒骑转而形圆"，正是指的这一复杂的变换过程。这无论对于车战还是步战，都是一样的。

唐代名将李靖在五阵的基础上进一步发展出六花阵，这就是六阵(见图2)。它

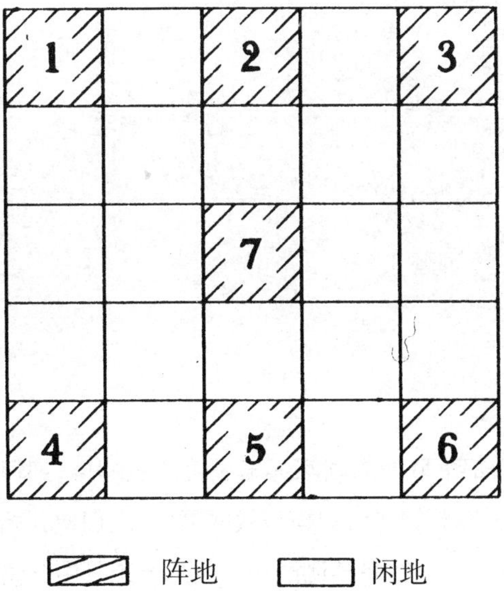

图 2 六花阵

实际是将步兵成两线配置，而且增加了两个步兵小方阵。它一方面在不影响兵力机动的前提下增加了单位面积的兵力密度；另一方面又弥补了五阵四个易遭攻击的暴露翼侧(角)。这便进一步提高了方阵的攻击力量，其优越性是十分明显的。

宋代著名军事家和科学家沈括，经过实战演习，又在六花阵的基础上更进一步发展出九阵(如图3)。九阵将步兵小方阵增加到九个，使兵力密度达到最高限度。步兵实际成三线配置，进一步扩大了五阵的间隙(闲地)，使队形配置更加疏散，因之对复杂地形的适应能力更强。此种队形不仅攻击能力增强，而且因纵深大而坚固，兼具一定的防御能力。

方阵概略大致即如上述。至于古兵书中所说的一些具体阵形，如角和雁行之阵，那实际只是战车或骑兵部队从行军纵队逐次展开、实施两侧包抄的一种追击队形；再如锥行之阵，则是以纵队展开、两翼掩护，实施中央突破的一种攻击队形，如此等等，毋庸赘述。需要说明的是，阵的构成问题实际十分复杂，其中涉及到军队的编制、兵器的战术性能、作战方式、训练、装备、兵种等等一系列专门课题，这篇短文就不一一介绍了。

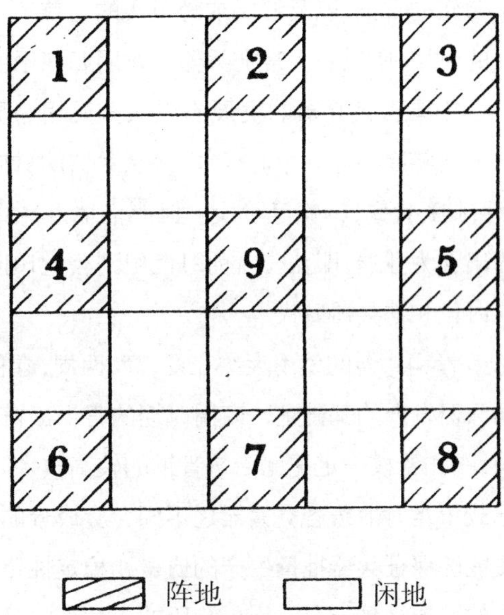

图 3 九阵

兵器的演进

◎蓝永蔚

兵器是由生产工具转化而来。在由部落联盟向国家逐渐过渡的过程中，部落联盟之间不断发生激烈的原始战争。为适应频繁和大规模作战的需要，人们便开始设计和制造专门用于杀伤和防护的特殊工具，并将其逐渐从一般生产工具中分离开来。这样，专门用于作战的兵器就出现了。这一变化大约发生在距今5000余年的新石器时代晚期。当时已经出现了木制或竹制的单体弓；装有石质或骨、角、蚌质箭镞的箭；用于击刺的石矛、骨矛；用于斫劈的石斧、石钺；用于砸击的木棒、石锤；用于勾砍的石戈，以及石质或骨角质的匕首等专用兵器。这也正是传说中发生涿鹿之战的时期，所以古人常把兵器的发明归咎于凶恶的蚩尤。

中国古代兵器的发展当以火药始用为界，分为前后两个阶段，即冷兵器时代和火器与冷兵器并用时代。如果从兵器的材质上分类，中国古代冷兵器又经历了石(骨、蚌)、青铜、钢铁等阶段。但严格地讲，中国古代的冷兵器时代却应以金属兵器的出现为开端，即从公元前21世纪到公元10世纪这一段时间。其间又可分为青铜兵器时代和铁兵器时代。

青铜兵器的使用大约在夏、商、西周、春秋和战国时期，延续时间约两千年。青铜兵器发展的基础是，商周时期的青铜冶铸已由矿石混合冶铸阶段，发展到以纯铜、锡和铅按一定配比冶铸青铜的较高技术阶段。成书于东周时期的《考工记》中，记载了当时冶铸各类兵器之不同合金成分的配比。有了这种定量的工艺操作技术，便能够保证兵器批量生产的质量和稳定性，从而促进了军队装备的规范化。青铜兵器的发展又是与这一历史阶段的作战方式紧密联系的。在史前阶段，氏族部落之间的争斗只是双方武装人群的徒步混战，缺乏严密的组织和指挥，因此对兵器也就没有特定要求。而最初的青铜兵器就是为装备最古老的兵种——原始步兵而制造的，其标准装备是柲(音bì，兵器的柄)长60—90厘米的青铜戈和长大盾牌，这已是专门从事作战的军队所使用的制式兵器了。商朝以后，车战勃兴，商朝战车结构和车战作战方式决定了长柲兵器成为当时军队的主兵器。车战中只有当两车错毂之际双方车上的甲士才适于交手格斗，故较长的兵器在接战中占有优势。但兵器的柄长又是有一定限度的，柄愈长，突出的力矩愈大，使用起来愈吃力。《考工记·庐人》说："凡兵无过三其身，过三其身，弗能用也。"古人认为人体的平均高度为一寻，所以当时的长柲兵器其柄长均在3寻(5.32米)以内，而从考古发现测量，以3米以上者为多。商朝车战的主要武器装备已经定型：木质四马战车，青铜进攻型兵器，包括远射、格斗和卫体三类，即弓箭、长柲青铜戈和青铜矛、青铜短刀以及铃首短剑；防护装具，主要是青铜胄、皮甲和盾。附属于战车的徒兵还较多地使用石、骨质兵器，很少用防护装具。

车战的进一步发展使周朝车战兵器的组合发生了变化，不但质量有所提高、形制有所改进，种类也有所增加。例如春秋时期已能生产脊、刃的青铜合金配比不同的复合剑，使得脊韧刃利，不易折断。同时也改进了兵器的外形设计以提高杀伤效能，并增强了青铜兵器和器柄结合的牢固程度。这主要表现为青铜戈"胡"的加长，"穿"的增多，以及刃的弧度加大。格斗兵器中出现了戈矛合体的戟、带有尖锋和刺球的殳、安有多重戟体的"多戈戟"，同时在远射兵器中开始较多地装备了弩。所有这些变化最终被定型为春秋时期的"五兵"。五兵又有车兵与步兵之分，车兵的五兵是戈、殳、戟、酋矛、夷矛；步兵的五兵是矢、殳、矛、戈、戟。这也充分反映出步兵装备已经得到了很大提高。此外，防护装具有盾牌和整套的髹漆皮马甲、防护马匹的髹漆皮甲。周朝青铜兵器的发展成果在《考工记》一书中得到了系统总结。该书《冶氏》、《桃氏》、《函人》、《庐人》、《弓人》诸篇全面记述了兵器的选材、形制和制作规范，表明当时已达到中国古代青铜车战兵器最成熟的阶段。至战国中晚期，铁兵器开始普遍应用，车战和青铜兵器便渐趋衰落了。

早在商朝，中国人就开始利用天然陨铁制作兵器的刃部。在春秋时期，已出现钢铁制作的兵器。但是，钢铁兵器正式装备军队却是在战国末期。文献及考古发现表明，在当时南方的楚、北方的燕以及三晋地区，都较多地生产和使用了锋利的钢铁兵器。秦汉之际，随着中央集权的巩固，特别是经过秦末农民大起义和西汉初年的发展，农民作为士兵主要成分的军制转变业已完成。同时，为了抗御北方游牧民族的侵扰，又组建了大量的骑兵部队。而汉武帝时盐铁官营制度的建立又使西汉的钢铁冶炼业有了很大发展，其时已出现了初期的百炼钢制品以及铸铁固体脱碳成钢法等新工艺和局部淬火的新技术。这一切都为钢铁兵器的进一步发展和应用创造了条件。

由于铁的资源丰富，价格低廉，使装备大规模的步、骑兵成为可能。反过来，步、骑兵新的战术需要，也使兵器类型出现了新的变化。这一变化在戟型兵器中表现得最为突出。商周时期作为主要车战格斗兵器的青铜戈和青铜戟都从战场上消失，取代它们的是铁戟和铁矛。戟的形制是战国晚期开始出现的“r”形戟，戟刺锐利而前伸，旁枝又垂直横出，也极为锋利。东汉以后，旁枝又向上弧曲，增强了叉刺的效能。直到魏晋时期，它几乎是战士必备的标准兵器。这一变化反映了车战与骑战的不同格斗方式。车战的格斗主要发生在两车错毂接舆时反复的盘旋之中，因此钩杀、啄杀兼具的戈便成为主战兵器，而辅以向前出刺的矛。到春秋中期，随着步兵人数的增多和步车协同方式的变化，步兵对战车攻击的机会增多了，为了使车上甲士能有效地防备步兵的攻击，戈出现了曲形的胡援外刃，因之有了推杀动作。同时又设计了格斗性能比较齐全的戈矛合体的“十”形戟。但骑兵作战主要是靠战马的冲击力进行刺杀和劈斫，而戈的勾杀动作的用力方向恰好与战马的前进方向相反，“十”形戟虽可用于刺杀，其横出的长大旁枝却又减低了它的刺杀力量，所以戈与“十”形戟均已不能适应此种新的战术要求。因此，矛成为主兵，矛头也开始加长变阔，以增大其杀伤能力。而戟亦改进为便于叉刺的“r”形。同时辅之以剑体窄长、锋刃锐利、便于挥斫的钢铁剑。到汉末，又开始出现劈砍力量更强的环首长铁刀。流行于春秋战国时期的青铜短剑又失去了它的实战作用。骑兵的远射兵器仍以弓箭为主，但也使用臂张弩；步兵则大量装备强弩，常用以脚踏张的蹶张弩，并在瞄准具——望山上加了刻度，以提高命中率。防护装具则为铁铠、兜鍪和铁盾。矛、戟、刀、剑常与盾配套使用，并有卫体的匕首和手戟。

两晋以后，特别是南北朝时期，军队主力转为威猛雄壮的重装骑兵，所以兵器发展的重点是骑兵装备的改进，特别是人和马的防护。骑兵铠甲，南北朝前期以两当铠为主，后期以明光铠为主；战马防护是全套的具装铠，由面帘、鸡颈、当胸、身甲、搭后和寄生构成。人铠马具均以铁质为主，皮质为辅，色彩也相同。这就是名噪一时的“甲骑具装”。在进攻型兵器中，由于重装骑兵的大量使用，作战中需要增强兵器对铠甲的穿透力，马戟逐渐被淘汰，而多用长体双刃的尖锐马矟(矛)。远射兵器强弩则向大型的床弩发展，显然也是为了遏止重装骑阵的进攻。步兵兵器则以刀盾为主，很少披铠。

隋唐时期重又重视骑兵的机动性，减少了战马的具装程度。步兵兵器以枪(矛)为主，并备有短柄横刀。此时还新出现了一种长柄双刃刀，称为“陌刀”。骑兵兵器中则出现了锤击兵器。从晚唐、五代至北宋初年，兵器类型又发生新的变化。成书于北宋庆历年间的《武经总要》总结和记述了这一时期兵器发展的状况。据它记载，刀有八种，枪有九种，同时又大量使用了各种棒类兵器，以及骨朵、铁链夹棒等锤击兵器。这当然是为了应付日益完备的护身铠甲。远射兵器仍以弓箭为主，弩则向大型床弩发展。此时还出现了重型远射兵器——礮，这是春秋时期“飞石”的发展，最大的十三梢礮能发射上百斤重的石弹攻城。由于夺取和防守城市已成为此时军队的主要作战内容，攻守城器械也取得了引人注目的发展。除床弩和礮外，还有多层式的云梯车、跨越壕沟的壕桥、折叠桥、塞门刀车等，均设计精巧，使用方便。

北宋初年，火器开始出现，从此中国古代兵器进入一个新的发展阶段，这就是火器和冷兵器并用时代。这一时代经南宋、元、明到第一次鸦片战争以前的清朝，延续了约九个世纪。

北宋初年所使用的火器主要是用于火攻的纵火器材。传统的火攻器具都是取用天然可燃物，如油脂等，制成火箭用弓弩发射。自古代的炼丹家们发明了火药后，军事家们很快就将其制成火箭、火球等火药兵器应用于城市攻防战争中。这说明早期火器的出现是与城市攻防战联系在一起的。《武经总要》记载了这些火器的制造和使用方法，并列出三种火药的配方。到了南宋时期，火药性能已有显著提高，出现了铁壳爆炸性火器“铁火炮”，这标志着火器已从纵火器材发展为具有直接杀伤力的兵器。这一时期还出现了世界上最早的管形喷射火器——飞火枪，和世界上最早的管形射击火器——突火枪。后者是以巨竹为枪筒，内装弹丸，用火药发射弹丸的成功尝试，也是现代步枪的最原始构思。在元朝，又发明了火铳，这是中国金属管形射击火器的第一代，它已是用火药发射石弹、铅弹、铁弹的远距离杀敌武器了。到明朝初年，火铳发展为手持铳、大碗口铳两大类，此外还发展了大口径的铜炮和铁炮，把火炮制造技术提高到一个新水平。

16世纪初叶，时值明朝末年，西方火器及其制造技术先后传入中国。其中影响最大的是佛朗机铳、鸟铳和红夷炮。佛朗机铳是一种长管、装有瞄准具的舰炮，比中国火铳装填方便、射速快、射程远、命中率高。明朝依此仿制成大、中、小五种规格装备军队。鸟铳即欧洲的火绳枪，管长、口径较小，装有瞄准具、弯形枪托和火绳枪机，发射比较方便，也被仿制大量装备军队。有关资料表明，当时明军中使用火器的士兵已达编制人员的半数。抗倭名将戚继光在苏州练兵时的车营就是火炮部队，其中持有轻重火器的士兵人数已占全部战斗人员的62.5%。这充分说明冷兵器在战争中的作用已趋于衰落，而火器的不断发明、创新和引进则成为当时兵器发展的主流。

这一时期，还发明了火牌、火箭、火器战车、地雷等两百多种火器，并配备了多种专用火药。利用火药反冲力推进的火箭技术也得到广泛应用，有单级、二级、多发齐射火箭等。在爆炸性火器方面，则有炸弹、水雷等十几种，其引爆方式除直接点火外，已发展为拉发、绊发、触发或机械式钢轮发火。

到了清朝，中国火器的发展逐渐由缓慢而至于停滞。清初因战事需要，尚重视火器制造，但对火器的构造和性能已无改进。至雍正年间，在绿营的火器配备中，鸟枪兵一般占40%—50%，加上约10%的火炮，火器兵约占战斗人员的60%左右，基本相当于明朝的水平。18世纪中叶以后，欧洲各国开始产业革命，机器工业逐渐代替了工场手工业，火器的制造也有了突飞猛进的发展。19世纪初发明了含雷汞击发药的火帽，从而设计出具有击发式枪机的击发枪，取代了老式撞击式燧石枪。1812年，法国出现了定装式枪弹。1830—1840年，法国研制成功机柄式德莱赛步枪，明显地提高了射速，并能以任何姿势重新装弹。而此时的中国闭关锁国，自己很少再造火器，又不引进外国的先进火器制造技术，因而使中国火器的发展大大落后于西方，终于抵挡不住西方殖民者的坚船利炮以及由于兵器革新所导致的新式战术，以致在第一次鸦片战争中惨败。这次失败激起了中国人强烈的危机感，一批有见识的学者和官员开始了一场雄心勃勃的现代化运动——洋务运动。他们从西方购进大批武器装备，并建立了新式的军工厂。到19世纪末日清战争之际，清朝陆军部队的兵器装备已经在很大程度上摆脱了以旧式火器和冷兵器为主的装备水平，海军舰船则已达到当时世界的装备水平，兵器的现代化生产也已经初具规模了。

战车与车战

◎蓝永蔚

车战这种古老的作战方式早已在历史的风烟中隐没了。许多熟知坦克和装甲车的现代人恐怕都已经不大知道，在中国3500多年有记载的战争史上，车战的历史竟长达1200余年，而后才出现了步战和骑战。

战车大概是由聚居在北方的殷人首先发明的。其时稍晚于公元前21世纪的夏代初期，也就是在汤的第十一代祖相土之后。到了公元前1600年，成汤终于以战车70乘战胜了夏人，建立了商王朝。这就是我国历史上发生的第一次大规模车战——郕之战。

现在发现的最早的战车实物，属于商代中期，这就是1936年在河南安阳小屯村殷墟出土的六辆战车。商周时期战车的形制基本相同，其结构都是独辕(辀)、两轮、长毂；有一个横宽竖短的长方形车厢(舆)，厢门开在后方；车辕后端压置在车厢与车轴之间，辕尾稍稍露出厢后，车辕前端横置车衡，衡上缚有两轭用以驾马。商朝战车的轮径较大，约在130—140厘米之间，春秋时期缩小为124厘米左右；车厢宽度一般在130—160厘米之间，进深80—100厘米。由于轮径大，车厢宽而进深短，又是独辕，为了加大稳定性及保护舆侧不被敌车迫近，战车的车毂一般都设计得比民用的车毂长得多，故战车又称“长毂”。

战车是木质结构，一般在重要部位还要以青铜件加固和装饰，这些青铜件通称车器。车轮是战车的关键部件，装在轮轴部位的车器主要有：长毂饰、輨、軝、軧、枒軎饰、画饰、轴饰、辖等八种，其中輨、軝、軧合为一组，用以保护车毂。毂是轮和轴的穿合部，又是车轮的栽辐之处，承受重量大，而战车的车毂又长，作战时若与敌车接舆近战就必须避开敌车的车毂(“错毂”)，輨、軝、軧的作用就是保护车毂在“错毂”时不致被碰折，所以此组车器是毂饰的核心部件，軎饰加在轴端，用来装饰和保护轴头，并且带有攻击性质，所以有些軎画饰设计为矛状。枒饰则是紧固轮辋接缝处的铜片。战车每车驾四匹马：中间的两匹称“两股”，用缚在衡上的轭驾在车辕两侧；左右的两匹称“两骖”，以皮条系在车前；合称为“驷”。马具有铜制的马衔和马笼嘴，这是驭马的关键用具。马体也系有铜饰，主要有马镳、当庐、马冠、月题、马脊背饰、鞍饰、环、铃等。

商代战车模型。

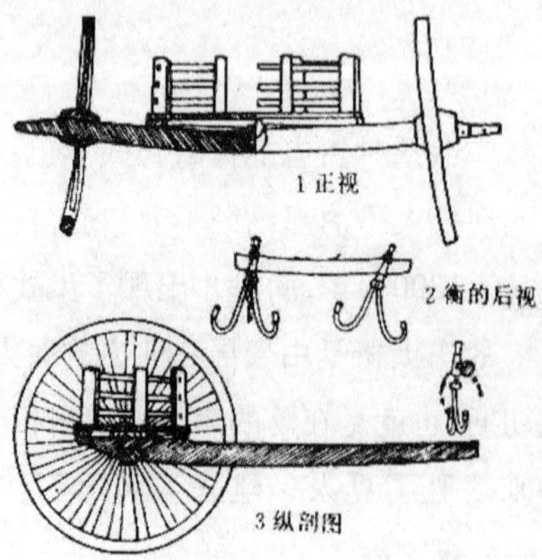

商代战车结构图。

从文化史的角度，一般把青铜器作为殷商时期的文化象征，将这一时期的文化称之为青铜文化，甚或将这一时期名之为青铜时代。可是，如果从严格的技术史角度考察，其实战车比青铜器具有更大的代表性。《考工记》说：“一器而工聚居焉者车为多。”的确，战车的设计集朴属与微至于一体，其制造确实是当时多种技术的综合体现。车体本身反映了当时应用力学和制造工艺的水平，驾车的驷马反映了当时农业和畜牧业的发达程度，青铜的马饰和车器反映了当时的冶金和铸造技术以及造型艺术和审美风格，而战车作战成员的组成则又反映了当时社会的生产关系和军事观念。

战车的乘法是每车载甲士三名，按左、中、右排列。左方甲士持弓，主射，是一车之首，称“车左”；右方甲士执戈(或矛)，主击刺，称“车右”，又名“参乘”；居中的是驾驭战车的御者，只随身佩带卫体兵器。此外，车上一般还备有若干有柄格斗兵器，如戈、殳、戟、酋矛、夷矛等，插放在战车舆侧，供甲士在作战中使用；车上还备有旗鼓铎铙，以保证通讯联络和战斗指挥。这种乘法从商代开始，西周、春秋以至战国和秦均一直未变。每乘战车除车上的三名甲士，还隶属有固定数目的徒兵。据《司马法》记载，这些徒兵有22人与72人两种编制，前者可能通行于西周，后者则是春秋时期的编制。商代的编制则已不得其详。徒兵在商代可能是以十人编为一什，在西周和春秋时期则是以五人编为一伍，五伍编为一两，确定地隶属于战车，故可称为隶属步兵。这些隶属步兵和战车编在一起，再加上相应的后勤车辆与徒役，便构成当时军队的一个基本编制单位，称为一乘。这一情况反映了当时军队以战车为中心的编制特点。

战车作战的基本战术原则是：舆侧接敌，左右旋转。战车在接敌过程中，主要是车左在舆侧以弓矢射击杀伤敌人；接敌后则需与敌车错毂近战。而两车错毂，需要不间断地进行旋转，互相闪避，寻找战机。因此车战的驾车要领规定战车的前进和后退都要严格保持在一条直线上，车身左右旋转要能达到90度的直角，这也就是《吕氏春秋》所说的“进退中绳，左右旋中规”。在此战术原则基础上遂形成了战车的初级战术。在车战的战场上，即使车阵被敌击溃，战车也不能单独行动，而必须两两保持队形。战车的这种编组形式可称之为“双车编组”，其中一辆是主车，另一辆则称“副车”。这样编组的目的显然是为了便于从左右两个方向同时接近敌车舆侧，以形成对敌车的夹击；而在防御中，两车又能互相掩护一个侧面，不致左右受敌。这种双车编组便是战车最基本的战术编队。由此而组成的战车队也便成双行排列，左列战车称“左偏”，右列战车称“右偏”，或统称曰“偏”。偏有9乘、15乘、25乘三种编制，所以一个战车队可以由18乘、30乘或50乘战车组成。若干个这样的战车队再进行编组，便构成更高级的编队。

车战的历史很长，所以战争的总体结构以及军队的编制、训练、装备、战术都有一个发展过程。概略地说，当时的军队是由车兵和步兵两部分组成。车兵即甲士，是军队的主体，在西周及之前时期，主要由奴隶主、小贵族和平民阶级的上层分子担任，他们都经过严格的军事训练，属于军官阶层，是军队的骨干。到春秋时期，甲士的成分开始泛化，一部分中、下层平民涌入甲士行列，在此基础上逐渐形成了一个专门从事车战的特殊的士的阶层。步兵受甲士统辖，多由庶民(奴隶)、自耕农中征调而来，是军队中的被统治者，其身份与甲士有根本区别。到春秋末期，由于新的生产关系的形成和战争发展的需要，立有军功的步兵也可晋升为士，便逐渐打破了甲士与步兵间的阶级壁垒。作战时，甲士在车上，步兵以两为单位随同战车行动；各战车队的战车则以一定排列方式展开成阵。阵的基本形态是方阵，这就要求战车要结成一个正面宽大的巨大整体来实施攻击。因此当时军队作战受地形条件限制很大，一般都将战场选择在便于大量战车集结展开的平原地区。在西周及以前时期，方阵内的步兵与战车成互相脱离的两线配置：步兵以两为单位在战车队的前方列成一个连绵的横队。这种大排面的密集方阵很难维持队形。为了协调动作需要不断在行进间整顿队列，比如据《史记·周本纪》记载，在牧野会战中，周军在接敌过程中每进10米就要停止一次整顿队形；接敌之后，每进行4—7个击刺动作之后也要停止一次整顿队形；所以前进速度十分缓慢。由于整个方阵形成一个大排面的整体，其中的小单位便无任何机动余地可言，这不但影响了兵力的发挥，而且削弱了方阵对复杂地形的适应能力，因此其机动性极差。此外，由于步兵和战车成两线配置，易被敌人从中截断，使战车失去步兵的掩护，因此其步车的协同也很不密切，整个队形的攻击方法也只能是平均分配兵力的全正面进攻。不难想象，从商代一直到西周，由于这种呆板的作战方法，车战实际上已经成为一种程式化的战车运动，不可能适应战争发展的要求了。

车战在春秋时期发生了很大的变化，这首先是由战争的规模不断扩大引起的。在夏末殷初，成汤曾以“良车七十乘”战胜了夏人，这便是公元前16世纪时车战的最大规模。发展到公元前11世纪，周武王进行牧野会战之际，才达到一次动用300乘的规模。到了春秋时期，战车的数量有了大幅度增加，如公元前632年的城濮之战，晋国一次出动战车已高达700乘。而到春秋末期，一些大的诸侯国所拥有的战车数量已在4000乘以上，如公元前505年的柏举之战，各国参战的战车均已在千乘以上。连年的战争造成甲士的奇缺，而随着战争规模的不断扩大，各国军队又不能不迅速扩编。扩军最简便的办法就是增加步兵，因为步兵兵源充足、装备简单而又易于训练。这样，春秋时期的隶属步兵便由原来每乘战车隶属22人增加到72人。经此为契机，方阵战术也得到新的发展；由原来步车相脱离的两线配置改变为3个步兵两以战车为中心的环形配置，把过去的密集队形改变为疏散队形，密切了步车协同，加大了方阵纵深，提高了方阵对复杂地形的适应能力和前进速度。公元前575年，在鄢陵之战中，晋国名将苗贲皇又首创翼侧攻击战术原则，使方阵战术进入了一个新的阶段。

作为战争发展中的一个早期形态，车战具有简单呆板等特点。这反映了当时军事科学的不成熟和早期战争的原始色彩。按当时的军事概念，一次交战就是一次战斗和一场战争。这是因为当时的军队数量不多，组织简单，战争的目的也较易达到。当时的战争往往发生在预先确定的两国接壤的封疆地带，战幕一旦撕开，胜败立成定局，故交战双方都倾全力于一战，而不保留任何后备力量。这便造成当时的战争在空间上只局限于一处狭小的作战地域，而没有延长绵亘的作战线，在时间上也不可能形成持久的对抗。当时把进攻和防御看成两种互不联系的孤立的作战形式。认为进攻是作战的主要手段，只有抢先进攻才能夺得战争的主动权。而由于方阵行进的缓慢以及对复杂地形的适应能力差，这种进攻又只有在多次队形调整之后方能实施，因此也就不可能具有任何突然性。古人所谓的"结日定地，各居一面，鸣鼓而战，不相诈也"，就是这种典型的决斗式的车战的最生动写照。作战时，首先出车布阵。布阵的程序是先派出游动战车(阙车)在两翼警戒，防止敌军袭扰。然后派出马拉的重车(广车)在阵前横列，以为屏障。然后战车部队才从军门之内鱼贯而出，按一定方式排列成阵。正式攻击开始后，进攻军队以正面宽大的严整队形缓慢前进，接敌过程中双方以弓矢对射。接敌后以长兵击刺、战车冲击首先打乱敌方队形，然后聚歼散兵。一般说来，如有一方阵形动摇，胜败即大致定局，所以战斗时间较短，即如公元前575年鄢陵这样罕见的大战，不过从凌晨战至黄昏，楚师就开始溃退了。追击的实施一般并不猛烈。《司马法》说："古者逐奔不远"，"逐奔不逾列，是以不乱"。大概为了保持队形，一般不提倡长距离追击。

这样的战争格局，大约在春秋中期以后才开始发生变化。其主要导因是方阵战术的革新，根本原因则在隶属步兵数量的增加、独立的步兵部队使用频繁等因素，使车战在时间和空间上都大大扩展，最终造成战争结构的复杂化：一场战争往往在时间和空间上互相割裂开，形成若干规模不等而又具有共同目的的战斗：遭遇、迂回、追击、翼侧攻击、攻城等多种作战形式开始出现。

春秋战国之交，拥有大量独立步兵部队的新军队开始组成，而铁兵器的广泛采用和弩的改造，又使步兵得以在宽大的正面上有效地遏止密集整齐的车阵进攻。同时，由于战车本身车体笨重，驾驭困难，特别是当参战车辆数量骤增以后，战车对于战场地形及道路条件的依赖日趋严重，其机动性也就随之减低，而小块耕地的大量出现又严重破坏了井田制的道路系统，更增加了战车队运动的困难。此外，随着战争性质和结构的转变以及城邑地位的提高，对要塞的争夺日趋频繁，从而也大大降低了战车在作战中的地位。于是，传统的车战遂逐渐被步、骑战所取代。到战国时期终于形成了以步兵为中心、车兵为辅翼、骑兵为机动的战争局面。不过，这一演变过程却极缓慢。直到战国时期，战车仍在大量使用，各国军队中战车的绝对数量也仍然可观。直到公元前2世纪的汉初战争中，战车队仍是驰骋战场的劲旅。大约到了公元前1世纪左右汉武帝年间，汉王朝的军队为了与匈奴进行持续的战争，发展了大量骑兵部队，经常要进行深入绝域的千里远征，而战车的运动和维修多有不便，遂逐渐从战场上消失了。

十八般武艺

◎周之华

在古典小说戏剧和传统评话中，常常可见“十八般武艺件件精通”之类的词句，用以描写某个人物本领高强。“十八般武艺”是中国古代对各种武术技艺的统称，并特别指“十八般兵器”及使用这些兵器的功夫和技能。古人认为九是数字之极，历来喜欢用九或九的倍数来表示高深广众的事物，因此“十八般武艺”同九霄、九州、十八罗汉、三十六计、一百零八将等说法同出于一源，而并非是说只有十八种武艺或兵器。实际上，我国古代武苑中远远不止“十八般”武艺。

“十八般武艺”之说始于元代，到明代这种说法在书籍记载中就更为多见，并逐渐附会了具体内容。比如明代谢肇淛所著《五杂俎》中讲：“十八般：一弓、二弩、三枪、四刀、五剑、六矛、七盾、八斧、九钺、十戟、十一鞭、十二锏、十三槁、十四殳、十五叉、十六钯头、十七绵线套索、十八白打。”明代朱国桢的《涌幢小品》中也记载说：“弓、弩、枪、刀、矛、剑、盾、斧、钺、戟、鞭、锏、挝、殳、叉、钯头、绵绳、白打，又称武艺十八事。”清代褚人获在《坚瓠集》一书中也列有“十八般武艺”的具体内容。

由于年代、地区和流派的不同，“十八般武艺”总计有“大十八般”、“小十八般”、“九长九短”等十多种不同的说法。到了清代，火器逐渐取代冷兵器，弓弩等射远兵器相应失效，对它们的练习也渐渐减少，所以有些说法将弓弩去掉。现在比较普遍的说法是：刀、枪、剑、戟、斧、钺、钩、叉、鞭、锏、锤、抓、镋、棍、槊、棒、拐子、流星。

不论“十八般武艺”的具体说法有什么不同，“十八般武艺”中包括各种兵器，按其形制和性能来看，有长短、软硬、单双和带钩、带刺、带尖、带刃之分。现在一般将它们分成长器械、短器械、双器械和软器械四大类。

刀名列“十八般兵器”之首，足见它所受到的重视。刀可攻可守、灵活锐利，实用性很高，武谚中有“刀如猛虎”、“刀走黑(凶狠)”的形容；文学作品中也常常描绘刀术高手演练时“寒光逼人”，“只闻刀风，不见人影”，“泼水不入其身”，表明刀术的特点是勇猛快速，气势逼人，刚劲有力。刀种类有很多，主要分短刀和长柄刀两大类，结构大体上都包括刀刃、刀背、刀尖、刀盘和刀柄五部分。武术中的刀术练习可分为单刀、双刀、长柄大刀三类。

在各种刀中，大刀可说是其中佼佼者，被誉为“百兵之帅”。古时作战，大刀常为战将的马上兵器，使用时双手舞刀，气势雄伟，威武凛严，主要刀法有斩、劈、抹、撩、挂、云、带、错等，可劈、可刺、可砍，还可长刀短用，灵活自如、威力很大。

单刀指短刀，一手执刀进行演练，主要刀法有劈、撩、扎、挂、斩、刺、扫、架、腕花、背花、缠头裹脑、绕背缠腰以及各种藏刀动作。练习单刀要求腿快手捷、变化多端，进退闪转和纵跳翻腾都要刀随身换，刀常居中，劲力贯于刀身，达于刀尖。未持刀的手须随刀法变化做各种动作配合以助刀势，故有“单刀看手”之说。

双刀是两手各持一刀，要求两手都能熟练掌握刀法，左右配合，圆转灵活，主次分明，繁而不乱。刀法与单刀基本相同，但刀花较多，并要与身法、步法相协调，所以俗语说“双刀看走”。

刀术的内容丰富，各种套路数以百计，常见的有梅花刀、万胜刀、追风刀、龙形刀、滚汤刀、花刀、劈挂刀、六合刀、八方刀、太极刀、三才刀、八卦刀、五侯刀、燕青刀、春秋刀、滚手刀、连环刀等。每套刀术随拳种不同，练法、风格亦各异。

枪，号称“百器之王”，属于古代刺兵，由矛演变而来。枪的杀伤力较大，因而成为传统的作战利器，所以说“阵所实用者，莫若枪也”。古时枪的种类很多，形制各异，枪法的演变和发展极为繁盛。在隋代，枪已有一套较为完整的练习方法。至明代，枪法流派甚多，并出现了许多有关枪法的专著和论著，其中吴殳的《手臂录》是集枪法大成之作。

枪由枪头、枪缨、枪杆组成。现在常见的枪有花枪、双头枪和大枪。花枪长度约等于身高，最为普遍；双头枪两端都装有枪头；大枪较一般枪要长，被誉为“枪中之王”，练起来很“吃功夫”，技击性强，讲究实用。

枪术的最主要和基本的方法是拦、拿、扎。拦、拿是挡拨防御之法，扎是进攻之法。扎枪要求平直迅速，力达枪尖，做到“枪扎一条线”。扎枪有上平、中平、下平之分，以中平为要法，故有“中平枪，枪中王，当中一点最难挡”之说。常用的枪法还有崩、点、穿、劈、云、扫、挑、拨、带、拉、架、舞花和圈枪等。练枪时要求身法灵活多变，活动范围大，步法要轻灵、快捷、稳健，腰腿、臂腕的力量要与枪合为一体，劲透枪尖。枪的攻防转换快，变化莫测，常令人防不胜防，威力很大，因此古代出现了许多使枪的著名战将。

练枪有一定的难度，所以说“年拳，月棍，久练枪”。一般要先学拳、棍等，然后才能学枪。习枪还要求进行单扎、对扎的实战训练。枪可以与多种兵器进行对练。较常见的枪法有罗家枪(姜家枪)、杨家枪、岳家枪。

剑，被习武之人尊为“百刃之君”。我国古代自春秋战国时起，盛行佩剑之风，不光武将，就连文人学士也喜欢佩剑，以示威严、高雅，或作为一种装饰。对抗形式的斗剑、击剑，在春秋战国和汉代也曾风行一时。剑术的套路技术发展也较快，“舞剑”表演到唐代已达到很高水平。剑术理论在春秋战国时已得到相当发展，当时的民间武术家越女曾对“剑之道”作过精辟的阐述。东汉以后，剑在战场上的作用逐渐消失，但剑术却在民间得到了广泛发展。

剑的构造一般可分为剑身、剑柄两部分。主要的剑法包括点、崩、提、撩、刺、劈、抹、云、挂、带、架、截等，不持剑的手应成剑指，与剑法、身法密切配合。由于剑是双刃兵器，故不能出现缠头裹脑、绕背缠腰等动作。剑术的练习要求做到剑法清楚、刚柔相济、行如游龙、舞如飞凤，达到出神入化的境界。

剑术的特点是轻快、敏捷、潇洒、飘逸、灵活多变，故有“刀如猛虎，剑如百凤”，“剑走美式”，“剑走青(轻)灵”的说法。剑术根据其练法特点可以分为行剑、势剑、双手剑、长穗剑、双剑、反手剑等几种。剑术套路繁多，常见的有青萍剑、昆吾剑、武当剑、三才剑、三合剑、八卦剑、太极剑、达摩剑、螳螂剑、通背剑、醉剑等。

戟是殷商时期以矛为主体，并在矛的基础上结合戈的优点而创制的武器。戟既可钩割、啄击，又可直刺，杀伤力较戈、矛强。戟在西周时已较为普遍，也是秦汉时期的重要武器，三国时亦曾出现许多善使戟的名将。汉以后，戟的形状比原来有些新变化。两晋南北朝时，戟在战场上的作用逐渐消失而成为民间的演练器械。

戟的种类很多，有长柄单戟和短柄双戟。长戟中有左右对称两个月牙的，称为方天戟，只一侧有月牙的，叫青龙戟。短把戟也有单双月牙之分。戟的形制多样，练法也各异。戟以剁、摽、刺、探、片、压、带、勾、拦、钻、挂为主要手法。常见套路有方天戟、方天戟对大刀等。双戟是在大戟的基础上发展而成的。

斧、钺在古时属一类兵器，也称为戚。斧钺的区别在于：斧刃较钺刃窄，钺刃较宽大，呈孤形、似新月；斧背上有钩或斧上有枪刺者，即为钺。秦汉时期斧已成为有代表性的武器。

长柄的斧和钺，古时多为马上战将用的重兵器，有祥手宣花斧、开山斧、偃月斧、金蘸斧、开山钺和亚丑钺等，杀伤力颇大。短柄斧有单双之分，一般为双器械，为古时步兵所用，因其形状扁宽，也叫双板斧，使用时双手各持一斧。宋代还有专门用于攻城的凤头斧。斧和钺舞练起来风格粗犷、豪放，使用方法有劈、砍、剁、搕、搂、抹、云、片等。带刺、带钩的钺还有刺、钩两法，现在保留的套路有长柄斧、双斧等。

钩是由戈演变来的一种兵器。在春秋战国时期，楚、吴两国对钩非常重视。

钩有单钩、双钩、鹿角钩、虎头钩、护手钩、挠钩等。单钩身长，也叫长钩，多双手使用。双钩身短，左右手分持使用。在各种钩中，护手双钩流行较广，它有钩、有刃、有月牙、有钻，属于多刃器械，较难习练。钩没有缠头裹脑、舞花等动作，主要用法有钩、掏、搂、带、托、压、挑、刺、刨、挂、推、拉、捉、锁等。为了发挥钩的多刃作用，演练时要求有起伏吞吐的身法来配合，因此有"钩走浪式"的说法，舞练起来，形如波浪，起起伏伏、非常优美。钩的套路有查钩、行钩、十二连钩、梅花虎头钩、雪片钩、踔钩、卷帘钩等，对练套路有虎头钩对枪等。

叉为长器械的一种，在东汉时成为人们喜爱的武器之一。端头有二叉的为牛角叉，有三股叉的为三头叉，又叫三角叉。叉的击法有转、滚、捣、搓、搠、搕、拦、横、阡、捂、挑、掏、贯、拍等，套路有飞虎叉、太保叉等。

还有一种短兵器笔架叉，因形状似笔架而得名，既可正握又可反握，攻防多能，灵活轻便。正握可戳、撩、拉、劈、架、扫、绞、压等；反握可戳、撞、架、切、格、剪等，使用时可单可双，是民间防身的器械。

鞭有软硬、单双之分。硬鞭属于短器械，主要有两种：一种是"竹节钢鞭"，形如竹节；另一种是十三节"水磨钢鞭"，这种鞭不算柄有十三节，鞭身有十三四个方形疙瘩，鞭头稍细，有钝头，鞭尾有坚木或铁制柄，鞭头鞭尾皆可握，能两头作用，硬鞭的大小重量可随人而异，使用时一手持鞭为单鞭，两手各持一鞭即为双鞭。硬鞭的击法有捋、搠、搕、挂、挑、截、封、闭、架、挡、摔、掉、点、盘、扫等。硬鞭形状玲珑，携带方便，着法巧妙，故古代许多名将都善用鞭。套路有太师鞭、黑虎鞭等。

软鞭是软器械的一种，由镖头、握把、中间的若干铁节连接而成，鞭的上端至鞭头安放一块彩绸，舞动起来风声大作，上下翻飞，使人眼花缭乱。

软鞭有七节、九节、十三节之分，一般统称为九节鞭，平时携带方便，或收握手中，或围于腰间，用时用力一抖即可击出。九节鞭以“圆”运动为主，借助手臂的摇动和身体各部位的转带或拨打鞭的某部位来增加动势和改变圆心及方向，主要运动方法有缠、抡、扫、挂、抛、舞花及地趟鞭等，“抡起来，似车轮飞转，舞起来，如钢棍一条”，可击、可笞、可勾、可缚，是一种软硬兼施、可长可短的兵器，古时也被认为是一种猛烈的暗器。九节鞭使用时有单双之分，也可配合其他器械使用。

锏，短兵器的一种，为钢铁制造，形状很像硬鞭，但锏身无节无刃，有三楞或四楞，锏端无尖，锏体断面呈方形，面中间有槽，故有“凹面锏”之称，大小长短可因人而异。有人用金、银来装饰锏，分别称为鎏金锏、银装锏。明清时，习武人多喜用锏。

锏有单双之分，以练双锏者居多，主要击法有上磨、下扫、中截、直劈、侧撩、绞压等二十四法，着数有“横三竖四”、崩、搉、滚、挑、截、架、挂等，用锏要求猛、快，因此有“雨打白沙地，锏打乱劈柴”之说。对练套路有双锏进枪等。

锤，古代又称为椎，形状似瓜，所以有“立瓜”、“卧瓜”之称，也有四方、枣形、八楞等形状，宋代还有蒜头、蒺藜形的骨朵。五代至宋，锤类兵器得到大量使用，经历了其黄金时期。

锤的种类很多。长柄单锤，属长兵器，如宋代的骨朵、锤枪。短柄双锤，形状多样，非常沉重，舞练时需要有较大的力量，因它能硬砸硬架，故有“锤棍之将不可力敌”之说。主要用法有涮、曳、挂、砸、擂、冲、云、盖等，其中演练时多以涮、曳式为主，故武谚说“锤走曳式”。链子锤，以铁链或绳索系铁锤，属于软器械。

抓，属古代长兵或软兵暗器类，在民间流行较广，盛极于明清时期。抓头形似爪，缚以木柄或长绳，故分为长械及软械两种，长器械多称为抓，软器械多称为挝。

长械有金龙抓，由抓头和抓杆组成，抓头形如人手，中指伸直，四指屈握。宋代有抓枪，明代有抓子棒，上有三个倒钩，还有铜拳和短兵笔砚挝。笔砚挝又叫判官笔，形似剑指，并横握一笔，多用指尖笔尖点击要害穴位。抓的主要用法有抓、拉、擒、拿、点、刺等。

软器械的抓，又叫飞抓、双飞挝，也属于暗器，用长绳系抓头。抓头以铁制成，形似鹰爪，各指节装有小巧灵活的机关，能伸缩活动。还有一种形如梅花的梅花抓，周围有六钩,使用时都是将抓掷向目标,用力回拉,使抓收紧,抓住捕获物。

镋,古代长兵,属于杂型兵器的一种,形状似叉。中叉的刃很锋利,称为正锋,两边的叉分别向上弯曲,形似月牙,称为边锋或月牙锋,上下均有一定间隔的利刃,尾端有三棱铁钻叫镈,用于击刺、架格。镋长且沉重,故为长兵中的重器械,因此“非大臂力者,不能用也”。

镋的种类有很多,有凤翅镋、雁翅镋、雁尾镋、雁嘴镋、牛头镋、龙须镋、流金镋、齿翼月牙镋等。除长兵外,还有双手各持一械挥舞的短兵镋,如月牙镋、鸳鸯镋、荷叶镋。镋的用法有扑、拍、拿、遮、推、转、支、拦等,多采用扎捻势、中平势、骑龙势、架上势、闸下势等基本姿势。练镋时没有舞花,主要着法是突出大转,持握分前后手,并有交替换把。武谚中有“镋扎捻式”之说,套路有镏金镋、燕尾翅等。

四节镋,又名镋镰,属软兵器,由钩镰、钩镰节、八棱锤、锤节、前把节和后把节组成。技法以锤为主,钩镰相随,演练时凶猛泼辣,风格十分独特。

棍、棒,古人称为殳、杆,是最早的兵器之一。古时棍棒为一类兵器,种类很多。俗语说“棒齐胸,棍齐眉”,棒比棍稍短,有的有单双之分,有的顶端装有锤头等。宋代《武经总要》中列有七幅宋代棍棒图。明代棍术流派很多,并出现了一些论著。

现在常见的棍主要有大棍、齐眉棍、三节棍、大梢子棍、手梢子棍。棍原用枣木制,以后改用白蜡杆,取其韧性强,练起来既柔且刚。棍的用法有劈、崩、抡、扫、缠、绕、绞、点、拨、云、拦、挑、撩、挂、戳以及棍花等。演练时要表现出“棍使两端”、“棍打一大片”的特点,做到手臂圆熟,身棍合一,力透棍尖,风声呼呼,快速勇猛,舒展豪放。练棍时,在大抡、大劈之隙常用戳、扎、点、崩等法,动作小巧,发力迅速,技击性很强,正是棍法中的精妙之处。棍的练习十分普遍。各种流派的套路很多,常见的有疯魔棍、天齐棍、五虎群羊棍、猴棍等。

梢子棍有长短两种,主棍和梢棍之间用铁环连接。梢棍利用主棍运动的惯性,打击力量很大,可打、圈、绞、弹,放长击远,抽击近打,使对方防不胜防。

三节棍属软器械,由三节木质坚硬、长短相等的棍用铁环连接而成。三节棍携带方便,舞动时可长可短,可伸可缩,出入难防,遮前挡后,灵活多变,有较大实用价值。主要棍法有劈、扫、抡、戳、格、舞花、背花、摇、抱等。除单练外,还可进行对练。

槊属于古代长兵,与狼牙棒同属一类,多用于马上作战。槊为重型兵器,故多为力大之人使用,“镋、钯、锤、槊,力猛之人始能使用”。

槊的柄用坚木制成，柄端有长圆形锤，锤上密排铁钉六至八行，柄下有三棱铁钻，故称“狼牙槊”。槊的种类除狼牙槊外，还有指槊、掌槊、双槊、衡槊、枣阳槊等。槊可以说是四面有刃，其用法与大刀相似，有劈、盖、截、拦、挑、云、带、冲、撩等，威力颇大。作为重兵器，槊练起来很费力气，在近代已不多见。套路有单槊。

拐，俗称拐子，为木质结构，有长短、单双之分。拐较长的柄称做长柄，与长柄垂直的横柄是短柄。长拐为单拐，使用时可一手持短柄，一手持长柄；两手握长柄；或单手握长柄或短柄，几种握法可交替使用。双拐系短拐，演练时握短柄，双手各持一械。

拐有许多种，形状各异，有长短柄垂直成“丁”字形的丁字拐，短柄似鸭嘴的鸭嘴拐，在长柄四分之一处置一“卜”形短柄的李公拐，拐身形似单刀、拐端似枪尖、短柄端处似钩镰的索菜拐，以及牛角拐、羊角拐、墨鱼拐、浮萍拐等，拐的构造虽然多种多样。练法却大致相同，使用时击打方向变化多端。单拐的击法有劈、砸、滚、崩、支、扑、拿、钩、挂、撩、截等，双拐又有搂、盖、转、打等着法，除单练套路外，拐也可与其他器械对练。

流星，软兵器，又称飞锤或走线锤。流星锤有单流星和双流星之分，在绳索一端系一小铜锤为单流星，两端各系一锤为双流星。舞动起来，其快如飞，有如划破夜空的流星一般，故而得名。它的运动方法以缠、抛、抡、扫、砸、甩、撞、击为主，演练时，要把绳巧妙地缠绕在自己的颈、胸、背、肩、肘、手腕、大腿、小腿、脚和腰部，放锤抖身，使锤由圆周运动变为直线运动。流星锤的特点是软中带硬，忽长忽短，缠砸并用，声东击西，变化莫测，防不胜防。武谚说“巧打流星，顺打鞭”，练流星锤要用巧劲，由于它携带方便，便于突然袭击，古时也被当做暗器。

除上述兵器外，先后被收入“十八般武艺”之列的还有弓、弩、矛、盾(牌)、绵绳套索、铲、钯、戈、环、镰等，还有白打，即手搏，指各种徒手拳术对练。

“十八般武艺”所包含的各种兵器，虽然用法风格迥然不同，但都离不开进攻和防守两个方面，长有长的威力，短有短的好处，千姿百态，各放异彩。因此，不能定论哪种兵器最强，威力最大，只能看使用者的习惯、爱好和所下的功夫。任何一种兵器，只有练出一番真功夫，才能“功到自然成”，得心应手地将它的风格与长处完全发挥出来。

尚武精神

◎刘 东

一种文明，果欲保持强盛，实内赖文修，外恃武备。即使是后来讲究“武不可觌，文不可匿”，而把一个“武”字拆解为“止戈”(即“停止战争”)的古代中国，也不可能一上来就对文治与武功有所偏废，否则根本无法开辟与绵延。它的十分早熟、至今还令世人称奇的兵学与武学，便是对此的明证。

“兵”、“武”之事从一开始就被重视，当然与先民们总是面临的艰危生存态势有关。文明的脚步恰恰是和野蛮的战争一起向人类走来的，正如《淮南子》所云：“兵之所由来者远矣……自五帝而弗能偃也，又况衰世乎。”或许正因如此，段玉裁《说文解字注》上才记载了对“武”字的另一种解说——“武，迹也。此武之别一义也。”如果我们考虑到“武”字的字形，其实本是一个象征着行路的脚趾(止)，再扛上一个象征着砍杀的兵器(戈)，则不难发现，这种把“武”解释为“迹”(即“行迹”、“路线”)的说法很可能更接近“武”字的古义——那不是刀枪入库、马放南山的所谓“定功戢兵、止戈为武”，而是赤裸裸、雄赳赳地进兵征伐、耀武扬威。

不过，再进一步说，频繁的战事又只能是发展出军事艺术的必要前提，而非其充分条件。故中华文明之所以能很早就在“兵”、“武”方面发展出专门之学，其内在动因还在于具有深远文化原动力的“士”阶层的人格风范和价值取向。尽管对顾颉刚所谓“吾国古代之士，皆武士也”的论断，学术界尚有不同的看法，但当时的社会风气是文经武纬并重，却乃不争之史实。周代的两位开国之君，被根据其生平功德谥为“文”、“武”，决非偶然，这两种精神后来被总结为“一张一弛”的圣人之道。《周礼》所载大司徒用以教民的“六艺”包括“礼、乐、射、御、书、数”，也显然旨在使被教育者文武双全。先秦诸子既在这种文化氛围中被教育出来，又以这样的教育内容收徒讲学，自然未失“赳赳武夫”的英气。孔子虽因其时“礼乐征伐”未“从天子出”(或孟子所谓“春秋无义战”)，而提出“胜残去杀”(《子路》)，而厌谈“军旅之事”(《卫灵公》)，但他毕竟只是“慎战”(《述而》)，而不是主张放弃武备。相反，他倒认为“以不教民战，是谓弃之”(《子路》)，故把“足食、足兵”(《颜渊》)看作经国之大事。所以，强调“三军可夺帅也，匹夫不可夺志也”(《子罕》)的原儒，就仍然保有着“弘毅”之勇志。他们只不过要将其纳入“知、仁、勇”的精神体系之中，以免“君子有勇而无义为乱，小人有勇而无义为盗”(《阳货》)。至于当时与儒家并称“显学”的墨家，则更是文武双修。他们正因为倡言“非攻”，就更加重视对城池的军事防御，故历来被认为是善于作战并勇于效死的武士团体。所以，中国文化并非从一开始就注定着弱化。而作为其后世主干的儒家，也并非从一开始就像汉代许慎所训诂的那样柔弱、懦弱。先秦诸子中，之所以涌现了被后人间接、直接看作兵家谋略始祖的老子、孙子，正是因为其时的“士”中普遍流行着尚武精神。

然而，历史进入大一统的秦、汉以后，个性向任何方向的自由发展都势必受到压抑。为这种统治作理论准备的韩非，就已把后来分化为专职文、武的两种“士”归入危害法度的“五蠹”之列，宣称“儒以文乱法，侠以武犯禁”，应分别予以“罪”、“诛”。当然，既为先秦诸子之一，强调“耕战”的韩非也并非不再尚武。但从维护国家利益的功用出发，他却主张这种精神只能是作为国家机器的“坚甲厉兵”的特权，而不应成为“游侠私剑”的个人气度。否则，“国平则养儒侠，难至则用介士，所用者非所养，此所以乱也”(《显学》)。从表面和暂时来看，韩非这种“为勇者尽之于军”(《五蠹》)的要求，内可绝个人斗狠，外可御邻敌边衅，似为长治久安之策。但是，若从深层和长远来看，这种理论把社会有机体(国)的康强树立在决定其体质的细胞(民)的羸弱上，委实潜藏着巨大的矛盾和危机。

令人扼腕的是，历史正是慢慢地朝着韩非所指的方向滑落的。过去，在原儒的经典中，决不忌讳称颂“文王受命，有此武功”(《诗经·大雅·文王有声》)。但到了汉代后儒这里，尽管武帝开疆拓土“视高、惠、文、景时，几致一倍”，《汉书·武帝纪赞》却“专赞武帝之文事，而武功则不置一词”(赵翼：《廿二史札记》)。时风之变异，于此可见一斑。梁启超在《中国之武士道》中，曾痛惜自汉代诛除豪侠后尚武精神的式微——“故文、景、武三代，以直接间接之力，以明摧之，而暗锄之，以绝其将衰者于现在，而刈其欲萌者于方来。武士道之销亡，夫岂徒哉!”当然，此论以为一种深远的精神传统可被戛然而止地剪除，似嫌太受正史编修者眼界的局限。如此则无从解释：为何中国古老的武学、兵学会被一脉相承地传袭下来，为何每逢社会动荡风云际会之时总会有那么多的勇武之士挺身应运。但无论如何，尚武的古风从此因受压制而在消歇中变态，却是无可怀疑的事实。

本来，在周室衰微、"学在官府"的垄断被打破以后，传统知识结构的主要内容是在"士"阶层中被同时继承着。尽管在"士"内部也渐有分工，主文韬者以"私学"称，重武略者以"私剑"名，但他们毕竟都属于以知识为业，并因治平之才而受到诸侯器重的早期"知识分子集团"。这才造成了顾炎武在《日知录》中所讲的"战国之君遂以士为轻重，文者为儒，武者为侠"。然而，到了后世，由于兵、武之事已被从官方认可的教育内容中删除，"士"便成为专事文修者(儒)的专名，而专事武备者(侠)遂被从"士"这种中国文化精神的载体和官吏的预备队中排斥出去。这样，中国原有之文武双全的精神便被分裂为二，而"重文轻武"的偏颇亦渐在士大夫中趋于主导。从《后汉书·光武帝纪下》所谓"退功臣而进文吏，戢弓矢而散马牛……斯亦止戈之武焉"的说法中，可以清晰地看到这种由官方倡导的转捩。而后，这种文武天平的失衡倾向，虽亦曾不断被融入中原文化的周边民族的原始野性所冲淡和遏止，却终于在后世酿成了积弱不振的国势和文弱不武的国民性格。

在文士们独占了中国文化的中心以后，武士们便不得不退隐民间，日益沦于中国文化的边缘。他们虽亦尝有过各种机缘应募入伍和赢得功名(如唐以后官府曾时断时续地开过"武科"以选拔将才)，甚至在胡风较重的年代里从戎开边还曾被看作封妻荫子的终南捷径(如李贺诗云："若个书生万户侯")，但总起来看，历代的制度毕竟未向他们提供一条像读书人一样稳定的晋身之阶，也未能使之保持一种类似于西方骑士阶层的职业荣誉感。所以，大体来讲，过去"士"中间的文、武之分工，已经演成了后来在整个社会中的文、野之分层。

这样，随着习武者社会地位的大大下跌，他们的精神状态也就逐渐起了相应的变化。首先，由于不再奢望被有效地吸纳进社会上层和士绅行列，志乎武道者便日益安于去做世外高人和隐逸，而战国"游士"们的奔走于诸侯门下的宦游也就变成了啸傲江湖式的无目标逍遥游。其次，由于不可能再总是以"公侯干城"自诩，练武的主要目的也就被迫内化为纯属个人的修身养性、强魄健体。即使是武术家舞弄出一片刀光剑影，说穿了也不过是练练特殊形式的体操而已。而与之相应的是，原本作为出家修行之好去处的各大名山，亦渐被视作武学之圣地。再次，由于基本上没有由官方兴办、对全社会开放的武学校馆，武林在私相授受的过程中便形成了门户森严的各宗各派，相互严格封闭以神其艺，遂使中国后来的武学显得既丰富又诡秘。复次，由于并没有受到应有的鼓励去“以天下为己任”，习武者的眼界也就缩小到私人事务的范围内，其价值信条也随之蜕变为用来调整和维护狭小团体的“江湖义气”，“刘、关、张桃园三结义”式的生死之交遂被推为效法的楷模。最后，由于游离于整个社会的运作机制之外，这种以结义的方式蛰伏下层的代偿性整合团体，往往暗地采取某种反社会的姿态。而一旦社会动荡流氓增多，它就会迅速吸纳他们而成为对社会的公开破坏势力。

结果，一方面是书生们独领风骚，另一方面是尚武者的文化素质日渐低落甚至结成了社会的赘疣，这就更加助长了全社会鄙夷、厌恶武人的倾向。这自然又会牵连到军队在整个社会的地位。具有讽刺意味的是，政府招募士卒的直接目的，往往并不是为了作战，而是为了要把“强梁亡赖者悉拘于军”(《小畜集》)，以免“不收为兵，则恐为盗”(《欧阳文忠公集》)，这就导致了“好男不当兵，好铁不打钉”的普遍社会心理。缘此，军人的备受歧视和素质低劣也必然互为因果地成正比发展。在中华文明相对成熟的年代(从唐末到宋)，当局竟将军士看得像罪犯和官奴一样卑贱，在其脸、臂、腕等部位刺上了防其逃亡的字。而这种侮辱性的标志，就连名将狄青和岳飞都不得幸免。在这种情况下，中国的军队往往是所有社会阶层中文化素质最低的，而且常常骄悍和涣散到“兵匪一家”的地步，就不难理解了。这样的军队，既无勇更无谋，用来镇压内部的民变都已吃力，而一遇外侮，则更是望风披靡，正如叶适所言：“进不可战，退不可守，百人跳梁，则一方震动，而夷敌之侵侮无时而可禁。”(《水心别集》)

所以，潜伏在民族魂灵中的一种尚武精神，要比千万道万里长城更能保家卫国，这是中国历史展示给人们的血淋淋的教训。正是鉴于这种教训，以身许国的士大夫们开始对先秦以后文武相分、重文轻武的发展趋向进行深沉的检讨。陈亮从(文)才、(武)智相通的角度论证了后世文、武相悖的荒谬性——“文武之道一也，后世始歧而为二。文士专铅椠，武夫事剑楯，彼此相笑，求以相胜。天下无事则文士胜，有事则武夫胜，各有所长，时有所用，岂二者卒不可合耶？吾以谓文非铅椠也，必有处事之才；武非剑楯也，必有料敌之智。才智所在，一焉而已。凡后世所谓文武者，特其名也。”(《陈亮集·酌古论》)李贽之所见也和陈亮相同,他还从科举内容之偏弊批驳了尚武之士的被忽视——“惜乎儒者不以(孙子兵法)取士,以故弃置不读,遂判为两途,别为武经,右文而左武。至于今日,则左之又左,盖左之甚矣……呜呼!虽使孙武子复生于今,不如一记诵七篇举子耳。”(《李氏丛书·孙子参同》)显然,他们的愿望是恢复古代文、武并重的文化精神,以复振中华民族的阳刚之气。

平心而论,上述愿望确实也曾落实到范仲淹、辛弃疾、文天祥、王阳明等等“儒将”的人格上。不过,就积习甚重的整个儒林而言,那些偶尔闪现的文武全才毕竟只是难得的特例。对于大多数被传统的人文教育内容教化出来的、既弱不禁风又儒雅风流的士大夫来说,无论行武生涯的劳苦血腥,还是民间武人的粗鲁俗陋,都与他们格格不入。所以,即使他们还依稀保有着文武并重的古代梦想,也很难身体力行地去闻鸡起舞或投笔从戎,而只会借助于他们用惯的笔墨,将之寄托于想象的世界。也许,这正是他们创作了那么多借兵书起兴的诗歌和以仗义除暴为内容的武侠小说的根本原因。当然,如果考之于实际的军事才能,“楼船夜雪瓜洲渡,铁马秋风大散关”式的豪迈诗句,抒发的多半是纸上谈兵的书生意气;若是考之于司马迁、班固以后的信史,那些以东汉以前的游侠为人物原型而创作出来的独往独来、仗剑犯禁的豪侠英雄,则更可能纯属无稽之谈。不过,从另一个角度,人们还是可以将其看作书生们对中华文明之原初尚武精神的呼唤,尽管是一声疲弱无力的呼唤。

十二 疆域与物产

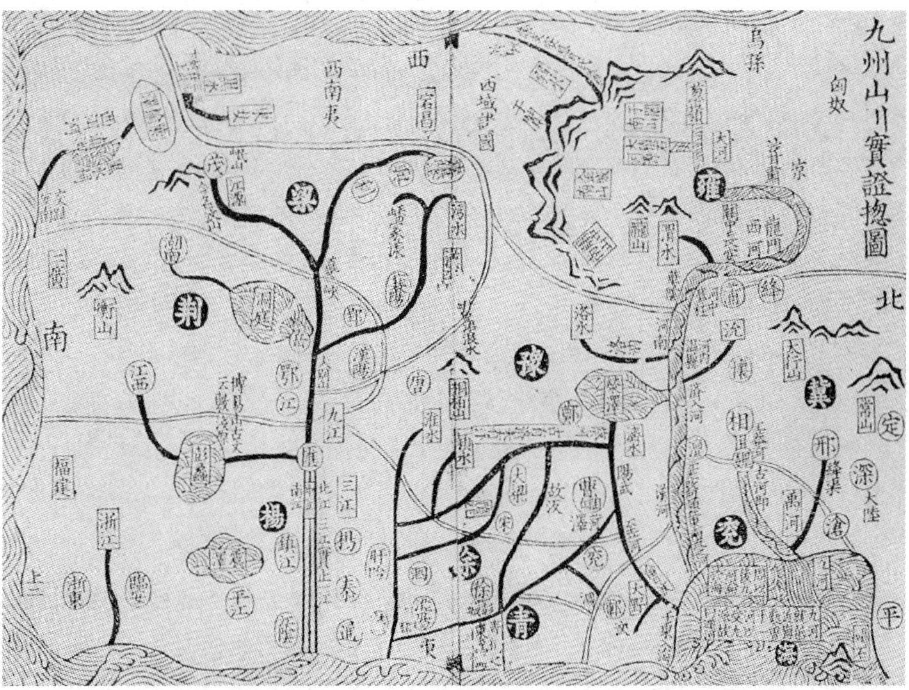

疆域的变迁

◎林荣贵

中国是各族人民共同缔造的文明之邦，也是世界上最早奠定疆域的国家之一。

古代中国人最早对自己国家疆域的认识，可以追溯到距今4000—5000年前的传说中的皇古“五帝”时期。古人认为，五帝生活和活动的黄河流域地区，居四方之国，故称为“中原”、“中华”或“中国”。所谓炎帝治天下，其地“南至交趾(今岭南)，北至幽都(今北京、河北至辽宁一带)，东至旸谷(指东部海滨)，西至三危”(今甘肃岷山以西)；黄帝统领的地区，“东至于海，西至空桐(即崆峒山，在今甘肃平凉西)，南至于江(今长江)，北逐荤粥(匈奴前称)”等追述表明，中国人远祖发迹的根基地——黄河流域及其周围或邻近地区，是古代中国疆域的雏形。据近世考古证实，在距今4000—5000年前，即包括五帝时期，相当于新石器时代中晚期的人们，在黄河流域地区已创造了仰韶、马家窑和半山马厂、齐家、龙山等文化；在长江流域地区已创造了青莲岗、屈家岭和良渚等文化，反映了当时人们已进入自身发展的高级阶段。所谓尧帝时大禹“治水分州”之说，正好说明智力已臻成熟的人们，为其生活和生存斗争的需要而划野分疆，与古籍中关于中国疆域肇基皇古时期的传述大致吻合。

夏商周时期 (公元前21世纪—前771年)，中国作为现代概念上的国家已经形成，以中原王朝为中心的、中原地区周围或邻近方国并存的多层次领区的疆域格局正式确立。

夏朝都安邑(“夏虚”，今山西夏县北)。夏的疆域，约可划定为西起今河南西部和山西南部，东到济水上源(山东济河县南)，南至华山(洛河上源)，北抵晋阳，和其他民族的方国如东夷、有虞、昆吾、商、扈、熏育(荤粥)等并存，形成相错或相邻的局势。夏曾为东夷所败而衰落 。及少康中兴，征服东夷，夏作为中原王朝所确立的中心地位，一开中国古代历史的先河。

商朝灭夏而立，先都亳(今山东曹县)，后迁殷(今河南安阳小屯)。其疆域除拥有夏的领土外，还向西、南、北扩大，大致东起今山东沿海地区，西至陕西西部，南到江苏、安徽二省北部，北抵河北及山西北部。殷商灭夏前后曾征服了原夏境内或邻近许多方国或部族，但还有所谓“土方”、“人方”、“鬼方”、氐、羌、隹(淮)夷等方国或部族分布于殷商的域内或周围。殷商在征讨方国或部族的反对势力中，尽量发挥其作为中原王朝的优势，从而形成了进一步突出中原王朝的疆域格局。

西周自陕西崛起。文王都丰(今陕西沣水西岸) 。武王迁镐(今陕西长安县西南)克商。宣王中兴，建立了一个称为“普天之下，莫非王土”的大帝国。其疆域除了拥有商的故土外，南部已达长江以南，西至今之甘肃，东北到辽宁境内，比两个商朝疆域的面积还大。通过分封，在疆域的中心和周围地区建立了一批封国、侯国。还在疆域外围建立起西周王朝的藩属。如东北地区的肃慎族，多次入贡周朝，献“楛矢砮石”或其他方物，为周朝守卫东北边。南方的庸、濮等族，曾是西周伐商的盟友。利用藩属拱卫内地，使西周疆域的巩固和发展较之夏、商两代更显有特色。

西周晚期，王室衰微，周天子对全国政局失驭。各封国、侯国，经过分合消长，形成了春秋战国时期“争霸”、“称雄”，相互兼并的局面。但是，争战各国大都打着代表中华正统的周天子的旗号，这说明中华作为各族共同的国家正统的崇高形象已经树立。因此，列国向四方开辟疆土，不仅加强了内地与周围或邻近华夏族与其他民族的交流、融合，同时使中国疆域的范围不断扩大。到了战国后期，燕国向北扩展到今河北、辽宁二省北部和内蒙古东半部等地，赵国向西北扩展到内蒙古西半部，秦国向西部和西南部扩展到陕西西北部、甘肃东半部及四川巴蜀地区，楚国向南方和东南扩展到湖南、浙江和江西诸省。

秦、汉实现了中国历史上第一次大一统，一开统一多民族国家疆域空前扩大的局面。

秦(公元前221—前206年)都咸阳，始皇统一六国，北伐匈奴，平南越，戍五岭，威震四方。此时之中国疆域，“东至海暨朝鲜，西至临洮(今甘肃岷县)、羌中，南至北向户(今越南北部)，北据河为塞，旁阴山至远东”。大致包括今京、津、沪、冀、鲁、晋、豫、陕、苏、浙、皖、闽、赣、鄂、湘、粤等16省市及甘肃、四川、广西、辽宁、内蒙古和宁夏的大部分或一部分，并有越南东北部之地。地方区划废侯国，分全国36郡，把郡县制作为地方政区制度推行全国，这是一个非凡的创举。

西汉(公元前206—公元25年)代秦而立，定都长安，承继了秦以来的一统大业。汉朝先后举师边陲：北逐匈奴，收复秦时河套等地。匈奴昆邪王归顺于汉朝。汉疆域向西拓展，增置武威、张掖、酒泉、敦煌四郡于河西；南平南越，以其地置儋耳、南海、苍梧、郁林、合浦、交趾(今广西大部和越南东北部)、九真(今越南中部)、日南(今越南南部)等郡；东灭朝鲜，添设乐浪、临屯(后废)、玄菟、真番(后废)等郡；又服西南夷，增置越嶲、沈黎、汶山、武都、益都等郡；更远通西域，统属56国。这时，汉朝的疆域，在秦朝领土的基础上又有了更大的拓展：东达今朝鲜北半部、辽东并东海之地；西尽玉门，傍有西北边境而统属西域之地；南至南海兼有今越南之地；北扩沙漠与外兴安岭地区，到达今俄罗斯境内鄂毕河、叶尼塞河和勒拿河流域一带，成为幅员空前的大帝国。地方区划，承秦制全国置41郡，郡之下统县，又袭古制13州建置。州下为郡国，郡国下又辖有县、邑、道和侯国。到了东汉时期(公元25—220年)，朝廷力避冗政，实行郡国和县、邑、道、侯国的省并。郡县制于是得到进一步的发展。

三国两晋南北朝时期(公元220—589年)，各族王朝或政权的迭立或并立，都是在秦汉奠定的疆域内进行。民族结构和民族关系均有深刻变化：中原华夏族向汉族演化；边远地区及各少数民族进一步密切了同内地及汉族的关系，加速了相互交流和融合的进程。如东汉击败匈奴之后，匈奴离析为二，北匈奴远遁，徙居内地的南匈奴，大部分与汉族同化，或者演变为其他名号的民族；在南方，孙吴征服山越，蜀汉讨平南蛮，促进了江东、江淮、四川、云南等地区少数民族与汉族的融合。中原王朝的正统地位和汉族的大民族地位被公认并世代相传。如三国时魏、蜀、吴均以恢复汉室、统一全国为其肇基目的；北魏入主中原以后推行了一系列中原化和汉化的措施；十六国时期匈奴建立的夏、前赵，羯建立的后赵，氐建立的前秦，羌建立的后秦，鲜卑建立的西秦、前燕、后燕、南燕，以及南北朝时期沙陀突厥建立的后唐、后晋和后汉等王朝或政权，在形式和性质上，与中原地区和汉族传统比较，大都非常相近或相同。与此类似，边境诸族或各邦国，如北边的柔然、高车，东北的失韦、契丹、地豆干、勿吉，西域的龟兹、于阗、悦般、北凉等，大都通过入朝或接受册封等形式表示心向中原王朝或结纳内地汉族。这就是说，即使在多王朝、多政权迭立或并立时期，以中原地区为中心辅以其外围为根基的中国疆域，不仅没有分崩离析，而且代代相承。在地方区划上，大致沿袭秦、汉旧制而酌加变通，以州、郡、县三级为基本建置。

隋唐实现了继秦汉以来中国的第二次大一统，疆域在前代的基础上开创了新的拓展局面。

隋(公元581—618年)更北周而立，以长安为京师，洛阳为东都。先后平定北方，扫平陈朝，统一全国，在南北朝疆域的基础上扩大了辖区。文帝对雄据西北的突厥采取了军事上的防卫措施。突厥分裂之后，西突厥远遁乌孙故地。隋廷抓住时机，"离强合弱"，通过和亲、封官、市易等活动密切与东突厥的关系。在东北，积极建立契丹、奚、室韦和靺鞨等族与隋朝的臣属关系。在西部，隋师大败吐谷浑，在今青海湖至新疆一带，增河源、西海、鄯善、且末四郡。又置"西戎校尉"等官，密切隋朝与西域的政治和通商关系，西域之友好"来朝者"达四十余国，为西部疆域创造一个比较和平稳定的环境。在南方和东南沿海，隋师渡海进驻高华、鼌鼊(二屿均属今澎湖列岛)和流求(今台湾)等岛屿。又出师南征，平林邑，增置比景、海阴、林邑(均在今越南南方)三郡。于是，隋朝的疆域，南及今越南南部，北至五原(在今内蒙古北部)，东南抵临台湾、澎湖列岛，西达新疆中部和南部。地方区划，初承前代州郡县三级制，继而废郡而存州县之置，最后改定为郡县两级制。至大业晚年，全国有郡190，县1255。又对南北朝以来滥置之郡县，力行省并。

唐兴隋亡，复都长安，极力扩大隋朝以来之版图。太宗、高宗时期，国力强盛，北征突厥、薛延陀，东北灭高句丽、百济，西克吐谷浑(在今青海)、高昌(在今新疆)，服西域。故盛唐疆域所及，东极海，西至葱岭，南尽林州(今越南北半部)，北破大漠(到达今俄罗斯南部叶尼塞河、安加拉河和勒拿河流域)，幅员超过了盛汉时期。地方区划实行多层次建置。唐初改郡为州。贞观初确定道、州、县为基本制度，全国置10道。开元间又增置为15道。边远地区全入各道所辖。如北部和东北边疆地区分别划归河北道和关内道，西北地区属于陇右道，林州划归岭南道。贞观十三年，全国凡州、府358，县1551。其次是府的设置。如京都置府尹，内地要区置都督府，沿边置都护府。开元十七年，全国有都督府40。中宗时，沿边有安东、安北、单于和北庭都护府，南疆林州等地置安南都护府，主要管辖各边境地区。再次，节度使之设置并赋有管辖地域之意义。到开元、天宝间，已有河西、范阳、陇右、剑南、安西、朔方、河东、北庭、北卢、岭南10节度使之设，主要是捍御和防备边境地区。至元和年间，全国发展到47节镇，且内地也置。复次，唐政府通过羁縻州的设置实行对边境少数民族的特别管辖，以便加强中央政府对沿边各族的联系和控制。多层次的地方建置，反映了唐朝对其广大疆域管辖上的系统性和严密程度。

五代十国时期，中国境内包括了各族建立的王朝、政权和民族区域。主要有东北地区的辽朝，中原地区迭立的后梁、后唐、后晋、后汉和后周五个朝代；南方地区则有吴、南唐、吴越、前蜀、后蜀、南汉、楚、南平(荆南)、闽、北汉十个邦国。此外，还有分布于西南、西部、西北、北方和东北的大理、吐蕃、甘州回鹘、西州回鹘、于阗、葛逻禄、达旦(阻卜)、辖戛斯、嗢娘改、室韦、黑水靺鞨等民族政权或民族地区，全都在原唐帝国的版图内。

辽宋夏金时期，辽与北宋并存，金与南宋、西辽分立，西夏介于其间，前后历三百多年(公元960—1279年)。

契丹族从西辽河流域地区崛起，自称"炎帝之裔"。五代初建立辽朝，以上京临潢(今内蒙古巴林左旗波罗城)为首都，又置东京辽阳、中京大定、南京析津(今北京)、西京大同为四陪都。盛时疆域"西起金山(今阿尔泰山)暨于流沙(今新疆以西大沙漠地区)，北至胪朐河(今蒙古克鲁伦河)，东渐于海"。南部以今天津海河、河北、山西中部与北宋为界，顺着今蒙古西南边界与西夏、回鹘为邻；北部到达今蒙古北界、俄罗斯外兴安岭地区至萨哈林岛(库页岛)一带，东尽海滨兼有鸭绿江以东的朝鲜北部之地，皆入辽的版图。而疆域以北的辖戛斯、斡朗改(嗢娘改)，西北的西州回鹘，西部的吐蕃以及西域诸族，多为辽之属国。地方区划分农、牧两种区域因宜设置。农区承唐制置道、州(府)、县三级为基本建制；牧区置部族和属国，级别大体同州。共置有京5，府6，州、军、城156，县209；部族52，属国60。节度使限作为州(军)或部族、属国之长官之一，而革去唐时之区域建置。

辽为金亡后，契丹宗室耶律大石率契丹部众西徙建立西辽朝(公元1124—1218年)，定都虎思斡耳朵(又称八剌沙衮，在今俄罗斯楚河南岸之托克马克东)。盛时统治区域北至今巴尔喀什湖一带，西南到达阿姆河，东部和南部奄有今新疆大部和蒙古局部之地，是辽亡后契丹人向西开创的另一个王朝，具有与北宋亡后建立的南宋类似的历史地位。其最终与西夏、金、南宋等一并统入元朝的版图。

宋更后周而立，定都开封，又以西京河南(今河南洛阳)、北京大名(今河北大名)、南京应天(在今河南商丘南)为陪都。盛时辖区"东南际海，西尽巴、僰(指今四川)，北极三关"(瓦桥关、益津关、草桥关，均在今河北中部，为宋辽分界)。有今豫、陕、苏、浙、皖、赣、鄂、湘、闽、粤10省和河北、山西、甘肃、四川、广西、青海、宁夏诸省区之大部或局部之地。宋对西南峒族地区的开辟和有效管辖，创三国至唐以来的拓边业绩。地方区划因承唐制而有所革弊。如废节度使之区域制；元丰时，废全境13道而改置25路，形成路、州(府、军、监)、县三级基本建制。计有府14，州242，军37，监4，县1235。及高宗南渡后，淮北之地尽为金有，至乾道四年，辖区除首都临安(今杭州)外，共置有路16，府36(包括临安)，州130，军40，监2。在今云南、西藏等地的大理和吐蕃各部，是经北、南宋政府累世册封的两大藩属。

建立金朝的女真族，是唐代黑水靺鞨的后裔。黑水靺鞨之部长献诚等曾任唐朝的边官，立功赐国姓而光耀后世。12世纪前期，女真从按出虎水(今哈尔滨南阿什河)流域地区兴起，继金朝，初都会宁(今哈尔滨阿城南)，先后迁都中都(今北京)、汴京(今开封)和蔡州(今河南汝南)。盛时疆域"东起海滨，西越碛石 (今甘肃临夏西)，北出阴山，南则以淮水与宋为界"。辖区尽北到达火鲁火疃谋克(今俄罗斯境内滕达以东)，东北包括今日本海和鄂霍次克海岸、外兴安岭地区，西北控有蒙古草原各部。地方区划沿辽、宋旧制，置五京。金初除上京会宁府外，又以南京辽阳、中京大定、西京大同、北京临潢(旧辽上京)为陪都。海陵迁都开封后，改以北京大定、东京辽阳、西京大同、中都大兴(今北京)为陪都。以路、州(京、军)、县为三级基本建置。计有上京、咸平等19路，合州(京、府、军)179，县683。此外，上京路辖下的蒲与、合懒、恤品、曷苏馆、胡里改及东京路辖下之婆速府等路，皆因部族而置，等级同州。

唐末，夏州(今陕西靖边县境)一带党项羌族的一支，其酋长拓跋思恭效命于唐廷而获赐国姓李和夏国公封号。其后兴起，于11世纪30年代因袭这个封号建立大夏朝，史称西夏(公元1038—1227年)。西夏定都兴庆(今宁夏银川)，盛时疆域"东尽黄河，西界玉门，南接萧关(今宁夏同心县南)，北控大漠(今蒙古南境)，倚贺兰山以为固"。有今宁夏全区以及陕西、甘肃、青海、内蒙古、新疆诸省区局部之地。地方区划沿唐制而稍袭汉法，共置州、郡220。被蒙古亡后与西辽、金、南宋先后并入元的版图。

从辽代上京道东北部斡难河流域兴起的蒙古族，于13世纪灭了西辽和花剌子模，攻占了俄罗斯和东欧等地，建立了地跨欧亚的蒙古帝国。蒙古又先后灭了西夏、金和南宋，定都大都 (今北京)，建立元朝(公元1271—1368年)，统一中国。元代疆域，"北逾阴山，西极流沙，东尽辽左，南越海表"，"东南所至不下汉、唐，而西北则过之”。开拓了汉唐以来中国疆域最大之版图。地方区划，多因唐、宋旧制而有所创新，以行省(或称省)、路、府、州、县等政区级别为基本建置。至英宗时，全国设置除专管河北、山东、山西等“腹里”之地的中书省外，还有岭北、辽阳、云南、征东、湖广等11个行中书省。省以下置路185，府33，州559，军4，安抚司15，县1127。还于重要或边陲之地特置11道，借以加强军政管辖。元中央政府还将吐蕃所在的今西藏地区列入正式版图，并置乌斯藏、纳里、速古鲁孙三路宣慰司都元帅府，其下各设若干万户府。又置宣政院，兼掌西藏政务，实行政教合一制度，“遇吐蕃有事，则分院往镇”。云南行省及其下路、府、州、县以及军民总管府的设置，通过层层管辖结束了云南地区长期以来的分散割据局面。至正二十年，元中央政府又设置澎湖巡检司，管辖台湾、澎湖地区，开创了汉、唐以来中国疆域第三次大一统和空前拓展、有效管辖的业绩。

明(公元1368—1644年)更元而立，初定都金陵(今南京)，继而迁都北京。盛时疆域所及，“东起朝鲜，西据土(吐)番，南包安南，北距大碛”。直接辖区大致有今中国之版图减去新疆西半部和内蒙古西北部，东北因元旧疆到达今俄罗斯外兴安岭至海滨地区。地方区划因承宋、元旧制而有所变通。永乐时，全国置京师和南京两直隶和13布政使司(俗称省)。明初废路改府，布政使司辖府及直隶州，又统属下州、县。基本建置有府140，州193，县1138，羁縻府19、州47、县6。又有都司、卫、所之置。都司、卫、所初为军事机构，后渐兼管政事，演为地方区划之一种。至成化中叶以后，全国计有都司16，行都司5，卫547，所2593。明政府对一些边远地区实行特殊管辖。如云南、贵州、两广的土司制，由朝廷任命土官管辖本地区。后来实行“改土归流”，目的是对有离心倾向的土司地区改行内地制度，以加强管辖。在西藏地区推行政教合一制度，设立乌斯藏都指挥使司，任命喇嘛教首领为地方行政官员，赐予印信，通过他们管理西藏地区包括征收赋税等。同时，置九边镇，修筑长城，驻守重兵，以防备退守蒙古地区的北元南下。又于隆庆间，通过议和，明政府封北元俺达汗为“顺义王”，册封蒙古首领为都指挥使等官，使北元成为明朝的属邦。此外，明中央通过册封“亦力把里国”及对其首领封官，建立了对新疆西部及其以西地区各部族的特殊统治。

居住和活动在明朝辖区内的牡丹江上源长白山东南的女真建州部，永乐时，明廷任命其首领阿哈出和猛哥帖木儿分别为建州都指挥使和建州卫左都督，管辖该地区及所在部族。15世纪后期，建州女真迁入赫图阿拉(今辽宁新宾老城)建立后金政权。17世纪前期统一了东北并联合了蒙古各部，建立了清朝。17世纪后期推翻了明朝的统治。

清朝定都北京，而以入关前都城盛京(今沈阳)为留都。至康、雍、乾三帝，先后平准噶尔，定回部，服青海，降康、藏，收复台湾，完成了全国的统一大业。此时，中国的疆域，“东极三姓所属库页岛(今俄罗斯萨哈林岛)，西及新疆疏勒(喀什噶尔)至葱岭，北极外兴安岭，南极广东琼州之崖山”。列入有清一代直接管辖的版图的，除了本部18行省(包括台湾岛)外，还有称为藩部的内蒙古、青海蒙古、喀尔喀蒙古、唐努乌梁海、新疆、西藏等地，以及南部海域长沙海、石塘海(包括今南沙群岛在内的南海诸岛)，东南海域到达台湾岛以东，兼有南大洋(今东海)、东大洋(今黄海)、渤海、南海(今日本海)、东海(今日本海北部至鞑靼海峡)及所属各岛，成为一个幅员广阔的统一多民族国家。地方区划多因元、明旧制而加以创新、发展。基本建置为京府行省、府、厅、州、县等逐级管辖制度。康熙初，改明以来15省为18省。光绪年间又增置新疆、台湾二省及东北三省，除顺天府外合为23省，凡府、厅、州、县1700。对一些边疆地区实行特别管辖。如蒙古、西藏地区的盟旗制，盟以下辖各部，部复分为旗；青海、甘肃、四川、两湖、云南、贵州、广西等少数民族区域的土司制，清廷任命部族首领管辖所在地区。其后又力革土司制之弊，通过“改土归流”，许多推行土司制的地区遂为府、厅、州、县之建置所代替。这使中央政府在对地方管辖制度上，边疆与内地的差别进一步缩小。

综观历史上中国疆域的变迁，经历了几千年的形成、发展和沿革。在这个过程中，历代中央王朝及各族建立的边疆王朝所起的主导作用彪炳史册；而各族人民共同缔造和捍卫我国统一多民族国家神圣疆域所创造的光辉业绩，更是永世长存。

汉字文化圈

◎聂鸿音

“文化圈”最初是德国民族学家使用的术语，原文为Kulturkreis,意思是“文化区域”或“文化范围”。我们现在则通常采用日本学术界的译法，称之为“文化圈”。文化圈理论的倡导者们认为，人类的早期文化应该有几个不同的发源点，这几个发源点的文化特征逐渐向其他的人类群体传播，最终形成了很大的地理单位。

然而，经过千百年的文化交融之后，现存文化圈的界限是相当复杂的，学术界一直没能找到一个最有效的分划原则。在建立种种分划原则的尝试中，一些科学家越来越倾向于利用文字来划分文化圈的界限。他们认为，既然文字是文化最重要的载体，那么，历史上使用过同类文字的民族和地区，其文化必然有相同的来源，至少也有明显的借鉴现象。依照“文字文化圈”的理论，人们可以把世界文化分成五个大“圈”，即拉丁字母文化圈、印度字母文化圈、阿拉伯字母文化圈、西里尔字母文化圈和汉字文化圈。

不管文化圈的边缘地带是怎样的情况，它的中心区域却永远是特点鲜明的。从有文字记载的中上古历史来看，汉字文化圈的发源地应当在今天的陕西和河南两省。陕西是周、秦、汉、唐诸王朝的政治文化中心，而河南不但是宋朝的都城所在地，而且是最古老的汉字——甲骨文的故乡。

汉字第一次大规模地输入外民族地区是公元2—3世纪的事。当时有一批朝鲜和日本的官员和学者从中国带回了不少用汉字写的书，这很快就导致了汉字和汉语在上层政治和知识界的广泛应用。可是，这两个民族的母语都不是汉语，人们要使用汉字，必须先学会汉语才行。看到这种情况严重地影响了文字在全民族的普及，有人便试着借用汉字来记录本民族的语言。经过了约五百年的尝试之后，在朝鲜正式产生了“吏读”，在日本则产生了“万叶假名”。用吏读来记录朝鲜语的方式不大科学，所以在15世纪以后这种写法就被新创制的朝鲜字母取代了。到了1948年，朝鲜文中的“当用汉字”也在北朝鲜消失了。相比之下，汉字在日本的势力要大得多，日文虽然在万叶假名的基础上演化出了相当完善的平假名和片假名，但它们一直是和当用汉字并用的。

在一大批汉字东渡扶桑的同时，又有一大批汉字承载着中原文化向南方传播。由于南方各少数民族的语言类型和汉语比较接近，所以人们除了直接使用汉语汉字来进行交际外，也逐渐借用以至创制汉字来记录本民族的语言。据目前所知，除了傣族和彝族已经有了本民族的文字以外，广东、广西、云南、贵州诸省的少数民族在某种程度上都有用汉字来记录本族语言的情况。当然，这种记录法很不完善，所以在这些民族中至今还没有哪一个能有一套完整的汉字式文字系统，人们一般只叫它们“壮字”、“布依字”、“傈僳字”、“苗字”、“瑶字”、“哈尼字”等，而并不称之为“文”。文字系统的不完善和印刷术的落后造成了文献的贫乏。虽然据专家估计，有些少数民族文字应该在9世纪前后就产生了(如壮字、白字)，但今天我们能亲眼见到的文字资料却都是明代以后的，而且为数寥寥无几。唯一值得注意的是，这股潮流在14世纪导致了越南“字喃”的出现。“字喃”虽然不登大雅之堂，但在民间却得到了广泛的应用。在1845年越南正式废除汉字前的六百多年间，越南人民用这种奇特的文字给后代留下了大量的文化遗产。

汉字第二次大规模地输入外民族地区是在公元10世纪左右。在此之前，一批中原典籍虽曾沿着丝绸之路向西北传播，但那里的少数民族大都已经有了自己的文字(如回鹘文)，所以就不再接受汉字了。而在10世纪以后，汉字却成功地导致了历史上著名的三种北方古文字——契丹文、西夏文和女真文的诞生。

契丹文实际上有两种，通常叫做“契丹大字”和“契丹小字”。“大字”是辽太祖耶律阿保机授意大臣突吕不和鲁不古创制的，时间大概是在公元920年。这种文字大都是增减文字的笔画而成，读出来却是契丹的语音。由于契丹语在类型上与汉语差距较大，这种表意的文字使用起来很不方便。所以在“大字”创制后不久，耶律迭剌便在回鹘文启发下对之进行了改革，另设计了一套带有表音性质的“小字”。此后，大小两套文字并行于辽代，为我们留下了一批珍贵的文物，其中较著名的有辽兴宗、道宗及皇后哀册、北大王墓志、郎君行记、肖袍鲁墓志、耶律仁先墓志等。作为官方提倡的文字，契丹文的命运基本上和辽王朝共始终。进入元代以后，这两种文字便逐渐失传，最终成了中国文字学研究领域内最大的悬案，没有人能够顺利地解读了。

西夏文又叫"河西字"，是西夏开国君主嵬名元昊命大臣野利仁荣创制的。在所有汉字系统的外民族文字中，西夏文可算是最发达的一种。它不但能准确无误地记录西夏语的每一个词，而且在形体上也颇有特色——它仅仅借用了汉字的横、竖、撇、捺等基本笔画，却没有照搬任何现成的汉字形体，所以有人说西夏文"远看都是汉字，近看却一个也不认识"。大约西夏人对此也感到非常自豪，于是在11世纪到13世纪之间，他们用这种文字翻译了大量的佛教和儒学典籍，其中包括全部《大藏经》和《论语》、《孟子》、《孝经》、《尔雅》等。西夏文字虽然在明代以后不再有人使用，但用西夏文译写的典籍却有不少完好地保存到了今天。

据《金史》记载，女真文也像契丹文那样分为两种，一种是完颜希尹于1119年创制的"女真大字"，另一种是金熙宗于1138年设计的"女真小字"。这两套文字都是在汉字影响下产生的，其中有些是照搬的汉字，也有些字仅在现成的汉字上加上一两笔，提示人们应该读女真语音。女真字创制之后曾在女真人的势力范围内广为推行，人们还用它翻译了一批经书，但是随着明代以后女真文的逐渐失传，这些经书也已亡佚殆尽。保存至今的女真文资料只有极不清晰的几通碑刻，著名的有大金得胜陀颂碑、奴儿干永宁寺碑、庆源碑、北青碑等。

契丹、西夏、女真三种文字都是由帝王授意创制，并借助行政力量推广的，因而显得比较完善和正规，这就是它们与发源于民间的南方少数民族文字的根本区别。

事先没有文字的民族借用汉字来记录自己的语言，最初往往是把汉字连同汉语都原封不动地照搬过来，这无疑是最原始也最省力的方法。例如契丹文里有"皇帝"、"太后"、"日"、"月"等词语，其字形、读音和意义无一不与汉字相符。但是，这样充其量也只能记录汉语，却远远谈不到完整而有效地记录成段的非汉民族的语言。于是，外族人便在使用汉字时做了一点变通。变通的方法有两种，一种是只借用汉字的形体和意义，却读以本民族的语音，如壮字"虎"的词义仍为"老虎"，却读为壮语的kuk。壮字"风"读rumz，"潭"读vaengz，"吃酒"读gwnlaenj，也是同样的道理。另一种变通的方法是只借用汉字的形体和读音，却表示本民族的语义，如壮字"马栏"

的读音仍为majranz，意思却是“回家”，壮字“斗”(daeuj)的意思是“来”，“东皮”(doenghbaez)的意思是“从前”，等等。把这两种变通的使用法综合起来记录一门全新的语文，可以认为是比较有效的。日本当用汉字的“训读”和“音读”便是绝好的例证。

除了使用法的变通以外，汉字在外民族地区往往还发生形体的变异，这显然是外民族为了强调文字的民族特点而有意制造的区别。然而有趣的是，这些改变形体的手段一般都和汉族人的原始造字法则相对应。例如：

1.增笔。如契丹文“大”作“夾”，女真文“太”作“天”，苗字“一”作“扌”、“二”作“扛”，等等。相当于汉字“大”增笔为“太”。

2.减笔。如契丹文“马”作“馬”，壮字“门”作“戸”，字喃“拖”作“㐌”，等等。相当于汉字的“半门为户”、“半月为夕”。

3.变笔。如瑶字“是”作“昰”、“降”作“阾”，水书“乙”作“Z”，等等。相当于汉字的“母”变笔为“毋”。

4.倒文。如水书“五”作“亚”，“六”作“丷”。相当于汉字“倒首为县”。

5.新造会意字。如壮字“粡”(甲饭)，字喃“佚”(丢掉)，布依字“躰”(胖)，等等。相当于汉字的“止戈为武”。

6.新造形声字。如壮字“鸭”作为“鴓”，读为bit，字喃“红”作“𦭷”，读为do。等等。

据初步估计，使用汉字或汉字系统文字的人口约为12亿，分布在北至乌苏里江、东至日本、南至新加坡、西至横断山的广大地区。此外，在西方还有一些由海外华人聚成的“文字岛”，如“唐人街”之类。上述地区的居民虽然分属不同的国家和民族，但身上无不显示出古代汉民族传统文化的鲜明烙印。

汉字文化圈的范围在很大程度上反映了中华文明传播的范围。不过，人们又不能把文字和文化无条件地等同起来。事实上，文化的大规模传播只会扩大原有文字的通行范围和导致新文字的产生，却不一定会带来原有文字系统的改革。从另一方面讲，文字的改革也不一定就能反映文化素质的转变。同属一个文化圈的几个国家、地区或民族使用同类的文字，只能说明它们在采用文字的初期具有明显的文化借鉴关系，却不能说明它们在此后的文化发展道路是相同的。所以，对文字沿革的追踪只能使人了解过去，却不能使人了解现在和将来。

名山与大川

◎徐梓

“山不在高，有仙则名。”中国的名山无论是三山、五岳，还是三十洞天、七十二福地，其名声都并不来自它的自然特性，而来自其人文意义。

说到中国的名山，先得说五岳，即东岳泰山、西岳华山、南岳衡山、北岳恒山和中岳嵩山。传统的意见根据《尚书·舜典》有虞舜巡狩四岳的记载，认为舜时就有了四岳之称；又根据《周礼·天官·大宗伯》有天子“以血祭祭社稷五祀五岳”，以及《礼记·王制》有“天子祭天下名山大川，五岳视三公，四渎视诸侯”的制度，认定周时就有了五岳之名。其实，《舜典》和《周礼》、《礼记》并不就是舜时和周代的文献，有很多后人追记的成分，或者干脆说是后人所作，因而据此立说并不可信。实际上，四岳之名是春秋时才有的，五岳之称更是到秦汉之际才出现。秦汉民间传说还认为：五岳是开天辟地的盘古氏身体的五个部分，盘古氏头为东岳、腹为中岳、左臂为南岳、右臂为北岳、足为西岳。秦汉之际所以变四岳为五岳，可能与这时五行说的盛行有关。

五岳所指历来也不一致。《尔雅·释山》开篇叙列了“河南华、河西岳、河东岱、河北恒、江南衡”五岳，其中没有中岳。司马迁举列泰、华、衡、恒、嵩为五岳。此后又有所变化，汉宣帝始定五岳四渎礼时，就以霍山（又名天柱山）为南岳，而以河北曲阳西北的恒山为北岳；隋文帝恢复了以衡山为南岳，但汉唐宋明，祭祀恒山都在曲阳，一直到清顺治十八年，才根据礼臣的建议，改祀北岳于浑源。

五岳名号的成立及其所指，是封建帝王巡视疆土、封禅祭天、显示功业的产物。本来，对山岳崇拜致祭，是原始宗教中的一种普遍现象，只是在国家出现之后，对五岳的崇拜，才深重地烙下了政治的印记。首先，对五岳的祭祀成为历代帝王及其使臣的专利，为此有一套专门的制度，任何他人染指，都会被看作是一种僭越礼权的行为。其次，祭祀五岳特别是封禅泰山，打着受命于天、尊天重民的旗帜，以功成业立、江山永固为标榜，证明其统治的合法性，维护统治的长久。最后，在“凡天下名山五千三百七十”之中选择五岳，并且分属东西南北中，显然是想以此把帝王的权威具体根植在全国各地。这样，五岳便成了非同一般的山。唐代封五岳为王；宋代更加封为帝，其中东岳为天齐仁圣帝，号淑明，南岳为司天昭圣帝，号景明，西岳为金天顺圣帝，号肃明，北岳为安天元圣帝，号清明，中岳为中天崇圣帝。道教还为五岳划定了职守：南岳主世界分野之地，兼管鳞甲水族；西岳主金银铜五金之属、陶冶坑治，兼管羽毛飞鸟；北岳主江淮河济，兼管蛇虮昆虫、虎豹走兽；而东岳则主人类命运。

被称为“五岳独尊、名山之祖”的东岳泰山，海拔不过1532米，在五岳中，仅居第三，而在全国的高山巨峰中，只列第十六。但“海内名山首岱宗”，起决定作用的，还在于它的人文意义。

泰山的声名与封禅是密不可分的。所谓“封”是指在泰山上筑土为坛以祭天。所谓“禅”是指在泰山下的小山上扫除以祭地。“自古受命帝王，何当不封禅？”历代帝王，可以派使臣去祭祀其他四岳，但如果封禅泰山，就必须亲自前往。相传在早于伏羲氏和神农氏的无怀氏时代，泰山的封禅活动就开始了，到姬周时已有72家之多。从秦始皇开始，封禅的旷世大典史不绝书，汉武帝在位时竟到泰山去了8次，乾隆皇帝更是先后11次前往致祭，唐太宗虽然未能前往，但对此事一直耿耿在心，廷臣为此有过三次大的争议。虽然封禅泰山并不意味着所谓的政治太平，但也可以大略看作是中国历史治乱兴衰的见证。

佛教东来之后，大都依山建寺，也大大提高了一些山岳的知名度，其中最著名的便是所谓的四大名山，即山西的五台山、四川的峨眉山、安徽的九华山和浙江的普陀山，它们分别是中国佛教所传文殊、普贤、地藏、观音四大菩萨说法显灵的道场。佛教四大名山形成于明代。唐末佛教徒集中朝拜的地方有四处，上述四大名山中只有五台山在列。南宋宁宗时定禅院等级，从而有了“五山十刹”之名，其中五山都在浙江，即杭州径山的兴圣万福寺、灵隐山的灵隐寺、南屏山的净慈寺和宁波天童山的景德寺、阿育王山的广利寺。明代不同于南宋的偏安一隅，加上当时佛教界缺乏尊宿大德，僧徒及香客各自选择朝礼的中心，从而逐渐形成了四大佛教名山，并有了“金五台、银普陀、铜峨眉、铁九华”的说法。

四大佛教名山生动而又详实地记录了中国佛教的发展变化，好似一部活的无字书，所以历来就有“游山如读史”之说。早在东汉永平年间，即佛教刚传入中国时，四大名山中“得名独胜”的五台山就有了寺庙建筑。北齐时，这里香火非常旺盛，佛寺多达两百余所，后在北周时一度遭到毁坏，但很快又在隋时得到恢复。到了唐代，五台山被公认为是象征智慧和力量的文殊菩萨的圣域，国内外佛教徒竞相朝拜。山上高僧云集，佛寺宏伟，僧尼有万人之众，武则天时代还曾封当时清凉寺的住持为“昌平县开国公，食邑一千户，主掌京国僧尼事”。元代更是征发军兵在山上大建佛寺，胆巴大喇嘛受忽必烈之命，驻锡寿宁寺，五台山从此出现了喇嘛教。明、清统治者为“绥柔蒙古”，“特兴黄教”，使五台山的喇嘛教有了很大的发展。

“天下名山僧占多”，但道士占的也不少。与佛教的四大名山相对应，道教也有自己的四大名山。这就是四川灌县的青城山、江西贵溪的龙虎山和清江的阁皂山、江苏句容的茅山。实际上，湖北的武当山和山东的崂山也因道教而著名，声名甚至在四大名山之上。

魏晋以后，人们对山岳的态度逐渐由以崇拜为主转变为以游览观赏为主，其自然特征于是受到重视。有“奇秀甲天下”之誉的庐山；以奇松、怪石、云海、温泉四绝闻名的黄山；被称为“东北诸山之冠”的千山等等，都因此而名世。但在漫长的历史过程中，随着它们获得越来越多的人文意义，其自然特征便越来越退居次要地位了。首先，佛道势力向这些地方渗透，在山上建寺修观，起台垒塔，进一步装点了自然风光。其次，像“性本爱丘山”的陶渊明、“一生好入名山游”的李白一类的文人，写诗撰文，讴歌赞颂，“诗以山丽，山以诗传”，更增加了这些山岳的知名度。其次，历代帝王和名儒，在巡狩和游览过程中，刻石立碑，留下了大量墨迹，其中各体俱全，历代兼备，使得一座名山完全可以看作一个艺术博物馆。最后，富于想象力和怀着美好愿望的人们，还为一处处景点演绎出一个个美丽动人的传说，一些山岳因此更显得神奇。

总之，中国的名山，既是历代帝王封禅祭祀、进行政治活动之地，又是佛、道二教的繁盛之域，还是文人骚客们的往来之区，拥有丰富多彩的文物古迹，记录着我们民族文化发展变化的历史。

世界四大文明古国都有自己的母亲河，黄河之于中国，正是一条具有这样意义的河流。这条发源于巴颜喀拉山北麓冰雪世界、流经全国9省区、全长5464公里的河流，是中国第二大河。但它被称为“四渎之宗、百水之首”，并不是因为它的长度，而是由于它更深层的文化意义。中华民族，最早就是生息在黄河两岸，从其中游地区向四周发展的。我们民族称自己的始祖为黄帝，也总让人想到他与这条河有某种联系。当历史行将迈进文明门槛的时候，大禹也正是在治理黄河的过程中建立了自己的权威，从而能改变禅让的传统，传位给自己的儿子启，建立了最早的国家。黄河不仅孕育了中华民族，而且赋予了这个民族以气质和性格。小农经济、专制政治、纲常名教这些中国社会的典型特征及国民安贫乐命、中庸现实的性格，都是在对黄河的依恋、同黄河的斗争中形成的。

然而，孕育中国文明的黄河，在历史上受到的是越来越多的诅咒和忧患。黄河历来以善淤、善决、善徙著名，自古就被称为“孽龙”。从公元前602年有文字记载的第一次黄河泛滥到1938年的2540年间，黄河决口1600多次，主要改道26次，其中大型改道6次。黄河这种三年两决口、百年一改道的坏脾气，引起中原大地地理面貌的重大改观。洪水和泥沙一次又一次地吞没农田和城镇，留下了大片的碱地沙荒。黄河水南犯侵夺，使得黄淮平原上众多的河流由利变害，湖泊淤浅渐为平陆，良田沉沦而为泽国。直到现在，每年从黄土高原冲刷下来的16亿吨泥沙，继续抬高着下游的河床，地上河越悬越高，好似一柄达摩克利斯之剑高悬在我们头顶。

如此大的一个民族，同一条如此凶暴的河流，在如此长的时间内，进行如此悲壮的搏斗，在世界上绝无仅有。鲧治水未获成功，死而不朽，也要把降伏河水的禹生下来，这多少有些神话的成分。但大禹治水栉风沐雨，三过家门而不入，却真实可信。当汉武帝亲临瓠子决口时，曾“令群臣从官自将军以下，皆负薪寘河决”。康熙皇帝巡视黄河时，亦步行十余里，“泥泞没膝”。举凡王景、贾鲁、潘季驯等，中国几乎所有的水利家都为治黄费过心力。在历代治理黄河的过程中，人们想尽了办法，从汉代的治河三策，到元代的疏、浚、塞，以及明代的以堤束水、以水攻沙，高度地发挥了我们民族的智慧。“黄河清”被看作是治世和圣王出现的先兆，实质上是我们民族的理想。

黄河的深重灾难，冲淡了它的经济价值。随着南方的崛起，长江的地位越来越重要。长江又名扬子江，古时称江，与河淮济并为四渎，汉魏六朝后，改称大江或长江。长江源远流长，水量丰沛。对于它的源地，历史上长期沿用《禹贡》“岷山导江”的说法，直到明代徐霞客写《江源考》，才纠正了这种错误的说法。但真正的源头在哪里，徐霞客也没有说清楚。20世纪70年代的两次江源调查，始查清了长江的源头在唐古拉山的主峰各拉丹冬雪山的西南侧，其正源为沱沱河。

长江从沱沱河出发，接纳当曲河之后，被称为通天河，玉树以下到宜宾一段，古称丽水，也就是著名的金沙江。金沙江在宜宾与岷江会合后，始称长江。在沿途，它又接纳了嘉陵江、乌江、沅江、湘江、汉水、赣江等大支流，贯通了洞庭湖、鄱阳湖等水系，奔向大海。长江流经我国10个省、市、自治区，全长6300公里，是我国第一大河，世界第三长河。它每年入海的总径流量近1万亿立方米，是黄河的20倍。自古以来，长江干支流长达8万公里的“黄金水道”，一直是我国南方横贯东西、纵连南北的交通大动脉。

说到中国的河流，不能不提到大运河。今天所见的大运河，北起北京，南抵杭州，故称京杭大运河。它自北向南，分为通惠河、北运河、南运河、鲁运河、中运河、里运河、江南运河七段，全长1794公里，比苏伊士运河长10倍，比巴拿马运河长20倍，是世界上人工挖掘出的最长的河流。

大运河的开凿，可以说是始于春秋、终于满清，和中国古代社会相始终。公元前486年，新崛起的吴国为取道北上、争霸中原，开凿了大运河最早的一段——邗沟。隋朝在前代运河的基础上，有计划地加以疏浚、改进和扩展，使之相互沟通，形成了由永济渠、通济渠、山阳渎和江南河组成的、全长2700多公里的新的运河系统。元代则开通了济州河、会通河和通惠河，形成了现有运河的规模。此外，汉魏六朝、唐宋明清各代为了开导水源、保持水量、改造地形、克服洪水泥沙之害，以保证运河的畅通，也都有程度不同的开凿。

运河的开凿，除了军事上的需要之外，更主要的是为了解决漕粮的运输问题。历史上的运河，总是介于政治中心和经济最富庶的地区之间。从唐末、五代至宋，都城一迁至洛阳，再迁至开封，就是为了就运河之便。隋唐北宋的都城在中原地区，所以这时的运河就像一把折扇，以中原为中心，向东南和东北辐射开去。元明清定都北京之后，中原经济既不发达，又失去了政治的优势，大运河便干脆撇开了它，一线贯通南北。因此，如果我们把大运河说成是中央集权政府的经济命脉，是一点儿也不过分的。

珍异与土产

◎何本方

土产是指各个地区本地出产的物品，古称方物；珍异原指四时美食，后来土产中稀有珍贵的上品也称珍异。在幅员广袤的古代中国，中华民族的先民世世代代在这块土地上生息繁衍，他们在农耕生产中，在园艺栽培中，在畜牧业生产中，在采集、狩猎、捕鱼中，以及在农副产品加工、手工艺制造中，年年月月不断地获取和创造出数量巨大、种类繁多的土产和珍异，使古代中国的物质文明大放异彩。

公元前5000年前后，中国进入了原始农业阶段。此后，随着生产力的提高，农产品的种类也日益丰富。先秦时代的“五谷”或“六谷”，主要指黍（黄米）、稷（小米）、麦、菽（豆类）、麻、稻。粮食的主要品种大备。汉代以后，仅中原地区就出产粟、黍、稷、高粱、大麦、小麦、粳稻、秫稻、大豆、小豆等土产品。明代中叶，玉米、红薯、马铃薯（土豆）也来中土落户，变为地区土产品。粟去壳称小米，其优良品种称“粱”，被视为细粮，与稻并称“稻粱”。“粱”中名品流传至今的有山西沁县的“沁州黄”，此米颗粒圆润，色泽蜡黄，状如金珠，烧饭香甜松软。稻有黏与不黏之分，黏稻米可以用来制酒，不黏的即今人所称大米。汉代有产于陕西汉中地区的名品陕西黑米，米粒墨黑，营养充足，疗疾健体，有“黑珍珠”之誉。唐代有紫米，宪宗嗜食大轸国的碧麦、紫米，称赞吃了紫米会毛发乌黑、青春永驻、长生不老。此外，被列为贡品的米还有：云南墨江所产紫米，米质细密，成粥晶莹透亮；云南广南的八宝香米，因有香浓、味甜、色美等八大优点，故名；四川昌德的香米，成饭清香四溢；河南息县的“香稻丸”，成粥称“珍珠汤”，医用为滋补品；江苏常熟的血糯米，为强壮滋补品；北京西山御稻米，清康熙帝倡导种植，“色微红而粒大，气香而味腴”（《康熙御制稻米文》）。

同时，人们还生产出各种蔬菜和水果。《国语·鲁语》说，烈山氏之子柱“能植百谷百蔬”。《诗经》中提到的有瓜、瓠、韭、葵、葑(蔓菁)、芹、荇等20余种,有的后来又变成野生的。《黄帝内经·素问》中所说的五菜是秦汉时期的葵(冬葵)、藿(大豆苗嫩叶)、薤(通称藠头,富有营养而味美,因此有“物莫美于芝,故薤为菜芝”之誉)、葱、韭。此外还有萝卜和蔓菁等根菜。魏晋以后蔬菜品种增加,《齐民要术》一书所载蔬菜有51种,其中有从栽培实践中培育出的白菜,当时称菘。还有茭白,当时名菰,初食其籽,后烹菜肴。同时,又从国外引进黄瓜、茄子、菠菜、莴苣、扁豆、刀豆等品种。元明清又引进胡萝卜、西红柿、辣椒等新品种,丰富了土产菜谱。

古代栽培的果树有桃、杏、李、柰、梨、樱桃、枇杷、杨梅、枣、栗、柑、橘、柚、椰子、龙眼、荔枝等。汉代张骞通西域以后,葡萄、核桃(胡桃)、石榴等品种也来中土落户,屡产名品。桃的栽培历史悠久,数处古文化遗址都有桃核发现,《诗经》中“桃之夭夭,灼灼其华”的诗句脍炙人口。其名品有产于河北衡水深县的“深州蜜桃”,皮薄质腻,汁甜如蜜,东汉光武帝刘秀封之为桃王,列为贡品;山东肥桃个大汁多,民间称为“佛桃”;产于丘陵地带的猕猴桃,酸甜适口,药用价值极高。梨的原产地在中国,三国时期培育出良种雅梨,或称鸭梨,据《初学记》载,这种梨“大如拳,甘如蜜,脆如菱”。枣的栽培也很早,河南新郑裴李岗新石器遗址、湖北江陵的秦墓和汉墓中都发现保存完好的枣干果。汉代有进贡名品河南大枣,产于今河南新郑、灵宝一带,具有皮薄、肉厚、核小、味甜的特点;沧州金丝小枣,果肉细脆,咬开可见金丝牵连,故名。板栗是木本粮食,有“干果王”之称,其名品有产于北京东部的京东板栗,果实甘甜芳醇,生食熟食皆宜。《尚书·禹贡》记载柑橘是九州之一扬州的贡品,北方不容易见到,唐代以后栽培才渐广泛。历代贡品有江西南丰蜜橘,宋人曾巩有诗赞道:“鲜明百叶见秋实,错缀众叶倾霜柯。”浙江黄岩蜜橘,汁多味美,酸甜适中。龙眼为果中珍品,果肉半透明,浆汁饱满,甘甜如蜜,烘干后为桂圆干。汉初,南越王赵佗向高祖刘邦进献龙眼,遂成贡品。荔枝果肉鲜嫩,香气馥郁,也是果中珍品。《新唐书·杨贵妃传》载:“妃嗜荔枝,必欲生致之,乃置骑传送,走数千里,味未变,已至京师。”这个故事更使荔枝身价百倍。在中土落户的葡萄,其名品有宣化葡萄中的玫瑰香、白牛奶,新疆吐鲁番葡萄中的无核白、马奶子、红葡萄等。山西汾阳产的“汾州核桃”,个大、皮薄、仁脆、肉香,为油料之王;陕西商洛地区所产核桃,有圆绵仁、大绵仁、光皮露仁、早熟核桃等多种。石榴又名丹若,东晋潘岳赞它为“天下之奇树,九州之名果”,名品有陕西临潼盛产的多个品种,皮薄、子大、汁满而渣少。

昭陵六骏，其中“飒露紫”和“拳毛䯄”两石于1914年被盗卖到国外，现藏美国费城宾夕法尼亚大学博物馆，其余四石现藏于陕西西安碑林博物馆。

在原始农业产生的同时，也出现了原始的畜牧业。我们的祖先驯养的六畜有马、牛、羊、鸡、犬、豕，此外还有骆驼、鹿、象、驴、骡。家禽主要有鸡、鸭、鹅、鸽、鹌鹑等。牛马羊三牲，是古代最隆重的太牢祭礼用品。牛用来耕田、拉车，往往禁止宰杀。马主要用于交通和作战。从夏代至东周用驷马挽车进行车战，“万乘之国”便要有四万匹以上精选的战马。汉武帝时，为了夺取大宛国的“天马”——汗血马，派遣贰师将军李广利率十几万军队，历时四年，方夺得大宛的上等马数十匹，中等马三千多匹。中原用马需要在西北、东北边地买马，唐时一次用缣与回纥换马万匹，南宋高宗时一次换马两万匹，明清茶马贸易更是兴盛。古代良将必有宝马，三国时的“马中赤兔”先为吕布骑乘，后被关羽得去。唐太宗喜爱六匹宝马（拳毛䯄、什伐赤、白蹄乌、特勒骠、飒露紫、青骓），死后凿“六骏”石像，列置柏城。明成祖朱棣喜爱的有龙驹、枣骝、飞黄等八骏，明内府藏有四骏图。骆驼为沙漠之舟，丝绸之路上的商队、直捣漠北的战卒，无不借助骆驼驮物、辨路，其驼峰乃中餐中的珍味。猪的饲养各地皆有良种，华南猪在古罗马时代就输出欧洲；四川内江猪外形肥壮、肉质优良。鸡的饲养更为普遍，狼山鸡、九斤黄曾在欧洲引起轰动；乌骨鸡是宫廷医用滋补品。

采集是远古先民最基本的谋生方式之一，植物的根、茎、叶和果实为主要采集对象。北京中国猿人遗址中便发现有朴树籽。在农业、畜牧业产生以后，采集虽退居次要地位，但仍是重要的生活手段。

靠采集获取的土产和山珍主要有榛、山里红、松子、金针菜、食用菌类等。真菌类食用菌有蘑菇，河北及内蒙古出产的口蘑闻名遐迩，其中又以白蘑菌盖褶细、柄短肉厚、气味清香，最称名贵。木耳中的名品有：广西百色云木耳，朵大质脆，营养丰富；湖北房县黑木耳，肉厚质佳，发性大，味道鲜美。另外，云南鸡纵，肉厚质嫩，味道香醇"似鸡肉也"，是列为贡品的山珍。福建西部山区出产的梅花冬菇，高蛋白、低脂肪，香菇精有奇香。特别是状似金丝猴头的猴头菌，其菌体脆嫩可口，鲜美无比，属名贵山珍。

采集也是获取中药用植物的主要方法。靠采集取得的中药材主要有山西的黄芪、党参；甘肃的当归、百合；四川的天麻、川贝；云南的三七；河南的四大怀药，即怀山药、怀地黄、怀牛膝、怀菊花；贵州的五倍子；宁夏的枸杞、甘草等。在人们采集的药材中，最珍贵的应推以下几种：人参，俗称棒槌，其根入药，颇类人形，服之安神明目，开心益智，轻身延年。据《文献通考》记载，唐代上党郡、密云郡、乐平郡、安乐都护府等处皆要贡进人参，而以东北长白山所产为上品。冬虫夏草，主要产于四川、甘肃、云南等地，根部为虫躯，头上草为真菌体，食之润肺补肾，强心降压，与人参、鹿茸齐名。雪莲，产于天山冰川雪线之上，或形似莲瓣，或形似白兔，入药疗疾，还可强身健骨，为藏医名药。灵芝，属真菌类，菌盖如肾，菌柄长，入药益精气，强筋骨，历代作为贡品。

渔猎为远古先民主要谋生方式之一。人类借此而摄入的动物、鱼类蛋白，对人脑的发达是必不可少的。进入农耕和畜牧阶段后，渔狩所获仍为人类重要的食品来源。我们祖先猎取的野兽主要有麋、鹿、麃、麝、獐、狍、兔、狐、狼、虎、豹、熊、野猪、野马、野牛、犀牛等。其中堪为珍奇食品的有《吕氏春秋·本味》记载的猩猩之嘴唇、獾獾之脚掌、肥燕之尾肉、述荡（兽名）的脚节、旄牛与大象的腰子等。另外，鹿肉、熊掌亦是席中珍肴上品。

狩猎捕获的飞禽有雁、雉、鸠、凫、鹜(野鸭)、鹧鸪、天鹅(鹄)、鸨(地鹔)等。这些禽肉被视为上等山珍而列入膳单。而东北的飞龙鸟、金丝燕之窝更为名贵,获取翎毛是捕禽的重要目的。古代箭矢所用尾羽皆取自禽类,每年贡赋皆要交纳大量翎毛。明清官员用羽毛做帽饰,清代孔雀花翎按品级戴用,文武勋臣有文治武功的受赏才能戴用,视为荣宠。

远古的先民主要用鱼叉、鱼钩、鱼网捕鱼,商周时出现淡水人工养鱼。《尚书·禹贡》载,天下九州中,徐、青、兖、幽都盛产鱼类。淡水鱼类有鲤、鲫、鲂、鳊、鳜、鲈、鳅、鳖、青、鲢、草、鳙、虾、蟹。《吕氏春秋·本味》载,鱼之美者,有洞庭之鱄,东海之鲕,醴水之朱鳖,雚水之鳐。唐宋时期,青、鲢、草、鳙"四大家鱼"形成。古人称道味美之鱼有多种,如"桃花流水鳜鱼肥","宁食建业水,不食武昌鱼(鲂)","鲈鱼堪脍"等诗句所赞之鱼皆为水中上品。鲰,又称鯸鲐,今称河豚,腺虽有毒,肉极鲜美,故人们竟会"拚死吃河豚"。哈什蚂,又称雪蛙,产于东北松花江,是满族人喜爱的食品,清代视为御膳珍品。海鲜类有黄鱼、对虾、海参、蟹、海贝等,其名贵者有鱼翅(鲨鱼之翅)、渤海大虾、南海大乌参等。

历代工匠和艺人在长期生产实践中,形成了一定的技术规范和艺术风格,制作出形态各异、巧夺天工的手工艺产品,包括书写用具、生活用品、观赏装饰艺术品等。其中书写工具中的精品请参阅本书的"文房四宝"一文。生活用品包括席、扇、梳等。席中名品有:宁波草席,古称明席,光滑舒适,细密柔软;产于安徽舒城的舒席,又称贡席,篾丝编成,凉爽消汗,经久耐用。扇子名品有:川扇,历代入贡不绝;姑苏名扇,乃晋代开始著名的绢宫扇,元明以后将一把小扇书画雕镂成名贵的艺术品。常州梳篦,即木梳与篦箕,南北朝开始生产,因贡入宫廷,又称"宫梳、名篦",齿尖光滑,梳理方便,制造精美,属于工艺品。至于供观赏的无锡惠山泥人、北京绢花和雕漆、天津杨柳青年画、浙江东阳木雕、山东博山玻璃料器、福州寿山石雕和脱胎漆器等,就更举不胜举了。

十三　礼节与民俗

婚丧礼俗

◎刘志雄

结婚自古被视作人生的里程碑。具有强大和悠久文化传统的中华民族，自然会在其发展过程中逐渐积淀出一套既涵义丰富又饶有趣味的礼仪，来作为这个人生重要过站的标志。它们一般起源于商周，延续至今而不衰。

古代正式的婚姻礼仪共分六个阶段，称作“六礼”。它们是：纳彩、问名、纳吉、纳征、请期、亲迎。所谓纳彩，即男方派遣媒人向女方提亲。这种提亲带有很强的试探性，如女方有意，男家就会再派媒人去正式求婚。据《仪礼·士昏礼》规定，纳采媒人应携带活的大雁作为礼物，称“奠雁”。这是因为大雁具有寒暑往来、顺乎阴阳的可贵习性和失偶后不再匹配的忠贞品质。可惜大雁得之甚难，故居间多以鹅代雁，也有以猪、羊为礼的。当女家接受男方的彩礼后，男方要择期询问所求女子的姓名及生辰八字，这就是“问名”。一般女家要将写有女子姓名及生辰的庚帖赠给男方，男家则要根据男女双方的生辰八字推算是否相合。合八字最重要的是要避属相的“相冲”、“相害”。属相相冲者为：鼠马、牛羊、虎猴、兔鸡、龙狗、蛇猪；属相相害者为：鼠羊、牛马、虎蛇、兔龙、猴猪、鸡狗。据迷信说法，属相相冲的婚姻为大凶，相害者虽次之，亦属不吉。至于生辰的细推更要请专人进行卜算。如果男女生辰八字相合，就要进行六礼中的第三礼“纳吉”，即男方将卜婚吉兆通知女方，送订婚礼。订婚的方式是双方交换“定帖”，定帖中需写清父母名姓及官职，本人姓名、官职、生辰八字及所属财产。结婚时要依帖兑现，如一方有所变更，另一方有权解除婚约。纳吉之礼最初也是用雁，而后多增加首饰、衣料之类。此后便是“纳征”，其礼十分繁缛，通常男家备有礼单，吹吹打打，派押礼人将礼送至女家。女家收礼后要回礼，一般是送给未来女婿一些鞋、袜、衣、帽之类。双方所赠礼品均要为双数，其中包含“成双成对”的祝福之意。“纳征”之后，要行“请期”之礼，即男方将卜得的结婚吉日通知女家。结婚之日一般要选择双日，尤其要避七夕，以免牛郎织女的不幸遭遇降于己身。另外女子经期不宜结婚，一般男方要事先打听好，刻意避之。

传统婚俗礼仪中的换龙凤帖仪式。

临近婚期，女家要将嫁女的陪嫁送至男家，称“发奁”。嫁妆一般有箱、橱、桌、凳等日常用品及嫁女平时习用的衣物，由媒人押奁至男家。男家接奁后要备筵款待来宾，并出名谢帖。也有的新郎立即随媒人前往女家，径直进至上房中间，向上三叩首，一言不发直出返回；女家则由长辈在旁立候，既不问候，也不迎送。这种礼节称“谢妆”。男家的筹备主要是安排婚礼事宜和布置新房。新婚夫妇所住的新房又称“洞房”，其本意是指深邃僻静的居室。古人以为，新人宿于洞房可以避邪。洞房的布置可繁可简，但贴红囍字却是必不可少的。本来汉字中并无囍字，后来人们才将双喜并连，以喻新婚夫妇的吉祥美满。迎亲前一日，男家要再派媒人去女家送雁，称“催妆”；女家则要派人至男家，与其共同铺设房卧，称“铺房”。铺房之后，女家即来人看守洞房，禁止外人入内，直待新娘到来。这天的晚上，女家父母一般备席筵，请嫁女首坐，平辈或小辈女子作陪，称“别亲酒”。席间嫁女之父母要为女儿斟酒，告诉她出嫁后的注意事项。席毕，嫁女即向祖宗牌位、父母及兄弟姐妹行礼告别。情切之时，不免失声哭泣，称“哭嫁”。

迎娶新娘的日子终于到了，六礼中的最后一礼“亲迎”亦即由此开始。披红戴花的花轿在男家派遣的迎亲队伍的簇拥下吹打前行。行至女家门前，女家往往紧闭大门。迎亲者将花轿停置女家门前，燃放鞭炮，乐队大奏催妆曲。据唐代段成式记载，北朝迎新妇还有“俱呼‘新妇，子催出来！’至新妇上车乃止”的风俗（《酉阳杂俎·礼异》）。此时，嫁女穿红衣、戴凤冠，正在作上轿前的梳妆打扮。嫁女多要佩带红绒花，绒花与“荣华”谐音，具“荣华富贵”之意。打扮好的新娘头顶盖头，由家长或兄弟抱上花轿，女家的父母姐妹与花轿洒泪相别。花轿起程时，女家邻友常拦轿惜别，称“障车”。男家往往赠以钱帛以慰其情。花轿到了男家，由披红戴花的新郎出迎，向花轿作揖行礼，请新娘下轿。俗云：“新妇不踏土”，男家大多以毡铺地，直至堂内。毡与“传”谐音，取“传宗接代”的吉兆。故而白居易有“青衣转毡褥，锦绣一条斜”的诗句（《春深娶妇家》）。后来，亦有男家改为以袋铺地，称“传袋”，亦称“传代归阁”。新妇进门，人们要向新妇撒以谷、豆等物，称“撒谷豆”，现在人们在婚礼上向新婚夫妇撒鲜花、彩纸的风俗即源于此。最初，“撒谷豆”是一种驱煞辟邪之法，现在只是为了增添喜庆欢乐气氛而已。有的男家还在内屋门坎上放一马鞍，请新娘跨过，同时请新娘咬一口苹果，取其“平安”之意。新妇上堂与新郎在司仪的主持下参拜天地、父母，并相互对拜，称“拜堂”。拜堂仪式一般要在辰、巳、午三个时辰（上午7时至下午1时）内举行，或早或晚都属不吉。拜堂毕，新郎新娘共入洞房，并肩坐于床沿边上，称“坐帐”。此时新郎即用秤或机杼将新娘盖头挑去，称“揭盖头”，此时新娘的容貌才显露在人们面前。下面要行的是“合卺”礼。俗云：“一个葫芦两个瓢”，一个瓢称卺。据南宋孟元老《东京梦华录·娶妇》载，合卺是“用两盏以彩结连之，互饮一盏，谓之‘交杯酒’。饮讫，掷盏并花冠子于床下，盏一仰一合，俗云‘大吉’，则众喜贺”。饮毕交杯酒，要吃“子孙饽饽（饺子）长寿面”。人们故意将饺子与面煮成半生，取其“生”意，以祝福新婚夫妇子孙繁盛、百年合好。然后，贺亲者进入洞房，向新郎新娘掷撒枣、栗子、花生等物，取“早立子”之吉兆，称“撒帐”。同时向新郎新娘表示祝贺，以至嬉戏调笑，称“闹洞房”。贺婚者走后，新婚夫妇才算松了一口气。有情人终成眷属，红烛之下默默相视，“只疑相逢在梦中”。新婚之夜，新郎新娘一般都通宵不睡，任其红烛高照，称“守花烛”。如果新人们上床入睡，则由伴娘代守花烛，令其不灭，直至天明。

婚后第三日，新妇即回娘家省亲，称“回门”。夫妻情浓者，则夫妻同归，称“双回门”。新妇娘家要广设华筵，款待新婿。另外，女家还送男家以食品、羊、酒，遍拜新婿诸亲，称“三朝礼”。新妇回门归来，即洗手下厨，开始了正常的家庭生活。

婚礼标志着人生之大喜，而丧礼却标志着人生之大不幸。不过，民间多将二礼合称“红白喜事”。既然生老病死是自然规律，长寿善终就被看作求之不得的“喜”事。

中国人素讲“慎终追远”，因而中国古代的丧礼比婚礼只繁不简。据《礼记》记载，春秋时期的丧礼多达40多项。至北宋，司马光《书仪·丧礼》所载当时丧礼为25项，即：初终、复、易服、讣告、淋浴、小殓、大殓、成服、卜宅兆、启殡、朝祖、亲宾奠赙赠、陈器、遣奠、在涂、及墓、下棺、祭后土、题虞主、反哭、虞祭、卒哭、小祥、大祥、禫祭。其繁复程度可想而知。

近代的丧礼是从人之将死开始的。旧时，人们在家人垂危时，要将其从床上移至地下，称“废床”。因为世俗认为人始生于地，废床是祈望借地气令人复苏。待人死后，再将尸体移回床上。现今人将死时，家人多在其身边呼喊，这种礼俗源于古代的“招魂”，又称“复”礼。古时人死之时，招魂人要穿吉服从东南面的檐角上屋，站在屋脊正中，用长竿将死者平日礼服挑起，向北方高空大声呼叫死者的姓名三次，然后用竿将衣服卷起，掷于檐下，由檐下亲属接住，覆盖在死者的身上，招魂人则从西北面的檐角下屋。古人认为招魂礼可使死者魂魄返归于衣。招魂礼毕，死者要停放三日待其复活。

三日后人未复活，才开始正式办丧事。首先要发讣告，讣告中写清死者生卒、行状和祭丧时日，请人遍送死者亲友。又怕讣告发送不周，家中同时在门上贴“丧报”，除书写讣告内容外，往往还明言“恕不遍讣”。与此同时，家人要给死者浴身、穿衣，古称“小殓”。浴身又称“浴尸”，即打水沐浴死者身体，梳发整容，修剪指甲；一般是子浴父尸、媳浴婆尸。为死者所穿的衣服称“寿衣”，古称“殓衣”，包括上衣、下衣及帽、鞋等等，其件数多为单数。古代男性死者穿寿衣要头戴风兜，秀才风兜为红色，读书人为蓝色，不识字者为黑色。女性死者要在鞋上绣以莲叶荷花，取脚踏莲花赴极乐世界之意。有钱人家还要在死者鞋上缀一颗珍珠，以照冥间之路。为死者穿寿衣，纽绊衣带均不得实系，只相搭即可，以免死者在冥间解脱不便。穿衣毕，由长子捧头、幼子扛脚，移尸中堂，头北脚南仰卧于木板床（灵床）之上，称“停床”。死者安放好后，要往其口中放玉、钱币或米饭。后民间多用红纸包一块银角放其口中，称"含口"。然后在死者脸上盖一块一尺二见方的方巾，称"面帛"，乃生者不忍见死者之意。死者手中亦不得空，多令其手握金银玉石，今人则多用钱币与手帕，旧称"握手元宝"，以便死者在冥府买路通行，不受拦阻。死者头前要点一盏油灯，称"引魂灯"，以照死者冥间之路。死者身旁，要祭供饭菜，备以筷匙，称"倒头饭"，据说这样死者就不会在冥间挨饿了。小殓以后，死者亲属按与死者的亲疏关系，分着符合自己身份的孝服，以示哀悼。这就是《仪礼·士丧礼》所说的"三日，成服"，亦称"成服举哀"。古代丧服分为"斩衰（音cuī）"、"齐衰"、"大功"、"小功"、"缌麻"五服。近代丧服只分"重孝"、"轻孝"两种。重孝为身穿毛边白布服，腰束麻绳，头戴孝冠，脚穿麻边白鞋。一般子女为父母、妻子为丈夫才着重孝。轻孝仅头戴孝冠即可，一般侄为叔、孙为祖着轻孝。至于一般吊客，只腰佩一块白巾即可。小殓后三至五天，要移尸入棺，古称"大殓"，俗称"入殓"。入殓前，棺内四壁要用黄裱纸糊好，棺头内侧贴上用金银纸剪成的日、月、北斗，棺内铺上裹以黄裱纸的青麻杆。入殓尸体用红布包头，由长子抱头、幼子扛脚，先入脚，后入头，将尸体平放棺内。尸身两侧多放入死者生前的生活用品及心爱之物，尸身之上履以孝子孝孙所缝制的"子孙被"。死者入殓后，合上棺盖，但要留缝隙，以备亲友瞻仰遗容。棺前侧立一幡，称"招魂幡"，亦称"灵头幡"；棺前置一横案，中间立死者的牌位，牌位前放香炉焚香；案两旁陈放灯烛、祭品。桌前放一专为死者焚烧纸帛的瓦盆，称"丧盆"。烧后的纸灰，在出殡前要用黄裱纸包好，放入棺内。入殓礼毕，一般在三日后出门安葬，俗称"压三出门"。这三天是丧家接待亲友吊唁的日子，称"开吊"。前来吊唁的亲友多送挽联、挽幛、纸箔、香烛等等，丧家以鼓乐迎接吊客至灵堂礼拜，孝子在灵柩旁叩头还礼，丧家妇女们则在孝帷内痛哭。礼毕，丧家要设酒筵款待吊客，孝子依次向吊客敬酒，并跪接跪送。

将灵柩移出灵堂送到墓地安葬的过程称"出殡"。出殡前，孝子孝眷及亲友跪别遗体，然后盖严棺盖，钉上棺梢。旧时出殡要用多人抬棺，有16杠、24杠、32杠、64杠、72杠之分，抬棺人的多寡显示了死者的身份与家境。出殡时，孝子双膝跪倒，将丧盆举过头顶，用力打碎，称"摔丧盆"。随丧盆破碎的一响，灵柩启动。孝子起身肩扛招魂幡，用孝带牵头杠缓缓前行，称"执绋"，亦称"扛纤"。灵柩后是鼓乐队，一路吹奏。再后是送殡的亲眷好友。在出殡路上，送殡者要继续焚烧纸钱，另有专人取白色薄纸所剪纸钱用力向上抛掷，任其纷纷下落，称“撒气钱”，好让死者去阴间买路。出殡途中，往往会有死者的亲友在路旁设筵焚香纸致祭，称“路祭”。也有丧家自己设路祭的。到了墓地，由长子挖头锹土，并将第一锹土单放，称“破土”，然后，众亲友合挖墓穴。也有丧家事先选吉日挖好墓穴的。墓穴挖好后，送葬人将灵柩放入墓穴底部，在棺头埋下灵堂供过的祭品，由长子填头锹土，众亲友随后填土成坟。然后，长子将招魂幡插于坟侧，用头锹土在坟顶压一摞黄裱纸。安葬毕，孝子要向众送葬亲友叩头行礼。

葬后三天，进行“圆坟”礼。丧家孝子率全家到坟地为新坟添土、奠纸、举哀。然后哭绕新坟三圈后返回。旧时丧葬礼俗特别讲究人死后“逢七”的祭奠。人死后七天，称“头七”，家中要设灵位、供灵牌，每日哭拜，早晚要像死者生时一样献食供茶。此后每隔七日，都要进行祭奠。其中以“头七”、“三七”、“五七”、“七七”较为隆重，一般丧家要请僧尼作佛事，超度亡灵，并设斋祭奠死者。人死后四十九天的“七七”又称“满七”，这一天丧家除家祭外，还要到坟前拜祭。祭后，孝子撤掉灵堂，烧去孝服等物。近代的丧葬礼俗至此基本结束。中国古代的丧葬礼俗规定孝子要服孝三年。孝子在孝满一年（小祥）时才能除去头上的丧绖；在孝满二年（大祥）时才能除去哀衣、孝棒；在孝满二十七个月（禫祭）时，才能除去全部孝服，恢复正常生活。这种长时间的居丧，显然严重影响了丧家正常的社会生活，所以这种丧俗衰亡得较早，以致在近代就已绝迹了。

节庆与禁忌

◎刘志雄

中国的传统节日源于上古。当时先民赖以生存之渔猎、农耕，无不与时令、物候密切相关。因而，先民在节令交替之际多举行祈求丰收、辟邪消灾等祭礼活动，此即节庆之滥觞。其他如纪念历史事件、附会民间传说、效仿宗教活动，亦为一些节日的起因。节日之初始含义既不同，其风俗亦各具特色，丰富多彩。中国各民族节日之多堪称世界之最，仅汉民族的节日已不胜枚举。

正月初一的春节宣告了一年之始，是汉族一年中最重要的节日。“爆竹声中一岁除，春风送暖入屠苏，千门万户曈曈日，总把新桃换旧符。”北宋王安石《元日》诗中所言宋代过春节燃爆竹、饮屠苏酒、挂桃符之俗均与驱祟辟邪有关。爆竹源于先民用火燃竹，竹内部之空气膨胀而发出哔剥之爆裂声，故称“爆竹”。据说燃爆竹可驱散邪气，这种观念当与远古燃竹可驱毒虫猛兽有关。春节期间，家中长幼要依次拜贺，进屠苏酒。屠苏酒相传依三国时神医华佗之酿酒方法而造。宋代陈元靓《岁时广记》载：“孙真人《屠苏饮论》云，屠者，言其屠绝鬼炁（气）；苏者，言其苏省人魂。其方用药八品，合而为剂，故亦名八神散。大黄、蜀椒、桔梗、桂心、防风各半两，白术、虎杖各一分，乌头半分，咬咀以绛囊贮之。除日薄暮，悬井中，令至泥。正旦出之，和囊浸酒中。顷时，捧杯咒之曰：‘一人饮之，一家无疾；一家饮之，一里无病。’先少后长，东向进饮，取其滓悬于中门，以避瘟气。”其中所言即屠苏酒之方，其作用为扶正驱邪。春节所挂桃符则源于一个古老的传说：沧海之中度朔山上有一株大桃树，树下有鬼门，天下之鬼皆从此门出入。鬼门由神荼、郁垒二神将把守，遇恶鬼作乱，即将其捆以苇索喂虎。故世人于桃木板上绘以神荼、郁垒之像，钉在大门两侧，以驱鬼避邪。此即早期桃符。后来，桃符上之神像逐渐演变成一些驱祟祈福的吉语。相传五代后蜀主孟昶命学士辛寅写桃符板，“昶以其非工，自命笔题云：‘新年纳余庆，嘉节号长春’”（《宋史·西蜀世家》）。此即最早的春联。当然，人们并未因此而放弃在门两侧贴神像以护卫家门之古俗，此即后世之“门神”。不过现今所绘多为更富人间色彩的唐代名将秦琼和尉迟恭了。“慎终追远”为中国人的美德，故春节要祭祖，全家依次向祖宗神位焚香叩拜。一些人家还要接祭财神，以求家中财源茂盛。春节既为喜庆大节，故要求人人穿红挂绿、喜气洋洋。忌穿素、生气哭泣，更忌说“死、亡、孤、寡、破、败、离、散、悲、苦”等不祥字眼儿；又忌讳打碎器皿。一些人家还忌讳在春节期间向外倒土、泼水，据说那会使自财外流；亦忌用刀、剪、针、扫帚，不然会给家中带来不吉。

正月十五为“元宵节”，又称“上元节”。中国道教有“天官当令是上元”的说法。据说天官正月十五生，此日故称“上元”。“宵”即“夜”，元宵即“上元之夜”之意。上元之夜，家家点灯庆贺，故元宵节又称“灯节”。东汉明帝信奉佛教，遂命宫廷、寺院在上元之夜“燃灯表佛”，士族百姓也要一律持灯敬佛。此令一行，元宵节遂成民间盛大节日。“东风夜放花千树，更吹落，星如雨。宝马雕车香满路。凤箫声动，玉壶光转，一夜鱼龙舞”（南宋·辛弃疾《元夕》）。南宋的灯节可谓辉煌壮丽。元宵节还有吃元宵之俗。元宵的外形洁白滚圆，与十五圆月遥相对应。“元”与“圆”同音，故吃元宵有祝福团圆之意。

春季汉族的重要节庆尚有寒食、清明二节。寒食节源于纪念贤臣介子推。相传春秋时期，介子推辅保晋公子重耳流亡列国。重耳当政后，子推未得封赏，遂背负老母入山隐居。重耳寻其不到，竟焚山求之，不料将子推与老母烧死林中。重耳既悔且痛，遂令每年此日禁止烟火，只吃冷食。此节既以追思故人为主旨，百姓也就在此日扫祭先茔。“丘墟郭门外，寒食谁家哭？风吹旷野纸钱飞，古墓累累春草绿。”白居易的诗句向我们提供了唐代寒食节的情景。与寒食节沉郁哀伤的气氛相左，清明节的气氛充满了欢乐。《历书》认为此节“盖当时气清景明、万物皆显而得名”。《月令七十二候集解》亦云：“物至此时，皆以洁齐而清明矣”，故郊外踏青、游春是清明节的主要风俗。唐代大诗人杜甫有《清明》诗咏此节盛况：“著处繁花务是日，长沙千人万人出。渡头翠柳艳明媚，争道朱蹄骄啮膝。”宋代清明时节郊游的时间更长，规模也更大，以至“清明前后十日，城中士女艳妆饰，金翠琛璃，接踵联肩，翩翩游赏，画船箫鼓，终日不绝”（《武林旧事》）。清明郊游必要“戴柳”，即在野外采摘柳条编成帽圈，或插于两鬓，据说可驱毒、明眼、保丰收。江南女子以不戴柳为忌，有“清明不戴柳，红颜变皓首”之谚。寒食、清明二节相距仅一两天，后世便将其合为一节，至今仍保留的风俗只是祭祖扫墓与郊游踏青了。

夏季的汉族节日较为重要者有浴佛节和端午节。农历四月初八为“浴佛节”。据佛教传说，此日为佛祖的生日，其时有九条龙口吐香水洗浴佛身。因此每逢佛诞日，各寺庙均举行诵经法会，僧尼云集，备香花灯蜡，用名香浸水，将小铜佛浸于水中灌洗，称“浴佛”。自佛教传入中国后，汉族地区即以此日为“浴佛节”。是日，百姓们都要至寺庙拈香敬佛，僧尼则在小盆里盛放糖水，浴小铜佛，吹吹打打，并用小勺将糖水赠给善男信女，据说用浴佛水饮漱可得佛佑、去病消灾。这一天僧俗民众还有“舍豆”风俗。清代富察敦崇的《燕京岁时记》载：“四月八日，都人之好善者取青黄豆数升，宣佛号而拈之，拈毕煮熟，散之市人，谓之‘舍绿豆’。”据说舍豆可结来世之缘。农历五月初五为“端午节”。按地支推算，五月为“午月”，“端”即“初”，故古人称五月初五为“端午”。端午节最重要的活动是赛龙舟、吃粽子。古时龙舟竞渡的规模宏大，官员、百姓以至深闺少女都要临水观看。唐代诗人张建封有《竞渡歌》言其精彩场面：“鼓声三下红旗开，两龙跃出浮水来。棹影千波飞万剑，鼓声劈浪鸣千雷……”粽子是用鲜苇叶包糯米及枣、栗子、红豆馅、火腿等辅料煮成。端午节还有一系列以辟邪、驱虫为主旨的风俗。艾叶、菖蒲芳香化浊、扶正杀菌，人们就用它们煮水沐浴（沐香汤），并将其挂于门首（悬艾、挂菖蒲）。雄黄、苍术驱秽灭菌，人们即将其盛于香包佩带（带香包），并用雄黄泡酒饮用（饮雄黄酒）。人们还用五色丝缠于腕上，或以纸为芯缠作菱形体挂于胸前，俗传五色丝象征五色龙，佩之可驱恶辟邪（缠五色丝）。又用彩绸缝成粽子、萝卜、辣椒、扫帚、老虎诸形，串以彩线，佩在儿童胸前（挂老虎索），并以雄黄酒在小儿额头画“王”字（画老虎），据说粽子、扫帚、老虎均为驱邪之物，故佩之、效之以辟不祥。民间百姓过此节时还多在门上悬蝎子、蜈蚣、蜥蜴、蛇、癞哈蟆“五毒”图像，并在五毒身上各刺一针，称“驱五毒”。关于端午节的起源，一般都认为因纪念屈原而起，其实史籍也有认为是纪念伍子胥（《荆楚岁时记》）或孝女曹娥（《会稽典录》）的。从端午节风俗分析，五月初五在古人心目中为不祥之日，在这一天祀神以求保佑，并用多种形式驱邪消灾，当是端午节的本义。随着时代的发展，此节本义被人淡忘，素讲忠孝节义的中国人遂附会出端午节源于纪念某位贤人的说法。

美国大都会艺术博物馆藏唐宫乞巧图(《宫宴图》)(局部),此画为北宋前期摹本或改画本。

秋季的汉族节日主要有“七夕”、“中秋”、“重阳”诸节。农历七月初七是神话传说中牛郎织女相会之日，民间百姓为他们的团聚祝贺，女孩儿们借机向织女“乞巧”,此即“七夕节”的来历。七夕节的白天,少女们要在阳光下放一碗水,往水面上轻轻放上一枚小针,观针下日影之形,卜问自己手工的巧拙。“是夕,人家妇女结彩楼,穿七孔针(一种形如篾子的乞巧专用针),或用金银玉石为针,陈几筵酒脯瓜果于庭中以乞巧。有蟢子(一种小蜘蛛)网瓜上,则以为符应。”(《荆楚岁时记》)农历八月十五,时值三秋之半,故称“中秋”。中秋正值收获季节,加之月亮格外圆亮,故此节以合家赏月为主要内容。早在周代,就有在中秋之夜迎寒、祭月之俗。至北宋年间,八月十五被正式定为中秋节。自古以来,官、民、富、贫皆重此节。据南宋吴自牧记述,中秋之夜“王孙公子、富家臣室莫不登危楼,临轩玩月。……至如铺席之家,亦登小小月台,安排家宴,团圆子女,以酬佳节。虽陋巷贫窭之人,解衣市酒,勉强迎欢,不肯虚度。此夜天街卖买,直至五鼓。玩月游人,婆娑于市,至晓不绝”(《梦粱录》)。旧时祭月,要在月下设香案,上置烛台、香炉、月饼、瓜果。拜月者皆为妇女,忌男子拜月,有“男不拜月”之谚。百姓之家多在中秋供奉“兔儿爷”和“月光马儿”。兔儿爷以黄土为胎,涂以颜料、金粉制成,其像兔面人身,金盔金甲,或骑于猛虎之上,或端坐莲台之中,极其威武雄壮。“月光马儿”为一种贴金彩绘的神像画,上部画月光遍照菩萨或太阴星君,下画月宫、桂树及捣药仙兔。中秋节供奉兔儿爷和月光马儿,据说可保佑全家团圆如意。《易经》有“以阳爻为九”之说,故农历九月初九被称作“重阳”。重阳节有登高、插茱萸、饮菊花酒、吃重阳糕之俗,故唐朝诗人王维有“遥知兄弟登高处,遍插茱萸少一人”之名句。据东晋葛洪《西京杂记》载,菊花酒的做法是:“菊花舒时并采茎叶,杂黍米酿之,至来年九月九日始熟就饮焉。”重阳糕的种类则很多。据清潘荣陛《帝京岁时纪胜》载,清时“京师重阳节花糕极胜。有油糖果炉作者,有发面累果蒸成者,有江米、黄米捣成者,皆剪五色彩旗以为标帜。市人争买,供家堂,馈亲友”。重阳节之风俗充满生趣,却源自一个极其凶险的传说。东汉时期,汝南人桓景随仙人费长房游学。仙人对桓景说,九月九日你家有大灾,你速命家人各作绛囊盛以茱萸系于臂上,登高饮菊花酒,其祸可消。桓景依言举家登山,至夜归家,见家中禽兽皆已暴死。(南朝梁·吴均《续齐谐记》)旧时九月九还有迎出嫁女归宁之俗,其源起也当与避祸有关。与端午节之起因相仿,九月九日在古人观念中亦非吉日,这才产生了一系列以避祸消灾为主旨的风俗,而东汉桓景的故事当属后人之附会。

冬季汉族重要节日多在农历十二月。十二月又称“腊月”,因远古先民多于此月以猎物祭神祖,因“猎”与“腊”古字相通而得名。腊月八日为“腊八节”,古人腊月祭祀神祖多在此日,因而此日又称“腊日”。东汉以后,佛教的流行又给腊八节增添了新的风俗——喝腊八粥。原来在佛教传说中,“腊八”为佛祖释迦成佛之日。据说释迦悟道之前,曾饿倒于地。一位牧女将他救起,赠以用多种米、豆合煮的杂烩饭。释迦食毕坐于菩提树下沉思,终成正果。据此,寺庙僧尼要在腊八节诵经礼佛,并模仿释迦成佛前所食杂烩饭,用杂粮、豆、干果煮粥,名“腊八粥”。而百姓们也纷纷效法,这一佛礼遂在民间广泛流行。到了清代,腊八粥发展为“用黄米、白米、江米、小米、菱角米、栗子、红豇豆、去皮枣泥等合水煮熟，多用染红桃仁、杏仁、瓜子、花生、榛瓤、松子及白糖、红糖、琐琐葡萄（葡萄干）以作点染”（《燕京岁时记》），煞是精致考究。狮子为佛教传说中之神兽，于是人们又用脆枣作身、半个核桃仁作头、桃仁作脚、杏仁作尾，用糖粘成“果狮”，置于腊八粥上。这样的腊八粥可谓色、香、味俱佳。腊月三十是一年中最后一天，也是一年中最后一个节日——“除夕节”。“除”为岁将尽，“夕”即“夜”，除夕即岁末之夜之意。在除夕节的白天，家家户户都要扫除。除尘为了迎新，也为了接神。旧说除夕之夜天上诸神下界，因而忌讳随地便溺，以免冒犯神仙。晚上全家人要团聚一处吃团圆饭。北方人的团圆饭以饺子为主食，称包饺子为“掐岁”；加之饺子形似元宝，带有招财进宝之瑞。南方人的团圆饭以年糕为主食，“年糕”音谐“年高”，有使家道日盛之祥。团圆饭后，家中晚辈要向长辈行礼，同辈亲友则互拜，称“辞岁”。此时长辈们要给晚辈“压岁钱”。“压岁钱”源于“压祟钱”，原为驱秽辟邪之义。由于“祟”、“岁”同音，后人遂将其与辞岁风俗联系起来。清代压岁钱“以彩绳穿钱，编作龙形”（《燕京岁时记》）。一般晚辈的岁数多大，就给多少枚铜钱，其间多含劝勉晚辈珍惜光阴之意。除夕有守岁之俗。据《东京梦华录》载，北宋“是夜禁中爆竹山呼，声闻于外，士庶之家，围炉团坐，达旦不寐，谓之‘守岁’”。这一夜家人们还要祭祀先祖、百神。妇女们要赶做大量主食以备过年，孩子们则在街头提灯嬉戏、燃放鞭炮。老北京除夕还有“踩岁”的风俗，人们把事先买好的芝麻秸从屋口铺至街门，来往踩踏，芝麻秸嘎吱之声给人们带来了年年兴旺、岁岁平安之吉祥瑞气。午夜的钟声宣告了除夕节的结束和春节的开始，人们又跨入了新的一年。

华夏民族的节庆还有很多，限于篇幅，不能一一尽述。所有这些节日都其来有因，似乎在向人们诉说着中华文明的悠久历史。但对后人来说，这些节日的意义已决不局限于其初始含义。作为五千年文明史的结晶与回声，它们更重要的意义是把现时的生活装点得丰富多彩而富于情趣。因此，完全可以说，不管这些节日的起因如何，它们最终都被赋予了一个共同的主题——追求世俗人生的美好与欢乐。

说唱艺术

◎赵 珩

说唱艺术是由古代民间的口头文学与歌唱艺术经过长期发展、演变而形成的一种独特艺术形式，其历史可以一直追溯到古代的“俳优”。“俳优”也称“俳倡”，是古代以俳谐、歌舞为主，兼及音乐、百戏的艺人。早在夏桀之时就有倡优的活动，据刘向《列女传·孽嬖传》记载：“桀……收倡优侏儒狎徒，能为奇伟戏者，聚之于旁，造烂漫之乐。”关于倡优的活动，在《国语》、《礼记》、《左传》、《公羊传》、《谷梁传》中也都有零星的记载。在《史记·滑稽列传》里还专门记述了优孟、优旃、淳于髡三位“俳优”的艺术活动，他们“滑稽多辩”，“擅隐语”，“善为笑言，然合于大道”。

俳优的艺术活动包括了歌、舞、乐、优四项，说故事、讲笑话也是其中十分重要的一门，史书中所记载的多是俳优以谈笑方式进行讽谏的情况。他们的诙谐嘲弄为说唱艺术所继承，并成为后世说唱艺术的构成因素。随着时代的前进和艺术的发展，俳优的多种艺术形式逐渐分化。而说唱作为一种独立艺术出现则大约形成于唐代中叶。

在唐代，说唱艺术不仅有案可稽，而且有了文学脚本。这就是敦煌出土的“变文”。“变文”即是唐代说唱艺术“转变”的底本。起初，“变文”是讲唱佛经的，虽然有别于一般的说唱艺术，但无疑也是受到了民间说唱艺术的影响而逐渐兴盛起来的。早在南北朝时期，寺院即为了宣传佛教教义，招徕香客布施，在寺院中面对俗众开讲佛经故事，谓之“讲俗”。“讲俗”是由唱经演变而来，却又不同于唱经，它重在宣讲佛经故事内容，并采用民间曲调，俯就新声，取悦于听众。这样就避免了照本宣科，枯燥乏味。“变文”正是在这样的基础上出现的。所谓“变”就是宣传佛经的图画，而“变文”则是这些图画的解说词。“变文”的内容大多取材于民间故事，起初只是在讲经之间歇中插入，后来渐渐喧宾夺主，大有离经叛教之势。而在曲调上也是逐渐"淫音婉娈，娇弄颇繁"，使寺院讲经衍变为民间的说唱艺术。在唐代段安节《乐府杂录》、赵璘《因话录》以及日本僧人圆仁《入唐求法巡礼行记》中，都有这方面的记载。同时，寺院里不仅开了讲俗，而且为了更广泛地吸引俗众，还形成了百戏杂陈的戏场和变文场。与此同时，民间艺人接踵沓来，僧人们也从民间艺术的演唱中吸收营养，使"变文"的演唱技艺不断精进，产生了许多艺术造诣很高的俗讲僧人。从晚唐诗人吉师老《看蜀女转昭君变》一诗可以看到，在唐末已有民间女艺人在讲唱变文。这是变文走出寺院，跳出经文，面向民间的显著变化。

在这一时期，唐代市人小说的出现，也是唐代中叶说唱艺术逐渐形成的重要标志。市人小说是宋代说话伎艺的前身。唐人段成式的《酉阳杂俎》就记载了他在大和末年观"市人小说"的情况。《高力士外传》有唐玄宗退位后常与高力士在一起听转变、说话的记载，说明当时已有演唱变文和说话艺人供奉宫廷。唐元稹在《酬白学士代书一百韵》中，也提到他曾与白居易在新昌宅"说一枝花话，自寅至巳犹未毕词"。一枝花的内容就是白行简所作传奇《李娃传》的故事。这一故事能在三个时辰之内演说而"犹未毕词"，足见其叙述得细致曲折，这与当时市人小说的发达有很大关系。

在形式上，说唱艺术于唐代中叶也更趋完善。以变文为例，僧人俗讲在敷衍佛经故事之外，为适应俗众要求，也讲唱历史故事、民间传说和歌颂当朝人物事迹。如反映历史题材的《汉将王陵变》，反映民间故事的《王昭君变文》，反映现实题材的《张淮深变文》，以及佛经故事题材的《八相变文》、《破魔变文》等。其形式大多是散、韵交织，讲的部分用散文，唱的部分用韵，很像今天戏曲与曲艺中的说白与唱词。这样的文体在当时是新颖的，能号召广大的听众，致使"转相鼓扇扶树，愚夫冶妇，乐闻其说，听者填咽寺舍"。这种艺术形式至今仍为鼓词、弹词所保存，可谓源远流长。

说唱艺术的繁荣与发展时期是宋代。当时，北宋的京城汴梁（今河南开封）是"八荒争凑，万国咸通"的大都市，而南宋的都城临安（今浙江杭州）更是一片繁荣。城市经济的昌盛，促成了市民阶层的壮大，特别是解除了"坊市制"和"宵禁制"，使城市商业和娱乐业通宵达旦，艺人得以日夜献艺于市肆之中，遂造成说唱艺术大繁荣的空前局面。在宋人笔记《东京梦华录》、《都城记胜》、《西湖老人繁胜录》、《梦粱录》中，对此记述得十分详尽，为探索和研究说唱艺术在宋代的发展提供了翔实可靠的资料。

宋代演唱伎艺的场所称之“瓦舍”、“勾栏”。“瓦舍”又称“瓦子”，是较大型的市肆娱乐场所，而“勾栏”则是“瓦舍”中的表演场地。如当时汴梁的北瓦，就有勾栏十余座。此间容纳了十数种说唱艺术形式。它们大体可以分为：(一)说的，如“说三分”、“讲史”、“五代史”、“说诨话”等。(二)唱的，如“诸宫调”、“唱耍令”、“小唱”等。(三)学的，如“学乡谈”、“叫果子”等。(四)文字游戏，如“商谜”、“合生”等，真是层出迭见，令人目不暇接。这些说唱形式，大多为后世的曲艺艺术所继承，如讲史的艺术形式为评书、评话所继承；唱的艺术形式为后世的弹词、评弹、单弦、大鼓书所继承；学的艺术形式许多为后世的相声、口技等所继承。并经过不断演变、发展，形成了更丰富的曲艺艺术门类，构成曲艺宝库的重要组成部分。

宋代说话艺术最为发达，据《醉翁谈录》记载，说话艺术必须具备四项伎艺：“曰得词，念得诗，说得话，使得砌。”所谓说得话，即具备模仿故事中人物口吻的能力；使得砌，即善于在故事中穿插噱头，吸引听众。《醉翁谈录》中记载的说话名目多达百余种，有灵怪、胭粉、传奇、公案、朴刀、杆棒、神仙、妖术等。其中已包括了一些当代人物的故事，如杨家将、宋太祖开国、韩世忠和岳飞抗金等题材。在勾栏之中，说话人根据题材不同，占地独擅其场，如临安北瓦，就有两座勾栏专说史书。说话艺人除在瓦舍勾栏里做场之外，还到酒楼茶肆、道庙前的宽阔场地以及庙会、乡村之中演出。陆游《小舟游近村，舍舟步归》诗写道：“斜阳古柳赵家庄，负鼓盲翁正作场。死后是非谁管得，满村听说蔡中郎。”可见说唱艺术在农村流传与受到群众欢迎的盛况。“蔡中郎”即为蔡伯喈与赵五娘的故事，后被南戏敷衍为《赵贞女蔡二郎》。

由于说话艺术的繁荣，一些下层知识分子也参加了书会，帮助说话艺人进行创作和整理。他们取材于历史和民间传说，也取材于现实生活，极大地拓宽了创作领域，使说话艺术更为发达。艺人中也有学识广博者，他们幼习《太平广记》，长攻历代史书，有相当的文化修养，故而有很强的艺术感染力。“说国贼怀奸从佞，遣愚夫等辈生嗔；说忠臣负屈衔冤，铁心肠也须下泪。”“只凭三寸舌褒贬是非，略咽万余言讲论古今。”这正是其艺术效果的生动写照。

除说的艺术之外，唱的艺术也同时在瓦舍勾栏之中有很大发展。其中以诸宫调、唱赚、复赚的音乐结构最为复杂。诸宫调今存有董解元《西厢记》等作品。赚的音乐最难，兼有曲破、慢曲、大曲、嘌唱、耍令、番曲诸家腔谱，它们都是有人物、有故事情节的曲词。

宋真宗时，因取缔佛教，变文被明令禁止。但因为它是有广泛基础的艺术形式，因此又改头换面重新出现，这就是“说诨经”和“宝卷”。有的艺人还走出寺庙，到瓦舍、勾栏中说唱。周密《武林纪事》提到“说诨经”的“有长啸和尚等十七人”，“弹唱因缘”的“有童道、李道等十一人”。说经竟以“诨”相标榜，足见其内容之滑稽不经。“宝卷”是变文说唱的底本，分为佛经内容和非佛经内容两种，其中更有属于文字游戏的杂卷，对于后世曲艺中的贯口影响很大。

由于宋代说唱文学的兴盛，涌现出许多优秀的宋人话本。现存话本约40种，如《碾玉观音》、《错斩崔宁》、《志诚张主管》、《杨思温燕山逢故人》、《白娘子永镇雷峰塔》等，在思想性、艺术性上都有较突出的成就。在这些作品中，深刻地反映了市民阶层的生活和意识形态，城市劳动人民、商贩和下层知识分子成了作品的主人翁和被歌颂、同情的人物，这在中国文学史上是一个新的现象。

元代以后，瓦舍、勾栏虽仍存在，但统治者却对说唱艺术采取了迫害政策，并下令禁止良家子弟学习说唱艺术。说唱艺人在社会上备受歧视，说唱艺术亦受到抑制，尤其是宋代那种反映当代社会生活的话本因受到钳制而衰微。艺人只得把自己的政治愿望和爱憎，曲折地寄寓于历史题材中，发展为长篇评话。

元明两代流行的讲史，除平话形式外，还逐渐形成了散文与韵文相间的词话形式，其中多以长篇讲史题材为主。《水浒》早在明代初叶就有词话本流行。此外，现今还存有《大唐秦王词话》和近年发现的《说唱花关索词话》等。词话的兴起和发展，对后来的评话、说唱鼓词的发展均有很大影响。

明中叶以后，词话逐渐演变为南方的弹词与北方的鼓词相对峙的局面。弹词也称“南词”，一般认为形成于明中叶，其前身为陶真或词话，流传于江苏、浙江一带，后来长期在江南地区发展。苏州弹词、扬州弹词、绍兴平湖调等，都属这一类。表演者多为一至三四人，有说有唱或只唱不说。乐器多以三弦、琵琶和月琴为主，自弹自唱，均用当地方言说唱。弹词作品现存180种以上，多为长篇，其中以《珍珠塔》、《玉蜻蜓》、《安邦志》、《安国志》等最为著名。鼓词从明中叶以后传播于北方和江南部分地区。但江南地区的鼓词如温州鼓词和扬州靠山调，都由于方言关系而局于一隅，没有显著发展。而北方鼓词则以语音接近，便于艺人流动演唱和相互交流，发展得十分兴盛。清初叶以来，以河北、山东、河南等地的大鼓书、三弦书在农村城镇流行最广。多以说唱中篇鼓词为主，曲调朴拙无华，而以内容精彩生动取胜。

清代自康熙开始，社会逐渐安定，城市经济与社会生活开始繁荣，为说唱艺术的发展提供了有利条件。康、雍、乾、嘉四朝近180年中，各地说唱艺术互相交流、融会，产生了不少新的品种。如明中叶以后盛行南北的时调小曲，到清初有了新的发展，从《扬州画舫录》的记载和《霓裳续谱》所收的曲目看，当时的时调小曲大多形成为有头有尾、曲牌联缀、有故事情节的说唱形式，对清中叶各地牌子曲的形成有相当影响。此外，属于南词系统的曲种如平湖调、滩簧调等曲种，自康、乾年间在北京传唱了近150年，对北方曲词和演唱形式方面也产生了一定影响。

清代的子弟书也称清音子弟书，盛行于乾、嘉、道三朝的北京，为满洲贵族子弟所喜爱，也渐及市井民间，在清代说唱艺坛上，曾被推为最上品。它的曲调可分为东城调与西城调两个流派。东城调音节为高腔，其词沉雄宏大，多慷慨激昂，代表作家为韩小窗；西城调音节如昆曲，其词多为才子佳人、儿女私情，代表作家为罗松窗。子弟书的内容多取材于明清小说、戏曲和当时的社会生活，篇幅长短不等。它虽然出自“清门”，但由于作者熟谙说唱艺术，在“雅”与“俗”的结合上有独到之处，兼以表现技巧娴熟，故对清后期说唱艺术，如单弦、京韵大鼓等曲艺形式的形成与发展产生过重要影响。

民间美术

◎陈绶祥

尽管很难给民间美术下个精确而完美的定义，我们却可以说，它是民族美术中最基础、最普遍的存在形态。

大量的民间美术品在历史长河的积淀中变成了民族美术的表率及最主要的组成部分，影响了整个中华文明的进程。早在新石器时代，黄河、长江流域所出现的大量精美彩陶，便是中华先民们所创造的最了不起的民间美术品之一。彩陶中描绘的各种纹样，例如旋纹、波纹、星纹等，至今仍被民间美术家所继承，经常作为各种民间装饰的纹样。彩陶中各种形象题材，例如鱼纹、蛙纹、虫纹、鸟纹、鹿纹，仍是后世所有中国民间美术中的传统题材。彩陶中的红、黄、黑的基本色调，则成了民间美术中最基础的色调。在浙江余姚河姆渡新石器时代遗址中出土的一只刻画有猪纹的黑色陶钵，在猪的身上并不刻毛，而刻上了类似花瓣的纹样，这种手法甚至这一花样，直到今天仍被广大的民间剪纸艺人所乐于使用。在湖北江陵博物馆中，收藏着一批从新石器时代屈家岭文化遗址中出土的陶塑小动物，它们的造型、神态与当今民间艺人捏制的泥哨之类玩具的造型、神态几乎完全一致。这些现象，使我们不得不叹服民间美术那顽强的生命力与巨大的影响。在后来漫长的社会发展过程中，美术发生了分化。虽然更多精美的典型作品出自宫廷贵族与专门文人的需求，但大量民间艺人的劳动，不但使这些经典作品渗透到民间美术那基本的民族文化精神中，也使民间美术那些基本的形、色、质观念及创作手法得以迁延、保持和发展。从青铜器到汉画像石，从秦汉俑到唐三彩，从佛教石窟艺术到木版刻印插图，其中都保留着民间美术的风采。它们之中许多题材、手法、格式以至范本，都成为中国民间美术中的基本模式之一，影响着民族美术的发展。

宋代城市经济的发展对民间美术的促进是相当巨大的，现在我们所能接触到的民间美术品类，自宋代均已形成。市民文学与笔记小说的兴起，使得许多珍贵的民间美术史料得以著录保存。由于这种情形到明、清两代就显得更为突出，加之民间美术品的传世与保存受到局限，因此，一般将中国民间美术的研究着重放在明、清两代，并且特别重视那些至今仍广泛活跃在民间的品类。

与其他美术作品相比，民间美术品的个性是从它的作品总体风貌上强烈体现出来的。每个作者、每件作品的个性并不主要，而它们所代表的总体风格却是重要的。因此，所有的民间美术品，在题材与手法上都具有更多共同的特征，它们为以往民间美术的分类研究提供了依据和参照。从题材上看，历史上某个时代的通常题材即是民间美术最常用的题材。例如商周的动物纹与几何纹；秦汉的功臣烈女、神仙云气、四神禽兽、享乐饮宴、出行百戏题材；隋唐的莲纹卷草、佛物道释、骑射歌舞、异方风物等题材；宋元的花草动物、人物故事、农商世态、山水木石等题材，都是民间美术中常用的。明、清以后，题材更为广泛，几乎历史上与现实中的一切对象，都能成为民间美术把握的对象。但是由于民间美术各门类的功用，其对题材的选择又有不同的侧重。例如：用在建筑装饰上的木雕石雕，用在祭祀活动中的纸扎泥塑，较多出现历史故事、戏文人物、神仙鬼怪、博古器用等题材；而用在节日活动与日常装饰中的染织剪刻，用在儿童玩具方面的泥木制作，则较多出现花鸟虫鱼、祥禽瑞兽、吉庆纹样、四神五毒等题材。一般来讲，民间美术更重视题材的直观性和寓意性中所传达出来的观念，追求一种避邪除凶、降福呈祥的效果。从手法上看，民间美术更重视以最普通的材质创作出不平常的景象，并非常推崇能工巧匠在创作中的关键作用。最常用的材质当然是廉宜的土、木、石材，再加上中国人发明的纸、帛，就几乎构成了整个民间美术的全部。在创作手法上，融会陶、搏、染、织、绣、绘、塑、扎、编、结、雕、镌等技艺，再加上中国人发明的敷釉与印刷，就完成了民间美术的全部制作。重要的是，这些题材与手法的处理通常与特定的材质统一成完美的整体。当使用“泥塑木雕”、“精雕细刻”、“仔细琢磨”、“陶化”、“模范”等汉语词汇时，我们不应当忘记，这正是民间美术对文化的影响之一。另一方面，这些题材与手法的处理又往往融合成一个总体，在同一件作品上，使用了各种题材与手法。例如一件普通的泥哨，便使用了捏、塑、陶、绘等手法，以致我们很难将它按通常的手法作归类。这也是许多民间美术品不得不以“年画”、“民间玩具”、“彩灯”等约定俗成的称谓直呼其名的原因之一。

中国民间美术中许多有成就与特色的品种，实际上正是与普通老百姓日常生活中最普通的活动联系在一起的。例如众所周知的“木版年画”与“剪纸”，实际上正是中国民间过春节时所贴的“门神”或其他装饰画，是老百姓布置房间时贴的“窗花”或者绣花时的“花样”。由于各地的风俗习惯与民情特点，各种民间美术品也形成了风格、流派的差别与品类上的偏好与侧重。我们可以从民间美术品与生活的紧密关联这一特征出发，从普通老百姓生活的各个方面入手，来了解中国民间美术的主要类别及分布状况。

住宅及环境装饰是民间美术的集中处所。大量的木雕、石刻及砖雕、陶塑作品与建筑装饰有关，或直接产生于建筑装饰的需要。梁柱、门窗、隔扇、家具的装饰使木雕技艺得以充分体现；门墩、栏杆、柱础、台基等处以石雕为主；屋脊、檐口、墙头、照壁等则是陶塑与砖雕大显身手之处。一般来讲，建筑形成了流派的地方多与雕饰技艺有关。在北方黄河中下游的地区，北京、天津一带与甘肃、宁夏一带的砖雕，山西、陕西的石雕、陶塑，是较能代表北方风格及水平的。在长江流域，江苏、浙江、安徽的木雕、石雕与砖雕都极有水平，尤以徽州地区的砖雕、木雕最著称。如浙江东阳木雕、苏式家具、徽派砖雕这样的民间美术流派，已产生了广泛影响。此外，岭南潮州金漆木雕、泉州石刻、四川木雕、云南大理石雕与木雕，都是较为著名的民间雕刻艺术品。在室内装饰中，最重要的民间美术品类当推年画与窗花，它们集中反映了刻、印、剪、绘等方面的水平。自明清以来，民间木版年画发展到了空前的规模，形成了遍布全国的年画绘制刻印中心，以及以这些中心为代表的不同流派。在北方以天津杨柳青年画、山东潍坊年画、河北武强年画与河南朱仙镇年画最为著名，山西及陕西也有自己出产年画的中心。在南方则以苏州桃花坞年画、四川绵竹年画、广东佛山年画最为著名。在众多的年画品类中，还保留着山东高密的“扑灰画”与安徽凤阳的“凤画”这类手绘年画，它们是最古老的年画制作方式的延续。窗花是民间剪纸中最有特点与最普遍的品种。此外，墙花、门花、喜花、顶棚花与花笺都是剪纸中常见的品种。绣花花样与印染花样也常以剪纸作底稿。手法上可剪可刻，可单色可点染。总的来看，剪纸是中国最广泛的民间艺术品，在许多地方，剪纸是每一个农村妇女的基本技能之一。考古学上已发现了公元4世纪左右的北朝剪纸之遗物，晋代著作中已有描述配戴剪纸花样的记载，可见剪纸的源远流长。我们很难列举众多的剪纸流派，它们都有突出的地方特色与个人风格。但就窗花这个品种来看，较多集中于北方与中原地区，黑龙江、山西、山东、河北、河南、陕西、安徽等地，均有水平很高的作品。

清张明山（泥人张）作彩塑《白蛇传》。

礼仪、社会交往活动与作为社会固定活动的节令庆典也是民间美术的用武之地，有许多品种的民间美术品正源于这种活动之中。其中较有普遍意义和代表性的民间美术品种可举纸扎、塑作为例。纸扎可作为各种彩灯，亦可作为丧事中的冥具；塑作可以面、饼等形式作为节令食物、礼品或供品，也可用黏土、石膏等材料做成节令玩具、摆设或土偶。它们在各种礼仪活动与民俗节令中往往是最有特色的东西，创造出了各种或热烈或肃穆、或庄重或喜庆的气氛。这类民间美术品遍布全国，并以某些地区为中心形成风格不同的区域特征。就纸扎来看，北方风格的用品在山东、陕西等地大同小异。南方则以福建、广东为主，有其独特风格，以四川为中心又有另一种格调，苏杭地区也有自己的特色。其中许多具体作品，如四川的龙灯，福建的王船，苏杭的宫灯，山东、陕西的纸扎，山西、河南的彩灯等，都是很有代表性的作品。而塑作方面，黄河流域的面塑作品，四川的糖人，苏州、广州的花糕，北京等地的面人都是其中的佼佼者。

衣饰器用，包括许多生产工具在内，也是民间美术品在日常生活中最重要的存在处所。在这方面集中体现了织绣、陶搏、编结等技艺的特长。各个民族、各个地区都有可引以自豪的服饰。有些地区以原料著称，例如贵州、湖南等地的蜡染，四川、广西、山东、江苏、浙江等地的织锦；有些地区以样式著称，例如新疆的花帽，山东、河南、陕西等地的兽头童鞋与肚兜；还有些地区以工艺著称，例如山西、江苏等地的刺绣，湖北、四川等地的挑花。这样交织形成了众多的民间服饰，成了品种最多的民间美术品类之一。器用工具方面最有代表性的民间美术品可举出民间陶瓷用具与各种竹藤制品。陶瓷不仅品种多、比重大，而且风格多样，与器物的品种、造型统一形成了各地的特点。有的品种影响全国，例如青花鱼盘；也有的品种别无分店，例如镂花黑陶。一般在历史上形成窑系的地区，如北方的磁州窑系、耀州窑系、福建建窑、江西吉州窑、浙江龙泉窑系等地，都有较著名的民间美术品。竹藤制品更能表现出特有的地方风情，它们多出现在南方。四川、浙江、湖南、广东等地的竹藤制品均很有特色。近代，北方各种草编与柳条编亦有很大发展，成了民间美术中的新品类之一。

最后值得一提的，是民间美术品中那类被广泛使用的游艺用品，其中最有代表性的是各种木偶、皮影戏等戏曲歌舞用品，龙船、风筝等体育用品，再有就是供儿童或大人玩耍摆设的各种玩具。这类作品大多与各地游艺活动有关。山西、陕西、甘肃、湖南、湖北的皮影，福建、湖南的木偶，都是当地民间娱乐活动中皮影戏与木偶戏的产物。贵州的傩面具与地方戏面具，陕西、山西的社火面具，又与这些地方的地方戏演出与社火活动相关。南方普遍的龙船与北方普遍的风筝，更是由不同气候与地域中民俗活动的区别所造成的。

总之，民间美术无论从哪个角度来看，都有着其他文艺品类所不可取代的广泛而平常的功能，它唤起每一个人心中潜藏的乡情、亲情与童心，给人以直接的情绪感受，并易于将腐朽的材质化成神奇的文化精神。